Esoterik

Herausgegeben von Gerhard Riemann

Dieses Buch wurde auf chlor- und säurefreiem Papier gedruckt.

Vollständige Taschenbuchausgabe Dezember 1992
Droemersche Verlagsanstalt Th. Knaur Nachf., München
Lizenzausgabe mit freundlicher Genehmigung
des Verlages Mehr Wissen, Kurt Winter, Düsseldorf
© 1991 Verlag Mehr Wissen, Kurt Winter, Düsseldorf
Umschlaggestaltung Peter F. Strauss
Satz DTP ba · br
Druck und Bindung Ebner Ulm
Printed in Germany
ISBN 3-426-86013-9

2 4 5 3

Kurt Eggenstein

Der Prophet
Jakob Lorber

Knaur ®

Inhaltsverzeichnis

Einleitung 11

I. TEIL

Der Auftrag des Propheten Jakob Lorber durch die Innere
Stimme 17

Zur Person des Jakob Lorber 20

Der Schreibvorgang bei Lorber durch das Innere Wort 23

Die vorausgesagte große Verbreitung der Kundgaben
in der jetzigen Endzeit 29

Die Beweise für die Echtheit der Prophetie Jakob Lorbers . . 32

Lorbers Kundgaben über den Aufbau des Weltalls und
deren Bestätigung durch die moderne Astronomie 32

Die Aussagen der Neuoffenbarung über die Elementarteilchen und die Forschungsergebnisse der modernen
Wissenschaft 47

Lorber beschreibt den Doppelcharakter des Lichtes 60

Der Irrweg der materialistischen Wissenschaft 62

Die Aussagen der Neuoffenbarung über den Vormenschen . 69

Lorber prophezeit technische Errungenschaften 75

II. TEIL

Die Neuoffenbarung erläutert und ergänzt das Evangelium . 77

Die Kirchen und die Neuoffenbarung 82

Die Kundgaben der Neuoffenbarung über die Evangelisten
und deren Evangelien 91

Das Schicksal des Evangeliums in der Obhut der
katholischen Kirche 106

Einzelvergleiche zwischen der Neuoffenbarung und den
wissenschaftlichen Hypothesen 112

Die Forschungen der liberalen Bibelkritiker 116

III. TEIL

Die wichtigsten Aussagen der Neuoffenbarung betreffend
die Heilslehre 120

Die Erschaffung der Geister 122

Der Fall eines Teils der Geister unter Führung Luzifers . . 123

Die Erschaffung des Universums als Folge des Falles
Luzifers 129

»Der verlorene Sohn«. Die vorexistentielle Abstammung
des Menschen von den gefallenen Erstlingsgeistern 136

Die Teufel 142

Die Erschaffung Adams durch Gott. Der Irrtum der
Evolutionstheorie 147

Das Paradies in seiner wirklichen Gestalt 150

Der Fall Adams. Die Neuoffenbarung erklärt den
bildhaften Bericht des Alten Testaments 151

Die Sintflut in der Aussage der Neuoffenbarung 155

Lorber beschreibt bereits im Jahre 1864 die
voradamitischen Tiermenschen (Hominiden) 156

Der Mensch ist eine Dreieinheit von Leib, Seele und
Geist 157

Das Geheimnis der Seele 160

Das Ziel und die Aufgabe des Menschen 164

Das ewige Leben im Jenseits 167

  a) im Mittelreich und in den Himmeln 167

  b) die Weiterentwicklung der Seele im Jenseits 172

  c) die Hölle in der Lehre der Kirchen und der Neuoffenbarung . 176

Die Auferstehung des Fleisches in der Vorstellung der
katholischen Kirche und nach den Kundgaben der
Neuoffenbarung 190

Der »Jüngste Tag« in seiner wahren Bedeutung 194

Die Reinkarnationslehre. Die Lehre von der Wiedereinkörperung der Seele und mehrfacher Leben des Menschen . 196

Die Dreieinigkeit Gottes. Die Erklärung des Mysteriums . 202

Jesus – wahrer Mensch und wahrer Gott 205

Das Geheimnis der Erlösung durch den Kreuzestod Jesu . 210

Die Neuoffenbarung gibt aufschlußreiche Erklärungen
zu schwerverständlichen und irreführenden Texten des
Evangeliums 224

Die Neuoffenbarung lehrt uns richtig beten 242

Die Sündenvergebung. Was Jesus hierzu seinen Aposteln
wirklich sagte 245

IV. TEIL

Der Erdenweg Jesu. Aufhellende zusätzliche Kundgaben
der Neuoffenbarung zum Evangelium 256

Die bibelkritischen Forschungsergebnisse im Lichte der
Neuoffenbarung 334

  1. Der Einfluß des Säkularismus und des Materialismus auf
    die wissenschaftliche Forschung 334

  2. Die Aufklärung, ihre Ursachen und ihre Folgen 338

3. Die Forschungen im 19. Jahrhundert 340

4. Die historisch-kritische Methode der Bibelwissenschaft . . 343

5. Die formgeschichtliche Methode der bibelwissenschaftlichen Forschung 345

6. Formgeschichte – Kerygma – Entmythologisierung 347

7. War Jesus ein Essäer oder Anführer eines Aufstandes gegen die Römer? 353

8. War Jesus ein Sozialrevolutionär? 362

9. Negative Jesus-Bücher und kein Ende – Eine Auseinandersetzung mit Augsteins Jesus-Buch 374

10. Die neue Theologie ohne Gott 379

V. TEIL

Ist der Evolutionismus eine wissenschaftlich fundierte Theorie? 387

1. Die Menschwerdung aus der Sicht des Evolutionismus und der Neuoffenbarung 403

2. Die Zweifel der Wissenschaftler an der Richtigkeit der Evolutionstheorie 415

VI. TEIL

Die Kundgaben Jakob Lorbers über die katholische Kirche . 442

Jakob Lorber sagt bis zum Ende des Jahrhunderts zunehmende Katastrophen furchtbaren Ausmaßes voraus 456

Die auf die Menschheit zukommenden Katastrophen durch die Umweltschäden 462

Die Verpestung der Luft 463

Die Verseuchung der Flüsse, der Seen und des Meeres . . 470

1. Die Verseuchung der Flüsse und Seen 470

2. Die Verseuchung des Grundwassers 472

3. Die Verseuchung der Ozeane 474

Zunehmende Krankheiten als Folge der Umweltgifte
und anderer Einwirkungen 478

Jakob Lorber warnt vor der Zerstörung der Wälder 490

Die drohende Klimaveränderung 495

Zerstörung der Ozonschicht der Erde und Auslöschung
jeglichen Lebens? 501

Der Prophet sagt weltweite Hungersnot durch menschliche
Fehlhandlungen voraus 503

Lorber sagt Inflation und Arbeitslosigkeit voraus 513

Der Widerstand gegen die Bekämpfung der Umweltschäden 517

Die Vorzeichen der beginnenden Endzeit 525

Die Phase der Katastrophen apokalyptischen Ausmaßes . 527

Die Deutung der Offenbarung Johannis durch die Neuoffenbarung 536

Das Fehlverhalten der Menschen des Industriezeitalters
und die Folgen im Licht der Neuoffenbarung 539

Werden die Warnungen Gottes von der Menschheit
beachtet werden? 569

Quellennachweis 578

Karte von Palästina 605

Erläuterungen der Buchtitelabkürzungen

Jakob Lorber

Gr	Das große Evangelium Johannes*
Ha	Die Haushaltung Gottes (Die Urgeschichte der Menschheit)
EM	Erde und Mond
VdH	Von der Hölle bis zum Himmel
Hi	Himmelsgaben
Jug	Die Jugend Jesu (Das Jakobus-Evangelium)
GS	Die geistige Sonne
NS	Die natürliche Sonne
Schriftt.	Schrifttexterklärungen
BM	Bischof Martin

Gottfried Mayerhofer

Pr	Predigten des Herrn
LGh	Lebensgeheimnisse
SGh	Schöpfungsgeheimnisse

---

* Die 10 Bände des großen Evangeliums Johannes enthalten ausschließlich Kundgaben von Jakob Lorber. Der 11. Band enthält auf den Seiten 225 bis 339 ebenfalls Kundgaben Lorbers, die Mitteilungen auf den Seiten 1 bis 224 stammen von Leopold Engel.

Einleitung

Immer mehr Menschen entwickeln in unseren Tagen ein Gespür dafür, daß die innerhalb weniger Jahre auf der Erde eingetretenen Veränderungen der verschiedensten Art nicht als vorübergehende Erscheinungen angesehen werden können. Die noch vor einigen Jahren für alle Zeit als gesichert angesehenen Arbeitsplätze gingen in aller Welt millionenweise verloren. Alle Anstrengungen, die Arbeitslosigkeit zu beseitigen, erwiesen sich als erfolglos. In vielen Ländern schmilzt der Wert des Geldes wie Schnee in der Sonne. Die Rohstoffe und die Energievorräte beginnen knapp zu werden. Die Entwicklungsländer treten infolgedessen nicht mehr als Bittsteller, sondern als Fordernde auf. Zu den Ost-West-Spannungen kam ein neues Spannungsfeld im Nord-Süd-Dialog hinzu. Wissenschaft und Technik scheinen die Kontrolle über die von ihr geschaffene Kunstwelt zu verlieren. Eine wahre Giftflut hat sich über die Erde ausgebreitet, und immer neue Vorkommnisse beunruhigen die Menschen. Die Begeisterung über den Fortschritt, den man angeblich nicht aufhalten durfte, ist durch einen Stimmungsumschwung ausgelöscht worden. Sorgen und Zukunftsangst breiten sich aus. Das Netz der sozialen Sicherung wird bereits Zerreißproben ausgesetzt und zeigt die ersten Risse. Obwohl der Lebensstandard sich erstaunlich schnell verbesserte, herrscht weithin Unzufriedenheit, Neid und Haß. Geistige und moralische Verwilderung breiten sich aus. Die mörderischen Greueltaten nehmen überhand. Innerhalb eines Jahrzehnts hat sich in den Kirchen ein vorher nicht vorstellbar gewesener Wandel vollzogen. Der Auszug der jungen Generation aus den Kirchen ist praktisch vollzogen. Zugleich breitet sich der Materialismus über die ganze Welt aus, wie dies in der Geschichte der Menschheit zu keiner Zeit feststellbar war. Immer mehr nachdenkliche Menschen fragen sich, ob die ständige

Zunahme der Naturkatastrophen wie Erdbeben, Wasserfluten, Dürre, Orkane und klimatische Veränderungen den Trend einer Unheil verkündenden Entwicklung darstellt.

In dieser Situation, in der sich die wirtschaftliche, gesellschaftliche und religiöse Landschaft zunehmend verändert, wird heute den Menschen des Industriezeitalters eine prophetische Botschaft aus dem 19. Jahrhundert verkündet, die aufhorchen läßt. Diese Botschaft aus der Übernatur, deren Echtheit überzeugend nachgewiesen ist, hat verschiedene Aspekte. Sie läßt keinen Zweifel offen, daß die Menschheit an einer Zeitenwende steht und schlimme Katastrophen über die Erdenmenschheit hereinbrechen werden. Diese Mitteilungen sind mit der eindringlichen Warnung an die heutigen Menschen verbunden, den Weg des theoretischen und praktischen Materialismus zu verlassen. Noch einmal wird den Völkern vor der weltweiten Katastrophe durch den Propheten Jakob Lorber die wahre Lehre Jesu, wie sie den Aposteln gegeben wurde, in unverfälschter Form bekanntgegeben.

Ganz allgemein ist die Botschaft Jesu den Menschen des Industriezeitalters fremd geworden. Das hat vielerlei Gründe, auf die später noch eingegangen werden soll. Bei vielen ist das Verhältnis zum Transzendenten völlig verlorengegangen, bei anderen, bei denen noch religiöse Substanz vorhanden ist, hat der Glaube keinen verläßlichen Grund mehr. Das Vertrauen in die Aussagen der Kirchen ist schwer erschüttert. Zu lange herrschte geistiger Terror, und es wurde mit der Angst ein Geschäft gemacht. Evangelische Theologen sind zuweilen ihren Gemeinden des Atheismus verdächtig. Die Frömmigkeitsformen der katholischen Kirche sprechen die junge Generation nicht mehr an. Überall ist der lautlose Abfall im Gange.

Das Bild, welches das christliche Abendland darbietet, ist erschreckend. Prof. Karl Rahner SJ kennzeichnet die Sachlage treffend, wenn er sagte: »Wir leben in einem Heidenland mit christlicher Vergangenheit und christlichen Restbeständen.«[1]

Dessenungeachtet ist bei sehr vielen Menschen noch religiöse Substanz latent vorhanden. Aber sie sind ratlos und stellen die Pilatusfrage: »Was ist Wahrheit?« In der Tiefe mancher Seelen ist oft ein Hunger nach religiöser Wahrheit vorhanden. An diese Suchenden wendet sich diese Schrift. Ihnen bringen wir eine Botschaft zur Kenntnis, die nicht alltäglich ist. Sie hebt sich von der sonstigen Literatur über die christliche Religion und insbesondere von den zahlreichen bibelkritischen Schriften der liberalen Theologen als eine Botschaft sui generis ab. Man darf hier an das Wort des bekannten katholischen Theologen Prof. Hans Küng erinnern: »Es gibt oft merkwürdige Charismen, Berufungen zu recht außerordentlichem Zeugnis prophetischer Aufträge ...«[2]

Dieses Wort trifft zu auf einen ganz außergewöhnlichen Vorgang, der sich im vorigen Jahrhundert abspielte, aber erst für unsere Zeit seine volle Bedeutung erlangen wird. Viele Menschen stellen in unseren Tagen, wo der Zerfall des Hergebrachten und unzählige Ideen und Ideologien die Geister verwirren, die Frage: Weshalb schweigt Gott? Aber er schweigt nicht! Gott schickte zu allen Zeiten in gewissen Abständen Botschaften und Warnungen an die Menschheit. Selten wurden sie angenommen, selbst damals nicht, als Jesus, der inkarnierte Sohn Gottes, die frohe Botschaft verkündete. Der Klerus stellte sich zu allen Zeiten derartigen Botschaften entgegen.

Die Saat der für die heutige Menschheit bestimmten umfangreichen Offenbarung, die sowohl die Erläuterung und die Ergänzung des Evangeliums als auch prophetische Voraussagen drohender gewaltiger Katastrophen, die noch vor dem Ende dieses Jahrhunderts über die gesamte Menschheit hereinbrechen werden, darstellt, wurde in den Jahren 1840–1864 gelegt. Damals vernahm Jakob Lorber in Graz das Innere Wort und schrieb ein Werk von monumentaler Größe nieder, dessen Inhalt erst heute begriffen werden kann. Zwar sind diese Kundgaben im Verlaufe dieser langen Zeit durch den Verkauf von etwa einer Million

Schriften des Jakob Lorber vielen Menschen ganz oder teilweise zur Kenntnis gelangt, jedoch läßt der Inhalt des Offenbarungswerkes keinen Zweifel darüber offen, daß die Saat erst in unserer Endzeit voll aufgehen wird. Jakob Lorber wurde hierzu folgendes in die Feder diktiert:

»Gott läßt nie ab, sich den Menschen auf die mannigfachste Art so zu offenbaren, daß der Mensch bei nur einigem Nachdenken bald finden kann, daß es da nicht mit natürlichen Dingen zugegangen ist« (Gr VI 149, 15).

»In größerem Maße offenbart sich Gott durch den Mund völlig geweckter Propheten. Solche Propheten sind für den geweckteren Menschen allezeit sehr kenntlich – erstens durch ihr geschriebenes und gesprochenes Wort, zweitens durch so manche Wundertätigkeitsbeigaben, z. B. daß sie im Notfalle den Menschen zukünftige Dinge *voraus verkünden,* so daß sich die Menschen danach kehren und bessern können und Gott bitten mögen, daß Er das angekündigte Unheil von ihnen abwenden wolle …« (Gr VI 150, 1).

»Daß aber ein gerechter Prophet für die Welt ein Gericht ums andere verkündet, hat seinen Grund ganz einfach darin, weil Gott *nur dann* einen Propheten erweckt, wenn die Welt Gottes vergessen und sich in alle Laster der Welt hineingestürzt hat« (Gr II 108, 8).

Jesus sagte gemäß der Offenbarung zu seinen Jüngern: »Das aber könnt ihr als völlig wahr annehmen, daß nämlich nahezu alle *zweitausend Jahre* auf der Erde eine große Veränderung vor sich geht. Und so wird es auch, *von jetzt an* gerechnet werden« (Gr VI 76, 10).

»Gegen Ende der angezeigten Zeit werde Ich stets größere Propheten erwecken, und mit ihnen werden auch die Gerichte sich mehren und ausgedehnter werden« (Gr VI 150, 15).

Aber nach allen Erfahrungen wird wohl das Goethe-Wort seine Geltung erlangen: »Wie wenige fühlen sich von dem begeistert, was eigentlich nur dem Geiste erscheint.« Was außerhalb der Erfahrungswelt liegt, wird in unserer Zeit des rationalen Kalküls, in der weithin alle übernatürliche Weltdeutung suspekt ist, abgelehnt. Das Gift des Materialismus ist bereits tief in die Christenheit eingedrungen. Die Frage, inwieweit noch Anknüpfungspunkte vorhanden sind, um die Offenbarung Gottes als solche zu erkennen, bleibt offen. Ein gewisses religiöses Vermögen für die Aufnahme und die geistige Verarbeitung der Heilsbotschaft ist unabdingbar erforderlich.

Niemand sollte vorschnell ein Urteil über die Kundgaben des Propheten Jakob Lorber fällen, bevor er die prophetischen Aussagen Lorbers über die wirklichen Sachverhalte der Astronomie, der Atomphysik und der Anthropologie im Abschnitt »Die Beweise für die Echtheit der Prophetie Jakob Lorbers« gelesen hat. Die nach hundert und mehr Jahren durch die Forschungsergebnisse der Wissenschaft bestätigten Voraussagen dürften auch Skeptiker nachdenklich machen.

I. TEIL

Der Auftrag des Propheten Jakob Lorber durch die Innere Stimme

Am 15. März 1840 erlebte der Musiker Jakob Lorber in Graz etwas, was ihn fast aus der Fassung brachte. Er vernahm am frühen Morgen dieses Tages eine Stimme, die aus der Nähe seines Herzens kam. Klar und deutlich vernahm er den Befehl: »Nimm deinen Griffel und schreibe!« Der Aufruf, der an ihn ergangen war, sollte seinem Leben eine andere Richtung geben. An diesem denkwürdigen Tag wollte er dem Theater in Triest, von dem er ein Angebot als zweiter Kapellmeister bekommen hatte, mitteilen, daß er diese Stelle, die er als Lebensstellung ansehen konnte, annehme. Nachdem er aber das, was er im Laufe des Tages vernommen, niedergeschrieben hatte, war ihm klargeworden, daß ihm ein ganz außergewöhnlicher Auftrag aus der Überwelt zuteil geworden war, dessen Erfüllung sich mit seinen Aufgaben am Theater in Triest nicht vereinbaren ließ. Lorber entsagte deshalb dem günstigen Angebot, auf das er so große Hoffnungen gesetzt hatte, und er entsagte auch der Ehe. Seinen Lebensunterhalt – er bewohnte immer nur ein Zimmer – bestritt er aus seinem kärglichen Einkommen, das er als Klavierlehrer verdiente. Er ging von der Öffentlichkeit kaum bemerkt durchs Leben.

Von dem genannten Tag an schrieb er nun das, was ihm die Stimme diktierte, täglich mehrere Stunden lang nieder. Im Laufe von 24 Jahren häuften sich die Manuskripte immer mehr an. Bei der späteren Drucklegung nach seinem Tod ergaben sich mehr als 10 000 Druckseiten. In der letzten Zeit seines Lebens war Lorber krank und mußte das Gehörte Freunden diktieren.

Die umfangreichen Manuskripte Lorbers weisen keinerlei

Veränderungen auf. Sie bedurften keiner Verbesserungen und Ergänzungen durch seine Hand, denn was er niederschrieb, war nicht sein Geistesprodukt. Wer seine Aufzeichnungen über die Atome und Elementarteilchen oder die paläontologischen Sachverhalte, betreffend die Vor- und Urmenschen, liest, kann unmöglich annehmen, daß das, was dort ausgesagt ist, seinem Gehirnverstand entstammt. Niemand war in der damaligen Zeit befähigt, auch nur annähernd so erstaunlich präzise Angaben über wissenschaftliche Details zu machen, die erst in den fünfziger und sechziger Jahren unseres Jahrhunderts von der modernen Wissenschaft gewonnen worden sind. Wer den Inhalt der naturkundlichen Aussagen Jakob Lorbers unvoreingenommen betrachtet, wird zu der Auffassung gelangen müssen, daß wir es hier mit echter Prophetie zu tun haben. Diese Zeugnisse verwerfen hieße jedes menschliche Zeugnis verwerfen.

Aber es gilt wohl auch heute noch wie eh und je das Wort des Evangeliums für nicht wenige: »... sie werden sich nicht überzeugen lassen, wenn einer von den Toten auferstünde« (Lk 16, 31). Für die Geister, die ewig verneinen, ist weder Lorber vierundzwanzig Jahre lang die Heilsbotschaft diktiert worden, noch wurde für sie dieses Buch geschrieben. »Von der Herrschaft der reinen Vernunft führt eben kein Weg zur Krippe, zum Kreuz und zur Auferstehung.«[3]

Diejenigen aber, die einen unbeugsamen Wahrheitsdrang besitzen, werden feststellen, daß sich die Wahrheit dieser Botschaft mit Wucht aufdrängt. Deshalb: »Prüfet alles und das Gute behaltet« (1. Thess 5, 21).

Die Manuskripte der heute im Druck vorliegenden Schriften, die zusammenfassend als *Neuoffenbarung* (NO) bezeichnet werden, haben die vielen unruhigen Zeitläufe überstanden; sie liegen beim Lorber-Verlag in 7120 Bietigheim (Württemberg), wo sie von Interessenten eingesehen werden können. Ferner liegen dort auch die im vorigen Jahrhundert gedruckten Bücher der ersten Auflage der Aufzeichnungen Lorbers. In dieser Zeit waren die in diesen Druckschriften vorzufindenden Angaben Lorbers über Atome, Elementarteilchen usw. der Wissenschaft noch gänzlich unbekannt.

Es stellt sich die Frage, weshalb wohl außer den umfangreichen Erörterungen über die Heilsbotschaft Jesu, d. h. den Erläuterungen und Ergänzungen des Evangeliums, die den größten Teil der Neuoffenbarung umfassen, auch prophetische Kundgaben über naturwissenschaftliche Mitteilungen in der Neuoffenbarung enthalten sind. Die Erklärung ist naheliegend. In dem Offenbarungswerk ist u. a. vorausgesagt, daß die Menschen in unserer Zeit fast völlig glaubenslos werden. Ein erschreckend großer Teil der Menschen – und nicht zuletzt viele Wissenschaftler – lehnt tatsächlich alles, was nicht experimentell feststellbar ist, als nicht existierend ab. Da der christliche Glaube nun einmal eine transzendente Dimension hat, führt diese geistige Haltung zur Ablehnung alles Übernatürlichen.

Dieser sogenannte *Positivismus,* der sich im Laufe von fast zweihundert Jahren immer mehr ausgebreitet hat, ist heute weithin identisch mit dem Zeitgeist. Soll also eine Hoffnung bestehen, daß die an die heutige Menschheit gerichtete Neuoffenbarung von dieser angenommen wird, so bedarf es überzeugender Beweise in der Form, daß der Prophet Jakob Lorber vor mehr als hundert Jahren Aussagen gemacht hat, von denen damals kein Wissenschaftler auch nur eine entfernte Ahnung hatte, die heute aber von der modernen Wissenschaft bis in das subtilste Detail in erstaunlicher Weise als richtig bestätigt werden. Man kann an dieser gut belegten Tatsache nicht vorbeigehen. Folgerichtig muß man dann auch davon ausgehen, daß die übrigen Kundgaben, die kostbare Erläuterungen und Ergänzungen zum Evangelium darstellen, als eine echte Offenbarung Gottes an die Menschen der Endzeit anzusehen sind. Der Eindruck, den der evangelische Pfarrer Hermann Luger von der Neuoffenbarung gewonnen hat, wird auch von vielen Lesern dieser Schrift gewonnen werden. Luger schrieb: »Sowohl die Neuoffenbarung als auch die Altoffenbarung (das Evangelium, d. Vf.) stehen auf demselben göttlichen Boden. Lorbers Schriften atmen durchaus göttlichen Geist.«[4]

Zur Person des Jakob Lorber

Über die Person Jakob Lorbers ist nicht viel zu berichten. Propheten und Beauftragte Gottes sind stets schlichte Menschen. »Um jeden Anspruch auf eigenes Verdienst von vornherein auszuschalten«, sagt der Mystiker Jakob Böhme, »bedient sich Gott manchmal der unbedeutendsten Menschen, um seine Geheimnisse zu offenbaren, damit es um so klarer werde, daß sie aus seiner Hand allein kommen.« »Ich hätte es nicht gekonnt«, fährt Böhme fort, »wenn ich nicht einfach das hingeschrieben hätte, was der Geist mir eingab.«[5]

Das, was Böhme von sich sagt, trifft auch in vollem Umfang auf Jakob Lorber zu. Wie aus der knappen Lorber-Biographie des Ritters von Leitner zu entnehmen ist, war Lorber ein einfacher, unkomplizierter und harmloser Mensch. Er stammte aus einem bäuerlichen Geschlecht, das in dem kleinen Ort Kanischa im Weinbaugebiet der Drau, nahe der untersteirischen Kreisstadt Marburg, dem heutigen Maribor in Jugoslawien, lebte. Dort wurde er am 22. Juli 1800 geboren. Nach dem Besuch einer Lehrerbildungsanstalt wurde er zunächst Lehrer in Dörfern. Er unterbrach aber dann diese Tätigkeit, um fünf Klassen des Marburger Gymnasiums zu absolvieren und anschließend an einem Kurs für Lehrer an Hauptschulen teilzunehmen. Obwohl er ein gutes Abschlußzeugnis erhielt, konnte er eine Stellung an einer Hauptschule nicht gleich erhalten. Wahrscheinlich hat dieser Umstand ihn bewogen, seinen Beruf zu ändern und seine musikalische Begabung zum Tragen zu bringen. Nach seiner Ausbildung trat er als Solist in Konzerten auf und verfaßte auch für Provinzzeitungen musikalische Berichte über Opern- und Konzertaufführungen. Seine Bekanntschaft mit dem weltberühmten Violinvirtuosen Paganini, bei dem er zur Perfektionierung seines Könnens auch Unterricht nahm, hatte sein Ansehen offenbar gehoben, so daß er an der berühmten Mailänder Scala ein Violinkonzert geben konnte. Auch mit dem Direktor des Steiermärkischen Musikvereins, dem Komponisten Anselm Hüttenbrenner, war er bis an sein Lebensende in enger Freundschaft verbunden; ebenso mit dessen Bruder, dem Bürgermeister von Graz, Andreas Hüttenbrenner. Anselm Hüttenbrenner war seinerseits mit Franz Schubert befreundet. Sein Ansehen und seine Verbindungen dürften dazu geführt haben, daß Lorber vom Theater in Triest im Jahre 1840 eine Stellung als Kapellmeister angeboten wurde. Wie schon berichtet, verzichtete er auf das Angebot, weil ihm sein am 15. März 1840 durch die Stimme erteilter Auftrag mit einer derartigen Bindung nicht vereinbar erschien. So entschied er sich für ein Leben in Unabhängigkeit und Zurückgezogenheit, das wenig materiellen Erfolg in Aussicht stellte. Fortan beschränkte er sich auf den Musikunterricht für die Grazer Kinder. Die einzige Zerstreuung fand Lorber im Kreise seiner Freunde beim abendlichen Dämmerschoppen. Ritter von Leitner berichtet, daß er trotz seiner Armut freigiebig war, soweit er dies nur vermochte. In den letzten Jahren seines Lebens nahm sein körperlicher Verfall immer mehr zu, und seine finanzielle Lage verschlechterte sich bedenklich, so daß seine Freunde ihn vor dem Darben bewahren mußten. In 24 Jahren hatte er mehr als 10 000 Druckseiten niedergeschrieben, ohne Einkünfte hieraus zu erwarten und zu bekommen.

Durch das Innere Wort wurde Lorber gesagt, daß später eine Zeit kommen würde, wo alles, was er aufgezeichnet habe, gedruckt und zur gegebenen Zeit auch der Menschheit bekannt würde. Zu seinen Lebzeiten wurden nur wenige Seiten seiner Schriften gedruckt und ohne Nennung seines Namens veröffentlicht.

Obwohl er vieles, was ihm gesagt wurde, nicht verstehen

konnte und ihm damals z. B. auch niemand die Kundgaben über Atome, Elementarteilchen usw. hätte erklären können, hatte er volles Vertrauen, daß alles seinen Sinn haben und von den Nachgeborenen wohl verstanden und mit Staunen zur Kenntnis genommen werde.

Während Jakob Lorber in wenig mehr als zwei Jahrzehnten ein monumentales Werk niederschrieb, das tiefe Einsichten in die Schöpfung und den Heilsplan Gottes gewährt und darüber hinaus in höchst aufschlußreicher Weise das Evangelium erweitert, blieb er selbst vollständig im Hintergrund. So bewahrheitet sich auch in diesem Fall das Wort des Joachim von Fiore, daß alles Große in der Einsamkeit entstehe. Nur einmal schien etwas von seiner Schreibtätigkeit in die Außenwelt gedrungen zu sein, denn es kam ihm eine Warnung zu, daß eine polizeiliche Hausdurchsuchung bevorstehe. Daraufhin wurden die Manuskripte von seinen Freunden zur Sicherheit aus seinem Zimmer entfernt. Es fand aber die erwartete Durchsuchung nicht statt, und es kümmerte sich bis zu seinem Tod niemand um ihn. Jahrzehntelang - auch noch nach seinem Tod – wurden die beschriebenen Bogen bis zur Drucklegung an einem geheimen Ort aufbewahrt. In Österreich erwies sich damals eine Verlegung der Lorber-Schriften als unmöglich. Sie wurden später in Deutschland verlegt. Erst im Jahre 1877 waren alle Bücher – mit zwei Ausnahmen – gedruckt.

Seinen Freunden teilte Lorber schon bald nach den ersten Diktaten mit, daß er eine Stimme vernehme und eine Offenbarung aus der Welt des Übernatürlichen niederzuschreiben habe. Als das die Freunde vernahmen, wurden sie bedenklich gestimmt und glaubten an eine sich bemerkbar machende geistige Störung. Trotz genauer Beobachtung vermochten sie aber an Lorber keine irgendwie besorgniserregenden Veränderungen wahrzunehmen. Ritter von Leitner übernahm es, Lorber fast täglich zu besuchen; dabei sah er ihm jeweils mehrere Stunden bei seiner Schreibtätigkeit zu. Auch die anderen Freunde beobachteten ihn mit Argwohn und ließen sich zuweilen das von ihm Vernommene diktieren. Es war ihnen alles um so rätselhafter, als sie wußten, daß das, was sie da lesen konnten, unmöglich aus dem Wissen Lorbers stammen konnte. Die Frau eines der Freunde glaubte für die Aufklärung des Falles sorgen zu können. Für sie war es eine ausgemachte Sache, daß Lorber das nach ihrer Ansicht angeblich Gehörte aus Büchern entnommen und auswendig gelernt hatte. Aus ihrer etwas abschätzenden Meinung, daß die Freunde eigentlich schon längst auf diese einzig in Betracht kommende Lösung des Phänomens hätten kommen müssen, machte sie keinen Hehl. Beim nächsten Besuch der Freunde war auch sie dann im Zimmer Lorbers anwesend. Kaum hatte Lorber einmal das Zimmer verlassen, stürzte sie sich auf den Kleider- und Wäscheschrank, um die wissenschaftlichen Bücher zu finden. Zu ihrer Verwunderung fand sie nur ein Buch – die Bibel.

Der Schreibvorgang bei Lorber durch das Innere Wort

Lorbers Biograph Ritter von Leitner berichtet auf Grund seiner Beobachtungen folgendes: »Lorber begann dieses Schreibgeschäft, welches von nun an die Hauptaufgabe seines Daseins blieb, fast täglich schon morgens vor dem Frühstück, welches er in seinem Eifer nicht selten ganz unberührt stehenließ. Dabei saß er, meistens mit einer Mütze auf dem Kopf, an einem kleinen Tischchen, im Winter knapp neben dem Ofen, und führte ganz in sich gekehrt, mäßig schnell, aber ohne je eine Pause des Nachdenkens zu machen oder eine Stelle des Geschriebenen zu verbessern, ununterbrochen die Feder, wie jemand, dem von einem anderen etwas vorgesagt wird. Zu wiederholten Malen tat er, wenn er hiervon sprach, auch die Äußerung, er habe während des Vernehmens der ihm einsagenden Stimme auch die bildliche Anschauung des Gehörten. Seiner Aussage nach teilte er das innerlich Vernommene aber noch leichter mit, wenn er es einem andern mündlich kundgeben konnte. Und in der Tat diktierte er einigen seiner Freunde einzelne Aufsätze, ja ganze Werke von mehreren hundert Schriftbogen. Dabei saß er neben dem Schreibenden, ruhig vor sich hin schauend und nie in seinem Redefluß stockend oder irgendeine Satzfügung oder auch nur einen einzelnen Ausdruck abändernd.«[6]

»Bemerkenswert dürfte sein, daß Lorber die Innere Stimme, welche er die des Herrn nannte, stets im Herzen, jene anderer Geister aber im Hinterhaupt zu hören behauptete. Wiewohl Lorber Tausende von Bogen mediumistisch vollschrieb, kann man ihn doch nicht ein eigentliches Schreibmedium nennen, nämlich ein Medium, dem die Hand mechanisch durch eine fremde Intelligenz geführt wird. Er schrieb vielmehr stets selbsttätig nieder, was er von einer fremden Intelligenz ihm eingeflüstert hörte und er wie mit dem Ohre zu vernehmen meinte.«[7]

»An einen Freund schrieb Lorber im Jahre 1858 über die in ihm redende Geistesquelle, die er als die Stimme Jesu Christi, das lebendige Wort, empfand: ›Bezüglich des Inneren Wortes, wie man dasselbe vernimmt, kann ich von mir selbst sprechend nur sagen, daß ich des Herrn heiligstes Wort stets in der Gegend des Herzens wie einen höchst klaren Gedanken, licht und rein, wie ausgesprochene Worte vernehme. Niemand, sei er auch noch so nahestehend, kann etwas von irgendeiner Stimme hören. Für mich erklingt diese Gnadenstimme aber dennoch heller als jeder noch so laute materielle Ton. Das ist aber nun auch schon alles, was ich Ihnen aus meiner Erfahrung sagen kann‹.«[8]

Fremdwörter, die Lorber nicht kannte, wurden ihm nicht buchstabiert. Seine Freunde erklärten ihm die Wörter, oder sie mußten sich selbst eines Wörterbuches bedienen.

Bei Jakob Lorber wiederholte sich das, was andere Menschen, die vor ihm ebenfalls Offenbarungen zu verkünden hatten, versicherten. Die hl. Katharina von Siena (gest. 1347) ließ keinen Zweifel darüber offen, daß das, was sie verkündete, ihr von Gott offenbart worden sei. Deshalb heißt es auf der Titelseite ihrer Schrift: »Von Gott diktiert«.[9]

Swedenborg versicherte in seiner Sterbestunde, daß alle seine Offenbarungen wahr seien und vom Herrn stammten.[10]

Für Lorber war der Auftrag eine Last, und manchmal bat er Gott um Befreiung davon, weil er sich der Aufgabe nicht gewachsen fühle. Aber das Diktat ging weiter, und Lorber mag sich zuweilen an den Propheten Jeremias erinnert haben, der sagte, daß er immer wieder dem höchsten Willen habe weichen müssen (Jer XX 7–11).

Es ist auffallend, daß Gott sowohl im Judentum als auch im Christentum sich äußerst selten des hohen oder niederen Klerus für Offenbarungen bediente, sondern für seine Kundgaben Laien auswählte. Gerade dadurch soll nach der Meinung von Jakob Böhme »um so klarer werden, daß sie aus Gottes Hand stammen«. »In unseren Tagen«, bemerkt der katholische Theologe Jean Guitton, »scheint das ›Prophetenamt‹ mehr und mehr auf die Laien überzugehen.«[11] Und ein anderer katholischer Theologe, Prof. H. Fries, dürfte einen der Gründe hierfür aufgespürt haben, wenn er feststellt: »Die christliche Botschaft ist den Menschen fremd geworden, weil sie höchst unzulänglich vermittelt wurde.«[12]

Daß in unserer Zeit die großen Offenbarungen nur Menschen gegeben werden, die der Macht der Hierarchie entzogen sind, ist u. a. auch deswegen naheliegend, weil nachweisbar zahlreiche Offenbarungen, wie z. B. die Schriften der hl. Hildegard von Bingen [13], des hl. Johannes vom Kreuz[14] und der hl. Theresia von Lisieux[15], von den Männern der Kirche durch Streichungen oder Abänderungen entstellt worden sind. Alles, was nicht in das Schema paßt, wird abgelehnt. Maßgeblich ist nicht der Geist Gottes, sondern die menschliche Ratio und das System. In der Neuoffenbarung wird auch ausdrücklich gesagt, daß sich »manche über das gewaltige Licht der NO erzürnen werden, weil es ihren lange im Finsteren gehaltenen Bau erleuchten wird. Allein, es muß Licht werden« (Pr 288). Es wird aber auch versichert, daß *diese* Offenbarung trotz der »Schaden witternden Füchse«, die von Vernichtungsgedanken beseelt sind, unverfälscht verbreitet werden wird (Pr 108 u. 288).

Jakob Lorber war kein Schreibmedium, dem die Hand automatisch durch eine Geistwesenheit geführt wird. Er fiel nie in Trance und geriet auch nicht in Ekstase. Er schrieb täglich mehrere Stunden im Wachzustand das nieder, was ihm die Innere Stimme sagte. Der Geistesimpuls mußte zuerst den ganzen Seelenbereich Lorbers durchlaufen, erst dann vermochte er das Gehörte in der ihm eigenen Sprache zu formulieren. Darauf ist es zurückzuführen, daß die Niederschrift in einem dem Schreiber eigenen Stil und mit den damals gebräuchlichen Ausdrücken erfolgte. (In einigen Fällen mußten deshalb von Lorber verwendete Ausdrucksweisen, die heute in Deutschland nicht verstanden werden, durch synonyme Bezeichnungen ersetzt werden.)

Friedrich Christoph Oetinger hat die Umsetzung der Verbalinspiration in das jeweilige Sprachkleid des Menschen wie folgt kommentiert: »So wächst das Korn der himmlischen Offenbarung immer auf dem Halm der menschlichen Anschauung.«[16] Der Seher Swedenborg hat sich zu diesem Vorgang auch geäußert: »Wenn ein Engel einem Menschen, durch den Worte der Inspiration ausgesprochen oder niedergeschrieben werden sollen, Worte des Herrn einhaucht, so regt es bei demselben ein Denken an, welches in gewöhnlicher Weise in menschliche Ausdrücke fällt. Diese Ausdrücke sind solcher Art, wie sie eben bei dem Menschen vorhanden sind, der beeinflußt wird; sie sind stets seiner speziellen Auffassung und seiner besonderen Lebensform gemäß« (Adversia III 6865–6966).

Der gute Sachkenner Viktor Mohr geht in der Zeitschrift *Das Wort* 8/1972 auf diesen Vorgang ausführlicher ein und schreibt: »Eine besondere Art von Medialität, d. h. Mittlerfähigkeit, stellt die Aufnahme höchster Geiststrahlungen durch das Innere Wort dar, wobei Gott, als das ewige Wort selbst, im und zu dem Menschen spricht. Diese Einsprache des Göttlichen im Menschenherzen ist eine unendlich subtile, keineswegs irdisch definierbare geistige Schwingung: eine Durchdringung aufnahmebereiter Seelen durch den innewohnenden Christusstrahl, des mit Gott, dem Vatergeiste, immer geeinten Geistfunkens. Dieses wahre, unvergängliche Ich ist der Anteil des Menschen an der Gottheit, weshalb er sich als ein Teil des ewigen *Ich bin* mit Recht oftmals in der Ichform kundgibt.

Wir sollten nur nicht glauben, als bediene sich der Vatergeist dabei jener irdischen Worte, die sodann der Mittler oder die Mittlerin ausspricht oder niederschreibt. Denn um diese höchste geistige Strahlung gemäß in Worte der Erdensprache umzuformen, muß sie zuvor den Seelenbereich der Ergriffenen durchlaufen. Dies ist der Grund, warum jede solche Gottesbotschaft die sprachliche Eigenart des Mittlers trägt. Deshalb ist der Maßstab für derlei Kundgaben nicht ihre Worthülse, sondern ihr innerer Gehalt im Sinne der geistigen Wahrheit« (S. 296).

Eventuelle Versuche, Lorbers Prophetie durch Halluzinationen erklären zu wollen, sind gänzlich abwegig. Die Psychiatrie weiß seit langer Zeit, daß beim Auftreten von Sprachhalluzinationen nach gewisser Zeit mit Sicherheit eine Zersetzung des Ichs eintritt.[17] Kein Mensch kann jahrzehntelang Tag für Tag an Gehörhalluzinationen leiden, ohne daß psychische und physische Zerfallserscheinungen erkennbar werden. Lorber war aber bis zu seinem Tod ein ausgeglichener und seelisch vollkommen gesunder Mensch.

Die Person Jakob Lorber kann auch nicht mit der Deutung durch die Tiefenpsychologie erhellt werden. Die wissenschaftlichen Kundgaben, die mehrfach ganz präzise Angaben über die Lebensdauer der Elementarteilchen und andere erst seit einigen Jahren bekanntgewordene Erkenntnisse der Astronomie enthalten, schließen solche Möglichkeiten gänzlich aus. Treffend bemerkt hierzu der verstorbene Theologe und Schriftsteller Hellmuth von Schweinitz: »Das Phänomen Lorber mit der Deutung der Tiefenpsychologie abzutun ist keine überzeugende Erklärung. Denn, was in seinen Schriften an die Oberfläche seines Bewußtseins tritt, sind Erkenntnisse, die aus der Sphäre seines beschränkten menschlichen Wissens nicht stammen können. Zu ihrer Aneignung würde ein Menschenleben nicht ausreichen und alle schöpferische Phantasie nicht genügen.« »Die Tiefenpsychologie ist ein unzureichender Weg zum Verständnis einer Sache, die mit psychoanalytischen Argumenten einfach nicht deutbar ist. Genausowenig kann das Lebenswerk Lorbers durch philosophische oder theologische Spekulationen erklärt werden. Es bleibt bei ihm, wie bei allen prophetischen Phänomenen, ein unerklärbarer Rest, den man leugnen oder annehmen muß.«[18]

Beim Vergleich der noch vorliegenden Briefe Jakob Lorbers an seine Freunde treten der ähnliche Schreibstil und die gleiche Ausdrucksweise wie in seinen, ihm von der Stimme diktierten Aufzeichnungen auf. Schlicht und einfach, wie der Charakter Lorbers, ist auch seine Schreibweise. Sie hat so gar nichts an sich von der kalten, abstrakten Darstellungsart theologischer Schriften. In seinen Aufzeichnungen gibt es keine dialektischen Kunststücke und keine nur schwer verständlichen komplizierten Sätze. Seine Kundgaben strahlen Wärme aus. Wenn man Lorbers Schriften mit der theologischen Literatur vergleicht, versteht man, weshalb letztere so wenig vom Volk gelesen wird. Es hat eben, wie Kardinal Newman sagt, »Gott nicht gefallen, sein Volk mit Dialektik zu retten«[19].

Sofern Lorber prophetische Aussagen über die wissenschaftlich-technische Materie macht, kleidet er seine Zukunftsschau in Umschreibungen ein, wie dies bei fast allen prophetischen Kundgaben eh und je festzustellen ist. Wenn Lorber z. B. schreibt, daß sich die Menschen des zwanzigsten Jahrhunderts mit Hilfe des »Blitzes« über die Meere hinweg verständigen würden, dann ist damit auf die Funktelegrafie hingewiesen. Spricht er im Zusammenhang mit der Astronomie von riesigen »künstlichen Augen«, so wissen wir, daß hierunter die optischen und die Radioteleskope zu verstehen sind.

Nach dem Tode Jakob Lorbers war das Werk noch nicht ganz vollendet. Wenige Jahre danach vernahm Gottfried Mayerhofer (1807–1877) in Triest ebenfalls das Innere Wort und schrieb noch einige zusätzliche Bände. Mayerhofer war deutscher Offizier. Als der bayerische Prinz Otto auf den Thron Griechenlands kam, folgte ihm Mayerhofer als Major à la suite. Auch Mayerhofer überzeugt als auserwählter Prophet durch seine Vorwegnahme erstaunlicher wissenschaftlicher Erkenntnisse. So erwähnt er zum Beispiel, daß das Licht sowohl korpuskularen (materiellen) als auch Wellencharakter habe. Er erläutert die Ursachen der Entstehung des weißen, violetten und roten Lichtes zu einer Zeit, wo derartiges Wissen noch in weiter Ferne lag.

Die vorausgesagte große Verbreitung der Kundgaben in der jetzigen Endzeit

Die Lorber-Gesellschaft, Bietigheim, Württemberg, hat sich zur Aufgabe gemacht, die Neuoffenbarungen in der jetzigen Endzeit – wovon in der NO ganz klar und eindeutig die Rede ist – in weitesten Kreisen zu verbreiten. Ausdrücklich wird dort betont, daß »es Millionen Menschen sind, welche zu der rechten Türe des Lichtes geführt werden sollen« (Pr 132). Es wird vom notwendigen »Eifer der Arbeiter (zur Verbreitung der Offenbarung) am Abend« gesprochen (Pr 66).

Die Lorber-Gesellschaft ist eine lose Gemeinschaft von Tausenden Geistesfreunden. Sie ist keine Sekte, hat keine Mitgliedschaft, erhebt keine Beiträge und hat keine Gottesdienste und Kultveranstaltungen. Sie ist eine geistige Gemeinschaft und kennt keinerlei Zwang. Von missionarischem Geist erfüllte Lorber-Freunde leisten völlig freiwillig finanzielle Hilfe für die Verbreitung der Neuoffenbarung. Fast alle Freunde Jakob Lorbers gehören einer der großen christlichen Kirchen an.

Gelegentlich sektiererische Bestrebungen einzelner oder Ausartungen in Mystizismus wurden getreu der in der Neuoffenbarung gegebenen Hinweise unterbunden.

Der Vertrieb der Schriften der Neuoffenbarung erfolgt durch den Lorber-Verlag, 7120 Bietigheim, Württemberg. Da das Gesamtwerk der Neuoffenbarung sehr umfangreich ist, stellt dies für die weite Verbreitung eine gewisse Schwierigkeit dar. Um weiten Kreisen die religiösen Kundgaben sowie die Warnungen vor den in der Endzeit über die Menschheit hereinbrechenden Katastrophen zur Kenntnis zu bringen, wurde im Jahre 1973 vom Verfasser zunächst die kleine Schrift *Der unbekannte Prophet Jakob Lorber – Eine Prophezeiung und Mahnung für die nächste Zukunft** herausgegeben. Dem Bedürfnis nach einer umfassenderen Information über die Mitteilungen Lorbers, insbesondere die Erläuterungen und Ergänzungen des Evangeliums betreffend, wurde durch die Erstellung dieser größeren und aussagefähigeren Schrift Rechnung getragen.

Umfassende Offenbarungen sind selten; sie werden nur vor einer Zeitenwende gegeben. Sie sind als größte Ereignisse zu betrachten. Oft braucht es lange Zeit, bis ihre Bedeutung und die in ihnen enthaltenen Mahnungen ins Bewußtsein der Menschen dringen. Botschaften dieser Art sind aber auch meist wie ein Stachel; sie werden deshalb – wie auch seinerzeit zu Lebzeiten Jesu dessen Lehre – von vielen abgelehnt.

Dennoch lassen zahlreiche Kriterien darauf schließen, daß noch mehr religiöse Substanz vorhanden ist, als allgemein angenommen wird. Der lautlose Abfall von den Kirchen, die nicht mehr Sauerteig sind, beweist nicht das Gegenteil. Sicher besteht noch bei vielen Menschen eine Sehnsucht nach Offenbarung und religiöser Wahrheit, die befreit ist von mittelalterlichem Ballast.

---

* Lorber-Verlag, 7120 Bietigheim (Württemberg).

Sie fühlen intuitiv, daß der moderne Mensch immer mehr in den Zustand höchster Verwirrung und Bedrohung gerät, weil er den Weg verfehlt hat und der Gefahr zu unterliegen droht, von dunklen Mächten überwältigt zu werden.

Es ist kein Zweifel, daß der Grundkampf zwischen Christentum und Atheismus, zwischen Gott und seinem Widersacher bald in ein entscheidendes Endstadium treten wird. »Die brutale Gewalt«, schreibt Albert Schweitzer, »sitzt in Lügen gekleidet unheimlich wie noch nie auf dem Thron der Welt.«[20] Die Entartungserscheinungen, der Verfall der Sitten, die brutale Gewalt und die hemmungslose Gier nach Genuß und »Mehrhabenwollen« bei gleichzeitig zunehmendem Neid und Haß lassen nichts Gutes erahnen.

In der Neuoffenbarung wird denn auch unüberhörbar ausgesprochen, daß die Menschheit sich auf dem Weg in die Katastrophe befindet. »Der Grund, daß schon seit mehreren Jahren Meine direkten Mitteilungen reichlicher fließen als in früheren Zeiten und daß Ich euch so viel Himmelsbrot gebe, wie es seit Meinem irdischen Lebenswandel nie geschehen ist, ist der, daß gerade jetzt der Zeitpunkt sich nähert, an dem die Welt ihren Gipfelpunkt in den Verirrungen und im Abweichen von Meinen Schöpfungszwecken erreichen wird« (Pr 163).

»Meine Worte sind einfach und klar, nur dürfen nicht die Selbstliebe der Dolmetscher und falsche Ausleger dabei sein« (Pr 164).

Über die großen Katastrophen, die »nahezu 2000 Jahre« nach dem Erdenwandel Jesu mit elementarer Gewalt stets mehr zunehmend über die Menschheit hereinbrechen werden, sind in der Neuoffenbarung vielfältige Angaben und Warnungen gemacht. Im letzten Kapitel dieser Schrift wird darauf ausführlicher eingegangen werden.

Die Beweise für die Echtheit
der Prophetie Jakob Lorbers

Zunächst wenden wir uns den Kundgaben der Neuoffenbarung zu, die die naturwissenschaftlichen Beschreibungen des Universums, der Atome und der Elementarteilchen sowie der Vor- und Urmenschen betreffen. Diese Darstellungen, die Mitte des vorigen Jahrhunderts niedergeschrieben wurden, sind erst in den letzten Jahrzehnten, zum Teil erst vor wenigen Jahren durch die Forschungsergebnisse der verschiedenen wissenschaftlichen Disziplinen als völlig zutreffend bestätigt worden.

Die Übereinstimmung der Voraussagen mit den heutigen wissenschaftlichen Erkenntnissen bis ins subtile Detail ist so frappant, daß bei objektiver Betrachtungsweise der Menschenverstand des Propheten als Quelle der Aufzeichnungen nicht in Betracht gezogen werden kann. Der folgende Abschnitt ist deshalb für die Urteilsfindung, ob Jakob Lorber ein echter, von Gott inspirierter Prophet ist, von grundlegender Bedeutung.

Dieses Kapitel ist aus der kleinen Schrift des Verfassers »Der unbekannte Prophet Jakob Lorber« übernommen worden.[*]

Lorbers Kundgaben über den Aufbau des Weltalls und deren Bestätigung durch die moderne Astronomie

Bis in die zwanziger Jahre unseres Jahrhunderts bestand bei den Astronomen der ganzen Welt die herrschende Meinung, daß es nur *eine* Galaxis (Welteninsel) im Kosmos gibt, nämlich unsere

[*] Kurt Eggenstein: *Der unbekannte Prophet Jakob Lorber – Eine Prophezeiung und Mahnung für die nächste Zukunft.* 7120 Bietigheim 1973.

Milchstraße. Die maßgebenden Autoritäten schlossen im 19. Jahrhundert »die Möglichkeit ferner Galaxien aus«[21]. Astronomen, die nur die Vermutung aussprachen, es könnten möglicherweise doch noch andere Galaxien existieren, wurden als »Ketzer« angesehen und in den Fachzeitschriften von den Koryphäen der Astronomie heftig angegriffen. Als der Astronom H. D. Curtis erklärte, er könne eindeutige Beweise dafür vorlegen, daß die mit dem Teleskop festgestellten Nebelchen keine Nebel, sondern Galaxien seien, war die Mehrzahl der Wissenschaftler nicht bereit, seine These anzuerkennen. Aber die Zahl derer, die sich der Ansicht von Curtis anschlossen, nahm von Jahr zu Jahr zu, und so standen sich in den Jahren 1917 bis 1924 bald zwei Gruppen gegenüber, die sich heftig befehdeten. Im Jahr 1925 kam dann die entscheidende Wende. Die antigalaktischen Vertreter mußten erkennen, daß ihre Vorstellungen von der Wirklichkeit weit entfernt waren. Mit dem neuen 2,57-m-Teleskop auf dem Mount Wilson, damals dem größten der Welt, war der unwiderlegbare Beweis erbracht worden, daß es außer unserer Milchstraße noch andere Galaxien gibt. Der Astronom Edwin Hubble berichtete im Januar 1925 auf einem Kongreß der Astronomen, daß sich die Nebel im M 31, NGC 6822 und M 33 in dem neuen Teleskop eindeutig als Galaxien erwiesen hätten.

Es ist nicht ohne Reiz, daran zu erinnern, daß manche Kapazitäten der Astronomie, die aus der Ablehnung der Hypothese der Existenz zahlreicher Galaxien einen dogmatischen Wirbel gemacht hatten, die Brauchbarkeit des in der Fertigung befindlichen Riesenteleskops bezweifelten und ihren Spott darüber ausgossen.[22]

Hubbles Ergebnis wurde bald von zahlreichen Astronomen bestätigt. Einige Galaxien waren klein, andere groß. Trotz der Erkenntnis, daß es sich nicht um Nebel, sondern um Galaxien handelt, spricht man auch heute noch fälschlicherweise von Spiralnebeln. Innerhalb kurzer Zeit wurde die Zahl der entdeckten Galaxien mit 800 registriert. Im Jahre 1949 war die Zahl bereits auf 100 Millionen angewachsen. Nach Fertigstellung des 5-m-Teleskops auf dem Mount Palomar wurde die ungeheure Zahl der Galaxien erst recht erkennbar, sie beträgt viele Milliarden.

Für viele Gelehrte war eine Welt zusammengebrochen. Sie vermochten nicht zu begreifen, daß uns in der Kosmologie die Wissenschaft der Irrationalität des Weltganzen begegnet. Es ist aber auch zuweilen noch heute so, daß man die greifbare Wirklichkeit nicht gebrauchen kann, weil sie Lehrsätzen widerspricht.

Wenn Anfang des 20. Jahrhunderts Astronomen von den Kundgaben Lorbers Kenntnis erhalten hätten, so wäre nach dem Obengesagten nur Hohn und Spott zu erwarten gewesen, denn das, was mittels der Riesenteleskope im Jahre 1925 und später festgestellt wurde, hat Lorber Mitte des vorigen Jahrhunderts bereits ausführlich beschrieben. Was ist nun Lorber über die Verhältnisse im Kosmos in die Feder diktiert worden? Die Aussagen können hier nur auszugsweise wiedergegeben werden. In den Schriften *Von der Hölle bis zum Himmel* Bd. II und *Großes Evangelium Johannes* Bd. VI ist u. a. folgendes ausgeführt:

»Die Ordnung der Sonnensysteme müßt ihr euch so vorstellen: Die vielen Millionen Planetarsonnen, um die sich die Planeten wie eure Erde bewegen, machen mit ihrer gemeinsamen *Mittelsonne* ein *Sonnengebiet* aus. Dessen Mittelsonne ist stets so groß, daß sie den körperlichen Inhalt ihrer um sie bahnenden Sonnen samt deren Planeten manchmal um das Hundertfache oder gar ums Tausendfache, ja manchmal auch ums Millionenfache übertrifft, denn es gibt *größere* und *kleinere* Gebiete. Je größer aber ein Sonnengebiet, desto größer muß auch seine Mittelsonne sein.«

Viele solche Sonnengebiete werden von Lorber als *Sonnenall* bezeichnet. Das Sonnenall hat wiederum als Mittelpunkt eine noch weit größere *Allmittelsonne* (VdH II 298, 5). Die nächsthöhere Stufe ist das *Sonnenallall*. Sieben Millionen Sonnenallalle drehen sich wieder um eine riesenhafte *Haupt-* und *Urmittelsonne* (VdH II 299, 8).

»Solche Sonnen-Allalle«, so heißt es im Gr VI 245,3 haben in einer endlosen Tiefe eine allerungeheuerst große Urzentralsonne (die auch Haupt- oder Urmittelsonne genannt wird). Ein solches Weltensystem wollen wir eine *Welten-Hülsenglobe* nennen, weil alle diese Allalle, nach allen Richtungen um die Urzentralsonne kreisend, eine unermeßlich große Kugel darstellen und infolge ihrer notwendig nahezu gedankenschnellen Bewegung in einer für euch nicht meßbaren Tiefe und Ferne eine Art Hülse bilden« (Gr VI 245, 8). »Fraget aber nicht nach der Größe und Länge des Durchmessers einer Hülsenglobe, denn von den Menschen dürfte schwerlich eine Zahl ausgedacht werden, mit der man die Entfernung hinreichend ausdrücken könnte« (Gr VI 245, 13). »Aber eine solche Hülsenglobe ist eigentlich nur ein einziger Punkt in Meinem großen Schöpfungsraum« (Gr VI 245, 14).

»Im endlos großen Schöpfungsraum gibt es solche Hülsengloben zahllos viele, die alle nach Meiner Ordnung in der Gesamtumfassung ganz genau einen vollkommenen Menschen darstellen. Wie ungeheuer groß muß also der *Kosmische Mensch* sein, wenn schon eine Hülsenglobe so endlos groß ist und noch aeonenmal aeonen Male größer die Entfernung von einer Hülsenglobe zur anderen« (Gr VI 245, 16 und 17).

Die Frage der Ausdehnung des Weltraumes hat die Astronomen stets beschäftigt und zu verschiedenen Theorien geführt, mit denen wir uns hier nicht im einzelnen befassen wollen. »Was liegt außerhalb des Weltalls?« fragt der Astronom Dr. Karl Schaifers von der Sternwarte Heidelberg. Er hält diese Frage für paradox, weil, wie er schreibt, »sich solche Fragen prinzipiell nicht mehr beantworten lassen«[23]. Lorber gibt auf diese Frage folgende Antwort: »Außerhalb dieses Weltenmenschen geht nach allen Richtungen der freie Ätherraum ewig fort, den dieser Mensch in einem für eure Begriffe wahrhaft endlos großen Kreise, durch Meinen Willen getrieben, mit für euch unbegreiflicher Schnelligkeit durchfliegt, und das wegen des Nährstoffes aus dem

endlosen Äthermeer, das er gewissermaßen wie ein Fisch durch-
schwimmt« (Gr VI 245, 19).

»Niemand außer Gott faßt des ewigen Raumes Unendlichkeit,
selbst die größten und vollkommensten Engel fassen des Raumes
ewige Tiefe nicht« (Gr VI 56, 9).

Die Kosmologen bestreiten nicht, daß die menschliche Fassungskraft die Unendlichkeit des Raumes nicht zu begreifen
vermag. So schreibt der Astronom Dr. Heinrich Faust, daß »die
Welt keineswegs so gebaut sein muß, daß unser kleines Gehirn
sie versteht«[24].

Was haben nun heute die Astronomen zu dem von Lorber
geschilderten, stufenweisen Aufbau des Kosmos im einzelnen zu
sagen? Lorber führt als unterste Stufe die Sonnengebiete an.
Nach seiner Terminologie entspricht ein Sonnengebiet einer
Galaxis. Gemäß der Aussage Lorbers gibt es *große* und *kleine*
Sonnengebiete (VdH II 298, 4). Der angesehene schweizerische
Astronom Zwicky an der Sternwarte Mount Palomar in Kalifornien hat die Verteilung der Galaxien im Weltall (d. h. nach Lorber
in unserer Hülsenglobe, d. Vf.) systematisch untersucht und
dabei festgestellt, daß es jede Art Sternansammlungen gibt, »vom
Kugelsternhaufen und den Zwerggalaxien bis zu den riesigen
Spiralnebeln aus vielen Milliarden Sonnen, und bis *kleine* und
große Galaxien«[25].

Auch Ducrocq weist darauf hin, daß der »Herdencharakter«
der Galaxien keine Täuschung ist. »Die Verteilung zu Gruppie-
rungen«, so folgert Ducrocq, »gehorchte nicht dem Zufall, sondern einem Gesetz.«[26] »Das spontane Auftreten von Ordnung
ist einfach nicht vorstellbar.«[27] »Der Physiker weiß heute«, so
stellt Ducrocq fest, »daß der vollkommene Zufall nicht existiert.«[28]

Prof. Alfven, Stockholm, spricht in einem Buch *Kosmologie
und Antimaterie* von galaktischen Übersystemen, sog. Meta-
galaxien, und Charlier nimmt in seiner Schrift *Modell des Universums* sogar die Systeme gleichlautend mit Lorber »in vierfach

gesteigerter Stufe« an.[29] Nach P. von der Osten-Sacken liegt z. B. im Sternbild Jungfrau ein sehr großer Haufen Galaxien. »Man schätzt die in ihm enthaltenen Galaxien auf etwa 3000.«[30] »Im Großen Wagen befindet sich, 650 Millionen Lichtjahre entfernt, ein kleiner Haufen mit etwa 300 Galaxien.«[31]

In seiner Schrift *Gott–Mensch–Universum* schreibt der französische Wissenschaftler Bivort de la Saudée hierzu: »Die Galaxien sind in Gruppen und Haufen geordnet.«[32] In »Bild der Wissenschaft« 7/1980 wird festgestellt: »Unsere Galaxie gehört zur lokalen Gruppe, die sich aus zwei bis drei Dutzend Galaxien zusammensetzt. Das Spektrum von Anhäufungen erstreckt sich bis zu Tausenden von Mitgliedern. Es gibt sogar Anzeichen, daß die hierarchische Ordnung der Welt weitergeht. Galaxienhaufen können wiederum zu ›Superhaufen‹ zusammengefaßt werden.«

Die Gesamtzahl der Galaxien wird nach Angaben von Pascual Jordan heute auf zehn Milliarden geschätzt.[33] Das sind Zahlen, vor denen die Vorstellungskraft kapitulieren muß. Dabei handelt es sich aber nach den Angaben Lorbers nur um Galaxien unserer Hülsenglobe. Zahlreiche Astronomen haben längst geahnt, daß es darüber hinaus noch weitere Universen gibt. Im Jahre 1963 berichtete die *Naturwissenschaftliche Rundschau,* daß der Physiker P. L. Brown in der englischen Zeitschrift *Nature* die Hypothese von einer *unendlich* großen Zahl von Universen aufgestellt habe, was den Angaben Lorbers von »unzählbaren Hülsengloben« gleichkommt. Nach Brown kann jedes Teilgebiet des Kosmos »als Elektron eines nächsthöheren angesehen werden, ohne daß irgendwelche Widersprüche zu den geltenden Gesetzen der theoretischen Physik entstehen«[34].

Im Jahre 1969 gab der Präsident der Internationalen Astronomischen Union, Prof. Heckmann, Santiago, zu bedenken, daß es dem Menschen nicht gegeben sei, das Ganze der Welt zu verstehen, daß sich immer nur Teilbereiche durchdringen ließen. Er sprach vom mit astronomischen Methoden überschaubaren Teil des Universums.[35]

37

Lorber hat den zitierten Kundgaben noch folgendes hinzugefügt: »Jeder solche Komplex von Sonnen- und Weltuniversen, die sich in weitesten Kreisen um eine Urmittelsonne bewegen, ist in tiefer Ferne von all den Sonnenuniversen mit einer festen Hülse umfangen, durch die kein materielles Wesen dringen kann. Diese Hülse besteht aus einer diamantartigen, durchsichtigen Materie und ist nach innen höchst spiegelglatt. Alles Licht nun, das von den zahllos vielen Sonnen hinausgeht und von keiner Erde noch Sonne aufgefangen wird, wird dann von dieser Hülse aufgefangen und wieder zurückgeworfen« (VdH II 300, 6).

Die Astronomen werden also, so sehr sie auch immer die Reichweite ihrer optischen oder Radioteleskope ausdehnen, immer nur einen winzigen Teil des Kosmos erkennen können. Diese Begrenztheit der Überschaubarkeit des Weltalls ist in den zitierten Bemerkungen des Professors Heckmann zum Ausdruck gekommen. Noch konkreter geht der Astronom Dr. Faust auf diesen Sachverhalt ein. Er schreibt: »Ist das Universum, wie wir es erforschen können, wirklich endlich in sich gekrümmt (wie Einstein behauptet, d. Vf.), so besteht die Wahrscheinlichkeit, daß es neben diesem noch weitere Universen (lies Hülsengloben, d. Vf.) gibt. Niemals kann ein intelligentes Wesen aus einem in sich zusammengekrümmten Universum etwas erfahren von der Existenz eines anderen endlichen Universums.«[36] Auch der Astronom Jakob Korn erklärt, daß das Weltall in seiner Universalität nicht beobachtbar sei, und fügt hinzu: »Die Astronomen wissen sehr gut um die Problematik der Kosmologie.«[37]

Die fast nicht mehr faßbare Zahlenübergewalt der von der modernen Astronomie vermittelten Größe des Kosmos bewegt sich in den Aussagen und Denkkategorien der Neuoffenbarung und bestätigt diese in eklatanter Weise.

Waren die Astronomen in den zwanziger und dreißiger Jahren unseres Jahrhunderts durch völlig neue Erkenntnisse von der Größe des Weltalls schockiert worden, so wiederholte sich ähnliches, als im Jahr 1961 mit Hilfe der neuen Radioteleskope

Riesensonnen entdeckt wurden, die alle bisherigen Vorstellungen von den möglichen Größen von Sternen über den Haufen warfen. Die Größe und die Leuchtkraft dieser Objekte waren so phantastisch, daß sie den Rahmen der bisher gültigen Ansichten völlig sprengten. Nach Berechnungen von Einstein durfte es keine Sonne geben, die mehr als hundertmal größer ist als unsere Sonne.[38] Dessenungeachtet waren aber schon im Jahre 1935 Sonnen bekannt, die einen vielhundertfachen Durchmesser, das tausendfache Gewicht und die zehntausendfache Helligkeit haben. Der Stern Beteigeuze im Orion hat z. B. einen 500mal größeren Durchmesser und die 17 000fache Leuchtkraft unserer Sonne.[39] Die Entdeckung des bisher größten Sternes R 136a im Jahre 1982, der hundertmillionenmal heller als unsere Sonne leuchtet, hat der früheren Annahme von der sehr begrenzten maximalen Größe von Sonnen ein Ende bereitet.[40]

Seit Anfang der sechziger Jahre wird nun das Weltall nicht mehr allein mit optischen Teleskopen erforscht; mit Hilfe der neuen Radioteleskope kann man viel tiefer in den Weltraum eindringen als mit den optischen Teleskopen. Mit den Radioteleskopen wurden dann Objekte von einer Größe und Leuchtkraft festgestellt, die den Astronomen den Atem verschlugen. Die bisherigen Riesensterne sind dagegen klein und unbedeutend. Die Objekte erschienen den Astronomen als rätselhaft, und da man zunächst nicht wußte, ob sie Sterne oder Galaxien waren, nannte man sie quasistellare Objekte oder kurz Quasare. Gelegentlich werden sie auch als Radiosphärulen bezeichnet.

Als australische Radioastronomen im Jahre 1961 den genauen Standort der starken Radioquelle 3C-147 festgestellt hatten, bestimmten die Astronomen Maarten-Schmidt und Thomas Matthews das Objekt mit dem 5-m-Spiegelteleskop auf dem Mount Palomar auf optischem Wege und identifizierten es als einen riesigen Stern. Seine Strahlung war größer als diejenige der 100 Milliarden Sonnen in unserem Milchstraßensystem zusammengenommen. Bis zum Jahr 1968 wurden von dem 5-m-Teleskop fast 100 dieser mysteriösen Objekte ausfindig gemacht. Darunter waren einige Quasare, die das Erstaunen der Entdecker immer mehr steigerten. Der Quasar 3C-48 hat z. B. die 150fache Leuchtstärke der hundert Milliarden Sonnen unserer Milchstraße. Der Quasar 3C-273 hat sogar eine Energie von 1000 großen Galaxien mit je 100 Milliarden Sonnen.[41] Die Existenz solcher Sonnen stand in völligem Widerspruch zu den bisherigen wissenschaftlichen Anschauungen. Wieder einmal war die Fachwelt verblüfft. Den Wissenschaftlern fehlten die richtigen Superlative für die ungeheure Größe und Leuchtkraft dieser Objekte. Ein merkwürdiges Kriterium dieser Quasare ist die starke Rotverschiebung, die auf Entfernungen von 6–10 Milliarden Lichtjahre hinweist. Die Entfernungsbestimmung auf Grund der Rotverschiebung und des sogenannten Dopplereffektes wird allerdings seit kurzem in Zweifel gezogen. Manche Wissenschaftler glaubten, es handle sich nicht um Riesensterne, sondern um Galaxien. Dieser Hypothese war aber nur eine kurze Lebensdauer beschieden. Seit dem Jahre 1965 werden nämlich bei den Quasaren starke Energieschwankungen festgestellt. Prof. Sandage berichtete im *The Astrophysical Journal*, daß er bei dem Quasar 3 C-371 innerhalb knapp 24 Stunden regelmäßige Helligkeitsschwankungen entdeckt habe. Ähnliche Entdeckungen machten auch andere Astronomen bei den verschiedensten Quasaren. Der sowjetrussische Astronom Kardaschew berichtete von periodischen Schwankungen bis zu 20 %. Solche Helligkeitsschwankungen sind von Sternen wohl bekannt, bei galaktischen Systemen sind sie undenkbar.

Sterne von den Ausmaßen der Quasare darf es nach der astrophysikalischen Theorie gar nicht geben, weil »Strahlungsdruck und Zentrifugaldruck zusammen die Existenz von mehr als 10^{32} kg praktisch ausschließen«[42]. Aber vor einigen Jahrzehnten vermochte man sich auch keine Energiequelle vorzustellen, die groß genug wäre, um die intensive Sonnenstrahlung Milliarden Jahre hindurch aufrechtzuerhalten. Erst sehr spät gelangte man zu der

Annahme, daß diese Strahlung durch die Atomenergie hervor-gerufen wird. Der These von der Unmöglichkeit der Existenz der Quasare hält Prof. Tirala folgendes entgegen: »Der Riesenstern müßte nach Einsteins Vorstellungen längst in Fetzen zerrissen sein, aber er tut es nicht, strahlt vielmehr unaufhörlich eine ungeheure Menge Energie aus.«[43] Es gab in der Vergangenheit viele Hypothesen, die als gesichert angesehen wurden und den-noch aufgegeben werden mußten, weil das Gewicht der Fakten stärker war. Auf die vielen Erklärungs- und Deutungsversuche der Quasare einzugehen erübrigt sich, weil sie auf den astrono-mischen Tagungen nicht einmal die erste Runde überstanden haben. »Nirgends«, sagt K. Rudzinski, »wird so viel spekuliert wie in der Kosmologie.«[44]

Jakob Lorber hat die Quasare ebenfalls den heutigen For-schungsergebnissen vorweggenommen. So wie er das Weltall, das im Großen Weltenmenschen seine größte Ausdehnung fin-det, beschrieben hat, so geht er auch im Detail auf die Quasare ein. Er gibt ein anschauliches Bild von den sich enorm steigern-den Größenordnungen und der Leuchtkraft der verschiedenen Arten der Zentralsonnen. Früheren Generationen mögen diese Darstellungen als das Produkt einer blühenden Phantasie, als eine Art Gigantomanie erschienen sein. Die Leser unserer Zeit, die die Forschungsergebnisse der Astronomie kennen, werden die folgenden Voraussagen Lorbers dagegen mit Verwunderung zur Kenntnis nehmen und vielleicht nachdenklich werden.

Lorber schreibt, daß jedes Sonnengebiet (= Galaxis) eine Ge-bietsmittelsonne hat. »Diese Mittelsonne ist stets so groß, daß sie den körperlichen Inhalt ihrer um sie bahnenden Planetarsonnen ums Hundertfache oder sogar ums Tausendfache, ja manchmal ums Millionenfache übertrifft; denn es gibt größere und kleinere Gebiete.« – »Wie sich aber die Größen solcher Mittelsonnen steigern, so steigert sich auch ihr Licht« … »Zählt z. B. der Durchmesser einer Planetarmittelsonne eine Billion irdischer Meilen (deutsche Meile = 7,4 km), so zählt der Durchmesser einer

Sonnengebietsmittelsonne das Millionenfache des Durchmessers einer Planetarmittelsonne. Eine All-Mittelsonne ... wächst dann wieder ums Millionenfache, manchmal sogar ums *Billionenfache* im Verhältnis der Größe und auch des Lichts« (VdH II 298, 4 ff.). Das klingt ungeheuerlich, aber hören wir, was heute maßgebende Astronomen entdeckt und dazu zu sagen haben. Prof. Sandage erklärt: »Grob geschätzt ist die von CTA-102 ausgesandte Strahlung *hundertbillionenmal* so stark wie die Energie unserer Sonne.«[45] Eine gleiche Lichtstärke wurde beim Quasar 3C-273 B festgestellt.[46]

Daß es Sterne geben soll, die Strahlungsleistungen 10^{46} erg pro Sekunde vollbringen, erscheint den Astrophysikern immer noch als unvorstellbar. Die Wasserstoff-Fusionsreaktion reicht jedenfalls nicht aus, um diese Energiegewinne und Energieabgaben zu erklären. Es gibt z. Z. kein plausibles physikalisches Modell, mit dem sich solche enormen Energieumsätze beschreiben ließen.[47]

Die Wissenschaftler sind auch konsterniert über die Feststellung, daß diese Objekte, die man früher als kleine, unbedeutende Sonnen unserer Milchstraße angenommen hatte, nach den neuesten Forschungsergebnissen hunderttausendmal weiter, nämlich viele Milliarden Lichtjahre entfernt, im Weltraum stehen. Nicht ohne Grund sagt der Astronom H. Fahr, daß »vielleicht unsere gesamten Vorstellungen vom Weltall revidiert werden müssen, weil sich das in der experimentellen Feststellung andeutet«[48].

Schon im Jahre 1964 erklärte der sowjetrussische Astronom V. A. Amberzumian in Eriwan (Armenien): »So vieles auch bei den Quasaren noch ungeklärt ist, so muß man auf jeden Fall doch überzeugt sein, daß die Kerne der Galaxien eine weit größere Bedeutung für den Entwicklungsprozeß der großen Welteninseln (Galaxien, d. Vf.) haben, als man bisher angenommen hat. Es sieht doch so aus, als ob die Entwicklung einer Galaxis von einem Kern außerordentlich großer Masse und Dichte ausgeht.«[49] Auch die amerikanischen Astronomen Hoyle und Fowler nehmen an, daß die Kerne der Galaxien gar nicht, wie bisher als selbstverständlich angenommen wurde, aus einzelnen Sternen bestehen, sondern aus einem Megastern, eben aus einem Quasar von etwa 100 Millionen Sonnenmasse.[50]

Die Entdeckung des Quasars M82 machte das erstmals deutlich. Bereits im Jahre 1964 wurde erkannt, daß das Zentrum von Spiralnebeln (Galaxien) nicht mehr in einzelne Sterne gegliedert ist, sondern daß dieses aus einem einzigen sternartigen Gebilde besteht.[51] Seit dem Jahre 1982 steht laut *Bild der Wissenschaft* fest: »Es ist jetzt gesichert, daß es sich bei den Quasaren um die Kerne weit entfernter Galaxien handelt.«[52] Der von einigen Astronomen aufgestellten, aber bisher unbewiesenen Hypothese, daß es sich bei den Quasaren um sogenannte Schwarze Löcher handelt, steht folgender Tatbestand entgegen: Nach herrschender Meinung kann aus Schwarzen Löchern kein Licht herausdringen; sie können deshalb auch nicht mit Lichtteleskopen festgestellt werden. Nach Angaben in *Bild der Wissenschaft* 4/1982 ist aber das Licht der Quasare durch Aufnahmen am 3,6-m-Teleskop der europäischen Südsternwarte Chile aufgefangen worden. Den Astronomen E. Bedlin und G. Neugebauer vom California Institute of Technology gelang es, durch ausgedehnte Ultrarotstrahlungsmessungen festzustellen, daß auch der Kern unserer Milchstraße einer Masse von 30 Millionen Sonnen entspricht.[53]

Ein weiterer Vorgang, der neuerdings auf den Zentralsonnen beobachtet worden ist, wird ebenfalls von Lorber ganz präzis beschrieben: Prof. Allan Sandage machte Aufnahmen von M82, die zeigten, daß aus dem Kern große Wolken von *Gasen* wild ausbrachen. Man konnte an diesem Objekt, das bisher ebenfalls fälschlich unserer Milchstraße zugeordnet worden war, deutlich einen Kern und einen langen Strahl unterscheiden, der aussieht, als würde er aus dem Stern herausgeschossen.[54] Auch die riesige M 87 im Virgohaufen schleudert gewaltige Protuberanzen in den Weltraum, »leuchtende Figurationen, die so lang sind wie ganze

Galaxien«[55]. Laut einem Bericht der *Zeit* vom 21. Juli 1972 haben die Astronomen Shaffer, Cohen, Jauncy und Kellermann festgestellt, daß auch aus dem Kern der Seyfert-Galaxie 3C-120 Gaswolken ausgestoßen wurden. Die zunehmenden Beobachtungen lassen bei vielen Astronomen keinen Zweifel mehr offen, daß im Kern der Galaxien, d. h. in den riesigen Zentralsonnen, neue Materie geschaffen wird.[56]

Wiederum standen die Astronomen vor einer neuen Situation, und viele wußten das Phänomen nicht zu deuten. Manche glaubten, es handle sich um eine Nova, obwohl Nova-Ausbrüche nur einige Stunden oder höchstens wenige Tage andauern. Andere hielten die Vorgänge für Kettenreaktionen explodierender Sterne. Diese Theorie hat der Astronom D. Sidney van der Berg nach genauen Untersuchungen zurückgewiesen und auf Grund von Fotografien im Kern von M82 die Ansicht vertreten, daß die Expansion der Materiewolken aus dem Strahlungsdruck sehr heißer und großer Sterne resultiert.[57] Dort werden also die registrierten Schwerkraftwellen in der Hauptsache ausgelöst. In einem Bericht aus dem Jahre 1970 wurde betont, es könne als gesichert angesehen werden, daß im *Kern* der Galaxien »ungewöhnliche kosmische Veränderungen stattfinden«. »Vielleicht finden hier auch Sternzeugungsprozesse statt.«[58] Für Ducrocq steht eindeutig fest: »Die Sterne schleudern also in verschiedenen Phasen ihrer Entwicklung und in unterschiedlichem Rhythmus Materie in den Weltraum.«[59] Ebenso erklärt von der Osten-Sakken: »Es kann angenommen werden, daß in Kernnähe Sonnen entstehen.«[60] Diese Ansichten stimmen genau überein mit den Kundgaben der Neuoffenbarung. Jakob Lorber berichtet über diese Vorgänge und beschreibt sie als die Geburt von Sonnen aus dem Körper der Zentralsonnen (Quasare) wie folgt: »Auf dieser ungeheuren Sonne brennt das allerreinste *Gas*, und dieses muß stets in den großen untersonnischen Gasometern in Überfülle vorhanden sein« (VdH II 298, 15). Diese Gase werden nach den Angaben Lorbers »als stark glühende Bälle in die Unendlichkeit hinausgeschleudert«. »In irgendeiner Raumestiefe werden sie dann zu Sonnen im Gebiet einer Mittelsonne.«[61]

Die Darstellung in der Neuoffenbarung deckt sich mit der von dem Astrophysiker Fred Hoyle aufgestellten Theorie des zeitlich konstanten Universums insoweit, als diese sogenannte »Steady-state-Theorie« eine ständige Nacherzeugung neuer kosmischer Massen unterstellt. Auch nach den Angaben von Pascual Jordan entstehen in Übereinstimmung mit den Kundgaben der Neuoffenbarung aus den ausgestoßenen Plasmawolken (Gase) »ständig neue Sterne«[62].

Lorber berichtet übrigens, daß unsere Erde nicht von unserer Sonne ausgestoßen wurde, sondern von der riesigen Urzentralsonne unserer Hülsenglobe. Wörtlich lautet die Aussage: »Mit dieser Erde hat es eine höchst eigentümliche Bewandtnis. Sie gehört zwar als Planet zu dieser Sonne, aber sie ist streng genommen nicht so wie die anderen Planeten aus dieser Sonne, sondern hat ihre Entstehung ursprünglich schon aus der Urzentralsonne« (Gr IV 106, 8).

In früheren Jahrzehnten war für die Astronomen die Annahme, daß die Erde aus unserer Sonne stammt, selbstverständlich. Heute besteht Klarheit darüber, daß diese Theorie unhaltbar ist. Die Wissenschaftler haben inzwischen folgendes erkannt: »Die verbreitete Meinung, die Erde bestehe aus Sonnenmaterial, ist falsch. Unser Planet ist nämlich mehr als zur Hälfte aus schweren Elementen zusammengesetzt (Eisen, Nickel, Kupfer, Zink, Blei, Uran d. Vf.), die in der Sonne nicht vorhanden sind. Die Verschiedenheit der chemischen Zusammensetzung läßt es als ausgeschlossen erscheinen, daß die Erde aus einem Bruchstück der Sonne entstanden ist.« »Die Sonnentemperatur ist viel zu niedrig – und sie war es immer –, um den Aufbau der schweren Elemente zu gewährleisten, welche den Hauptbestandteil unseres Planeten ausmachen. Die Erde entstammt sicherlich einem anderen, mindestens zehnmal größeren Gestirn. Denn nur ein *Überriese* entwickelt die Hitze, die notwendig ist, um 92 Elemente zu gebären, die im Naturzustand auf unserem Planeten vorhanden sind.«[63] So ist auch in diesem Fall eine ursprünglich als ganz und gar gesichert erschienene Annahme als Irrtum entlarvt und die wissenschaftliche Meinung mit der Aussage der Neuoffenbarung in Übereinstimmung gebracht worden.

Die von Jakob Lorber zuletzt beschriebene Urzentralsonne unserer Hülsenglobe übersteigt hinsichtlich ihrer Größe und Lichtkraft jedes Begriffsvermögen. Nach den Angaben Lorbers ist diese Urzentralsonne identisch mit dem Stern Regulus im Sternbild des Löwen. Dieser Stern erscheint den Astronomen aber nicht als sonderlich groß und auch nicht als weit entfernt stehend. Lorber spricht dagegen von einer »unberechenbar großen Entfernung«. Nun, die Astronomen wissen, daß ihre Entfernungsangaben auf schwachen Füßen stehen. Das hat sich in den letzten Jahrzehnten mehrfach erwiesen. Ducrocq bemerkt, daß im Jahr 1960 die zehn Jahre vorher ermittelten Werte bedeutend korrigiert werden mußten, weil sie samt und sonders falsch waren. Nach der Entdeckung der Quasare ergaben sich erneut Änderungen, die diesmal geradezu umwerfend waren. Daß hinsichtlich der Entfernungsschätzungen noch alles offen ist, beweist die Erklärung von Prof. Maarten-Schmidt, Pasadena, auf der Tagung der Astronomischen Gesellschaft im Jahre 1969 in Nürnberg. Er sagte, das Rätsel der Natur der Entfernungen der Quasare sei immer noch völlig ungeklärt. Nach fünfjähriger Arbeit bestehe nach wie vor keine Möglichkeit, die Entfernung dieser seltsamen Objekte zu bestimmen.[64]

Der Regulus wird von den Astronomen in die niedrigste fünfte Klasse der Zwerge oder Hauptreihensterne, zu welchen auch unsere Sonne zählt, gerechnet. (Die Quasare sind noch nicht klassifiziert.) Aber auch die Quasare, welche teils die billionenfache Leuchtkraft unserer Sonne haben, wurden ehedem als ganz unbedeutende, schwache Sterne angesehen! Vielsagend ist in diesem Zusammenhang die Feststellung des Astronomen Dr. Karl Schaifers (Sternwarte Heidelberg), daß bei der meist nur anwendbaren Farbdifferenzmethode nie gesagt werden kann, ob der unbedeutende Stern fünfter Klasse nicht in Wirklichkeit ein ungeheurer Riesenstern ist. Wörtlich sagt Schaifers: »Man kann aus einem Farbindex nicht entscheiden, ob es sich um einen Riesenstern oder um einen Zwergstern handelt.«[65] Das macht verständlich, daß der Astronom Matthews für den Quasar 3C-48 eine Entfernung von 1 Million Lichtjahren angibt, während andere das Objekt in eine Entfernung von 5 Milliarden Lichtjahren setzen.«[66]

Die Astronomen haben in den vergangenen Jahrzehnten ihre Vorstellungen von den Entfernungen der Sterne, ihrer Größe sowie hinsichtlich der Größe und des Alters des Weltalls mehrfach grundlegend ändern müssen, und jedesmal war die Gewinnung neuer Erkenntnisse gleichbedeutend mit einer Angleichung an die Kundgaben der Neuoffenbarung. Die Annahme, daß die Entwicklung auch in Zukunft in dieser Richtung verlaufen wird, erscheint deshalb berechtigt.

Die Aussagen der Neuoffenbarung über die Elementarteilchen und die Forschungsergebnisse der modernen Wissenschaft

In ähnlicher Weise, wie die Neuoffenbarung die in den letzten Jahrzehnten von der Astronomie gewonnenen Erkenntnisse vorweggenommen hat, sind dort auch ebenso zutreffende Ausführungen über die Atome und Elementarteilchen gemacht. Die Erörterungen werden zwar nicht in der uns heute geläufigen Terminologie dargeboten, aber sie vermitteln dennoch ein wirklichkeitsgetreues Bild von den geheimnisvollen Vorgängen der Entstehung der Materie. Das Frappierende dabei ist, daß auch ganz präzise Angaben über wesentliche Details gemacht werden, die durch die wissenschaftlichen Forschungsergebnisse genauestens bestätigt worden sind.

Im Zuge der Beweisführung ist es unumgänglich, den Leser im folgenden mit der Atomphysik wenigstens am Rande zu befassen. Wir bemühen uns dabei um eine Art der Darstellung, die es dem Leser ermöglicht, den Ausführungen folgen zu können. Hinsichtlich der Kundgaben Lorbers ist zu berücksichtigen, daß sich die Prophetie stets einer Ausdrucksweise sui generis bedient. Ferner ist zu bemerken, daß die Neuoffenbarung im subatomaren Bereich Vorgänge sieht, die teils in das Geistige hinüberreichen und in den Elementarteilchen die ersten Entwicklungsstufen tierischen Lebens erkennt. »Ein geistiger Partikel Meines Ichs«, heißt es, »ist in jedem Atom enthalten« (LGh, S. 163). »In allem Geschaffenen ist ein geistiger Teil verdichtet, in ein größeres Volumen zusammengedrängt ... Auf diese Art entstand alles, was ihr Materie nennt« (LGh, S. 84). In analoger Weise berichtet übrigens auch der Seher Swedenborg: »Ein Natürliches, das nicht seinen Ursprung aus dem Geistigen hätte, gibt es nicht.« Im Gegensatz dazu lehnt die materialistische Wissenschaft in Ost und West Gott als Schöpfer sowie die transzendente Welt der Geister ab. »Die Materialisten«, schreibt Birjukow, »halten die Materie für die Grundlage alles in der Welt Existierenden. Geist und Seele sind Produkte einer besonderen Form hochentwickelter Materie.«[67] Die Neuoffenbarung und die materialistische Wissenschaft stehen sich somit in ihren grundlegenden Aussagen diametral entgegen. Es bahnt sich aber, wie noch zu zeigen sein wird, in der Wissenschaft eine Wende an.

Bei der Erörterung der Atome und Elementarteilchen spricht die Neuoffenbarung nach dem oben Gesagten von »Atomen«, »Ätheratomen«, »Atomtierchen«, »Monaden« und »Geisterteilchen«.

Schon vor 2300 Jahren hatten die griechischen Philosophen Leukipp und Demokrit die Vorstellung entwickelt, daß die Materie sich aus winzigen Teilchen zusammensetze, die unteilbar seien. Von dem griechischen Wort »atomos« (unteilbar) ist der Begriff »Atom« hergeleitet worden. Die Annahme, das Atom sei unteilbar, hat sich allerdings im 20. Jahrhundert als falsch erwiesen. Das Atom besteht wiederum aus noch viel kleineren Teilchen, die Elementarteilchen genannt werden. Sie bilden die Substruktur der Materie. »Im Anfang unseres Jahrhunderts«, schreibt Kenneth W. Ford, »wußte man, daß es Atome gibt. Die Struktur des Atoms aber und die Bezeichnung der Atome untereinander waren ein Geheimnis, so wie uns heute die Elementarteilchen ein Geheimnis sind.«[68] Im Jahre 1910 war die Struktur des Atoms noch unbekannt gewesen, und die eigentliche Physik der Elementarteilchen begann erst um das Jahr 1930. Mehr als dreißig Jahre nach dem Tode Lorbers wurde das erste Elementarteilchen, das Elektron, entdeckt, im Jahre 1920 dann das Proton und 1932 das Neutron. (Die Elektroden sind die Hülle des Atoms, Proton und Neutron sind die Kernbestandteile.) Nun glaubte man, die Bausteine der Materie gefunden zu haben und nannte die unvorstellbar kleinen Teilchen Elementarteilchen. Die Zahl dieser Teilchen nahm aber immer mehr zu, heute sind es bereits ca. 200. Es zeigte sich bald, daß alles viel komplizierter und geheimnisvoller ist, als man zunächst angenommen hatte. Die Bezeichnung »Elementarteilchen« erwies sich im Hinblick auf die Menge der Teilchen als falsch, aber sie wird dessenungeachtet in der wissenschaftlichen Literatur beibehalten. Der Einblick in die Welt des Kleinsten ist interessant und geeignet, über die Größe und Weisheit des Schöpfers nachdenklich zu werden.

Nicht ohne Grund heißt es im Lorber-Werk: »Eine rechte Naturerkenntnis ist dem Menschen vonnöten. Denn wie wollt ihr Gott lieben, wenn ihr ihn nicht in den Werken seiner Schöpfung erkennt.« Der Nobelpreisträger und Begründer der Quantentheorie, Max Planck, sprach einmal in diesem Sinne von einem mittelbaren und unmittelbaren Weg zu Gott, jenem durch die Naturwissenschaften, diesem im Sakrament oder im Gewissen.

Seit der Entdeckung der Kernteile (Nukleone), nämlich des

Protons und des Neutrons sowie des Elektrons, wird nach einem Modell des dänischen Gelehrten Niels Bohr der Bau des Atoms oft mit dem Sonnensystem verglichen. Wenn der Vergleich auch nur bedingt zutreffend ist, so ist er für das Verständnis der Sache hier doch ausreichend. Wie die Planeten um die Sonne kreisen, so rasen mit ungeheurer Geschwindigkeit die Elektronen um den Atomkern. Das Atom ist so klein, daß etwa 100 Millionen Atome eine Länge von einem Zentimeter ergeben. Hunderttausendmal kleiner als das Atom ist der Atomkern selbst.[69] Ein Stecknadel-kopf und ein Ballon geben einen Größenvergleich für den Durchmesser eines Atomkerns und des Gesamtatoms, d. h. ein-schließlich der Hülle.[70]

Viele Jahrzehnte vor der Jahrhundertwende, also lange Zeit bevor der Wissenschaft der Einblick in das Innere des Atoms gelang, lehrte die Neuoffenbarung, daß das Atom aus noch kleineren subatomaren Teilchen besteht. In der Schrift *Schöpfungsgeheimnisse* S. 227 heißt es hierzu: »Ein Gedanke mußte der Schaffung eines Atoms vorangehen, welches, ehe es ›Atom‹ wur-de, aus *noch* kleineren Bestandteilen zusammengesetzt ist, bis an die Grenze der Luft-, Gas- oder Geisterform hinreichend.«

Wie gering die Masse des Atoms ist, geht aus folgendem hervor: »Erst ungefähr drei Milliarden Billionen der schwersten bekannten Atome ergeben ein Gramm.«[71] Der Atomkern, der nur den hunderttausendsten Teil der Größe des Atoms aus-macht, umfaßt jedoch 99,95 % des Atomgewichts. Das Elektron, der Baustein der Atomhülle, ist 1836mal leichter als das Proton. Es wiegt den tausendquadrillionsten (10^{-27}) Teil eines Gramms. Mathematisch dargestellt sieht das so aus:

$$m_0 = 0,9107 \cdot 10^{-27} \text{ Gramm oder}$$

$$m_0 \approx \frac{1}{1\,000\,000\,000\,000\,000\,000\,000\,000\,000} \text{ Gramm}$$

d. h., unter dem Bruchstrich steht im Nenner eine 1 mit 27 Nul-len![72]

Die Wissenschaftler fragen sich mit Recht, was die eigentliche Natur des Elektrons ist. Der Nobelpreisträger spricht in diesem Zusammenhang von »geisterhaften Zuständen«, und Lincoln Barnett meint: »Das Elektron ist nur ein Schimmer – so unbestimmt wie ein Windstoß, eine Lautwelle in der Nacht.«[73] Dessenungeachtet ist das Elektron, das mit einer Geschwindigkeit von 2000 km in der Sekunde sich um den Atomkern bewegt, nachweisbare Wirklichkeit.[74]

Nach den Angaben der Neuoffenbarung befindet sich das Elektron an der Grenze des Materiellen zum Geistigen. Lorber wurde hierzu folgendes in die Feder diktiert: »Das Elektron ist demnach nichts anderes als zuerst die durch einen Druck und durch ein Reiben gestörte Ruhe, und als zweites die erregte Tätigkeit der Äthergeister, als ein zum Teil rein geistiger und zum Teil auch als der natürliche Licht- und Lebensstoff in der Erdluft« (Gr VIII 144, 1). Und an anderer Stelle heißt es: »Ein Ätheratom ist, wenngleich nach euren Begriffen ein unkörperliches, oder mit gelehrtem Ausdruck bezeichnet, ein imponderabiles Ding, aber es ist dennoch ein für sich Abgeschlossenes, Begrenztes. Ein solches Atom hat trotz seiner Kleinheit doch Dimensionen der Tiefe und Länge wie jeder Körper« (LGh, S. 163). Wenn die Atomphysiker heute die um den Atomkern rasenden Elektronen als »Materiewolke« oder »Ladungswolke« bezeichnen, so steht in der Neuoffenbarung der ebenso treffende Ausdruck »Dunsthülle«.

Im Zusammenhang mit den in der Neuoffenbarung beschriebenen Anziehungs- und Abstoßungskräften ist dort weiter zu lesen: »So entwickelte sich zwischen den Atomen mittels ihrer umgebenden Dunsthülle (= Elektronen, d. Vf.) die Assimilation, wobei die Dunsthüllen das Homogene anziehen und das Heterogene abstoßen« (LGh, S. 164). Diese Darstellung entspricht der von der Wissenschaft im 20. Jahr- hundert gewonnenen Vorstellung von den anziehenden und abstoßenden Kräften im Atom.

Noch steht die materialistische Wissenschaft der Aussage der Neuoffenbarung, die Atome bzw. die Elementarteilchen seien zum Teil geistiger Natur, ablehnend gegenüber. Es gibt aber Gelehrte, die der Darstellung der Neuoffenbarung bereits ganz nahe kommen. So schreibt z. B. Jean Mussard in seinem dreibändigen Werk *Gott und der Zufall*: »Vielleicht ist ein Atom Materie nichts anderes als ein Partikel Geist.«[75] Teilhard de Chardin vertritt die Ansicht, jedem stofflichen Partikel sei ein Atom Seele zugeteilt.[76] Der Physiker Prof. Siegfried Müller-Markus schreibt: »Die unbeobachtbare Seele des Elementarteilchens steuert die beobachtbare Energie. Die Seele der Teilchen spielt in der Atomphysik eine fundamentale Rolle. Nur weigern wir uns, ihre Realität anzuerkennen.«[77]

Die teilweise geistige Struktur der Elementarteilchen ist wohl der Grund, weshalb die Wissenschaftler folgendes Geständnis machen müssen: »Obgleich wir so bewunderungswürdig viel über die Gesetzmäßigkeit der Elektronen und ihrer Wechselbeziehungen zu anderen Teilchen wissen, ist es uns kaum möglich, ihre eigentliche Struktur zu erfassen.«[78]

Während bis in die dreißiger Jahre des 20. Jahrhunderts beim Atom alles so schön geordnet und einigermaßen überschaubar erschien, mußten die Wissenschaftler in den folgenden Jahrzehnten erkennen, daß die Materie nicht beim Atom beginnt, sondern daß die in großer Zahl entdeckten Elementarteilchen den Stamm aller kosmischen Materie bilden. Das Atom ist bereits eine Abzweigung.[79] Was sind aber diese winzigen Teilchen wirklich? Das Rätselraten um die Natur der Teilchen, das damals begann, ist auch heute noch im vollen Gange.[80] Sie haben fast alle die gleiche Größe, aber ein unterschiedliches Gewicht. Zum Teil sind sie so leicht, daß sie als »Nichtse« bezeichnet werden. Sie kommen mit der unvorstellbaren Energie bis zu 10^{21} (= eine Trilliarde) Elektronenvolt aus dem Weltraum geschossen.[81] Sie sind also millionenmal energiereicher als die Protonen, die durch die riesigen irdischen Beschleuniger gejagt werden. Auf ihrer

Reise durch die Lufthülle der Erde verwandeln sie sich in winzigen Bruchteilen einer Sekunde in andere Teilchen. Es zerfallen stets die schweren Elementarteilchen und verwandeln sich dabei in leichtere Teilchen. Die Lebensdauer der Teilchen ist so unvorstellbar gering, daß der menschliche Zeitbegriff versagen muß. Und gerade in diesem Punkt werden die Aussagen Lorbers, die zur Zeit, als er sie niederschrieb, von niemandem als Realität angesehen wurden, heute von der Wissenschaft mit größter Präzision bestätigt. Lorber gibt nur einige Beispiele an, wie ja auch heute in der wissenschaftlichen Literatur von den etwa 200 Elementarteilchen nur einige wenige besprochen werden.

In der Schrift *Himmelsgaben* Bd. I, S. 82, die im Jahre 1840 entstand, beschreibt Lorber den Vorgang der Umwandlung der Elementarteilchen wie folgt: »Ihr werdet meinen, das Wasser sei die Mutter der Tiere. Allein, dem ist nicht so. Die erste Klasse der Tierwelt sind die unendlich kleinen Bewohner des Äthers. Sie sind in diesem *ungefähr* das, was ihr in eurer Sprache ›Atome‹ nennt. Wenn ihr solche Tierchen mit euren Augen entdecken wollt, müßt ihr einen solchen Punkt trillionenmal vergrößern können, was euch wohl im irdischen Leben nie gelingen wird. Ein sterbliches Auge wird die Dinge in ihrer Wahrheit nie schauen können, sondern das kann nur das Auge des Geistes.«

»Die Gestalt dieser Tierchen ist die einer *Kugel*, deren Oberfläche äußerst glatt ist. Ihre Nahrung ist die Essenz des Lichtes. Ihre Lebensdauer ist der *trillionste* Teil einer Sekunde, worauf sie – nach ihrem Ableben zu Trillionen sich einend – eine zweite Klasse von Wesen zu bilden anfangen, die sich zwar hinsichtlich der Größe von ihren Vorgängern um nicht gar vieles unterscheiden.« »Sie sind unter dem Ausdruck ›Monaden‹ zu verstehen.« »Diese Tierart hat ihren Lebensraum schon in der Planetensphäre. Ihre Lebensdauer ist der *tausendbillionste* Teil einer Sekunde.« »Auf gleiche Weise wird unter fast gleicher Gestalt eine Klasse nach der anderen mit stets potenzierterem Leben gebildet. Die Lebensdauer dieser Wesen ist dann schon nach und nach zum tausendmillionstel (= milliardstel) Teil einer Sekunde angewachsen.«

Zur Zeit Lorbers war es für die Wissenschaftler unvorstellbar, daß es einen subatomaren Bereich gibt und eine trillionenfache Vergrößerung erforderlich wäre, um die kleinsten Bausteine der Materie erkennen zu können. Die phantastisch anmutende Aussage Lorbers ist aber inzwischen vollauf bestätigt worden. Die unvorstellbaren winzigen Teilchen, die einer trillionenfachen Vergrößerung bedürfen, um mit dem Auge wahrgenommen zu werden, existieren. In der großen Zahl der hauptsächlich ab Ende der vierziger Jahre entdeckten Elementarteilchen gibt es einige, die alles bis dahin Vorgefundene in den Schatten stellen. Da ist z. B. das Neutrino. Es ist so winzig, daß das Elektron dagegen ein Riese ist. Sein Radius ist ein 170 Quadrillionstel cm. Seine Durchschlagskraft ist ungeheuer. Auf seinem Weg von der Sonne zur Erde durchschlägt es diese ohne weiteres. Selbst ein Körper von der Größe der Sonne könnte ihm kein Hindernis bieten.[82] »Sobald wir mit der Größenordnung bis auf etwa 10^{-6} cm heruntergehen«, schreibt D. ter Haar, »gelangen wir in einen Bereich, wo uns keine Schärfung der Sinne (durch das Elektronenmikroskop, d. Vf.) mehr helfen kann.«[83] Auch das Atominnere wurde nie gesehen und wird nie gesehen werden können.[84] Dennoch gelang es den Physikern Cowan und Reines durch ein schwieriges, raffiniert ausgedachtes Experiment, das Neutrino zu finden. »Einige Physiker sahen es nur als den *Geist* eines Teilchens an«, bemerkt Asimov in seiner Schrift *Das Neutrino – Geisterjagd in der Physik,* aber er fügt hinzu, daß es eben doch nicht nur »eine Ausgeburt von wissenschaftlichem Mystizismus sei«[85].

Lorber berichtet, daß die »Atome die Gestalt einer *Kugel* haben, deren Oberfläche äußerst glatt ist«. Auch diese Details sind von der Wissenschaft bestätigt worden.[86] Nach den Ausführungen von Asimov »können wir uns auch ein Photon des sichtbaren Lichts als eine Kugel vorstellen«[87]. Von dem Elementarteilchen Nullitron heißt es in einem Aufsatz in der wissen schaftlichen Zeitschrift *X-Magazin* 8/1972, daß es »vollkommen rund ist« und »eine ziemlich glänzende Oberfläche hat«. Es ist einleuchtend, daß mit den synonymen Ausdrucksweisen »äußerst glatte Oberfläche« (Lorber) und »ziemlich glänzende Oberfläche« (X-Magazin) derselbe Sachverhalt geschildert wird.

Die Nahrung der Elementarteilchen, heißt es dann bei Lorber weiter, »ist die Essenz des Lichtes« (Hi I, S. 83). Auch hierzu gibt es Hinweise in der Atomphysik, die einen Analogieschluß zum mindesten nahelegen. Es wird dort gesagt: »Ein Lichtphoton (Lichtteilchen oder Korpuskel, d. Vf.) ist zu jedem Zeitpunkt mit etwa einer Milliarde Atomen in Berührung, von denen jedes versucht, das Photon einzufangen und zu absorbieren.«[88]

Erstaunlich präzise Angaben macht Lorber bezüglich der Lebensdauer der Elementarteilchen, die mit den Forschungsergebnissen der Atomphysiker genauestens übereinstimmen. »Ihre Lebensdauer«, schreibt Lorber, »ist der *trillionste* Teil einer Sekunde« (Hi I, S. 83). Die Lebensdauer des Sigma-Teilchens Σ^0 wird von D. ter Haar völlig deckungsgleich mit 10^{-18} Sekunden angegeben, das ist eine trillionstel Sekunde.[89] Das Positron hat ebenfalls eine Lebensdauer von einer trillionstel Sekunde.[90] Nach der Verwandlung in die nächste Stufe gibt Lorber die Lebensdauer mit einer *tausendbillionstel* Sekunde an (Hi I, S. 83). Dem entspricht die Lebensdauer des neutralen Pions von 10^{-15} Sekunden, das ist eine tausendbillionstel Sekunde.[91] »Die Lebensdauer dieser Wesen«, heißt es dann weiter in der Neuoffenbarung, »ist dann schon nach und nach bis zum tausendmillionsten (= *milliardsten*, d. Vf.) Teil einer Sekunde angewachsen« (Hi I, S. 83). Auch diese Lebensdauer wird von D. ter Haar bestätigt. Das Xi-Teilchen Ξ hat eine Lebensdauer von 10^{-9} Sekunden (= eine milliardstel Sekunde).[92] Gleiche Angaben macht Ford bezüglich des Lambda-Teilchens.[93] Bei weiteren Umwandlungen ergibt sich eine immer mehr zunehmende Lebensdauer von z. B. 10^{-8}, 10^{-6} und 10^{-3} Sekunden.[94] Wie derartige Umwandlungen »unter fast gleicher Gestalt von einer Klasse zur anderen« laut den Kundgaben Lorbers stattfinden, erhellt ein Beispiel aus der Schrift eines führenden amerikanischen Gelehrten auf dem Gebiet der Kernphysik und der Physik der Elementarteilchen. Kenneth W. Ford. Nachdem das Lambdateilchen in weniger als dem milliardsten Teil einer Sekunde spontan in ein Nukleon und in ein Pion zerfallen ist, beschreibt Ford den weiteren Verlauf wie folgt: »Das Pion zerfällt nun seinerseits nach einer etwas längeren Zeit (als eine milliardstel Sekunde, d. Vf.) in ein Myon und in ein Neutrino. Kurz darauf ist auch das Myon verschwunden und an seiner Stelle sind ein Elektron, ein Neutrino und ein Antineutrino erzeugt. Dies alles geschieht innerhalb einer millionstel Sekunde.«[95]

»Normalerweise zerfallen die Elementarteilchen und wandeln sich dabei in *leichtere* Teilchen um.«[96] In der Neuoffenbarung heißt es hierzu analog: »Das Gröbere löst sich in immer *Leichteres* auf« (SGh, S. 92). »In der Natur geht immer eines unbemerkt in das andere über, wie eine Woge in die andere« (Hi I, S. 241, 9).

Wenn weiter in der Neuoffenbarung gesagt wird, daß sich die »verschiedenen Klassen von Wesen (Elementarteilchen, d. Vf.) ... hinsichtlich der *Größe* von ihren Vorgängern um nicht gar vieles unterscheiden« (Hi I, S. 83, 11), so stimmt auch diese Angabe mit der folgenden von der modernen Wissenschaft getroffenen Feststellung überein: »Die Elementarteilchen sind alle ungefähr gleich groß.« »Die Zerfallsprodukte sind wieder Elementarteilchen und so groß wie das Ausgangsprodukt.«[97]

Die Forschungsergebnisse der Wissenschaft des 20. Jahrhunderts zeigen uns, daß es keine Materie im Ruhezustand gibt, wie die Wissenschaftler des 19. Jahrhunderts angenommen hatten. Im subatomaren Bereich spielt sich, unseren Sinnen verborgen, ein ständiges blitzschnelles, katastrophenartiges, geheimnisvolles Geschehen der Vernichtung und Erzeugung ab, an dessen Ende schließlich stabile Elementarteilchen stehen. Aus einem kaum faßbaren chaotischen Prozeß entsteht die Materie. Diese Vorgänge, die bis heute noch nicht annähernd geklärt und erkannt sind, hat Lorber vor mehr als hundert Jahren in geradezu spektakulärer Weise durch seine Niederschrift, die ihm durch das Innere Wort zukam, vorweggenommen. Mit knappen Worten wird in der Neuoffenbarung zusammenfassend auf diese geheimnisvolle Schöpfungsvorgänge hingewiesen, denen die Leser des 19. Jahrhunderts schwerlich irgendein Verständnis abgewinnen konnten. Es heißt dort: »Wo ihr mit euren Augen wenig oder nichts erblickt, da gehen gar große Dinge vor sich, und es ist so, wie einst ein Weiser sagte (gemeint ist Shakespeare, d. Vf.): ›Zwischen der Erde und der Sonne gehen Dinge vor sich, von denen sich die menschliche Vernunft nicht träumen läßt‹« (EM, S. 85).

Im Zuge der vielfältigen Umwandlungen der Elementarteilchen existieren am Ende schließlich, wie bereits erwähnt, Teilchen, deren Lebensdauer begrenzt ist. Daß die im Atomkern vorhandenen Protonen und Neutronen nicht auch zerfallen, ist einer entdeckten ungewöhnlich starken »Austauschkraft« zu verdanken, die auch »Wechselwirkung« genannt wird. Der Begriff »Wechselwirkung« spielt in den naturkundlichen Betrachtungen der Neuoffenbarung eine ebenso bedeutende Rolle wie in der heutigen Kernphysik. Wir werden darauf noch ausführlich zu sprechen kommen. Zur Zeit Lorbers kannte man den Begriff »Wechselwirkung« im Zusammenhang mit der Vernichtung und Erzeugung noch nicht. Auch waren die Elementarteilchen noch gänzlich unbekannt. Was ist nun Wechselwirkung? Ford beantwortet diese Frage wie folgt: »Alle gewöhnlichen Kräfte, bei denen ein Gegenstand von einem anderen angezogen wird, sind Wechselwirkungen. Ebenso ist der Zerfall eines instabilen Elementarteilchens der Ausdruck der Wechselwirkung.«[98]

Die Hülle und der Kern des Atoms werden durch die elektromagnetische Wechselwirkung zusammengehalten. Diese Kraft ist aber zu schwach, um die beiden Kernteile, das Proton und das Neutron, zusammenzuhalten. Es muß also noch eine andere Kraft geben, die hundertmal stärker ist als die elektromagnetische

Kraft. Prof. Hideki Yukawa konnte im Jahr 1935 durch Berechnungen voraussagen, daß es ein bestimmtes Elementarteilchen geben müsse, das blitzschnell zwischen den Protonen und Neutronen hin und her pendelt, so daß durch diesen schnellen Rhythmus die Protonen und Neutronen »keine Zeit« finden würden, sich abzustoßen. Dieses Teilchen wurde zwölf Jahre später tatsächlich in der kosmischen Strahlung gefunden und Pi-Meson oder auch Pion genannt. Es rast innerhalb einer Sekunde $5 \cdot 10^{17}$mal (also beinahe eine Trillion mal) zwischen den Protonen und Neutronen hin und her.[99] *Wie* allerdings die Wechselwirkung diese Kraft bewirkt, ist der Vorstellung der Kernphysiker kaum zugänglich.[100] Das ist auch nicht möglich, denn die Ursache der Wirkung der Anziehungskraft ist nach den Kundgaben Lorbers metaphysischer Art. In der Neuoffenbarung ist hierzu bemerkt: »Meine Willenskraft ist dasjenige große Band, das alle Weltkörper aneinanderbindet und sie alle um- und durcheinanderträgt, ... so ist eben Mein Wille zugleich der Grundstoff aller Dinge« (EM, S. 250). Weil der Stoff letzten Endes geistigen Ursprungs ist, müssen die Wissenschaftler trotz des tiefen Eindringens in die Welt der Atome und Elementarteilchen zugeben, daß sie den Stoff in seinem eigentlichen Wesen immer noch nicht erkannt haben.[101]

Bis zur Entdeckung der Atome und Elementarteilchen im 20. Jahrhundert bestand bei den Wissenschaftlern die Auffassung, daß der Stoff unbeweglich erstarrt ist, wie es der Augenschein erkennen läßt. Niemand ahnte im 19. Jahrhundert, daß in jedem Stein, Holz oder Eisen, unerkannt von unseren Sinnen, eine turbulente Bewegung herrscht. Heute wissen wir: »Die Protonen im Kern des Atoms müssen als Zentrum fortgesetzter Aktivitäten angesehen werden.«[102] Die Protonen schwingen mit Frequenzen von ungefähr 10^{20} in der Sekunde (hunderttrillionenmal in einer Sekunde, d. Vf.).[103] »Jedes Molekül, ja überhaupt jedes Partikelchen ... übt Schwingungen aus.«[104]

In der Neuoffenbarung ist dazu folgendes gesagt: »Auch in der scheinbar festen Materie ist ebenfalls keine Ruhe, auch in ihr regt sich alles, und zwar mit einer Schnelligkeit, die kein menschlicher Sinn fassen kann« (SGh, S. 185). »Dem geistigen Auge zeigt sich dort ein fieberhaftes Regen, wo Ruhe scheint.«

Das »fieberhafte Regen« wird in der wissenschaftlichen Literatur heute wie folgt beschrieben: »Die Frequenz des roten Lichtes erreicht ungefähr 400 Billionen Schwingungen in der Sekunde. Die mittlere Schwingungszahl des sichtbaren weißen Lichtes liegt bei 600 Billionen Schwingungen, und violettes Licht erreicht sogar mehr als 800 Billionen Schwingungen in der Sekunde.«[105]

Die Feststellung der Wissenschaft, daß rotes, weißes und violettes Licht durch *unterschiedliche* billionenfache Schwingungen in der Sekunde entsteht, nimmt die Neuoffenbarung ebenfalls wie folgt vorweg: »Licht entsteht durch Vibration der Atome, die Farben entstehen ebenfalls durch *billionenmaliges* Vibrieren der Materie, und *je nach der Anzahl* dieser Vibrationen werden euren Augen die Farben sichtbar« (SGh, S. 195).

Kann man bei objektiver Betrachtung des Phänomens dieser Kundgaben annehmen, daß der Autor dieses präzise Wissen um die gezeigten verschiedenen geheimnisvollen Vorgänge in der subatomaren Welt aus seinem Gehirnverstand genommen hat, zu einer Zeit, wo dies alles noch gänzlich unbekannt war?

Die Leistungen der Wissenschaft sind zwar bewunderungswürdig, aber die Gelehrten sind jetzt an einem Grenzgebiet angelangt, das für sie undurchdringlich ist. Mit den riesigen Teilchenbeschleunigern, den Synchrotonen, Betatronen und Zyklotronen, die bis zu 400 Milliarden Elektronenvolt entwickeln, ist das, was hinter der Materie steht, nicht zu ergründen. »Wir haben nicht die leiseste Ahnung«, sagt Mussard, »was die Essenz der Wellen und Schwingungen ist. Die Wissenschaft lehrt uns, daß sie ein Energieäquivalent für unerschaffene Materie beinhalten. Sie sind für uns ebenso transzendental wie die menschliche Seele.«[106]

Hier gelangt die moderne Wissenschaft in unmittelbare Nähe der Neuoffenbarung. An mehreren Stellen des Werkes wird auf den Irrweg der materialistischen Wissenschaft hingewiesen. U. a. wird ausgeführt: »Das, was die Gelehrten beobachten, sind lauter grobe Prozesse in den Retorten und Destillierapparaten; sie sehen wohl eine große Konsequenz, begreifen sie aber nicht ... Den Geist wollen sie nicht finden« (LGh, S. 80 f.). »Sie wollen keinen Gesetzgeber anerkennen, wenngleich sie bei jedem Schritt auf seine Spuren stoßen. Wären sie vorurteilsfrei, könnten sie denselben gewiß nicht leugnen« (SGh, S. 35). »So legen sie den Stoffen die Intelligenz bei und sagen: Sie folgen nur diesem und jenem Impuls, wie sie selbst der eigenen materialistischen Vorstellung, d. h. der des Irrwahns folgen« (LGh, S. 81). »Aber das Leben ist geistig, und da hilft kein Mikroskop, um dasselbe in seiner Wirkungssphäre zu belauschen« (Hi I, S. 94).

Lorber beschreibt den Doppelcharakter des Lichtes

Vergleichen wir weitere Aussagen der Neuoffenbarung mit den Erkenntnissen der Physiker, die diese erst viele Jahrzehnte nach der Niederschrift der Kundgaben durch Lorber gewonnen haben.

Der englische Physiker Maxwell hat im Jahre 1862 die Existenz der elektromagnetischen Schwingungen durch Gleichungen theoretisch begründet. H. Hertz erzeugte und untersuchte als erster 1882 schnelle elektromagnetische Schwingungen im Experiment. G. Marconi wandte sie 1896 zur Nachrichtenübermittlung an. Nachdem Maxwell die Elektrizität und den Magnetismus als zwei Erscheinungsformen ein und derselben Kraft ermittelt hatte, wies er einige Jahre später darauf hin, daß das Licht aus elektromagnetischen Wellen besteht.

Schon 35 Jahre vor der Begründung der elektromagnetischen

Wellen hat Jakob Lorber in der im Jahre 1850 erstellten Schrift *Von der Hölle bis zum Himmel* Bd. II, S. 480 erwähnt, daß »das Licht sich mit *elektromagnetischer* Schnelligkeit fortbewegt«. In den speziellen Ausführungen der Neuoffenbarung über das Licht, die später niedergeschrieben wurden, heißt es: »Hier habt ihr in kleinen Umrissen den Prozeß des Lichtes als Wirkung der Elektrizität und des Magnetismus« (SGh, S. 199). »Licht ist eine Emanation, hervorgebracht durch schnelles, ja billionenmaliges Vibrieren der kleinsten Atome in einem Augenblick« (SGh, S. 158).

Seit dem Jahr 1925 wissen wir aber durch den Hinweis de Broglies, daß das Licht eine doppelte Eigenschaft hat, je nachdem, welchen Experimenten man es unterwirft. Es hat sowohl korpuskularen (materiellen) als auch Wellencharakter. Daß Licht *auch* Materie ist, geht ebenfalls aus der Neuoffenbarung hervor. »Licht ist Materie«, heißt es ausdrücklich in *Schöpfungsgeheimnisse*, S. 121. Das wird durch die Physik unserer Zeit bestätigt: »Das Licht besteht aus kleinen Geschossen und hat *Masse*. Das Photon (ein Lichtquant oder Korpuskel) ist zwar ein sehr kleines, jedoch nach der Formel $m = \frac{h\gamma}{c^2}$ genau berechenbares Materiepartikel.« »An der *Wesensverwandtschaft* von Licht und Masse kann insofern nicht gezweifelt werden, als beide Korpuskelcharakter haben.«[107] Wenn die Wissenschaft von der Wesensverwandtschaft des Lichts mit der Materie spricht, so deckt sich das mit den weiteren Ausführungen der Neuoffenbarung, wo folgendes zu lesen ist: »Die Substanz ist gleich dem aus der Sonne gehenden Licht, das der Materie wie gar nichts zu sein scheint und dennoch der Grundstoff der Materie ist, ohne mit ihr ein und dasselbe zu sein, denn aller Urstoff ist frei und ungebunden« (Gr VII 209, 20).

Nach der Aussage Bernhard Bavinks in seiner Schrift *Ergebnisse und Probleme der Naturwissenschaft* rückt die moderne Physik ganz nahe an den Satz der mittelalterlichen Mystiker heran, die »Welt bestehe aus gefrorenem Licht«. [108]

Der Irrweg der materialistischen Wissenschaft

Manchem Leser, dem die Vorstellung, die Materie sei gefrorenes Licht, fremd ist, mag diese Feststellung schwer eingehen. Um wieviel schwerer wird die Aussage der Neuoffenbarung angenommen werden, die betont, daß die Materie gefesteter oder gefrorener Geist ist. Aber die unvorstellbare Weisheit des Schöpfers ist nicht an das gebunden, was die Menschen für vernünftig halten. Nach Sir Arthur S. Eddington erscheint dem rational denkenden Menschen jedes wahre Naturgesetz als irrational.[109] Die überraschenden Erfahrungen, die die Wissenschaftler des 20. Jahrhunderts im astronomischen, im atomaren und subatomaren Bereich machten, sollten an das Wort von Lichtenberg erinnern lassen: »Was jedermann für abgemacht hält, verdient am meisten, untersucht zu werden.«

Auch die Neuoffenbarung gibt zu bedenken: »Ihr könnt das Geistige nicht schauen, weil ihr noch nicht in der geistigen Polarität seid. Darum muß es euch auch nicht allzusehr wundernehmen, wenn ihr im Verlauf dieser Mitteilungen hier und da auf Auffassungen trefft, die euch nicht klar werden können« (Hi I, S. 46). »Wo eure Gelehrten Naturgesetze wittern, eben dort lebt und entwickelt sich kein anderes als geistiges Leben, das über alles Greifbare hinaus weit höher steht, als die Ideen und Begriffe eurer Gelehrten sich schwingen können. Und weil das Geistige sich nicht ihrem Willen unterwirft, so haben sie beschlossen, es ganz zu leugnen« (LGh, S. 85).

Zur Zeit, als die Neuoffenbarung geschrieben wurde, nahm die materialistische Wissenschaft ungefähr ihren Anfang, und der Materialismus breitete sich wie eine Flutwelle über die ganze Erde aus. Das Metaphysikalische ist in der Naturwissenschaft verpönt, der Hinweis auf einen Schöpfer zur Lösung der unergründlichen Probleme wird als unwissenschaftlich abgelehnt. Das schöne Goethe-Wort »Die Werke der Natur sind immer ein erstausgesprochenes Wort Gottes« wird in den Bereich der Poesie verwiesen. Der Weisheit letzter Schluß ist die Entstehung des Weltalls und des Lebens durch den blinden Zufall. Aber, so fragt Prof. Viktor von Weizsäcker, »warum soll nur der Unsinn, der Zufall recht behalten, warum nicht auch der Sinn?«[110] Weizsäcker erkennt, daß die Entgottung der Welt auch unmittelbar die Entgeistigung der Natur zur Folge haben mußte.[111] Im Osten ist die mechanisch-materialistische Lehre in einer starren politischen Doktrin verankert. Eine unvoreingenommene Forschung ist dort kaum denkbar. Hinter allen Theorien steht an Stelle des wissenschaftlichen Interesses die Ideologie; sie hat den Vorrang vor der Wahrheit.

In der Neuoffenbarung heißt es hierzu: »Ihr werdet Meinen Namen (in der wissenschaftlichen Literatur, d. Vf.) wenig zu lesen bekommen. Nur in der Materie wühlen sie herum, und eben weil ihr Suchen materiell ist, finden sie nichts als wieder Materie« (SGh, S. 223). An anderer Stelle wird vorausgesagt, daß durch die materialistische Wissenschaft »eine volle Glaubensleere in der Menschheit entstehen wird«. In den letzten Jahrzehnten ist es aber unverkennbar geworden, daß die Leugnung des Schöpfers die Wissenschaft in eine Sackgasse geführt hat. Seit der Entdeckung der Atome und Elementarteilchen beginnt sich ein Wandel zu vollziehen. Die Hoffnung, daß die Naturwissenschaft alle Probleme wird lösen können, ist zerronnen. Nach Angaben des Atomphysikers Leonhard Weigand ist »unsere materielle Welt in ihrem letzten Wesen für uns geheimnisvoller denn je«[112]. Prof. Heinz Haber weist darauf hin, daß »dem Stoff der Schöpfung metaphysischer Charakter verliehen ist und deshalb der Erkenntnis der Wissenschaft Grenzen gesetzt sind«[113]. »Wo bleibt denn das«, fragt von der Osten-Sacken, »was wir Materie nennen?« »Die Materie zerfließt in mathematische Begriffe.«[114] Derselben Meinung ist Barnett, wenn er feststellt, daß »die Wissenschaftler nur noch tiefer in das dunkle Reich der Symbole und Abstraktionen getrieben werden«.

Die mechanische Deutung der Naturvorgänge durch die materialistische Wissenschaft hatte bereits an der Erscheinung des Lichtes ihre erste Grenze erreicht: Sie ließ sich nicht in die Modellvorstellungen der Mechanik einordnen. Noch radikaler ist die Trennung von der Anschaulichkeit im Sinne der klassischen Physik durch die Quantentheorie erzwungen worden. Das wissenschaftliche Dogma von der Stetigkeit und Kontinuität der Naturerscheinungen ist im atomaren Bereich klar widerlegt worden. Alle Erkenntnisse der modernen Wissenschaft in der physikalischen Welt deuten auf Geheimnisse außerhalb der sichtbaren Welt hin. Immer mehr führen, wie Barnett sagt, »alle Wege der Theorie und der Vermutung an Abgründe, die der menschliche Geist nicht mehr überbrücken kann«[115]. Deshalb sagt der Nobelpreisträger Heisenberg: »Alle unsere Kenntnisse schweben über einem Abgrund des Nichtwissens.«

Die materialistischen Wissenschaftler werden sich eines Tages an ein Wort des mit tiefer Intuition ausgestattet gewesenen griechischen Philosophen Platon erinnern müssen, der vor 2300 Jahren sagte: »Der wahre Weise strebt mehr nach der Erkenntnis des Seins ... er beschränkt sich nicht auf die Welt der Erscheinungen, deren Sein bloßer Schein ist.« Erfreulicherweise kommen immer mehr Gelehrte den Aussagen der Neuoffenbarung nahe. Ganz konkret äußert sich z. B. Jean Mussard zu der Frage, was Materie in Wahrheit ist, wie folgt: »Das wichtigste Ergebnis dieser Untersuchung ist die Feststellung, daß es unmöglich ist, eine Trennung unserer Vorstellungen von Geist und Materie zu vollziehen. Die materielle Welt erscheint uns nach allem Bemühen so durchgeistigt, so aller stofflichen Wirklichkeit entblößt, daß uns der Substanzbegriff zu nichts zerronnen ist. Er hat sich im Transzendenten aufgelöst, und es verbleiben von ihm letzten Endes nur mathematische Abstraktionen.« »Die Natur gibt uns einen an Deutlichkeit nicht zu übertreffenden Hinweis darauf, daß die Welt von geistiger Struktur ist.«[116]

Paul Chauchard bemerkt: »Jedes Lebewesen ist gleichzeitig

Materie und Geist, das Geistige offenbart sich nicht nur im menschlichen Gehirn, sondern in der ganzen materiellen Welt, proportional zur Höhe der Organisation, Komplexität und Ordnung.«[117]

R. E. Vestenbrugg erklärt: »Die Materie scheint sich im Grunde einem Zustand zu nähern, der einzig und allein nur Geist ist, und das spricht für die hohe Geistigkeit der Weltordnung.«[118] Bernhard Bavink schreibt: »Die stoffliche Welt erscheint uns heute als vielleicht vorübergehende Materialisation eines durchaus geistigen Konzeptes.«[119]

Richard Feynman vom California Institute for Technology (Nobelpreis 1965) sprach vom Universum als von einer »Hierarchie, die von den einfachsten atomaren Strukturen über die subtilsten geistigen Begriffe bis zu der Erkenntnis Gottes reicht.«[120]

Der führende englische Astronom Sir Arthur Eddington, der sich um Untersuchungen der Astrophysik verdient gemacht hat, erklärt: »Das offene Geständnis, daß die Physik sich mit einer Welt der Schatten befaßt, ist einer der bezeichnendsten Fortschritte der neueren Zeit.«[121] Eddington vertrat die Meinung: «Der Stoff der Welt ist der Stoff des Geistes.«[122]

Der Astronom und Physiker Sir James Jeans stellt fest: »Heute ist man sich ziemlich einig darüber und auf der physikalischen Seite der Wissenschaft nahezu völlig einig, daß der Wissensstrom auf eine nichtmechanische Wirklichkeit zufließt; das Weltall sieht allmählich eher wie ein großer Gedanke als eine große Maschine aus.«[123]

V. A. Firsoff schrieb im Jahre 1967: »Daß es nur Materie und keinen Geist gibt, ist eine höchst unlogische Behauptung, die von den Erkenntnissen der modernen Physik weit entfernt ist, welche zeigt, daß es Materie in der traditionellen Bedeutung des Begriffs nicht gibt.«[124]

Durch die Erkenntnisse der Physiker im subatomaren Bereich ist die mechanistische Weltanschauung zu einem Anachronismus geworden. Gewisse Elementarteilchen, wie z. B. das Neutrino, mit ihrem praktisch fehlenden Charakter physischer Eigenschaften haben etwas Gespensterhaftes. (Das Neutrino z. B. hat keine Masse und keine elektrische Ladung, es unterliegt auch nicht der Anziehung der Schwerkraft und »wird nicht von den elektrischen und magnetischen Feldern anderer Teilchen eingefangen oder abgestoßen, an denen es vorbeifliegt«.) Manche Teilchen erscheinen den Wissenschaftlern so eigenartig und gespensterhaft, daß sie ihnen den Terminus *strangeness* »Fremdheit« beigelegt haben. Diese Teilchen sowie die theoretisch vorausgesagten »Quarks« könnten das Bindeglied zwischen Geist und Materie darstellen. Der Physiker V. A. Firsoff schreibt hierzu: »Der Geist ist eine universelle Wesenheit oder Wechselwirkung von derselben Art wie Elektrizität oder Schwerkraft, und es muß analog zu Einsteins berühmter Gleichsetzung $E = m \cdot c^2$ ein Transformationsmodul existieren, durch den der ›Geistesstoff‹ mit anderen Einheiten der physikalischen Welt gleichgesetzt werden kann.«[125]

Arthur Koestler berichtet, daß Firsoff vermute, daß Elementarteilchen des ›Geistesstoffes‹ existieren könnten, als deren Bezeichnung er ›Mindons‹ vorschlug und die neutrinoähnliche Eigenschaften haben könnten«.[126]

Arthur Eddington hat die Meinung vom »geordneten Verhalten der individuellen Materieteilchen« vertreten, »das in Erscheinung tritt, wenn Materie mit Geist liiert ist«. »Das Verhalten derartiger Materie«, sagt er weiter, »würde in scharfem Gegensatz zu dem ungeordneten oder zufälligen Verhalten der Teilchen stehen, wie es in der Physik postuliert wird.«[127]

Der Nobelpreisträger Wolfgang Pauli schreibt: »Seit der Entdeckung des Wirkungsquantums war ja die Physik allmählich gezwungen, ihren stolzen Anspruch, im Prinzip die *ganze* Welt verstehen zu können, aufzugeben. Eben dieser Umstand könnte aber als Korrektur der früheren Einseitigkeit den Keim eines Fortschrittes in sich tragen in Richtung auf ein einheitliches

Gesamtweltbild, in welchem die Naturwissenschaften nur ein Teil sind.«[128]

Und der Physik-Nobelpreisträger Percy W. Bridgman stellt fest: »Wir stehen an der Schwelle einer neuen Ära menschlichen Denkens.«[129]

Einer der bedeutendsten Physiker der Neuzeit, der Schöpfer des Planckschen Wirkungsquantums, der Nobelpreisträger Max Planck, äußert sich in einem in Florenz gehaltenen Vortrag u. a. wie folgt: »Als Physiker, also als Mann, der sein ganzes Leben der nüchternsten Wissenschaft, nämlich der Erforschung der Materie, diente, bin ich sicher von dem Verdacht frei, für einen Schwarmgeist gehalten zu werden. Und so sage ich Ihnen nach meinen Erforschungen des Atoms dieses: Es gibt keine Materie an sich! Alle Materie entsteht und besteht nur durch eine Kraft, welche die Atomteilchen in Schwingungen versetzt und sie zum winzigsten Sonnensystem des Atoms zusammenhält. Da es aber im ganzen Weltall weder eine intelligente noch eine ewige Kraft an sich gibt, müssen wir hinter dieser Kraft einen bewußten intelligenten Geist annehmen. Dieser Geist ist der Urgrund aller Materie.« »Da es aber Geist an sich allein nicht geben kann, sondern jeder Geist einem Wesen zugehört, müssen wir zwingend den Bestand von Geistwesen annehmen.« »Das Atom öffnet der Menschheit die Tür in die verlorene und vergessene Welt des Geistes.«[130]

Diese bedeutende Aussage des berühmten Gelehrten stimmt mit der Kundgabe, die in der Neuoffenbarung vor mehr als hundert Jahren ihren Niederschlag gefunden hat, vollständig überein. Es heißt dort: »Kraft als selbständiges Ding, so wie es die gelehrten Materialisten wollen, existiert gar nicht. Der Geist ist Anreger der Kraft, Zusammenhalter des Stoffes und so der Hauptfaktor des ganzen Lebens. Ohne Geist gibt es kein Leben, ohne Leben keinen Stoff« (LGh, S. 78). »Hinter dieser materiellen Welt ist die noch größere Geisterwelt« (SGh, S. 171). »Alle wesenhafte Realität ist eigentlich nur im Reingeistigen zu suchen und zu finden« (Gr VII 75, 1). In Übereinstimmung damit erklärt der angesehene Wissenschaftler Carl Friedrich von Weizsäcker, daß die Substanz das Eigentliche des Wirklichen, das uns begegnet, der Geist ist.[131]

Arthur Koestler zieht im Hinblick auf die Entwicklung in den Naturwissenschaften die Schlußfolgerung: »Wir haben einen ganzen Chor von Physik-Nobelpreisträgern vernommen, die uns verkündet haben, daß die Materie, die Kausalität und der Determinismus tot sind. Wenn das so ist, wollen wir sie mit einem elektronischen Requiem würdig zu Grabe tragen. Es ist für uns an der Zeit, von der nachmechanistischen Naturwissenschaft des zwanzigsten Jahrhunderts zu lernen und uns aus der Zwangsjacke zu befreien, die der Materialismus des vorigen Jahrhunderts unserem philosophischen Weltbild auferlegte.«[132]

Es ist fürwahr an der Zeit, daß der Materialismus überwunden wird. Die Folgen, die sich aus dieser Weltanschauung ergeben haben, werden im letzten Kapitel über die bevorstehenden Katastrophen beleuchtet. Führende Wissenschaftler, wie z. B. der Nobelpreisträger Werner Heisenberg, haben den Zusammenhang von Ursache und Wirkung der immer beunruhigender werdenden Zeiterscheinungen längst klar erkannt. Heisenberg schreibt hierzu: »Die Religion ist die Grundlage der Ethik, und die Ethik ist die Voraussetzung des Lebens.« »Wo keine Leitbilder mehr den Weg bezeichnen, verschwindet mit der Wertskala auch der Sinn unseres Tuns, und am Ende können nur Negation und Verzweiflung stehen.« »Diese Leitbilder entstammen nicht dem Anschauen der unmittelbar sichtbaren Welt, sondern dem Bereich der dahinter liegenden Strukturen, von dem Plato als dem Reich der Ideen gesprochen hat und über den in der Bibel der Satz steht: Gott ist Geist.«[133]

Die Zeit wird kommen, wo erkannt wird, daß der Materialismus ein Irrweg ist. Die Kundgaben der Neuoffenbarung lassen keinen Zweifel darüber offen, daß sich die wissenschaftlichen Forschungsergebnisse weiterhin den Aussagen Lorbers nähern werden. »Mit der gereinigten Wissenschaft«, ist vorausgesagt, »wird sich Meine Lebenslehre leicht vertragen und den Menschen ein volles Lebenslicht geben« (Gr IX 90, 11).

Lincoln Barnett ist beizupflichten, wenn er feststellt, daß die Wissenschaftler wissen, daß die Nachwelt imstande sein könnte, ihre Anschauungen ebenso zu überholen, wie sie selbst die Anschuungen ihrer Vorgänger überholt haben.[134]

Die Aussagen der Neuoffenbarung über den Vormenschen

Lorber hat nicht nur die Erkenntnisse der Astronomen und der Atomphysiker in verblüffender Weise vorweggenommen, sondern auch zum Teil die Forschungsergebnisse anderer wissenschaftlicher Disziplinen, die Mitte des vorigen Jahrhunderts noch gar nicht existierten. Es handelt sich um die Paläontologie, d. i. die Wissenschaft von den versteinerten Tier- und Pflanzenresten, und die Anthropologie, d. i. die Lehre vom Menschen, seiner Abstammung usw.

Im Jahre 1856 wurde im Neandertal bei Düsseldorf ein seltsam geformter Schädel gefunden. Der Schädel war größer als die Schädel der heutigen Menschen. Die Stirn verlief ziemlich schräg rückwärts, und über den Augen waren starke Knochenwülste, ähnlich jenen der heutigen Großaffen. Deutschlands angesehenster Anthropologe, Prof. Virchow, Berlin, lehnte im Jahre 1872 die These, es handle sich um den Schädel eines Vormenschen, als lächerliche Vorstellung ab. Nach seiner Meinung waren Arthritis deformans und Rachitis Ursache der seltsamen Schädelbildung. Jahrzehntelang wagte nun niemand mehr, dem Fund eine andere Deutung zu geben. Das änderte sich erst langsam, als im Jahre 1886 in Belgien und 1887 in Frankreich und Spanien ebenfalls derartige Schädel zusammen mit Steinwerkzeugen gefunden wurden, die eine Altersbestimmung erlaubten. Nun bestand kein Zweifel mehr, daß es sich um einen Vormenschen handelte, der vor 40 000 bis 60 000 Jahren in Europa gelebt hatte. Im Jahre 1907 wurden dann bei Heidelberg und später in Asien und in Afrika immer mehr menschliche Fossilien gefunden, denen ein Alter von mehreren hunderttausend Jahren zugeschrieben werden mußte. Heute ist die Grenze von einer Million Jahren längst überschritten, aber trotz der vielen Funde konnte keine Klarheit in die Vorgänge gebracht werden. Im Laufe der Zeit wurden verschiedene Theorien aufgestellt, und gelegentlich wurde auch versucht, eine Theorie durch raffinierte Fälschungen zu stützen. Das vielgesuchte Missing link, das Zwischenglied, wurde trotz reicher Funde im Verlauf von hundert Jahren nicht gefunden.

Es liegt nicht im Sinne unserer Aufgabenstellung, uns mit den verschiedenen Theorien zu befassen, sondern es soll gezeigt werden, daß die Neuoffenbarung auch auf diesem Gebiet der Wissenschaft die Kenntnis der wesentlichsten Sachverhalte ihrer späteren Forschungsergebnisse vorweggenommen hat. Niemand wäre Mitte des vorigen Jahrhunderts auf den Gedanken gekommen, daß seit Millionen Jahren Vor- und Frühmenschen auf der Erde lebten, die einen aufrechten Gang hatten, aber über einen bestimmten Stand einer primitiven Entwicklung nie hinauskamen, bis dann plötzlich vor etwa 6000 Jahren ein völlig neuer Mensch auftrat, der mit Geisteskraft ausgestattet war und mit überraschender Schnelligkeit Kulturen schuf, Staaten gründete, Pyramiden baute, die Schrift erfand und Recht und Gesetz hervorbrachte. Während in Millionen Jahren zuvor kaum nennenswerte Veränderungen eingetreten waren, entstanden nun in kürzester Zeit erstaunliche Fortschritte. Plötzlich leuchtete eine bis dahin gänzlich unbekannte Kraft des Menschen auf. »Erst dem adamitischen Menschen«, so ist in der Neuoffenbarung betont, »fließt ein *geistiges* Fühlen, das Empfinden einer Macht ein, die die Seele anregt, ihren Schöpfer zu erkennen und zu suchen.«

»Und das ist der göttliche Funke, der als *Geist* in die Seele gelegt wird« (Gr XI 10, 6). »Ohne Gott ist keine Tat möglich« (Ha I 116, 8). »Die wirkende Kraft kann ein Weltmensch jedoch nicht sehen« (Gr X 173, 9).

In der Neuoffenbarung werden die Vor- und Frühmenschen »Voradamiten« genannt. Über ihr Aussehen und ihre Fähigkeiten werden recht instruktive Angaben gemacht.

Zunächst wird dort aber ausgeführt, daß das von Moses in der Genesis erwähnte Sechstagewerk nicht wörtlich zu nehmen ist, wie es die Kirchen vor noch nicht langer Zeit zwingend zu glauben vorstellten. Im Gr VIII 72 werden die sechs Erdbildungsperioden und die Dauer der jeweiligen Perioden mit »sehr vielen Millionen Jahren« angegeben. In der dritten Periode wird auf die Existenz der Saurier in einer umschreibenden Ausdrucksweise hingewiesen: »Die Vegetation wird noch um ein vielfaches reichhaltiger und *riesiger* Art, die Tiere ebenso wie die Vegetation.« Gegen Ende der vierten Periode »kamen wieder Erdumwälzungen und begruben zum Teil alles, was ihr damals als eine Kreatur bezeichnet hättet. Ihr findet aus dieser Periode gar manches unter dem Boden der Erde, das sich aber von den Produkten der drei ersten Perioden schon sehr wesentlich unterscheidet.«

Nach dem Beginn der »fünften Periode dauerte es wohl mehr als tausendmal tausend Jahre, bis aller gut gelegene Erdboden völlig für eine *neue Schöpfung* von einer großen Zahl der verschiedensten Pflanzen – wie Gräser, Kräuter, Gesträucher und Bäume – sowie für allerlei Tiere und die voradamitischen Menschen geeignet war.«

Diese Darstellung der »neuen Schöpfung von Tieren und Pflanzen« ist von ganz besonderem Interesse. Das abrupte Verschwinden sowie das nach sehr langer Zeit plötzliche Auftreten neuer Tierarten und Gewächse wird von der Wissenschaft heute bestätigt.[135] Das Faktum der totalen Unterbrechung widerspricht einem kontinuierlichen Evolutionsprozeß, d. h., es ist nicht denkbar, daß Tiere und Pflanzen durch Mutationen ohne einen Schöpfungsakt Gottes hervorgebracht wurden. Diese These der materialistischen Wissenschaftler lehrt, daß alle neuen Formen aus sich selbst geworden sind. Diesem Autonomismus oder der Autogenese ist durch die große zeitliche Unterbrechung, durch den dazwischenliegenden tiefen Graben, die Grundlage entzogen worden. Das Neue kann nicht aus den Strukturen des Vorangegangenen erklärt werden. Es gibt zwar – wie die Neuoffenbarung das klar zum Ausdruck bringt – in der Entwicklung ein stufenweises Nacheinander, aber keine lückenlose aneinandergereihte Evolution. »Eine blinde Kraft«, ist in der Neuoffenbarung bemerkt, »hat noch nie auch nur ein Moospflänzchen hervorgebracht« (Gr VI 87, 7). »Alles Leben ist so beschaffen, daß es sich beständig verwandeln und wachsen kann durch Mein ständiges Einfließen.«

Zur fünften Erdperiode ist dann weiter ausgeführt: »Mit Beginn dieser Periode wird die Erde in eine geordnete Umbahnung um die Sonne gebracht. Tag und Nacht wechseln schon regelmäßig. Gleichwohl gibt es noch mancherlei Veränderungen, weil die Schwankungen der Erdpole noch immer bedeutend sind.«

Bei der Erörterung der fünften Erdperiode ist nun erstmals die Rede vom *Vormenschen*. Im Gr VIII 72 wird hierzu u. a. folgendes mitgeteilt: »Vom Ackerbau ist bei diesen Vormenschen zwar noch keine Rede, wohl aber benützen sie schon gewisse Tierherden, führen ein rohes Nomadenleben, haben kein Gewand und bauen sich auch keine Häuser und Hütten. Aber auf den dicken Baumästen errichten sie sich Wohn- und Ruhenester und schaffen sich Vorräte von Nahrungsmitteln, die sie nach und nach verzehren. Wenn es frostig wird … ziehen sie in wärmere Gegenden.« »Sprache haben sie in der Art, wie sie nun unter den Menschen üblich ist, keine; aber sie haben besser artikulierte Laute, Zeichen und Gebärden als selbst die vollkommensten Tiere und können sich gegenseitig verständigen, was sie für ein Bedürfnis haben.« »Obschon diese fünfte Vorbildungsperiode sehr viele tausendmal tausend Jahre (= *Millionen Jahre*) währte, war unter diesen Menschen doch keine wie immer geartete Fortschrittskultur bemerkbar, sondern sie lebten ihr einförmiges Nomadenleben fort.«

»Die Farbe ihrer noch ziemlich behaarten Haut lag zwischen Dunkel- und Lichtgrau, nur im Süden gab es auch haarlose Stämme. Sie pflanzten sich bis Adam in den Niederungen fort.« »Zu den Zeiten Adams, mit dem die sechste Erdperiode beginnt, hatte die Erde wieder teilweise große Umwälzungen zu bestehen durch Feuer und Wasser, und dabei ging das beschriebene Voradamitengeschlecht mitsamt seinen Haustieren nahezu ganz unter.«

Lorber spricht von der Existenz der Vor- und Urmenschen während »sehr vielen Millionen Jahren«. Bis vor wenigen Jahrzehnten ließen die Wissenschaftler das Vorhandensein der Urmenschen erst mit dem Quartär beginnen, so daß die Vormenschen während eines Zeitraumes von etwa einer Million Jahren gelebt haben sollten. Erst durch die Forschungsergebnisse des bekannten Anthropologen Dr. Louis Leakey wurde im Jahre 1966 klargestellt, daß diese Annahme falsch war und daß die Vormenschen tatsächlich schon im Tertiär gelebt hatten. Die von Dr. Leakey gefundenen Fossilien sind viele Millionen Jahre alt. Damit sind die Kundgaben Lorbers auch in dieser Hinsicht neuerdings vollauf bestätigt worden.

Neben den allgemeinen Erörterungen über die Vormenschen erwähnt Lorber auch Einzelheiten, die in der wissenschaftlichen Literatur ebenfalls als zutreffend bestätigt werden. So wird z. B. von einer bestimmten Vormenschenart gesagt: »Als Menschen waren sie riesig groß und stark, und sie hatten ein so starkes Gebiß, daß sie sich dessen statt der Schneidewerkzeuge bedienen konnten« (G VIII 72, 17).

Glowatzki berichtet hierzu, daß dem deutschen Paläontologen von Koenigswald im Jahre 1925 in China Zähne vorgelegt wurden, die »in ihrer Form menschlichen Zähnen ähnlich waren«. »Die gefundenen Zähne waren so groß, daß, wenn man von ihrer Größe auf die Kiefer und damit auf den ganzen Gigantopithecus schließen wollte, er ungefähr drei Meter und fünfzig groß gewesen sein müßte.«[136] Ebenso weisen die Funde, die in den Jahren 1939 und 1941 in Ostjava gemacht wurden, darauf hin, daß dort »Vormenschen gelebt haben, die richtige Riesen waren«[137]. Von den vielen Funden Dr. Leakeys ist sein berühmtester der sogenannte »Nußknackermensch« aus dem Jahre 1959, so genannt wegen der *ungewöhnlich starken Zähne* dieses Schädels (R. N. Z. v. 3. 10. 1972).

Über ein anderes Detail wird in der von Lorber im Jahre 1864 angefertigten Niederschrift *Haushaltung Gottes*, Bd. III, S. 453 folgendes berichtet: »Was die voradamitischen, sogenannten Tiermenschen, betrifft, so finden sich von denselben wohl noch hie und da versteinerte Überreste vor. Sie besaßen unter allen Tiergattungen die größte instinktmäßige Intelligenz und bauten sich hie und da ihre höchst einförmigen Wohnungen. Auch verlegten sie die nicht zu breiten Stellen der Bäche und Flüsse mit Steinen und bauten sich dadurch eine Art Brücke über solche Stellen ... Diese Arbeit setzten sie nicht selten so lange fort, bis in plump terrassenförmiger Richtung oft zehn und mehr solcher Brücken entstanden ... Von diesen Menschen waren sonach die erbauten Mauern, von denen man heutzutage noch Spuren vorfindet und denen man ein hohes Alter gibt.«

So unwahrscheinlich es klingen mag, derartige Mauern wurden gefunden! Einer der bekanntesten deutschen Anthropologen, Prof. Gerhard Heberer, berichtet darüber in einem Sammelband über die menschliche Abstammung von den Australopethicinen, daß der A-Typus dieser pygmäenhaft kleinen Lebewesen »kleine Mäuerchen zu bauen vermochte«, die sie, wie er *vermutet*, als Windschutz benutzt hätten.[138]

Wen wundert es, wenn die Freunde Lorbers in ganz Österreich keinen Verleger finden konnten, der bereit war, die Schriften Lorbers zu drucken! Aus der damaligen Sicht gesehen mußte man die Kundgaben des wahren Propheten als Phantasmagorien ansehen. Wäre Lorbers Werk damals einer breiteren Öffentlichkeit bekannt geworden, so hätte es zweifellos eine vernichtende Kritik erfahren. Aus der Perspektive unserer Zeit, wo wir den Flügen nach dem Mond schon keine sonderliche Bedeutung mehr beimessen und uns an die ungeheuren Dimensionen des Weltalls gewöhnt haben, erscheinen uns auch die vorstehenden Aussagen Lorbers als die selbstverständlichste Sache der Welt, nachdem bereits von der Wissenschaft her alle Schüler der höheren Lehranstalten damit bekanntgemacht werden. Mehr als hundert Jahre nach dem Tode Lorbers vermögen wir im Gegensatz zu seinen Zeitgenossen und der folgenden Generationen die Wahrheit der Aussagen Lorbers zu erkennen.

Lorber prophezeit technische Errungenschaften

Bei der Durchsicht des umfangreichen Werkes der Neuoffenbarung fallen dem Sachkenner immer erneut spezielle Kundgaben auf, die ihre Bestätigung durch die moderne Wissenschaft und Technik in unserem Jahrhundert gefunden haben.

In der Lorber-Buchreihe *Das Weltbild des Geistes* V, S. 32 ist u. a. folgende Stelle zu finden: »Setzt ihr das gefügsame Wasser unter *hohen* Druck, so werdet ihr einen Eisklumpen erzielen.« Im Jahre 1966 wurde lt. einem Bericht der *Stuttgarter Zeitung* Nr. 187/1966 erstmals ein derartiges Experiment unternommen, wobei die modernsten physikalischen Apparate verwendet wurden, um den notwendigen *hohen* Druck zu erzielen. Bei einer Temperatur von plus 40 Grad Celsius gelang es, unter einem Druck von 200 000 Atmosphären Eis herzustellen.

Lorber hat auch die Funktelegrafie und das Überfliegen der Ozeane vorausgesagt, allerdings in einer der Prophetie eigenen Ausdrucksweise. »Ich sage dir, daß Menschen reden werden mit der Zunge des Blitzes von einem Ende der Welt zum anderen, und sie werden in der Luft herumfliegen wie die Vögel, weithin über Meere und Länder« (Gr V 46, 1). Zur Erfindung der Funktelegrafie ist zu sagen, daß Maxwell im Jahre 1867 – also drei Jahre nach dem Tode Lorbers – die Existenz der elektromagnetischen Wellen voraussagte. Hertz findet sie 1887. Im Jahre 1896 wendet sie Marconi praktisch an, und 1903 telegrafiert er damit über den Atlantik.

Noch in den ersten Jahrzehnten unseres Jahrhunderts mußten die Aussagen Jakob Lorbers über das Weltall, die Atome, die Vormenschen und die technischen Erfindungen als gänzlich unglaubhaft erscheinen. Das hat sich inzwischen grundlegend geändert. Aber lange Zeit hatte das in der Neuoffenbarung zu findende Wort Geltung gehabt: »Die Welt wird sie (die Autoren der Neuoffenbarung) als irrsinnige Schwärmer schelten, wie das auch bei den Propheten der Fall war.«

Wollte man ein Leitmotiv über das Werk der Neuoffenbarung setzen, so wäre an ein Wort von Heraklit (500 v. Chr.) zu denken: »Durch ihre Unglaubhaftigkeit entzieht sich die Wahrheit dem Erkanntwerden.« Heute kann kein Zweifel mehr bestehen: Bei der Neuoffenbarung handelt es sich um einen gewaltigen Einbruch aus dem Übernatürlichen in das Natürliche, um eine göttliche Offenbarung an die Menschen des 20. und 21. Jahrhunderts. Das Gesagte kann aber nicht nur Geltung haben für die naturkundlichen Erörterungen und Voraussagen der Neuoffenbarung, sondern auch für den übrigen Teil des Werkes, der das eigentliche Anliegen der Offenbarung darstellt. Die Neuoffenbarung ist in erster Linie eine Heilsbotschaft an die heutige Menschheit, die in Gottesferne, in Glaubenslosigkeit und materiellen Genüssen dahinlebt. Auf diesen Teil des Werkes wird noch eingegangen werden. Die Voraussagen über die naturwissenschaftlichen Sachverhalte haben zweifellos den Sinn und Zweck, den kritisch und skeptisch veranlagten Menschen unserer Zeit die Überzeugung zu vermitteln, daß auch der heilsgeschichtliche Inhalt der Kundgaben als göttliche Eingebung anzusehen ist.

II. TEIL

Die Neuoffenbarung erläutert und ergänzt das Evangelium

Die Neuoffenbarung beschränkt sich nicht auf die Ankündigung der in Bälde über die Menschheit hereinbrechenden Katastrophen, sondern sie ist in erster Linie eine Heilsbotschaft. Jesus konnte zu seinen Lebzeiten dem damaligen Volke nur verhältnismäßig wenig von den Geheimnissen der Schöpfung usw. sagen. Seine Apostel erhielten dagegen tiefe Einsichten, die sie allerdings oft nur schwer zu verstehen vermochten. Deshalb wurde ihnen auch manches verhüllt gesagt. Außerdem waren sie von Jesus der Arkandisziplin unterworfen worden, d. h., gewisse Kenntnisse durften sie nur ihren Nachfolgern unter dem Siegel der Verschwiegenheit weitergeben. In den ersten Jahrhunderten war das in den führenden Kreisen der Kirche noch bekannt. Dies wird aus dem Schrifttum der damaligen Zeit klar erkennbar. Der große Bibelgelehrte Origenes (250 n. Chr.) schreibt, daß es eine Geheimlehre, die höhere »Disciplina arcani« gibt. Nur den Priestern und Lehrern sei das Tiefste anvertraut (Hom. V. 1 in Num. p. 39 f 22–39).

Aus der Neuoffenbarung ist zu entnehmen, daß Jesus seinen Jüngern mehrfach Anweisungen zur Geheimhaltung bestimmter Lehren gegeben hat. Es heißt dort: »Das Außerordentliche braucht ihr nicht allen Menschen zu verkünden, sondern nur denen, die euch im Amte folgen werden« (Gr VIII 77, 17).

»Ich sage euch allen, daß ihr vorderhand die Völker nicht alles das lehren sollt, was Ich euch nun gesagt habe« (Gr V 117, 7). »Es fragten Mich Johannes und Matthäus, ob sie das alles aufzeichnen sollen. Ich sagte ihnen dazu: ›Das könnt ihr tun für euch, aber fürs Volk braucht ihr das nicht aufzuzeichnen, denn das ist noch um 2000 Jahre zu jung, um das zu fassen‹« (Gr II 218, 14).

»Ich werde aber in der fernen Zukunft Knechte erwecken und werde ihnen durch den Geist in ihrem Herzen das alles zum Schreiben *diktieren*, was nun seit der Zeit geschehen und gelehrt worden ist, als Ich in das Lehramt trat und euch zu Meinen ersten Jüngern machte, und auch das, was nachkommen wird, und noch gar vieles dazu« (Gr VIII 79, 3–4).

»Wenn die rechte Zeit gekommen ist, dann soll schon auch viel geschrieben werden« (Gr VIII 79, 8).

»In jenen Zeiten wird meine Lehre den Menschen nicht verhüllt, sondern völlig dem himmlischen und geistigen Sinne nach enthüllt gegeben werden, und darin wird das Neue Jerusalem bestehen, das aus den Himmeln auf die Erde herniederkommen wird. In seinem Licht wird den Menschen erst klarwerden, wie sehr ihre Vorgänger von den falschen Propheten, gleichwie die Juden von den Pharisäern, hintergangen und betrogen worden sind« (Gr IX 90, 2).

Auf die Frage der Jünger, weshalb ihnen die Lehre nicht auch schon (vollständig) unverhüllt gegeben werde, erhielten sie von Jesus die Antwort: »Ich hätte euch noch gar vieles zu sagen und zu enthüllen, aber ihr alle könnt das noch nicht ertragen« (Gr IX 90, 6).

Es wurde ihnen weiter bedeutet, daß damals der Unterricht »gewisserart an Kinder« zu ergehen habe und daß sie es »noch gar nicht ahnen könnten, zu welch umfassenden Wissenschaften und (technischen) Künsten es die Menschen dereinst bringen würden« (Gr IX 90, 8).

Die teilweise Verhüllung des Inhaltes des Evangeliums, wodurch die vielen falschen Auslegungen möglich geworden sind, wurde vom Herrn zugelassen. Auf Befragen des Evangelisten Johannes (der sein Apostel war, d. Vf.) äußerte sich Jesus dazu wie folgt: »Es ist besser, daß die Sache (des Evangeliums, d. Vf.) der Welt in aller Verhülltheit gegeben wird, sie kann sich dann bloß mit der Hülle zerbalgen, innerhalb derer aber der Lebenskern unversehrt bleibt.« »Wenn es dereinst vonnöten sein wird, so werde Ich schon von neuem Menschen erwecken und werde ihnen alles kundgeben, was hier geschehen ist und was die Welt zu erwarten hat, um ihrer unverbesserlichen Bosheit wollen« (Gr I 216, 13–14).

Christus hatte der Menschheit vor seiner Himmelfahrt einen Tröster verheißen. In der Neuoffenbarung ist dieser »Tröster« vom Herrn für die heutige Menschheit wie folgt erläutert worden: »Was Ich Meinen Jüngern versprach als den ›Tröster‹, welchen Ich ihnen senden würde, das lag schon in diesen von Meinem Lieblingsjünger Johannes aufgezeichneten Worten. Meine Jünger verstanden sie nicht; aber ihr, die ihr jetzt schon so ziemlich geschult und vorbereitet seid, Meine Lehre zu begreifen und zu fassen, wie Ich sie verstanden und auch ausgeübt sehen möchte, ihr könnt in diesen hinterlassenen Worten (der Neuoffenbarung, d. Vf.) den Tröster finden, der euch erleuchten, erheben und stark machen kann gegen alles Kommende, wie auch einst Mein Geist die Jünger bestärkte, um ihre künftigen Schicksale mit der zu ihrer Mission notwendigen Seelenstärke zu ertragen« (Pr 157).

Dem Ratsherrn Nikodemus hat Jesus vorausgesagt, daß in der Zeit nach seinem Erdenwandel bis zur Zeit, da der Tröster in Form der »wahren und großen Licht- und Lebenslehre« kommt, »es wenig Licht unter den Menschen auf Erden geben wird« (Gr VII 54, 5–6).

»Die (Menschen) müssen denken lernen, dann suchen und selbst finden.« »Die Weltmenschen gefallen sich in der Welt, und so muß (für diese) eine Gotteslehre auch ganz weltlich aussehen, wenn sie bei den Menschen Anklang finden soll.« »Und so werden wir bei den Menschen dieser Erde (z. Z. Jesu, d. Vf.) auch noch lange Zeit hin mit der vollen Wahrheit nicht so geschwind herauskommen können« (Gr VI 204, 2–4).

Jesus sagte im Kreise seiner Apostel voraus, daß seine Lehre im Laufe der Zeit durch Abänderungen des Evangeliums und durch falsche Auslegungen verdunkelt werden würde. »Daß Meine Lehre bei allen Nationen in den späteren Zeiten nicht so rein verbleiben wird, wie sie nun aus Meinem Munde zu euch gekommen ist, das kann als etwas ganz Bestimmtes schon zum voraus angenommen werden« (Gr V 120, 6). »Aber der innere Geist wird dennoch verbleiben« (Gr V 120, 6).

»Besonders die Gemeindevorsteher«, heißt es an anderer Stelle, wo Jesus in der NO die Menschen unserer Zeit anspricht, »fingen an, Meine Lehre, da sie ihnen als die reinste Wahrheit aus den Himmeln zu kleine Zinsen trug, zu verdrehen und mit dem alten Unsinn zu vermengen« (Gr X 25, 4).

»Sie haben Meinem Urlicht aus den Himmeln eine Grube gegraben, um es darin vor den Augen der Menschen zu verbergen und sie in der Finsternis zu ihrem Weltnutzen zu erhalten.« »Es ist leicht einzusehen, daß so etwas (die Bereinigung des Evangeliums, d. Vf.) nicht in einem Moment geschehen kann, sowenig wie die Nacht urplötzlich dem vollen Tag weichen kann, sondern es muß in dieser Welt alles seine Zeit haben« (Gr X 25, 8 u. 10).

Deshalb werden »in gar später Zeit *knapp vor einem großen Gericht* Seher erweckt und zugelassen werden, welche die kurze, schwere Mühe haben, die sehr unrein gewordene Lehre zu reinigen« (Gr VI 176, 10).

»Die Arbeiter in Meinem Weinberg werden nicht durch große Wundertaten, sondern allein durch das reine Wort und die Schrift wirken, ohne eine andere auffallende Offenbarung zu bekommen als nur die des inneren, lebendigen Wortes im Gefühl und in den Gedanken in ihrem Herzen« (Gr VI 176, 10).

»Wenn *tausend und nochmals nicht ganz tausend Jahre* von nun an (von der Lehrtätigkeit Jesu an, d. Vf.) verflossen sein werden und Meine Lehre ganz in die schmutzigste Materie begraben sein wird, so werde Ich wiederum Männer erwecken, die das, was hier (bei den Jüngern, d. Vf.) verhandelt wurde und geschehen ist, *ganz wortgetreu* aufschreiben und in einem großen

Buche (die NO umfaßt 25 Bände, d. Vf.) der Welt übergeben, der dadurch vielseitig die Augen wieder geöffnet werden« (Gr IV 112, 4).

»Daß aber diese Meine Lehre von der eigentlichen Welt, die nicht sterben wird (d. h. sich stets gleichbleiben wird, d. Vf.), allezeit Anfechtungen erleben wird, das weiß Ich um eine Ewigkeit schon voraus« (Gr II 172, 8).

In diesem Zusammenhang wird dann vom Herrn aus das Evangelium vom Sämann hingewiesen und gesagt: »Für alle, welche durstig nach Lebenswasser lechzen werden, sind sie (die Kundgaben, d. Vf.) gegeben.« »Um diesen also die Evangelien, die mit mehr als sieben Siegeln verschlossen sind, zu öffnen und durch diese Bücher den Weg zu Mir und Meinen Himmeln anzubahnen, sende Ich euch diese Erklärungen« (Pr 229).

»Nur für Meine wahren Kinder dieser Erde gebe Ich diese Lehre …« »Die echten Kinder der Welt aber lasset und rufet sie nicht« (Gr VI 151, 3 und 11).

»Denn also verkehrt sind die Sinne der Menschen, daß ihnen das größte Wunder des durch einen geweckten Seher und Wortknecht gegebenen lebendigen Wortes so gleichgültig ist, wie nur immer eine andere alltägliche Erscheinung auf der Welt« (Hi II, S. 106).

»Die meisten Lebenswanderer bleiben lieber in den Tälern ihres Tierwesens, als daß sie sich einmal die Mühe nähmen, einen Berg zu besteigen, um da wenigstens die Aussicht zu einem wahren Menschen zu bekommen« (Hi II, S. 361).

Die Kirchen und die Neuoffenbarung

Sowohl die evangelische als auch die katholische Kirche lehnen Offenbarungen, die eine neue bzw. zusätzliche Heilsbotschaft verkünden, ab. Die evangelische Kirche lehnt jede Offenbarung überhaupt ab. Gemäß dem Ausspruch Luthers »Sola scriptura« (»nur die Heilige Schrift«) lehrt sie, daß die Heilsoffenbarung mit dem Neuen Testament ihren Abschluß gefunden habe. Die katholische Kirche gibt unter Bezugnahme auf Lk 17, 21; Joh 6, 45; 14, 15–21; 16, 12–15; 1. Kor 14, 1, 5, 19 ff. zu, daß nach Christus noch Offenbarungen stattfinden werden. Die katholische Kirche nennt solche Offenbarungen »Privatoffenbarungen«, die mehr an einzelne gerichtet seien, nicht an die gesamte Christenheit. Die heilsnotwendige christliche Offenbarung sei aber zur Zeit der Apostel abgeschlossen gewesen. Es sei gesagt worden, daß Gott durch seinen Sohn »jetzt am Ende der Tage zu uns gesprochen habe« (Hebr 1, 2). Daß ferner Paulus (1. Kor 10, 11) und Petrus (2. Petr 3, 3; vgl. 1. Petr 4, 7) und 1. Joh 2, 18 von den letzten Zeiten, »dem Ende der Tage«, ja von der »letzten Stunde« gesprochen haben. Diese Aussagen der Apostel sind keine brauchbare Grundlage für die ablehnende Haltung der Kirchen, weil die Christen im ersten Jahrhundert es als ein Dogma betrachteten, daß noch zu ihren Lebzeiten der Untergang der Welt eintreten werde. Das beweist u. a. der zitierte Text des Hebräer-Briefes 1, 2: »Jetzt am Ende der Tage«, und des 1. Kor 10, 11, »daß wir das Ende der Zeiten erleben«. »Die Zeit ist kurz bemessen« (1. Kor 7, 29). Mit der Zeit mußte man schließlich den Irrtum der Apostel eingestehen.

Jakob Lorber wurde vom Herrn mitgeteilt, daß er zu seinen Lebzeiten auf Erden seinen Jüngern gesagt habe, »daß Ich fürderhin bis ans Ende der Welt Meine Boten aus den Himmeln sende, auf daß von den argen Weltkindern Mein Wort nicht vertilgt und zu sehr verunglimpft werde. Aber auch diese (Boten) werden um Meines Namens willen mehr oder weniger verfolgt werden« (Gr X 115, 9).

»Nach Mir bleibt die Himmelspforte gleichfort offen, und es wird das, was wir hier (mit den Jüngern, d. Vf.) verhandeln, nach weit mehr als tausend Jahren ebenso von Wort zu Wort können vernommen und (von Lorber, d. Vf.) aufgezeichnet werden, als ginge das alles vor den Augen derer vor sich, die nahe 2000 Jahre (!) nach uns die Erde betreten« (Gr III 15, 6).

»Damit nicht alle Menschen verlorengehen, so habe Ich bestimmt, daß von nun an einzelnen wie einst Meinen Jüngern Mein Wort und Meine Lehre *unverfälscht* zukommen soll, nicht verschleiert wie in den Propheten, sondern klar und verständlich, wie Meine Jünger einst die Völker lehrten.« »Ich will jetzt den Ungläubigen die Augen öffnen und den Buchstabenauslegern Meiner Bibel den eigentlichen Sinn erklären« (Pr 163).

Daraus geht klar hervor, daß die Behauptungen der Kirchen, die Offenbarung sei mit der Botschaft Jesu und den Aposteln abgeschlossen, unzutreffend ist. Erst wenn sich der Erkenntnishorizont der Menschheit erweitert haben wird, »dann erst werden größere Offenbarungen und genauere Bestimmungen zugelassen …« »Wer die Offenbarung dann als wahr annimmt und danach handelt, der kommt auch bald zu stets hellerem Erkennen und zum wahren selbständigen freien Leben« (Gr VI 204, 9–10).

In den vergangenen 1900 Jahren hat die Menschheit geistige Fortschritte gemacht und sie braucht jetzt eine kräftigere geistige Nahrung. Im Evangelium sind nur Bruchstücke der Reden Jesu dargeboten, und die Auslegungen liegen – wie die bibelkritischen Forschungsergebnisse zeigen – überaus im argen. Die Verwirrung und die Verfälschung der Lehre Jesu könnte kaum noch größer sein. Andererseits haben sich die Kirchen mit ihrer Lehre, der gesamte Text des Alten und des Neuen Testaments müßte ausnahmslos wörtlich geglaubt werden, nach dem Aufkommen der Naturwissenschaften schwerstens in Mißkredit gebracht. Die katholische Kirche hat im Fall Galilei (17. Jh.) bezüglich der wörtlichen Auslegung der Bibel das Vertrauen in ihre Exegeten besonders bei den gebildeten Katholiken stark erschüttert. Aber auch Luther hat sich nicht anders verhalten. Als Kopernikus die These aufstellte, daß die Erde sich um die Sonne drehe und nicht umgekehrt, ereiferte er sich darüber: »Dieser Narr will nun die ganze Astronomie umkehren.« Und Melanchthon wollte »den gemeingefährlichen Unsinn von Staats wegen verbieten« lassen.[1]

In der ersten Zeit des Christentums war – wie die altchristliche Literatur beweist – die Anerkennung des Prophetenamtes eine Selbstverständlichkeit. So schreibt Paulus: »Alle Schrift, von Gott eingegeben, ist nütze zur Lehre, zur Strafe, zur Besserung, zur Züchtigung in der Gerechtigkeit, daß ein Mensch Gottes sei vollkommen, zu allem guten Werk geschickt« (2. Tim 3, 16–17).

Die Propheten werden in der Literatur des ersten Jahrhunderts vor den Bischöfen genannt. Die Aufgabe der Bischöfe war damals noch nicht leitender, sondern untergeordneter Art. Sie waren Gehilfen der Presbyter und Ältesten. Der Ausdruck Episcopus (das lateinische Wort für Bischof) stammt aus der antiken Gemeindeverwaltung. Der Episkopus war der Stadtkämmerer und eine ähnliche Funktion hatten die Episkopi auch in den christlichen Gemeinden. Die im 2. Jahrhundert n. Chr. abgefaßte Didache *Lehre der zwölf Apostel* sagt ausdrücklich: »Die Propheten sind eure Hohenpriester« (!) (Didache 13, 3).

Im 1. Brief an die Korinther erklärt Paulus: »Die einen bestimmte Gott in der Kirche fürs erste zu Aposteln, wie andere zu Propheten« (12, 28).

Als sich später die Priesterhierachie herausbildete, rückten die Bischöfe an die erste Stelle. Zu dieser Zeit wurde dann verkündet, daß es keine neuen Offenbarungen Gottes mehr geben werde. Die sonderbare Ansicht, Gott habe nach den Aposteln die Offenbarungen an die Menschheit eingestellt, haben nach Ansicht von Prof. Walter Nigg »lediglich diejenigen Theologen vertreten, die die begreifliche Furcht hegten, durch die prophetische Wirksamkeit könnten ihre Paragraphen durcheinandergeraten«[2].

Der Einwand, die Neuoffenbarung stelle manches anders das, als es die Kirchen lehren, ist kein Argument für die Ablehnung dieser Kundgaben. Heute besteht bei den Gelehrten, die sich mit der Exegese und der Bibelforschung befassen, die einhellige Meinung, daß manche Stellen des Neuen Testaments nicht identisch sind mit den abhandengekommenen Originalschriften. Davon sind heute auch die katholischen Wissenschaftler überzeugt, wenn das auch in Kirchenblättern dem katholischen Volk nicht so deutlich gesagt wird. Schon Paulus spricht im Brief an die Galater davon, daß »manche euch verwirren wollen und das Evangelium Christi verfälschen« (Gal 1, 7).

Daß das Evangelium Einschiebungen, Weglassungen und Textveränderungen erfahren hat, geben heute nach dem Konzil auch katholische Bibelgelehrte unumwunden zu. So schreibt z. B. der katholische Theologieprofessor Geiselmann: »Die heutige Fassung des Evangeliums ist sicher mehrmals redigiert worden.«[3]

Pater Norbert Lohfink SJ berichtet, daß es bereits den gelehrten Mönchen des Mittelalters nicht entgangen sei, daß das Neue Testament unechte Texte enthält.[4] Aus diesem Grund durfte ja das Neue Testament jahrhundertelang von Katholiken nicht gelesen werden. Die katholischen Gelehrten wußten das alles längst, nur durften sie vor dem Konzil es nicht wagen, darüber offen zu reden. Wie Pater Lohfink mitteilt, bildete sich deshalb unter den theologischen Fachgelehrten »eine Geheimlehre aus«[5] (!).

Bis zum Jahre 1962 bestand die katholische Kirche gegenüber ihren Gläubigen darauf, daß sie glauben, daß die Bibel irrtumsfrei ist. Wegen der vereinzelten Abweichungen der Neuoffenbarung von den Lehren der Kirchen besteht somit kein Grund, die Neuoffenbarung nicht als göttliche Offenbarung anzuerkennen. Gott läßt sich von Kirchenmännern nichts vorschreiben. Sein Geist weht, wo er will und wann er will. Im übrigen hat das römische Ex-St.-Offizium auf Hans Küngs Unfehlbarkeitsbuch in der Erklärung »Mysterium Ecclesiae« (1973) ausdrücklich bestätigt, daß die Dogmen »situationsbedingt, unvollkommen, verbesserungsfähig, ergänzbar, ersetzbar sind«[6]. Diese gewichtige Erklärung der Glaubenskongregation sollten sich katholische Leser dieser Schrift stets vor Augen halten.

Die zentrale Frage in diesem Zusammenhang ist, ob Jakob Lorber ein echter Prophet ist, der gewürdigt wurde, eine Offenbarung Gottes an die Menschen der Endzeit niederzuschreiben. Außer den vorgelegten naturkundlichen Voraussagen Lorbers ist auch seine geistige Haltung zu prüfen. Nach Joh 7, 17 und 18 wird von einem wahren Propheten gefordert: »Wer aus sich selbst (d. h. aus seinem irdisch Menschlichen) redet, sucht seine eigene Ehre. Aber wer die Ehre dessen sucht, der ihn gesandt hat, der ist wahrhaftig, und bei ihm findet sich keine verwerfliche Selbstsucht« (Joh 7, 17 f.).

Das Gesagte trifft auf Lorber in vollem Umfang zu. Man vermag sich kaum einen demütigeren, anspruchsloseren und zurückgezogener lebenden, unauffälligeren Menschen vorstellen als Jakob Lorber. Obwohl er das wohl bedeutendste religiöse Werk aller Zeiten geschrieben hat, trat er nach außen überhaupt nicht in Erscheinung. Er suchte keinerlei öffentliche Anerkennung und keine materiellen Vorteile. Seine Einstellung zu seinem Auftrag und seinem Werk geht aus einem Brief hervor, den er am 21. April 1848 an seinen Freund Anselm Hüttenbrenner schrieb: »Die Welt will mir nichts geben, und dessen bin ich froh.«

In der Neuoffenbarung wird zudem als Charakteristikum eines Propheten festgestellt, daß »die echten Propheten stets in Armut einhergehen werden« (Gr VI 179, 3). Und des weiteren: »Der echte Prophet wird nie selbstsüchtig sein, und jeder Hochmut ist von ihm fern« (Gr III 204, 12). An anderer Stelle wurde bereits bemerkt, daß ein Mensch in einer Stadt eines zivilisierten Landes kaum dürftiger durchs Leben gehen kann, wie dies bei Lorber der Fall war. Selbstsucht und Hochmut lagen diesem Mann so fern wie einem unmündigen Kinde.

Für jeden Wahrheitssucher, der die Neuoffenbarung liest, wird es deutlich werden, daß Lorber mit einem Charisma ausgestattet war und daß das, was ihm im Laufe von 24 Jahren täglich diktiert wurde, ein Geschenk des Himmels, ein echter Quell göttlicher Botschaft und – wie es in der NO heißt – »der Schlüssel zum Verständnis des Evangeliums ist«.

Lorber ist mit Leichtigkeit von so manchen wichtigtuerischen und habgierigen Scharlatanen, die sich »Vatermedien« nennen, zu unterscheiden. Leider werden zahlreiche harmlose und kritiklose Menschen von diesen falschen Propheten in ihren Bann gezogen, irregeleitet, und, wie genügend Vorkommnisse beweisen, auch finanziell ausgebeutet.

Obwohl es nach dem Obengesagten ganz evident ist, daß Jakob Lorbers Kundgaben eine göttliche Botschaft sind, läßt sich leicht vorstellen, daß diese unverfälschte Weisheit, welche neue Horizonte eröffnet und manchen theologischen Staub hinwegfegt, viel stört, und daß insbesondere das strenge Urteil und das, der auf Abwege geratenen katholischen Kirche verkündete Schicksal folgenschwer in die erstarrten und selbstgerechten Vorstellungen der Hierarchie fallen wird. Die Neuoffenbarung macht allzu deutlich, daß die katholische Kirche und die Lehre Jesu nicht in jedem Fall dasselbe sind.

In der Neuoffenbarung ist vorausgesagt, daß, »wenn das Bedürfnis nach Lebenswahrheit am Ende ein stets allgemeineres wird und die Menschen sich mit dem puren Autoritätsglauben, der immerfort einen Grund zum finsteren und trägen Aberglauben ist, nicht mehr begnügen, dann es auch an der Zeit ist, ihnen ein großes und greifbares Lebenslicht voll Klarheit und Wahrheit zu geben« (Gr VIII 162, 18).

Daß Widerstand gegen die durch Lorber vom Herrn gegebene Offenbarung aufkommen wird, ist nach den Erfahrungen, die alle Propheten machen mußten, sicher. Es ist in der Neuoffenbarung vorausgesagt, daß der Widerstand mit dem zunehmenden Bekanntwerden der Offenbarung wachsen wird. Aber es ist auch gesagt, daß bereits »der geistige Wind« bläst. »Er kommt von den Himmeln, um eure mit allerlei schlechten Dünsten geschwängerte *geistige* Luft zu reinigen.« In der Tat durchzieht der geistige Wind der Neuoffenbarung in zunehmendem Maße die Herzen vieler Leser. Sie erkennen mit Staunen, wie diese Offenbarung Gottes Heilsplan in seiner ganzen Tiefe aufschließt und daß dieser viel umfassender ist, als Priester sich das je vorzustellen vermochten. Hier wird das Wort »Gott ist die Liebe« in seiner wahren Bedeutung spürbar. Die Neuoffenbarung ist göttlichen Ursprungs, und deshalb verkündet und fordert sie lauterste Gottes- und Nächstenliebe sowie unabdingbar das Tatchristentum. Die Eindringlichkeit der Mahnungen an die Menschen unserer Endzeit ist wahrhaft zu Herzen gehend.

Daß das Prophetische sich zur Zeit in der Welt zu regen beginnt und dies seine gottgewollte Bedeutung im Heilsplan hat, ist einsichtigen Theologen nicht entgangen. Sie erkennen, daß der Boden für einen neuen Samen aufgebrochen ist.

So ist z. B. bemerkenswert, was Dr. Norbert Lohfink vom Päpstlichen Bibelinstitut in Rom in einer Vortragsreihe *Propheten gestern und heute* hierzu (ohne Bezugnahme auf Jakob Lorber) sagte: »Wenn wir zu den Menschen gehören, die sich um unsere Welt Sorge machen, dann ist doch in dieser Welt nichts bedrückender als Gottes Schweigen. Und hier begegnen wir einem Menschen, den die Stimmung getroffen hat.« »Ziehen wir die Grenzen des Prophetischen nur nicht zu eng, dann werden wir ihm schon auch in unserer Zeit begegnen. Und wir wissen auch nicht, in welchen ganz neuen Formen es vielleicht schon in zwei Jahrzehnten zu unserer aller Überraschung auftreten wird. … Je mehr die Kirche bereit ist, auf die Propheten, die Gott sendet, einzugehen, desto dringlicher wird für sie die Unterscheidung der Geister, und die ist wahrlich nicht leicht. Aber zugleich sollten wir, mindestens im christlichen Europa, uns immer wieder sagen, daß uns an sich das durchaus unchristliche Mißtrauen gegen die Propheten in den Knochen steckt.« »Wir müssen aber damit rechnen, daß solche Propheten vielleicht Botschaften haben, die innerhalb unserer Kirche hätten ergehen müssen, aber wegen unserer eigenen sündigen Selbsteinkapselung dort nicht ergehen konnten. Was können wir dann tun? Wir dürfen uns nicht schämen, auch zu diesen Propheten zu gehen und von ihnen zu lernen.« »Unsere Versuchung ist immer wieder, nicht uns den Propheten, sondern die Propheten uns anzugleichen« (!). »Wir leben oft unter dem quälenden Eindruck, daß Gott in unserer Welt schweigt. Die Propheten lassen uns nicht los, weil sie den Anspruch erheben, sie hörten Gott sprechen. So kommt alles darauf an, daß es heute wieder Propheten gibt.«[7]

Der bekannte Konzilstheologe Prof. Karl Rahner SJ stellt fest, daß die Kirche bezüglich der Beurteilung von Privatoffenbarungen keinesfalls unfehlbar ist. (Siehe hierzu die Erklärung der römischen Behörde 1877, ASS XI., S. 509 ff.) Grundsätzlich gilt für Rahner: »Hat Gott geredet, und steht diese Tatsache fest, das heißt, ist sie nur in genügender Weise bezeugt, dann ergibt sich für mich ohne weiteres die Pflicht des Hörens, des Gehorsams und des Glaubens, sofern nur irgendwie der Inhalt mich betrifft.« »Grundsätzlich kann der Geist Gottes jedes Glied der Kirche auf sie einwirken lassen und ihr sagen, was er von ihr verlangt, welches Gebot der Stunde er ihr auferlegt.«[8]

Ähnlich äußerten sich auch evangelische Theologen.[9]

Das sind sehr beeindruckende Stellungnahmen, die manches vorschnell gefaßte Urteil über den Propheten Jakob Lorber verändern könnten. Auf die führenden Kreise der Kirche werden sie aber schwerlich Einfluß nehmen. Die seit Jahren feststellbaren repressiven Maßnahmen des Vatikans lassen keinen Zweifel über die in der Kurie herrschenden Tendenzen offen.

»Je mehr Meine Lehre (der NO, d. Vf.) Boden gewinnt, desto mehr werden sich Hindernisse gegen sie auftürmen, denn sie greift viele in ihrem materiellen und noch mehr in ihrem geistigen Wohlleben, in ihrer bis jetzt gewohnten Denkart an« (Pr 108).

»Noch manche werden Steine auf Meine Lehre werfen, Steine

harter Worte, die unter ihrer Last die sanfte Lehre der Liebe erdrücken sollen. Doch fürchtet nicht, daß sie siegen werden« (Pr 107).

Ein Prophet ist immer ein Mann des Umbruches. Das gilt sowohl für die Kirchen als auch für die weltlichen Dinge. Wie Amos seinerzeit zum Gerichtspropheten in Samaria wurde, so wird es Jakob Lorber für unsere Zeit sein. Amos sagte damals im Auftrag Gottes den Priestern bittere Wahrheiten (5, 21–23). Das mochten sie nicht hören und sagten zu ihm: »Seher, gehe und pack dich fort ins Land Juda! Iß dort dein Brot, dort magst du prophetisch reden. In Bet-EL aber wirst du nicht noch einmal prophetisch reden, denn ein Heiligtum des Königs ist dies hier und ein Reichstempel.«

Heute ist es nicht anders. »Sie lieben Mein Licht nicht«, wurde Lorber vom Herrn, betreffend die heutigen Priester gesagt (Gr III 225, 9).

Damit möglichst viele Menschen von der Neuoffenbarung Kenntnis erhalten, wird allen, die für die Verbreitung der Neu-offenbarung geeignet erscheinen, dort folgendes gesagt: »Tragt aus allen Kräften dazu bei, euren Mitmenschen den Weg zu dem gleichen Ziel zu zeigen, dann sind Meine Worte an euch nicht verschwendet« (Pr 132).

Während in früheren Jahrhunderten die katholische Kirche die Offenbarungen stets in ihrem Sinne veränderte oder unter-drückte, wird sie im Falle der Neuoffenbarung deren Verbrei-tung unter den Menschen nicht verhindern können, weil – wie der HERR Lorber ausdrücklich sagte – »… das für diesmal und fürderhin alle Male nicht in Meiner Ordnung liegt«. »Zur rechten Zeit wird Mein Wort schon zu allen kommen, die danach verlan-gen werden in ihrem Herzen« (Hi II, S. 99).

Die Kundgaben der Neuoffenbarung
über die Evangelisten und deren Evangelien

Die Neuoffenbarung gibt nicht nur Aufschluß über den richtigen Text und den Sinn der Botschaft Jesu, sondern sie macht auch Angaben über die Evangelisten. Bezüglich der Verfasser der einzelnen Evangelien gehen die Meinungen der Forscher weit auseinander. Die evangelischen Theologen sind fast alle der Auffassung, daß keiner der Evangelisten ein Augen- und Ohrenzeuge gewesen ist. Die katholische Kirche hält dagegen den Evangelisten Johannes für den Lieblingsjünger Jesu. Die Auffassung wird durch die Neuoffenbarung bestätigt. Während manche Autoren dem *Johannes-Evangelium* jede Bedeutung absprechen[10], wird in der NO gerade dieses Evangelium als das zuverlässigste bezeichnet. Klemens von Alexandrien (3. Jh.) hat richtig geurteilt, wenn er das Johannes-Evangelium »das geistige Evangelium«, »das Kernstück, den Höhepunkt, das Allerheiligste des Neuen Testamentes«[11] nennt. Johannes berichtet über die verschwiegenen Gespräch Jesu mit Nikodemus und macht genaue örtliche Angaben, die nur ein Augenzeuge wissen kann.

Wegen der wenigen einleitenden Sätze, die etwas philosophischen Charakter haben, sind manche Kritiker dem Irrtum erlegen, Johannes sei ein Hellenist. Wie aus der NO hervorgeht, stammen diese Sätze des Evangeliums Johannes aus dem Munde von Jesus. Im übrigen sind diese wenigen Verse kein Grund, den philosophischen Charakter des Johannes-Evangeliums überzubetonen. In der Literatur werden zuweilen bezüglich der Person des Evangelisten Johannes die abwegigsten und abenteuerlichsten Thesen aufgestellt. Der katholische Autor Paillard meint: »Der Vater des Johannes leitete ein Fischereiunternehmen und beschäftigte mehrere Tagelöhner. Die Familie war anscheinend recht vermögend und hatte Verbindungen zu den höchsten Kreisen Jerusalems.«[12] Aus der NO erfahren wir dagegen, daß Johannes der Sohn ganz armer Leute war, die ihre Kinderschar fast nicht zu ernähren vermochten. Im einzelnen wird hierzu gesagt: »Josephs Kinder, sowohl die eigenen als auch die aufgenommenen, befanden sich in der größten Armut und sind Mir zumeist nachgefolgt. Darunter war eben auch Johannes, der sich viel im Hause des Josephs aufhielt und ein Lehrling in diesem Hause war. Denn sein Vater war noch bedürftiger als Joseph selbst und gab daher seinen Sohn dahin, damit er die Kunst Josephs erlernen möchte. Er erlernte sie auch und war ein recht geschickter Zimmermann und Schreiner zugleich und wußte auch mit dem Drechseln umzugehen. Zudem hatte er die Maria, wie Mich und das ganze Haus Josephs, ungemein lieb, und Maria konnte (später) keinen besseren und getreueren Händen anvertraut werden als eben diesem Sohn des Zebedäus« (Schriftt. 32, 4).

Obwohl Johannes während der Lehrtätigkeit Jesu über alle Vorgänge und Reden Jesu genau im Bilde war, hat er nur weniges aufgezeichnet. Es wurde ihm ausdrücklich gesagt, daß er nur das Wichtigste niederschreiben solle: »Da schrieben denn auch Johannes und Matthäus das Evangelium nieder, aber nur die Hauptpunkte unter Hinweglassung der meisten Nebenumstände« (Gr VI 148, 20). Johannes fragte zuweilen, ob er das gerade Gehörte notieren dürfe, worauf er einmal die Antwort erhielt: »Laß das gut sein. In jener Zeit (d. h. zur Zeit Lorbers, d. Vf.) werde Ich, so es notwendig sein wird, solche Dinge durch den Mund neuerweckter Knechte, Seher und Propheten den Menschen, die eines guten Willens sind, offenbaren lassen.« »Du wirst neben dem Wichtigsten Meines Lehramtes auf dieser Erde in dem von dir geschriebenen Evangelium noch bezüglich der außerordentlichen Lehren und Taten anführen, daß Ich gar vieles gelehrt und getan habe, was nicht in diesen Büchern geschrieben steht; und würde man solches auch in Büchern aufschreiben, so würde die Welt, d. h. die Menschen, es nicht fassen« (Gr X 157, 2 u. 3).

Bemerkenswert ist der aufschlußreiche Nachsatz, in dem klargestellt wird, daß die Menschen den Inhalt nicht begreifen würden. Der verstümmelte und deshalb sonderbare Text des uns vorliegenden Johannes-Evangeliums (21, 25), der besagt, daß die Welt die Bücher (räumlich) nicht fassen könnte, erfährt durch die NO eine sinnvolle Ergänzung und Erklärung. An anderer Stelle der NO ist die Verständlichmachung dieser Textstelle durch Hinzufügung des Wortes »noch« abgerundet worden. Der vollständige und sehr sinnvolle Text lautet somit dahingehend, daß die Menschen der damaligen Zeit das, was Jesus seinen Jüngern an Geheimwissen mitgeteilt hatte, nicht zu fassen vermocht hätten. »In jetziger Zeit aber … ist die Kulturstufe der Menschen und ihr Verstandesleben ein ganz anderes als einst in jener Zeit« (Pr 24). »Meine Jünger waren noch wie unmündige Kinder, die anfangs von Mir und Meinem Reich nicht die hohen Begriffe fassen konnten, wie später nach dem Überkommen Meines Geistes.« »Wenn nun Meine Jünger noch so fragen konnten, so könnt ihr euch denken, wie erst die *anderen,* minder Eingeweihten dachten« (Pr 296).

Johannes verfaßte auf der Insel Patmos auch die »Geheime Offenbarung«. Er war damals schon über hundert Jahre alt und wurde von einem Freund, der seinen griechischen Namen abgelegt hatte und sich auch Johannes nannte, im Schreiben unterstützt (Gr XI, S. 264).

Johannes schloß nach Angaben der NO sein Evangelium ab »nahe gerade um die Zeit, als Jerusalem von den Römern zerstört wurde« (70 n. Chr., d. Vf.). Johannes, der schon über hundert Jahre alt war, schrieb dann »seine Geschichte unter dem Titel *Offenbarung des Johannes* aufs Pergament« (Gr XI, S. 264).

Bezüglich des *Matthäus-Evangeliums* rätseln die Forscher, wer die Person des Verfassers gewesen ist. Man hat erkannt, daß das Matthäus-Evangelium in seiner jetzigen Fassung aus älteren Elementen zusammengefügt ist, und zwar nehmen viele an, daß dem Verfasser dieses Evangeliums das Markus-Evangelium und daneben eine unbekannte Quelle, die allgemein als Q bezeichnet wird, vorgelegen haben. Diese These nennt man die Zweiquellentheorie. Die Meinungen über diese Theorie gehen auseinander. Manche Autoren behaupten, sie sei herrschende Meinung, andere treten aber dieser Auffassung entgegen. Nach der Darstellung von Paillard sind sich die modernen Forscher darüber einig, daß die Zweiquellentheorie »gar zu einfach ist«[13]. Es sollen die verschiedenen Ansichten hier nicht weiter besprochen werden, weil uns die NO in diesem Fall die erschöpfende Auskunft gibt. Sie besagt, daß Matthäus ehedem an einer Großzollstelle am Galiläischen Meer »als ein Schreiber im Dienste der Römer stand« (Gr IX 114, 1). (Dieser Matthäus, der nur ein unselbständiger Schreiber an einer Zollstelle war und nebenbei ein Gasthaus betrieb, ist nicht zu verwechseln mit dem selbständigen Steuereinnehmer [Zöllner] Matthäus.) »Er ist dann von Mir aufgenommen worden, als Ich ihn bei Meiner Reise nach Kis in einer Mittelstation zwischen Kapernaum und Kis antraf, weshalb Mir auch der Vorwurf gemacht wurde, Ich gehe mit Zöllnern und Sündern umher.« »Da aber dieser Matthäus gut bei der Feder war und sich von Mir nicht trennen wollte, so ward er von Mir als Schreiber aufgenommen, aber nur mehr für die Tatsachen, während Mein Johannes das Wort, d. h., was Ich lehrte, aufzuzeichnen hatte, und Matthäus mitunter weniger geistige Teile Meiner Lehre und Predigten für sich aufzeichnete, dieselben jedoch allezeit bei Gelegenheiten von Johannes korrigieren ließ; denn Matthäus hatte für Tatsachen ein gutes Gedächtnis, aber für die Lehre ein schwaches.

Von Meinem Familienverhältnis wußte er, solange er mit Mir umherging, sehr wenig, und was er wußte, teilten ihm bei Gelegenheit Jakobus, Simon und Johannes mit, was er sich jedoch nicht auf der Stelle aufzeichnete, sondern erst einige Jahre nach Meiner Auferstehung, als er statt des Judas Ischariot zum Apostel gewählt wurde.

Dieser Apostel Matthäus, als der Evangelist, hatte sein Evangelium ordentlich und richtig zusammengestellt und machte damit seine Reise in die südöstlichen Gegenden Asiens.

Es haben sich aber dann in Jerusalem, in Galiläa, in Samaria, dann in Tyrus und Sidon 5 Matthäusse hervorgetan, und es schrieb ein jeder ein Evangelium Matthäi; darunter das zu Sidon erschienene unstreitig noch das annehmbarste war. Die andern vier wurden bei der großen Kirchenversammlung zu Nicäa, als mit diesem gar nicht, wie auch untereinander nicht übereinstimmen, als apokryph verworfen, und das Sidonische als möglichst echt erhalten. Und so ist auch dieses teilweise apokryph, obschon der Schreiber sich alle erdenkliche Mühe gab, die Sache so wahr als möglich darzustellen.

Er selbst schrieb eigentlich – statt diesem einen – vierzehn Evangelien, je nachdem ihm irgend die Sache von angeblichen Augenzeugen bekanntgegeben wurde. Aus diesen vierzehn schrieb er dann ein fünfzehntes, das nach der Beurteilung vieler Sachkundiger als das wichtigste und wahrste erklärt wurde; und dieser Pseudo-Matthäus, der eigentlich l'Rabbas hieß, ist der Schöpfer des heutigen Matthäus-Evangeliums. Das wirkliche aber befindet sich heutzutage noch in einer großen Bücher- und Schriftensammlung einer bedeutenden Bergstadt Hinterindiens« (Gr XI, S. 241–242).

Jesus hatte dem Apostel Matthäus folgendes vorausgesagt: »… ein anderer, der in deinem Namen schreiben wird, wird dich ersetzen und seine Schrift wird bleiben« (Gr X 157, 6). Uns liegt also das Evangelium des Pseudo-Matthäus, der l'Rabbas hieß und unter dem Pseudonym »Matthäus« schrieb, vor. Von ihm wird in der NO folgendes gesagt: »Der Pseudo-Evangelist Matthäus war zwar ein vollkommen ehrlicher, die Wahrheit suchender Mann, und er war höchst eifrig im Forschen nach der Wahrheit dessen, was da geschah, ungefähr zwanzig Jahre lang, bis er sein Evangelium zusammenzustellen und zu schreiben anfing. In dieser Zeit war im Judenland kein Apostel von Mir anzutreffen, obschon es an anderen Zeugen für diese Zeit nicht sonderlich fehlte. Wie es aber bei solchen Gelegenheiten schon zu gehen pflegt, so wußten gar viele Menschen aus all den vielen Orten, die Ich besuchte, Verschiedenes von Mir zu erzählen; gewöhnlich aber nur das, was sie selbst in ihren Orten von Mir gehört und erlebt haben. Und so ist es denn auch begreiflich, daß es einem l'Rabbas, wie auch vielen anderen Evangelisten, selbst beim redlichsten Willen unmöglich war, über alles von Mir Getane, Gelehrte und an Mir Vollbrachte vollkommen ins klare zu kommen.«

»Man wird hier fragen, warum Ich denn nicht selbst solche Menschen heller erleuchtet habe, damit sie dann imstande gewesen wären, nur die vollkommen reine Wahrheit auf das Pergament zu bringen? Ich sage, daß Ich bei ganz ehrlichen Menschen, die dieses Bestreben hatten, es an dem auch nie haben fehlen lassen. Was aber später die schon selbstsüchtig gewordene Welt aus solchen ehrlichen Überlieferungen gemacht hat, dafür kann Ich nicht, da jeder Mensch seinen *vollkommen freien Willen* hat. Daß Ich es nie an Sichtungen habe fehlen lassen, zeigen euch seit sozusagen Meiner Zeit all die großen Versammlungen, denen durch Meinen Geist die Aufgabe gestellt war, die eingeschlichene Lüge von der Wahrheit zu scheiden und sie zu verwerfen vor der ganzen Gemeinde. Da das Unkraut aber allerorten unter dem Weizen wucherte, gelang es ihnen nicht, dasselbe völlig zu vertilgen.« »Und so geschehen auch in dieser Zeit (Lorbers, d. Vf.) wie hier – und auch anderenorts – gar gewaltige Sichtungen, und der Feind der Wahrheit wird gegen sie nichts mehr auszurichten imstande sein. Ich baue nun großartige Dämme gegen jede Flut der Lüge und stellen den wahren Felsen Petri auf, den die Pforten der Hölle nicht überwinden werden« (Gr XI, S. 262/263).

Über *Lukas* und sein Evangelium erfahren wir aus der NO ebenfalls viele interessante Einzelheiten. »Was sein Evangelium anbelangt, so ist es eine Tatensammlung, die durch sein Forschen sowohl in als auch um Jerusalem über Mich und Meine Taten und Lehren durch verschiedene Menschen zustande gekommen ist. Er selbst hat sie hernach in seiner Art und Weise geordnet und in Kapitel und Verse eingekleidet, wobei er sich ganz natürlicherweise nicht an die Zahl der Kapitel und Verse eines andern Evangeliums hat binden können; daher bei ihm so manches in einem ganz andern Kapitel und in anderen Versen vorkommt, als bei den andern Evangelisten, was ein jeder von euch beim Vergleich der angezeigten Parallelstellen erfahren kann.

Was seine Persönlichkeit betrifft, so war er ein Formenmaler und Zeichner (Dessinateur), mit welchen Produkten seiner Hand er die Weber-, Tuch- und Teppichmacher versehen konnte; auch die Zeichnungen der jüdischen Schals und Vorhänge rühren häufig von seiner Hand her. Daneben war er auch ein Schriftmaler und auch Schreiber (Calligraph), besonders so jemand etwas vollkommen schön und regelmäßig geschrieben haben wollte, verstand und sprach Griechisch, Lateinisch und Hebräisch und konnte zur Not auch in den anderen Sprachen, die um Juda herum gang und gäbe waren, sich mitteilen und verständlich machen.

Zudem war er, wie es dergleichen mehr Menschen gibt und gegeben hat, ein erpichter Neuigkeitskrämer und erkundigte sich daher um alles, was besonders zu Meiner Zeit geschah und unter den Menschen viel Redens und Aufhebens machte. Er hatte seine Freude daran, den vielen neugierigen Menschen, mit denen er im Verkehr stand, etwas außerordentlich Neues erzählen zu können, wobei er durchaus keinen Ekletiker (strengen Prüfer) machte, sondern ihm war das nächste Beste recht, wenn es nur den Schein des Außerordentlichen hatte.

In der ersten Zeit ist bei seinem Erzählen auch vieles, besonders in Ermangelung wirklicher Daten, auf seinem eigenen Grund und Boden gewachsen. Erst in der Zeit, als der Apostel Paulus Mein Wort in Griechenland hie und da gepredigt hatte, ward er von seinem Freund Theophilus, der auch in Griechenland wohnte, ernstlich aufgefordert, über Mich verläßliche Erkundigungen einzuziehen, sie aufzuzeichnen und sie ihm dann zu übersenden. Er, Theophilus, habe über den gewissen Nazaräer sowohl von seiten der Juden als auch von Griechen so Verschiedenartiges gehört, daß er daraus nicht klarwerden könne, was so ganz Eigentliches an diesem Menschen sei. Es frage sich aber, ob er entweder ein überirdisches Wesen oder gleich nur ein in mannigfacher Weisheit aus den Büchern wohlerfahrener Mensch sei.

Als Lukas dieses Schreiben in Jerusalem in seine Hände bekam, nahm er sich der Sache erst ernstlicher an und erkundigte sich über alles, was besonders Meine Person und Lehre betraf, bekam aber das, was er aufschrieb, nicht leichtlich aus dem Munde Meiner wirklichen Jünger in Erfahrung, sondern zumeist von andern auf Mich und Meine Lehre haltenden Menschen, die Mich zum Teil persönlich gekannt, zum größten Teil aber von meinen Jüngern Kunde über Mich erhalten hatte. Denn zwischen Meinem Dasein als Mensch dieser Erde und der Vollendung des Evangeliums Lukas verstrichen fünfunddreißig Jahre (also anno 68), nach welcher Zeit er dasselbe erst an seinen Freund Theophilus nach Griechenland absenden konnte; welches Evangelium dann dieser Theophilus mit seinen Aufzeichnungen verglich.

Wie es aber mit seinem Evangelium steht, so steht es noch mehr mit seiner Apostelgeschichte, die er ebenfalls auf Aufforderung seines Freundes Theophilus aufs Pergament brachte, und zwar erst in seiner letzten Lebenszeit, also in einer Zeit, in der sich nicht einer Meiner ersten Apostel und Jünger mehr in Jerusalem befand. Auch diese Apostelgeschichte bekam in den Händen seines Freundes so manche Abänderung, und selbst die von ihm im Judenlande zusammengebrachten Daten waren vielseitig Dichtungen solcher Jünger und Ausbreiter meines Wortes, die häufig ohne innere Berufung sich als solche den Menschen vorstellten, und ein jeder aus ihnen das Bessere wissen wollte.

So geschah es denn auch, daß sowohl in dem Evangelium des Lukas, wie noch mehr in seiner nachträglichen Apostelgeschichte, Dichtungen und Übertreibungen vorkamen, von denen Meine wirklichen Apostel und Jünger selbst wenig oder nichts wußten; denn sie hielten sich in Jerusalem sehr wenig auf und hatten ihr Wesen mehr in Galiläa, Samaria und in den andern, von Jerusalem weiter entlegenen Landschaften.

Wenn ihr nun dies wisset, so werdet ihr wohl einsehen, daß das gewisse Erdbeben und die Finsternis bei Meinem Kreuzestode, die eröffneten Gräber im Tale Josaphat, Meine Himmelfahrt auf zwei sich widersprechenden Bergen, wie auch die gewisse Sendung des Heiligen Geistes zum allergrößten Teile ein Werk der damaligen Phantasie Meiner verschiedenartigen Anhänger und Verehrer sind und auch sogar sein müssen, indem der verläßlichste aller Evangelisten (Johannes), der noch bei jeder wichtigen Gelegenheit zugegen sein mußte, von alledem keine Erwähnung tut. Auch gibt Lukas nicht kund, ob er selbst bei der Ausgießung des Heiligen Geistes zugegen war oder nicht.

Sein Evangelium und seine Apostelgeschichte waren bei der großen Kirchenversammlung in Nicäa auch ganz nahe daran, als apokryph erklärt zu werden. Aber die abendländischen Bischöfe sträubten sich dagegen, und somit war auch alles von Lukas Geschriebene als authentisch erklärt, und dieser Lukas besteht denn heutigentags noch unter der Zahl der glaubwürdigsten Evangelisten und wird von ihm bis zur Stunde noch mehr Aufhebens gemacht als von Johannes« (Gr XI, S. 271–273).

»Warum hätte Ich denn sollen bei Meinem Tode die Sonne gänzlich finster machen, und das volle drei Stunden hindurch? Und wäre das der Fall gewesen, so müßte in jener Zeit die Sonne auch in andern Ländern nicht geleuchtet haben, was die Schriftkundigen jener Völker sicher aufgezeichnet hätten. So aber wissen sich sogar die römischen Geschichtsschreiber einer solchen Begebenheit nicht zu erinnern. Es müßte die Sache demnach nur in Jerusalem ihre Geltung haben, daß durch Meine Zulassung selbst alle anwesenden Menschen auf drei Stunden lang blind geworden sind, und es müßte Johannes allein sehend geblieben sein, weil er von solch einer Sonnenverfinsterung keine Kunde gibt.

Wie es sich aber mit der Sonnenverfinsterung verhält, so verhält es sich auch mit Meiner in dieser Welt erscheinlichen Himmelfahrt; denn wo sollte denn wohl dieser Himmel sein, in den Ich aufgefahren bin?! Oder wohin sollte der Allgegenwärtige fahren, um den Menschen dadurch anzuzeigen, wo Er eigentlich zu Hause ist?!

Ich meine aber, daß Ich in der ganzen Unendlichkeit überall gleich zu Hause sein werde, da Ich in allem und jedem das Urbelebungs- und Erhaltungsprinzip bin und ohne Mich nirgends etwas ist und besteht!« (Gr XI, S. 273/274) Wie aus dem Zitat aus dem Kapitel »Der Erdenweg Jesu« hervorgeht, löste sich der Körper von Jesus in seine Atome auf und war plötzlich nicht mehr sichtbar. Er kam, wie es im Gr VII 129, 9 heißt, »in Sein völlig Göttliches«.

»Wollet darum euch nicht ärgern über diesen Mann ob mehrerer Unrichtigkeiten, die in seinen Schriften vorkommen, denn fürs erste war nicht er von allem der eigentliche Schöpfer, sondern vielmehr seine nachträglichen Korrektoren, von denen Ich euch mehr als ein ganzes Dutzend anführen könnte. Und fürs zweite war er besonders in seinen späteren Zeiten voll guten Willens und voll Ernstes, der Nachwelt möglichst die volle Reinheit in seinen Schriften zu hinterlassen. Allein dafür kann er nicht, was die späteren habsüchtigen Gemeindevorsteher aus dem Evangelium gemacht haben. Sie haben Unkraut in seinen Weizen gesät, welches mit dem Weizen aufging« (Gr XI, S. 274).

»Ich will deswegen weder Lukas, Markus noch Matthäus richten; denn sie haben sich zu ihrer Zeit zum wenigsten die Mühe gegeben, aus dem vielen schon vielfach Verunstalteten Meiner Lehre das Reinste und Beste herauszusuchen. Aber was die materiellen Fakta anbelangt, da haben zum Teil sie selbst gedichtet, und zum größten Teil mußten sie dann doch am Ende aus dem etwas nehmen, was sie aus dem Munde solcher Menschen vernommen haben, die da oft genug dreist vorgaben, daß sie von diesem und jenem Augen- und Ohrenzeugen waren. Darauf verglichen sie das mit den ihnen bekannten Stellen aus den alten Propheten und fanden es übereinstimmend, was sie geschrieben haben, und damit war für sie das Kriterium für die Wahrheit dessen, was sie niedergeschrieben haben, vollkommen fertig und gültig.

Wenn es mit diesen Evangelien noch bei dem geblieben wäre, so wäre es allerdings noch um vieles besser, als es jetzt ist; denn in diesen Evangelien stand viel zuwenig des Wunderbaren, des Grausamen und des Schrecklichen für die Menschheit, daher man es später für notwendig befunden hat, besonders zum Teil unter den Judenchristen, Griechen und Römern, schon hundert Jahre vor der großen Kirchenversammlung zu Nicäa, viele Beisätze zu machen, besonders jene, die stark nach Wundern riechen, und die ein stark strafgerichtliches Gesicht haben, um Mich als den Beglücker der Menschen, der den Menschen nichts so teuer ans Herz gelegt hat als die Liebe und Wahrheit, gerade zum Gegenteile zu machen« (Gr XI, S. 275 f.).

»Das Meiste und Schaudererregendste aber ist erst nach der großen Kirchenversammlung zu Nicäa sowohl von seiten der griechischen, noch mehr aber der römischen Oberbischöfe geschehen; denn sie haben sich alle Mühe gegeben, zum Teil aus dem heidnischen Tartarus und zum Teil aus dem alten jüdischen Scheol, dem jüngsten Gericht, dem Fegefeuer und der Hölle die lebhaftesten Farben zu verleihen und haben aus Mir in einer Person den euch bekannten Äakus, Minos und Rhadamantus, die das jenseitige Richteramt über die Seelen der Verstorbenen führten, gemacht. Ich müßte demnach allerunerbittlichst und unbarmherzig alles richten, verdammen und auf ewig in die Hölle verfluchen, was sich nicht den Anordnungen und Befehlen des sogenannten ›Heiligen Vaters‹ in Rom fügt.

Ich meine, euch hiermit zur Genüge gesagt zu haben, daß weder Ich noch irgendeiner Meiner echten Evangelisten die Erfinder und Lehrer alles dessen sind und sein können. Denn Ich kann doch von Mir nicht selbst behaupten, daß Ich die höchste Liebe und Erbarmung bin und morgen die höchste Rachgier,

unerbittlichste Unbarmherzigkeit und ewige Straf- und Marter-
sucht gegen Meine Kinder wegen ihrer Vergehen, an denen sie
grundursächlich oft nicht den hundertsten Teil der eigentlichen
Schuld tragen. Ich bin ja nicht gekommen, um das, was verloren
war, noch mehr verloren zu machen, sondern es in aller Liebe
aufzusuchen und wieder an das Licht zu bringen, damit es nicht
verlorengehe« (Gr XI, S. 246).

Es drängt sich hier die Frage auf, weshalb Gott die Verfälschungen nicht verhindert hat. Diese Frage wird auch in der NO
aufgeworfen und wie folgt beantwortet: »Warum habe Ich als
allwissender und allmächtiger Gott und Herr es denn zugelassen,
daß Mein reines, zu den Aposteln und sogar vielen anderen
Menschen gebrachtes Wort von diesen und so vielen Evangelisten nicht selten auf die widersprechendste Art überliefert wurde, und daß von Mir gar wenig Wahrnehmbares dem entgegen
unternommen wird?« »Diese Frage ist ebenso, als ob man Mich
fragte, warum Ich auf dieser Erde nicht lauter Weizen, Korn und
Gerste und edle Obst- und Fruchtbäume (und kein Unkraut) aus
dem Boden der Erde wachsen lasse« (Gr XI, S. 251).

»Wie es sich hier verhält, daß also alles seinen Nutzen und
Zweck hat, so haben auch die vielen irr- und abergläubigen
Menschen auf dieser Erde Nutz und Zweck; denn wären alle, wie
sie auf die Welt kommen, schon einem Erzengel Raphael gleich
erleuchtet, aber noch mit ihren trägen Leibern behaftet, so würde
auch kein Mensch sich rühren, über etwas nachzudenken, und
bemüht sein, die reine Wahrheit zu suchen und zu finden. Es träte
da bald eine allgemeine Lethargie ein, da kein Mensch dem
andern etwas nützen oder schaden könnte. So aber werden die
mit einem helleren Verstande begabten Menschen erst durch die
Dummen recht mit in den Eifer gesetzt, der Dummheit und der
Finsternis, je mehr sich diese auszubreiten drohen, desto eifriger
und energischer entgegenzutreten und haben dann eine große
Freude daran, so sie durch ihren Eifer eine Menge Blinder auf
den Weg des Lichtes gebracht haben. Und dazu taugen dann auch

die sich im materiellen oder Buchstabensinne widersprechenden Evangelien; den reinen Geist enthalten sie dennoch, den ein jeder von Mir nur ein wenig Erleuchtete schon herausfinden kann.

Was aber die sogenannte gemeine Menschheit betrifft, die in ihrer blinden Einfalt den Kindern gleich auch einen messingnen Tantes für einen vollen Dukaten annimmt, so schadet ihr das nicht; denn ihr wisset ja, daß es in Meines Vaters Hause gar viele Wohnungen und Schulen gibt, in denen solche hier geistig verarmte Seelen zu einem rechten Lichte gelangen können und auch werden. Und darin liegt auch der Grund, warum Ich mit den sogenannten verstand-, vernunft- und sinnlosen Statthalterschaften Gottes auf dieser Erde Geduld habe und trage. Aber es hat hier dennoch alles seine Zeit und Dauer« (Gr XI, S. 252).

»Lukas, wie auch der Pseudo-Evangelist Matthäus (l'Rabbas), haben ihre Evangelien eben nicht gar sehr viele Jahre nach Mir aufzuzeichnen angefangen, und sich aber dennoch in manchem derart verstiegen, daß am Ende unter ihnen selbst in so manchen ganz wichtigen Dingen der größte Widerspruch ans Tageslicht kommen mußte. Vom Prüfen war in jener Zeit ohnedies keine Rede; denn ein jeder Evangelist hatte seine gewissen Leser und Zuhörer und hat sich um einen andern Evangelisten wenig bekümmert, und die Evangelisten selbst hielten sich auch nur an das, was sie niedergeschrieben hatten. Sie hatten sogar mitunter eine rechte Freude an dem, was der eine oder andere in seinem Evangelium (allein) besaß.

So kümmerte sich denn auch l'Rabbas (Matthäus) wenig oder gar nicht um den nach dem achten Tage der Geburt im Tempel beschnittenen Jesus und so auch nicht um die drei Weisen aus dem Morgenlande, um die Flucht nach Ägypten und den grausamen Kindermord durch Herodes in Bethlehem. L'Rabbas (Pseudo-Matthäus) hat solche Kunde zu Tyrus und Sidon erhalten und in seiner Art auch aufgezeichnet. Aber da er selbst, wenigstens ehedem, mehr Heide als Jude war, so kümmerte er sich auch wenig um die Beschneidung des Kindes Jesu, und so weisen diese beiden Evangelisten einen der merkwürdigsten Widersprüche unter sich auf, während sie in vielen anderen Stücken bis auf die Orts- und Zeitangabe miteinander harmonieren.

Nach Lukas besteht sodann ein allen jüdischen Gesetzen und Gebräuchen vollkommen entsprechend beschnittener Jesus, der zu Bethlehem in einem Schafstalle geboren und nur von den Hirten begrüßt wurde, den Besuch von den drei Weisen aus dem Morgenlande gar nicht erhielt, nicht nötig hatte, nach Ägypten zu fliehen, sondern dafür ganz gemütlich nach Nazareth zurückzukehren, daselbst ganz ruhig sein zwölftes Jahr ohne irgendwelche Verfolgung von seiten des Herodes abzuwarten und dann mit seinen Eltern nach Jerusalem eine Wanderung zu machen.

Bei Matthäus sehen wir Jesus in einem ordentlichen Hause zur Welt kommen, der von den Hirten nicht begrüßt wird, dafür aber von den drei Weisen aus dem Morgenland (von denen dem Lukas in seinem Evangelium nichts geträumt hatte, wie auch gar nichts von der Flucht nach Ägypten, nichts von dem grausamen Kindermord zu Bethlehem durch Herodes, und auch nichts von der Rückkehr Jesu aus Ägypten nach Galiläa unter dem Könige Archelaus)« (Gr XI, S. 277 f.).

Aus dem Hinweis, daß jeder Evangelist sich nur an das hielt, was er erfahren hatte, und sich um das, was andere geschrieben hatten, wenig kümmerte, läßt sich nun erkennen, daß dem Gelehrtenstreit, wer von wem abgeschrieben hat, die Grundlage entfällt. Die Evangelisten haben nicht voneinander abgeschrieben, wohl sind sie in dem einen oder andern Fall an dieselben Gewährsleute geraten, so daß gewisse Berichte sich demzufolge ähneln müssen. Das beweist, wie schnell Spekulationen auf Abwege führen.

»Nun frage sich ein jeder: Welcher aus den beiden Evangelisten für sich ist da bei der Wahrheit geblieben? Die Antwort darauf lautet: An und für sich keiner, denn ein jeder gab nur von dem Kunde, von dem er reden gehört hatte. In Jerusalem getraute sich niemand, aus Furcht vor der Strafe, von der übermäßigen

Grausamkeit des Herodes zu reden; zu Sidon und Tyrus, im damaligen Cölesyrien, aber haßte man Herodes mehr als den Tod und verschwieg seine Grausamkeit nicht, wie auch die Veranlassung nicht, die ihn zu dieser geführt hatte.

In gleichem Maße würdet ihr bei genauer vergleichender Lesung der beiden Evangelien noch auf so manche gar bedeutende Widersprüche und Unebenheiten gelangen, die sich aber dennoch eher in einem gewissen Grade ausgleichen und berichtigen lassen als der jüdisch beschnittene und heidnisch unbeschnittene Jesus. Darum muß aber eben in dieser Zeit sowohl der alte und noch mehr der neue Unsinn in allem Mir Widersprechenden aus diesen Evangelien völlig ausgemerzt werden, und sogar Ich selbst mit ihm, auf daß das einzige und bleibend wahre Evangelium Johannes in sein vollstes Licht trete.

Denn ein jeder wird es leicht verstehen und begreifen, daß Ich unter dem Gesichtspunkte dieser vier nun bestehenden Evangelien, auch so mancher Brief des Paulus und der andern Apostel – für die Länge der Zeit nicht mehr bestehen kann, weil darinnen ein jeder vorkommende Widerspruch Mich vor den Gelehrten der Welt selbst zum Widerspruche macht – gleich also, wie bei den gegenwärtigen Christensekten, von denen auch jede Sekte ihren eigenen Christus hat, der sich die Freiheit nimmt, jeden andern Christus einer andern Sekte kreuz und quer zu verdammen« (Gr XI, S. 278).

»Obschon die Evangelisten alles unter Leitung Meines Geistes geschrieben haben, so war aber ihr *Wille* dennoch *ganz frei* und so auch ihr Urteil und ihre Annahme darnach« (Gr XI, S. 296).

Das Schicksal des Evangeliums in der Obhut der katholischen Kirche

Durch die Kundgaben der Neuoffenbarung ist auf die Entstehung der Evangelien und deren weiteren Schicksale ein neues Licht gefallen. Viele irrige Theorien können beiseite gelegt werden. Von gravierender Bedeutung ist die Tatsache, daß die Mitteilungen der Neuoffenbarung von den willkürlichen und sinnentstellenden Abänderungen des Evangeliums durch die Bischöfe der ersten Jahrhunderte nach dem Zweiten Vatikanum endlich auch von katholischen Gelehrten öffentlich zugegeben werden dürfen. Die Ergebnisse der historischen Forschung bestätigen auch in diesem Fall die Richtigkeit und Zuverlässigkeit der Aussagen der Neuoffenbarung.

Über den ersten christlichen Jahrhunderten liegt auf weite Strecke ein ziemliches Dunkel. Die Originale der Evangelien waren schon um das Jahr 200 alle nicht mehr vorhanden. »Auch im ersten Jahrhundert finden wir keine sicheren Spuren, daß die Urschriften noch vorhanden waren.«[14]

Die ältesten vollständigen Abschriften, die die Grundlage des Neuen Testaments bilden, stammen aus dem 4. Jahrhundert. Bei der Anfertigung der Abschriften sind unzählige Abschreibefehler vorgekommen. Man schätzt ihre Zahl allgemein auf 250 000, davon entfallen nach Angaben des katholischen Theologen Henri Daniel-Rops ca. 250 auf substantielle Variationen.[15] Unangenehme Tatbestände wurden zuweilen ins Gegenteil verkehrt. Als Paulus in Jerusalem mit Petrus und einigen anderen »maßgebenden Aposteln« eine harte Auseinandersetzung hatte, anerkannte er den Vorrang des Petrus nicht, sondern erklärt im 1. Galaterbrief 2, 5: »Doch gaben wir Ihnen nicht einen Augenblick nach, daß wir uns etwa unterworfen hätten.« In mehreren Kodizes, u. a. im Codex D (etwa aus dem Jahre 500) ist der Ausgang dieses Disputes genau umgekehrt dargestellt worden.[16] Man ließ in diesen Abschriften das Wort »nicht« weg, um die um 500 bereits angestrebte Autorität der Päpste nicht in Frage zu stellen. (Diese Verfälschungen haben jedoch keinen Eingang in das heute vorliegende Neue Testament gefunden.)

Daß die Evangelisten in zahlreichen Fällen bei Darstellung des gleichen Sachverhalts abweichend berichtet haben, wurde den Gläubigen nicht zum Bewußtsein gebracht, obwohl die divergierende Berichterstattung bereits der hl. Ambrosius, Bischof von Mailand im 4. Jahrhundert, in seinen Kommentaren zu den Evangelien besprochen hat.

Hier seien nur einige Beispiele angeführt, die zur Genüge beweisen, daß das Evangelium nicht auf irrtumsloser Verbalinspiration durch den Heiligen Geist beruhen kann.

Der Todestag Jesu wird von den Synoptikern (Matthäus, Markus, Lukas) einerseits und von Johannes andererseits verschieden angegeben. Die Synoptiker berichten, daß Jesus an einem Samstag gekreuzigt worden sei, was ganz undenkbar ist, da dieser Tag auf einen hohen Feiertag fiel. Nach Angaben des Johannes-Evangeliums starb Jesus an einem Freitag. Bezüglich der Tageszeit der Kreuzigung heißt es bei Markus 15, 25: »Es war die dritte Stunde (9 Uhr), als sie ihn kreuzigten.« Nach Angaben des Zeugen Johannes (19, 14) fand die Verurteilung Jesu durch Pilatus aber erst um die sechste Stunde (12 Uhr) statt.

Die Zeitangaben über den Aufbruch der Frauen zum Grab am Ostertag sind ebenfalls völlig widersprüchlich. Johannes schreibt: »Als es noch dunkel war« (20, 1); Markus dagegen: »Als die Sonne aufgegangen war« (16, 2).

Nach Matthäus sahen die Frauen einen Engel auf dem weggewälzten Stein *vor* dem Grab sitzen (28, 2). Markus berichtet, daß die Frauen den Engel erst im Innern des Grabes sahen (16, 5).

Aus den Aufzeichnungen des Lukas ist zu schließen, daß Jesus während seiner Lehrtätigkeit nur einmal in Jerusalem war, während er nach dem Johannes-Evangelium – in Übereinstimmung mit der NO – im Laufe von drei Jahren mehrfach dort war.

Matthäus (27, 44) und Markus (15, 32) berichten, die beiden Mitgekreuzigten hätten Jesus geschmäht. Lukas sagt das Gegenteil. Nur einer habe Jesus gelästert, was der andere ihm verwies.

Nach Lukas (24, 50–51) fand die Himmelfahrt Jesu bei Bethanien statt, laut der Apostelgeschichte 1, 11–12 auf dem Ölberg bei Jerusalem.

Die abweichenden Aussagen über dieselben Ereignisse bestätigen das in der NO Gesagte, daß die Evangelisten nicht immer an zuverlässige Gewährsleute geraten sind. Auch über die am Evangelium vorgenommenen Interpolationen und Abänderungen, wie sie von der NO geschildert werden, sind sich die Fachgelehrten schon lange einig. Das ist nicht neu, nur wurden diese Tatbestände dem Kirchenvolk verheimlicht. Schon der berühmte Bibelgelehrte Origenes (250 n. Chr.) war zu der Auffassung gelangt, daß manche biblischen Berichte erfunden wurden.[17]

Nach dem Zweiten Vatikanischen Konzil konnten endlich auch die katholischen Gelehrten der Wahrheit die Ehre geben und das öffentlich aussprechen, was sie längstens schon wußten. Bis dahin machte ihnen das die Enzyklika Leos XIII. (gest. 1903) und die übrigen Dekrete der katholischen Kirche unmöglich. Die erwähnte Antimodernisten-Enzyklika Leos XIII. »Providentissimus Deus« lehrte, daß die Evangelien »mit unfehlbarer Wahrheit alles (!) aussprechen, was Gott ihnen (den Evangelisten) zu schreiben befahl, und zwar nur das, was er ihnen befahl«[18]. Albert Schweitzer stellt zu diesen Methoden in lapidarer Kürze fest: »Statt der Wahrheit ihr Recht zu lassen, ... wurde ihr ausgewichen, sie umgebogen oder zugedeckt.«[19]

Noch im Jahre 1962 mußte Prof. Karl Rahner SJ in Berücksichtigung der Lehren Leos XIII., Benedikts XV. und Pius' XII. in theologischen Lexiken schreiben, daß die Inspiration sich auf alle Teile der Schrift, und zwar auch auf diejenigen Aussagen, die nicht die Heilslehre, sondern naturkundliche Aussagen betreffen, erstreckte (!). Das alles sei von Gott ausgesagt und irrtumsfrei.[20] Natürlich wußten die Experten Rahner, Brinkmann usw., daß in den Schriften des Neuen Testaments zahlreiche Widersprüche und Irrtümer enthalten sind. Diese Probleme mußten sie auf sophistische Weise lösen.

Nach harten Kämpfen mit der Kurie kam dann nach langen Jahrhunderten auf dem letzten Konzil die Wende. Zahlreiche Bischöfe erklärten, daß die bisherigen Behauptungen aufgrund der wissenschaftlichen Forschungen unhaltbar geworden seien. So trug u. a. Kardinal König (Wien) auf dem Konzil eine ganze Reihe von historischen Fehlern vor, welche die Bibel enthält.[21] Nachdem unbestritten war, daß nicht alle Texte zuverlässig sind, wurden dann die katholischen Exegeten in der Konstitution aufgefordert, vor allem im Alten Testament die Schilderungen historischer zu betrachten. Nun durften die katholischen Gelehrten offen sagen, was sie bisher wußten und gegen ihre Überzeugung in katholischen Lexiken anders darstellen mußten. In dem im Jahre 1972 herausgegebenen *Herders theologischen Taschenlexikon* konnte Rahner nun schreiben: »Die Textkritik (niedere Kritik) bemüht sich, den ursprünglichen Wortlaut der biblischen Bücher auf Grund der handschriftlichen Überlieferung so genau wie möglich festzustellen. Dies ist notwendig, weil der Text beim Abschreiben zahllose Änderungen, sei es durch Fehler oder durch *absichtliche** Korrekturen, erfahren hat.«[22]

In der Neuauflage des *Katholischen Bibellexikons,* hrg. von H. Haus SJ, Einsiedeln 1968, fehlt nun der in der in den früheren Ausgaben enthaltene Satz »Die Integrität der Evangelisten steht in der Hauptsache fest«.

Prof. Geiselmann erklärt jetzt unumwunden, daß die heutige Fassung des Evangeliums *mehrfach redigiert worden* ist.[23]

»Das alles muß weg«, sagte der Herr zu Lorber. »Lassen wir der Wissenschaft ihren Spielraum, denn sie ist nun ein wirksames Feginstrument, um den Unrat aus der Welt zu schaffen ...« (Gr XI, S. 279).

---

* Von mir kursiv hervorgehoben.

Fast hundert Jahre dauerte es, bis dieses Wort der NO in der katholischen Kirche gegen den heftigen Widerstand der römischen Integralisten wahr wurde und es den katholischen Wissenschaftlern erlaubt wurde, bibelkritische Forschungen zu betreiben und ihre Ergebnisse zu veröffentlichen.

Obwohl die Hierarchie um die Widersprüche und die am Evangelium vorgenommenen Manipulationen Bescheid wußte, forderte sie zwingend unter Androhung von ewigen Höllenstrafen zu glauben, daß jedes Wort irrtumsfrei vom Heiligen Geist eingegeben worden sei und die Evangelien uneingeschränkt Irrtumslosigkeit beanspruchen. Durch die Fälschungen war aus der Frohbotschaft eine Drohbotschaft geworden. Der Gott der unendlichen Liebe wurde zum alttestamentarischen Rachegott, der wegen Verletzung *kirchlicher* Vorschriften *ewige* Höllenstrafen verhängt.

Um zu verhindern, daß dem Volke Gottes beim Lesen der Bibel Zweifel kommen, verbot die Kirche jahrhundertelang das Lesen der Heiligen Schrift. In Spanien stand auf dem Besitz der Bibel sogar die Todesstrafe.[24]

Dieser der Forschung bekannte Tatbestand ist bereits vor mehr als hundert Jahren Lorber in die Feder diktiert worden: »Das ganze Evangelium, wie auch die Bücher der Juden, hat Rom dem Volke auf das strengste verboten zu lesen und die Übertreter dieses Gebotes sogar mit dem Tode bestraft« (Gr XI, S. 282).

Um Nachforschungen anhand der griechischen Kodizes des Neuen Testamentes zu verhindern, verbot die Universität Paris (Sorbonne) sogar das Studium des Griechischen. Dies wurde als Ketzerei angesehen und mit dem Tode bestraft.[25] Die Verbote des Bibellesens wurden bis in das 19. Jahrhundert immer wieder eingeschärft. Noch um die Wende vom 19. zum 20. Jahrhundert gab es nach einer Aussage des Jesuiten L. Billot (später Kardinal) im Jahre 1902 für Theologiestudenten kein Problem in der Bibelwissenschaft, weil es eine derartige Wissenschaft (in der katholischen Kirche, d. Vf.) gar nicht gab und nicht geben durfte.

»Seit zwanzig Jahren«, schreibt Billot, »lehre ich. Meine Studenten wissen überhaupt nicht, daß es eine biblische Frage gibt.«[26]

Eine weitere bemerkenswerte Bestätigung für den Geist der Regeln für die Ausbildung des Priesternachwuchses gibt eine Darstellung des während seiner Studienzeit im Priesterseminar mit dem späteren Papst Johannes XXIII. befreundet gewesenen Ernesto Buonaiuti. Er berichtet, daß keiner der Theologiestudenten das Neue Testament besitzen durfte. Es gelangte erst in ihre Hände, wenn ein wohlwollender Präfekt es ihnen beim Empfang der niederen Weihen schenkte.[27]

Das Wort des Kirchenlehrers hl. Hieronymus (4. Jh.) »Wer die Heilige Schrift nicht kennt, kennt Christus nicht« durfte lange Zeit bis zum 20. Jahrhundert nicht zitiert werden. Heute dürfen auch Katholiken wissen, daß die Bibel Gottes- und Menschenwort zugleich ist. Um die ältere Generation nicht zu beunruhigen, wird darüber allerdings nicht oft und nicht besonders instruktiv geredet und geschrieben. Der Bruch im System wird von den meisten Gläubigen auch noch gar nicht wahrgenommen. Die dogmatische Konstitution »Dei Verbum«, die nach heftigen Kämpfen mit der Kurie schließlich als Kompromißformel zustande kam, hat sich in vorsichtigen Wendungen von der bisherigen Lehre abgesetzt. Prof. Hans Küngs Feststellung: »Lang ist in der Tat die Liste der Punkte, in denen Häretiker nachträglich recht bekommen haben«[28], wird durch diesen durch die Zeitläufe erzwungenen Wandel wieder einmal mehr bestätigt.

Der Schaden ist aber wohl irreparabel geworden. Die junge Generation – insbesondere die akademische Jugend – erkennt die fundamentale Bedeutung dieses Vorgangs, der die Frage der Wahrhaftigkeit ins Scheinwerferlicht stellt.

Folgen anderer Art waren aber durch die Rechthaberei und den Gewissenszwang schon viel früher eingetreten. Die in der Zeit der Aufklärung (17.–18 Jh.) entstandenen Schriften stellten weitgehend *eine Reaktion* auf die Verabreichung des apologetischen Schlaftrunkes durch die Kirche dar. »Der Feind«, sagt

Amos N. Wilder, »sollte mit Verdummung, Aberglaube, Unwissenheit, Dogmatismus, mit allen Tyrannen der Seele und des Geistes gleichgesetzt werden.«[29] Demzufolge wurden die Arbeiten vom Rationalismus beherrscht, und die Folgen sind bis in unsere Tage sichtbar geworden.

Einzelvergleiche zwischen der Neuoffenbarung und den wissenschaftlichen Hypothesen

Die Neuoffenbarung bestätigt zwar manche Forschungsergebnisse der bibelkritischen Wissenschaft, wie insbesondere die Änderung der Evangelien durch die Kirchenmänner, was die Forschung als »Gemeindegut« bezeichnet. Diese schoß aber oft weit über das Ziel hinaus und verlor sich in haltlosen Spekulationen.

Übereinstimmung besteht z. B., wenn E. Hirsch feststellt, daß das Lukas-Evangelium »laufend Besserungen, Streichungen und Ergänzungen erlebt« hat.[30] Wenn Lukas schreibt (1, 3), er sei »allen Ereignissen von ihren ersten Anfängen an sorgfältig nachgegangen«, so wird dieser Eifer durch die NO bestätigt. Die Prüfung der Glaubwürdigkeit seiner Gewährsleute konnte ihm aber kaum gelingen. Die NO läßt uns denn auch wissen, daß »vom Prüfen ... keine Rede war« (Gr XI, S. 277). Auch katholische Theologen lassen heute keinen Zweifel offen, daß Lukas manche Vorgänge bewußt beschönigt oder gemildert hat. Paillard wirft Lukas eigenmächtig chronologische Änderungen und den Mangel an Ortsangaben vor.[31]

Irenäus, Origenes, Eusebius und Hieronymus berichten in den ersten Jahrhunderten, daß »Matthäus sein Evangelium in Judäa für Hebräer ... für die vom Judentume übergetretenen Gläubigen schrieb ... ehe er fortreiste und sie verließ«[32]. Dies entspricht – wie oben berichtet – dem tatsächlichen Sachverhalt.

Im Brief an die Kolosser (4, 14) schreibt Paulus: »Der geliebte Lukas, der Arzt«. Daraus wurde ohne weiteres geschlossen, es handle sich um den Evangelisten Lukas. Aus der Neuoffenbarung ersehen wir, daß diese Annahme eine Fehlinterpretation darstellt. Bestätigt wird vielmehr durch die NO die Legende, er sei Maler gewesen.[33] Wie stark die Meinungen der Forscher zuweilen von der Phantasie beflügelt worden sind, zeigen die folgenden divergierenden Ansichten.

Paillard versteigt sich zu der jeder Grundlage entbehrenden Behauptung: »Sein (Lukas) Wortschatz zeugt von gründlichen medizinischen Kenntnissen, die sich auf Hippokrates, Dioskorides und andere Autoritäten stützen.«[34] Andere Theologen bestreiten diese brüchige Hypothese kategorisch. »Nach altkirchlicher Überlieferung aus dem 2. Jahrhundert«, heißt es in der Schrift *Sachkunde Religion,* »soll der Verfasser, der Arzt, ein Reisebegleiter des Paulus sein. Der Verfasser ist jedoch weder medizinisch gebildet, noch kennt er die Theologie des Paulus gut.«[35]

Aus der Sicht der NO ist den Ausführungen des katholischen Bibelwerkes Stuttgart zuzustimmen: »Erst die kirchliche Überlieferung des 2. Jahrhunderts (Irenäus, Kanon Muratori) nennt den Namen des Lukas, bezeichnet ihn als Arzt und identifiziert ihn mit dem Paulus-Begleiter gleichen Namens. Doch wir dürfen solchen Hinweisen nicht allzuviel historische Beweislast aufbürden.«[36]

Über die Rolle, die der Evangelist *Markus* im Verhältnis zu den anderen Synoptikern gespielt hat, werden schon seit mehr als 200 Jahren die verschiedensten Vermutungen angestellt. Da die Evangelien des Matthäus und Lukas zahlreiche Perikopen enthalten, die auch Markus bringt, nehmen viele Wissenschaftler an, das Markus-Evangelium bilde die Grundlage und die anderen Evangelisten hätten bei ihm abgeschrieben. Gegen diese These wendeten sich bereits D. Fr. Strauß, Wrede und F. Ch. Baur im vorigen Jahrhundert; sie behaupteten, nicht Lukas und Matthäus seien von Markus abhängig, sondern es sei genau umgekehrt.[37]

Wieder andere sehen in Markus einen »unbekannten Heidenchristen, der Palästina nur sehr schlecht kennt, also kein Augen- oder Ohrenzeuge«[38]. Arthur Drews vertritt die radikale Hypothese: »Markus hat seine sämtlichen Geschichten ganz einfach aus dem Alten Testament herausgesponnen und mit Hilfe des Sternenhimmels zusammenphantasiert.« Da Drews die Existenz Jesu leugnet, kann er zu keiner anderen Schlußfolgerung kommen.

Wenden wir uns den alten christlichen Quellen zu, so finden wir bei Papias, dem Bischof von Hierapolis (gest. nach 120 n. Chr.), die Mitteilung, Markus sei der Dolmetscher des Petrus gewesen. Er selbst habe dies von dem Presbyter Johannes erfahren.[39]

Der älteste Kirchenschriftsteller Euseb berichtet, Clemens von Rom habe gewußt, daß Markus zu Lebzeiten des Petrus geschrieben habe. Irenäus und Papias (2. Jh.) dagegen behaupten, er habe erst nach dem Tod des Petrus sein Evangelium verfaßt. Aus den zahlreichen sich widersprechenden Meinungen wird klargestellt, daß auf die Tradition kein Verlaß ist. Wir wissen aus den obigen Zitaten aus der NO, daß Markus der Sohn des Petrus war und unabhängig von anderen ein eigenes Evangelium geschrieben hat. Er hatte es nicht nötig abzuschreiben. Mit Recht fragt ein Forscher: »Wie kann er so lebendig wirken?«[40]

Markus gibt bestimmte Einzelheiten sachlich richtig wieder, die zeigen, daß er in Galiläa gewohnt hat. So schreibt er, daß wegen des Gedränges bei den Wunderheilungen ein Lahmer nicht in das Haus, in dem Jesus war, hineingetragen werden konnte. »Da deckten die das Dach auf und schufen dadurch eine Öffnung und ließen die Bahre hinab« (Mk 2, 4). Die NO berichtet, daß in Galiläa die Dächer der Hütten (von Häusern im heutigen Sinne kann nicht gesprochen werden) aus Schilf bestanden, das mit wenigen Handgriffen beseitigt werden konnte. Bibelkritiker des 20. Jahrhunderts wollen es besser wissen und betrachten die betreffende Stelle als einen Übersetzungsfehler.

Ihre Denkkategorien zielen offenbar auf Eisenbetondecken und deshalb meint ein Autor, es müsse heißen: »Sie brachten ihn zum Dach hinauf.«[41]

Bei der Betrachtung des Markus-Evangeliums müssen wir noch einmal kurz zurückblenden auf den Evangelisten Matthäus, weil zu dem im folgenden Gesagten ein Zusammenhang besteht. Es wurde ausgeführt, daß der Evangelist Matthäus nach Indien ging. Auf seiner Reise kam er in eine Stadt, »die damals *Babylon* hieß, obschon das alte Babylon ziemlich weit weg von dieser Stadt einen großen Schutthaufen bildete« (Gr X 162, 2).

Zu dem König dieses Landes hatte Matthäus ein gutes Verhältnis gefunden, durfte aber wegen des Einflusses der Priesterkaste das Evangelium nicht verkündigen. »Sieben Jahre später«, heißt es dann wörtlich in der NO, »kam ohnehin Petrus mit seinem Sohn *Markus* zu diesem König und wurde ebenfalls gut aufgenommen« (Gr X 161, 5). Auch Petrus wurde von diesem König vor der Wut der Baals-Priester nachdrücklich gewarnt. »Petrus«, heißt es dann weiter, »ließ sich zwar längere Zeit nicht dazu verleiten (die Lehre Jesu zu verkünden, d. Vf.), besonders da ihn auch sein Sohn und Gehilfe Markus ernstlich warnte.« »Petrus ging nach ein paar Jahren dennoch einmal hinaus außerhalb der Stadt« und heilte Kranke (Gr X 161, 9–10). Er wurde daraufhin in einen kleinen Wald gelockt, und »in diesem Wald ergriffen die Priester Petrus, zogen ihm seine Kleider aus, erschlugen ihn und hängten ihn dann bei den Füßen an einem dürren Myrthenbaum auf« (Gr X 161, 15).

Es folgt dann eine bemerkenswerte Mitteilung. »Ich gebe euch hiermit das Wissen von dem, wo und wie der erste Apostel für diese Welt geendet hat. Also nicht in Rom, noch weniger in Jerusalem, sondern in der neuen Stadt Babylon, die später den sarazenischen Namen Bagdad erhielt« (Gr X 161, 21). An anderer Stelle ist nochmals die obige Mitteilung bekräftigt, daß Petrus die Stadt Rom nie in seinem Leben gesehen hat (Gr XI 246.)

Das stimmt überein mit dem 1. Petrus-Brief 5, 13, wo es heißt:

»Es grüßt euch die mit euch erwählte Gemeinde in *Babylon* und Markus mein Sohn.«

Obwohl die katholische Kirche strengstens den Glauben an den Buchstaben der Heiligen Schrift forderte, hat sie in *diesem* Fall, aus naheliegenden Gründen, die Ortsangabe »Babylon« in Rom umgedeutet.

Die unabhängigen Wissenschaftler, die sich speziell mit der Untersuchung dieser Frage befaßt haben, sind in Übereinstimmung mit der NO zu dem Ergebnis gekommen, daß Petrus nie in Rom war.[42]

Die Forschungen der liberalen Bibelkritiker

Die Modernisten-Enzyklika Pius' X. (1907) hatte bis Mitte unseres Jahrhunderts bei Strafe der Exkommunikation jede freie historische Bibelkritik durch katholische Gelehrte unmöglich gemacht. Die diesbezüglichen Veröffentlichungen trugen ausschließlich apologetischen Charakter.

Die unabhängigen Forscher betreiben demgegenüber seit fast 200 Jahren die historische kritische Bibelforschung. Es wurde viel Geistesschärfe aufgewendet, um die Lehre Jesu gedanklich durchsichtig zu machen und die nachträglich im Evangelium vorgenommenen willkürlichen Veränderungen des Textes herauszufinden. Vielen Autoren kann der gute Wille zur Wahrheitsfindung nicht abgesprochen werden. In anderen Fällen ist jedoch der tendenziöse und oft polemische Charakter der Erörterungen unverkennbar. Die Wissenschaftler haben zwar richtig erkannt, daß das Evangelium nachträglich verändert worden ist, aber sie sind bei der Ausmerzung der unechten Stellen weit über das Ziel hinausgeschossen. Mit dem Unkraut haben sie viel gute Frucht mit herausgerissen.

Die ins Extrem getriebene historische Kritik hat ihre Grenzen nicht erkannt, so daß sie sich immer wieder selbst korrigieren mußte. Wenn Zahrnt darauf hinweist, daß es schwierig sei, »mit Sicherheit zu entscheiden, was aus dem nachösterlichen Glauben der Gemeinde stammt und was auf Jesus selbst zurückgeht«[43], so ist ihm beizupflichten. Nicht folgen können wir ihm, wenn er meint, daß »nur radikale Kritik zum Ziel führt«[44], und daß man auf diese Weise »ein kritisch gesichertes Minimum erhält«[45].

Was nämlich übriggeblieben ist bei dieser Methode, ist ein Trümmerhaufen gesprengter Fundamente des christlichen Glaubens. Der Begriff »Christentum« ist umfunktioniert worden in etwas, was mit der Lehre Jesu und seiner Person nur noch wenig gemein hat. Die Menschheit kann offenbar nur in Extremen leben. Einerseits herrschte bis vor kurzem in der Kirche eine strenger und enger Biblizismus, der die Unstimmigkeiten und Verfälschungen nicht ruchbar werden lassen wollte, andererseits ist bei liberalen Forschern oft eine geradezu herostratische Zerstörungslust festzustellen, die alles wie mit Säure zerfrißt, so daß schließlich das ganze Evangelium in einen Mythos aufgelöst wird.

Es wird nicht begriffen, daß man es beim Evangelium mit einem »neuen literarischen Genus« zu tun hat und daß man bei Jesus nicht die gleiche analytische Methode anwenden kann wie bei einer Biographie historisch bekannter Gestalten, wie Alexander d. Gr. oder Napoleon.

Aus den Texten des Evangeliums kann man alles und nichts beweisen, wenn man sie einseitig auswählt und alle Stellen, die der aufgestellten Hypothese widersprechen, als unechte Interpolation erklärt. Diese willkürliche Art der Exegese wurde von einigen Autoren – wie in einem späteren Kapitel zu zeigen sein wird – in geradezu frevelhafter Weise praktiziert. In vielen Aussagen der Heiligen Schrift sah man nur Aberglauben, weil die Forscher für die metaphysische Tiefe der Heilsbotschaft blind waren. Zudem versuchten Fanatiker, sämtliche Wunder Jesu auf natürliche Weise zu erklären, weil nicht wahr sein konnte, was nicht wahr sein durfte. Der Standpunkt der extremen Kritiker des 19. Jahrhunderts, daß Jesus überhaupt nicht existiert hat, wird heute von fast keinem Gelehrten mehr geteilt.

Im Laufe der Zeit wurde ein Konglomerat von Hypothesen aufgestellt, so daß es – wie Albert Schweitzer sagt – so viele Meinungen wie Professoren gibt. Jesus wurde zum Propheten, guten Menschen, religiösen Lehrer, zum sittlichen Vorbild, zum Essäer, Gammler, Narren, Sozialrevolutionär und zum Aufstandsführer gegen die römische Besatzungsmacht gemacht. Nur das, was er wirklich war, der Gottessohn und Erlöser, wird nicht zugegeben.

Am 30. Oktober 1842 wurde Lorber hierzu gesagt: »Was alles haben die Menschen schon aus Mir gemacht! Wie oft wurde Ich (bereits zu Lebzeiten, d. Vf.) ein Betrüger, Volksaufwiegler, Faulenzer, Vagabund, Sonderling, Narr, Zauberer, ja sogar ein Diener Beelzebubs genannt. Selbst in dieser Zeit (19. Jh. und später, d. Vf.) geht es Mir auf Erden um kein Haar besser« (Hi II, S. 1337).

Zwar wurden durch die Forschungen neue Erkenntnisse gewonnen, aber ebensooft verfiel man neuen Irrtümern. Heute stimmen die Wissenschaftler in der Meinung überein, daß die historisch-kritische Forschung kein brauchbares Resultat erbracht hat. Günter Bornkamm – und er nicht allein – zieht das Resümee: »Am Ende dieser Leben-Jesu-Forschung steht die Erkenntnis ihres eigenen Scheiterns.«[46]

Die Kritiker haben nicht beachtet, daß »alles, was tief ist, die Maske liebt«[47] und daß das Evangelium sowohl offenbart als auch verhüllt. »Die Wahrheit«, betont die NO, »wird den Menschen dieser Erde nur verdeckt gegeben werden« (Gr VI 204, 3). Deshalb erklärte Franz Overbeck, die Schriften des Neuen Testaments seien »besonders schutzbedürftig gegen Attentate ungewaschener Subjektivität ihrer Ausleger«[48].

Der Text der Heiligen Schrift läßt sich nicht in der Weise

sezieren, wie es die liberalen Kritiker während langer Zeit getan haben. In der NO finden wir zu diesem Problem eine sehr bemerkenswerte Kundgabe: »Wer durch pure Beobachtungen und nach den Urteilen seines Weltverstandes zur inneren, wahren Weisheit des Geistes aus Gott gelangen will, der irrt groß, gerät auf Abwege, die voller Abgründe sind, in die er in der Nacht seines Geistes nur zu bald und leicht fallen und sich gänzlich zugrunde richten kann« (Gr IX 100, 11). Wenn man an manche Vertreter der »Neuen Theologie« denkt, die sich als wahre »Partisanen des Atheismus« (Kahl) betätigen, dann erkennt man in dieser erschreckenden Entwicklung die Bestätigung der Richtigkeit der Aussage der Neuoffenbarung. Nicht verschwiegen werden kann, daß auch bereits katholische Theologen von dem Ungeist der Zersetzung infiziert sind.

Eines dürfte unbestritten feststehen: Die wissenschaftliche Bibelkritik festigte nicht den Glauben, sondern zerstörte ihn; zumindest wurden unzählige Christen im Laufe langer Zeitläufe in zunehmendem Maße verunsichert. Albert Schweitzer läßt keinen Zweifel offen über den Mißerfolg der liberalen Bibelforschung, wenn er feststellt: »Diejenigen, welche gern von negativer Theologie reden, haben es im Hinblick auf den Ertrag der Leben-Jesu-Forschung nicht schwer. Er ist negativ.«[49]

Diese sich seit zweihundert Jahren vollziehende Entwicklung ist für die heutige Situation der Entchristlichung der Welt von eminenter Bedeutung, so daß wir uns in einem späteren Kapitel mit den verschiedenen Theorien, die zum Teil durch die Massenmedien verbreitet wurden und viel Unruhe und Zweifel in die Herzen christlicher Menschen getragen haben, im einzelnen eingehender befassen werden.

III. TEIL

Die wichtigsten Aussagen der Neuoffenbarung betreffend die Heilslehre

Die Neuoffenbarung ist nach den Kundgaben Lorbers eine Sie-gelöffnung des Evangeliums. Durch diese Offenbarung soll die verunreinigte Botschaft Jesu wieder gereinigt und zugleich den Menschen der Endzeit der wirkliche Inhalt und der Sinn der Lehre verkündet werden.

»Deswegen blieb die Bibel erhalten, damit sie euch den größ-ten und stärksten Beweis geben soll, wie dort schon alles aufge-zeichnet wurde, was in *späteren* Zeiträumen sich *stufenweise entwickeln* mußte« (Pr 133).

»Es hat diese Meine große lebendige Gnadengabe (die NO) wohl die Bestimmung in die Welt überzugehen, aber *erst* dann, wenn die verdorbene Welt den Hunger nach Meiner Mahlzeit wieder bekommen wird. Den Hunger aber bereitet nun die römische Kirche. Wie aber? Durch ihre schlechte Mahlzeit und durch die, eben durch diese Mahlzeit bewirkte Verschlechterung des seelischen Magens. Dieser wird dann eine Zeitlang jede Kost fliehen und dadurch in den gerechten Hunger gesetzt werden, dann aber mit gar großer Gier nach diesem Meinem wahren Himmelsbrot greifen, um sich an ihm zu sättigen zum ewigen Leben. Siehe, also will Ich es haben« (Hi II, S. 275).

Dieser Zeitpunkt dürfte jetzt gekommen sein. Der lautlose Abfall von der katholischen Kirche, die Interesselosigkeit an den Sonntagsgottesdiensten und den Predigten sowie die Gleichgül-tigkeit gegenüber den Äußerungen der Amtskirche ist schon weit fortgeschritten. Das Vertrauen in ihre Lehren und ihre Autorität ist im Schwinden begriffen; ihre Isolierung schreitet fort. Der

Mailänder *Corriere della Sera* zitiert das Wort eines Monsignore, der der katholischen Kirche in ihrer jetzigen mittelalterlichen Gestalt nur noch zehn bis fünfzehn Jahre gibt.[1]

»Ich habe euch (den Lesern der Neuoffenbarung, d. Vf.) gar vieles zu sagen, was Ich selbst den Aposteln zu sagen vorenthalten habe« (Hi I, S. 53).

Ausdrücklich wird gesagt, daß nichts, was in dem gewaltigen Werk der Neuoffenbarung an Weisheit und wissenschaftlichen Kundgaben zu finden ist, aus dem Kopf Lorbers stammt. Lorber wisse, daß er von all dem gar nichts weiß. »Er redet nichts aus sich und kann es auch nicht, da er viel weniger als jeder von euch in irgend etwas eine Wissenschaft hat. Eben darum ist er Mir ein ziemlich taugliches Werkzeug, da in seinem Kopf fast nichts drinnen ist, aber zeitweise desto mehr in seinem Herzen ...« (Hi I, S. 174).

Dennoch werden die »Vernünftler, die Gelehrten und Priester alles aufbieten, um die Menschheit vom Gegenteil dessen zu überzeugen, was Ich ihm (jetzt) sagen werde« (Pr 167).

Daß die Neuoffenbarung manche traditionellen Lehren der Kirche, die durch die historisch-kritische Forschung suspekt geworden sind, bestätigt, mag weite Kreise, die vom rationalistischen und materialistischen Zeitgeist erfaßt sind, davon abhalten, diese Offenbarung zu akzeptieren. Aber haben sich Propheten jemals um die Irrwege des Zeitgeistes geschert? Was im Laufe der Zeiten durch die Fälscher in frühchristlicher Zeit und durch die zerstörerische Hermeneutik der liberalen Theologen am Evangelium gefrevelt wurde, ist erschütternd. »Man wird nur mit Mühe erkennen können«, heißt es treffend in der Neuoffenbarung, »wo einst unter lauter Lügengeweben die reine Wahrheit verborgen lag« (Pr 222).

»Eine solche Denkungsweise war aber schon seit Entstehung des Menschen immer bei einzelnen die Basis ihre Handlungen, und in jetziger (unserer, d. Vf.) Zeit predigen solches eure gelehrten Materialisten ohne Scheu und finden ein großes Publikum, welches ihren Ansichten ganz beistimmt und ihnen Beifall klatscht« (Pr 272).

»Nun, diesen sogenannten starken Geistern setze ich eine unendlich große Langmut entgegen, und am Ende werden wir sehen, ob sich nicht ein Mittel finden läßt, auch ihre Taubheit zu heilen« (Pr 325).

Die folgende Kundgabe der Neuoffenbarung wird in naher Zukunft zunehmende Bedeutung erlangen:»Jetzt, da bald die Zeit herannaht, wo die Menschen strenger gefragt werden, wozu sie auf der Welt sind, und ob sie auch wissen, warum Ich auf diese Erde kam, jetzt ist es an der Zeit, die Rinde des Buchstabens und Wortlautes Meiner Evangelien wegzunehmen und den Menschen unter dieser scheinbar harten Rinde den glänzenden Strom des göttlichen Lichtes zu zeigen, damit sie in *dieser letzten Zeit* noch das Versäumte an sich und anderen einholen und so ihre Mission erfüllen können. Deswegen Meine vielen Erläuterungen und Erklärungen« (Pr 298).

Die Erschaffung der Geister

Die geistige Existenz der Menschen geht unendlich weit in die graue Vorzeit zurück. Sie steht in unmittelbarem Zusammenhang mit dem Fall Luzifers. Mögen heute manche eine solche Botschaft als Mythologie ansehen, sie ist es nicht; sie ist – wie die Neuoffenbarung ausdrücklich mitteilt – ein Faktum. Gott hat vor unendlichen Zeiten Myriaden von Geistern geschaffen. Auch in Gott bestehen »die ausgebildetsten Gegensätze«, ohne »die Er so gut wie gar keine Wesen wäre«. »In Gott waren aber all die Gegensätze schon von Ewigkeit her in der höchst besten Ordnung.« »Wollte nun Gott aus sich heraus Ihm ähnliche Wesen erschaffen, so mußte Er sie ja auch mit eben diesen streitenden

Gegensätzen versehen, die Er in sich selbst von aller Ewigkeit her in den natürlich besten und reinst abgewogenen Verhältnissen besaß und besitzen mußte, ansonsten Er sicher nie wirkend dagewesen wäre. Die Wesen wurden also völlig nach seinem Ebenmaße gestaltet, und es ward ihnen am Ende darum auch die Fähigkeit notwendig eigen, sich selbst zu konsolidieren im Kampfe mit den ihnen aus Gott niedergelegten Gegensätzen.«
»Bei vielen Wesen haben die Gegensätze ein rechtes Maß nach der Ordnung Gottes erreicht, und ihr Sein ist darum ein vollkommenes« (Gr II 229).

Die Zeit von der Erschaffung der urgeschaffenen Geister bis zu dem Zeitpunkt, wo sie in den Vollgebrauch ihres freien Willens gestellt wurden, wird in der NO für menschliche Begriffe als »beinahe endlose Dauer« angegeben.

Der Fall eines Teils der Geister
unter Führung Luzifers

Über den Fall Luzifers – des größten Lichtgeistes – und seines großen Anhangs wird berichtet, daß »eine übergroße Menge der Urgeister … vom gebotenen und wohlgezeigten Ordnungswege Gottes abwich und den Weg ihres höchst eigenen Verderbens betrat« (Gr II 231).

In der Neuoffenbarung wird mit Nachdruck darauf hingewiesen, daß das Heilsgeschehen, der Rettungsplan Gottes und der Sinn des menschlichen Lebens nicht zu verstehen sei, wenn nicht klar werde, wer Luzifer sei. »Erst bei rechter Klarstellung dieser wichtigen Frage ist es möglich, die Schöpfung, Mein Darniederkommen, Mein Leiden und Sterben richtig aufzufassen.«

»So höre denn die Welt, völlig entkleidet jeden Bildes, das große Geheimnis Meines Schöpfungs- und Erlösungsplanes.

Als die Gottheit sich durch Vorgänge, die euch stets geheimnisvoll bleiben werden, gefunden und in sich den schaffenden und alles umfassenden Weltengeist erkannt hatte, da entstand in ihr ein mächtiges Wogen und Drängen, und sie sprach in sich: ›Ich will Meine Ideen aus Mir herausstellen, damit Ich an diesen erschaue, was Meine Kräfte vermögen!‹ Denn solange keine Tätigkeit entsteht, kann die Gottheit sich selbst nur in geringem Maße erkennen. Erst an ihren Werken erkennt sie ihre Macht immer mehr und freut sich daran (gleichwie jeder Meister an seinen Produkten erst erkennt, was in ihm ruht, und seine Freude daran hat).

Sie wollte also schaffen und sagte sich weiter: ›In Mir ruhet alle Kraft der Ewigkeiten; also schaffen Wir ein Wesen, das ausgerüstet sei mit aller Kraft gleich Mir Selbst, jedoch so, daß es in sich trage die Eigenschaften, an denen Ich Mich Selbst erkennen kann!‹ Und es ward ein Geist erschaffen, der ausgerüstet wurde mit aller Kraft aus Mir, Meine und Mir ruhenden Kräfte beschaulich der Gottheit vorzuführen« (Gr XI, S. 41).

»Wenn Ich euch nun sage, daß dieser erstgeschaffene Geist ›Luzifer‹ (d. h. Lichtträger) hieß, so werdet ihr jetzt auch begreifen, warum er so und nicht anders hieß. Er trug in sich das Licht der Erkenntnis und konnte als erstes Geistwesen die Grenzen der innergeistigen Polaritäten recht wohl erkennen. Er, ausgerüstet mit Meiner völligen Macht, rief nun andere Wesen ins Leben, die völlig ihm ähnlich waren, auch die Gottheit in sich empfanden und dasselbe Licht der Erkenntnis in sich erbrennen sahen wie er, ebenfalls selbstschöpferisch auftraten und ausgerüstet wurden mit aller Kraft Meines Geistes« (Gr XI, S. 42).

»Luzifer, wohl wissend, daß er in sich den Gegenpol Gottes vorstellen sollte, vermeinte nun zu ermöglichen, die Gottheit gewissermaßen in sich aufsaugen zu können, und verfiel in den Irrtum, als geschaffenes und damit endliches Wesen die Unendlichkeit in sich aufnehmen zu können; denn auch hier galt das Gesetz: ›Niemand kann Gott (die Unendlichkeit) sehen und dabei das Leben behalten.‹ Demzufolge konnte er das Wesen der Gottheit wohl empfinden, ihre Befehle, solange er im gerechten Mittelpunkte stand, hören, niemals aber sie persönlich sehen.

Wie nun das endliche Wesen niemals die Unendlichkeit begreifen kann und wird und daher in diesem Punkte stets leicht in Irrtümer verfallen und bei absteigender Bewegung in diesen verharren kann, so versank trotz aller Warnungen Luzifer dennoch in den Wahn, die Gottheit aufnehmen und gefangennehmen zu können. Damit verließ er den gerechten Standpunkt, entfernte sich aus dem Mittelpunkte Meines Herzens und verfiel stets mehr und mehr in den falschen Wunsch, seine Geschöpfe, die durch ihn, aber aus Mir entstanden waren, um sich zu versammeln, um die mit Wesen aller Art bevölkerten Räume zu beherrschen.

Es entstand nun ein Zwiespalt, das ist eine Trennung der Parteien, der schließlich dazu führte, daß die Luzifer gegebene Macht von Mir zurückgezogen und er mit seinem Anhange machtlos und der Schaffenskraft beraubt wurde.

Es entstand naturgemäß die Frage: Was soll nun mit diesem Heere der Gefallenen und wie tot, d. h. untätig, Erscheinenden geschehen?

Es ergaben sich da nur zwei Wege. Der erste Weg war: Luzifer mit seinem Anhange zu vernichten, um sodann einen zweiten zu schaffen, der wahrscheinlich demselben Irrtum unterworfen gewesen wäre, da ein vollkommener Geist, den Ich frei hinausstelle, der demnach nicht abhängig von Meinem Willen war, nicht geschaffen werden konnte. Maschinen zu schaffen, die willenlos ausführen, was Ich befehle, war keine Schwierigkeit. Um aber das Licht der Selbsterkenntnis zu erringen, war der bisherige Weg der einzige. Da aber durch, d. h. mittels, Luzifer auch die anderen Mir treu gebliebenen Geister erschaffen wurden, so gehörten sie in seine Sphäre. Eine plötzliche Vernichtung Luzifers hätte also auch die Vernichtung aller Lebewesen bedeutet« (Gr XI, S. 43/44).

125

»Wodurch aber hätte Luzifer, dessen Fall nur durch Irrtum geschehen war, folglich also die Möglichkeit des Ablegens des Irrtums einschließt, dieses verdient? Weshalb hätten die treu gebliebenen Wesen ihre Vernichtung verdient und schließlich: Wo bliebe Meine Weisheit, wenn Ich nicht von Anbeginn die Möglichkeit eines Abfalles erkannt und vorhergesehen hätte, daher eine Wiederholung des Schöpfungsganges auszuschließen ist? Und vor allen Dingen: Wo blieb Meine Liebe, wenn diese nicht von einer Vernichtung abgesehen hätte, vielmehr Mittel durch die Weisheit fände, die verlorenen Wesen zum Lichte der Erkenntnis zurückzuführen, damit sie also in dem gerechten Gleichgewicht der polaren Eigenschaften verbleiben?

Es blieb also nur der *zweite* Weg übrig, den ihr in der materiellen Schöpfung vor euch habt.

Stellet euch einen Menschen vor, der durchaus nicht einsehen will, daß der König des Landes ein mächtiger Herrscher ist, weil er von ihm zwar mit aller Kraft und Vollmacht ausgerüstet ist, jedoch ihn selbst nie gesehen hat! Dieser rebelliert gegen ihn und möchte sich selbst zum Könige aufschwingen. Der König, um die ihm treuen Untertanen nicht verderben zu lassen, wird ihn ergreifen, ihn seines Schmuckes berauben, aller Vollmacht entkleiden und in ein festes Gemach werfen lassen, so lange, bis er zur Vernunft gebracht sein wird, und dasselbe wird er mit den Anhängern tun. Je nachdem nun die Anhänger Buße tun und ihren Irrtum einsehen, werden diese befreit werden und dem Könige, der sich ihnen nun auch sichtbar gezeigt hat, fest anhangen.

Dieses schwache, irdische Bild zeigt euch Meine Tat an; denn die Einkerbung ist die materielle Schöpfung. Jedoch müßt ihr zum Verständnis des weiteren eure seelischen Empfindungen erregen, da der menschliche Verstand zum Begreifen zu kurz ist.

Eine Seele ist zusammengesetzt aus zahllosen Partikeln, deren jedes einer Mir entstammenden Idee entspricht. Sie kann, wenn sie einmal sich zusammengefunden hat, nicht mehr anders werden, als sie ist, weil sie sodann dem Charakter entspricht, den sie erhalten hat. Ein Kristall, wenn auskristallisiert, kann in seiner Wesenheit nicht mehr geändert werden und kristallisiert entweder als Rhomboeder oder Hexaeder, Oktaeder usw., je nachdem, welche Form seinem Charakter, d. h. der Anhäufung der Partikel um einen Lebensmittelpunkt entspricht.

Soll da nun eine Änderung geschaffen werden, weil die Kristalle nicht ganz rein ausgefallen sind, so müssen dieselben durch Wärme (Liebe) aufgelöst werden, um sodann beim Erkalten des warmen Liebewassers, das gleichbedeutend ist dem Freigeben ihres Willens, von neuem auszukristallisieren. Nun bilden sich wieder neue, schöne Kristalle, und jeder vorsichtige Chemiker wird es verstehen, möglichst schöne, klare und große Kristalle zu erzielen, die seinen Zwecken entsprechen.

Sehet, so ein Chemiker bin Ich! Ich löste die unrein gewordenen Kristalle (Luzifer und seinen Anhang) auf in dem warmen Liebewasser und ließ diese Seelen nun wieder neu auskristallisieren, damit sie klar würden. Daß dies durch Aufsteigen durch das Mineralreich und das Pflanzenreich bis zum Menschen geschieht, ist euch bekannt. Da die Seele des Luzifer jedoch die gesamte materielle Schöpfung umschließt, so muß auch diese sich in der Form des Menschen ausdrücken. So vereinen sich auch stets alle Geistervereine in einer Person, die durch den Leiter dieses Vereines ausgedrückt wird, und bilden das, was man dessen Sphäre nennt. Ähnliches, welches dieses klar ausdrückt, gibt es im Materiellen nicht, daher sagte Ich: Öffnet eure seelischen Empfindungen!

Jetzt wird es euch klarer werden, daß Luzifer glaubt, er müsse so handeln, wie es geschieht, damit die Materie hätte geschaffen werden können – ein Irrtum deshalb, da nicht die Materie der Endzweck Meiner Schöpfung ist, sondern nur das freie Erkennen, Lieben und Begreifen der Gottheit das Ziel der aus Mir gestellten Wesen ist, die Materie aber hierzu nur ein Notbehelf. Luzifer bestand auf diesem zweiten Irrtum und verlor sich in den Enden seiner polaren Eigenschaften, sich selbst belügend, dadurch die Materie erhalten zu müssen. Es war ihm soviel Freiheit gegeben, die Materie durchdringen zu können, d. h. bewußt in sich zu beschauen, damit er als der urgeschaffenste Geist erkenne, welches Leid er seinen Gefährten gebracht habe, und er dadurch zur Umkehr geführt werde. Er tat dies jedoch nicht, sondern wollte erst recht herrschen als ein Fürst der Materie, die ihm gehöre. Er verdunkelte daher möglichst die sich wieder ausbildenden Menschenkristalle, um sein Reich zu erhalten; denn der Kampf mit Gott schien ihm groß, erhaben und das Leben erhaltend.

Die Menschenkristalle, welche ebenfalls wieder zur Erreichung des Zweckes frei gestellt werden mußten, konnten sich *ihm* zuneigen oder *Mir* und fielen allerdings zu Lebzeiten viel in seine Netze. Siehe das Heidentum, in dem er sich als König und seine polaren Eigenschaften, die ebenfalls größte Weisheit in sich bergen, als Götter verehren ließ!

Man wird nun fragen: Warum ließ ich solches Treiben zu? Unverständlich bleibt es, wenn man nicht das Endziel betrachtet, und das ist freiestes Selbsterkennen in Gott.

Wenn ein großer Volksführer sich in Verkehrtheiten gefällt und seine Anhänger mit sich fortreißt, wie kommt man da am schnellsten zu dem Ziele, allen das rechte Licht zu bringen? Sicher, wenn der Volksführer selbst von seinen Verkehrtheiten abläßt; denn die Anhänger werden ihm schnellstens folgen. Sucht man ihm aber die Anhänger einzeln abwendig zu machen, so lange, bis er allein dasteht, so wird das Ziel weit mehr hinausgeschoben. Bei Mir heißt es nun allezeit, an den Kern gehen, und wenn dieser nicht geändert werden kann, sodann den Umweg einschlagen!

Da nun während der Gefangenschaft – denkt jetzt an das Bild des Königs – der stete Vorwurf gemacht wurde: ›Könnte ich den König *sehen,* so würde ich an ihn glauben!‹, so wurde dadurch Meine Menschwerdung bedingt; erstens für die Gefallenen, und zweitens, um den Nichtgefallenen die Gottheit persönlich sichtbar zu machen und so ihren Glauben zu krönen.

Hier liegt das Geheimnis Meiner Menschwerdung, welche die Materie durchbrechen mußte, die sonst immer härter und härter werden mußte, falls Luzifer sich immer mehr in die Härten des Gegenpols verlor. Meine Menschwerdung gebot daher einen Halt und zeigte genau den Weg zur Loslösung von dem Götzendienst und der Verehrung der polaren Eigenschaften und mußte nun auch den Beweis liefern, daß erstens – als das Höchsterreichbare – der Tod, durch welchen die Menschen an die Materie und deren Genüsse gebunden wurden, überwunden werden kann, und zweitens, daß das Leben nicht in der Materie, sondern im Geiste geschieht und erstere nur ein Gefängnis des letzteren ist« (Gr XI, S. 44–46).

»Die abgefallenen Geister, die sich freiwillig von Mir entfernten und den verkehrten Weg angetreten hatten, konnten oder wollten nichts von der Vervollkommnung, von Fortschritt wissen. Um aber auch ihnen den Weg nicht gänzlich abzusperren, mußten sie in Verhältnisse gebracht werden, wo, unbeirrt ihrer *eigenen Freiheit*, sie umkehren können, wann sie wollen.«

Die Erschaffung des Universums als Folge des Falles Luzifers

»Hierzu wurde nun die materielle Welt oder das ganze Universum oder der materielle Schöpfungsmensch gegründet. In ihm wurden die Geister nach dem Grad ihrer Böswilligkeit in die Materie eingehüllt (eingekleidet), Kämpfen, Versuchungen und Leiden ausgesetzt; erstens, um sie nach und nach zur Einsicht ihrer eigenen Fehler durch die auf sie einwirkenden Verhältnisse zu bringen, und zweitens auf diese Art ihre *freiwillige* Rückkehr selbst einzuleiten.« »… Überall ist das Prinzip der Vervollkommnung als zweites festgestellt« (SGH, S. 91 f.).

»Die ganze gefestete Erde also und die zahllosen anderen Weltkörper sind gestaltet aus der einen großen Seele Satans, welche in diesen Weltkörpern in zahllose Kompendien geteilt wurde. Die Seele ist teilbar, und somit auch die Urseele des erstgeschaffenen Urgeistes. Aus dieser Seele wird nun fortwährend eine zahllose Menge neuer Seelen gewonnen« (EM 53.9, 19–20).

»Die ganze sichtbare Schöpfung besteht nur aus Partikeln des großen gefallenen und in die Materie gebannten Geistes Luzifer und seines Anhangs« (Hi II, S. 1).

Luzifer konnte von Gott »zufolge seiner ewigen Liebe und Erbarmung« nicht vernichtet werden, denn, »Was Gott einmal ins Dasein gerufen hat, kann wohl die Form verändern und aus einer minder edlen in eine edlere übergehen oder auch umgekehrt, doch niemals vernichtet werden« (Gr II, 232, 7).

Deshalb wird an anderer Stelle nochmals betont:

»Alles, was diese Erde von ihrem Mittelpunkt an bis weit über ihre höchste Luftregion hinaus enthält, ist Seelensubstanz, und zwar bis zu einer gewissen Lösezeit in einem mannigfach härter oder milder gerichteten Zustand, weshalb sie dem Auge des Menschen wie auch seinem Gefühl als härtere oder weichere Materie sicht- oder fühlbar wird. Dahin gehören einmal alle Steinarten, Mineralien, Erdarten, Wasser, Luft und alle noch ungebundenen Stoffe in ihr.« Dazu »kommt alles Pflanzenreich im Wasser und auf der Erde samt seinem Übergang ins Tierreich« (Gr X 21, 1).

»Alles, was nun Materie ist, war dereinst geistiges, das da freiwillig aus der guten Ordnung Gottes getreten ist, sich in den verkehrten Anreizungen begründete und darin verhärtete. Die Materie ist demnach nichts anderes als ein gerichtetes und aus sich selbst verhärtetes Geistiges. Noch deutlicher gesprochen ist sie eine allergröbste und schwerste *Umhüllung* des Geistigen« (Gr IV 103, 4).

»Das Geistige kann aber ... nie selbst zur vollkommenen

Materie werden, sondern lebt und besteht *in* der Materie« (Gr IV 103, 5).

Als Jesus das Vorgesagte einem hochstehenden Römer zu erklären versuchte, meinte dieser etwas verwirrt, daß es nicht so leicht sei, diese für ihn völlig neue Lehre zu verstehen. Darauf erwiderte ihm Jesus: »Lieber Freund, Ich habe es dir ja vorausgesagt, daß sich diese Dinge schwer werden in der Fülle fassen lassen« (Gr II 230, 5).

»Ein reiner Weltverstand ... glaubt an nichts, was er nicht sehen und mit Händen greifen kann« (Gr IV 109, 11).

Der Römer vermochte das damals nicht zu verstehen. Die Gelehrten unserer Zeit kommen dem Verständnis dieser Aussage Jesu durch ihre Kenntnisse der Atomphysik bereits ganz nahe. Das geht aus der im Abschnitt »Der Irrweg der materialistischen Wissenschaft« zitierten Äußerung des Nobelpreisträgers Max Planck klar hervor.

Der Geist ist der Anreger der Kraft, sagt Prof. Planck[2] und stimmt damit fast wörtlich überein mit dem, was in der Neuoffenbarung darüber zu lesen ist: »Kraft als selbständiges Ding, so wie es die gelehrten Materialisten wollen, existiert gar nicht. Der Geist ist der Anreger der Kraft, Zusammenhalter des Stoffes und so der Hauptfaktor des ganzen Lebens. Ohne Geist gibt es kein Leben, ohne Leben keinen Stoff« (LGH, S. 78).

Es gibt in der Natur eine Analogie, die die Verwandlung von Geist in Materie dem Verständnis auch des Laien näherbringen kann. Ein zugefrorener Teich besteht aus härtestem Eis, im Frühjahr löst sich das Eis auf in das weiche Wasser, in der Hitze des Sommers trocknet der Teich aus und das Wasser ist in Form einer lichten Wolke sichtbar. Auch die Wolke löst sich auf in die Wasserstoffmoleküle, und für das Auge ist nichts mehr sichtbar. Im folgenden Herbst und Winter spielt sich derselbe Vorgang in umgekehrter Reihenfolge ab. Aus dem scheinbaren »Nichts« wird wieder härteste Materie. Dieser ans Wunderbare grenzende Vorgang der Veränderung der Aggregatzustände der Materie kommt uns gar nicht absurd vor, wir halten ihn für so selbstverständlich, daß wir kaum einen Gedanken daran verschwenden. Die vielen wunderbaren Vorgänge in der Natur finden wir nicht der Beachtung wert, weil wir sie ständig wahrnehmen und nicht leugnen können, auch wenn wir sie nicht zu begreifen vermögen. Kann man annehmen, daß Gottes Schöpfungsmöglichkeiten dort aufhören, wo unsere Fassungskraft aufhört?

»Wer da glaubt«, heißt es in der Neuoffenbarung, »dem werden viele Wunder erschlossen werden. Dem Ungläubigen jedoch ist weder zu raten noch zu helfen. Umsonst schaut er mit seinen blinden Augen in Meine große Werkstätte des Lebens. Ich sage euch: Er wird nichts finden als Exkremente des Todes, denn das Leben ist geistig, und da hilft kein Mikroskop, um dasselbe in seiner Wirkungssphäre zu belauschen« (Hi I, S. 94, 7).

»Und mag euch das alles noch so sonderbar und wunderlich klingen, es ist dessenungeachtet dennoch so. Denn niemand kennt Meine Wege, auch nicht ein Engel des Himmels, als nur Ich allein und der Frommgläubige, dem Ich es mitteilen will« (Hi I, S. 94, 6).

»Was da vorhanden ist in der ganzen Unendlichkeit, das ist aus Gott, also *im Grunde völlig geistig.* Daß es in der Welt als feste Materie erscheint, das macht die beharrliche Festigkeit des göttlichen Willens. Hörte dieser auf, einen Gedanken festzuhalten, so wäre von ihm für kein materielles Auge mehr eine Spur zu entdecken« (Gr VI 107, 11).

»Alles dem Menschen sichtbar Erschaffene ist gerichtetes Geistiges und hat die Bestimmung, durch eine lange Reihe von allerlei Formen endlich in ein freies und selbständiges Leben überzugehen. Diese Formen beginnen vom Steine an und gehen durch die Mineralreiche über zum Pflanzenreich, durch das Pflanzenreich ins Tierreich und von da bis zum Menschen. Alle diese Formen sind Aufnahmegefäße vom Leben aus Gott« (Gr VI 53, 5–6).

»Jede Form entspricht einer gewissen Intelligenz. Je einfacher die Form ist, desto einfacher und geringfügiger ist auch die ihr innewohnende Intelligenz« (Gr VI 53, 7).

»Jedes Tier kennt seine ihm zusagende Nahrung und weiß sie zu finden ... So kennt auch der Geist der Pflanzen genau *den* Stoff im Wasser, in der Luft und im Erdreich, der seiner besonderen Individualität dienlich ist. Der *Geist* oder die *Naturseele* der Eiche wird niemals den Stoff an sich ziehen, von dem die Zeder ihr Sein und Wesen schafft. Ja, wer lehrt denn das eine Pflanze? Seht, das alles ist die Wirkung der höchsten und allgemeinsten *Raumlebensintelligenz Gottes*. Aus dieser schöpft jede *Pflanzen- und Tierseele* die ihr nötige, gesonderte Intelligenz und ist dann nach deren Wirkung tätig« (Gr VIII 29, 8–9).

»Die Seelen der Pflanzen wie der Tiere haben die euch freilich noch unbekannte Bestimmung, einst selbst Menschenseelen zu werden. Denn Pflanzen und Tiere sind nach Meiner Weisheit und Einsicht taugliche *Vorgefäße* zur Ansammlung und Ausbildung der im unermeßlichen Schöpfungsraum vorhandenen allgemeinen Naturlebenskraft, aus der auch eure Seelen herstammen« (Gr IV 216, 1–2). Allerdings ist zu beachten, daß »aus einer einfachen Tierseele niemals eine Menschenseele werden kann« (Gr VI 165, 11). Es werden vielmehr mehrere Tierseelen vereint, und Gott fügt dann zahllose Seelenfunken hinzu, und so entsteht aus seiner Hand jede Menschenseele.

Am Körper eines Tieres liegt deshalb – wie der Herr in der NO sagt – wenig. Durch die evolutive Entwicklung der Tierseele kommt jedes Tier bei seinem Tod seinem Ziel näher. Wenn ein Tier gefressen wird oder stirbt, d. h. seine frühere Form (den Körper) verläßt, »so liegt nach dem Gesagten wohl wenig daran, was mit der Form geschieht, die nichts als eine organisch-mechanische und für den Zweck der ihr innewohnenden Lebensintelligenz wohleingerichtete Hülse war. Ob also nun z. B. die Fische von anderen Tieren oder von uns Menschen verzehrt werden, so beirrt das die große Absicht des Schöpfers nicht im geringsten und der Endzweck des Lebens wird dennoch unvermeidbar erreicht« (Gr VI 53, 9). »Alles, was aus dem Dasein tritt, kehrt allezeit in ein vollkommeneres Dasein wieder zurück, hinauf bis zum Menschen und von da wieder zu Mir selbst zurück« (Ha II 124, 32).

»Siehe, alle Materie dieser Erde – vom härtesten Stein bis zum Äther hoch über den Wolken – ist Seelensubstanz, aber in einem notwendigerweise gerichteten und somit gefesteten Zustand. Ihre Bestimmung aber ist, wieder ins ungebundene, reingeistige Sein zurückzukehren, so sie eben durch diese Isolierung die Lebensselbständigkeit erreicht hat. Um aber diese durch eine stets erhöhte Selbsttätigkeit zu erlangen, muß die aus der gebundenen Materie frei gemachte Seele alle möglichen Lebensstufen durchmachen und muß sich in jeder neuen Lebensstufe auch wieder von neuem in einen materiellen Leib einpuppen, aus dem sie dann wieder neue Lebens- und Tätigkeitssubstanzen an sich zieht und solche sich zu eigen macht« (Gr VI 133, 3).

»Das Leben ist und bleibt so lange ein Kampf mit allerlei Feinden, bis es sich über alle Materie als ein Sieger aus eigener Kraft emporgerungen hat. Und so darfst du dich über die materiellen Lebensfeinde gar nicht wundern; denn sie sind nicht Feinde des eigentlichen Lebens, sondern nur Feinde des materiellen Scheinlebens, das eigentlich gar kein Leben ist, sondern nur ein Werkzeug des wahren, inneren, geistigen Seelenlebens, mittels welchem sich dieses stets höher und höher zur wahrsten, eigentlichsten Lebensfreiheit emporarbeiten kann, was ohne dieses zeitliche Mitleben gar nicht denkbar möglich wäre.

Gott kann infolge seiner Allmacht freilich einen Geist mit vollendeter Weisheit und Macht aus sich hinausstellen oder erschaffen, und das in einem Moment gleich zahllose viele, – aber alle solche Geister haben keine Selbständigkeit; denn ihr Wollen und Handeln ist kein anderes als das göttliche selbst, das unaufhörlich in sie einfließen muß, auf daß sie sind, sich bewegen und handeln nach dem Zuge des göttlichen Willens. Sie sind für sich gar nichts, sondern pur momentane Gedanken und Ideen Gottes.

Sollen sie aber mit der Zeit möglicherweise selbständig werden, so müssen sie den Weg der Materie oder des gerichteten und also gefesteten Willens Gottes durchmachen auf die Art, wie ihr sie auf dieser Erde vor euren Augen habt. Haben sie das, dann sind sie erst aus sich selbständige, selbstdenkende und freiwillig handelnde Kinder Gottes, die zwar auch allzeit den Willen Gottes tun, aber nicht, weil er ihnen durch die Allmacht Gottes aufgedrungen ist, sondern weil sie solchen als höchst weise erkennen und sich selbst bestimmen, nach solchem zu handeln, was dann für sie selbst lebensverdienstlich ist und ihnen erst des Lebens höchste Seligkeit und Wonne gibt« (Gr VI 133, 9–11).

»Ich bin euer Ursprung, und zu diesem Ursprung sollen alle wiederkommen für ewig« (Ha II 6, 31).

»Sehet, was Ich eines einzigen hochmütigen Engels wegen tue! Ich sage euch, es wäre nie eine Erde noch Sonne, noch irgend etwas Materielles geschaffen worden, wäre dieser einzige demütig geblieben« (Hi I, S. 66).

»Liebe ist das große Wort allen Seins« (Ha II 56, 25).

An keiner anderen Stelle der Neuoffenbarung kommt die glühende, alles umfassende Liebe des himmlischen Vaters zu seinen Geschöpfen in so erschütternder Weise zum Ausdruck wie in den folgenden Zeilen:

»Ich will um eines Kindes willen Milliarden von Sonnen und Welten aller Art opfern, könnte Ich es sonst nicht wieder zu Mir zurückbekommen. Wenn es sich aber darum handeln würde, daß ein Kind nur dadurch zu retten wäre, daß Ich für dasselbe dieses Mein alleiniges ewiges Leben hingebe, so möchte Ich auch dieses eher von Mir lassen, als eines Meiner Kinder verlieren. Fassest du diese Liebe?« (Ha II 251, 14, 17)

»In dem Wachsen Meiner zahllosen unvollendeten Kinder, in ihrem zunehmenden Erkennen und Vollkommenerwerden und in ihrer daraus erwachsenden Tätigkeit liegt auch Meine höchste Seligkeit. Ihre Freude über eine mühsam errungene, vollendetere Fähigkeit ist auch Meine Freude« (Gr V 157, 7).

»Der verlorene Sohn«.
Die vorexistentielle Abstammung des Menschen von den gefallenen Erstlingsgeistern

»Es gibt wohl in der Heiligen Schrift keinen Vers und kein Kapitel, das Größeres in sich fassen möchte als das Gleichnis vom verlorenen Sohn. Auch wird es nicht leicht eine Stelle geben, die schwerer zu verstehen ist als diese« (Hi I, S. 306).

»In dem Namen ›Luzifer‹ steckt das ganze, für euch ewig unerfaßliche und endlose Kompendium des verlorenen Sohnes. Denkt euch, daß beinahe die gesamte gegenwärtige Menschheit nichts als Glieder dieses einen ›verlorenen Sohnes‹ sind, und zwar namentlich diejenigen Menschen, welche aus Adams ungesegneter Linie abstammen. Dieser ›verlorene Sohn‹ hat alles Vermögen, das ihm gebührte, herausgenommen und vergeudet dasselbe nun durch für eure Begriffe endlos weit gedehnte Zeiträume« (Hi I, S. 307).

»Unter dem ›verlorenen Sohn‹ wird aber auch jeder einzelne Mensch für sich verstanden« (Hi I, S. 315).

Schließlich wird darunter auch der gesamte Kosmos mit Milliarden Galaxien, von der jede ca. 50 bis 100 Milliarden Sonnen enthält, verstanden. Nach den Kundgaben der NO stellt das Universum von »außen« gesehen »eine vollendete Menschengestalt« dar und »ist in seiner Art von niemandem außer von Mir in dieser Wirklichkeit erschaulich« (Hi I, S. 312).

»Die Gottheit ergriff in allen Teilen Luzifers Wesen, nahm alle spezifische Wesenheit, bildete daraus Weltkörper durch die ganze Unendlichkeit, umhüllte den Geist dieser *endlosen* Wesenseele mit den mächtigsten Banden und band ihn in die *Tiefe der Materie*« (EM, S. 159).

»Dieser kosmische Mensch, den ihr da seht, ist nicht mehr und nicht weniger als der sich selbst wiedergefundene ›verlorene Sohn‹, der sich in jedem einzelnen wiedergeborenen Menschen wiedergefunden hat.« »Ihr müßt aber nicht etwa denken, dieser gefallene Luzifer würde als Ganzes wieder zurückkehren. Wenn dies möglich gewesen wäre, wahrlich, es hätte nie eine materielle Schöpfung stattgefunden, sondern in einem jeden einzelnen Menschen, der nach Meinem Wort lebt und wiedergeboren wird durch das Wort und durch die Erlösung, wird dieser Verlorene (d. h. ein Wesensteil von ihm) wiedergefunden und in das große Vaterhaus zurückkehren« (Hi I, S. 314).

»Freilich ist alle Materie, aus der das Universum besteht, auch nur ein Werk Gottes, und es liegt in ihr Göttliches verborgen, aber daneben liegt in ihr auch Lüge, Trug und Verführung, woraus dann entsteht Neid, Geiz, Haß, Hochmut, Verfolgung und daraus hervorgehend allerlei Laster, ohne Zahl und Maß.[*] Und eben dieses Falsche, die Lüge und der Trug, ist *geistig* genommen der ›Satan‹, und alle die einzelnen daraus notwendig hervorgehenden Laster sind eben das, was man ›Teufel‹ nennt« (Gr V 94, 2–3).

Der Plan Gottes, alle von ihm abgefallenen Geistwesen wieder über den Weg durch die Materie ins Vaterhaus zurückzubringen, benötigt unvorstellbar lange Zeiträume. Aber dennoch wird der Zeitpunkt kommen, »wo keine materielle Sonne und keine materielle Erde mehr kreisen werden im endlosen Raum, sondern überall wird eine überherrliche, neue geistige Schöpfung mit seligen freien Wesen den endlosen Raum erfüllen, und Ich werde ewig gleichfort aller Wesen Gott und Vater sein von Ewigkeit zu Ewigkeit. Und dieses allerseligsten Zustandes wird fürderhin nimmer ein Ende sein. Es wird da sein *eine* Herde, *ein* Schafstall und *ein* Hirte.« »Wann aber dieses alles also wird, nach der Zahl der Erdenjahre, kann nimmer bestimmt werden. Und würde Ich die Zahl auch kundtun, so würdest du sie unmöglich fassen können« (Gr II 63, 3–4).

---

[*] Man kann hieraus entnehmen, daß die manichäische Vorstellung, die Materie sei böse, teilweise richtig ist.

Diese materielle Schöpfung wird in der Neuoffenbarung also eindeutig als Erlösungsfeld der göttlichen Liebe und Erbarmung interpretiert. Zur Rettung der gefallenen Geister wurde das Universum geschaffen. Die sich allmählich lösenden luziferischen Lebensfunken werden nach Gottes weisem Plan stufenweise, d. h. in evolutiver Form, durch das Mineral-, Pflanzen- und Tierreich emporgeführt zum Endziel, zum Menschen. »Die ungeheure Menge abgefallener Geister, welche mit Luzifer fielen und dann als Träger der Materie in ihr gebunden wurden, sie alle klassifizieren die ganze Weltschöpfung nach dem geistigen Inhalt« (Pr 317). »*Ihr waret Geist und werdet wieder Geist werden*« (Pr 121).

Das große Ziel Gottes ist, alle Menschen – auf welchen Weltkörpern sie immer leben – auf einem Heilsweg zur geistigen Wiedergeburt und damit zu Gott zurückzuführen. Die Erde und ihre Bewohner spielen dabei nach Angaben der Neuoffenbarung eine ganz besondere und bevorzugte Rolle. Der Weg ist zwar unvorstellbar lang und kann für manche qualvoll sein.

»Der Mensch ist das vollkommenste der zahllos verschiedenen Geschöpfe, der Kulminationspunkt der göttlichen Liebe und Weisheit, und bestimmt, selbst ein Gott zu werden« (Gr VII 141, 6). Deshalb sagte Jesus zu den Juden: »Wißt ihr nicht, daß ihr (potentielle, d. Vf.) Götter seid?« »Jetzt«, heißt es in der Neuoffenbarung dazu, »seid ihr erst wie Embryonen im Mutterleib« (Gr III 180, 8). Wenn das Endziel Gottes erreicht ist, wird der 8. Psalm seine ganze, jetzt noch verborgene Leuchtkraft ausstrahlen: »Du machtest den Menschen wenig geringer denn einen Gott, mit Ehren und Hoheit kröntest du ihn.«

Wer die hochgeistigen Kundgaben der Neuoffenbarung in ihrem ganzen Umfang in sich aufgenommen hat, dem wird auch die Bedeutung eines Wortes des mittelalterlichen Mystikers Meister Eckehart (14. Jh.) klar: »Aller Kreaturen Wesen und Leben ist nichts anderes als ein Rufen und Eilen zu Gott, von dem sie ausgegangen sind.«[3]

Das Bild der Gesamtentfaltung des Lebens und das stufenweise allmähliche Emporsteigen, wie es in der Neuoffenbarung umfassend dargestellt ist, findet sich auch bei dem Mystiker Jakob Böhme, der ebensowenig wie Jakob Lorber damals etwas von Evolutionstheorien wissen konnte.

Im dritten christlichen Jahrhundert vertrat auch der größte Bibelgelehrte, Origenes, die Lehre der Apokatastasis, d. h. der Wiedererbringung aller Dinge. Danach verläßt die Seele wieder den Läuterungsort, und ewig dauern die Strafen nicht. »Die Vollendung ist erreicht«, schreibt Origenes, »wenn einmal alle Seelen ihre Rettung in der Engelwerdung gefunden haben. Alle Kreatur kehrt zu Gott zurück.« »Der universelle Heilswille ist eine Offenbarung des allererbarmenden Gottes.«[4] In seiner Schrift *contra Celsus* 92–97 setzt Origenes den Adam gleich mit der Ureinheit der Menschennatur, die urzeitlich als Ganzes vom Himmel gestürzt ist. Origenes nimmt Bezug auf den Ausspruch des Propheten Josua »Gar viel ist meine Seele gewandert« (Buch Josua) und fährt fort: »Begreife also, wenn du es vermagst, welches diese Wanderungen der Seele sind, in denen wandern zu müssen sie mit Seufzen und Klagen betrauert. Freilich, solange sie noch wandert, stockt die Einsicht dieser Dinge und ist verhüllt, erst wenn sie zu ihrem Vaterland, ihrer Ruhe, dem Paradies gelangt sein wird, wird sie wahrer darüber belehrt werden und es klarer einsehen, welches der Wegsinn ihrer Wanderung gewesen ist.«[5]

»Plötzlich«, so schreibt hierzu der katholische Theologe und angesehene Schriftsteller Hans Urs von Balthasar in seiner Schrift *Origenes – Geist und Feuer,* »brechen Einsichten wie Blitze durch, die zu den unverlierbarsten und doch vergessensten der christlichen Denkgeschichte gehören.«[6] »Aber als das Gefäß in tausend Splitter zerbrach und der Name des Meisters (Origenes) gesteinigt und verschüttet wurde, entquoll der Duft des Salböls und erfüllte das ganze Haus.«[7]

In der Schrift der hl. Hildegard von Bingen *Scivias* (»Wisse die Wege«) schimmert die Lehre von der Apokatastasis noch einmal

durch: »Nun hörte ich eine Stimme, die zu mir sprach: Lobge-
sänge gebühren dem hehren Schöpfer mit unermüdlicher Stimme
des Herzens und des Mundes, denn nicht nur die Stehenden und
Aufrechten, sondern auch die Gefallenen und Gebeugten führt
er durch seine Gnade zu dem himmlischen Thron« (3. Buch,
13. Gesicht).

Die Lehre, daß die Menschen gefallene Geister sind und durch
die Liebe Gottes zu seinen Geschöpfen auf einer unendlich
langsamen und weiten Wanderung durch das Mineral-, Pflanzen-
und Tierreich schließlich wieder wie der verlorene Sohn ins
Vaterhaus zurückgeführt werden, findet sich nicht nur im christlichen Altertum und in der christlichen Mystik, sondern auch in
der Mystik anderer Religionen, u. a. im Parsismus, der auch keine
ewige Hölle kennt, ebenso in der islamischen Mystik, dem sogenannten Sufitum. Schönsten Ausdruck findet diese Lehre in den
folgenden Versen des berühmten persischen Mystikers Dschelâl
ed Din Rûmi (1207–1273):

»Ich starb als Stein und sproßt' als Pflanze auf,
Ich starb als Pflanze und ward Tier darauf,
Ich starb als Tier und ward als Mensch geboren,
Was grauet mir? Hab' durch den Tod ich je verloren?
Als Menschen rafft er mich von dieser Erde,
Daß ich des Engels Fittich tragen werde.
Als Engel noch ist meines Bleibens nicht,
Denn ewig bleibt nur Gottes Angesicht.
So trägt noch über Engelwelt mich fort
Mein Flug zu unerdenklich hohem Ort:
Dann ruf zu nichts mich!
Denn wie Harfenlieder
Klingt's in mir, daß zu Ihm wir kehren wieder.«

Bedeutende Denker wie der Naturwissenschaftler Edgar Dacqué
oder Leopold Ziegler usw. haben die diesbezüglichen Kundga-

ben Lorbers, sicher ohne diesen zu kennen, wissenschaftlich interpretiert. So schreibt Dacqué: »Des Menschen Urform war im organischen Reich schon metaphysisch anwesend, d. h. von Gott ›gewollt‹, als sich in der Frühzeit die ersten niederen Geschöpfe manifestierten. Der Mensch, obwohl der Zeit nach erst in der letzten Eisperiode als Vollmensch hervortretend, war doch schon in allen Lebewesen vor ungezählten Jahrmillionen da.«[8]

Leopold Ziegler sieht gleichfalls das Geheimnis des Menschen in seinen tieferen Zusammenhängen: »Wohl ist die Geschichte und die Geschichtlichkeit die eigentliche Sphäre des Menschen, aber diese Geschichte spielt sich auf der naturhaften Grundlage vieler anderer Stufen des Lebens ab, die alle miteinander in einem Zusammenhang stehen.«

Die von der Neuoffenbarung dargestellte Evolution des Lebens ist ein unvorstellbar langer Weg in der Kosmogonie und Anthropogonie, auf dem sich der Plan Gottes zur Rettung der abgefallenen Geister verwirklichen wird. Die unausmeßbaren Tiefen dieser Heilstat, die mit den Worten des Johannes-Evangeliums in Zusammenhang stehen »Wenn Ich von der Erde erhöht bin, werde ich *alle* an mich ziehen«, werden in diesem irdischen Leben schwerlich jemals voll erfaßt werden können.

Verfolgt man den Plan Gottes, alle abgefallenen Geister auf dem langen Weg ins Vaterhaus zu unvorstellbarer Seligkeit zurückzuholen, so weitet sich die Sicht zu einer grandiosen Konzeption, die einzig und allein dem wahren Wesen Gottes, d. h. der Liebe, adäquat ist. Die Schöpfungslehre der Neuoffenbarung vermittelt uns ein vergeistigtes Weltbild, das einen tiefen Sinn erkennen und die Liebe und Erbarmung Gottes in der Heilsgeschichte hell aufleuchten läßt.

Die Teufel

Die Neuoffenbarung unterscheidet zwischen dem *Satan* und den *Teufeln.*

»Der einzige, der Mir so frech die Stirne bieten wollte, ist niemand anders als der von Mir längst verstoßene Luzifer oder Satan, welcher als personifiziertes böses Prinzip den Gegenpol zu Meinem eigenen Ich ausmacht. Nur dieser Böse, mit *Willen* böseste Geist, wurde in die äußerste Finsternis gestoßen, in der Heulen und Zähneklappern ist oder – mit anderen Worten – in der er, der Finsternis des eigenen Gemüts überlassen, so lange harren kann, bis eine in ihm selbst auftauchende Besserung seine Rückkehr möglich macht« (Pr 286).

»Was nun der Satan als Person ist, das vertritt auf eurer Erde diejenige Gattung von Menschen, die des Guten und Edlen wohl kundig ist, doch mit Willen das Böse liebt und ausübt.« »Dieses Trachten ist teuflischer Natur, weil der in alle Geister und Wesen von Mir eingelegte Trieb der Liebe sich statt dem Guten dem Schlechten zugewendet hat« (Pr 286).

»Da der Satan sich niemand zeigen kann und darf und jeder Mensch seine bösen Einflüsterungen mit leichter Mühe erkennt, da diese die Seele allzeit hartherzig, unkeusch, ehebrecherisch, selbsttüchtig, herrschgierig, meineidig, geizig, unbarmherzig, gegen alles Wahre und Göttliche gleichgültig, gegen Arme und Leidende gefühllos ist und für allen Wohlgenuß auf der Welt gierig stimmt, so kann er solchen argen Bestrebungen des Satans auch allezeit eine offene Stirn bieten, da der Satan nur in die Sinne der Seele, *nie* aber in ihren *Willen* einwirken kann« (Gr I 217, 4).

»Es liegt im Satan zwar noch eine ungeheure Kraft, welche nur durch die allerschwersten Bande, die allein Ich als der Herr zu schmieden vermag, niedergehalten werden kann« (EM, S. 157).

»Satan … ist tatunfähig geworden in sich selbst. Aber die in ihm besiegten Kräfte ruhen dennoch nicht völlig, sondern stehen in einer fortwährenden Tätigkeit und personifizieren sich dadurch wie selbständig« (Gr II 229, 12).

»Soviel es immer nur möglich war, wurde ihm die Macht des Willens genommen. Darum habt ihr ihn auch nicht im geringsten mehr zu fürchten, sondern euch allein in acht zu nehmen vor seiner List. Diese aber hat keine Gewalt, sondern ist an und für sich ohnmächtig« (Ha II 158, 17, 21 f.).

»Der Lebensfeind kann und darf sich niemand nähern, also kann er auch mit seiner Arglist niemanden berücken. Wenn aber ein Mensch von seinem eigenen Herzen sich berücken läßt und wird hochmütig, herrschsüchtig, fleischsinnig, weltsüchtig und eigenliebig, sodann nähert sich ja der Mensch selbst eigenwillig dem Feind des Lebens, und wird selbst ein Feind allen Lebens« (Ha II 158).

Entgegen der Lehre Jesu, daß der Satan sich »niemand nähern darf«, brachte im Mittelalter der größte Theologe der katholischen Kirche, Thomas von Aquin, die Ansicht auf, daß der Satan mit Frauen und Mädchen sexuell verkehren könne; diese törichte Lehre bereitete später bei den Hexenprozessen Millionen Frauen ein qualvolles Ende.

Was den Satan und die Ursache seines Sturzes betrifft, so haben die katholischen Kirchenväter und sonstigen Kirchenmänner die verschiedensten und oft kuriosesten Ansichten vertreten. Der Kirchenvater Justin glaubte, daß der Abfall Luzifers erst erfolgte, als Luzifer die Eva im Paradies verführte! (Dialog mit dem Juden Tryphon, 124, 3). Tertullian meinte: »Der Teufel wurde von der Unduldsamkeit verzehrt, als er sah, daß der Herr seinem Ebenbild, dem Menschen, alle erschaffenen Wesen unterworfen hatte« (De Patientia V). Die gleiche Ansicht vertraten der hl. Cyprian und der hl. Gregor von Nyssa (Discorso Catecheto). Nur der Seher Origenes, dessen Lehre die Kirche verurteilte, sah den Grund des Sturzes – in Übereinstimmung mit der Neuoffenbarung – im Neid und Stolz und in der Auflehnung gegen Gott.

Die übrigen Teufel – und damit auch die Hölle – entstanden erst dann, als geistbegabte Adamiten, also die Nachfahren Adams, in Bosheit versanken. Geistwesen, die vor Erschaffung des Universums bestanden hatten, und zwar auch die mit Luzifer gefallenen Geister waren keine Teufel, sondern wurden, wie bereits geschildert, in die Materie gefangengesetzt und harren auf einem langen Weg der Lösung aus der Materie. Im einzelnen ist in der Neuoffenbarung dazu ausgeführt: »Da sich dieses Wesen aber damit nicht begnügte, sondern statt der versprochenen Besserung nur stets größere Eingriffe in die göttliche Ordnung machte, so wurde es in sehr enge Haft getrieben. Da es sich aber schon in solcher Zeit eine Menge gleichgesinnter Geister aus dem menschlichen Geschlechte herangebildet hatte, so wirkte es dann durch diese seine Engel; denn ein Diabolus oder Teufel ist nichts anderes als ein in der Schule des Satans herangewachsener und ausgebildeter Geist.

Das muß nicht etwa also verstanden werden, als wären solche Geister wirklich in einer Schule des Satans gebildet worden, sondern sie bildeten sich selbst zufolge jener Spezifika, die sie aus den Banden dieses Geistes in sich aufgenommen haben. Diese Geister, weil sie ebenfalls Grundböses in sich haben, heißen zwar ›Teufel‹, soviel als ›Schüler des Satans‹, unterscheiden sich aber dennoch gewaltig von ihm; denn bei ihnen ist nur das Seelische gleichartig mit dem bösen Geiste, aber ihr Geist ist, obschon hart gefangen, dennoch rein, während der Geist des Satans das eigentliche Böse ist. Daher wird und kann es geschehen, daß alle Teufel noch gerettet werden, bevor der Satan in sich selbst die große Reise zu seinem ewigen Sturze zu unternehmen genötigt wird« (EM, S. 160).

»Es gibt zwar keine urgeschaffenen Erzteufel in der Art, wie ihr euch dieselben vorstellt, aber dennoch ist alle Materiewelt in ihrem Urelement ebensoviel *wie* ein urgeschaffener Erzteufel, und es ist darum ein und dasselbe, ob man sagt, man werde von der Welt oder von den materiellen Gelüsten des Fleisches versucht, oder man werde von dem oder jenem Erzteufel versucht. Wer sich von der Welt und seinem Fleische zu sehr gefangennehmen läßt, dessen Seele ist dann auch ein persönlicher Teufel und lebt im steten Verein mit den argen, noch ungegorenen Materiegeistern nach dem Tode des Leibes fort« (Gr IX 134, 7).

Ergänzend heißt es hierzu: »Es gibt in der ganzen Natur- und Geisterwelt keine sogenannten Urteufel, sondern nur solche, die schon früher als unverbesserliche, schlechte und lasterhafte Menschen einmal auf der Welt gelebt haben…« (Gr V 97, 5) »Es gibt persönliche Teufel schon hier, noch im Fleische wandelnd, und noch um ein Großes mehr im großen Jenseits, die auch fort und fort bemüht sind, einen argen Einfluß auf das Diesseits auszuüben, und das einmal durch die rohen Naturgeister, die noch in allerhand Materie der bestimmten Ausreifung wegen weilen, und aber auch unmittelbar durch gewisse geheime Einflüsterungen, Anreizungen und Verlockungen. Sie merken bei den Menschen gar wohl die verschiedenen Schwächen und Anlagen zu denselben, bemächtigen sich derselben und fachen sie zu glühenden Leidenschaften an.« »Bevor es keinen Menschen auf einem Weltkörper gab, da gab es auf demselben auch keinen persönlichen Teufel, sondern nur gerichtete ungegorene Geister in aller Materie eines Weltkörpers. Zur Materie gehört alles, was ihr mit euren Sinnen wahrnehmt. Aber das könnt ihr auch annehmen, daß es auf keinem Weltkörper ärgere und bösere Teufel gibt als eben in und auf dieser Erde« (Gr VIII 35, 11–17).

Wenn aber Hiob – wie es im Alten Testament heißt – versucht wurde, »wer war dann der Satan, der ihn so sehr versuchte? Es war der gerichtete Geist seines (Hiobs) Fleisches, d. h. dessen verschiedenartigen Begierlichkeiten« (Gr VIII 34, 21).

»An den Verlockungen von seiten der Teufel liegt lange nicht soviel, als ihr in eurem törichten Glauben meint! Der eigentliche Teufel ist der Mensch mit seinen Weltgelüsten selbst. Aus denen geht hervor: die Selbstliebe – das ist ein Teufel –, die Sucht zum Wohlleben – ein zweiter Teufel –, die Ehrsucht, der Hochmut, die Herrschsucht, der Zorn, die Rache, der Neid, der Geiz, die Hoffart, die Hurerei und die Geringschätzung seines Nebenmenschen – das sind lauter Teufel, auf *eigenem* Grund und Boden erzeugt. Darum sollt ihr keine so große Furcht vor dem Teufel haben …« (Gr VI 10, 12)

»Warum aber wird der Satan auch ein Fürst der Finsternis und der Lüge genannt? Weil alle Materie das nicht ist, was sie zu sein scheint, und wer sie in seiner Liebe dem Scheine nach erfaßt und sich von ihr gefangennehmen läßt, der befindet sich dann auch offenbar im Reich der Lüge – und der Wahrheit gegenüber – im Reich der Finsternis.«

»Wer z. B. die sogenannten Schätze aus dem Reich der toten Materie (die Güter der Welt, d. Vf.) zu sehr liebt, sie für das hält und schätzt, was sie zu sein scheinen, und nicht für das, was sie der Wahrheit nach sind, der befindet sich dadurch schon im Reich der Lüge, weil seine Liebe, als der Grund seines Lebens, sich in sie wie ganz blind versenkt hat und sich nur höchst schwer aus solcher Nacht zum Licht der vollen Wahrheit wieder emporschwingen kann.«

»Als mit der Zeit die Menschen die Materie ihres Glanzes wegen zu schätzen und zu achten anfingen, gingen sie in ihr Gericht über, wurden geistig blind und hart, habgierig, geizig, lügnerisch, zänkisch, betrügerisch, hochmütig, böse und kriegs- und eroberungssüchtig und gerieten dadurch ins Götzen- und Heidentum und somit auch in die eigentliche Hölle, aus der sie ohne Mich nicht erlöst werden konnten. Darum mußte Ich selbst die Materie anziehen, und mit ihr das Gericht, und muß dieses durchbrechen, damit Ich dadurch für alle Gefallenen zur Eingangspforte ins ewige Leben werde, wenn sie durch diese Pforte zum ewigen Leben eingehen wollen. Darum bin Ich auch die Türe zum Leben und das Leben selbst. Wer nicht durch Mich eingeht, der kommt nicht zum Leben im Lichte der ewigen Wahrheit und der Freiheit, sondern bleibt gefangen im Gericht der Materie« (Gr VIII 35, 5, 6, 9 u. 10).

Die Erschaffung Adams durch Gott.
Der Irrtum der Evolutionstheorie

Entgegen den unbewiesenen Behauptungen der Vertreter der Evolutionstheorie, der Mensch stamme dem Leibe nach vom Tier ab, läßt die Neuoffenbarung keinen Zweifel darüber offen, daß Gott den Adam erschaffen hat.

(Die Unhaltbarkeit der Evolutionstheorie in der Form des Evolutionismus, der keinen Schöpfer anerkennen will, wird in einem späteren Kapitel eingehend beleuchtet werden. Die Auseinandersetzung mit dieser Theorie ist in einer Apologie des Christentums von gravierender Bedeutung.)

In der Neuoffenbarung wird über die Erschaffung Adams und seinen Fall wie folgt berichtet: »Die ewige Liebe … formte mit der Hand ihrer Macht, ihrer Kraft nach der Zahl ihrer Ordnung den ersten Menschen und blies ihm durch die Nüstern den lebendigen Odem ein. Und der Odem ward ihm zur lebendigen Seele, und die Seele erfüllte ganz den Menschen, der nun gemacht wurde nach der Zahl der Ordnung, aus welcher gemacht worden waren die Geister und gemacht wurden die Welten in den Räumen und die Erde und alles, was auf ihr ist, und der Mond und die Sonne« (Ha I 7, 7).

»Adam ist dem Leibe nach aus den *Ätherteilen des feinstofflichen* Erdenlehms durch Meinen Willen nach der gesetzten Ordnung, wie Ich sie euch nun gezeigt habe, geschaffen und geformt worden« (Gr IV 162, 4).

»Hätte Adam das positive Gebot beachtet, so wäre die Menschheit, bzw. die vollkommene Seele des Menschen, nicht zu dem sehr harten, schweren und gebrechlichen Fleischleibe gekommen(!), der nun mit gar vielen Gebrechen und Mängeln behaftet ist. Aber der Ungehorsam gegen das Gesetz hat den ersten Menschen notwendig auf einen *weiten Umweg* gebracht, auf dem er nun das Ziel um vieles schwerer und um vieles später erreicht« (Gr II 224, 6–7). »Und nun merke wohl: Dieser Adam war an Stelle des ersten der gefallenen Geister (Luzifer). Es ward ihm aber nicht zu erkennen gegeben, wer er war. Und siehe, da langweilte es ihn, da er sich nicht erkannte und auch nichts finden konnte, was ihm ähnlich wäre« (Ha I 7, 9).

Die Erschaffung der Eva aus seiner »Rippe« Adams wird in der NO wie folgt erläutert: »Die Rippe ist nur ein *Zeichen* für die Sache; die Sache aber ist Adams inneres, mächtiges Liebeleben.« »Die Eva ist aus der Überfülle dieses Außenlebens Adams, dem zarten leiblichen Wesen nach, entstanden, und da dieser Lebensäther aus der Gegend der Rippen und der Brustgegend ausdünstet und hernach den Menschen weithin allseitig umgibt, so konnte Moses, dem die entsprechende Bildsprache höchst geläufig zu Gebote stand, die Eva ganz richtig aus einer Rippe Adams entstehen lassen« (Gr IV 162, 11).

An verschiedenen Stellen der NO ist schon vor mehr als hundert Jahren, also zu einer Zeit, als die Kirchen noch zwingend forderten, den Text des Alten Testaments wörtlich zu glauben, klar herausgestellt worden, daß der Schöpfungsbericht des Moses in der Genesis »nur auf dem Weg der inneren geistigen Entsprechung verstanden und begriffen werden kann« (Gr IV 142, 2).

Wenn in manchen Schriften erwähnt ist, daß der Mensch ehedem androgyn* gewesen sei, so wird dies hinsichtlich der Seele und des Leibes von Adam und Eva als zutreffend bestätigt. »Bei der Erschaffung des ersten Menschenpaares wurden aus einer *Seele* zwei. Denn es heißt nicht, daß der Schöpfer auch der Eva einen lebendigen Odem in ihre Nüstern blies, sondern die Eva ging samt Leib und Seele aus dem Adam hervor, und in diese zweite Seele wurde auch ein unsterblicher Geist gelegt, und so wurden aus einem Menschen und aus einer Seele zwei, und waren dennoch ein Fleisch und eine Seele« (EM, S. 150).

---

* androgyn, d. h. Mann und Weib in einem.

»Der *Geist* ist aber *nicht teilbar*, sondern, wo er als eine Einheit in eine große oder kleine Seele gelegt wurde, da bleibt er auch als eine Einheit. War einst die Seele Luzifers auch noch so groß, so konnte in ihr aber doch nicht mehr als ein Geist wohnen« (EM, S. 151).

Ausdrücklich wird in der Neuoffenbarung darauf hingewiesen, daß »im Anfang nur *ein* Menschenpaar auf die Erde gesetzt wurde«. »Ich kann hierzu nur sagen, daß von den Menschen, die zur Werdung der Kinder Gottes berufen sind, nur *ein* Paar, nämlich Adam und Eva, auf die Erde gesetzt worden ist. Mit diesem Paar ist auch die geistige Erziehung vom Himmel aus begonnen und bis zur heutigen Stunde fortgesetzt worden.

Daß es aber auch schon lange vor Adam menschenähnliche Wesen gegeben hat, das ist ganz sicher und wahr, und es bestehen noch derlei Wesen auf der Erde. Aber es ist zwischen ihnen und den eigentlichen freien Menschen (seit Adam, d. Vf.) ein gar großer Unterschied.

Der wahre Mensch kann sich selbst bis zur vollen *Gottähnlichkeit* heranbilden und Gott und seine Werke durch und durch erkennen, vergleichen, beurteilen und ihren Zweck begreifen. Aber der gewisse Tiermensch (Ur- und Frühmensch, d. Vf.) wird dazu niemals imstande sein« (Gr VII 221, 4–6).

»Dieses erste Menschenpaar wurde von Gott aus mit allen Fähigkeiten ausgerüstet. Es hatte tiefe Erkenntnisse, einen höchst klaren Verstand und einen machtvollsten freien Willen, vor dem sich alle anderen Geschöpfe (auch z.B. die Raubtiere, d. Vf.) beugen mußten« (Gr VII 121, 7).

Es ist bemerkenswert, daß in der Neuoffenbarung der monogenische Standpunkt Papst Pius' XII. bestätigt wird. Der Papst hatte unter Berufung auf die Apostelgeschichte 17, 26 erklärt, daß es katholische Lehre sei, daß das Menschengeschlecht nur von einem Menschenpaar abstamme. Dennoch vertreten heute auch katholische Gelehrte auf Tagungen der katholischen Akademien den Standpunkt, daß in der Bibel zahlenmäßig keine Beschränkung des »ersten Elternpaares« zu erkennen sei. Das ist zumindest insoweit unzutreffend, als es in Apg 17, 26 heißt: »Gott hat aus einem Menschen das ganze menschliche Geschlecht entstehen lassen.«[9]

Leider haben nicht wenige katholische Gelehrte vor den unbewiesenen Behauptungen der Evolutionstheoretiker kapituliert, wo sie nicht zu kapitulieren brauchten.

Das Paradies in seiner wirklichen Gestalt

Vom Paradies bestehen beim Kirchenvolk zuweilen etwas seltsame Vorstellungen. Die NO vermittelt uns über die Verhältnisse des Lebens der ersten Menschen im Paradies eine ebenso klare wie nüchterne Darstellung.

»Auf der Erde gab es nirgends ein materielles Paradies, in dem den Menschen die gebratenen Fische in den Mund geschwommen wären, sondern er mußte sie so wie jetzt erst fangen und braten und konnte die dann erst mit Maß verzehren. War aber der Mensch tätig und sammelte die Früchte, die die Erde ihm trug, und er hatte sich dadurch einen Vorrat geschaffen, so war jede Gegend der Erde, die der Mensch kultiviert hatte, ein rechtes irdisches Paradies. Was wäre auch aus dem Menschen und seiner Geistesbildung geworden, wenn er in einem wahren Müßiggangs- und Freßparadies sich um gar nichts zu kümmern und zu sorgen gehabt hätte!« (Gr IV 142, 4 u. 5). (Über die erst um 4000 Jahre v. Chr. nach dem Abklingen der letzten Eiszeit sich günstig entwickelnden klimatischen Verhältnisse wird im Kapitel über die Evolutionstheorie Näheres ausgeführt.)

»Es versteht sich von selbst, daß Gott und die Engel es wohl wußten und auch verstanden, das erste Menschenpaar in einer der fruchtbarsten Gegenden der Welt werden und entstehen zu

lassen.« »Als Adam und sein Weib und seine Söhne es wahrnah-
men, daß es auf der weiten Erde nahezu überall etwas zu essen
gab, fingen sie an, größere Reisen zu unternehmen. Geheim vom
Gottesgeist geleitet, kamen sie in ihr erstes Eden zurück und
blieben daselbst, von wo aus dann die Bevölkerung der ganzen
Erde erging« (Gr IV 142, 8–13).

Das Leben im Paradies war nicht ganz so angenehm, wie sich
das viele denken. Adam und Eva waren nackt.

»Im warmen Frühjahr, Sommer und Herbst konnten sie es
schon mit der nackten Haut aushalten, aber im Winter fingen sie
an, die Kälte sehr zu fühlen.« Sie begannen den Leib mit »allerlei
Laub der Bäume zu bedecken«. (Also nicht erst nach dem Sündenfall, d. Vf.) »Nachdem der erste Mensch dieser Erde einmal
in der Grotte auf den Höhen überwintert hatte, die den nordöst-
lichen Teil des Gelobten Landes, zu dem auch Galiläa gehört,
begrenzen (die Golanhöhen, d. Vf.), da hatte er Muße, mit seinem
Weib tief in sich hineinzuschauen« (Gr IV 142, 9).

Der Fall Adams.
Die Neuoffenbarung erklärt den bildhaften
Bericht des Alten Testaments

»Siehe Adam, Ich machte die Zeit, damit deine Prüfung nur kurz
währen sollte, und das erkämpfte Leben ewig.« »Du hast mit
keiner fremden Macht zu kämpfen, nur mit dir selbst, denn Ich
habe dir alles untertan gemacht.« »Der Wurm aber ist dein Böses
vom Grund aus und trägt den Stachel des Todes in sich, daher
beiße nicht in den Stachel des Wurmes« (Ha I 40, 33 u. 35).

»Nun sehet, ihr erlernet nun alles, ihr kennt nun alles und
könnt den Gebrauch machen von allem bis auf eines, und dieses
Letzte will Ich euch jetzt lehren und die Kraft in euch legen zur

Fortpflanzung euresgleichen. Aber ihr dürft davon *erst* Gebrauch machen, wenn Ich wiederkomme, euch bekleidet finden werde mit dem Kleide des Gehorsams, der Demut, der Treue und der gerechten Unschuld. Wehe aber euch, wenn Ich euch nackt finde (d. h. ohne die verlangten Tugenden, d. Vf.). Ich werde euch verstoßen, und der Tod wird die Folge sein« (Ha I 7, 15).

Vereinzelt deuteten Theologen bisher schon den »Biß in den Apfel« in dem Sinne, wie die NO die allegorische Darstellung des Alten Testaments erläutert. Aber man findet auch heute erstaunlicherweise immer noch in der Literatur die seltsamsten und abwegigsten Theorien vom Apfelbiß.[10] Von einem Apfel ist in der Genesis 3,1 im übrigen mit keinem Wort die Rede. Mittelalterliche Mönche haben diese Version bei den damaligen Paradiesspielen aufgebracht. In der Genesis heißt es: »Nur von der Frucht des Baumes mitten im Garten dürft ihr nicht essen, ja nicht einmal daran rühren.« »Da sah das Weib: Der Baum war köstlich zum Speisen und Wollust (!) den Augen …« Dieser Text läßt bereits erahnen, was die Allegorie des »Baumes mitten im Garten« (mitten des Leibes!) besagen will. Der Mystiker Jakob Böhme schreibt treffend zum Sündenfall: »Adam hat die Jungfrau verloren und dafür die Frau erlangt.«

In der Neuoffenbarung heißt es dann weiter: »Es ging das eine Zeitlang ganz gut, aber nur zu bald siegte die sinnliche Begierde unter dem von Moses aufgestellten *Sinnbild* einer Schlange über die Erkenntnis des Guten und Wahren aus der göttlichen Offenbarung, und das erste Menschenpaar übertrat das Gebot, um zu erfahren, was daraus werde. Und siehe, was das erste Menschenpaar tat, das tun nun beinahe alle Menschen« (Gr VII 121, 9). »Adam nahm die Frucht aus dem Schoße der Eva, wurde untreu seiner Liebe (zu Gott) und genoß von der verbotenen Frucht aus dem Schoße Evas mit wollüstiger Begierde; und in dem Genuß erkannte er sich als den Ersten, der verlorenging (Luzifer, d. Vf.) durch die große Eitelkeit seiner blinden Selbstsucht …« (Ha I 8, 11)

»Wenn es in der Schrift heißt, daß Satan in der Gestalt einer Schlange das erste Menschenpaar verführt habe, so will das soviel sagen als: Das erste Menschenpaar, das Gott und seinen Willen wohl kannte, hat sich von der Anmut der materiellen Welt bestechen lassen, und ihres gerichteten Fleisches Begehren und Stimme sagte: ›Wir wollen sehen, was daraus wird, so wir einmal dem wohlerkannten Willen Gottes zuwiderhandeln‹« (Gr VIII 34, 13).

»Sie erkannten darauf wohl, daß in ihrem Fleisch das Mußgericht und der Tod daheim sind, der bei der steigenden Weltliebe auch die freie Seele in sein Gericht und seine Unfreiheit begraben kann, und verloren denn auch das reine *Paradies, das in der vollen Einigung der Seele mit ihrem Geist* bestand. Aus sich heraus konnten sie dasselbe wohl nicht völlig wiederfinden, denn ihre Seele war vom Stachel der Materie verletzt worden und hatte dann viel zu tun, um sich noch so frei als möglich über dem Gericht als dem geschaffenen Muß zu erhalten, wie das nun bei allen Menschen der Fall ist – und Ich bin darum in diese Welt gekommen, um den Menschen wieder den wahren Lebensweg zu zeigen und ihnen das verlorene Paradies durch Meine Lehre wiederzugeben« (Gr VIII 34, 15).

Gott sprach: »... Ich habe gezählt die Reuetropfen Adams und die Trauertropfen Evas und bin mitleidig geworden durch der Liebe große Erbarmung.« »... sie sollen die Gebote der Liebe und der Erbarmung bis an ihr Lebensende halten; Ich will ihnen dann einen Mittler zwischen Mir und ihnen zur Zeit, die Ich bestimme, senden, zu tilgen die große Schuld und zu erleichtern die große, schwere Last ihres Ungehorsams« (Ha I 9, 25 u. 27).

Adam und Eva erregten nach den Kundgaben der NO später nochmals den Zorn Gottes, indem Adam am Sabbat Gottes vergaß und das Elternpaar mit seinen dreißig Kindern sich an einem Getränk berauschte, und als Folge davon sich alle sexuell schwer verfehlten (Ha I 13, 13).

Erst jetzt wurde Adam gesagt: »Du hast verloren das Paradies für dich und alle deine Nachkommen bis zur großen Zeit der Zeiten« (Ha I 13, 23).

Die Vertreibung des ersten Menschenpaares aus dem Paradies durch einen Engel mit dem Flammenschwert ist mythische Darstellung. Der Vorgang wird in der NO wie folgt erläutert: »Meint ihr denn im Ernst, daß Gott den Adam aus dem Paradies durch einen Engel, der ein flammendes Schwert als Vertreibungswaffe in seiner Rechten führte, vertreiben ließ? Ich sage es dir: Mag das dem Adam als Erscheinung vorgestellt worden sein, so war es aber nur eine Entsprechung von dem, was eigentlich in Adam selbst vorgegangen ist, und gehörte eben zum Akte seiner Erziehung und zur Gründung der ersten Religion und Urkirche unter den Menschen auf Erden« (Gr IV 143, 2).

Als Kain geboren wurde, ist den Stammeltern durch einen Engel gesagt worden: »Diese Frucht ist für euch keine Sünde mehr (Kain war die Frucht der verbotenen und ungesegneten Zeugung, d. Vf.), wohl aber ist sie die Folge des dreifachen Ungehorsams gegen Gott und ist der Tod eures Fleisches, den ihr erzeugt habt in eurem Fleische durch eure Begierde in der Selbstsucht.« »Die Frucht aber sollt ihr ›Cahin‹ oder ›Todbringer‹ benennen« (Ha I 11, 9).

Der Fall Adams bestand, wie vorstehend zu lesen ist, in »Begierden und in Selbstsucht«. Der eigentlich paradiesische Zustand bestand in »der vollen Einigung der Seele mit ihrem Geist«, Begierde und Selbstsucht machen diesen Zustand unmöglich. Darüber ist Näheres im Kapitel »Das Ziel und die Aufgabe des Menschen« ausgeführt. Begierden und Selbstsucht sind das eigentliche Übel der Erbsünde. Dazu wird in der NO folgendes gesagt: »... die alte adamitische Sünde vom Leibe zu schaffen, das geht auf keine andere Weise als nur auf diese: Die Weltsorgen (und Begierden) müssen von der Seele freitätig über Bord geworfen werden, ansonsten gibt es kein Mittel! Werden aber diese hinausgeschafft, dann tritt beim Menschen wieder alles in die alte göttliche Ordnung Gottes. Und sieh, das ist es, was man mit

Recht die ›Erbsünde‹ nennt. An und für sich ist es offenbar das Fleisch, das man mit Fug und Recht die Erbsünde nennt; entsprechend geistig genommen aber ist eben die vielfache Sorge um das Fleisch (und die geringe um die Seele, d. Vf.) die schwer tilgbare Sünde Adams bei allen seinen Nachkommen« (Gr II 226, 10).

Die Sintflut in der Aussage der Neuoffenbarung

Die große Flut überschwemmte nicht, wie es im Alten Testament heißt die »ganze« Erde, sondern nach den Angaben der NO insbesondere »Mittelasien, wo noch heute der Aralsee und das Kaspische Meer die Überbleibsel von der denkwürdigsten Art sind, denn wo das Kaspische Meer ist, stand einst das übergroße und stolze Reich Hanoch. Von diesem Hauptpunkte ergoß sich das Gewässer nach Sibirien wie auch nach Europa, das aber damals noch nicht bewohnt war: Ein Teil brach gegen Süden, nach dem heutigen Ostindien und am stärksten über Arabien. Auch das nördliche Afrika wurde stark mitgenommen bis zum Hochland (Abessinien, d. Vf.), wo dieses nur kleine Überströmungen erlitt. Amerika wurde nur von Sibirien aus im Norden etwas mitgenommen, der Süden Afrikas blieb ganz frei, wie auch die meisten Inseln des großes Meeres« (der Pazifik, d. Vf.).
»Wenn es auch im Alten Testament heißt: ›Über alle Berge der Erde und außer, was die Arche trug, blieb nichts Lebendiges auf dem Erdboden‹, so muß das nicht wörtlich auf die Naturerde selbst bezogen werden, denn unter ›Berge‹ wird nur der Hochmut und die Herrschsucht verstanden von seiten der Menschen. Und daß auf der Erde kein Leben übrigblieb, außer in der Arche, besagt, daß Noah allein ein geistiges Leben in Gott und aus Gott getreuest behielt« (Ha III 357 u. 358).

Lorber beschreibt bereits im Jahre 1864 die voradamitischen Tiermenschen (Hominiden)

Seit etwa hundert Jahren ist durch zahlreiche Fossilfunde bekannt, daß es seit langer Zeit Vor- und Urmenschen gegeben hat.

Bereits im Jahre 1864 hat Jakob Lorber auf Grund des Diktates die Vor- und Urmenschen beschrieben. Er spricht von »Vormenschen«, »Tiermenschen« und »Voradamiten«. Hierüber ist bereits im ersten Teil der Schrift berichtet worden. Diese Hominiden – die Menschenähnlichen – unterscheiden sich grundlegend von Adam und seinen Nachkommen. Die Hominiden hatten keinen göttlichen Geistesfunken. Insoweit standen sie auf der Stufe der Tiere, wenn sie deren Intelligenz auch etwas überragten. Ein evolutiver Übergang von den Hominiden zum Homo sapiens, etwas 4000 Jahre v. Chr., ist nicht feststellbar. Die Veränderung erfolgte um diese Zeit abrupt. Die Hominiden waren völlig unfähig, die Schrift zu erfinden, Staaten zu gründen, Gesetze zu erlassen, riesige Pyramiden und Tempel zu erbauen usw. Das alles war nach der Erschaffung Adams ganz plötzlich da. Der göttliche Geistesfunke im Menschen leuchtete auf, und die Erde wurde verwandelt. (Näheres hierzu im Kapitel über die Evolutionstheorie.)

»Der Mensch (der Homo sapiens, d. Vf.) lebt aus zweierlei Gründen auf dieser Erde, die er als eine Mittelsperson in sich zu vereinigen hat. Einmal als *Schlußstein* der äußeren, materiellen Schöpfung, in der er als die Krone der Schöpfung gepriesen und genannt wird, das andere Mal als der *Anfangspunkt* der rein geistigen Welt, die mit ihm die erste Stufe der vollständig freien Selbsterkenntnis erreicht hat.« »Alle Wesenheit von dem kleinsten Geschöpf an bildet eine aufsteigende Stufenreihe, und zwar in der Art, daß eine Stufe stets die andere ergänzt, größere Vollkommenheiten bietet und dadurch auch eine stets größere Intelligenz entwickeln kann« (Gr XI 9, 8 u. 9).

»Alles im Universum muß sich (schließlich) vergeistigen, muß aufwärtsschreiten« (Pr 186).

Der Mensch ist eine Dreieinheit von Leib, Seele und Geist

»Du bist ein geschaffener Mensch, als solcher bestehst du aus einem Leibe und aus einer lebendigen Seele, in welcher der Geist der Liebe wohnt« (Ha II 250, 10).

»Der Mensch ist ganz nach dem Ebenmaße Gottes erschaffen, und wer sich selbst vollkommen kennen will, der muß wissen und in sich erkennen, daß er als ein und derselbe Mensch eigentlich auch aus drei Persönlichkeiten besteht! Du hast einmal einen Leib, versehen mit allen notwendigen Sinnen und anderen für ein freies und selbständiges Leben nötigen Gliedern und Bestandteilen vom größten bis zum kaum denkbar kleinsten. Dieser Leib hat zum Bedarf der Ausbildung der geistigen Seele in ihm ein ganz eigenes Naturleben, das sich von dem geistigen Seelenleben in allem streng unterscheidet. Der Leib lebt von der materiellen Nahrung, aus der das Blut und die anderen Nährsäfte für die verschiedenen Bestandteile desselben gebildet werden« (Gr VIII 24, 6).

»Betrachten wir die Seele für sich, so werden wir finden, daß auch sie für sich ein ganz vollkommener Mensch ist, der substantiell-geistig (s. Seite 161) auch in sich und für sich die ganz gleichen Bestandteile enthält wie der Leib und in höherer geistiger Entsprechung sich derselben auch also bedient wie der Leib seiner materiellen.

Obschon aber einesteils der Leib und andernteils die Seele für sich zwei ganz verschiedene Menschen oder Personen darstellen, von denen eine jede für sich eine ihr ganz eigentümliche Tätigkeit innehat, von der sie sich am Ende nicht einmal Rechenschaft über das Wie und Warum geben kann, so machen sie aber im Grunde des eigentlichen Lebenszweckes dennoch nur *einen* Menschen aus, so daß da niemand weder von sich noch von jemand anderem sagen und behaupten kann, daß er nicht ein Einmensch, sondern ein Zweimensch sei. Denn es muß der Leib der Seele dienen und diese mit ihrem Verstande und Willen dem Leibe, weshalb diese auch für die Handlungen, zu denen sie den Leib benützt hatte, ebenso verantwortlich ist wie für ihre höchst eigenen, die in allerlei Gedanken, Wünschen, Begehrungen und Begierden bestehen.

Wenn wir aber das Leben und Sein der Seele für sich noch näher betrachten, so werden wir auch bald und leicht finden, daß sie, als auch noch ein substantielles Leibmenschwesen für sich, um nichts höher stünde als allenfalls die Seele eines Affen. Sie würde wohl eine instinktmäßige Vernunft in einem etwas höheren Grade innehaben als ein Tier, aber von einem Verstand und einer höheren Beurteilung der Dinge und ihrer Verhältnisse könnte da nie eine Rede sein.

Dieses höhere und eigentliche höchste und Gott völlig ähnliche Vermögen in der Seele bewirkt ein rein essentiell-geistiger dritter Mensch, eben in der Seele wohnend« (Gr VIII 24, 9–12).

»Die Seele ist nur ein Gefäß des Lebens aus Gott, aber noch lange nicht das Leben selbst« (Gr III 42, 5). »Nur ein Fünklein im *Zentrum* der *Seele* ist das, was man *Geist* Gottes und das eigentliche Leben nennt. Dieses Fünklein muß genährt werden mit geistiger Kost, die da ist das reine Wort Gottes. Durch diese Kost wird das Fünklein größer und mächtiger in der Seele, zieht endlich selbst die Menschengestalt der Seele an, durchdringt die Seele endlich ganz und gar und umwandelt am Ende die ganze Seele in sein Wesen. Dann freilich wird die Seele selbst auch ganz Leben, das sich als solches in aller Tiefe der Tiefen erkennt« (Gr III 42, 6).

»Ich sage dir: Dieser Geist ist es, der alles im Menschen schafft und ordnet; die Seele aber ist gleichsam nur ein substantieller

Leib (des Gottes), gleichwie ein Fleischleib ein Behälter der Seele ist« (Gr V 211, 4).

»Jeder Mensch, der auf Erden geboren wird, bekommt *einen Geist aus Mir* und *kann* nach der vorgeschriebenen Ordnung die vollkommene Kindschaft Gottes erhalten« (EM, Kp 53).

»Das Geistige ist ganz besonders gottähnlich im Menschen vorhanden, darum es denn auch vernünftig und verständig werden kann, eine Sprache hat und Gott als seinen Schöpfer anfangs ahnen und später reiner und reiner erkennen, lieben und seinen eigenen Willen dem erkannten göttlichen völlig unterordnen kann« (Gr VI 32, 6).

»Hat die Seele den rechten Grad der Reife und Ausbildung erreicht, so tritt dann (im Jenseits, d. Vf.) der Geist völlig in die ganze Seele über, und der ganze Mensch ist dadurch vollendet, ein neues Geschöpf, zwar im Grunde des Grundes immer aus Gott, weil der *Geist im Menschen* eigentlich nichts als ein Gott im kleinsten Maßstab ist, weil völlig aus dem Herzen Gottes« (Gr I 214, 10).

»Der Geist Gottes im Menschen ist wohl schon von Anfang her ein Ebenmaß Gottes, aber zur vollen tätig-lebendigen Ähnlichkeit Gottes muß er sich erst erheben auf dem Weg, den Ich euch gezeigt habe« (Gr III 48, 7).

»Niemand kann wissen, was im Menschen alles verborgen ist, als nur der Geist, der im Innersten des Menschen ist und wohnt, und so weiß kein Weltweiser, was Gott selbst und was in ihm ist, als nur der Geist Gottes, der alle Tiefen der Gottheit durchdringt« (Gr IX 58, 6).

Der göttliche Geistesfunken wird dem Kind im Mutterleib eingelegt, »was bei einigen Kindern früher, bei anderen später geschieht« (EM, Kp 51).

Paulus spricht eindeutig im Brief an die Thessalonicher 5, 23 vom Geist, der Seele und dem Leib des Menschen. Fast alle Theologen des Mittelalters unterschieden zwischen Geist und Seele. Für die mittelalterlichen Mystiker wie Eckehart, Johannes vom Kreuz, Theresia von Avila usw. war der Unterschied zwischen Geist (spiritus) und Seele (anima) eine Selbstverständlichkeit.

Insbesondere Eckehart weist unermüdlich auf das Seelenfünklein im Menschen hin. Von Leib und Seele zu sprechen wurde in der katholischen Kirche erst üblich, als Papst Pius IX. im Jahre 1857 sich in einem Schreiben an den Kardinal von Breslau gegen die Unterscheidung nach Seele und Geist aussprach. Diese Aussage hat jedoch keinen lehramtlichen Charakter.[11]

Das Geheimnis der Seele

Dem berühmten Pathologen Geheimrat Rudolf Virchow (gest. 1902), Begründer der Zellularpathologie, wird das Wort zugeschrieben: »Ich habe sehr viele Leichen seziert, aber eine Seele habe ich nicht gefunden.« Er wollte damit sagen, daß es keine Seele gibt. Der berühmte Gelehrte hat sich in seinem Leben mehrfach in seinen wissenschaftlichen Behauptungen geirrt, und in diesem Fall ist es nicht anders. Aber die Ansicht, daß der Mensch nur aus dem materiellen Leib besteht, ist in unserer Zeit ja zur Mode geworden. Die meisten, sagt die Neuoffenbarung voraus, wissen nicht einmal mehr, daß sie eine unsterbliche Seele haben. Demoskopische Erhebungen haben schon vor Jahren ergeben, daß von den Jugendlichen nur noch die Hälfte der Befragten an ein Fortleben der Seele nach dem Tode glaubt.[12]

Nachweisen läßt sich die Seele auch mit dem leistungsfähigsten Elektronenmikroskop nicht. Denn so heißt es in der Neuoffenbarung: »Die Seele ist eine rein ätherische Substanz, also – wenn du es fassen kannst – aus sehr vielen Lichtatomen oder möglichst kleinen Teilchen durch die Weisheit und durch den allmächtigen Willen Gottes zu einer vollkommenen Menschenform zusammengesetzt, und der reine Geist ist eben der von Gott ausgehende Wille, der das Feuer der reinsten Liebe aus Gott ist« (Gr VII 66, 5).

»Die Seele ist gewisserart durch die Kraft des Geistes wieder aufgelöste Materie, die in des Geistes eigene Urform, durch seine Kraft genötigt, übergeht und sodann, mit ihrem Geist vereint (im Jenseits, d. Vf.), gleichsam seinen lichtätherisch-substantiellen Leib ausmacht, so wie die Seele aus der sie umgebenden Fleischmaterie, wenn diese (im Grabe) völlig verwest und aufgelöst worden ist, sich durch ihren rein geistkräftigsten Willen ihr einstiges Kleid formt und bildet« (Gr VII 66, 7).

Fast alle Seelen stammen unmittelbar von dieser Erde; zuvor haben sie die drei sogenannten Naturreiche durchgemacht von der plumpen Steinmaterie durch alle Mineralschichten von da durch die gesamte Pflanzenwelt und zuletzt durch die ganze Tierwelt im Wasser, auf der Erde und in der Luft. Man nehme aber hier ja nicht den Materieleib (der Tiere, wie es die Evolutionstheoretiker tun, d. Vf.), sondern das in dessen Gehülse enthaltene *seelisch-geistige Element*. Das Gehülse ist zwar auch seelisch-geistig im weiteren Sinne, aber es ist in sich noch zu gemein, … zur eigentlichen Seelensubstanz* wird daraus wohl nie etwas verwendbar sein« (Gr IV 106, 6–7).

»Die Seele des Menschen, als die höchst potenzierte Zusammensetzung von Mineral-, Pflanzen- und Tierseelen, hat keine Rückerinnerung an ihre Präexistenz, weil die speziellen Seelenteile in den obengenannten drei Reichen keine eigene und streng gesonderte, sondern für *ihre* Art nur aus dem allgemeinen Raumleben gewisserart entliehene Intelligenz besaßen.« »Wenn aber der Mensch vom Geiste alles Lebens und Lichtes dereinst völlig

---

* Der Begriff Substanz ist hier nicht gleich Materie zu setzen. Was unter »Seelen-Substanz« zu verstehen ist, wird in EM, Kp 41 wie folgt erläutert: »Der allerfeinste Staub, der noch in der naturmäßigen Welt erschaut werden kann, kann sich so lange mit der Seele und dem Geiste nicht vereinen, als er noch Materie bleibt. Besser als ›Staub‹ wäre ›spezifisches Seelenatom‹, ein solches ist *nicht mehr materiell*, sondern substantiell. Zwischen Materie und Substanz ist aber ein himmelhoher Unterschied. Um das Ganze so recht zu fassen, müßt ihr diesen Unterschied genau kennen. Nehmt einen Magneten: Was an ihm ersichtlich ist, das ist Materie, was aber in dem Magneten anziehbar wirkt, das ist Substanz. Die Substanz kann mit dem fleischlichen Auge nicht gesehen werden« (EM 41, 1–2).

durchdrungen wird, so wird er solche Ordnung auch erschauen können« (Gr VIII 29, 11–12).

»Niemandes Seele ist jünger als die ganze sichtbare Schöpfung. – Du fühlst dich nun unbehaglich darüber, weil ich dir getreu die Wahrheit sage, daß eure Seelen schon viel mehr als äonenmal Äonen von Erdenjahren alt sind« (Gr IV 246, 4). Durch diese Kundgabe wird die Stelle in der Heiligen Schrift: »Gar viel ist meine Seele gewandert« (Buch Josua) verständlich.

»Bei der Hervorbringung einer Mir völlig ähnlichen Seele darf Meine Allmacht nur sehr wenig, alles aber der werdende Gott* aus Mir zu tun und versehen haben. Von Mir bekommt er nur das Material geistig und nach Bedarf auch naturmäßig. Und wäre dem nicht so, und könnte es anders ein, so würde Ich wohl nicht, als der ewige Urgeist, Mir selbst infolge Meiner Liebe die saure Mühe aufgebürdet haben, selbst Fleisch anzunehmen, um die bis zu einem gewissen Punkt gediehenen Seelen nicht etwa durch Meine Allmacht, sondern lediglich durch Meine Liebe weiterzuleiten und ihnen eine neue Lehre zu geben und den neuen Geist aus Mir, auf daß sie nun, sofern sie es ernstlich wollen, mit Mir in kürzester Zeitenfrist vollkommen eins werden können« (Gr IV 246, 6).

»Zum ewigen Fortleben ist nur allein der Menschen Seele bestimmt« (Gr VI 107, 10). »Die Seele hat dieselbe Gestalt und Form wir ihr Leib, aber nur in durchaus vollkommenerem Maße. – Doch hier ist nur von einer vollkommenen Seele die Rede« (Gr VII 209, 19). »… die Seele durchdringt den ganzen Leib und verliert kein Glied, wenn auch der Leib verstümmelt wird«** (Gr VI 219, 12).

---

* d. h. der Mensch, der durch sein Mitwirken, d. h. seine Beachtung der Forderungen Gottes einmal gottähnlich werden soll. »Freilich kann ein noch so vollendeter Geist Gott in alle Ewigkeit nie erreichen in der endlosesten Fülle« (Gr III 3, 3).

** Zahllose beinamputierte Menschen klagen, daß sie an der Stelle, wo ehedem das Bein oder der Fuß war, zuweilen Schmerzen haben. Die medizinische Wissenschaft spricht hierbei von Phantomschmerzen. In Wirklichkeit empfindet nach den Aussagen der NO die Seele und nicht der Körper alle Schmerzen.

»Die in einem Leibe wohnende Seele aber ist natürlich anfangs um nicht vieles reiner als ihr Leib, weil sie auch der unreinen Urseele des gefallenen Satans entstammt.« »In der Seele wohnt aber schon der reine Funke des Geistes Gottes« (Gr II 210, 2–3).

»Die Seele wird dem Embryo nach der Zeugung von Gott eingelegt. Solange aber die Nerven des Kindes nicht völlig ausgebildet und tätig sind, arbeitet die Seele mit Selbstbewußtsein eifrig fort und richtet sich den Leib nach ihren Bedürfnissen ein; sind aber einmal die Nerven alle ausgebildet und wird deren sich stets mehr entwickelnder Geist ganz ordnungsmäßig tätig, dann begibt sich die Seele mehr zur Ruhe und schläft ganz ein. Sie weiß nun nichts von sich selbst und vegetiert bloß, ohne alle Erinnerung an einen früheren nackten Naturzustand (ohne leibliche Umkleidung, d. Vf.). Erst etliche Monate nach der Geburt fängt sie stets mehr und mehr an zu erwachen, was aus der Abnahme der Schlafsucht recht gut wahrgenommen werden kann; aber bis die Seele zu einigem Bewußtsein gelangt, braucht es schon eine längere Zeit. Wenn ein Kind der Sprache mächtig wird, dann erst tritt auch ein rechtes Bewußtsein in die Seele, jedoch ohne Rückerinnerung, denn diese könnte man bei der höheren Weiterbildung der Seele durchaus nicht brauchen« (Gr IV 120, 16).

»Der Leib ist nur auf kurze Zeit der Seele als ein Werkzeug gegeben, um sich beim rechten Gebrauch desselben die volle Lebensfähigkeit und Selbständigkeit für ewig hin zu bereiten und zu sichern« (Gr IX 167, 6).

»Auf daß die Seele als ein aus der Materie sich entwickelnder Geist mit dem Urgeist Gottes, der ›Liebe‹ heißt, vollends eins werde, muß die Seele selbsttätig dahin ihr Streben richten, fürs erste sich der Materie und ihren wie immer aussehenden Forderungen zu entziehen und all ihr Trachten, Tun und Treiben allein nach dem rein Geistigen zu richten ...«

»Wie aber kann ein Mensch es erfahren, daß seine Seele eins geworden ist mit dem wahren Geiste Gottes in ihr? Das erfährt er überaus leicht. Wenn du in dir keinen Hochmut, keinen unnötigen Ehrgeiz, keine Ruhmsucht und Glanzsucht, keine Eigenliebe, aber desto mehr Liebe zum Nächsten und zu Gott lebendig und wahr fühlen wirst ..., dann ist die Seele schon völlig eins mit dem Geiste Gottes in ihr« (Gr V 51, 3–4).

Das Ziel und die Aufgabe des Menschen

»Des Essens, Trinkens und des Hochtuns (Wichtigtuns, d. Vf.) wegen ist kein Mensch in diese Welt gesetzt worden, sondern daß er lebe nach der ihm von Gott treu offenbarten Ordnung nur für den alleinigen Zweck, den ihm Gott gestellt hat« (Gr X 16, 4).

»Bis zum Menschen sorgt ganz allein Gottes Liebe, Weisheit und Macht dafür, daß die Entwicklung des in der Weltmaterie gefesteten und gehaltenen Urgeistlebens von Stufe zu Stufe in eine stets größere Vollendung übergehe und sich fortbilde; aber beim Menschen, als dem Schlußstein der Urgeistlebensentwicklung, geht diese Sache dann notwendig anders. Was seinen materiellen Leib anbelangt, so ist dessen Einrichtung auch noch zum allergrößten Teil von der Liebe, Weisheit und Macht Gottes abhängig – aber nicht so die Entwicklung der Seele und ihres Geistes. Dieser ist gegeben die Vernunft, der Verstand, ein freies Denken, ein vollkommen freier Wille und die Kraft, so zu handeln, wie die Seele für gut und nützlich erkennt« (Gr IX 102, 3).

»Auf anderen Weltkörpern sind den (dort lebenden) Menschen in geistiger wie auch in naturmäßiger Hinsicht Schranken gestellt, über die sie höchst schwer einen Schritt tun können. Ihr Menschen dieser Erde aber habt im Geist ebensowenig eine Beschränkung wie der Herr selbst und könnt tun, was ihr nur immer wollt. Ihr könnt euch erheben bis in die innerste Wohnung Gottes, aber eben darum auch so tief fallen wie der Satan« (Gr II 60, 5).

»Der nie beschreibbare große Unterschied (gegenüber den Menschen auf anderen Weltkörpern, d. Vf.) besteht darin, daß ihr Menschen dieser Erde Gott ähnlich werden könnt« (Gr VI 190, 13). »Es ist durchaus nicht ein und dasselbe, ob man ein Sohn des Hauses oder nur ein Knecht desselben ist« (Gr VI 190, 15). »Das Reich Gottes kann aber nur mit Gewalt und großen Opfern gewonnen werden. Das bedenke wohl!« (Gr VIII 16, 3).

»Niemand kann vor Gott bestehen, wenn er nicht zuvor eine gerechte Zeitlang … die vollste Lebensfreiheitsprobe in seinem Fleisch durchgemacht hat« (Gr VI 190, 3). »Die Menschen dieser Erde haben die große Bestimmung, selbstmächtige Kinder Gottes zu werden, daher müssen sie auch in aller Selbsttätigkeit aus sich selbst geübt und gebildet werden« (Gr VI 111, 19).

»Darum ist nun Meine Lehre ein wahres Evangelium, weil sie den Menschen verkündet und die Wege zeigt, wie sie zur Gottähnlichkeit gelangen können.« »Meine Lehre aber ist in sich *ganz kurz und leicht zu fassen,* denn sie verlangt vom Menschen nichts, als daß er an einen wahren Gott glaubt und Ihn als den guten Vater und Schöpfer über alles liebt und seinen Nebenmenschen wie sich selbst, d. h. ihnen alles das tue, von dem er vernünftigermaßen wünschen kann, daß ihm auch sein Nebenmensch dasselbe tue« (Gr VII 139, 8; 140, 3).

Daß das Erdenleben »höchst beschwerlich und mühevoll ist«, wird in der Neuoffenbarung nicht verkannt, aber hinzugefügt, daß die Menschen dieser Erde »sich auch das durchzumachen auf kurze Zeit gefallen lassen müssen, weil sie dadurch auch für *ewig* den Triumph der vollen Gottähnlichkeit ernten, und dafür können sie schon sich auch etwas gefallen lassen, da doch Ich selbst aus Liebe zu Meinen Kindern Mir auch freiwillig gar vieles gefallen lasse und Mir noch ein Größtes und Bitterstes werde gefallen lassen müssen, zum Heile Meiner Kinder« (Gr VIII 16, 2). (Jesus sprach dies zu seinen Jüngern und wies im letzten Satz auf sein bevorstehendes Leiden und Sterben hin, d. Vf.)

»Wen Ich prüfe – und wahrlich, solches tue Ich nicht ohne

Grund –, den will Ich auch zu etwas machen, denn er ist schon in Meiner Schule« (Hi I, S. 345, 2). »Ihr aber – höret und begreift es – seid auf Meiner Universität.« (Die Erde ist die Hochschule der Gotteskinder, d. Vf.) »Ich möchte überaus viel aus euch machen. Daher müssen euch auch manche besonderen Prüfungen auf dieser Hochschule nicht befremden« (Hi I, S. 345, 6). »Um aber das zu werden, müssen in dieser Welt Himmel und Hölle unter einem Dache wohnen. Ohne Kampf gibt es keinen Sieg. Wo das Höchste zu erreichen möglich ist, muß dafür auch die höchste Tätigkeit in den vollsten Anspruch genommen sein« (Gr III 178, 5).

»Jeder wird zwar mit Mir durch die enge Pforte der vollsten Selbstverleugnung ziehen müssen, bis er wird, wie Ich bin. Ein jeder muß aufhören, für sich etwas zu sein, um in Mir alles werden zu können« (Gr IV 1, 5). »Aber das viele Wissen, wie auch die reichlichste Erfahrung, wird euch nicht dahin bringen, sondern allein die lebendige Liebe zu Gott und im gleichen Maße zum Nächsten. *Darin* liegt das große Geheimnis der Wiedergeburt« (Gr IV 1, 4).

»Die Hauptsache ist und bleibt das unablässige Streben nach der vollen Wiedergeburt des Geistes in der Seele« (Gr VII 183, 13).

»Der äußere Mensch muß am Ende von dem inneren total überwunden werden, ansonsten stirbt der innere mit dem äußeren« (Gr III 61, 5).

»Das gemeinschaftliche, ewige Zusammenwohnen Gottes mit seinen Kindern ist die Wiedergeburt des Geistes« (Gr XI 52, 4).

»Nach Mir werden noch viele die *Wiedergeburt der Seele* erreichen können, und daher auch sehr glücklich sein, ohne diese höchste und letzte Stufe *(der Wiedergeburt des Geistes)* zu erringen« (Gr XI 523, 5). (Nur die Wiedergeburt des Geistes ermöglicht die Anschauung Gottes im obersten Himmel. Siehe die Ausführungen im nächsten Kapitel »Das ewige Leben im Jenseits«.)

Das ewige Leben im Jenseits

a) im Mittelreich und in den Himmeln

Die Lehre vom Seelenschlaf, wonach die Seele nach dem Tod vernichtet und erst am Ende der Zeiten wieder von Gott neu geschaffen wird, findet in der Neuoffenbarung keine Stütze, sie wird von Jesus eindeutig als falsch erklärt. Zu den Pharisäern sagte er ausdrücklich: »Weil ihr voll Trägheit, voll Sinnlichkeit und voll des selbstsüchtigen Hochmutes seid, ist es euch unmöglich, das Geheimnis und die Wahrheit des Reiches Gottes zu verstehen. Ihr stellt euch den erhofften Himmel als irgendeine überherrliche und große Örtlichkeit über den Sternen vor, in welcher die frommen Seelen nach dem Tode des Leibes oder – wie da einige von euch der noch unsinnigeren Meinung sind – erst nach vielen tausend Jahren am von euch nie verstandenen ›Jüngsten Tag‹ aufgenommen und dann ewig fort im größten Wohlleben schwelgen werden« (Gr VII 194, 10).

Zu seinem Nährvater Joseph und dessen Söhnen sagte Jesus: »So Ich nun bei euch bin, warum fragt ihr denn Mich nicht, wie sich die Sachen mit dem Leben der Seele nach dem Abfall des Leibes verhalten werden? Ich werde es doch besser wissen als ihr. Ich weiß aber nichts von einer beinahe ewig langen Todesnacht der Seele nach dem Abfall des Leibes, sondern in dem Augenblick, in dem der schwere Leib von dir abfallen wird, wirst du dich auch schon in der Auferstehung befinden und fortleben und wirken in Ewigkeit, d. h., *wenn* du als ein Gerechter vor Gott diese Welt verlassen wirst. Stirbst du aber als Ungerechter vor Gott, so wird dann wohl eine sehr lange Nacht zwischen deinem Leibestod und deiner wahren Auferstehung folgen – aber keine dir unbewußte, sondern eine der Seele wohl *bewußte*, und das wird der Seele recht lange währender Tod sein. Denn ein Tod, um den die Seele nicht wüßte, wäre ihr auch kein Tod, aber der

Tod, dessen sie bewußt sein wird im Reiche der unlauteren Geister, wird ihr zu großen Qual werden« (Gr VII 209, 12–13).

Alle Seelen gelangen nach den Kundgaben der Neuoffenbarung sofort nach dem Tode in ein *Mittelreich*. Von dort aus begeben sie sich, je nachdem sie sich für die Demut, die Gottes- und Nächstenliebe oder für die Eigenliebe, den Hochmut und die Herrschsucht entscheiden, freiwillig in den ersten Himmel oder in die erste Hölle. Die Neuoffenbarung verdeutlicht diesen Vorgang wie folgt: »Niemand kommt weder in die Hölle noch in den Himmel, sondern ein jeder trägt beides in sich« (GS II 118, 10).

In bestimmten Fällen besteht aber auch die Möglichkeit, daß eine Seele nochmals auf dieser Erde, oder was viel öfter der Fall sein wird, auf einem anderen Weltkörper in einen Menschenleib eingekörpert wird. Letzteres kommt insbesondere für die Seelen jener Menschen in Betracht, die Völkern angehören, die noch nichts von der Lehre Jesu erfahren haben. (Siehe hierzu das Kapitel »Die Reinkarnationslehre«.)

In der Neuoffenbarung sind umfassende Erörterungen über das Leben nach dem Tode zu finden. Die Beschreibung geistiger Zustände ist – wie dies in der NO betont wird – überaus schwierig. Die Darstellungen der Verhältnisse im Jenseits sind deshalb nur ein Schattenriß der großen Wahrheit, aber genau durchdacht« (Pr 97). Die folgenden Zitate stellen einen eng begrenzten Ausschnitt aus dem Gesamtwerk der Neuoffenbarung dar.

»Nach dem Abfall des Leibes hält sich eine Seele raumörtlich – besonders in ihrer ersten Seinsperiode – gewöhnlich dort auf, wo sie sich im Leibe auf der Erde aufgehalten hat, d. h., wenn sie als noch nicht völlig vollendet ins fleischlose, jenseitige Reich übertritt. Sie sieht und hört aber von der Naturwelt, die sie im Leibe bewohnt hat, nichts, wenn sie sich auch räumlich auf eben derselben Welt befindet. Ihr Sein ist mehr oder weniger wie ein heller Traum, in welchem die Seele auch in einer gleichsam aus ihr hervorgegangenen Gegend oder Landschaft lebt und ganz so tut und handelt, als befände sie sich in einer ganz natürlichen

Welt, und es geht ihr die verlassene Naturwelt nicht im geringsten ab.

Durch Zulassungen von Gott aber wird die von ihr bewohnte Gegend oft vernichtet, und die Seele befindet sich in einer andern, die ihrem innern Zustand ganz angemessen ist. Bei einer solchen Seele dauert es dann oft wohl lange, bis sie durch manche Belehrung dahin kommt, daß das alles, was sie dort zu besitzen wähnt, eitel und nichtig ist. Kommt sie einmal aus manchen Erfahrungen und Erscheinungen zu dieser Einsicht, so fängt sie dann erst an, ernstlicher über ihren Zustand und ihr Sein Betrachtungen zu machen und daraus auch eben mehr und mehr innezuwerden, daß sie die frühere, irdische Welt verlassen hat, und die Sehnsucht wird in ihr wacher, eine bleibendere und unwandelbarere Lebensstätte zu bekommen. In solchem Zustand wird sie von schon vollendeteren Geistern belehrt, was sie zu tun hat« (Gr VII 66, 10–13).

»Die Seele lebt dann jenseits (zunächst, d. Vf.) nur so wie in einem etwas helleren Traum fort und weiß oft nicht, daß sie ja in einer anderen Welt schon einmal gelebt hat, sondern sie lebt und handelt ihrer gewohnten Sinnlichkeit gemäß. Und wird sie von helleren Geistern dahingehend ermahnt und belehrt, daß sie sich nun in einer anderen Welt befindet, so glaubt sie das doch nicht und verhöhnt und verspottet die, die ihr die Wahrheit anzeigen. Es braucht sehr lange Zeit, bis eine solche verweltlichte und verfleischte Seele jenseits zu einem helleren Erkennen kommt« (Gr VII 58, 5–6).

»Das *Mittelreich* ist der Vorbereitungsplatz, wo die Seelen entweder für den Himmel oder für die Hölle vorbereitet werden. Eines jeden Verstorbenen Seele und Geist kommt gleich nach dem Tode zunächst in diese Region, in welcher er geradeso fortlebt, als wie er auf der Erde gelebt hat« (EM 31, 4). In der Neuoffenbarung wird bemerkt, daß das Mittelreich »ungefähr das ist, was römische Katholiken, freilich *stark irrig,* unter dem Fegfeuer verstehen« (GS II 120, 2).

»Wie des Menschen Inneres beschaffen ist, so wird auch jenseits die Welt beschaffen sein, die er sich aus sich selbst schaffen und in und auf der er dann (zunächst) leben wird, gut oder schlecht« (Gr VI 33, 9).

»Die unvollendeten und argen Seelen schließen sich als Gleichgesinnte in Vereinen zusammen, aber freilich in keine guten, denn in guten Vereinen sammeln sich nur die seligen Geister« (Gr VIII 83, 8).

Das *Mittelreich* hat drei *Regionen*. In der dritten, höchsten Region befinden sich die Seelen der guten und reinen Menschen. »Wenn manchmal solche reinen Geister auch mehrere hundert Jahre in der dritten Region verweilen, so verlieren sie dadurch nicht nur nichts, sondern sie können nur gewinnen, denn es geht ihnen durchaus nichts mehr ab, sie sind überaus glücklich und selig« (EM 29, 5).

»Die Geister der zweiten Region können in die dritte übergehen, wenn ihre Seelen oder gewisserart ihre substantiellen Leiber[*] stets mehr und mehr sich vergeistigen und mit dem Geist völlig eins werden« (EM 30, 2).

»Jede Seele muß (im Jenseits) von Stufe zu Stufe geleitet und geführt werden, und muß rein und lauter werden wie reinstes Gold, auf daß sie fähig wird, in die endlosen Freuden des Himmels einzugehen« (Gr VIII 106, 11).

»Ich sage es euch, daß es keines Menschen Auge je geschaut, kein Ohr gehört und keines Menschen Sinn es je empfunden hat, welche Freuden und Seligkeiten Gott denen, die Ihn über alles wahrhaft lieben, in den Himmeln bereitet hat« (Gr VIII 106, 15).

»Es hat der *Himmel* ebenso *drei Grade* wie auch die *Hölle drei Grade* oder Stufen hat« (Gr VII 170, 14).

»Es kommt niemand in den höchsten Himmel (dritte Stufe = der Liebehimmel, d. Vf.) als nur ein solcher, der seinen irdischen

---

[*] »Substantiell« ist hier, wie bereits erläutert worden ist, nicht mit »körperlich« zu verwechseln; d. Vf.

Weltwillen ganz aus sich hinausgeschafft und dafür ewig den Meinen in sich vollkommen aufgenommen hat« (VdH II 288, 1).

»Wer Mich (auf Erden) nicht sucht, nicht findet, nicht erkennt und somit auch nicht liebt und auch voll Lieblosigkeit gegen seinen Nebenmenschen sein wird, der wird ewig nie zu Meiner Kindschaft (d. h. in den höchsten Liebehimmel, d. Vf.) gelangen.«

»... wer auf Erden Meine Lehre entweder lau, unvollständig oder gar nicht annehmen wird, der wird in großer Nacht in jener Welt anlangen, und es wird ihm sehr schwer werden, die Brücke zwischen der materiellen und jener geistigen Welt zu finden« (Gr I 81, 11).

»Da ein jeder Mensch, um ein ewig liebender Geist zu werden, seinen *freiesten Willen* haben muß, so geschieht es besonders in dieser (unserer, d. Vf.) Zeit nur zu häufig, daß sich die Menschen ihre Ohren von der Sirenenstimme der Welt übertäuben und ihre Augen vom trügerischen Licht des Weltglanzes blenden lassen. So kommen denn solche Menschen auf der Welt schwer oder oft auch gar nicht dahin, wozu sie berufen sind, sondern gerade dahin, wohin sie nicht hinkommen sollten: zu Eigenliebe, Selbstsucht, Herrschsucht, Habsucht, Geiz, Neid, Fraß, Völlerei, Wollust, Unzucht und Hurerei. Diese Stücke aber verzehren das Leben, statt es zu mehren. Sie müssen dann im Jenseits sehr verlassen werden von alledem, was ihre rohen Sinne zu sehr beschäftigt hatte, und müssen sehr elend werden, damit sich ihr Leben in solch geistiger Einöde und Wüste wieder sammeln kann. Hat es sich gefunden ..., dann kommt auch die Hilfe, die da vonnöten ist, aber doch so, daß sie nicht als aufgedrungen, sondern als rein von den Bedürftigen selbst verlangt erscheint« (VdH I 418).

»Daher seid alle hier strebsam (im Geistigen, d. Vf.) und lasset euch nicht blenden von den Schätzen dieser Welt ...« »... je mehr der *Geistesschätze* ihr durch allerlei *gute Werke* darin aufspeichern werdet, desto besser wird es euch drüben ergehen. Wer aber karget und filzet (kärglich gibt, d. Vf.), der wird es sich dereinst selbst zuzuschreiben haben, wenn er dort seine Herz-vorratskammern nahezu völlig leer antreffen wird.« »Nacht, Finsternis, Hunger, Elend und allerlei Not werden sein Los sein, so lange, bis er sich dazu bequemen wird, zuerst in sich selbst tätig zu werden, um dadurch zu irgend einer weiteren Dienstfä-higkeit zu gelangen« (Gr IV 96, 4–5).

»Die später möglicherweise (im Jenseits, d. Vf.) geläuterten Weltkinder werden geistige Bewohner jener Weltkörper und jener ihnen entsprechenden Vereine verbleiben, auf und in denen sie geläutert wurden, aber in des ewigen Vaters Hause in des allerhöchsten Himmels Mitte werden sie nimmer aus und ein gehen gleich Meinen wahren Kinder, die mit Mir stets die ganze Unendlichkeit richten werden ewig fort und fort« (Gr V 111, 1–2).

»Niemand meine, daß er sich einst jenseits in einer ewig untätigen, süßen Ruhe befinden werde, denn das wäre gerade des Geistes oder der Seele Tod. Je geistiger ein Mensch in seinem Innern wird, desto tätiger wird er auch, und das durch und durch« (Gr VI 226, 16).

»Die große Seligkeit einer vollendeten Seele besteht darin, daß sie auch mit der wahrhaft göttlichen Schöpferkraft ausgerüstet und versehen ist, und aus gottähnlicher Weisheit alles bewirken kann, was Gott selbst auf ganz dieselbe Art und Weise bewirkt und hervorbringt« (Gr VII 67, 2).

»Ihr werdet ewig fort und fort für euch neue Wunder kennen-lernen …, aber das Ende derselben dennoch ewig nie und nimmer erreichen« (Gr IV 254, 3).

b) die Weiterentwicklung der Seele im Jenseits

Die katholische Kirche lehrt, daß sich das Schicksal des Men-schen in seinem Erdenleben entscheide und nach dem Tode die Seele der Himmel oder die Hölle erwarte. Eine Änderung des in der Todesstunde bestehenden Zustandes der Seele – im Stande der Gnade oder der Todsünde – sei nach dem Tode im Jenseits nicht mehr möglich. (Coll. Lac. VII. 517, 550, 564, 567. Entscheidung des Hl. Offiziums gegen die Theosophen vom 18. Juli 1919 [D 2189].) Diese Lehre wird durch die Neuoffenbarung klar widerlegt. Eine Weiterentwicklung der Seele zum Guten und zum Bösen ist auch im Jenseits möglich. Nur wird mit Betonung festgestellt, daß ein Versäumnis im Erdenleben im jenseitigen Leben von der Seele nur mit viel größerer Mühe, Anstrengung und enormem Zeitaufwand wiedergutgemacht werden kann. In der Neuoffenbarung wird zu dieser Frage ausgeführt: »Den Seelen der Verstorbenen wird das Evangelium von Meinen zahllos vielen Engeln verkündet. Die es anhören, annehmen und sich danach richten, werden auch zur Seligkeit gelangen, doch nicht so leicht wie auf dieser Erde, auf der der Mensch viele und oft recht beschwerliche Kämpfe mit der Welt, mit seinem Fleisch und mit noch gar vielen Dingen – wenn auch kurz dauernd – in aller möglichen Geduld, Selbstverleugnung, Sanftmut und Demut durchzukämpfen hat« (Gr X 2, 5).

Im Jenseits wird zwar – wie erwähnt – auch das Evangelium gepredigt; »aber seid dennoch auf Erden voll Eifer«, heißt es in der NO, »denn die rechte Kindschaft Gottes für Meinen innersten und reinsten Liebehimmel wird nur von der Erde aus zu erlangen sein. Für den ersten und zweiten Himmel kann noch jenseits Sorge getragen werden« (Gr IV 247, 9).

»Es kommt auf den Stand der inneren Gesittung an, in welchem eine Seele ihren Leib verließ. Ist dieser den bestehenden guten Gesetzen gemäß, so wird der jenseitige Zustand der Seele sicher auch sogleich ein solcher sein, von dem aus sie sich *sofort* auf eine höhere Vollendungsstufe des freien Lebens setzen und auf eine höhere Stufe fortschreiten kann« (Gr V 225, 9). Zugleich verändern sich mit der Höherentwicklung die Gesichtszüge, »sie werden verjüngt und veredelt« (BM 30, 2).

Freilich geht die Weiterentwicklung in den meisten Fällen

»etwas langsam vor sich, aber das macht nichts, weil von einem gänzlichen Verlorengehen der Seele nie die Rede sein kann ... Und sollte sie auch einer zu großen Verstocktheit halber völlig von dem Gegenpol verschlungen werden – was freilich wohl *sehr* schlimm wäre –, so wird sie nach einem Kreislauf der Zeiten es sich dann wieder gefallen lassen müssen, entweder auf dieser Erde oder auch auf einer anderen, deren es im endlosen Raum zahllose gibt, eine abermalige Fleischlebensprobe durchzumachen, ohne zu wissen und auch nur zu ahnen, daß sie schon einmal eine Fleischlebensprobe durchgemacht hat. Es wäre ihr aber ein solches Wissen auch zu nichts nütze, weil sie dadurch als notwendig sinnlich sogleich wieder in ihr Urübel fiele und dadurch eine zweite Lebensprobe eine rein vergebliche und vereitelte wäre« (Gr V 232, 2).

»Im großen Jenseits geht alles schwerer und mühsamer als auf dieser Welt, und es wird bei gar vielen, *zu tief* wider Meine Ordnung gesunkenen Seelen, wohl einer für euch undenkbar langen Zeitfolge benötigen, bis sie in sich den Weg in Meine ewige und unwandelbare Ordnung werden gefunden haben« (Gr X 113, 2).

»Eine schon aus ihrem eigenen Besseren lauter gewordene Seele kommt freilich *bald* und *leicht* vorwärts.« »Wie wird es aber einer Seele in der anderen Welt ergehen, die auch nicht einen halben oder viertel Weg aus meiner Ordnung hat und so denn auch keinen finden können wird? Siehe, das ist dann schon die eigentliche Hölle« (Gr X 113, 6–7). »So wird jeder in seiner Schwachheit und weltlichen Gewohnheit dereinst sein sicheres Kreuz finden, welches ihm in der geistigen Welt viel zu schaffen machen wird, wenn er es nicht auf dieser Welt mit freilich viel leichterer Mühe völlig oder zum größten Teil siegreich über sich gebracht hat« (Hi II, S. 221, 6).

»Wahrlich Ich sage euch: Hier zählt eine Stunde mehr als dort tausend Jahre. Diese Worte schreibt euch tief ins Herz!« (Gr VI 13, 10).

»Den Menschen aber, die nie in den Stand kommen, noch diesseits von Meiner Lehre etwas zu erfahren, werden jenseits Führer gegeben werden, die sie zur Brücke, die zwischen dieser materiellen und jener geistigen Welt liegt, leiten werden. Werden sie den Leitern folgen, so werden sie auch über diese Brücke kommen zum wahren Leben. Werden sie aber hartnäckig bei ihrer Lehre bleiben, so werden sie aus ihrem Lebenswandel nach ihrer Lehre bloß geschöpflich gerichtet werden und werden nicht zur Kindschaft Gottes gelangen« (Gr I 42, 12). »Darum sorgt euch nicht für jene, welche jetzt und in späterer Zeit von Mir nichts werden vernehmen können, denn Mein Vater kennt sie alle und hat auch nicht einen aus ihnen zum ewigen Fall, sondern zu ewiger Auferstehung aus deiner Liebe und Weisheit ins Dasein gerufen« (Gr XI, S. 245).

Anders ist es mit den Seelen der Menschen zivilisierter Völker, die die Lehre Jesu kennengelernt haben: »Ich werde sie zwar nicht persönlich richten, aber die ewige Wahrheit, die auch in ihnen ist, die sie über die Maßen anfeinden, wird sie richten und in die Flucht treiben vor Meinem Angesicht« (Gr X 154, 9). »Aber selbst für derlei durch sich selbst verworfene Seelen habe Ich euch (den Aposteln, d. Vf.) zwei tröstende Dinge gesagt, einmal in dem Gleichnis vom verloreren Sohn, und dann in dem, als Ich zu euch gesagt habe, daß es in Meines Vaters Hause sehr viele Wohnungen – und um Mich aber hier deutlicher auszudrücken – sehr viele *Lehr- und Korrektionsanstalten* gibt, in denen selbst die auf der Welt verworfensten Menschenteufel belehrt und gebessert werden können« (Gr X 154, 10).

Tiefer schauende Geister haben aus intuitiver Schau schon immer gewußt, daß Gottes Barmherzigkeit größer ist, als es die Kirchenmänner wahrhaben wollen. »Für Goethe z. B. ist der Kosmos als göttliche Schöpfung eine gewaltige Schulungsstätte für eine Welt von Geistern, zu denen auch die Seelen verstorbener Menschen gehören.«[13]

»Wo bleibt dann da bei dieser Meine Lehre der so schrecklich geschilderte Gerichtstag, an welchem kaum ein Dezillionstel der Menschen in den Himmel kämen, alle anderen aber für ewig in die Hölle?« (Gr XI, S. 245).

Durch die Fälschung des Evangeliums durch die Bischöfe im Altertum (Gr XI, S. 246) und die im 4. Jahrhundert von Augustinus aufgestellte Lehre, daß »weitaus die Mehrzahl aller Menschen der ewigen Verdammnis anheimfallen« (Non omnes, sed multo plures non fiunt salvi; Enchiridon ad Laurentium, c 97), und auch alle Heiden, die ein tugendhaftes Leben geführt haben, ist die Lehre vom barmherzigen himmlischen Vater ins Gegenteil verkehrt worden. Diese Pervertierung der Lehre, sagte der Herr zu Lorber, »war vielseitig schuld und ist es noch, daß sich gar viele Menschen von Meiner Lehre ganz abgewendet haben« (Gr XI, S. 243).

Die Folgen dieser Verderbnis der Frohbotschaft werden von Tag zu Tag evidenter. »Die letzte Autorität«, schreiben die katholischen Theologen, Prof. Karl Heinz Ohlig und Heinz Schuster, »des christlichen Glaubens kann nicht in einer menschlichen Institution oder in der Autorität eines von einem Menschen getragenen Amtes (Lehramt, Hierarchie) gegeben sein, sondern allein in jenem ›auctor‹ (Urheber, Grund) der christlichen *Hoffnung:* in Jesus Christus.«[14]

c) die Hölle in der Lehre der Kirchen und der Neuoffenbarung

Mögen die Vertreter der »Neuen Theologie« die Existenz der Hölle bestreiten: Es gibt eine Hölle. Die Neuoffenbarung läßt darüber keinen Zweifel offen. Aber ebenso unzweifelhaft ist es: Es gibt keine *ewige* Verdammnis.

Bevor wir die Kundgaben der Neuoffenbarung wiedergeben, stellen wir dem Thema die Lehre der Kirchen über die Hölle, wie sie im Laufe der Zeit in verschiedener Weise vertreten worden ist, voran. Der größte Bibelgelehrte der katholischen Kirche, Origenes (ca. 250 n. Chr.), vertrat die Ansicht, daß Gott im Laufe langer Zeiträume alle Menschenseelen wieder zu sich in sein Reich nehmen werde. Der verlorene Sohn – der die gesamte Menschheit darstelle – werde am Ende der materiellen Welt ins göttliche Vaterhaus zurückgekehrt sein.

Diese Lehre, Apokatastasis genannt, die von der Neuoffenbarung bestätigt wird, wurde im 6. Jahrhundert verworfen (Denz. 211, 429, 531). Anstelle der Wiederversöhnung der Menschheit mit Gott trat die ewige Verdammnis, die bis dahin kein wirkliches Gedankengut der Kirche gewesen war. Dieser Vorgang wird in dem katholischen Standardwerk *Lexikon für Theologie und Kirche* Bd. 5 1959, Seite 466 bestätigt. Wörtlich heißt es dort: »Die ewige Dauer der Höllenstrafen wurde als Endpunkt eines langen Ringens im Jahre 543 in C 9 der Canones adv. Origenes festgestellt« (Denz. 211). »Der Schlußpunkt unter diesen Versuch (die Lehre der Apokatastasis = Allversöhnungslehre des Origenes [De princ. I 6, 1 u. 3], d. Vf.) wurde unter Justinian im Zuge der allgemeinen Eliminierung des Origenismus gesetzt« (S. 447). Justinian war nicht etwa ein Papst, sondern ein herrischer römischer Kaiser im 6. Jahrhundert. Er ließ den Papst einkerkern und bestimmte, was maßgebende Lehre in der katholischen Kirche zu sein hatte!

Wird die Lehre der ewigen Hölle durch die Heilige Schrift bestätigt? Sie wird es nicht! An der Stelle, wo im deutschen Text des Evangeliums das Wort »ewig« steht, heißt es im griechischen Urtext »aionios«. Dieses Wort ist verschieden deutbar, man muß es keinesfalls unbedingt mit »ewig« übersetzen. Im *Begriffslexikon zum Neuen Testament* 1971 Bd. II², S. 1459 ist zum Begriff »aionios« gesagt: »lange Zeit, Zeitdauer, womit sowohl eine genau begrenzte als auch eine unbegrenzte Zeit gemeint sein kann …«

Somit ist es nur eine Frage der Kasuistik, beziehungsweise des Einflusses bestimmter Theologen oder hinter ihnen stehender mächtiger Gruppen, welche Bedeutung man dem Wort »aionios« gibt. Tatsächlich sind denn auch im Laufe der Kirchengeschichte radikale oder weniger radikale Lehren in diesem Zusammenhang entstanden. Im katholischen *Lexikon für Theologie und Kirche* Bd. V, S. 446 wird gesagt, daß die Begrenzung der Höllenstrafen erstmals von Klemens von Alexandrien (gest. vor 215) »ins Auge gefaßt worden sei« (Strom. VII 16, 102 und VI 6, 46). Ähnliche Vorstellungen hatten nach der genannten Quelle auch »Origenes, Hieronymus, Cyprian (Ep 55, 20), Hilarius (in Ps. 57, 5), Ambrosius (in Ps. 36, 26), Gregor von Nyssa, Didymos, Diodorus von Mopsuetia«.

Der Kirchenlehrer Hieronymus (gest. 420), der der Sekretär des Papstes Damasus war, schrieb in seiner Erklärung des Propheten Isaias, die Verdammten würden später reichlicher Tröstungen teilhaftig, aber das müsse geheimgehalten werden, damit die Gläubigen aus Furcht vor den ewigen Höllenstrafen nicht sündigen (Is 14, 2). Dieses pädagogische Motiv war sicher einer der Gründe, weshalb kirchliche Kreise die Lehre der Apokatastasis des Origenes bekämpft und verurteilt haben.

Auch Petrus Chrysologus, Bischof von Ravenna (gest. 450), hatte wie andere Bischöfe die Überzeugung, daß die Höllenstrafen nicht ewig dauern. In seiner Schrift *Über den reichen Mann und den armen Lazarus* sagte er: »Die einmal zur Hölle Verurteilten könnten nimmermehr zur Ruhe der Heiligen gelangen, würden sie nicht durch die Gnade Christi bereits erlöst, durch die Fürbitten der Gläubigen von dem Ort der Verzweiflung befreit, so daß, was das Strafurteil ihnen verweigert, die Kirche (das Gebet der Gläubigen) ihnen erwirkt, die Gnade spendet.«[15]

Aber der unheilvolle Einfluß des Kirchenvaters Augustinus machte sich mehr und mehr geltend. In seinem *Handbüchlein* (29, 111)[16] entschied er, daß die Höllenstrafen ewig seien. Damit war bereits die Lehre von der Apokatastasis theologisch verworfen worden.

Nach der Lehre des Augustinus sollten sogar alle auf der ganzen Welt ungetauft sterbenden Kinder – es waren damals fast alle – der ewigen Höllenpein ausgesetzt sein, wie ja nach seinen Vorstellungen Gott fast die gesamte Menschheit für die ewigen Höllenqualen erschaffen habe. Diese Ansicht des Augustinus wurde durch das Konzil von Florenz (1438–1445) bestätigt. Das Konzil bestimmte, daß »niemand außerhalb der katholischen Kirche, weder Heide noch Jude, noch Ungläubiger (Islam) oder ein von der Einheit der Kirche Getrennter des ewigen Lebens teilhaftig wird, vielmehr dem ewigen Feuer verfällt« (Denz. 714, vgl. Anm. 24, und Neunes-Roos-Rahner S. 530, vgl. Anm. 43).

Unter dem Druck der Weltmeinung sahen sich die Bischöfe auf dem 2. Vatikanischen Konzil in den sechziger Jahren unseres Jahrhunderts genötigt, von dieser absurden Lehre abzurücken.

Die von Augustinus gelehrte Verdammnis der ungetauften Kinder war so töricht, daß diese Lehre schon nach kurzer Zeit aufgegeben werden mußte. Sie hatte bereits die Mütter seiner Diözese zur Verzweiflung gebracht. Heute wird gelehrt, daß die ungetauften Kinder in die »Vorhölle« kommen, wo sie keinen Leiden ausgesetzt sind, aber nicht in den Himmel kommen können (Denz. 410, 464, 693, 791). Aber aus der Neuoffenbarung können wir entnehmen, daß der Ratschluß Gottes in dieser Hinsicht ein ganz anderer ist, als die Meinung der Glaubenswächter mit ihren wechselnden Ansichten.

An den *ewigen* Höllenstrafen hält die katholische Kirche, seit im Mittelalter Papst Innozenz IV. offiziell diese Lehre gelehrt hat, bis heute fest (Denz. 546, 211, 429, 531). Vor dem 2. Vatikanum konnte man in der katholischen – mit dem Imprimaturvermerk versehenen – Literatur für die Rechtfertigung dieser Lehre die absonderlichsten Begründungen finden. »Zeitliche Belohnung oder Strafe«, schreibt z. B. Josef Staudinger (1950), »allein wäre unwirksam. Daher muß die göttliche Sanktion im Ewigen liegen.«[17]

Hier findet man wieder den pädagogischen Gesichtspunkt des

Kirchenvaters Hieronymus, zur Abschreckung vor der Sünde müsse man die Lehre von der ewigen Hölle vertreten. Gerade dieser Standpunkt wird vom Herrn in der Neuoffenbarung verworfen (Gr VI 243, 3). Staudinger fährt dann fort und steigert seine heillosen Vorstellungen ins Extrem: »Ja, selbst die Liebe und Barmherzigkeit fordert, so sonderbar dies klingen mag, die ewige Hölle.«[18] »Von der verzehrenden Glut des göttlichen Hasses können wir uns keinen Begriff machen …«[19]

Er scheut sich nicht, die Eigenschaften Gottes zu pervertieren, und läßt statt Gottes Liebe, die sein Urwesen ist, den »Haß« dominieren. Wer die Liebe und Barmherzigkeit Gottes höher stellt als seinen »Haß« und deshalb an keine ewigen Höllenstrafen zu glauben vermag, ist nach seiner mit dem kirchlichen Imprimaturvermerk versehenen Aussage selbst bereits zur ewigen Höllenstrafe verdammt.

Werden die Menschen heute noch einer Lehre, die das Bild Gottes so verzerrt, Glauben schenken können? Die Kirchenmänner suchen die Gründe des Abfalls überall, nur nicht bei sich selbst. Man kann sich nur dem Urteil des evangelischen Bischofs Schjelderups, der einem fanatischen Pastor entgegentrat, anschließen. Er sagte: »Ich bin froh, daß am Jüngsten Tag nicht Theologen und Kirchenfürsten, sondern der Menschensohn uns selbst richten wird. Und ich zweifle nicht daran, daß die göttliche Liebe und Barmherzigkeit größer ist als die, die in der Lehre von der ewigen Pein in der Hölle zum Ausdruck kommt …« »Für mich gehört die Lehre von der *ewigen* Höllenstrafe nicht in die Religion der Liebe.«[20]

Die Begriffe »lange Zeit« und »Zeitdauer« (s. S. 177) entsprechen genau dem, was die Neuoffenbarung über diese Frage aussagt. In der NO wird zunächst unterschieden zwischen der Dauer, d. h. dem Bestand der Hölle als solcher und der Dauer der Höllenstrafen der einzelnen Verdammten. »Ist denn nicht ›Gefängnis‹ und ›Gefangenschaft‹ zweierlei?« heißt es in *Von der Hölle bis zum Himmel* Bd. II, 226, 11. Die Hölle wird zwar bestehen bis zum Ende der Zeiten, d. h. bis der ganze Kosmos aufgelöst wird, aber die Verdammten können das Gefängnis verlassen, sofern sie nur die Einsicht in das Böse und Verwerfliche ihrer Taten gewinnen und sich ändern.

Im *Lexikon für Theologie und Kirche* 2 III, 195 wird noch behauptet, daß die Hölle ein Ort sei, in dem ein materielles Feuer brennt, wie dies früher auch Päpste verkündet haben. Auch diese falsche Lehre geht auf die lebhafte Phantasie des Augustinus zurück, der glaubte, daß in der Hölle ein körperliches Feuer sei, das die Körper der Verdammten peinige. *(Über den Gottesstaat* im Text der Kirchenväter Bd. 4, S. 563.)

Auch Staudinger schreibt entsprechend linientreu noch im Jahre 1950, »daß die Hölle sich an einem bestimmten Ort befindet, ist zweifellos« und »das Höllenfeuer ist als wahres und wirkliches Feuer zu denken«[21]. Die damaligen Theologen behaupten, alles ganz genau zu wissen, und so spricht Staudinger vom »Prasseln und Zischen der Flammen und dem Aufheulen der Verdammten«[22]. Das ist ganz der Stil der Mönche, die bei sogenannten Volksmissionen bis in die dreißiger Jahre unseres Jahrhunderts von den Kanzeln ein leichtgläubiges Volk in Schrecken versetzten. Seit dem letzten Konzil ist nun in katholischen theologischen Lexiken und in Zeitschriften zu lesen, daß die Hölle *kein* Ort, sondern ein *Zustand* ist, genau so, wie es die Neuoffenbarung bereits vor mehr als hundert Jahren erläutert hat! »Es gibt nirgends einen Ort, der Himmel oder Hölle heißt, sondern alles das ist ein jeder Mensch selbst, und niemand wird je in einen anderen Himmel oder in eine andere Hölle gelangen, als die er in sich trägt« (GS II 118, 12). »Es gibt nirgends einen eigens geschaffenen Himmel, noch irgendeine eigens geschaffene Hölle, sondern alles das kommt aus dem Herzen des Menschen, und so bereitet sich ein jeder Mensch im Herzen, je nachdem er Gutes tut oder Böses, entweder den Himmel oder die Hölle ...« (Gr II 8, 7).

»Es hat zwar die Geisterwelt mit dem Raum und mit der Zeit

dieser materiellen, gerichteten und somit unfreien Welt durchaus nichts mehr zu tun, aber der Raum als äußerste Hülle ist am Ende dennoch Träger aller Himmel und aller Geisterwelten, weil diese sich irgend außerhalb des unendlichen Schöpfungsraumes nirgend befinden können. Und so muß es, um klar und für euch verständlich zu reden, auch gewisse Räumlichkeiten geben, in denen sich die Geisterwelten *wie* örtlich befinden, obschon einen vollendeten Geist die Örtlichkeit des Raumes ebensowenig angeht wie dieser Ölberg, wenn du dir Rom oder Athen denken willst. Für den Geist gibt es sogestaltig weder einen bestimmten Raum noch irgendeine gemessene Zeit« (Gr VIII 33, 2).

Es gibt in der Hölle auch kein materielles Feuer. Das »unauslöschliche Feuer« gibt sich, wie die Neuoffenbarung lehrt, nur in der *Erscheinlichkeit* kund. Im einzelnen wird das wie folgt erläutert: »Das ist der Unterschied zwischen der Seligkeit und der Verdammnis: In der Seligkeit geht die Seele ganz in den Geist über, und der Geist ist dann das eigentliche Wesen. In der Verdammnis aber will die Seele den Geist ausstoßen und einen anderen, nämlich den des Satans annehmen.« Hierbei entsteht eine Reaktion, und »diese ist für die Seele die allerschmerzlichste Empfindung, und daher datiert auch das Leiden und die Pein der Hölle, wie sich auch eben diese Reaktion als das unerlöschliche Feuer in der *Erscheinlichkeit* kundgibt. Und das ist eben der Wurm in der Seele, der nicht stirbt und dessen Feuer nicht erlischt« (EM, S. 166).

Welch tiefe Einsichten bietet die Neuoffenbarung gegenüber den unhaltbaren Lehren der Kirchen. Auf dem Konzil hatte der belgische Bischof Charne den Mut, den heute bestehenden Sachverhalt klar und deutlich auszusprechen, indem er feststellte: »Die traditionelle Lehre vom Himmel und der Hölle ist heute überholt.«[23] Es wird in absehbarer Zeit trotz aller repressiven Maßnahmen noch so manches sich als überholt, unhaltbar und falsch erweisen. Die Kirchenmänner haben – wie sich immer deutlicher zeigt – göttliche Autorität in unzulässiger Weise allzuoft in Anspruch genommen. Das hat bereits Folgen gehabt, und sie werden zunehmend deutlicher werden.

In allen Zeiten haben sich gütige Menschen nicht mit der Lehre eines Rachegottes abfinden können. Schon der Kirchenlehrer Hieronymus schrieb im 5. Jahrhundert: »Im Zeitpunkt der allumfassenden Wiedergutmachung, wenn der wahre Arzt Jesus Christus kommen wird, um den heute geteilten und zerrissenen Körper der Kirche zu heilen, wird *ein jeder* wieder seinen Platz einnehmen und zu dem zurückkehren, was er ursprünglich war« (Kommentar zum Brief an die Epheser [16]). Luther hatte ebenfalls die Erkenntnis: »Die Hölle bleibe nicht Hölle, wenn man drinnen riefe und zu Gott schreie.«[24]

Im Jahre 1955 erregte der bekannte katholische Schriftsteller Papini mit seinem Buch *Der Teufel* Aufsehen. Er wies nach, daß die Interpretation der Worte vom »ewigen Feuer« in Mt 25, 41 »zu leichtfertig gegeben und zu leichtfertig geglaubt«[25] worden sei.

Papini begründet das wie folgt: »In Wirklichkeit hat ›aionios‹ die Bedeutung von immer, das heißt von etwas Dauerndem in der Zeit. Demzufolge bedeutet dieses Wort – und das ergibt sich auch aus der älteren Auslegung, die es auf die Dauer des menschlichen Lebens verzieht – keinesfalls einen absoluten und metaphysischen Begriff der Ewigkeit, das heißt einer Ewigkeit, die per definitionem zeitlos ist. Das Feuer wird also nur so lange brennen, als das, was der heilige Paulus ›die Gestalt dieser Welt‹ nennt, existiert, es wird immer brennen, solange die gegenwärtige reale Welt bestehen wird.« »Die Hölle hat also zwar eine immerwährende Dauer, aber im streng irdisch-zeitlichen Sinn, das heißt auf einer niederen Ebene und himmelweit verschieden von der Ewigkeit.«[26]

Man beachte bei den nachstehenden Zitaten aus der Neuoffenbarung, wie weitgehend die Interpretation Papinis sich mit den Kundgaben Jakob Lorbers deckt.

Zahlreiche protestantische Theologen unserer Zeit bejahen die

Lehre von der Apokatastasis, u. a. P. Althaus[27], E. Brunner[28], Karl Barth (KD 1).

Die Neuoffenbarung lehrt, daß das Herzstück der Botschaft Jesu die Verkündigung der unendlichen Liebe Gottes zu seinen Geschöpfen ist, und Er jedem Menschen auch noch im Jenseits, und sei es in der Hölle, Barmherzigkeit erweist, sofern der Verdammte seine Bosheit einsieht und den Willen zur Besserung erkennen läßt.

Zitate aus der Neuoffenbarung betreffend die Hölle

»Es denke von euch niemand, als hätte Ich dereinst die Hölle erschaffen. Auch denkt nicht, als sei sie ein Ort zur *ewigen* Bestrafung der Übeltäter dieser Erde. Sie hat sich von selbst gebildet aus jenen gar vielen Menschenseelen, die auf dieser Erde im Fleisch jeder göttlichen Offenbarung Hohn sprachen, Gott leugneten, und nur taten, was ihrer äußerlichen Sinnlichkeit behagte ...« (Gr VI 240, 1)

»Ganz welttümliche Menschen, die an keinen Gott glauben und dabei doch ein gesundes Leben bis ins hohe Alter genießen und am Ende eines schnellen und schmerzlosen Todes sterben, haben ihren Lebenslohn auch schon auf dieser Welt empfangen und werden im Jenseits sehr schwer je mehr einen zu gewärtigen haben. In der Gesellschaft solcher Seelen wird die äußerste Finsternis walten, und es wird sein viel Heulen und Zähneknirschen unter ihnen« (Gr VIII 16, 13).

»Die Seelen der Erzbösen werden, wenigstens zum größten Teil, in die ›substantiellen‹, psychoätherischen Urkraftatome aufgelöst, und es bleibt dabei von der eigentlichen Seele nach dem Abfall des Fleisches nichts als etwa ein oder der andere licht- und oft nahezu völlig leblose, tierskelettartige Grundtypus übrig, der mit dem Wesen eines Menschen keine leiseste Ähnlichkeit hat. Eine solche Seele ist dann in einem Zustand, den die mit dem geistigen Sehvermögen begabten Urerzväter She oul a (Hölle =

Durst nach Leben) nannten und damit auch sehr wahr und richtig bezeichneten.« »Es ist das der Seele, die ein Geist ist oder werden soll, Tod.« »Für euch undenkliche Zeiträume werden verstreichen müssen, bis solch eine in alle Materie sich versenkt habende Seele zu einem menschlichen Wesen wird. Und wie lange wird es gehen, bis aus solch einer Seele erst völlig ein Mensch wird?« (Gr V 71, 6–9).

»Daß ein solcher Zustand gegenüber dem Lebenszustand eines wahren Weisen in der Ordnung Gottes mit dem Ausdruck ›Tod‹ bezeichnet wird, ist doch sicher ganz der Wahrheit gemäß.«

Ausdrücklich wird an anderer Stelle nochmals darauf hingewiesen, daß der ewige »Tod« der Seele keinesfalls mit der gänzlichen Vernichtung gleichzusetzen ist (Gr VII 190, 5), wie es manche Sekten, z. B. die Zeugen Jehovas, völlig falsch lehren.

»Die Hölle ist überall, wo es Gottesverächter, Feinde alles Guten und Wahren, Lügner, Betrüger, arge Diebe, Räuber, Mörder, Geizige, weltsüchtige Herrschgier und arge, lieblose Hurer und Ehebrecher gibt« (Gr X 110, 10).

»In der Hölle wird ein jeder der erste, der höchste und unumschränkteste Herrscher und Gebieter sein, die höchste Gewalt und Macht haben, alles besitzen, und alle sollen ihm gehorchen und für ihn arbeiten um den schlechtesten Lohn« (Gr X 110, 12). »Denke dir die zahllos vielen Geister, die von nichts als von der grenzlosesten Selbstsucht und dem schrankenlosesten Hochmut erfüllt sind, wie diese dann untereinander wirtschaften! Denke dir aber noch, daß sie jeweils ganz frei sind, daß gar kein Gesetz sie auf irgendeine Art bindet und daß ein jeder tun kann, was er will. Wenn du dir das so recht vor das Gemüt führst, so wirst du da eine Anarchie sehen, von der die Erde kein Beispiel aufzuweisen hat« (Gr VI 238, 2).

Im Zusammenhang mit der Darstellung der Folgen der luziferischen Herrschsucht ist in der Neuoffenbarung eine Kundgabe zu finden, die den Charakter einer Prophezeiung hat, die sich inzwischen erfüllt hat! Die folgenden Zeilen sind Mitte des 19. Jahrhunderts niedergeschrieben worden. In den dreißiger und vierziger Jahren unseres Jahrhunderts sind sie Wirklichkeit geworden. Jedermann versteht sofort, was dort gesagt wird.

»Man lasse den Herrschsüchtigen einen Thron erreichen, und er wird ganz tauglich sein, Völker zu schützen und die Feinde zu schlagen. O ja, das könnte wohl möglich sein. Aber wo liegt der Maßstab, der ihm vorschriebe, wieweit er seine herrschsüchtigen Pläne verfolgen soll? Was wird er mit den Menschen machen, die sich nicht in aller Tiefe beugen wollen vor ihm? Siehe, die wird er martern lassen auf die möglichst qualvollste Weise, und es wird ihm an einem Menschenleben ebensowenig gelegen sein wie an einem zertretenen Grashalm (!). Aber was ist dann ein solcher Mensch? Siehe, das ist dann ein Satan. Es müssen wohl Herrscher und Feldherren sein, aber verstehe, diese müssen von Gott dazu erwählt und berufen sein. Aber wehe jedem anderen, der seine arme Hütte verläßt und hineilt, sich durch allerlei Mittel den Herrscherstab zu erringen (!). Wahrlich, es wäre für ihn besser, nie geboren worden zu sein« (Gr II 9, 9–10).

»Gleichwie ein recht guter Mensch immer besser wird, ebenso wird ein böser Mensch stets schlechter und dadurch zuständlich entfernter von dem Guten, wie solches schon auf dieser Welt ganz klar zu sehen ist. Sehet hin nach jenen Menschen, die ihr Hochmut stets mehr und mehr erfüllt mit der brennenden Herrschsucht. Wenn sie durch ihre tyrannische Macht viele Millionen Menschen zu den elendesten Sklaven gemacht haben, dann sammeln sie noch größere Kriegshorden, fallen in die Länder der anderen Könige ein, besiegen sie und nehmen ihnen Land, Völker und Schätze. Und haben sie so eine halbe Welt erobert und unglücklich gemacht, so dünken sie sich schon Gott gleich ...« (Gr VI 33, 10–11)

»... dem Bösen aber ist ein Maß gesetzt, wo es heißt: ›Bis hierher und nicht weiter!‹ Denn dann muß stets ein großes Strafgericht erfolgen (!), daß die Bösen wieder zur Besinnung gebracht werden können und daß möglicherweise doch einer und der andere eine bessere Richtung einschlagen könne« (Gr VI 33, 12).

»Bei der Leidenschaft des elenden Hochmutes wird am Ende die Seele selbst zum glühenden Wüstensand, über dem auch nicht ein elendstes Moospflänzchen wachsen kann, geschweige irgendeine andere saftvollere und gesegnete Pflanze. So ist es mit der Seele eines Hochmütigen bestellt.« »Seine Seele gerät immer mehr und mehr in den wütendsten Brand. Aus seinen Augen sprühen lichterlohe Zornflammen, und die unwiderrufliche Losung heißt: Die furchtbarste Rache dem ehrvergessenen Beleidiger. Und ein verheerender Krieg, in dem sich Hunderttausende für ihren stolzen und übermütigen König auf die elendeste Weise zerfleischen lassen müssen, ist die altbekannte traurige Folge davon.« »Ein solcher König hat freilich auch eine Seele, aber wie sieht diese aus? Ich sage es dir: ärger als die glühendste Stelle der großen Sandwüste Afrikas« (Gr VI 82, 3–4, 6). »… die Diktatoren werden Mich in einem ganz anderen Gewande zu Gesicht bekommen« (VdH I 130, 12). »Daher hütet euch alle vor allem vor dem Hochmut, denn nichts in der Welt zerstört die Seele mehr als der stets zornschnaubende Hochmut und Stolz« (Gr VI 82, 7).

»Wie kann aber sich denn ein Mensch vor dieser allerbösesten Leidenschaft bewahren, da doch in einer jeden Seele der (luziferische, d. Vf.) Keim dazu vorhanden ist und schon gar oft bei den Kindern einen beträchtlich wuchernden Höhepunkt erreicht hat? Durch die Demut allein ist dies möglich. Und es ist auf Erden eben darum die Armut so überwiegend groß vor der Wohlhabenheit der Menschen, um dadurch den Hochmut gleichfort am scharfen Zügel zu haben« (!) (Gr IV 83, 1–2). »Darum hüte sich auch ein jeder vor dem Ehrgeiz, weil er der Vater des Neides, der Selbstsucht und am Ende, wenn er seine Nahrung findet, des dicksten Hochmutes ist, der in der Hölle seine Urheimat hat« (Gr VI 236, 12).

»Bei einem Teufel ist alles grund- und erzböse.« »Wenn ein

187

Teufel von innen heraus einer guten Reue fähig wäre, so wäre er kein Teufel und befände sich nicht in der Hölle. Es kann darum ein Teufel von innen, als aus sich heraus, ewig nie gebessert werden, wohl aber ist das noch nach undenkbar langen Zeitläufen durch fremde Einwirkung von außen her möglich.« »Darum sind die Qualen der Höllengeister stets wie von außen her kommend …« (Gr VII 93, 5–7). »Vieles ist selbst bei den weisesten Menschen unmöglich, was bei Gott in seiner Liebe dennoch alles möglich ist. Glaubt ihr Mir dieses?« (Gr VI 242, 14).

»Die Ewigkeit entspricht wohl der Zeitendauer in den materiellen Welten, aber jenseits im Geiste ist die das, was hier die Zeit ist.« »So Ich von der Ewigkeit und der Unendlichkeit rede, so müßt ihr das im rechten Sinne verstehen, nicht aber wie es euch euer kurzsichtiger Weltverstand eingibt« (Gr X 155, 2, 5).

»Da ich selbst aber das ewige Leben bin, so kann Ich doch nie Wesen für den ewigen Tod erschaffen haben! Eine sogenannte Strafe kann dabei nur ein Mittel zur Erreichung des einen Hauptzweckes, nie aber eines gleichsam feindseligen Gegenzweckes sein, daher kann auch von einer *ewigen* Strafe nie die Rede sein« (VdH II 226, 7).

»Es mußt der Geschaffenen wegen wohl ein ewiges Gericht, ein ewiges Feuer und einen ewigen ›Tod‹ geben. Aber daraus folgt nicht, daß ein im Gericht gefangener Geist so lange gefangen verbleiben muß, als dieses Gericht an und für sich dauert – sowenig wie auf Erden die Gefangenen für die ganze Dauer des Gefängnisses verurteilt werden sollen« (VdH II 226, 10).

»O ihr Narren! Gibt es wohl einen Vater von nur einiger Liebe zu seinen Kindern, der ein Kind, das gegen sein Gebot einen Fehler beging, auf lebenslänglich in einen Kerker stieße und es dazu noch züchtigen lassen möchte alle Tage, solange es lebt? Wenn aber das ein menschlicher Vater nicht tun wird, der im Grunde als Mensch doch schlecht ist, um wieviel weniger wird das der Vater im Himmel tun, der die ewige und reinste Liebe und Güte ist« (Gr VI 243, 9).

In verschiedenen Bänden des Werkes der Neuoffenbarung sind umfassende Darstellungen von Schicksalen verstorbener Seelen und der Verhältnisse im Jenseits enthalten. Man muß sich aber stets vor Augen halten, daß dazu in der NO gesagt ist: »Es ist das alles nur ein Schattenriß der Wahrheit, aber genau durchdacht« (Pr 97). Geistiges kann eben nur in Entsprechungen ungefähr verdeutlicht werden.

»... die geistigen Verhältnisse sind ganz anders als die diesirdischen« (Gr VI 237, 3). »Ich sage es dir und euch allen, daß jenseits sich alles anders verhält, als es in Bildern der Schrift dargetan ist« (Gr V 272, 11).

Vor allem muß man sich von dem von der Kirche so lange gepredigten Vorurteil frei machen, bestimmte Texte der Bibel betreffend die Hölle seien wörtlich zu nehmen. In der Neuoffenbarung ist hierzu z. B. gesagt: »Ich schilderte ihnen (dem Volk, d. Vf.) die Folgen der Nichtbeachtung Meiner Lehre mit den Ausdrücken ›ins Feuer werfen‹ und ›ewige Finsternis‹, was gleichbedeutend ist mit *geistig* peinigenden Vorwürfen und einem vernachlässigten Herzen.« Auch das Wort »Weichet von Mir, ihr Verfluchten!« ist nicht wörtlich zu nehmen. Es heißt in der Neuoffenbarung: »Es fragt sich, wer sie denn verflucht hat? Die Gottheit unmöglich!« »Durch wen aber? Es kann niemand als nur durch sich selbst gerichtet werden. Es kann sich ein freies Wesen nur selbst ›verfluchen‹, d. h. gänzlich von der Gottheit absondern« (VdH I 29, 3 u. 5).

»Was kann die ewige Liebe anders tun als sagen: Weichet von Mir, die ihr euch gänzlich von Mir abgelöst habt und gehet in eine andere Erhaltungsschule, die allen euresgleichen zu eurer möglichen Wiederlöse bereitet ist!« (VdH I 28, 8).

Die Auferstehung des Fleisches in der Vorstellung der katholischen Kirche und nach den Kundgaben der Neuoffenbarung

Die schwer deutbaren Stellen im Alten Testament (Buch Daniel 12) wurden in katholischen theologischen Wörterbüchern als »erstes sicheres Zeichen« für den Glauben der Juden an die Auferstehung des Fleisches gewertet.[29] Die verschlüsselten Kundgaben im Buch Daniel lauten u. a.: »Und viele (nicht alle?) derer, die im Staub der Erde schlafen, wachen auf, die einen für ein ewiges Leben, die anderen, um bedeckt zu sein mit ewiger Schmach und Schande.« »Da fragt jener bei dem Mann in Linnenkleidern, welcher überm Stromgewässer war: ›Wann ist das Ende dieser wunderbaren Dinge?‹ Er sprach: ›Geh, Daniel! Es muß der Worte Sinn verschlossen bleiben und geheim bis zu der Zeit des Endes‹« (Dan 12, 2, 6 u. 9).

Man muß feststellen: Das ist keine brauchbare Grundlage für die Bildung von Lehren. Markus 12, 26–27 gibt keine Auskunft darüber, welcher Art die Auferstehung sein werde, von der Jesus sprach. Paulus wirft deshalb die Frage auf: Wie werden die Toten auferweckt? Mit was für einem Leib werden sie kommen? (1. Kor 15, 35) »Gesät wird ein Sinnenleib, auferweckt ein *vergeistigter Leib*.« (1. Kor 15, 44) »Das aber sage ich euch, meine Brüder: Fleisch und Blut können das Reich Gottes nicht erhalten, und das Verwesliche wird nicht die Unverweslichkeit erlangen« (1. Kor 15, 50).

Paulus war der irrigen Auffassung, zu seiner Zeit werde das Ende der Welt eintreten, weshalb er schrieb: »... und ward es uns zur Warnung, die wir das Ende der Zeiten erleben« (1. Kor 10, 11). »Die Zeit ist kurz bemessen« (1. Kor 7, 29). »Seht, ich sage euch ein Geheimnis. Wir werden zwar nicht alle entschlafen, doch werden wir alle verwandelt werden, und dies plötzlich, in einem Augenblick, beim Schall der letzten Posaune. Denn es

wird die Posaune ertönen; die Toten werden alsdann unverwes-
lich auferweckt, und wir werden verwandelt werden« (1. Kor 15,
51–52). Paulus hat sich, wie wir wissen, geirrt. Der Weltuntergang fand nicht statt. Doch muß festgehalten werden, daß Paulus
von einem »vergeistigten« Leib sprach.

Im 5. Jahrhundert hat dann Augustinus, der so oft abwegige
und nicht zu fassende ungereimte Lehren entwickelte, aber dennoch Jahrhunderte hindurch der unumschränkte Beherrscher
der abendländischen Geistigkeit war, eine seltsame Vorstellung
von der Auferstehung des Fleisches und den Leibern im Jenseits
entwickelt.

»Wir dürfen keineswegs glauben, es seien bloße Geister, vielmehr sind es Leiber mit stofflichem Fleisch« (Civ. Dei XIII.
22–23). Damit setzte er sich in direkten Gegensatz zu der Aussage des Apostels Paulus. Es kamen ihm offenbar dann aber doch
Bedenken, ob der schwerfällige materielle Leib in die Welt der
Geister passe, aber deswegen gab er seine kuriose Vorstellung
keineswegs auf, sondern versuchte die Schwierigkeit zu umge-
hen, indem er hinzufügte, daß der lebensspendende Geist im
Jenseits »keine fleischliche Schwerfälligkeit zuläßt« (Civ. Dei
XIII. 23)[30].

Die grobe Vorstellung des Augustinus von der materiellen
Auferstehung des Fleisches und dessen Eingang in die Welt der
Geister hat sich durch das ganze Mittelalter hindurchgezogen.
Die Kirchenversammlung von Toledo (675 n. Chr.) erklärte:
»Dieser Leib, in dem wir leben, bestehen und uns bewegen, wird
auferstehen« (Denz. 287).

Papst Leo IX. (1053) spricht von einer wahren Auferstehung
»desselben Fleisches, welches ich jetzt trage« (Denz. 347), und
das Laterankonzil (1215) von »denselben Leibern, die wir jetzt
haben« (Denz. 429)[31].

Seit dem 2. Vatikanum ist in katholischen theologischen Lexi-
ka genau das Gegenteil von dem zu lesen, was Kirchenväter,
Päpste und Konzilien gelehrt haben. So heißt es in dem von Prof.

Karl Rahner herausgegebenen *Herders theologischen Taschenlexikon* 1972, S. 255 f.: »Sooft das Neue Testament von der Auferstehung spricht, redet es von der ›Auferstehung der Toten‹, nie der des Fleisches …« »Was die biblische Auffassung angeht, so dürfte nach dem Gesagten deutlich geworden sein, daß ihr eigentlicher Kern *nicht* in der Idee der Rückgabe der Körper bestehen kann, obgleich diese Bildvorstellung in der Bibel durchgehend gegeben ist.« Fast gleichlautend äußert sich Joseph Ratzinger: »Damit ist nun auch klar, daß der eigentliche Kern des Auferstehungsglaubens gar nicht in der Rückgabe der Körper besteht, auf die wir ihn aber in unserem Denken reduziert haben.«[32] Damit kommen die katholischen Theologen jetzt den Aussagen der Neuoffenbarung ganz nahe.

Wenden wir uns nach diesem Lehrwirrwarr, im Laufe der Jahrhunderte sich widersprechender Meinungen, nun den Verlautbarungen der Neuoffenbarung zu:

»Ist die Seele reif geworden, dann verläßt sie für ewig diesen Leib, und dieser wird verzehrt. Da ist es dann ganz gleich, von wem oder durch was. Was an ihm noch Substantielles* und der Seele Angehöriges ist, das wird der Seele auch wiedergegeben. Alles andere (die Substanz in physikalischem Sinn, d. Vf.) geht wieder als Nährstoff in tausend andere geschöpfliche Lebensformen über« (Gr VI 53, 11).

»Der Mensch hat aber zu verschiedenen Zeiten auch einen verschiedenen Körper« (Gr VI 54, 5). (Hierzu ist anzumerken, daß die 60 Billionen Zellen des menschlichen Körpers alle im Verlauf von sieben Jahren vollständig erneuert werden.)

»Es könnte sich mit der ewigen Ordnung Gottes nie vertragen, in dem Gott selbst ein reiner Geist ist und am Ende die Menschen auch ausschließlich nur die Bestimmung haben, zu gottähnlichen reinen Geistern für ewig zu werden. Wozu sollen ihnen dann die

---

* Betreffend den Begriff »Substanz«, wie er in der NO gebraucht wir, wird auf die bereits gegebene Erläuterung hingewiesen (s. Fußnote. S. 161)

Leiber dienen?« »Ja, die Menschen werden auch dort mit Leibern angetan sein, aber nicht mit diesen irdischen, grobmateriellen, sondern mit ganz neuen, geistigen, die da hervorgehen aus ihren diesirdischen *guten Werken* nach Meiner euch gegebenen Lehre. Wenn sich diese Sachen also verhalten, wie kann da jemand meinen, daß unter der Auferstehung des Fleisches die einstige Wiederbelebung dieser irdischen Leiber verstanden werde? Die Auferstehung des Fleisches sind nur die der Seele allein das wahre, ewige Leben gebenden guten Werke, welche die Seele in diesem Fleischesleben den Nebenmenschen hat angedeihen lassen. Wer demnach Meine Lehre hört, an Mich glaubt und danach handelt, den werde Ich selbst auferwecken an *seinem* jüngsten Tag, der *sogleich* nach dem Austritt der Seele aus diesem Leib erfolgen wird« (Gr VI 54, 8–11).

»*Unter der Auferstehung des Fleisches verstehe du also die guten Werke der wahren Nächstenliebe!* Diese werden das Fleisch der Seele sein, und sogleich mit ihr an ihrem geistweltlich Jüngsten Tag nach dem wahren *Posaunenruf* dieser *Meiner Lehre* zum ewigen Leben als gediegener ätherischer Leib auferstehen. Ob du hundertmal auf der Erde einen Leib getragen hättest, so wirst du jenseits aber nur *einen* Leib, und zwar nur den bezeichneten haben« (Gr V 238, 1).

»Da das Fleisch des Menschen hauptsächlich nur darum einem aus dem Gericht gehobenen Geist (mit Luzifer gefallene Geister, d. Vf.) gegeben wird, daß er im selben eine neue Freiheitsprobe wie in einer ganz eigenen Welt durchmache, so siehst du nun ja ganz leicht ein, daß den schon vollendeten Geistern der Leib aus Fleisch (im Jenseits, d. Vf.) ganz unnötig wäre, indem das Fleisch nur ein Mittel, aber ewig kein Zweck ist und sein kann, da *am Ende doch alles wieder rein geistig* und nie mehr materiell zu werden hat« (Gr I 165, 9).

»Von dem Fleisch, das der Seele hier gedient hat, wird also nicht ein Stäubchen im Jenseits mit der Seele vereint zu einem ewigen Leben auferstehen?« fragt ein Jünger Jesus und erhält folgende Antwort: »Was den Umriß der äußeren Form der Seele, besonders aber ihre Bekleidung betrifft, da werden die *Seelen-ätherteile* ihres diesirdischen Leibes in geistiger Reinheit mit ihr wieder vereinigt werden, doch von dem groben Organleib auch nicht ein Atom« (Gr X 9, 14–15).

Der »Jüngste Tag« in seiner wahren Bedeutung

Unter dem Jüngsten Tag wird von den Kirchen das Weltende, verbunden mit einem allgemeinen letzten Gericht verstanden. In der Neuoffenbarung wird der Jüngste Tag nicht mit dem Tag der Auflösung des Kosmos in Verbindung gebracht. Da es keine allgemeine Auferstehung der Toten gibt, wie es die Kirchen lange Zeit fälschlich gelehrt haben, gibt es folgerichtig auch in diesem Zusammenhang keinen Jüngsten Tag. Die NO sagt folgendes: »Daß Ich mit euch (den Jüngern) noch nie von einem *allgemeinen* Erweckungs- und Gerichtstag gesprochen habe, dessen werdet ihr euch zu erinnern wissen, wohl aber von einem *speziellen* Jüngsten Tag für einen jeden Menschen (gesondert, d. Vf.), und das in dem Augenblick, in dem seine Seele die fleischlich-irdische Probehülle verlassen wird. Aber freilich wird diese Erweckung nicht jedem zum sofortigen ewigen Leben verhelfen, sondern auch umgekehrt zum ewigen Tode, wobei aber zu bemerken ist, daß ihr das Wort ›ewig‹ nicht als eine endlos fortdauernde Zeit betrachten dürft.« (Gr X 155, 1)

»Ich meine mit dem Jüngsten Tag keinen irdischen Tag, sondern einen geistigen im Jenseits. Wenn du den Leib wirst verlassen haben und in das Reich der Geister eintreten wirst, dann *wird das dein Jüngster Tag* sein, und Ich werde dich aus dem Gerichte der Materie erlösen, und *dies ist das Erwecken am Jüngsten Tag*« (Gr VII 187, 6–8).

»Der Jüngste Tag ist für die Liebegerechten ein Tag der Auferstehung zum ewigen Leben, welches ist die vollkommene Wiedergeburt des Geistes. Es ist aber auch ein Tag des Gerichtes für
alle jene, die Mich nicht im Geiste und in der Wahrheit und somit
in aller Liebe in sich aufnehmen wollen« (GS I 64, 15).

»Lassen wir diese nach Jenseits kommen, und sie werden dort
das ihnen schon hier so verächtliche Licht des Lebens und der
Wahrheit noch mehr fliehen und verachten als hier. Habe Ich
denn unrecht, so Ich sage: Ich werde auch diese *geistig* Toten, so
sie aus dem Fleische der Welt treten werden, *auferwecken*, sie
richten und den Lohn für ihre Taten finden lassen?« (Gr X 154,
7–8).

Daß die Periskope vom *Jüngsten Gericht* auf eine Fälschung
zurückzuführen ist, wird in der Neuoffenbarung vom Herrn
ausdrücklich gesagt. Hierdurch seien Unrichtigkeiten und Widersprüche in das Evangelium gekommen, »besonders im naturmäßigen Buchstabensinn, namentlich Mein höchst tyrannisches
Auftreten im sogenannten ›Jüngsten Gericht‹, die mit dem einzig
noch allerrichtigen kurzen Johannes-Evangelium durchaus nicht
übereinstimmen« (Gr XI, S. 243).

Der Herr nennt in diesem Zusammenhang den Pseudo-Matthäus (richtiger Name l'Rabbas) und den Fälscher Theophilus
(der das Lukas-Evangelium abänderte) die »Racheevangelisten«,
und empfiehlt: »Haltet euch daher nur an den Evangelisten
Johannes« (Gr XI, S. 247). Johannes, der Augen- und Ohrenzeuge, der es wissen müßte, schreibt von all dem nichts.

Die Reinkarnationslehre.
Die Lehre von der Wiedereinkörperung der Seele und mehrfacher Leben des Menschen

Die Reinkarnationslehre ist heute zwar noch vielen Menschen unbekannt, aber demoskopische Untersuchungen zeigen, daß sowohl die Kenntnis davon als auch der Glaube daran im Abendland stark im Zunehmen begriffen sind. Demoskopische Erhebungen haben ergeben, daß in der Bundesrepublik Deutschland 67 Prozent von der Reinkarnationslehre gehört haben, 16 Prozent sie für möglich halten und 29 Prozent daran interessiert waren.[33] Bei den Völkern Asiens ist diese Lehre fester Bestandteil ihres Glaubens. Von den christlichen Kirchen wird sie nicht (mehr) gelehrt. Aus der Neuoffenbarung geht hervor, daß die Wiederverkörperung der Seele den Aposteln von Jesus bekanntgegeben worden ist. Aus den auf uns überkommenen Schriften führender christlicher Persönlichkeiten aus den ersten christlichen Jahrhunderten geht eindeutig hervor, daß die Lehre einem engeren Kreis bekannt war. Der Kirchenvater Justin (gest. 165 n. Chr.) antwortet in einem aufgezeichneten und noch vorliegenden Gespräche mit dem Juden Tryphon auf dessen Frage, was nach Ansicht der Christen mit den Seelen der Verstorbenen geschehe, sie würden wieder in einen Leib eingeboren werden.[34]

Origenes vertrat die Lehre der Wiederverkörperung der Seele ebenso wie Tertullian, Ruffinus, Klemens von Alexandrien, Nemesius, Synesius, Hilarius und Gregor von Nyssa. Letztgenannter schrieb: »Für die Seele ist es Naturnotwendigkeit, daß sie sich durch *mehrfache* Lebensläufe reinigt.« Ruffinus versichert in einem Brief an Anastasius, daß der Glaube an wiederholte Lebensläufe *Allgemeingut* der Kirchenväter sei und den Eingeweihten seit je als alte Tradition überliefert worden sei.[35] Der Kirchenlehrer Augustinus fragt: »Habe ich nicht schon in einem anderen Körper gelebt, ehe ich in dem Leibe meiner Mutter wurde?«[35]

Der Kirchenlehrer Hieronymus schrieb in einem Brief an Demetrius, daß die Reinkarnationslehre unter den ersten Christen als geheime Überlieferung den Auserlesenen mitgeteilt worden sei.[35]

Nach Ermittlungen von Osthagen war die Lehre von der Reinkarnation im Bewußtsein der Leiter der urchristlichen Gemeinden eine Selbstverständlichkeit; das wurde um etwa 540 anders.[36] Auf dem von dem Kaiser Justinian einberufenen und geleiteten Konzil zu Konstantinopel wurde diese Lehre im Jahre 538 auf Veranlassung des Kaisers verurteilt.[37] Justinian beherrschte die Kirche völlig, den Papst ließ der christliche Kaiser in den Kerker werfen. Im Jahre 543 hat der Papst Vigilius – wahrscheinlich unter Druck – den vom Kaiser gegen Origenes, der diese Lehre vertreten hatte, geschleuderten Bann bestätigt.[38] Justinian hatte seinerseits dem Druck der mächtigen Mönchsorden aus politischen Erwägungen nachgegeben, weil er deren Gunst vielleicht noch brauchen könnte.[39] Trotz dieser Maßnahmen, bei denen die Wahrheit keinen Stellwert hatte, war die Lehre bis ins Mittelalter bekannt.[40]

Daß auch noch im 20. Jahrhundert die Reinkarnationslehre im höchsten Kreise der katholischen Hierarchie nicht nur bekannt war, sondern auch als akzeptabel angesehen wurde, geht aus Äußerungen von Mercier Kardinal-Primas von Belgien, in seinem Werk *Psychologie* hervor. Der Kardinal setzt als Prämisse für seine Meinung voraus, daß die Seele das Bewußtsein ihrer Persönlichkeit bewahrt und es ein Endglied der Wiederverkörperung gibt, und erklärt dann folgendes: »Was diese Ausnahme betrifft, so sehen wir nicht, daß die Vernunft, sich selbst überlassen, diese Lehre als unmöglich oder mit Sicherheit als falsch erklärte.«[41]

Deutlicher kann ein Kardinal der römischen Kirche in diesem Fall seine Zustimmung zu dieser Lehre nicht zum Ausdruck bringen. Er konnte zudem unterstellen, daß die breite Masse der Gläubigen, die sich an das hält, was die Kirche als approbierte

Wahrheit verkündet, sein Buch kaum in die Hände bekommen werde.

Als Jesus sagte: »In Meines Vaters Hause sind viele Wohnungen«, konnten die Zuhörer nicht ahnen, was diese Worte zu bedeuten hatten. Die Neuoffenbarung gibt uns in dieser Hinsicht tiefe Einsichten, wie sich dies aus den bereits vorgelegten Zitaten erweist. Gott hat aber noch weitere Möglichkeiten zur langsamen Reifung der Seele, und dazu gehört auch die Wiedereinkörperung der Seele in einen anderen Leib zur nochmaligen Prüfung und weiteren Ausbildung der Seele. »Niemand wird wohl behaupten wollen«, heißt es in der Neuoffenbarung, »in diesem kurzen Erdenleben eine Vollendung erhalten zu können, die ihn Gott schon ganz nahe bringt« (Gr XI 26). Hierbei ist vor allem an die wilden und halbwilden Völker, die seit Jahrtausenden vor und nach Christus über die Erde gegangen sind, zu denken. Aber das Gesagte hat auch Geltung für alle Menschen überhaupt. Die Wiedereinkörperung erfolgt nach Angaben der NO keineswegs immer auf dieser Erde, im Gegenteil, die meisten Reinkarnationen erfolgen auf anderen Weltkörpern, die ebenfalls bewohnbar sind, wenn auch ausdrücklich gesagt wird, daß dort Verhältnisse herrschen, unter denen ein Erdenmensch schon nach wenigen Minuten sein Leben verlieren müßte. Wörtlich heißt es dazu: »Für die Bewohner anderer Weltkörper wäre die Luft der Erde ganz dasselbe, was für den Erdenmenschen das Wasser der Erde ist. Also müssen die Menschen anderer Welten auch eine solche Beschaffenheit haben, daß sie nur auf der ihnen angewiesenen Welt bestehen können« (Gr VI 192, 8). Danach sind Rückschlüsse, daß auf anderen Planeten völlig andere Verhältnisse herrschen als auf Erden, als Argument für deren Unbewohnbarkeit nicht zulässig.

Die Neuoffenbarung gibt auch kund, daß die Reinkarnationslehre bei den asiatischen Völkern völlig verderbt ist. Nach den Lehren der dortigen Priester kann eine Menschenseele auch wieder in einen Tierkörper inkarniert werden, was nach den

Aussagen der NO ausgeschlossen ist. Der Mensch hat im Gegensatz zum Tier und auch zu den Ur- und Vormenschen einen göttlichen Geistesfunken in seiner Seele, und seine Seele kann deshalb niemals in einen Tierleib eingeboren werden. Die NO weist darauf hin, daß die Völker des Altertums, u. a. die Griechen und die Inder, an eine Wiederverkörperung glaubten. »Aber«, so wird dann weiter ausgeführt, »diese allenthalben den Urvätern der Erde wohlbekannte Wahrheit ist durch ihre mit der Zeit aufgestandenen habsüchtigen, anfänglichen Volkslehrer und späteren Priester voll Ehrgeiz und Herrschgier ganz verunstaltet und völlig verkehrt worden, denn die wahre Art der *Seelenwanderung* hätte ihnen keine Opfer und Zinsen eingetragen, und so ließen sie die Menschenseele in die Tiere zurückwandern und in den Tieren leiden, von welchen Leiden sie nur Priester um große Opfer befreien konnten« (Gr X 22, 8). (Wir haben hier ein Analogon zu der Ablaßlehre der katholischen Kirche des Mittelalters, die bis zur Zeit Luthers eine unversiegbare Geldquelle war.)

»Auf diese Art ist die Vielgötterei, alles Heidentum und der ganz verkehrte Glaube an die Seelenwanderung und an viele tausend andere gräßliche Dummheiten entstanden. Sind von Gott aus auch stets wahre Lehrer unter das einmal geblendete Volk entsandt worden, so haben sie wenig ausgerichtet, denn der *freie Wille* muß der Menschenseele dieser Erde unangetastet belassen werden, ohne den ein Mensch zu einem Tier würde, und so heißt es mit der Menschheit Geduld haben und von ihr wohl den größten Teil in einer anderen Welt zu einem besseren Licht gelangen zu lassen. Doch wehe allen falschen Lehrern, Priestern und Propheten, welche die alte und reine Lehre wohl für sich nicht recht gut kennen, aber sie dem Volk ihrer Hab- und Herrschgier wegen hartnäckig vorenthalten; sie werden dereinst Meinem Zorngericht nicht entgehen!« (Gr X 23, 9–10).

Jesus gab seinen Jüngern noch vielfältigen Aufschluß über die Reinkarnation. Im folgenden einige Zitate aus der Neuoffenbarung:

»Wer aber von euch etwas zu fassen imstande ist, der wisse, daß auch von anderen Welten Seelen auf dieser Erde ins Fleisch getreten sind und auch die Kinder der Schlange auf dieser Erde. Sie sind wohl einmal gestorben, und manche schon etliche Male, nahmen aber zu ihrer Vollendung wieder Fleisch an sich.

Ihr habt schon oft von einer Wanderung der Seelen gehört. Das ferne Morgenland glaubt noch heutzutage fest daran. Aber es ist solcher Glaube bei ihnen sehr verunreinigt, weil sie die Menschenseelen wieder in ein Tierfleisch zurückkehren lassen. Allein, dem ist nicht von ferne also. Daß sich eines Menschen *Seele* von dieser Welt wohl aus dem Mineral-, Pflanzen- und Tierreich zusammensammelt und sich bis zur Menschenseele emporschwingt, das ist euch schon zum größten Teile gezeigt, und auch, wie das in der gefesteten Ordnung geschieht. Aber rückwärts wandert keine noch so unvollendete Menschenseele mehr, außer im geistigen Mittelreiche der äußeren Erscheinlichkeit nach zu ihrer Demütigung und der daraus möglich hervorgehenden Besserung. Ist eine solche bis zu einem gewissen Grade erfolgt, über den es dann wegen Mangel an höheren Befähigungen nicht weitergehen kann, so kann eine solche Seele dann in eine bloß geschöpfliche Beseligung auf irgendeinem anderen Weltkörper, d. h. in dessen Geistiges, übergehen oder auch, so sie es will, noch einmal ins Fleisch der Menschen dieser Erde treten, auf welchem Wege sie sich höhere Befähigungen aneignen und mit ihrer Hilfe sogar die Kindschaft Gottes erreichen kann.

So wandern auch von anderen Welten Seelen ins Fleisch der Menschen dieser Erde, um im selben sich jene zahllos vielen geistigen Eigenschaften anzueignen, die zur Erreichung der wahren Kindschaft Gottes notwendig sind.

Weil aber diese Erde ein solches Schulhaus ist, darum wird sie auch von Mir mit so vieler Geduld, Nachsicht und Langmut behandelt. Wer von euch das fassen kann, der fasse es, aber er behalte es für sich, da es nicht allen gegeben sein soll, die Geheimnisse des Gottesreiches alle zu fassen. So ihr aber jemanden findet, der eines rechten Geistes Kind ist, dem könnt ihr nach und nach ein und das andere Geheimnis offenbaren, aber auch nur für ihn selbst; denn Ich will es, daß ein rechter Mensch sich solches alles durch den eigenen Fleiß nach Meiner Lehre erwerben soll« (Gr VI 61, 2–6).

Sagte Jesus zu den Jüngern:

»Es mag eine Seele mit ihrer Vollendung noch so lange zu tun haben, so *bleibt sie dennoch ihr eigenstes Ur-Ich* und wird sich als solches auch für ewig unwandelbar erkennen, was denn doch tröstender ist, als so die Seele als völlig zerteilt in ein anderes Individuum übergehen würde ...« (Gr IV 243, 7)

»Für welch ein Unglück hält man es auf der Welt, so jemand getötet wird. Aber für ein viele tausend Male ärgeres Unglück wird es jenseits angesehen, wenn eine dort seiende freie Seele wieder in einen sterblichen, stinkenden und schwerfälligen Leib irgend zurückkehren genötigt wird« (Gr V 136, 6).

Jesus zu einem Griechen: »Siehe, das ist bereits der zwanzigste Weltkörper, auf dem du leiblich lebst« (Gr I 213, 1). »Aber welche nahezu endlose Zeitdauer bestandest du (vorher) als *reiner Geist* (vor dem Fall Luzifers, d. Vf.) im vollsten Sein und klarstem Selbstbewußtsein, im endlosen Raum mit zahllosen anderen Geistern freiest lebend und das freieste Leben in aller Kraft hoch und wohl genießend« (Gr I 213, 1).

»Ich habe nun (durch Meine Menschwerdung, d. Vf.) die Tore zum (ewigen) Leben nicht nur für die nun auf der Erde Lebenden eröffnet, sondern auch für alle, die schon lange hinübergegangen sind. Und viele der alten Sünder werden noch einmal irgendeine kurze Fleischesprobe von neuem durchzumachen bekommen« (Gr VI 65, 2).

»Es leben gegenwärtig (zur Zeit Jesu) Menschen auf dieser Erde bereits das siebente Mal, und es geht ihnen nun das siebente Mal besser. Sie werden aber noch einige Weltkörper mit einem leichten leiblichen Überwurf durchzumachen haben, bis sie in eine rein geistige Sphäre aufgenommen werden, welche ihr das

›untere Paradies‹ nennen könnt, aus dem es noch viele Stufen gibt bis in das innere, wahre Himmelreich …« (Hi II, S. 446).

»Aus all dem könnt ihr nun zur Genüge klar entnehmen, wie Gott auf seinen, für keinen Sterblichen erforschten Wegen jede euch noch so verworfen dünkende Seele zum wahren Leben und Lichte zu führen vermag« (Gr V 232, 13).

»Aber Ich habe das nun auch nur euch (den Aposteln, d. Vf.) gezeigt, weil ihr dazu die nötige Fassungskraft besitzt; der anderen Menschheit aber braucht ihr das nicht wiederzugeben, sondern nur, daß sie glaube an Meinen Namen und die Gebote Gottes halte, die da sind die wahrhaften Gebote der Liebe« (Gr V 233, 3).

Die Dreieinigkeit Gottes.
Die Erklärung des Mysteriums

Das Geheimnis von Vater, Sohn und Heiligem Geist hat den Christen schon viel Kopfzerbrechen gemacht. Nicht ohne Grund sagte Jesus dieserhalb zu seinen Jüngern: »Wenn ihr das Irdische nicht begreift, wie werdet ihr dann das Himmlische fassen?« (Gr II 32, 6).

Immer wieder hat deshalb Petrus den Herrn um weitere Erläuterungen gebeten. Jesus hat denn auch seinen Aposteln viele lichtvolle Erklärungen zu diesem Mysterium gegeben, die im vorigen Jahrhundert dem Propheten Jakob Lorber zur Aufzeichnung und späteren Verbreitung mitgeteilt wurden.

Petrus fragt den Herrn: »Du redest immer vom Vater im Himmel wie von einer zweiten Person, während wir Dich bisher immer so ganz heimlich auch für den Vater hielten; wer bist Du denn so ganz eigentlich?« (Gr I 109, 14).

Hierauf wurde den Jüngern von Jesus folgendes gesagt: »Die Urweisheit Gottes oder das eigentliche innerste Gottwesen ist in der Liebe, gleichwie das Licht in der Wärme (der Flamme) ist; wie ursprünglich aus der Liebe mächtige Wärme entsteht und entspringt und endlich durch sein Dasein abermals Wärme erzeugt, und diese allezeit wieder Licht, ebenso entsteht aus der Liebe, die gleich dem Vater und im Grunde des Grundes der Vater selbst ist, das Licht der göttlichen Weisheit, das da gleich ist dem Sohne oder der eigentliche Sohn selbst, der aber nicht zwei, sondern *völlig* eins ist mit dem, das da ›Vater‹ heißt, gleichwie Licht und Wärme oder Wärme und Licht eins sind, indem die Wärme fortwährend das Licht und das Licht fortwährend die Wärme erzeugt« (Gr I 4, 13). »Geht denn nicht das *Licht* von der Flamme, die ein *Feuer* ist, aus? Und weil es von der Flamme ausgeht, ist es darum etwas anderes als die leuchtende Flamme?« (Gr II 32, 7).

»Siehe die Flamme der leuchtenden Lampe an! Kannst du das Licht von der Flamme trennen oder die Flamme vom Licht? Die Flamme aber ist das, was ich ›Vater‹ und ›Liebe‹ nenne, und das Licht ihr Sohn, das von der Flamme ausgesandt wird, um zu erleuchten die Finsternis der Nacht. Sind da nicht die Flamme und ihr Licht *ein* Wesen?« (Gr VIII 138, 11).

»Glaubt es Mir: Vater und Sohn sind nicht zwei, sondern in allem vollkommen eins« (Gr I 230, 9).

»Und was ist denn mit dem Heiligen Geist?« fragt Petrus. »Mit dem Heiligen Geist wissen wir alle nichts anzufangen« (Gr VI 229, 6–7). Die Antwort des Herrn lautet:

»Der Vater, Ich als Sohn und der Heilige Geist sind unterscheidbar eines und dasselbe von Ewigkeit. Der Vater in Mir ist die ewige Liebe und als solche der Urgrund und die eigentliche Ursubstanz aller Dinge, die da die ganze Unendlichkeit erfüllt. Ich als der Sohn bin das Licht und die Weisheit, die aus dem Feuer der ewigen Liebe hervorgeht. Dieses mächtige Licht ist das ewige vollkommenste Selbstbewußtsein und die hellste Selbsterkenntnis Gottes und das ewige Wort in Gott, durch das alles, was da ist, gemacht worden ist. Damit aber das alles gemacht werden kann, dazu gehört noch der mächtigste Wille Gottes, und das ist eben der Heilige Geist in Gott, durch den die Werke und Wesen ihr volles Dasein bekommen. Der Heilige Geist ist das große ausgesprochene Wort ›Werde!‹ – und es ist (jetzt) da, was die Liebe und die Weisheit in Gott beschlossen haben.

Und seht, das ist nun da in Mir: die Liebe, die Weisheit und alle Macht! Und somit gibt es nur *einen* Gott, und der bin Ich, und Ich habe nun darum hier einen Leib angenommen, um Mich euch Menschen dieser Erde, die Ich völlig nach Meinem Eben-maße erschaffen habe aus der Ursubstanz Meiner Liebe, in eurer Persönlichkeit näher offenbaren zu können – wie es nun soeben der Fall ist« (Gr VI 230, 2–6).

»Stoßet euch nicht an dem Text, da es heißt: ›Der Vater ist mehr als der Sohn‹, denn solches besagt, daß die Liebe als der Vater in sich das Grundwesen Gottes ist, und aus ihr geht ewig hervor das Licht und der ewig mächtige Geist« (GS I 74, 17).

»In der Liebe liegt noch gar vieles verborgen, was keine Weis-heit ergründet hat, darum ist der Vater als die ewige Liebe auch größer als der Sohn, der als ihr Licht hier vor euch (den Jüngern, d. Vf.) ist« (Gr VI 242, 13). »Aber es kommt bald die Stunde (der Auferstehung, d. Vf.), in der der Vater in Mir auch mit seinem Allerinnersten vollends eins wird mit Mir, dem einzigen Sohne von Ewigkeit …« (Gr IV 252, 4).

»Denket nicht, daß bei der Taufe Jesu im Jordan eine göttliche Dreipersönlichkeit geoffenbart wurde, sondern, was dabei ge-schah, war nur eine Erscheinlichkeit, vom Herrn zugelassen, damit die Menschen dadurch sollten in dem einen Herrn die volle Allmacht und die volle Göttlichkeit erkennen« (GS I 51, 21 f.).

Jesus – wahrer Mensch und wahrer Gott

Die Juden rätselten immer wieder, wer Jesus eigentlich sei. Ihre Ansichten gingen auseinander. Den Aposteln hat Jesus im Lauf der drei Lehrjahre gesagt, daß er Gottes Sohn sei. Eine Ausnahme machte dabei Judas, der oft abwesend war und es auch nicht wissen sollte. Jesus hatte es aber seinen Jüngern verboten, darüber in der Öffentlichkeit zu reden (s. Gr. I 51, 15 u. I 89, 5). Nur diesem engeren Kreis gab er Aufschluß über sein Verhältnis zum himmlischen Vater: »Mein Leib ist aus einer irdischen Mutter, wenn auch nicht durch einen irdischen Vater auf die gewöhnliche Art gezeugt, sondern allein durch den allmächtigen Willensgeist Gottes.« »Ich als *Mensch*, wie Ich nun vor euch stehe, bin kein Gott, wohl aber Gottessohn, was eigentlich ein jeder Mensch sein soll, denn die Menschen dieser Erde sind berufen, Kinder Gottes zu werden und zu sein, wenn sie nach dem erkannten Willen Gottes leben.

Einer von ihnen aber ist aus Gott von Ewigkeit her bestimmt, der Erste zu sein, das Leben in sich zu haben und es jedermann zu geben, der an Ihn glaubt und nach seiner Lehre lebt. Und dieser Erste bin Ich.

Ich habe solches Leben aus Gott aber nicht etwa vom Mutterleib aus in diese Welt gebracht. Der Keim lag wohl in Mir, aber er mußte erst entwickelt werden, was Mich nahezu volle dreißig Jahre Zeit und Mühe gekostet hat. Nun stehe Ich freilich als vollendet da vor euch und kann euch sagen, daß Mir alle Gewalt und Macht gegeben ist im Himmel und auf Erden und daß der Geist in Mir völlig eins ist mit dem Geiste Gottes, darum Ich denn auch solche Zeichen wirken kann, die vor Mir noch nie ein Mensch gewirkt hat.

Dieser in Mir wohnende Geist ist wohl Gott, doch Ich als purer Menschensohn nicht, denn, wie schon gesagt, habe Ich als solcher auch, jedem Menschen gleich, durch viele Mühe und Übung erst

Mir die Würde eines Gottes erwerben müssen und konnte Mich als solcher erst einen mit dem Geiste Gottes. Nun bin Ich wohl eins mit Ihm im Geiste, aber im Leibe noch nicht. Doch Ich werde auch da völlig eins werden, aber erst nach einem großen Leiden und gänzlicher und tiefst demütigender Selbstverleugnung Meiner Seele« (Gr VI 90, 8–12).

»*Mein Fleisch ist nicht Mein Ich, sondern nur Mein Geist ist Mein wahrstes Ich.* Mit Meinem Geist aber bin Ich allenthalben gegenwärtig und wirke in einem fort durch die ganze Unendlichkeit« (Gr VI 142, 14).

»Wie konnte Jesus denn, als das allein ewige Gottwesen, an Weisheit und Gnade vor Gott und den Menschen zunehmen, da Er doch Gott von Ewigkeit war? Und wie namentlich vor den Menschen, da Er doch von Ewigkeit das endlos allervollkommenste Wesen war?

Um das richtig zu fassen, muß Jesus nicht abgeschlossen als den alleinigen Gott ansehen, sondern man muß sich Ihn als einen Menschen vorstellen, in dem die alleinige ewige Gottheit sich geradeso, als untätig erscheinend, einkerkerte, wie da in eines jeden Menschen Wesen der Geist eingekerkert ist.

Was aber ein jeder Mensch nach göttlicher Ordnung tun muß, um seinen Geist frei zu machen in sich, das mußte auch der Mensch Jesus ganz vollernstlich tun, um das Gottwesen in ihm frei zu machen, auf daß er eins würde in Ihm. Es muß aber jeder Mensch gewisse Schwächen in sich tragen, die da die gewöhnlichen Fesseln des Geistes sind, durch die er wie in einer festen Hülse eingeschlossen ist. Die Fesseln aber können erst dann zersprengt werden, wenn die mit dem Fleische vermengte Seele sich durch die gerechte Selbstverleugnung also gestärkt hat, daß sie fest genug ist, den freien Geist zu fassen und zu halten« (Jug 298, 2–9).

»Die Seele Jesu mußte auch die größten Versuchungen, sich selbst verleugnend, bestehen, um ihrem Gottgeiste die Bande abzunehmen, sich damit zu stärken für die endloseste Freiheit des Geistes aller Geister, und also völlig eins zu werden mit Ihm. Und eben darin bestand denn auch das Zunehmen der Weisheit und Gnade der Seele Jesu vor Gott und den Menschen, und zwar in dem Maße, als sich der Gottgeist nach und nach stets mehr vereinte mit seiner freilich göttlichen Seele, welche da war der eigentliche Sohn« (Jug 288, 18–19).

»Jesus fühlte in sich fortwährend auf das lebendigste die allmächtige Gottheit. Er wußte es in seiner Seele, daß alles, was die Unendlichkeit faßt, seinem leisesten Wink untertan ist und ewig sein muß. Dazu hatte er den größten Drang in seiner Seele, zu herrschen über alles. Stolz, Herrschlust, vollste Freiheit, Sinn fürs Wohlleben, Weiberlust und dergleichen mehr, als auch Zorn waren die Hauptschwächen seiner Seele. Aber er kämpfte aus dem Willen der Seele gegen all diese gar mächtigen tödlichen Triebfedern seiner Seele. Er übte sein Leben durch lauter schwerste Selbstverleugnungen, um dadurch die zerrüttete ewige Ordnung wiederherzustellen« (Jug 299, 2–5 u. 17).

Petrus stellte bei Gelegenheit dem Herrn eine Frage, die auch heute noch viele Menschen, insbesondere die Forscher bewegt, und die Erörterungen in der Leben-Jesu-Forschung darüber sind zahlreich und die Ergebnisse verschieden. Petrus sagte: »Das, was mir noch nicht so ganz klar ist, besteht in dem, daß ich noch immer das nicht einsehe, warum Du einmal von Dir sagst, daß Du des *Menschen Sohn* bist und ein andermal wieder *Gottessohn* und wieder ein andermal Jehova selbst seiest« (Gr V 246, 15).

Darauf erhält er von Jesus die Antwort: »Weder Jehova in Mir, noch Meine Seele als dessen ewiger Sohn, sondern allein *dieser Leib* als des *Menschen Sohn* wird getötet werden in Jerusalem, aber am dritten Tage als völlig verklärt auferstehen und dann für ewig eins sein mit Dem, der in Mir ist und Mir alles offenbart, was ich als *Menschensohn* zu tun und zu reden habe und den ihr noch immer nicht völlig kennt, obwohl Er schon eine geraume Zeit unter euch redet und wirkt« (Gr V 246, 17).

Auch die an Jesus gerichtete Frage eines Jüngers – »Wie konntest Du als Jehova, der unendlich ist, diese Deine Unendlichkeit verlassen und Dich hineinzwängen in diese höchst endliche Form?« – wird seitdem bis heute von Millionen Menschen immer wieder gestellt.

Die Antwort, die Jesus gab, lautete: »Ich bin überall der ewige Ich, aber hier bei euch bin Ich nun in Meiner ewigen Seinsmitte, von der aus die ganze Unendlichkeit ewig fort und fort unverändert gleich und gleich erhalten wird in ihrer endlosesten ewigen Ausdehnung« (Gr IV 122, 3 u. 7).

»Wenn der Sohn von Ewigkeit her war, wie konnte er gezeugt werden? Und wenn der Heilige Geist auch von Ewigkeit her war, wie konnte er vom Vater und Sohn ausgehen und also seinen Ursprung nehmen? Wenn nach eurem Sinn und Verstand die von euch beanstandeten drei göttlichen Personen, aus denen die späteren Menschen leicht drei Götter machen könnten, insgesamt ewig, d. h. ohne Anfang sind, so konnte dann ja nicht einer dem anderen den Anfang des Seins geben!

Ich bin, als nun ein Mensch im Fleische vor euch, der Sohn und bin niemals von einem andern als nur von Mir Selbst gezeugt worden und bin eben darum Mein höchsteigener Vater von Ewigkeit. Wo anders könnte da der Vater sein als nur im Sohne, und wo anders der Sohn als nur im Vater, also nur ein Gott und Vater in *einer* Person?

Dieser Mein Leib ist sonach die verherrlichte Gestalt des Vaters der Menschen und Engel wegen, damit Ich ihnen ein begreiflicher und schaubarer Gott bin, und ihr könnet Mich nun schauen, hören und sprechen und doch leben dabei; denn ehedem hieß es, daß Gott niemand sehen und dabei leben könne. Ich bin denn nun durchgängig Gott; in Mir ist der Vater, und die von Mir nach Meiner Liebe, Weisheit und nach Meinem allmächtigen Willen ausgehende Kraft, die den ewig endlosen Raum allenthalben erfüllt und auch überall wirkt, ist der Heilige Geist.

Ich, wie ihr Mich nun als Gottmenschen unter euch sehet, bin mit Meiner ganzen Urzentralwesenheit sicher vollkommen und ungeteilt unter euch hier in diesem Speisesaale auf dem Ölberg und befinde Mich darum als ein wahrster Gott und Mensch zugleich nirgends anderswo, weder auf dieser Erde und noch weniger auf einer anderen. Aber durch dir von Mir ausgehende Kraft, die da ist der Heilige Geist, erfülle Ich wirkend dennoch alle Himmel und den irdisch materiellen und endlosen Raum. Ich sehe da alles vom Größten bis zum Kleinsten, kenne alles, weiß nun alles, verordne alles und schaffe, leite und regiere alles.

Wenn ihr aber nun solches wisset aus Meinem Munde, so werdet ihr auch verstehen, aus welchem Grunde ihr die Menschen, die an Mich glauben und nach Meiner ihnen bekannt gemachten Lehre auch handeln werden, im Namen des Vaters, des Sohnes und des Heiligen Geistes durch die Auflegung der Hände stärken sollet.

So ihr nun den Grund einsehet, da werdet ihr auch einsehen, daß infolge der Nennung der drei Eigenschaftsnamen die Menschen, so sie von euch wahr und richtig unterrichtet werden, nicht leicht auf die Idee von drei persönlich wesenhaften Göttern verfallen werden. Aber Ich lege euch das denn auch teuerst ans Herz, daß ihr den Menschen allenthalben ein rechtes und wahrheitsvolles Licht gebet; denn wo es an dem gebrechen wird, da werden die Menschen denn auch leicht und bald verkümmern und in allerlei Irrlehren übergehen, und es wird dann schwer halten, sie auf die Wege der vollen Wahrheit zu bringen. Daß aber auch bei aller eurer Treue dennoch falsche Lehrer und Propheten aufstehen und gar viele Menschen verführen werden, das werdet ihr wohl nicht zu verhindern vermögen« (Gr VIII 27, 1–7).

»Ich kann als Mensch auch nichts von Mir selbst tun. Ich höre aber allezeit die Stimme des Vaters in Mir, und wie Ich sie höre, ebenso handle, rede und richte Ich« (Schrifft. 3, 5).

»Die Gottheit trat im Menschen Jesus nur bei Gelegenheiten in dem Maße wirkend aus, als Er als Mensch durch seine Taten dieselbe in sich flottmachte. Aber ohne Taten (Wunderwirken, d. Vf.) tauchte die Gottheit nicht auf« (Schrifft. 8, 9).

Über die äußere Gestalt des Menschen Jesus werden in der Neuoffenbarung ebenfalls einige Angaben gemacht: »Äußerlich ist er ein eben nicht schöner Mann. Er ist mehr klein von Statur, und seine Hände sind rauh und arbeitsnarbig, aber sein Kopf ist würdevoll und sein Auge wohl das schönste, das mir je zu Gesicht kam. Auch um den Mund hat Er einen überaus freundlichen, wenn daneben auch würdevollen, ernsten Zug. Die Stimme seines Mundes aber kann man eine wahrhaft männlich hinreißende nennen« (Gr II 240, 12).

Es wäre hier noch anzumerken, daß Jesus mit dem heute im deutschen Sprachgebiet üblichen Namen nicht gerufen oder angesprochen wurde. Sein tatsächlicher Rufname war Jeschua. Dieser Name kommt von »Josua«. Seit dem vierten Jahrhundert vor Christus »wurde er nicht mehr wie früher Jehosua, sondern Jesua« (sprich Jeschua) ausgesprochen. Es gab damals viele, die diesen Namen hatten.[42] Auch die Mutter hieß nicht Maria, sondern Mirjam.

Das Geheimnis der Erlösung durch den Kreuzestod Jesu

Die Erlösung durch die Menschwerdung Gottes und den Kreuzestod des Gottmenschen Jesus ist das für die meisten Menschen am schwersten zu begreifende Mysterium. Jesus hat – ganz im Gegenteil zur Meinung mancher Autoren[43] – den Jüngern mehrfach, und zwar bereits im ersten Jahre seiner Lehrtätigkeit, seinen gewaltsamsten Tod und seine Auferstehung am dritten Tag vorausgesagt.

»Von diesen Zeiten an«, wird in der Neuoffenbarung gesagt, »fing Ich an, ernstlich mit Meinen Jüngern davon zu reden, daß Ich nach des Vaters Willen wohl werde nach Jerusalem gehen und dort viel leiden müssen von den Ältesten, Hohenpriestern und Schriftgelehrten, werde von ihnen getötet werden, aber am dritten Tag wieder vom Tode auferstehen (Mt 16, 21). Als ein Sieger über allen Tod und über alle Feinde des Lebens werde Ich dastehen dann ewig für ewig, wovon Ich schon auf dem Berge des Markus Erwähnung tat.«

»Da erschrak Petrus und sagte zu Mir, Mich beiseite ziehend, in einem gewissen gebieterisch-mahnenden Tone: ›Herr, das geschehe Dir ja nicht, und Du bist uns allen Menschen gegenüber verpflichtet, Deiner zu schonen!‹« (Mt 16, 22).

»Aber ich wandte Mich schnell um und sagte auch in einem ganz ernsten Tone: ›Hebe dich, Satan, von Mir! Du bist Mir ärgerlich; denn du meinst nicht, was göttlich, sondern nur, was da ganz gemein weltmenschlich ist!‹« (Mt 16, 23) (Gr V 170, 5–6).

Diese Stelle des Evangeliums ist manchen Kritikern ein Stein des Anstoßes. Der Bericht, daß Jesus einerseits dem Petrus die »Schlüssel des Himmels übergeben und auf ihn seine Kirche bauen will« und ihn andererseits kurz darauf einen Satan nennt, vermögen sie in keinen sinnvollen Zusammenhang zu bringen und werten deshalb das ganze Evangelium als ungereimtes und unzuverlässiges Gemeindegut ab.

Die äußerst komprimierte Darstellung des Evangeliums läßt eine schnelle und oberflächliche Kritik gar nicht zu. Die ausführlichen Erörterungen der Neuoffenbarung erhellen auch in diesem Fall den Sachverhalt in logischer Weise.

In der NO heißt es nämlich hierzu:

»Hier erschrak Petrus ganz gewaltig, fiel vor Mir nieder, bat Mich um Vergebung und setzte weinend hinzu: ›Herr, als wir auf eben diesem Meere dahin steuerten, wo wir uns nun mehrere Tage aufhielten, sagtest Du zu mir wegen meines Glaubens: ›Simon Juda, du bist Petrus, ein Fels, auf dem Ich Meine Kirche bauen werde, und alle Pforten der Hölle werden sie nicht überwältigen! Dir will Ich geben des Himmelreiches Schüssel. Was du auf Erden lösen wirst, das soll auch im Himmel gelöst sein, und was du binden wirst auf Erden, das wird auch gebunden sein im Himmel!‹ Das, o Herr, waren buchstäblich Deine heiligen Worte aus Deinem heiligsten Munde, an mich armen Sünder gerichtet. Ich aber habe mich darum dennoch nie erhoben, sondern mich stets nur für den Geringsten unter uns gehalten – und wegen einer freilich nur menschlichen, aber dennoch nur aus meiner großen Liebe zu Dir erkeimenden Warnung hast Du mich zum Fürsten der Hölle gemacht! Herr, sei doch gnädig und barmherzig dem armseligen Fischer Petrus, der zuerst sein Netz ins Meer warf, Weib und Kinder verließ und Dir nachfolgte!« (Gr V 170, 7–8).

»Da wandte Ich mich wieder freundlich zu Petrus und sagte: ›Darum habe Ich dich nicht im geringsten herabgesetzt, so Ich dir in der scharfen Anrede dein Menschliches gezeigt habe! Alles, was Diesweltlich-Menschliches am Menschen ist – als sein Fleisch und dessen verschiedenartige Bedürfnisse aus puren diesirdischen Rücksichten –, ist im Gerichte, darum Hölle und Satan, der da ist ein Inbegriff alles Gerichtes, alles Todes, aller Nacht und alles Truges; denn alles scheinbare Leben der Materie ist nur ein Trugleben, und all ihr Wert ist soviel wie gar keiner. Welch ein Mensch immer in einen Sinn der Materie zurückfällt, ist insoweit dann auch Satan, inwieweit er irgendein Heil in der Materie und in ihrem Scheinleben vertritt.

Will aber jemand des Satans noch in seinem Fleische ledig werden, so muß er das Kreuz, das Ich schon jetzt im Geiste trage, auf seine Schulter nehmen und Mir nachfolgen! (Mt 16, 24). Denn Ich sage es euch: Wer sein (irdisch) Leben erhalten will, der wird es (das geistige) verlieren; wer aber sein (irdisch) Leben um Meinetwillen verlieren wird, der wird es (das geistige) finden! (Mt 16, 25).

Was hülfe es denn einem Menschen, so er gewönne die ganze Welt mit allen ihren Schätzen, litte aber dabei Schaden an seiner Seele?« (Gr V 171, 1–4).

»Und du, Mein Petrus, wirst nun hoffentlich auch im klaren

212

sein darüber, warum Ich ehedem zu dir gesagt habe: ›Hebe dich von Mir, Satan!‹« (Gr V 170, 9).

Petrus dachte in der Folge immer wieder über den von Jesus prophezeiten Opfertod nach, aber er suchte vergeblich nach dem Sinn des bevorstehenden Leidens. Nach einiger Zeit wandte er sich erneut an Jesus mit den Worten: »Herr und Meister, da wäre noch so manches zu besprechen, was von Deinem Munde kommt, aber selbst der gesundesten Menschenvernunft nicht so rechtswichtig und lichtkräftig einleuchten will. Und da steht eben im Hintergrunde, wie ein Ungeheuer grinsend, die strikte und unabweisbare Notwendigkeit der dem Menschensohne bevorstehenden Leiden, und ich getraue es mir, fest zu behaupten, daß solch eine Notwendigkeit nie eines noch so gesunden und guten Menschen Vernunft ganz klar einsehen wird!

Es mag solch ein Akt noch so nötig sein zur Erreichung eines von Dir schon von Ewigkeiten hergestellten Hauptzweckes; aber es nützt das alles wenig oder nichts zur beruhigenden Aufhellung der menschlichen Vernunft, und sie wird zu allen Zeiten die Frage stellen und sagen: ›Warum mußte denn der Allmächtige also von seinen Geschöpfen zugerichtet werden, um ihnen die Seligkeit und das ewige Leben geben zu können? Genügte die reinste Lehre und sein rein nur Gott mögliches Wundertun nicht? Bessert *das* die Menschen nicht, wie wird sie dann sein Leiden und Sterben bessern?‹ Ich als einer Deiner getreuesten Anhänger sage es da ganz offen: Dein Leiden wird vielen guten Menschen zum Steine des Anstoßes werden, und sie werden wankend werden in ihrem Glauben. Darum frage ich Dich auch jetzt schon um ein rechtes Licht darüber, auf daß wir dann zur rechten Zeit den fragenden Menschen auch eine rechte Aufklärung zu geben imstande sind zu ihrer Beruhigung« (Gr V 247, 1–3).

Auf seine Frage erhielt Petrus folgende Antwort: »Du fragst hier nun um eine ganz gute und gerechte Sache, die du, so Ich sie dir auch ganz recht erkläre, dennoch immerhin nie als pur

Mensch ganz recht und richtig begreifen wirst; erst nach Meiner Auferstehung, wenn du wiedergeboren wirst im Geiste, wirst du auch ganz rein und klar das große Warum einsehen.

Ich als der alleinige Träger alles Seins und Lebens muß nun auch das, was von Ewigkeiten her durch die Festigkeit Meines Willens dem Gerichte und dem Tode verfallen war, erlösen und muß eben durch das Gericht und durch den Tod Meines Fleisches und Blutes und das alte Gericht und in den alten Tod eindringen, um so Meinem eigenen Gotteswillen jene Bande insoweit zu lockern und zu lösen, wegen der in sich reif gewordenen Materie der Dinge, auf daß darauf alle Kreatur aus dem ewigen Tode zum freien und selbständigen Leben übergehen kann. Und es ist darum des Menschen Sohn in diese Welt gekommen, um das, was gewisserart von Ewigkeit her verloren war, aufzusuchen, es zu erlösen und also für die Seligkeit fähig zu machen (Mt 18, 11).

Was dünkt euch: Wenn irgendein Mensch 100 Schafe hätte und eines derselben sich verirrte irgendwo im Walde, läßt er nicht die 99 stehen auf dem Berge und geht hin und sucht das verlorene?! (Mt 18, 12). Und so es sich dann begibt, daß er es findet, wahrlich sage Ich euch: Wird er da nicht mehr Freude haben über das wiedergefundene denn über die 99, die nie verloren waren?!« (Mt 18, 13) (Gr V 247, 4–7). »Ich kam ja hauptsächlich eben darum als nun selbst materiell in diese Welt, um dies verlorene Schaf zu suchen und es der seligen Bestimmung zuzuführen.

Gottes Geist und Wille werden und in diesem Meinem Leibe, also in der Materie, gesänftigt und gleichsam beugsam und lösbar gemacht. Ist das geschehen, dann muß diese Meine Materie in der möglich größten Erniedrigung und Demütigung gebrochen und zuerst gelöst werden, und der Geist Gottes, der in aller seiner Fülle in Mir wohnt und eins ist mit Meiner Seele, muß diese gebrochene Materie, als durch sein Liebefeuer geläutert, erwecken und beleben, und sie wird dann auferstehen als ein Sieger über alles Gericht und über allen Tod.

Daß ihr es nun noch nicht ganz klar einsehen werdet, wie und warum dieses also geschehen muß und auch wird, das habe Ich euch zum voraus gesagt; aber das könnet ihr nun schon daraus schließen, daß solch ein Akt, so abschreckend er auch für ein pures Menschenauge aussehen mag, doch notwendig ist, um alle Kreatur mit der gerechten Länge der Zeiten zum freien, unabhängigen und reinen Gottleben zurückzuführen.

Und so Ich da euch solches für euer Verständnis genügend enthüllt habe, so werdet ihr daraus innerlich – so ihr nun sehet, wer da so ganz eigentlich die Kleinen sind – auch einsehen, wie es nun des Vaters Wille also ist, daß auch nicht selbst der Allerkleinste und Geringste von ihnen je verlorengehe« (Mt 18, 14) (Gr V 247, 9–12).

»Nach der alten Ordnung konnte niemand in den Himmel kommen, der einmal in der Materie gesteckt war« (Gr IV 109, 4). Die neue Ordnung besteht nun darin, daß »Ich selbst Mensch geworden bin, selbst alle Materie durchdrungen und somit allen ihren noch so alten, gerichteten geistigen Inhalt zur Beseligung fähig gemacht habe. Und das ist eben die *zweite Schöpfung,* die Ich schon von Ewigkeit her vorgesehen habe, ohne die nie ein Mensch dieser oder einer anderen Erde vollkommen selig hätte werden können.«

»Die Erlösung aber besteht erstens in Meiner Lehre und zweitens in dieser Meiner Menschwerdung, durch welche die so überwiegende Macht der alten Hölle gebrochen und besiegt ist« (Gr VI 239, 3–5).

Die Erlösung steht in ursächlichen Zusammenhang mit dem Fall Adams, der als der »geistige Tod« bezeichnet wird (Gr IX 83, 5). »Der ganze Mensch wurde kraftlos und verlor die Herrschaft über alle Dinge in der Naturwelt und ward dann genötigt, mit Hilfe des matten Schimmers seines Gehirnverstandes sich im Schweiße seines Angesichts sein Nährbrot physisch und noch mehr geistig zu erwerben.«

»Und siehe, so haben sich nun die Menschen bis auf diese Zeit von Gott und somit auch vom wahren inneren Leben so weit entfernt, daß sie beinahe an keinen Gott mehr glauben und somit auch an kein Fortleben der Seele nach dem Abfall des Leibes« (Gr IX 83, 5–6). »Und so nun Gott selbst zu den Menschen in aller Fülle seiner ewigen Macht und Kraft und mit all seiner Liebe und Weisheit körperlich gekommen ist, so erkennen sie das nicht und halten das in ihrer großen Blindheit für unmöglich, während *bei Gott doch alle Dinge möglich sind*« (Gr IX 83, 7).

»Die ganze Erde ist mit dem losesten Menschengeschlecht eine vollkommene Hölle.« »Die Welt und die Hölle sind geradeso eins, wie da eins sind Leib und Seele« (Gr VI 240, 5–6).

»Den Grad der allerhöchsten Lebensvollendung hätte vor Meiner Menschwerdung wohl niemand erreichen können, und Ich bin darum auf diese Erde gekommen, um durch die Wiedergeburt eures Geistes in eure Seele hinein euch zu Meinen wahren Kinder zu machen« (Gr IV 218, 1).

»Bis jetzt (d. h. bis zur Auferstehung Jesu, d. Vf.) ist noch keine Seele, die den Leib verließ, der Erde entrückt worden. Zahllos viele, von Adam angefangen bis zur Stunde, schmachten sie alle in der Nacht der Erde. Aber von nun an erst werden sie frei. Und wenn Ich in die Höhe fahren werde, werde Ich allen den Weg von der Erde in die Himmel öffnen, und sie werden alle eingehen auf diesem Weg zum ewigen Leben. Siehe, das ist das zu vollbringende Werk des Messias« (Gr I 62, 9–10).

»Ich wollte für alle künftigen Zeiten und Ewigkeiten Mir wahre und wirkliche, Mir völlig ähnliche Kinder nicht nur wie gewöhnlich erschaffen, sondern durch Meine väterliche Liebe wahrhaft zeihen (heranbilden, d. Vf.), damit sie dann mit Mir beherrscheten die ganze Unendlichkeit. Um aber das zu erzielen, nahm Ich, der unendliche, ewige Gott, für das Hauptlebenszentrum Meines göttlichen Seins Fleisch an, um Mich euch, Meinen Kindern, als schau- und fühlbarer Vater zu präsentieren und euch selbst aus meinem höchst eigenen Munde und Herzen zu lehren die wahre, göttliche Liebe, Weisheit und Kraft, durch die ihr dann Mir gleich beherrschen sollet und werdet nicht nur alle die Wesen dieser gegenwärtigen Schöpfungsperiode, sondern auch die vorangegangenen und alle die noch künftig folgenden« (Gr VI 255, 3–4).

»Was Mein Leiden betrifft, so habe Ich also gelitten an Meinem Leibe wie ein jeder andere Mensch, und zwar in derselben Ordnung, wie ihr es leset in den Evangelien. Weil aber das menschlich leidende Ich nicht ein anderes, göttliches Ich in sich schloß, so war dieses Leiden auch ein doppeltes, nämlich das äußere, leibliche, und das innere, göttliche.

Worin das äußere Leiden bestand, wisset ihr – aber worin das *göttliche* Leiden bestand, das ist eine andere Frage. Damit ihr euch davon einen Begriff machen könnet, so denket euch, was das heißen will, wenn der unendliche Gott in dieser Leidensperiode sich aus seiner unendlichen und ewigen Freiheit zurückzog und in dem Herzen des Leidenden ›Sohnes‹ seine Wohnung nahm« (Hi I, S. 327, 8–9).

»Es ist bereits früher oft auseinandergesetzt worden, daß Adam als erster Mensch dieser Erde – in dem Sinne der völligen Geistesfreiheit – dazu erschaffen worden war, eine Form zu bilden, aus der heraus die Materie wieder zum freien Geistesleben zurückgeführt werden könnte. Dazu gehörte aber vor allen Dingen die Überwindung der Materie selbst, d. h., es mußte durch freien Entschluß ein Zustand geschaffen werden, der nach der einen Seite hin die Besiegung aller niederen, als irdische Lüste, Begierden und Neigungen bekannten Eigenschaften aufwies, um nach der anderen Seite ein freies Aufsteigen zum reinsten Geistesleben zu ermöglichen.

Es ist schon oft genug gesagt worden, daß die menschliche Seele aus kleinsten Anfängen besteht, welche, wachsend und zu immer höheren Bewußtseinssphären sich entwickelnd, schließlich im Menschen wieder diejenige Form erlangt, welche eben als irdische Form nicht weiter mehr entwicklungsfähig ist, wohl aber in ihrer seelischen. Deswegen begegnen sich im Menschen zwei Prinzipien: das Ende des materiellen Lebens als höchst ausgeprägtes Selbstbewußtsein und der Anfang eines seelischen, unwandelbaren Lebens in der höchsten errungenen Formenvollendung. Deswegen kann der Mensch auf dieser Messerschneide des irdischen Lebens sich dem Bewußtsein, daß er lebt, wohl nicht verschließen – denn dessen ist er sich selbst Beweis –, aber dennoch gar keine Ahnung davon haben, daß er an der Schwelle eines geistigen Lebens angelangt ist, welches nun in der unwandelbar bleibenden Menschenform seinen Anfang nimmt – mit anderen Worten: Nachdem er viele Leibeswandlungen, welche die Menschengestalt als Ziel sich setzten, durchgemacht hat, bleibt diese jetzt in ihrer allgemeinen Gestaltung unberührt; wohl aber beginnt jetzt eine seelische Wandlung, die das Ziel hat, sich immer mehr dem Gottgeiste selbst zu nähern und mit diesem in eine Gemeinschaft zu treten.

Wer nun zu denken vermag, der denke! Was kann geschehen, wenn nicht dieser Übergang vermittelt wird? Denn hier stehen sich Materie und Geist schroff gegenüber, die sich wohl gegenseitig immer mehr verfeinern, nie aber – als Polaritäten – ganz berühren können. Es muß doch jedenfalls hier ein Weg gezeigt, eine Brücke geschlagen werden, über welche es möglich ist von der Materie zum Geiste zu gelangen! Dieser Weg muß ein Beispiel sein, dem jedermann nachzufolgen imstande ist. Würde dieser Weg nicht gefunden, das heißt also, würde nicht ein Mensch denselben betreten, so würde der Austritt aus der Materie, um in ein freigeistiges Leben hinüberzukommen, unmöglich werden.

Es muß also das Bestreben der Gottheit selbst sein, ihre Geschöpfe, welche sie aus Liebe und zu ihrer Rettung in den Materiegang einzwängte – nachdem diese die Grenze erreicht haben, von der aus der geistige Weg möglich ist –, auch zu sich heranzuziehen und so in das Verhältnis des Vaters zum Kinde zu führen. Adam sollte diese Brücke in sich bauen und hatte es eigentlich sehr leicht, indem die Anreizungen der Materie sehr gering waren im Vergleich zu jetzt. Es bedurfte bei ihm nur der Selbstbesiegung, des Gehorsams, so war die Brücke geschlagen, und in ihm konnte das geistige Leben blühend erwachen, da Gehorsam gegen Gott bei einem Menschen, der sonst frei von jedweder Sünde ist, das einzige Prüfungsmittel ist. Erst aus dem Ungehorsam folgen alle anderen Vergehen von selbst, wie jeder bei Kindern leicht beobachten kann. Nun fiel Adam, und damit war ein Zurücktreten in die Materie, d. h. in diejenige Polarität geschehen, welche sich ebensoweit von Gott entfernen kann, als zu Gott selbst zu immer höheren Seligkeiten aufzusteigen vermag.

Mit diesem Fall aber war die Sünde deswegen in die Welt getreten, weil Gott nie ein Werk schafft, um es etwa wieder zu zerstören, sondern der einmal geschaffene Weg wird weiterverfolgt, sozusagen korrigiert, weil die göttliche Weisheit von vornherein die Folgen eines Mißlingens berücksichtigt. Soll es aber heißen, *freie* Geschöpfe zu schaffen, keine Geistmaschinen, so ist der Weg der Selbstentwicklung im Menschen überhaupt nur der Weg hierzu. Mit dem Entstehen des Menschengeschlechtes als Völker aber war die Folge der sämtlichen Sünden, die in langer Reihe als nun immer tieferer Fall bestehen, gegeben, da deren Anfang als Ungehorsam nun einmal bestand. Da heißt, wäre Adam nicht ungehorsam gewesen, so hätte auch keiner seiner Nachkommen ungehorsam sein können, weil er in sich sodann einen Keim vernichtet hätte, der dann nicht mehr fortgeerbt werden konnte. So aber befruchtete er diesen Keim, und in seinen Nachkommen wuchs er zu dem Baume aus, der das Licht der Sonne durch sein starres Blätterdach kaum mehr hindurchscheinen läßt« (Gr XI, S. 209–211).

»Gott hatte Adam ein Gebot gegeben: unbedingten Gehorsam. Er mißachtete es und fiel. Der Mensch Jesus gab sich aus Liebe zu Gott freiwillig dieses Gebot, nichts ohne des Vaters Willen zu tun, und ward dadurch das leuchtende Vorbild zur Nachfolge. Er errang also in sich die Stufe, die Adam nicht errungen hatte, und versöhnte also in sich die Gottheit, die in ihrer Heiligkeit durch das mißachtete Gebot verletzt war. Die Weisheit gab das Gebot; der Wille, die Kraft, verlangte die Erfüllung; die Liebe fand den Weg, in dem Menschen Jesus die Bedingungen zu erfüllen, welche notwendig waren, um den früheren Seligkeitszustand für alle Geschöpfe zurückzubringen. Darin aber, daß nun dieser Weg, der direkt zu Gott führt, eröffnet ist, und darin, daß dieser Weg von dem *Menschensohne Jesus, der dadurch zum Gottessohne ward,* erfüllt wurde, liegt die Erlösung. Das Sterben Jesu ist die Besiegelung des unbedingten Gehorsams« (Gr XI, S. 214). »Der Baum der Sünde wurde und konnte also nur durch Jesus gebrochen werden, weil er in sich eben den Gottesgeist umschloß, der bereits Adam das Gebot gegeben hatte, ohne daß dieser es erfüllte.

Man wird nun sagen: Wo liegt denn nun aber der Beweis, daß es sich so verhält, daß nicht die früheren Lehrer dasselbe vollbrachten? Denn, was hier gesagt ist, entzieht sich dem Menschenauge, ist ein innerer Vorgang, über den ein anderer als eben Jesus selbst nicht berichten kann, während der äußere Vorgang, das Auftreten eines vortrefflichen Lehrers, dessen Wandel und gute Lehren, auch das Sterben, sich schon öfter gezeigt hat! Wieso ist nun hier der Sündenbaum wirklich gebrochen und dort nur das Blätterdach durchbrochen? Die äußere Wirkung in der Welt ist wenig zu spüren, denn die Sünde blüht zur Stunde wie noch nie – und andere als äußere Merkmale kann die Menschheit doch nicht beurteilen!

Ja, das scheint schon auf den ersten Blick so zu sein, aber näher betrachtet – doch nicht!

Jeder, der den inneren Weg beschreitet, wird bald gewahr werden, wie er in Wahrheit beschaffen ist. Der äußere Anschein besagt da gar nichts; denn dieser ist eine hohle Nuß. Wer aber den inneren Weg nicht gehen will, der ist ebensowenig zu überzeugen, oder ihm ist ebensowenig nur ein Bild von diesem Wege zu geben, als es unmöglich ist, einem Blinden einen Begriff von den Farben zu geben. Hier entscheidet der Erfolg. Der Weg ist da, betretet ihn – dann urteilet!

Ohne Mich kann niemand zum Vater gelangen, und ohne den Glauben an Jesus hat auch noch kein Weise jemals das allgewaltige Gottwesen als den Urquell aller Liebe, die sich persönlich darstellen kann, empfunden. Das Unschaubare wird zum Schaubaren nur in Jesus, und diese Vereinigung beider in der Menschenform ermöglicht das Herantreten des Geschöpfes an den Schöpfer, das Aufgehen der Materie in den Geist, die Rückführung der entstandenen Sündenfolge aufwärts über die Scheidewand von Materie und Geist, als sonst sich unmöglich berühren könnende Punkte, hinweg. *Brücke* ist das Leben Jesu.

Es entsteht also nun die Frage: Wie weit konnten denn nun vor dem Tode des Menschensohnes die abgeschiedenen Seelen gelangen? Sie konnten natürlich, je nachdem sie eine gegebene Lehre der vielen schon früher aufgetretenen Lehrer befolgten, zur Erkenntnis und auch zur Seligkeit in sich gelangen, aber nicht zur Anschauung der personifizierten Gottheit.

Das geschah aber nun in *der* Zeit erstmalig, als der Leib Jesu im Grabe lag. Der rein irdische Leib lag da, während die Seele mit dem innewohnenden Gottgeiste hinüberging und dort allen sich zeigte als der, der Er ist und war« (Gr XI, S. 214 f.).

»Auf allen Weltkörpern, die irgend von vernünftigen Wesen unter menschlicher Gestalt bewohnt werden, ist die volle Menschwerdung des Herrn im Fleische bekanntgemacht worden ...« (Gr I 215, 4).

»So Gott etwas tut, dann gilt das nicht für uns hier auf diesem Fleck, ebenso auch nicht für dieses Land oder für die ganze weite Erde, sondern das gilt gleich unter einem für die ganze Unendlichkeit und Ewigkeit. Daher heißt es das alles wohl fassen in seiner tiefsten Tiefe« (Gr III 80, 10).

Oben wurde die Aussage des Apostels Petrus zitiert, daß das Leiden Jesu »vielen Menschen zum Stein des Anstoßes werden wird«. Petrus hat recht behalten.

Das begann mit Arius im 4. Jahrhundert, als dieser Bischof die Gottheit Christi leugnete und sich nicht vorstellen konnte, daß Gott solches über sich als Mensch ergehen läßt. Nach Arius sollte Jesus nur ein Übermensch sein, und gegen Ende des 4. Jahrhunderts sah es so aus, als würde die Hälfte der Christen in das Lager dieses Irrlehrers abwandern. Doch es schien nur so, eine unsichtbare Hand lenkte die Entwicklung anders. Heute kennen die wenigsten Christen den Namen dieses Häretikers.

Seit dem Aufkommen der bibelkritischen Forschungen der liberalen protestantischen Theologen wurde die Göttlichkeit Jesu bis in unsere Zeit in zunehmenden Maße geleugnet. Sie gipfelt in dem Ausspruch des Theologen Rudolf Bultmann: »Welch primitive Mythologie, daß ein Mensch gewordenes Gotteswesen durch sein Blut die Sünden der Menschen sühnt.«[44]

Den gleichen Tenor finden wir bei Heinz Zahrnt. Bei Jesus handele es sich »nicht um etwas Übernatürliches«, »Gott handelt und spricht eben in einem Menschen«[45]. Und was führt Zahrnt als Beleg für diese These an? Man höre und staune: Er beruft sich auf den Ausspruch des Pilatus: »Sehet den Menschen!«[46] Das Zeugnis des Evangelisten Johannes »Ja, Ich bin es« vor dem Synedrium, wo es um Leben und Tod ging, übergeht Zahrnt schlicht.

Alles, was in die Vorstellungswelt des rationalen Kalküls nicht paßt, das ist ohne weiteres widersprüchliches, unlogisches und phantastisches »Gemeindegut«.

Als Jesus den Jüngern im Beisein seiner Mutter sein Leiden voraussagte, erschrak Maria und wurde sehr besorgt. Als sie in ihren Sohn zu dringen versuchte, gab der ihr die Antwort: »Das sind Dinge, die nur Ich verstehe, darum redet nicht weiteres mehr darüber« (Gr X 5, 5).

Dieses Wort und auch das folgende, das Lorber in die Feder diktiert wurde, läßt alle Kritik verblassen.

»Es liegt noch Unendliches darin (im Kreuzestod Jesu, d. Vf.) verborgen, daran ihr Ewigkeiten genug zu erforschen haben werdet, und das immer Größeres und Unendlicheres« (Hi I, S. 329, 15).

Wir haben die Aussagen Bultmanns und Zahrnts Pars pro toto angeführt. Die Behauptung, daß Jesu nicht Gottessohn und Erlöser, sondern ein Sprecher Gottes, also ein Prophet, ein idealer Lehrer, ein sittlicher Mensch, und wie man neuerdings lesen kann, »ein interessanter Mensch« sei, zieht sich wie ein roter Faden durch die moderne theologische Literatur. Alle, die am Zerstörungswerk des Christentums schriftstellerisch beteiligt waren, hatten oft großen Erfolg und ernteten Beifall. Der angerichtete Schaden in den Seelen ist nicht zu ermessen. Zuerst war die gebildete Schicht von dem Auflösungsprozeß betroffen, und im Zeitalter der Massenmedien wurde auch die breite Masse erfaßt. Die meisten Leser oder Zuhörer sind außerstande, sich ein eigenes fundiertes Urteil über die vorgetragenen Theorien zu bilden. Das Mißtrauen, das die Kirchen mit dem oft bedenklichen Umgang mit der Wahrheit gesät haben, begünstigt die Verunsicherung der ratlos gewordenen Menschen.

Ausgangspunkt und Ursprung dieser Entwicklung ist die Beseitigung alles Metaphysischen. »Vorbei ist es mit dem alten Schema von beiden Welten«, schreibt Zahrnt, »... vorbei mit der Aufspaltung der einen Wirklichkeit in ein Diesseits und ein Jenseits.«[47] Die Leugnung der Gottheit Jesu und des ewigen Lebens der Seele in einer jenseitigen Welt bedeutet die Vernichtung des Mittelpunktes des christlichen Glaubens. Parallel dazu verläuft die Ausbreitung des Positivismus und Materialismus in den naturwissenschaftlichen Disziplinen der Wissenschaft. »In dieser Entwicklung«, sagt mit Recht Dietrich von Hildebrand, »haben wir eine wahrhaft geistig-moralische Krankheit unseres Jahrhunderts zu erblicken.«[48]

Aber das Transzendente existiert, auch wenn es heute noch so oft geleugnet wird. Das Goethe-Wort behält seine Geltung: »Die Geisterwelt ist nicht verschlossen. Dein Sinn ist zu, dein Herz ist tot.« Die tiefsten religiösen Wahrheiten sind, wie Walter Nigg treffend sagt, nicht auf dem Weg des gedanklichen Studiums erfaßbar.[49]

Wenn jeder Sinn für das Mysterium verlorengegangen ist, wird der Intellekt stets der Versuchung unterliegen, alles, was der menschlichen Logik nicht einleuchtet, zu leugnen und aufzulösen. Der anmaßende Rationalismus setzt sich über die Erkenntnis hinweg: »Finitum non capax infiniti«, d. h., das Endliche ist nicht fassungsfähig für das Unendliche. Deshalb heißt es in Sirach 1, 1–6: »Die Wurzel der Weisheit, wer kann sie ergründen, und ihre Geheimnisse, wer hat sie erkannt?«

Die Neuoffenbarung gibt aufschlußreiche Erklärungen zu schwerverständlichen und irreführenden Texten des Evangeliums

»Im Anfang war das Wort, und das Wort war bei Gott, und Gott war das Wort« (Joh 1, 1–5).

Die Erläuterung der NO: »Ein Hauptgrund des Unverständnisses solcher Texte liegt in der sehr mangelhaften und unrichtigen Übersetzung der Schrift ...« »Nun aber ist es an der Zeit, den wahren Sinn solcher Texte allen zu zeigen, die da würdig sind, daran teilzunehmen« (Gr I, Kp 1).

»Völlig unrichtig und den inneren Sinn sehr verhüllend ist der Ausdruck ›Im Anfang‹, denn dadurch könnte sogar der Gottheit ewiges Dasein bestritten und in Zweifel gezogen werden, was auch von einigen älteren Weltweisen geschehen ist, aus deren Schule die Gottesleugner dieser Zeit auch so ganz eigentlich hervorgegangen sind. So wir aber diesen Text richtig wiedergeben werden, da wird die Hülle nur sehr dünn erscheinen, und es wird nicht schwer sein, den inneren Sinn durch solche leichte Hülle recht wohl und manchmal sehr genau zu erspähen.

Also aber laute die richtige Übersetzung: Im Urgrunde, oder auch in der Grundursache (allen Seins), war das Licht (der große heilige Schöpfungsgedanke, die wesenhafte Idee). Dieses Licht war nicht nur in, sondern auch bei Gott, d. h., das Licht trat als wesenhaft beschaulich aus Gott und war somit nicht nur in, sondern auch bei Gott und umfloß gewisserart das urgöttliche Sein, wodurch schon der Grund zu der einstigen Menschwerdung Gottes gelegt erscheint.

Wer oder was war denn so eigentlich dieses Licht, dieser große Gedanke, diese heiligste Grundidee alles künftigen, wesenhaften, freiesten Seins? – Es war unmöglich etwas anderes als eben Gott selbst, weil in Gott, durch Gott und aus Gott unmöglich etwas anderes als Gott selbst nur sich in seinem ewig vollkommensten Sein darstellte; und so mag dieser Text auch also lauten: In Gott war das Licht, das Licht durchfloß und umfloß Gott, und Gott selbst war das Licht« (Gr I 1, 5–8).

»Ihr sollt nicht wähnen, daß ich gekommen sei, Frieden auf Erden zu streuen. Ich bin nicht gekommen, euch den Frieden dieser Welt zu geben, sondern das Schwert zum Kampf. Denn Ich bin nur gekommen, den Menschen zu erregen wider seinen Vater, die Tochter wider ihre Mutter und die Schwiegertochter wider ihre Schwiegermutter. Und des Menschen Feinde werden seine Hausgenossen sein« (Mt 10, 34–36).

Erläuterung der NO: »Wer diese Verse buchstäblich nimmt, die dazu noch sehr mangelhaft übersetzt sind, der kommt notwendig in ein Labyrinth von Irrtümern, aus denen er auch mit dem Lichte einer Urzentralsonne nicht herauskommen kann. Denn wie aus dem Vorhergehenden ersichtlich, lehre und begehre Ich alle erdenkliche Nachgiebigkeit, Friedfertigkeit und Freundlichkeit unter den Menschen; und Moses selbst lehrt in seinem vierten Gebot aus Meinem Munde: ›Ehre und achte und liebe Vater und Mutter, auf daß du lange lebest und es dir wohl ergehe auf Erden.‹ Wie könnte Ich dann all dem entgegen eine

Lehre aufgestellt haben, nach der der Sohn mit seinem Vater, die Tochter mit ihrer Mutter, die Schwiegertochter mit ihrer Schwiegermutter usw. mit dem Schwert in der Hand in fortwährendem Unfrieden, noch dazu in einem Hause, miteinander leben sollten!

Um diese Texte, die ursprünglich richtig von Mir sind, zu verstehen und sie als Meine Lehre zu würdigen, muß man zuerst wissen, bei welcher Gelegenheit Ich sie ausgesprochen habe und auch wie.

Die Gelegenheit war, als Ich in einem Orte Galiläas das Volk die Pflichten lehrte, die sie Gott und sich selbst untereinander schuldig seien. Und Ich sagte zu ihnen: ›Ich lehre euch nichts anderes, als was Mich Mein Vater von Ewigkeit her gelehret hat, von dem ihr zwar auch saget, daß Er euer Vater sei, den ihr aber dennoch nicht erkennt und nie erkannt habt. Denn würdet ihr Ihn kennen, so würdet ihr auch Mich kennen, da Mich dieser Vater zu euch gesandt hat.‹

Sie sagten darauf: ›Was machst du aus dir selbst, sind wir nicht Kinder Abrahams, und sagte Gott nicht zu Abraham, daß wir alle, die von ihm abstammen, seine Kinder sind?‹ Da aber wurde Ich erregt und sagte: ›Ihr sollet nach der Abstammung von Abraham Gottes Kinder sein, aber ihr seid es schon lange nicht mehr, sondern euer Vater ist der Satan, eure Mutter ist die Legion von allen Teufeln, und eurer Schwiegertochter Schwiegermutter ist eure kaum ermeßbare Blindheit, Trägheit und Bosheit; und diese größten Menschenfeinde sind eure eigenen Hausgenossen! – Und wer aus euch wieder zur wahren Kindschaft Gottes gelangen will, der ergreife das Schwert der Wahrheit, die Ich zu euch rede, und kämpfe so lange wider solche seine Hausgenossen, bis er sie besiegt hat!‹

Da fragte freilich das Häuflein Pharisäer und Schriftgelehrte, wie Ich es wagen könne, sie für Kinder des Satans, aller Teufel und ihrer eigenen Blindheit, Trägheit und Bosheit zu erklären, indem sie erwiesenermaßen alle aus dem Stamme Levi abstammten? Ich aber sagte: ›Dem Fleische nach wohl, aber dem Geiste nach seid ihr nicht dem Levi gleich von oben her, von wo auch Ich her bin, sondern von unten her; darum ihr Mich denn auch nicht erkennet, sondern hasset und verfolget.‹

Aus dem wird jedem einleuchtend sein, und besonders einem der hebräischen Schrift Kundigen, daß Ich diese, von dem Pseudo-Evangelisten Matthäus, besser von dem euch schon bekanntgegebenen l'Rabbas in Sidon aufgeschriebenen, drei euch auffallenden Verse im 10. Kapitel eben nur bei der Gelegenheit ausgesprochen habe, die Ich euch soeben bekanntgab, und wörtlich in der Weise, wie Ich sie euch nun wiedergegeben habe. Denn jene in der Übersetzung, die ihr als ganz widersprechend mit Meinem Geiste aus dem Evangelisten herausgehoben habt, würden ja selbstverständlich Meine Hauptlehre von der Nächstenliebe wie auch das Gesetz Mosis zunichte machen« (Gr XI, S. 257–259).

Das Gleichnis vom Gastmahl: »*Das Hochzeitsmahl ist bereitet, doch die Geladenen waren dessen nicht wert. So geht denn auf die Straßen und ladet zur Hochzeit, wen ihr seht. Die Knechte brachten alle, die sie fanden, Böse und Gute, und der Hochzeitssaal füllte sich mit Gästen. Da trat der König herein, um sich die Gäste anzusehen. Da sah er einen Menschen, der kein hochzeitliches Gewand anhatte. Er sprach zu ihm: ›Freund, wie bist du ohne hochzeitliches Gewand hereingekommen?‹ Doch dieser schwieg. Darauf gebot der König: ›Bindet ihn an Händen und Füßen und werft ihn in die äußerste Finsternis, wo Heulen und Zähneknirschen sein wird. Denn viele sind berufen, aber wenige sind auserwählt‹*« (Mt 22, 8–14).

Erläuterung der NO: »Das große Gastmahl ist Meine Menschwerdung (in Jesus Christus, d. Vf.) und das an sie gebundene große Werk der Erlösung, zu deren Teilnahme gar viele, ja überaus viele berufen sind – vorerst die Hauptstämme Israels, die aber alle bis zur Stunde noch nicht dazu erscheinen wollten, teils aus Furcht vor dem nichtverstandenen Mosaischen Gesetz, teils aber auch wegen der Hartnäckigkeit ihres Herzens und dessen Unglauben.

Die Einladenden sind zum Teil Engel, Propheten, zuletzt alle Apostel, Jünger und Evangelisten, und endlich alle jene Knechte, die Mein Wort und Meine Lehre unverfälscht an die Menschen ausgebreitet haben und solches noch tun werden. Die auf den Gassen, Straßen und Zäunen sind alle Menschen, die auf der Erde gelebt haben, noch leben und in Zukunft noch kommen werden, und zwar die auf den Gassen – jene, die noch auf Erden leben und wohl in irgendeiner christlichen Sekte (oder Kirche) stecken, aber dessenungeachtet mit allen Torheiten der Welt behaftet sind und das rechte Licht nicht ergreifen mögen und wollen, auf daß sie ja nicht das wahre ewige Leben überkämen und völlig frei und selig würden. Die auf den Straßen sind jene, die zwar auch noch auf der Erde leben, sich aber in irgendeinem, jedermann mehr oder weniger bekannten Heidentum befinden (d. h. Ungläubige); und endlich, die auf den Zäunen sind jene, die dem Leibe nach schon gestorben sind und sich in der geistigen Welt – ihren Seelen nach – befinden und dort eben auch gleichfort noch zum großen Gastmahle der Erlösung durch die rechten Umkehrmittel geladen werden.

Und endlich der unter allen Geladenen und nun vielmehr förmlich mit Gewalt (der Liebe) zum Gastmahl Getriebenen und Gezogenen befindliche eine ohne Hochzeitsgewand ist zunächst der Satan, und im weiteren Sinne alle diejenigen, welche ihm treu geblieben sind und durch kein Mittel zur Umkehr zu bewegen waren; deren Los – wie die Parabel sagt – jener Kerker sein wird, darinnen ewige Finsternis herrscht, und der voll ist des Heulens und Zähneknirschens. Unter dem Heulen ist Grundfalsches, dem Himmel Entgegengesetztes und unter dem Zähneknirschen Grundböses und Zornglut der Hölle zu verstehen, weil, wenn jemand von der höchsten Zornwut entbrannt ist, er mit den Zähnen zu knirschen und zu klaffen anfängt, gleich einer gereizten Hyäne oder gleich einem vor Wut entbrannten grimmigen Tiger« (Gr XI, S. 286/287).

»Mit diesen Worten ist die ganze Entsprechung zwischen dem materiellen Bild und seinem geistigen Inhalt enthüllt« (Gr XI, S. 287).

In dieser Kundgabe finden wir eine Erläuterung zu dem betreffenden Text des Matthäus-Evangeliums, der schon bei zahlreichen Kritikern zum Stein des Anstoßes geworden ist. Diese ahnen sicher nicht, daß sich schon Petrus dieserhalb mit folgenden Worten an den Herrn gewandt hat: »Da kommen zwei unbegreifliche Dinge vor: erstens, wie und wo diejenigen Gäste, welche von den Dienern des Gastgebers an den Zäunen und Gassen stehend aufgefangen und zum Gastmahl hineingeschoben wurden, mit den erforderlichen Festkleidern versehen worden sind, und fürs zweite, wie der arme Teufel, der auch von den Dienern des Gastgebers zum Gastmahl getrieben wird, hinausgeworfen werden mußte, weil er kein Festkleid anhatte« (Gr X 216, 3).

Die zusätzliche Erläuterung zu der obigen Kundgabe lautet: »… die später Geladenen auf den Gassen, Straßen und an den Zäunen sind solche, die, wenn auch irdisch arm, aber innerlich durch ihr gerechtes Leben nach Meinem Gesetz dennoch festlich gekleidet sind« (Gr X 217, 8).

Im Zusammenhang mit dieser Parabel wird auch der Evangelientext *»Viele sind berufen, aber wenige sind auserwählt«* in seinem tatsächlichen Sinne dargestellt. Es heißt dort u. a.: »Diese Stelle des Evangeliums wird – wie nicht leicht eine andere – grundfalsch von beinahe allen christlichen Religions-Konfessionen verstanden, denn fast alle sind der Meinung, und bei den Römischen sogar wegen des auf allen Kanzeln verkündeten Glaubens, daß bloß die wenigen Auserwählten in den Himmel kommen werden, alle andern, als die vielen Berufenen, aber werden unfehlbar nach dem ebenso grundfalsch verstandenen jüngsten Gerichtstage sogleich in die Hölle, und zwar auf ewig, verworfen werden!« (Gr XI, S. 284).

Die Erläuterung erfolgt durch eine Parabel, die den Sinn erkennen läßt: »Nur von diesem einen ist (beim Hochzeitsmahl) die Rede, daß er in den Kerker geworfen wurde. Aber von den Geladenen keiner. Bei diesen wird nur ihre Dummheit und nicht ihre Bosheit gerügt ... Haltet darum nicht nur die Auserwählten, sondern auch die Berufenen Meines Reiches für würdig und wert« (Gr XI, S. 286).

»Selig sind die Armen im Geiste.«

Über den Sinn dieses Wortes ist viel gerätselt worden. Aus der NO wird ersichtlich, daß er keinesfalls dem Text des mehrfach verfälschten Lukas-Evangeliums entspricht wo es heißt: »Selig ihr Armen, euer ist das Himmelreich« (6, 20). Gemeint sind vielmehr alle diejenigen (auch die Reichen und Wohlhabenden, d. Vf.), die sich *innerlich* von den Dingen der Welt absetzen und sie geringachten.

Wörtlich heißt es in der NO hierzu: »Wer nicht arm geworden ist an allem, was der ›Welt‹ ist, der wird nicht eher in Mein Reich eingehen, als bis er der Welt den letzten Heller zurückgegeben hat. Sehet, das ist also die wahre Armut im Geiste und in der Wahrheit.« »Die genötigte Armut kann *nur* durch die gänzliche Ergebung in Meinen Willen und in Meine Liebe der freiwilligen gleichkommen« (Hi I, S. 329, 19).

»Wahrlich Ich sage euch: Es stehen solche hier, die den Tod nicht kosten werden, bis sie den Menschensohn in seinem Reich kommen sehen« (Mt 16, 28).

Nach Aussage der NO ist diese Textstelle nicht so zu verstehen, als würden einige der Zeitgenossen Jesu vor seiner Wiederkunft nicht sterben. Der richtige Text lautet gemäß der NO:

»Aber die da leben nach Meinen Worten und verrichten die Werke der wahren Selbstverleugnung und inneren freien Liebe, die werden den Tod nicht sehen und fühlen.« (Das Gesagte gilt also für alle Gerechten. d. Vf.) »Wahrlich, zu Meiner wie eurer großen Freude kann Ich euch (den Jüngern, d. Vf.) sagen, daß von euch etliche dastehen, die keinen Tod schmecken und fühlen und Zeugen sein werden von allem, bis da sogar auch vorbesprochenermaßen kommen wird des Menschen Sohn in sein Reich (im Jenseits, d. Vf.), den sie sehen werden und mit dem sie herrschen werden ewig. Aber dazu wird sehr viel Liebe zu Gott und dem Nächsten gefordert« (Gr V 171, 6).

»Bestrebe sich daher ein jeder, daß er schon hier erweckt werden möge, denn wer schon hier, als noch im Fleische befindlich, erweckt wird, der wird den Tod des Fleisches weder sehen noch fühlen und schmecken, und seine Seele wird (beim Sterben, d. Vf.) nicht geängstigt werden« (Gr I 149, 3).

»Ich sage euch: Leistet dem Bösen keinen Widerstand: Vielmehr, schlägt dich einer auf die rechte Wange, so halte ihm auch die andere hin« (Mt 5, 39).

Erläuterung der NO: Petrus fragte den Herrn hierzu u. a.: »Man kann wohl dieses beachten gegen Menschen, die es in ihrer Bosheit gegen einen anderen Menschen nicht zu weit treiben, aber gegen Menschen, die gegen ihre Nebenmenschen beharrlich zu wahren Erzteufeln geworden sind, sollte da Deine göttliche Lehre nicht irgendeine kleine Ausnahmeänderung finden?«

Hierauf antwortete Jesus dem Petrus: »Das ist an und für sich schon ganz klar, daß man einem erzbösen Menschen durch eine zu große Gegenfreundlichkeit nicht noch mehr Gelegenheit verschaffen soll, daß er dadurch in seiner Bosheit wachse und noch ärger werde, als er vorher war. In diesem Falle wäre eine fortgesetzte Nachsicht nichts anderes als eine wahre Hilfeleistung für des Feindes überwachsende Bosheit; dafür aber habe Ich in dieser Welt zu allen Zeiten strenge Richter aufgestellt und ihnen das Recht erteilt, die zu schlecht und böse gewordenen Menschen, nachdem sie es verdient haben, zu züchtigen und zu strafen, und habe euch darum auch dieses Gebot gegeben, daß ihr der weltlichen Obrigkeit untertan sein sollet, ob sie sanft oder strenge ist.

Wer demnach einen so argen Feind besitzt, der gehe zum Weltrichter hin und zeige ihm solches an, und dieser wird dem schon erzböse Gewordenen seine Bosheit austreiben!

Geht das mit puren körperlichen Züchtigungen nicht, so geht es am Ende wirksam durch das Schwert! Und so ist es auch der Fall mit der Ohrfeige. Erhältst du sie von einem minder bösen Menschen, den eine plötzliche Aufwallung seines Gemütes dazu verleitet hatte, so wehre dich nicht, auf daß er dadurch, daß du ihm mit keiner Ohrfeige entgegenkommst, besänftigt wird, und ihr werdet darauf leicht ohne Weltrichter wieder zu guten Freunden werden! Aber so dir jemand mit einer mörderischen Ohrfeige in voller Wut entgegenkommt, so hast du auch ein volles Recht, dich zur Gegenwehr zu stellen; und siehe, wenn die Sache nicht so wäre, so hätte Ich zu euch nicht gesagt, daß ihr auch den Staub von euren Füßen über jene Menschen in einem Ort schütteln sollet, die euch nicht nur nicht aufnehmen, sondern euch dazu noch verhöhnen und mit allerlei Verfolgung bedrohen!

Oh, sei du des sicher, daß Ich mit Meiner Predigt von der Nächstenliebe die Macht und Gewalt des Schwertes nicht im geringsten aufgehoben, wohl aber auf so lange hin gemildert habe, als die Feindseligkeit unter den Menschen nicht jenen Grad erreicht hat, den man mit vollem Rechte den höllischen nennen kann!« (Gr X 215, 5 u. 8–14).

»*Gibt deine rechte Hand zur Sünde Anlaß, so haue sie ab und wirf sie weg. Denn es ist besser, daß eines der Glieder zugrunde geht, als daß dein ganzer Leib zur Hölle fahre*« (Mt 5, 30).

Erläuterung der NO: »Du wirst schon einsehen, daß Ich damit keine leibliche Verstümmelung anbefohlen habe, sondern nur die strenge Überwachung des stets freien Willens des Menschen und seines Verstandes« (Gr X 214, 8).

»Die Worte ›So dich dein Auge ärgert, da reiße es aus und wirf es von dir, denn es ist besser, mit einem Auge in die Himmel einzugehen, als mit beiden in die Hölle‹ wollen besagen: Wenn dich das Licht der Welt zu sehr verlockt, so tue dir Gewalt an, und kehre dich ab von solchem Licht, das dich in den Tod der Materie ziehen würde« (Gr I 42, 8).

»Wer hat, dem wird noch hinzugegeben werden, und er wird im Überflusse haben, doch wer nicht hat, dem wird auch das genommen werden, was er besitzt« (Mt 13,12).

Erläuterung der NO: »Das scheint fast wie eine Ungerechtigkeit, aber dem ist nicht so. Denn es heißt ja nur soviel als: So jemand seine Kraft geübt hat und kann nun größere Lasten tragen, der wird dadurch nicht schwächer, sondern fortwährend stärker. Wer aber seine Kraft nie hat üben wollen, der wird bald auch diese Kraft verlieren, sobald er sie verwenden wird zum Tragen einer, wenn auch noch so geringen Last und wird gar bald erschöpft hinsinken in den vollen Tod. Daher übt auch ihr beständig all die Kräfte des Geistes, so werdet ihr einst in der Fülle der ewigen Lebenskraft dastehen, und werdet auf euren Schultern die größten Lasten Meiner Liebe, Gnade und Erbarmung gar wohl zu tragen imstande sein« (Gr XI, S. 311).

»Jetzt ist Meine Seele betrübt. Und was soll Ich sagen? Vater, hilf Mir aus dieser Stunde! Doch darum bin Ich in diese Stunde gekommen« (Joh 12, 27).

Erläuterung der NO: »Wer und was ist Meine Seele? Siehe, so du es noch nicht wissen solltest – das ist Meine Liebe! Konnte diese im Angesicht der treulosesten Kinder anders als durch und durch betrübt sein, und das bis zum Tode, das heißt bis zur Nacht des Todes, welche alle Kinder so hart gefangen hielt? Und ferner, da es heißt: Und was soll Ich sagen? Was möchtest du denn sagen, wenn dir alle Kinder fluchten und dich verdammten? Siehe, in solchen Fällen hat auch die reinste Liebe einen Stachel, wider den es hart zu löcken ist. Denn so lange und hart verschmähte Liebe schmerzt nicht nur in menschlicher, sondern auch in der göttlichen Brust!« (Gr XI, S. 314–315).

»*Jesus sandte zwei von seinen Jüngern mit dem Auftrag fort: Gehet in das Dorf, das vor euch liegt. Sogleich werdet ihr eine Eselin angebunden finden und bei ihr ein Füllen. Bindet das Füllen los und bringt es Mir. Und sollte es euch jemand verwehren, so sagt: Der Herr braucht das Füllen. Er wird es sogleich wieder zurücksenden.*« »*Jesus setzte sich darauf*« (Mt 21, 1–7).

Rationalistische Bibelforscher haben auch die Unhaltbarkeit dieses Berichtes als bewiesen angesehen. Es könnte nicht sein, so argumentieren sie, daß man einfach jemand einen Esel wegnimmt. Die näheren Angaben der NO zu diesem Vorgang lösen auch dieses Scheinproblem ohne Schwierigkeiten.

Der Besitzer des Esels – ein im Ruhestand lebender römischer Legionär – war »ein offener Anhänger« Jesu. Als er von den beiden Jüngern hörte, daß Jesus das Füllen für kurze Zeit haben wollte, »war er hoch erfreut, Jesus einen Dienst erweisen zu können« (Gr XI, S. 169 f.).

David Friedrich Strauß (und auch moderne Autoren) machen sich lustig über die gleiche Stelle bei Markus 11, 1–2, wo gesagt ist, daß »auf dem Füllen noch nie ein Mensch gesessen hat«. Ein noch nicht zugerittenes Tier, so urteilen sie mit apodiktischer Gewißheit aufgrund ihrer Ratio, würde Jesus sofort abgeworfen haben.[50] Ein Rationalist, der in Jesus nur einen Menschen sieht, kann zu einer anderen Auffassung auch schwerlich kommen. Die betreffenden Kritiker ahnen wahrscheinlich nicht, daß es verbürgte Fälle gibt, wo Mystiker zum Staunen der Umwelt wilde Pferde ohne die geringste Schwierigkeit als Reittiere benutzten. Allerdings sind solche Tatsachen kaum in den Denkkategorien eines Strauß und seiner Epigonen unterzubringen.

Bei Friedrich Christoph Oetinger fühlten nach Mitteilung von Prof. Walter Nigg sogar Tiere dessen Kräfte, die nicht erklärbar sind. Wilde Pferde, die nicht einmal eine Besattelung duldeten,

trugen Oetinger stundenlang lammfromm auf weiten Strek-
ken.[51]

Wenn Jesus den Stürmen gebieten konnte und noch viele
andere Wunder vollbrachte, über die nicht im Evangelium, wohl
aber in der NO berichtet wird, so ist es Wortverschwendung,
sich mit den erwähnten Einwendungen der betreffenden Autoren aufzuhalten. Wir sind auf die Kritik eingegangen, um an
diesem Beispiel darzutun, wie gegenstandslos oft die Folgerun-
gen sind, die die Forscher aus Texten ziehen, bei deren Beurteilung sie an der Oberfläche haftenbleiben, weil sie die Hintergründe der Sachverhalte nicht kennen und die Möglichkeiten der
Allmacht Gottes völlig außer Betracht lassen.

Dem Gesagten ist noch etwas nachzutragen. Es stellt sich doch
die Frage: Weshalb benutzte Jesus nicht ein Pferd, um seinen
Einzug in Jerusalem zu halten? Nach menschlicher Auffassung
kann bei solcher Gelegenheit nur ein Pferd in Betracht kommen.
Daß Jesus eine Eselin benutzte, kann also nicht ohne Absicht
erfolgt sein. Daß dem so ist, geht aus den folgenden Darlegungen
der NO klar hervor:

»Hätte der Herr sich nicht ebensogut können ein Pferd oder
wenigstens einen wohlzugerittenen Esel statt der Eselin bringen
lassen? – Sicher, jedes Tier hätte dem Herrn in diesem Falle
unwiderstehlich denselben Dienst leisten müssen. Ein Löwe, ein
Tiger, ein Panther, ein Kamel, ein Elefant, ein Pferd, ein Maulesel,
sie alle wären fürs erste viel stärker gewesen und hätten dem
Herrn der Unendlichkeit auf einen Wink gehorchen müssen; und
dazu wäre ein solcher Ritt doch offenbar ansehnlicher gewesen
als der auf einer schwachen Eselin« (Schriftt. 15, 16).

»Derjenige, der die Grundordnung und Grundbedeutung aller Dinge ist, handelt aber nicht wie ein Mensch, dem es so oder
so gleich ist, sondern bei Ihm war alles in der unverrückbarsten
Ordnung vorbildend und für die Ewigkeit belehrend« (Schriftt.
15, 17). »Eben dadurch, daß der Herr eine mit dürftigen Klei-
dern bedeckte Eselin ritt, zeigte Er bildlich und tatsächlich allen

Menschen an, daß sie geistig dasselbe tun und allein auf die fruchtbare wahre Liebe aus ihrer Demut etwas halten sollten« (Schriftt. 15, 20).

»Doch Meine Feinde, die Mich nicht zum König über sich haben wollten, bringt her und erwürget sie vor Mir« (Lk 19, 27).

Nicht wenige Christen, die diesen Text des Lukas-Evangeliums lesen, sind betroffen und fragen sich, ob das derselbe Jesus gesagt haben kann, der sich ansonsten überaus barmherzig erwies. Wer die Sonde tiefer anlegt, weiß, daß man nicht am wörtlichen Text in jedem Fall kleben darf, sondern daß die Sprache Jesu eine Ausdrucksweise sui generis ist. Manche Formulierungen sind, wie einsichtige Forscher erkennen, eine Art Schocktherapie. Man denke z. B. an die Aufforderung, die Hand abzuhacken und das Auge auszureißen, oder an die Ausdrücke »ins Feuer werfen«, was nach den Erläuterungen der NO gleichbedeutend ist mit »geistig peinigenden Vorwürfen« (Pr 324). Wenn endlich einmal begriffen würde, daß – wie A. N. Wilder sagt – »Jesus nicht so dachte, wie wir denken, und daß seine Sprache nicht unsere Sprache ist«[52], dann würden uns viele gänzlich abwegige Interpretationen der Exegeten erspart bleiben.

So haben auch die Verse Lukas 19, 27 einen anderen Sinn, als es der unverständliche Wortsinn erscheinen läßt. »Man braucht nur zu wissen«, heißt es in der NO, »daß ›erwürgen‹ soviel wie ›richten‹ heißt, so hat man schon das Ganze.« »Richten« heißt aber – wie ebenfalls aus den Texterläuterungen hervorgeht – nicht »verurteilen«, sondern »in Ordnung bringen«. In Hi I, S. 193 heißt es zum Beispiel: »Jeder, der in Mein Reich aufgenommen werden will, der muß zuvor gerichtet werden, damit er sich völlig reinige von allem alten Schlamme seiner angewohnten Narrheiten.«

»Wer sind demnach nun die ›Bürger‹ der Stadt, die den König nicht wollten?« heißt es dann weiter in der Erklärung. »Blicket hinaus in die Welt, und ihr werdet solche Bürger in allen Straßen,

Ecken und Winkeln in einer Unzahl erblicken, die den König nicht wollen. Die ›Stadt‹ ist die Welt, ihre Bürger sind die Weltmenschen, die von Mir nichts wissen wollen.« »Aus dem Gesagten läßt sich erkennen, was oben angeführter Text in sich trägt: nichts anderes als das Gericht alles Welttümlichen« (Schriftt. Kp 26).

»Ich nehme nicht Ehre von Menschen« (Joh 5, 41).

Erläuterung der NO: »Ich habe die Menschen nicht erschaffen, daß sie Mich ehren sollen. Einen Bund aber habe Ich mit den Menschen geschlossen, und dieser heißt *Liebe* und besagt etwas ganz anderes als die Ehrung. Wer sind die, die sich ehren lassen? Das sind die Fürsten und Großen der Welt. Warum lassen sie sich ehren? Weil sie mehr sein möchten als Menschen, obschon ihnen ihr Bewußtsein sagt, daß sie nicht mehr als Menschen sind.« »Was würde Ich wohl von einer solchen Ehre haben?« »Könnte Ich durch Ehrungen der Menschen wohl noch mehr werden? Ich meine kaum. Daher habe Ich auch nirgends ein Gesetz erlassen: ›Du sollst Gott, deinen Herrn, ehren über alles‹, sondern bloß nur ›*lieben* über alles‹.«

»Alle, die Mich auf zeremonielle Weise ehren, sind die ›Herr-Herr-Rufer‹ …« (!) »Man wird freilich einwenden und sagen: Die Ehre Gottes muß sein! Denn sie ist eine edle Frucht der Gottesfurcht, denn wer Gott nicht fürchtet, der ist aller bösen Taten fähig. Ich aber sage: Wenn schon Gottesfurcht besser ist, als böse Taten üben, so wird aber dennoch aus einer solchen Gottesfurcht für niemanden ein ewiges Leben erwachsen, weil ein furchtsames Gemüt schon ein gerichtetes ist. Wer das Schlechte nur aus Furcht vor Mir unterläßt, der wird eine harte Probe zu bestehen haben.« »Alle Höllengeister leben und bestehen in der größten Furcht vor Mir …« »Welcher Tor wird aber behaupten, daß die Höllengeister darum gut seien, weil sie eine so große Furcht vor Mir haben?« (Schriftt. Kp 27).

Das Reich Gottes (oder das Himmelreich)

Erläuterungen der NO: »Mein Reich, das Ich nun gründe unter den Menschen auf dieser Erde, ist kein Weltreich, sondern ein Gottesreich ohne alles Weltgepränge, hat nichts Äußeres, sondern ist inwendig im Menschen, und Meine Stadt, Meine feste Stadt und Meine Wohnburg in ihr ist ein reines, Mich über alles liebendes Herz. Siehe, so verhält es sich mit der Gründung Meines Reiches auf dieser Erde!« (Gr X 73, 8).

»Das Reich Gottes … ist inwendigst in euch und besteht im Geiste der reinen Liebe zu Gott und zum Nächsten und in der Wahrheit des Lebens der Seele daraus. Wer keine Liebe weder zu Gott noch zum Nächsten in sich hat und gewahrt, der hat auch kein Leben in sich und keine Auferstehung, welche da ist der Himmel im Menschen, und sonach auch kein Leben im selben, sondern nur das Gericht und den alsogestaltig sicher ewigen Tod gegenüber dem allein wahren und vollkommenen Leben im Himmel« (Gr VIII 18, 4).

»Die vollkommene Befolgung des erkannten Willens Gottes ist das wahre Reich Gottes. Aber die Befolgung des erkannten Willens Gottes ist nun eben nicht so leicht, wie ihr euch das vorstellt, denn die Menschen stemmen sich sehr dagegen und verfolgen die wahren Bewerber um das Reich Gottes.«

»Dazu aber kommt noch etwas, das auch zur gewaltigen Ansichziehung des Reiches Gottes gehört, und das besteht darin, daß der Mensch sich in allen Dingen der Welt möglichst tief selbst verleugne, allen seinen Beleidigern von Herzen verzeihe, auf niemanden einen Groll oder Zorn habe, für die bete, die ihm fluchen, denen Gutes erweise, die ihm Übles antun, sich über niemanden erhebe, die dann und wann über ihn kommenden Versuchungen geduldig ertrage und sich enthalte von dem Fraße, der Völlerei, der Hurerei und dem Ehebruch. Wer das bei sich ausübt der tut dem Reiche Gottes auch Gewalt an und reißt es mit Gewalt an sich« (Gr VII 127, 3 u. 5).

»Wahrlich Ich sage euch allen: Wer da nach seinem Vermögen

(d. h. seinem Können, d. Vf.) den Armen und bedrängten Nebenmenschen allzeit Barmherzigkeit und Liebe in aller Freundlichkeit erweist, der wird auch bei Mir Erbarmung, Liebe und Freundlichkeit finden; *denn darin besteht das wahre Reich Gottes,* das in Mir nun zu euch gekommen ist, daß ihr Gott liebet über alles und eure Nächsten wie euch selbst. Wer das tut, der erfüllt das ganze Gesetz und steht in der vollen Gnade Gottes, und Jehovas segnende Hand ist über ihm. Wer in solcher Liebe verharrt, der ist und bleibt in Mir und Ich in ihm. Wer aber in Mir ist, wie auch Ich in ihm, der hat in sich das ewige Leben und wird den Tod nicht sehen und schmecken, denn er ist so schon in dieser Welt ein rechter Bürger des Reiches Gottes, in dem es ewig keinen Tod mehr gibt. Beherziget das alle wohl und handelt danach, denn darum kam Ich selbst in diese Welt, um den Menschen so das wahre Gottesreich zu überbringen und sie zu erlösen von aller Blindheit und vom Tode ihrer Seelen, der euch bisher hart gefangenhielt« (Gr IX 36, 7).

»Darum suchet nur vor allem Mein Reich und seine Gerechtigkeit, alles andere wird euch schon hinzugegeben werden, denn Ich weiß es allezeit und ewig, wessen ihr bedürft« (Gr X 108, 13).

Jedermann kann nun verstehen, was Jesus unter dem Reich Gottes gemeint hat. Was die Theologen im Laufe der Zeit daraus gemacht haben, ist erstaunlich. Augustinus, der so viele Irrwege beschritten hat, behauptet kühn: »Die Kirche ist das Reich Gottes« (De Civ. Dei XX. 19). Inzwischen ist die katholische Kirche von dieser unsinnigen Behauptung abgerückt. Im theologischen Lexikon von Rahner/Vorgrimler ist der Satz zu finden: »Das Reich Gottes ist weder identisch mit einem immer nur vorläufigen Staatswesen noch einfach mit der Kirche dieser Zeit ...«[53] Was allerdings in evangelischen und katholischen Lexiken als Erklärung des Reiches Gottes zu finden ist, muß dem Laien gegenüber der klaren Kundgabe des Herrn in der Neuoffenbarung unverdaulich und wie zerronnene Lava vorkommen. So heißt es z. B. in einem katholischen theologischen Wörterbuch:

»*Reich Gottes* bedeutet:

a) die Geltung des heiligen und heilschaffenden Willens Gottes (als Schöpfer, Erhalter, Gesetzgeber, übernatürlich Begnadigender) in seiner ganzen Schöpfung und vor allem in Menschen und Engeln,

b) die tatsächliche Durchsetzung dieses Willens (Basileia). Insofern die Geschichte noch andauert, ist die Durchsetzung dieses Willens noch im Werden, das Reich Gottes noch ›am Kommen‹ (Mt 6, 10). Insofern der freie Vollzug des Willens Gottes durch die Kreatur Gnade Gottes und Tat der Kreatur ist, ist das Reich Gottes reine Gabe Gottes, die er schenkt und durch seine Macht verwirklicht und die somit von ihm erbetet werden muß, und Aufgabe, die dem Menschen aufgetragen und abverlangt wird, ohne daß dadurch ein Synergismus entsteht«[54], usw.

Von hier bis zu der grotesken Interpretation eines Friedrich Heer spannt sich ein weiter Bogen in der Literatur. Wieweit die Entartungserscheinungen bereits gediehen sind, wird deutlich an den Ausführungen Heers in seiner Schrift *Abschied von Höllen und Himmeln.* Es heißt dort:

»Jesus interessiert sich nicht für ›Himmel‹ und ›Hölle‹« (!). »Das Reich der Himmel (›Himmel‹ steht für Gott dessen Name nicht genannt werden soll [!]), das bedeutet einen totalen Umsturz aller Machtverhältnisse, aller gesellschaftlichen Ordnungen, die Jesus als echter Revolutionär als goldene und blutige Masken von Unordnungen durchschaut.« »Das Reich der Himmel, sein Einbruch in diese Welt bedeutet eine politische Tat« (!). »Das Paradies bedeutet paradiesische Erde.«[55]

Die Fehlinterpretationen des Evangeliums sind zwar im Laufe der Zeit vielfältig gewesen, aber eine solche Verballhornung und Pervertierung der Botschaft Jesu ist den falschen Propheten unserer Endzeit mit all ihren Auflösungserscheinungen vorbehalten geblieben.

In der bibelkritischen Literatur finden sich eh und je abwertende und irrige Meinungen über die verschiedensten Textstellen des Evangeliums, die angeblich der »wissenschaftlichen Denkweise unwahrscheinlich oder ganz unglaublich dünken«. Die Forscher finden in vielen Texten keinen Sinn und folgern daraus, daß das Neue Testament Gemeindegut ist, d. h., daß nicht Jesus die betreffenden Worte gesprochen habe, sondern die Gemeinde (lies Evangelisten) sie ihm in den Mund gelegt habe. Daß dies in dem von den Wissenschaftlern angenommenen Ausmaß in keiner Weise zutrifft, beweisen die zitierten Erläuterungen der Neuoffenbarung. Die Texterläuterungen machen andererseits aber auch deutlich, daß die jahrhundertelang von der katholischen Kirche und auch von der protestantischen Orthodoxie vertretene Lehre von der Verbalinspiration des Heiligen Geistes gänzlich unhaltbar ist. Durch die Aussagen der Neuoffenbarung wird die Erkenntnis vermittelt, daß die Schriften des Evangeliums ein besonderes literarisches Genus darstellen, das weltliche Maßstäbe des öfteren umwirft.

In den ersten Jahrhunderten der Christenheit wußte man noch um den hintergründigen Sinn der Schrifttexte. Das geht aus den Aufzeichnungen des Klemens von Alexandrien und des Origenes hervor. Ebenso sagt Petrus Chrysologus: »In den Lektionen aus den Evangelien sind unter dem Dunkel göttlicher Geheimnisse und der Hülle tieferen Sinnes eine Unzahl von Wahrheiten enthalten, und nicht leicht begreift der menschliche Verstand, was Christus über die himmlischen Geheimnisse sagt« (Serm. 126 de villico iniquo [M Lat. 52, 546]).

Wer die Texte der Evangelien entschleiern und ihren wahren Sinn entdecken will, darf nicht mit knöcherner Hand an die Schrift herangehen, sondern muß beachten, was der Herr dem Petrus nahelegt: »Suche deines Weltverstandes und Weltwillens loszuwerden, so wird des Geistes himmlisches Verständnis und die Kraft des himmlischen Wollens vollkommen dir zu eigen werden« (Gr X 214, 12). Albert Schweitzer ist zuzustimmen, wenn er sagt: »Viele (der Worte Jesu, d. Vf.), die auf den ersten

Blick fremd anmuten, werden in einem tiefen und ewigen Sinne auch für uns wahr, wenn man der Gewalt des Geistes, der aus ihnen redet, nicht Eintrag zu tun sucht.«[56]

Mehrfach wird in der Neuoffenbarung hervorgehoben, daß die Botschaft Jesu absichtlich teilweise verhüllt gegeben wurde. Deshalb läßt nicht jeder Evangelientext gleich den wirklich gemeinten Sinn erkennen.

Jesus hat aber bereits seinen Jüngern vorausgesagt, daß nach nicht ganz 2000 Jahren eine Siegelöffnung des Evangeliums erfolgen werde. Die Neuoffenbarung ist diese Enthüllung des Neuen Testamentes. In den Kundgaben, die Jakob Lorber im Laufe der langen Zeit von 24 Jahren aufzuzeichnen hatte, wird die Lehre Jesu gedanklich durchsichtig und in jeder Hinsicht verständlich gemacht. Diese Offenbarung ist nicht nur umfassend, sondern auch von bisher nie gekannter metaphysischer Tiefe. In der NO findet der Leser den Geist, der lebendig macht, und nicht den Buchstaben, der tötet. In dieser göttlichen Offenbarung wird nicht mehr Milch, sondern feste Speise dargereicht (Hebr 5, 12).

Die Neuoffenbarung lehrt uns richtig beten

Im Evangelium des Matthäus 6,5–8 hat Jesus einen klaren und eindeutigen Hinweis betreffend das Beten gegeben. »Sooft du betest, gehe in deine Kammer und verriegele die Türe und bete zu deinem Vater, der im verborgenen ist. Beim Beten sollt ihr nicht plappern wie die Heiden. Diese meinen nämlich, sie würden dann Erhörung finden, wenn sie recht viele Worte machen. Macht es nicht so wie diese.«

Was ist aus dieser Anweisung Jesu geworden? Von der katholischen Kirche wurde sie geradezu ins Gegenteil verkehrt. Deshalb kann man auch nie in einer Predigt oder in einem kirchlichen Sonntagsblatt die obigen Verse des Matthäus-Evangeliums finden. Wo wird jemals darauf hingewiesen, daß es völlig gleichgültig ist, an welchem Ort man betet? Man läßt die Wallfahrer aus durchsichtigen Gründen bei ihrer irrigen Meinung.

Die Aussagen der Neuoffenbarung über das Beten sind von eindringlicher Klarheit. »Gott ist ein Geist, und die Ihn anbeten, müssen Ihn im Geist und in der Wahrheit anbeten. Und dazu braucht es weder einen Berg noch einen Tempel, sondern lediglich ein möglichst reines, liebevolles, demütiges Herz« (Gr I 24, 13–14). »Wer mit solch einem Herzen Gott liebt, der ist ein rechter Anbeter Gottes des Vaters, und der Vater wird sein Gebet stets erhören und wird nicht auf den Ort sehen, an dem nichts gelegen ist, ob Berg (Garizim, d. Vf.) oder Jerusalem, da die Erde überall gleich Gottes ist, sondern allein auf das Herz jegliches Menschen« (Gr I 24, 15).

»Wenn ihr betet so betet nicht den Heiden und Pharisäern gleich mit den Lippen, mittels Worten der Fleischzunge gebildet, sondern betet, *wie Ich es euch gesagt habe,* im Geist und in der Wahrheit, durch lebendige Werke und Taten der Liebe an euren Nächsten, dann wird jedes Wort in Meinem Namen ein wahrhaftes Gebet sein, das Ich stets erhören werde; aber die Seufzer der Lippen erhöre Ich nie« (Gr III 209, 4).

Jesus zu seinen Jüngern: »Leider gibt es nun unter den Juden eine Menge solcher Narren, und es wird sie auch fürderhin geben, die Gott mit langen Lippengebeten anbeten und meinen, daß dies ein wahrer Gottesdienst sei und Gott daran ein Wohlgefallen habe, besonders wenn ein solches Lippengeplärr mit allerlei Zeremonien begleitet wird« (Gr IX 37, 9).

»Ein Lob des Mundes und ein Dank der Lippen hat keinen Wert bei Gott.« »Das Hauptgebet besteht darin, daß ein demütiges Herz demütig bleibt und seinen Nächsten liebt in der Tat mehr als sich selbst, Gott aber als den allein wahren Vater aller Menschen und Engel über alles« (Gr III 207, 12).

»Es steht zwar wohl geschrieben, daß der Mensch ohne Unterlaß beten soll, so er nicht in Versuchung fallen will; wie läppisch und vollkommen närrisch aber wäre es, wenn Gott von den Menschen ein unablässiges Lippengebet verlangen würde.« »So ihr mit Füßen, Augen, Ohren und Lippen in einem fort tätig seid und liebet in eurem Herzen allzeit Gott und eure armen Nächsten, so betet ihr wahr und in der Tat ohne Unterlaß zu Gott …« (Gr II 111, 9).

»Es soll eure Liebe zu Mir und euren Brüdern allzeit das vornehmste Gebet sein« (Hi I 165, 14).

»Die Menschen beten und bitten wohl mit den Lippen um und für allerlei, das ihnen recht und gut dünkt aber ihr Herz hängt nicht an Mir, sondern nur an dem, um was sie beten und bitten« (Hi II 357, 4).

»Um rein weltliche Dinge kommt Mir ja nicht, denn dies seelentötende Gift werde Ich euch nicht geben, und würdet ihr Mich auch jahrelang darum bitten. Meine Sache ist es, euch in euren Seelen von aller Welt völlig frei zu machen, nicht aber, euch noch mit derselben zu verbinden« (Gr VI 122, 2).

»In jeder Not und Drangsal bittet mit natürlicher Sprache im Herzen zu Mir, und ihr werdet nicht vergeblich bitten. So ihr aber um etwas bittet, da macht nicht viele Worte und durchaus keine Zeremonie, sondern bittet ganz still im geheimen Liebeskämmerlein eures Herzens« (Gr X 32, 4–5).

»Wie ist es ungerecht, wenn der Mensch Mich umgeht und Hilfe sucht bei denen, die aus sich nichts haben (die Heiligen, d. Vf.), sondern alles nur aus Mir« (Hi I 380, 12).

»Heißt es nicht im Evangelium: ›Kommet alle zu *Mir,* die ihr mühselig und beladen seid, Ich will euch erquicken?‹« (Hi I 380, 15).

»Bedenket, daß ein Monarch wie Ich durchaus keine Vermittler benötigt, sondern: Ich bin alles in allem selbst« (Hi I 385, 45).

»Die Heiden veranstalten auch weite Wallfahrten zu den außerordentlichen und besonderen Götzengnadenbildern …«

»Wer bei Mir eine gute Bitte erhört haben will, der wallfahre in sein Herz, und trage Mir ganz im stillen seine Bitte mit ganz natürlichen und ungeschminkten Worten vor, und Ich werde ihn anhören« (Gr VI 123, 10–11).

»Wie sollt ihr für die Verstorbenen beten?« »… tragt ihnen gläubig und aus dem Liebesgrund eures Herzens, eben im Herzen das Evangelium vor, und sie werden es vernehmen und sich auch darnach richten …« »Alles andere Beten nützt keiner abgeschiedenen Seele auch nur im geringsten« (Gr VIII 38,4–5).

Die Sündenvergebung.
Was Jesus hierzu seinen Aposteln wirklich sagte

In der Neuoffenbarung gibt der Herr einen völlig klaren Aufschluß über die wahre Sündenvergebung. Wir haben dadurch auch die sichere Kenntnis erhalten, daß Jesus seinen Aposteln nie gesagt hat, die Menschen müßten den Aposteln und deren Nachfolgern insgeheim ihre Sünden beichten. Da die katholische Kirche immer noch behauptet, die Beichte gehe auf Jesus zurück und schwere Sünden könnten nur durch ein Bekenntnis gegenüber einem Priester in der Beichte vergeben werden, kann der Untersuchung der Frage, wie die Ohrenbeichte zustande kam, nicht ausgewichen werden. Diese Frage ist für die Wahrhaftigkeit der Lehre der katholischen Kirche ein Prüfstein von gravierender Bedeutung.

Bei fast allen Katholiken besteht die Vorstellung, bereits in den von den Aposteln gegründeten Gemeinden hätten die Apostel in Beichtstühlen* gesessen, den Gläubigen die Beichte abgenommen und die Sünden vergeben. Auf diesen Gedanken konnten

---

* Beichtstühle gibt es erst seit dem 17. Jahrhundert.

die Apostel und die apostolischen Väter jedoch nicht kommen, da ihnen Jesus derartiges nicht gesagt hatte.

Niemand wußte in den ersten Jahrhunderten etwas von einer Ohrenbeichte. Diese Tatsache ist genügend belegt und wird von der katholischen Kirche nicht bestritten. Es hat seine Gründe, daß die katholische Kirche über die Entwicklung des Beichtinstitutes sowie über die Verhältnisse im Urchristentum gegenüber dem Kirchenvolk einen dichten Schleier ausbreitet. Kurz und bündig wird erklärt, Jesus habe das Bußsakrament eingesetzt und damit auch die Beichte.

Daß von einer Ohrenbeichte im heutigen Sinne keine Rede sein konnte, geht u. a. klar aus der deutschen Ausgabe des (katholischen) *Holländischen Katechismus* hervor, wo festgestellt wird: »Nur drei Sünden waren Gegenstand der sakramentalen Vergebung: Glaubensabfall, Mord und Ehebruch, und auch *nur* dann, wenn sie *öffentlich* begangen worden waren, also schweres Ärgernis gegeben hatten.«

»Wer öffentlich eine der genannten ernsten Sünden begangen hatte, mußte sie (vor allem Volk, d. Vf.) dem Bischof beichten und wurde dann öffentlich zum Büßer erklärt, d. h., er wurde nicht zur Eucharistie zugelassen.«[57]

Die Sünde wurde ihm somit nicht vergeben. In manchen Gemeinden wurden diese Sünder aus der Gemeinde ausgestoßen, in anderen auf dem Sterbebett wieder aufgenommen. Eine einheitliche Handhabung bestand insoweit nicht. Daß es zumindest im ersten Jahrhundert keinerlei Sündenvergebung gab, geht unwiderlegbar aus einer Äußerung des Apostels Paulus hervor: »Wenn wir freiwillig sündigen, nachdem wir schon die Wahrheit voll erfaßt haben, dann gibt es kein Opfer für die Sünden mehr; wohl aber wartet unser dann ein furchtbares Gericht ...« (Hebr 10, 26).

Der katholische Apologet P. A. Kirsch bestätigt denn auch in seinem mit dem Imprimatur-Vermerk der Kirche versehenen Buch *Zur Geschichte der Beichte:* »Seit Paulus schloß die Kirche die Kapitalsünder aus.« »Die Kapitalsünde zog immerwährenden Ausschluß der Kirche nach sich.«[58] Kirsch ist auch objektiv genug, um zuzugeben: »Man darf nicht Äußerungen der Kirchenväter, welche die kanonische öffentliche Buße im Auge haben, ohne weiteres für die Privatbeichte (Ohrenbeichte, d. Vf.) in Anspruch nehmen.«[59]

Der hl. Cyprian, Bischof von Antiochien (gest. 304), bezieht noch Ende des dritten Jahrhunderts mit Nachdruck und Ausschließlichkeit die Stelle im Johannes-Evangelium »Welchen ihr die Sünden nachlasset, denen sind sie nachgelassen ...« (20, 22) auf die Taufe, die er als das *einzige* Sündennachlassungssakrament ansieht (Ep 37, 31).

Nach der aus der Neuoffenbarung zu gewinnenden Erkenntnis war ein anderer Sachverhalt als der, wie er von den erwähnten Leitern der Kirche geschildert wird, gar nicht denkbar. Die Apostel erhielten von Jesus nämlich eine ganz eingehende und klare Auskunft bezüglich der Sündenvergebung. Wie gewissenhaft die Apostel bei ihren diesbezüglichen Fragen an den Herrn vorgingen, erhellt aus dem folgenden. So sagte Petrus u. a.: »Was Du, Herr, aussprichst, das hat seine Realität für die ganze Ewigkeit, und wir wollen da alles genau wissen und verstehen, was aus Deinem Munde kommt« (Gr V 259, 5).

Dann holt Petrus etwas weiter aus und spricht: »Es besteht bei den Juden eine alte Gewohnheit, derzufolge sie sich durch ein Bekenntnis einem Priester zu zeigen haben, auf daß er um ihre Sünden wie auch um ihre guten Werke wisse, sie gegeneinander abwäge und vergleiche, um danach zur Sühnung der Sünden die Bußwerke und die Reinigungsopfer zu bestimmen. Der Mensch nun, der sich einem Priester gezeigt und darauf auch das getan und vollbracht hat, was ihm vom Priester auferlegt wurde, betrachtet sich darauf für vollkommen gereinigt und vor Gott gerechtfertigt, aber so man ihn näher betrachtet, so ist und bleibt er nach einer solchen Reinigung ganz der gleiche ungebesserte Mensch und begeht bis zum nächsten Bekenntnisse nicht nur die alten Sünden wieder, sondern oft noch einige neue hinzu. Und da zeigt es sich offenkundig, daß diese alte Reinigungssitte den Menschen nicht nur nicht besser, sondern oft nur noch schlechter macht, als er früher war. Aber man versuche gegen diesen alten Unfug aufzutreten und zu lehren, und man wird die Flucht ergreifen müssen, wenn man nicht gesteinigt werden will! – Was aber sagst Du, o Herr und Meister, dazu?« (Gr VIII 42, 12–13).

Darauf erhält Petrus vom Herrn folgende Antwort:

»Was das von euch berührte Sündenbekenntnis vor dem Priester betrifft, so ist es in der Art und Weise, wie es jetzt besteht, schlecht und somit verwerflich, weil es die Menschen nicht bessert, sondern sie nur in ihren Sünden bis an ihr Ende verharren macht. Aber Ich bin auch wieder nicht dawider, so ein schwacher und seelenkranker Mensch im guten Willen einem stärkeren und seelengesunden Menschen seine Schwächen und Gebrechen treu bekennt, weil dann der gesunde und lichtstarke Mensch ihm aus wahrer Nächstenliebe leicht jene wahren Mittel an die Hand geben kann, durch die des schwachen Nächsten Seele erstarken und gesund werden kann. Denn auf diese Weise wird dann ein Mensch dem andern ein rechter Seelenheiland. Aber Ich mache daraus auch kein Gesetz, sondern gebe euch damit nur einen guten Rat, und was Ich tue, das tuet auch ihr, und lehret jedermann die Wahrheit!« (Gr VIII 43, 3). »Doch lasset jedem den *freien Willen und tuet niemandem Zwang an,* denn ihr wisset es nun, daß jeder moralische Zwang völlig wider Meine ewige Ordnung ist! Was Ich nicht tue, das tut auch ihr nicht!« (Gr VIII 43, 7).

»Ich habe es euch, besonders Meinen alten Jüngern, auch einmal gesagt, daß ihr denen, die an *euch* gesündigt haben, die Sünden vergeben könnet, und denen ihr sie vergeben werdet hier auf Erden, denen sollen und werden sie auch im Himmel vergeben sein; solltet ihr aber wegen sichtlicher Unverbesserlichkeit guten Grund haben, ihnen die Sünden, die sie gegen *euch* begangen haben, vorzuenthalten, so werden sie ihnen auch im Himmel vorenthalten sein. Wir haben aber schon damals ausgemacht, daß ihr erst dann das Recht haben sollet, den Sündern ihre Sünden gegen *euch* vorzuenthalten, so ihr ihnen zuvor schon siebenmal 77 Male vergeben habt. So aber ihr als Meine nächsten Jünger erst auf die besagte Weise das Recht von Mir aus habt, nur den Sündern gegen *euch* die Sünden vorzuenthalten oder auch zu vergeben, so ist es ja klar, daß kein Priester je das Recht von Gott aus haben konnte, auch *fremde* Sünden zu vergeben oder vorzuenthalten« (Gr VIII 43, 12–14).

Die Kenntnis dieser Worte des Herrn an die Apostel war Anfang des 3. Jahrhunderts noch bekannt und fanden in der damaligen Literatur ihren Niederschlag. So erklärt Tertullian (ca. 220 n. Chr.): »Die Macht zu binden und zu lösen ist nur dem Petrus personaliter gegeben worden« (De pudicitia 21, 101).

In der Neuoffenbarung wird speziell Bezug genommen auf Mt 18, 18 (»… was ihr auf Erden binden werdet …«) und Joh 20, 23 (»welchen ihr die Sünden nachlasset …«) und erklärt, daß die Verse des Evangeliums »keineswegs die Sünden vergebende Macht von seiten eines Priesters besagt, sondern die gegenseitige menschliche und brüderliche Pflicht, daß einer dem anderen die Schuld vergeben soll«.

»So die Menschen sich gegenseitig alles vergeben, dann wird ihnen auch von Mir alles vergeben. So sie sich aber gegenseitig ihre Schulden unter sich vorenthalten, da werde dann Ich sie ihnen auch vorenthalten. Das ist die rechte Bedeutung dieser lange Zeit überaus stark verkannten und ebenso stark mißbrauchten Stelle« (Hi II, S. 182).

Es wird auch darauf hingewiesen, daß es im Vaterunser ja heißt: »Vergib uns unsere Schuld, wie auch wir vergeben unsern Schuldigern«, und nicht, »Vergib uns unsere Schuld, wie uns dieselben unsere Priester vergeben« (Hi II 182, 3).

»Wenn Jakobus aus Meinem Geiste ein gegenseitiges Sünden-bekenntnis anempfiehlt (Jakobus-Briefe 5, d. Vf.), so ist darunter noch lange keine Beichte zu verstehen, sondern nur eine gegenseitige vertrauliche Mitteilung eigener Gebrechen und Schwächen, um dafür von dem stärkeren Freund und Bruder ein recht stärkendes Gegenmittel im Geiste und in der Wahrheit zu bekommen.« »Da ist also von keiner Beichte die Rede« (EM, Kp 71).

»Das beste Mittel zur Nachlassung der Sünden aber ist, die Sünden nicht mehr zu begehen, die begangenen aber wahrhaft zu bereuen, dafür den Armen aus Liebe zu Mir Almosen zu geben und allen seinen Feinden von Herzen zu vergeben und für sie zu beten im Geiste und in der Wahrheit. Denn, wenn es einen gereut, daß er gesündigt hat, da gereut es auch Mich, daß Ich ihn darob strafen soll. – Das Almosen aber bedeckt ohnehin die größte Menge der Sünden. – Und dem, der vergibt, wird auch vergeben werden, und hätte er Sünden wie Sand im Meer und des Grases auf der Erde. Das sind demnach die einzigen Mittel, durch die jedweder Sünder *ohne alle Beichte* die Sündenvergebung erhalten kann, und sonst gibt es keine« (Hi II, S. 321 f.).

In den Mönchsklöstern des Ostens wurde es auf Anregung des hl. Basilius, des Vaters der Mönche, um etwa 350 üblich, daß die Mönche (es waren Laien) sich am Abend gegenseitig ihre am Tag begangenen Sünden bekannten. Kaum war dies außerhalb der Klostermauern bekanntgeworden, wurde diese Übung von Frauen nachgeahmt. Als die Kirche bei einigen Menschen ein Bedürfnis dieser Art erkannte, setzte sie in jeder Stadt *einen* Bußpriester ein, dem die Sünden anvertraut werden konnten. Auf den Gedanken, die Sünden nachzulassen, war man zunächst noch nicht gekommen. Der Priester beschränkte sich auf einen geistlichen Zuspruch.

Wie aus den Aufzeichnungen des Kirchenlehrers, des hl. Hieronymus, hervorgeht, wurde das allerdings sehr bald anders. Hieronymus (gest. 419) schreibt: »… die Priester maßen sich etwas vom Hochmut der Pharisäer an, daß sie entweder die Unschuldigen verdammen oder die Schuldigen freizusprechen meinen. Vor Gott wird aber nicht nach dem Urteil des Priesters, sondern nach dem Leben des Schuldigen gefragt« (Hieronymus in Matth. 16, 19 T VII. 1. p. 124 ed. Valarsi).

Daß von der freiwilligen Beichte selten Gebrauch gemacht wurde, berichtet der hl. Chrysostomus, Patriarch von Konstantinopel (gest. 407): »Viele, sehe ich, empfangen den Leib Christi ohne weiteres, und wo es sich gerade trifft mehr aus Gewohnheit und dem Kirchengebot zu genügen, als mit Bedacht und Überlegung ... und mögen sie mit tausend Sünden belastet sein, sie nehmen gleichwohl teil an den Sakramenten« (Chrys. Hom. 3 in Eph 1, 21–23 ed Migne 1 c. 62, 24 ss). Ferner sagt er: »Ich sage dir nicht: Stelle dich an den Pranger, klage dich vor andern an, ich rate dir vielmehr, dem Ausspruch des Propheten zu gehorchen: ›Enthülle dem Herrn deinen Weg.‹ Vor Gott dem Richter bekenne betend deine Sünde, wenn nicht mit den Lippen, doch mit der Erinnerung« (31. Homilie zum Hebräer-Brief C 3).

Diese Mitteilungen sind so unzweideutig, daß auch katholische Autoren zugeben müssen: »Finden wir beim hl. Chrysostomus ein offenkundiges Zeichen für die Privatbeichte? Wir tragen keine Bedenken, diese Frage zu verneinen.«[60]

Ebenso bestätigt Fimilian, Bischof von Cäsarea, in Eph. 75 Cypr., daß es keine Beichte und Sündenvergebung gibt. Aufschlußreich sind auch die Ausführungen des katholischen Theologen van der Meer betreffend die diesbezüglichen Verhältnisse in Afrika zur Zeit des Augustinus. In seiner Schrift *Augustinus, der Seelsorger* (Imprimatur 1946) stellt er fest: »Wer nicht öffentlichen Anstoß erregte, ›beichtete‹* das ganze Leben lang nicht anders als bei Gott im Gebet.«[61]

Was in Ansehung all dieser Zeugnisse von den vorkonziliaren Behauptungen, wie etwa der folgenden, zu halten ist, versteht sich von selbst. »Tatsächlich ist auch die Beichte in Übung gewesen in der öffentlichen Buße« *(Lexikon des kath. Lebens,* hrsg. von Erzbischof Rauch, Freiburg i. B. 1952).

---

* Von van der Meer in Anführungszeichen gesetzt.

Erst an der Wende des 4. und 5. Jahrhunderts sind nach allgemeiner Ansicht erste Spuren einer Ohrenbeichte zu finden. Manche Autoren glauben, daß irische Mönche ab dem 6. Jahrhundert die Beichte auf dem Festland eingeführt hätten, wobei sie kaum auf Widerstand gestoßen seien, weil keinerlei Zwang ausgeübt worden sei. Jahrhundertelang blieb es dabei.

Das wurde aber plötzlich anders, als der hochmütige und herrische Papst Innozenz III. zu einer Zeit auf den Thron kam, als die Kirche den Höhepunkt ihrer Macht erreicht hatte. Die Bewegung der Sekte der Katharer – die bereits 50 bis 80 v. H. der Gläubigen erfaßt hatte – drohte die Kirche zu vernichten. Aber da sämtliche Fürsten auf seiten der Kirche standen – anders als bei der Reformation –, wurden die Hochburgen der Katharer in einem zwanzigjährigen Krieg erobert und manche Gegenden – wie Südfrankreich – in verbrannte Erde verwandelt. Um in Zukunft jede derartige Regung schon im Keim ersticken zu können, befahl Innozenz III. auf dem IV. Laterankonzil im Jahr 1215, daß von nun an jedermann einmal jährlich beichten müsse. Da es ihm dabei um etwas ganz anderes zu tun war als um die übliche Sündenvergebung, baute er das Beichtinstitut als Kontrollinstrument aus. Er ordnete an, daß die Beichtväter die Beichtenden nach ihren religiösen Auffassungen ausfragen müßten; und damit im Verdachtsfall die Konsequenzen gezogen werden konnten, bestimmte er, daß jeder nur bei seinem Ortspfarrer beichten durfte. Diese Bestimmung wurde erst im vorigen Jahrhundert nach und nach aufgehoben. Seit dem IV. Laterankonzil lautet nun die Lossprechungsformel: »Kraft des Amtes und der mir von Gott übertragenen Binde- und Lösegewalt spreche ich den hier gegenwärtigen Diener Gottes von jeglichen Sünden frei.«[62]

Die Erfüllung der Beichtpflicht wurde im Mittelalter streng überwacht. Henne by Rhyn berichtet, daß Verstöße gegen die Beichtpflicht mit Auspeitschung geahndet wurden.[63]

Was Jesus von derartigem Zwang über die Seelen in Zusammenhang mit der Sündenvergebung hielt, das hat er seinen Aposteln deutlich gesagt und Lorber wurde es wörtlich übermittelt:

»Welch eine arge Wirkung Mußgesetze auf die frei wollende Seele ausüben, habe Ich euch mehr denn zur Genüge gezeigt, wie auch deren notwendige Folgen, und so sei unter euch alles nur eine freie Handlung der wahren und reinen Liebe und nie eines gebieterischen Zwanges. Daran nur wird man Meine *wahren* Jünger erkennen, daß sie unter sich nur das freie Gesetz der Liebe üben und sich untereinander lieben, wie Ich nun euch liebe« (Gr VIII 40, 24).

Gegen eine freiwillige Beichte werden dagegen bei vorliegendem Bedürfnis keine Einwendungen erhoben. Grundsätzlich gilt aber auch in solchen Fällen: »Seid keine sündenvergebenden Stellvertreter Gottes, sondern nur helfende Brüder und Freunde der an Leib und Seele leidenden Mitmenschen« (Gr VIII 194, 7).

Im Laufe der Zeit wurde die Beichte zu einem Machtinstrument erster Ordnung. Auf die Darstellung der mißbräuchlichen Ausnutzung der Beichte für politische Zwecke sowie über die mit der Beichtdisziplin im 17. und 18. Jahrhundert aufgekommenen Pönitenzübungen für Frauen und den damit verbunden gewesenen zahlreichen gerichtsnotorischen Skandalen, soll verzichtet werden, da die damaligen Zustände vielen ohnedies als nicht glaubhaft erscheinen würden.

Der Aufbau und Ausbau des Beichtinstitutes bedingte auch die intensive Beschäftigung mit der Moralkasuistik. Die Zahl der Sünden, für die sich die Kirche in den ersten Jahrhunderten interessierte, war – wie berichtet wurde – gering; nur öffentlich bekannte Hauptsünden wie Mord, Abfall vom Glauben und Ehebruch wurden geahndet. Im Laufe der Zeit wurden Sündenkataloge aufgestellt, und die Zahl der Sünden vermehrte sich unaufhörlich, bis schließlich im 18. Jahrhundert das Sündenregister auf 17 348 Sünden erweitert worden war.[64] In unserer Zeit kann man in kirchlichen Amtsblättern dagegen wieder bischöfliche Erklärungen folgender Art lesen: »Der Begriff der Todsünde muß aufgrund neu gewonnener Erkenntnisse in Theologie und Humanwissenschaft neu bedacht werden.«[65] (!)

Die Scholastiker, insbesondere der Krontheologe Thomas von Aquin, auf dessen Ansichten die Kirche sich ansonsten zu stützen pflegte, ließen alle keinen Zweifel darüber offen, daß die Einsetzung der Beichte nicht auf Jesus zurückgeht. Thomas v. A. stellt in Summa theol. III. 9.6. a 3, Peter der Lombarde in Sentarium Lib. IV. Dist. 17 und Laurentius in Dist. V klar heraus, daß die Beichte sich nicht auf göttliche Autorität, sondern auf ein Herkommen gründet. Kein einziges der älteren Konzile, die stets Bezug nahmen auf das, was Sitte und Herkommen war, erwähnt die Beichte.

Nachdem bis zum Konzil im Jahre 1215 Hunderte von Millionen Katholiken selig geworden sind, ohne je gebeichtet zu haben, behauptet seitdem die katholische Kirche bis heute entgegen den Aussagen der Kirchenlehrer des Altertums und der mittelalterlichen Theologen, daß »das Bekenntnis der schweren Sünden in der Beichte heilsnotwendig kraft göttlicher Anordnung ist« (Denz. 574 a, 670, 699)[66].

Seit dem Konzil wagen es aber doch auch katholische Theologen, die Dinge beim Namen zu nennen: »Die Begründung der *Beichtpflicht* war noch lange sehr schwankend (z. B. aus dem Alten Testament oder Jakobus 5) und jedenfalls längst nicht immer das ›ex institutione sacrament‹ des Tridentinums. Bei einigen Kanonisten, wie in der Glossa ordinaria zu Gratian und bei Nikolaus de Tudeschis, ist die Beichtpflicht sogar nur in der Anordnung der Kirchen begründet« *(Herders theologisches Taschenlexikon, 1972, S. 367).*

Es hat seinen Grund, daß in der Synodenumfrage der Bischöfe und auf der Synode in Würzburg über die wirklich existentiellen und kritikwürdigen Glaubensfragen nicht diskutiert werden durfte. Die Umbiegung der Worte Jesu betreffend die Sündenvergebung bestätigt die Feststellung Walter Niggs: »Die Kirche hat das Evangelium in ein ihr angenehmes System gepreßt und hat sich gar nicht nach den Anweisungen benommen.«[67]

Die zwangsweise Einführung der Beichte zur Vergebung der Sünden und die darauf folgende Ablaßlehre von der Vergebung der Sündenstrafen im Fegfeuer gegen klingende Münze sowie die bis heute bestehende Einrichtung bezahlter Seelenmessen stehen in kausaladäquatem Zusammenhang. Die völlig anders lautende Anweisung Jesu, die im Altertum, wie gezeigt wurde, wohlbekannt war, wurde im Mittelalter materiellen kirchlichen Zwecken dienlich gemacht. Diese Sünde wider den Heiligen Geist wird, wie aus der Neuoffenbarung hervorgeht, noch ihre Folgen haben. Dort wird von Jesus folgendes gesagt: »Es wird in späteren Zeiten leider geschehen, daß die Sündenbekenntnisse vor den falschen Propheten in Meinem Namen noch mehr gang und gäbe werden, als sie je unter den Pharisäern und Erzjuden es waren, und das wird zum Fall und zum Gerichte der falschen Propheten unter Meinem Namen führen. Denn diese werden den Menschen gleich den Heiden sagen, daß sie allein das von Gott ihnen erteilte Recht haben, allen Sündern die Sünden nachzulassen oder auch vorzuenthalten; wenn das geschehen wird, dann wird bald jene Zeit herbeikommen, in der das große Gericht über das neue Heidentum ergehen wird« (Gr VIII 43, 10–11).

»Die Vergangenheit der Unwahrhaftigkeit hat für die Gegenwart keine Zukunft mehr, aber es bleibt ihre eigene Vergangenheit.«[68] Dieses Wort von Hans Küng hat einen tiefen Sinn.

IV. TEIL

Der Erdenweg Jesu.
Aufhellende zusätzliche Kundgaben der
Neuoffenbarung zum Evangelium

Die Zeit, wo liberale Theologen und andere Kritiker behaupteten, Jesus habe gar nicht existiert, ist lange vorbei. Heute bestreitet kaum noch ein Wissenschaftler die Existenz von Jesus. Auch Rudolf Bultmann, der fast das ganze Evangelium entmythologisiert hat, gibt zu: »Der Zweifel, ob Jesus wirklich existiert hat, ist unbegründet und keines Wortes der Widerlegung wert.«[1]

Als im 2. Jahrhundert n. Chr. der heidnische Philosoph Celsus in seinen Schriften das Christentum bekämpfte, brachte er alle möglichen Argumente vor, aber daß Jesus gar nicht gelebt habe, behauptete er nicht, was nahegelegen wäre, wenn er irgendwelche Zweifel gehabt hätte.

Die Leben-Jesu-Forschung der letzten zweihundert Jahre gründet sich auf einen unsicheren Untergrund. Die Spekulationen nahmen kein Ende, und jeder Exeget hatte den Ehrgeiz, eine eigene Hypothese aufzustellen. In neuerer Zeit wird vornehmlich mit dem Schlagwort »Sitz im Leben« operiert, d. h., die meisten Berichte des Evangeliums sollen nicht von Jesus stammen, sondern nach weitverbreiteter Ansicht sollen sie Gemeindegut sein. Die Urgemeinde habe ihm die Aussprüche in den Mund gelegt. Die von Jesus vollbrachten Wunder duldete platter Rationalismus grundsätzlich nicht.

Mit Albrecht Ritschl (gest. 1889) hatte die Ablehnung jeder Metaphysik begonnen, und die einseitigen, ja oft fanatischen Vertreter des Historismus ließen übernatürliche Einwirkungen nicht gelten. Der protestantische Theologe Ernst Troeltsch (gest. 1923) erklärte kurz und bündig: »Es gibt keine Übernatur über dieser Welt, in der wir leben.«[2] Der Schüler Ritschls, der Kirchenhistoriker Adolf Harnack, dessen Bücher eine enorme Verbreitung fanden, erklärte, Jesus gehöre nicht in das Evangelium, er sei nur dessen Verkünder.[3]

In der Folge wurde die Persönlichkeit Jesu bis zur Unkenntlichkeit »modernisiert«. Nachdem vom Evangelium nur noch unbedeutende Reste übriggeblieben waren, wurde paradoxerweise behauptet, man habe den Christen »eine entscheidende Lebenshilfe geleistet«[4].

In der Neuoffenbarung haben wir nun eine sichere Grundlage, um die wirklichen Aussagen und die Taten Jesu kennenzulernen. Vergleicht man diese Kundgaben, die keinem Hirnverstand entstammen, mit den vielfältigen und sich widersprechenden Meinungen der Kritiker, so muß man zu der Auffassung gelangen, daß durch kritisches hochqualifiziertes Denken Einsichten in die Vorgänge von der Geburt bis zum Tode Jesu, die der Wirklichkeit entsprechen, selten zu gewinnen sind. Kardinal Augustin Bea ist zuzustimmen, wenn er schreibt: »Geistige Dinge dürfen nicht wie materielle behandelt werden. Die verhängnisvollen Folgen der Eilfertigkeit werden in der ›Entmythologisierung‹ deutlich.«[5]

Alle Forscher stimmen überein, daß aufgrund des Evangeliums die Wege, die Jesus in zeitlicher Reihenfolge gewandert ist, nicht feststellbar sind. Auch über die Dauer der öffentlichen Lehrtätigkeit Jesu bestehen abweichende Meinungen. Schon im Altertum wurden von Origenes, Eusebius und Hieronymus ganz unterschiedliche Zeitdauern angegeben. Der katholische Autor Daniel-Rops wirft auch heute wieder – wie viele andere – die Frage auf: »Wie lange dauerte das öffentliche Wirken Jesu? So merkwürdig es erscheinen mag, es ist das ein Punkt, in dem die Geschichtsschreibung sich äußerst verlegen zeigt. Über die Dauer der Wanderungen sagen die Evangelisten nichts. Die Angaben des Johannes-Evangeliums, die im ganzen viel genauer sind, genügen doch nicht, um jede Hypothese auf Grund seines Textes auszuschalten.«[6]

Durch die Kundgaben der Neuoffenbarung wird jetzt jeder Zweifel behoben. Jesus hatte seinen Jüngern vorausgesagt, daß die Zeit kommen werde, »wo das, was wir nun hier verhandeln, nach mehr als tausend Jahren von Wort zu Wort vernommen und aufgezeichnet werden wird, so als ginge alles das vor den Augen derer vor sich, die *nach nahe 2000 Jahren* nach uns die Erde betreten werden« (Gr III 15, 6).

In der Tat werden in dem umfangreichen Werk die Vorgänge, die Reden Jesu und die Unterhaltungen mit einer Genauigkeit geschildert, die, geistig gesehen, dem Ablaufen eines Films gleichkommt.

Hier müssen wir uns darauf beschränken, diejenigen Kundgaben anzuführen, die zu den Mitteilungen des Evangeliums *Zusätzliches* aussagen. Sie runden die Berichte des Evangeliums ab und geben erst so ein lebensvolles, wirklichkeitsgetreues und vor allem zuverlässiges Bild vom Lehren und Wirken Jesu.

Über die Geburtsgeschichte und die ersten Lebensjahre Jesu berichtet der Band *Die Jugend Jesu*. Die Geburtsgeschichte zeigt erneut, daß die Angaben sowohl von Lukas als auch von Matthäus nicht zuverlässig sind. Die NO bestätigt aber, daß Maria vom Heiligen Geist empfangen hat. »Maria wurde von einem lichten Ätherhauch angeweht, und eine sanfte Stimme sprach zu ihr: ›Maria, sorge dich nicht vergeblich, du hast empfangen, und der Herr ist mit dir‹« (Jug 4, 14). Maria war damals 14 Jahre alt.

»Sie gebar einen Sohn, ohne die Hinneigung zu einem Mann gekannt zu haben« (Pr 41). »Sie begriff nicht und konnte es nicht begreifen, was bei ihrer Empfängnis, was bei der Geburt und ferner geschah, denn sie handelte nur nach Weisung höheren Einflusses und verhielt sich dabei mehr passiv als aktiv, als Weib und Mutter nur ihren Gefühlen folgend, welche sie an ihren Säugling banden« (Pr 41).

»So verstand auch Maria, Meine Leibesmutter, Meine Worte

nicht, als Ich auf ihre Liebesvorwürfe, wegen des langen Suchens, antwortete: ›Wisset ihr nicht, daß Ich sein muß in dem, was Meines Vaters ist?‹ Joseph und Maria begriffen nicht, was Meines Vaters war, sie waren selbst noch zu sehr dem jüdischen Kultus ergeben und glaubten, die ganze Religion bestände in Haltung der Gebräuche. Sie kannten Mich nicht – und Meinen Vater noch weniger, denn für sie gab es nur einen unteilbaren Gott. Daher, hätten sie auch Mein göttliches Ich anerkannt, so wäre ihnen dieses zweifache Wesen, Ich und der Herr – oder Sohn und Vater –, nicht faßbar gewesen« (Pr 48).

»Daß aus ihrem Sohn etwas Außerordentliches werden könnte, war für sie denkbar – waren ja die Empfängnis, die Geburt usw. mit so außerordentlichen Erscheinungen begleitet, doch einen Gott als Menschen unter dem Herzen getragen zu haben und den zu erwartenden Messias, den geistigen Wiederhersteller, nicht allein ihres Volkes, sondern der ganzen Menschheit, das waren Begriffe, die in ihrem Kopf keinen Platz fanden. Sie hat Mich noch bei Meinem Kreuzestod nicht als Gott, sondern nur als Mensch, als ihren Sohn beweint; erst durch die Auferstehung wurde sie, wie auch Meine Apostel, in dem bekräftigt, was Ich ihnen oft gesagt hatte« (Pr 42).

»Ich selbst habe es ihr und Meinen Aposteln oft vorausgesagt, was Mir bevorsteht und wie Ich den Tod und die Hölle überwinden werde; allein, wo ist die Überzeugung – besonders in jenen Zeiten der Propheten und wunderwirkenden Essäer –, daß Ich, ein Mensch mit Fleisch und Knochen wie sie, der ißt und trinkt, ein Gott, und zwar der Herr aller Heerscharen sei, der in menschlicher Form, beim unmündigen Kind angefangen, am Kreuz – in jener Zeit das Zeichen der Schande und Entehrung – enden sollte!« (Pr 42).

Deswegen waren Joseph und Maria erstaunt. »Sie begriffen nicht, wer der sei, welcher gekommen ist zum Fall und Auferstehen der Juden« (Pr 42).

Kurz vor der Niederkunft Marias erging ein Befehl des römischen Kaisers Augustus, »demzufolge alle Völker seines Reiches beschrieben und gezählt und der Steuern und der Rekrutierung wegen klassifiziert werden sollten« (Jug 12, 3). »Die römische Beschreibungskommission war in Bethlehem aufgestellt« (Jug 12, 4).

Über den Zeitpunkt der Volkszählung, des sogenannten Zensus, besteht auch heute noch keine völlige Klarheit. Aber durch die aufgefundene Inschrift des Augustus in Ancyra (Ankara), die eine Übersicht über seine Taten gibt, wissen wir heute, daß Augustus tatsächlich im Jahr 746 (8 v. Chr.) eine Volkszählung angeordnet hat.[7] Jesus ist nicht in dem Jahr geboren worden, wie es unsere Zeitrechnung angibt, sondern schon sieben Jahre vorher.

Der in unserer Zeitrechnung enthaltene Fehler hat folgenden Grund. Im Jahre 525 n. Chr. beauftragte der Papst Johannes I. den Abt Dionysius Exiguus, festzustellen, wieviel Jahre seit der Geburt Christi vergangen seien, weil er die Zeitrechnung neu festlegen wollte. Ausgangspunkt sollte das Geburtsjahr Christi sein und nicht mehr wie bisher das Datum der Gründung der Stadt Rom. Durch die wissenschaftliche Forschungstätigkeit wissen wir heute zuverlässig, daß dem Abt bei seiner Arbeit mehrfach Fehler unterlaufen sind, über die wir uns hier nicht verbreiten wollen.

Ferner ist im Evangelium erwähnt, daß die Volkszählung unter dem »Statthalter von Syrien, Cyrinus, stattfand« (Lk 2, 2). Die Angabe konnte bisher nicht in Einklang mit der Historie gebracht werden, weil der Statthalter Cyrinus (Schreibweise der Hl. Schrift, in den Geschichtswerken Sulpicius Quirinius und in der NO Cyrenius Quirinus [Jug 160 u. 255] genannt) erst im Jahr 6 *nach* Christus Statthalter von Syrien geworden ist. Inzwischen sind neue Forschungsergebnisse erzielt worden. Cyrenius war nämlich keineswegs nur Statthalter von Syrien, sondern hatte einen viel höheren Rang. Ethelbert Stauffer stellt fest, daß er »Generalissimus und Vizekaiser Ost« gewesen ist. Genau das berichtet auch Jakob Lorber in der NO. Danach war er »Oberstatthalter von Asien, Ägypten und Teilen von Afrika« (Jug, Kp 47 u. 101). Dort wird auch ausdrücklich bemerkt, daß er in dieser hohen Stellung den Titel eines Vizekaisers besaß. Er unterzeichnete seine Befehle wie folgt: »Im Namen des Kaisers, dessen oberster Stellvertreter in Asien und Ägypten und *sonderheitlich* (!) Landpfleger in Cölesyrien, Tyrus und Sidon. Cyrenius vice Augusti« (Jug 47, 14). Daraus geht klar hervor, daß er in *Sonderheit* Statthalter von Syrien war, und nur darauf nahm der Evangelist Lukas Bezug.

Rom hat, so schreibt E. Stauffer, »immer wieder einen Vizekaiser für den Osten nominiert.[8] Weiterhin ist nachweisbar, daß Cyrenius in seiner Eigenschaft als »Generalissimus Ost« an Statthalter Befehle gab, in ihrem Bereich Volkszählungen durchzuführen.[9]

So wird auch in diesem Fall das vor mehr als hundert Jahren von Jakob Lorber durch die Innere Stimme Vernommene durch die neuere Forschung als zutreffend bestätigt.

Die bereits von David Friedrich Strauß in seiner Schrift *Leben Jesu* (1835) und auch von späteren Schriftstellern vorgebrachten, scheinbar überzeugenden Argumente für die unrichtige Darstellung dieses historischen Tatbestandes im Evangelium, mögen unzählige Leser beeindruckt haben. Irrtum und Scheinargumente wurden ja eh und je kritiklos als endgültige wissenschaftliche Erkenntnisse angesehen. Treffend bemerkt Stauffer, daß Strauß »von der Amtstätigkeit des Quirinius (= Cyrenius, d. Vf.) eine recht primitive Vorstellung hatte, die einer gründlichen Korrektur bedarf« (*Jesus*, S. 32).

Nach der Neuoffenbarung war Cyrenius zur Zeit der Geburt Jesu Vizekaiser im Osten, und durch ihn erhielt Joseph, der ihm ein Empfehlungsschreiben eines hohen Offiziers überreichen konnte, bei seiner Flucht großzügige Unterstützung. Kritiker, die Jesus nicht als Gottessohn ansehen, werden übernatürliche Einflüsse im Leben Jesu, und insbesondere in den Gefahren der ersten Zeit nach der Geburt, nicht gelten lassen. Die mehrfache wundersame Hilfe, die Joseph und das Kind in den ersten Jahren in scheinbar ausweglosen Situationen erfahren haben, werden aber diejenigen, die an die Menschwerdung Gottes glauben, keineswegs als seltsam ansehen. Es wäre vielmehr verwunderlich, wenn in diesem Fall der sichtbare Beistand Gottes gefehlt hätte.

Joseph und seine Söhne (aus erster Ehe) mußten sich nach Bethlehem begeben, wo die Erfassungsstelle ihren Standort hatte. Maria wollte er nicht allein zurücklassen. Daher entschloß er sich, sie trotz der bevorstehenden Niederkunft mitzunehmen. Auf einem Ochsenkarren, mit dem Joseph Stämme aus dem Wald für Hausbauten holte, wurde alles für die Reise Notwendige aufgeladen. Maria saß auf einem Sessel, der auf einem Esel befestigt war.

Maria ist weder in einer Herberge (Lk 2) noch in einem Haus (Mt 2, 10) niedergekommen, vielmehr konnte sie in Sichtweite von Bethlehem nicht mehr weiterreiten oder gehen. Auf ihr Verlangen suchten sie dann eine große Höhle auf, die als Zufluchtsort für die Weidetiere diente. E. Hirsch sagt zutreffend, daß man, trotz der von Lukas erwähnten Herberge, später die Geburt in eine Höhle außerhalb des Orts verlegt habe, wovon im Evangelium keine Rede ist, sei ein »Durchschlagen des Ursprünglichen«[10].

Der Stern, dem die drei Weisen aus dem Morgenland folgten, war weder ein Fixstern noch ein Komet, noch hat er, wie Stauffer[11] meint, mit der im Jahre 7 v. Chr. auffallenden und äußerst selten vorkommenden Gestirnkonstellation etwas zu tun. Die Weisen haben zwar »die ganz sonderbaren Stellungen der Sterne« bemerkt (Gr VI 38, 8), aber daneben »einen Stern von besonderer Größe, der gegen Westen hin eine lange Rute hatte« (Gr VI 38, 8). Dieser Stern »stand ganz nieder, und sein Licht war fast so stark wie das Tageslicht« (Jug 29, 25).

Die Geburt Jesu muß Ende Dezember oder Anfang Januar erfolgt sein, weil von »in dieser kürzesten Tageszeit« und von »Reif auf den Feldern« die Rede ist (Jug 25, 11 u. 12).

Die Flucht nach Ägypten erfolgte nicht – wie stets unterstellt wird – auf dem Landweg. Der Weg durch die Wüste wäre für Maria und das neugeborene Kind eine Strapaze gewesen, der sie vielleicht erlegen wären. Auch Joseph war damals schon etwas über 70 Jahre alt. Außerdem konnte sich Joseph leicht denken, daß Herodes die Grenzwachen durch reitende Boten verständigt hatte, daß eine Familie mit einem Neugeborenen zu verhaften sei. Deshalb nahm er seinen Weg nach Norden, vermied aber Nazareth und bestieg in Tyrus ein Schiff, das nach Ägypten fuhr. Die NO berichtet, daß er sich in *Ostrazine* in Ägypten niederließ. Daß diese Stadt damals existierte, ist nachweisbar. Josephus Flavius berichtet in seiner Schrift *Der jüdische Krieg,* daß der römische Feldherr Titus, der im Jahre 70 n. Chr. Jerusalem eroberte, seine Legionen von Ägypten heranführte und auf seinem Weg mit den Truppen »nahe bei Ostrazine übernachtete«[12].

In Paulys *Realencyklopädie der klassischen Altertumswissenschaft* Bd. 18/2 ex 1942 Blatt 1673/74 ist Ostrazine (griechisch = OCTPAKINH) wie folgt erwähnt (lt. Ptol. Geogr. IV. S. 6 M): »Zeitweise bedeutender Ort an der Nordgrenze Ägyptens.« »Auf der römischen Mosaikkarte von Madeba ist Ostrazine neben anderen bekannten Orten dieser Gegend verzeichnet.« »Vergleiche Plinius n. h. V. 68 n ›Ostracine Arabia finitur‹.« Die Unterlagen befinden sich in der Reichsuniversität in Leyden (Holland).[13]

Joseph arbeitete, solange er in Nazareth war, mit seinen Söhnen hauptsächlich als Bauunternehmer, fertigte aber auch »Pflüge, Joche, Stühle, Tische, Betten u. dergl.« an (Jug 294, 2). Der Kirchenvater Justin (140 n. Chr.) berichtet im Dialog 88, daß Jesus (und sein Pflegevater Joseph) dörfliches Ackergerät wie Pflüge und Joche gemacht habe. E. Hirsch schließt daraus, es würde richtiger sein, von Stellmacher statt von Zimmermann zu sprechen.[14]

Das ist, wie durch die NO klargestellt wird, nicht zutreffend. Es wird dort ausgeführt, daß Joseph in erster Linie Bauunterneh-

mer war und als solcher »im ganzen Land bis nach Jerusalem und
Tyrus bekannt und geschätzt war«. Während des Aufenthaltes
in Ostrazine betätigte sich Maria, um die Familie durchzubrin-
gen, einige Stunden am Tag als Sprachlehrerin. In der Tempel-
schule hatte sie Latein und Griechisch gelernt und gab offenbar
Kindern in diesen Sprachen Unterricht oder Nachhilfeunterricht
(Jug 163, 19). Der fünfzehnjährige Sohn des Joseph, Jakobus, war
jahrelang der Betreuer des kleinen Jesuskindes. Später schrieb er
das Jakobus-Evangelium und leitete nach dem Tod von Jesus die
Urgemeinde in Jerusalem bis zu seinem Märtyrertod.

Nach dreijährigem Aufenthalt in Ägypten kehrte Joseph zurück nach Nazareth. Er bezog wieder sein bescheidenes Miets-
haus, das etwas außerhalb von Nazareth auf einer Anhöhe lag.

Nazareth lag nicht dort, wo man es heute vorgibt. Da Palästina
nach dem zweiten Aufstand gegen die Römer in den Jahren
132–133 zur verbrannten Erde gemacht wurde, war es völlig
menschenleer. Die Bewohner waren entweder von den Römern
getötet oder in die Gefangenschaft bzw. in die Sklaverei ver-
schickt worden. Als nach dem Aufhören der Verfolgungen des
Christentums die Christen nach zweihundert Jahren in das Land
kamen, wußte niemand zu sagen, wo die in der Bibel erwähnten
Orte gelegen waren. Man setzte sie willkürlich fest. Man darf sich
nicht durch die Angaben in historischen Atlanten zu Illusionen
verleiten lassen. In einem Sachbuch heißt es zu dieser Frage:
»Zieht man einen Bildatlas zu Rate, so findet man alle biblischen
Orte genau eingezeichnet. Schwierigkeiten und Fragen scheint
es weiter keine zu geben. Vergleicht man mit einem anderen
Atlas, dann wird man aber feststellen, daß eine große Zahl Orte
auf dieser Karte woanders liegen und oft mit Fragezeichen versehen sind. Die tatsächliche Feststellung biblischer Orte ist sehr
erschwert, weil Palästina mit Ruinen übersät ist.«[15]

In Übereinstimmung mit den historischen Fakten berichtet die
NO hierzu: »… von Meiner Zeit her findet sich nahezu kein Ort
mehr vor, den Meine Füße und die Meiner Apostel betreten

haben, und das im ganzen Judenland, mögen also die Orte und Ortschaften auch Namen haben, was für welche sie wollen.« »Das einzige, Bethlehem, befindet sich noch so ziemlich an derselben Stelle.« »Von Tiberias sind noch einige Überreste, aber von allen anderen Orten, die zu Meiner Zeit an den Ufern des Galiläischen Meeres lagen, ist keine Spur mehr vorhanden« (Gr XI, S. 229, 230/232).

Nazareth lag nicht – wie das in der NO ausdrücklich gesagt ist – an dem Ort, den man heute bezeichnet, sondern nordwestlich von Kapernaum nahe an der nördlichen Grenze von Galiläa im Gebirge. »Von Kapernaum nach Nazareth sind es nahezu zwei Stunden Weges«, heißt es wörtlich in der NO (Gr II 37, 16).*

Das geht übrigens nach der Feststellung von Gustaf Dalman aus einem alten rabbinischen Dokument hervor. Nach der Zerstörung Jerusalems im Jahr 70 n. Ch. wurde das Land Galiläa in 24 Priesterabteilungen gegliedert (1. chron. 24). Die Aufzählung der Ortschaften enthält folgenden Vermerk: »... und an die Tore des Landes verbannt ist die Dienstabteilung von Nazerat.[16] »An die Tore des Landes verbannt« besagt, daß der Ort ganz nahe an der Grenze lag, was für Nazareth zutrifft.

Nazareth war mehr ein großes Dorf als eine Stadt. Alle Jahre fand ein Markt dort statt. Die Einwohner betrieben Landwirtschaft und Viehzucht (Gr II 37, 16). Die Kreisstadt Kapernaum lag damals nicht am See, sondern eineinhalb Stunden davon entfernt. Jesus hatte Kapernaum schon in seiner Jugend, insbesondere bei den Wallfahrten nach Jerusalem, kennengelernt. Deshalb sprach Jesus von »seiner Stadt«.

Nach den Mitteilungen, die der Herr in der NO macht, ist die Gegend, wo Nazareth lag, durch schwere Erdbeben völlig verändert worden.

Betreffend die Zeit vom zwölften bis zum dreißigsten Lebensjahr von Jesus wird in der NO u. a. gesagt: »Vom zwölften Jahr

* Siehe die Karte am Ende des Buches.

an hat sich all das Außerordentliche (an Ihm) verloren, die großen Hoffnungen seiner Eltern gingen unter, und Er blieb bis in sein dreißigstes Jahr ein höchst unbeachteter, allereinfachster Zimmermann.« »Er war überaus wortkarg, man bekam auf zehn Fragen kaum eine, höchst einsilbige Antwort.« »... lustige, lärmende Gesellschaften floh Er und liebte vor allem die Einsamkeit. Das merkwürdigste von allem aber war, daß man Ihn höchst selten in einer Synagoge sah, ebensowenig in einer Schule ... in einem Bethaus aber hat Ihn nie jemand gesehen« (Gr II 90, 7–8).

Als Jesus dreißig Jahre alt war, trat er öffentlich auf. Zunächst ging er 40 Tage in die Wüste, und zwar nach Bethabara, »einem allerarmseligsten Flecken, den arme Fischer bewohnten«. Bethabara lag am Einfluß des Jordans in das Galiläische Meer. »Eine allerdürftigste Fischerhütte aus Lehm und Schilf bewohnte auch Ich, ziemlich tief in der Wüste, nicht fern von dem Ort, wo Johannes sein Wesen trieb« (Gr I 8, 4).

Die Verse Mt 4, 2–11, wonach Jesus in der Wüste 40 Tage fastete und vom Teufel versucht wurde, sind – wie so manche andere – nicht wörtlich zu verstehen. Der Herr sagt hierzu in der NO: »In naturmäßiger Hinsicht ist diese Erzählung ein barster Unsinn, denn ein Mensch kann niemals so lange ohne Speise und Trank bleiben.«

»In der Gegend Galiläas, wie auch Kanaans und Samarias, gab es zu Meiner Zeit gar keine solche Wüste.« »Es ist dieses Mein, in dem Pseudo-Matthäus beschriebenes Fasten in der Wüste, ebenso wie vieles andere, ein gänzlich mißverstandener Griff.« »Es liegt an dieser mißverstandenen Erzählung des wirklichen Evangelisten Matthäus etwas, aber dies ist nicht im geringsten materiell« (Gr XI, S. 248–250).

Nicht weit vom Einfluß des Jordans in den See wohnte Petrus. Als sein Bruder Andreas ihm von Jesus, der Andreas angesprochen hatte, erzählte, spricht darauf Petrus, »der stets bei allem Tun vom Messias phantasierte und der Meinung war, daß der Messias der Armut helfen und die hartherzigen Reichen völlig vertilgen werde«: »... ich verlasse augenblicklich alles und folgte Ihm bis ans Ende der Welt, falls Er es verlangt« (Gr I 8, 10). Als Jesus am folgenden Tag den Petrus anspricht und fragt, ob er mit ihm ziehen wolle, willigt er ein. Kurz darauf trafen sie Philippus, der ledig war und den Pflegevater Joseph persönlich kannte. Er schließt sich ebenfalls Jesus sofort an. Sie sind alle bitterarm und haben nicht viel zu verlieren. Alle hoffen sie auf den Messias, von dem sie hoffen, daß er die Armut beseitigen werde. Daneben sind ihnen die Römer aufs höchste verhaßt. Als der nächste Jünger, Nathanael, hinzukommt, spricht dieser zu Jesus: »Du bist unfehlbar der lange sehnsüchtig erwartete König Israels, der sein Volk aus den Klauen der Feinde befreien wird« (Gr I 9, 11).

Die Vorstellung vom Messias als Befreier von der römischen Besatzungsmacht war in den Jüngern tief verwurzelt. Noch nachdem die Jünger drei Jahre lang von Jesus belehrt worden waren, klagte der Jünger Kleophas nach dem Tode von Jesus auf dem Weg nach Emmaus: »Wir hatten gehofft, daß er es sei, der Israel (vom Joche der Römer, d. Vf.) erlösen werde« (Lk 24, 21).

Jesus ging mit seinen vier Jüngern zunächst in sein Elternhaus nach Nazareth. Joseph war einige Monate zuvor gestorben. »Auch Maria und Meine ganze irdische Verwandtschaft stellten sich unter dem Messias auch noch gleichfort einen Besieger der Römer und anderer Feinde des Gelobten Landes vor. Ja, die Besten hatten von dem verheißenen Messias nahezu dieselbe Vorstellung« (Gr I 10, 3).

»Aus eben diesem Grund wurde Mir denn auch in vielen Familien die größte Aufmerksamkeit geschenkt, wie natürlich auch allen denen, die Ich als Meine Jünger bezeichnete, und es entschlossen sich daher auch (Mein Stiefbruder, d. Vf.) Jakobus und (der Ziehsohn des Joseph, d. Vf.) Johannes, Meine Jünger zu werden, um dann mit Mir die Völker der Erde zu beherrschen!« »Sie hatten schon so manches vergessen, was Ich ihnen in Meiner Kindheit oft und ziemlich deutlich vorausgesagt hatte« (Gr I 10, 5).

»Da ich also als ein bald auftretender Befreier vom römischen

Joch in nahezu allen besseren Häusern der ganzen Umgebung von Nazareth, ja beinahe in ganz Galiläa, in solchem Rufe stand … wurde Ich mit Meinen Jüngern, Meiner Mutter Maria und einer Menge von anderen Verwandten und Bekannten sogar nach Kana, das nicht sehr entfernt von Nazareth lag,* zu einer sehr ansehnlichen Hochzeit eingeladen« (Gr I 10, 6).

Man kann aus diesen Kundgaben erkennen, unter welchen Voraussetzungen Jesus seinen Auftrag in Angriff nehmen mußte, und welcher Mühe es bedurfte, den politisch fanatisierten Jüngern klarzumachen, welche Absichten Jesus wirklich hegte. Es war unter diesen Umständen voraussehbar, daß bei einem großen Teil des Volkes die Stimmung sehr schnell umschlagen würde, sobald sie merkten, daß Jesus gar nicht an einen Aufstand gegen die Römer dachte.

»Sieben Tage nach der Hochzeit in Kana verließ Ich Nazareth und zog mit Maria, Meinen fünf Brüdern, von denen zwei zu Meinen Jüngern gehörten, und mit den bis dahin aufgenommenen Jüngern hinab nach Kapernaum, einer ziemlich bedeutenden Handelsstadt« (Gr I 12, 1).

Nicht weit von Kapernaum taufte Johannes d. T. in der Gegend von Bethabara, »solange der oft ganz wasserleere Jordan eine rechte Menge Wasser hatte« (Gr I 12, 1).

»Alsbald begann Ich die Menschen zu lehren.« »Mehrere glaubten, aber viele ärgerten sich, wollten Hand an Mich legen und Mich von einem Berg ins Meer stürzen.« »In Kapernaum hielt Ich Mich nur kurze Zeit auf, da dort kein Glaube und noch weniger Liebe daheim war« (Gr I 13, 5).

An Ostern zog Jesus nach Jerusalem und reinigte dort den Tempel (Joh 2, 14–17), »wo es fast jeder Mensch, der den Tempel besuchte, vor Gestank und Lärm nicht aushalten konnte«. »Der Boden war voll Geflades und Unrates« (Gr I 13,6 u. 13). »Wen die Geißel traf, der wurde augenblicklich von heftigsten, beinahe

---

* Es gab zwei Kana.

unaushaltbaren Schmerzen befallen, und ebenso das Vieh. Es entstand ein fürchterliches Menschen- und Viehgeheul« (Gr I 13, 13).

Die Vorstellung mancher Forscher, daß die Aktion Folgen für Jesus gehabt haben müsse, ist unzutreffend. Manches ist ganz anders verlaufen, als es sich nach der Meinung der Kritiker abwickeln mußte. Es hatte einen ganz bestimmten Grund, daß Jesus unbehelligt blieb. Jesus hatte die Tische der Geldwechsler und der Händler umgestoßen. Das Geld lag auf dem Boden und die Händler flohen. Die Priester und deren Diener hoben schnell das herumliegende Geld auf und gaben die 1000 Säckel Gold und Silber den Eigentümern nicht zurück. Sie waren zu sehr beschäftigt und hatten keine Zeit, Jesus zur Verantwortung zu ziehen (Gr I 13, 16).

»Nun kamen sozusagen bei Tag und Nacht in Masse Menschen aller Klassen aus der Stadt zu Mir« (Gr I 17,3). »Auch wirkte Ich bei den Armen viele Wunder, befreite die Besessenen von ihren Plagegeistern, machte die Lahmen gehend, die Gichtbrüchigen gerade, die Aussätzigen rein, die Stummen redend und hörend, die Blinden sehend, und das alles zumeist durchs Wort« (Gr I 17, 5). Das geschah jedoch nicht in Jerusalem, sondern in einem kleinen Ort in der Nähe Jerusalems. Deshalb sagten einige: »Zu so großen Taten gehört ein großer Ort und nicht ein letztes Dörfchen.« Darauf erhielten sie von Jesus die vielsagende Antwort: »Was vor der Welt groß ist, ist vor Gott ein Greuel« (Gr I 17, 8–9).

In der Nacht kam Nikodemus, der Oberbürgermeister von Jerusalem, der sehr reich war, zu Jesus. Nikodemus begriff die Rede von Jesus nicht und sagte geradeheraus: »Ich muß es Dir offen bekennen, daß ich, so mich nicht Deine gewaltigen Taten an Dich fesselten, Dich für einen Narren oder Streichemacher halten müßte, denn in Deiner Weise hat noch nie ein vernünftiger Mensch geredet. Aber Deine Taten zeigen, daß Du als ein Lehrer von Gott zu uns gekommen bist« (Gr I 20, 2).

Jesus tröstete ihn daraufhin: »Gedulde dich noch eine kleine

Zeit, und es soll dir alles klarwerden. In Kürze werde Ich wieder zu dir kommen und werde dein Gast sein, dann sollst du alles erfahren« (Gr I 21, 8).

Um diese Zeit war Johannes d. T. noch nicht im Gefängnis. Während er vorher am Einfluß des Jordans in das Galiläische Meer war und dort Jesus getauft hatte, hielt er sich jetzt zu Enon in der Nähe von Salim (kurz vor dem Einfluß des Jordans in das Tote Meer, d. Vf.) auf, »weil der Jordan (am Oberlauf, d. Vf.) zu Bethabara sehr wenig Wasser hatte … und voll übelriechenden Gewürms war« (Gr I 24, 5). Viele Jünger des Johannes gingen dort zu Jesus über, sie verließen ihn jedoch später wieder.

Die Pharisäer begannen nun Pläne zu machen, wie sie sowohl Jesus als auch Johannes beseitigen könnten, auch machten sie die römische Besatzungsmacht auf Jesus aufmerksam. »Es wurden deshalb von römischer Seite Auskundschafter gesandt, die jedoch nicht bestätigt fanden, weshalb sie zu Mir beschieden wurden« (Gr I 25, 4). (Die Pharisäer hatten schon im Anfang des Auftretens Jesu ihn bei den Römern verleumdet, er wiegele das Volk gegen die Besatzungsmacht auf.)

Jesus begab sich daraufhin nach Galiläa. Bei der Wanderung durch Samaria sprach er eine Frau am Brunnen an (Joh 4, 7–24). Zu ihr sprach er u. a. die bemerkenswerten Worte, die so gar nicht zu dem katholischen Wallfahrtswesen passen: »Siehe, Gott ist ein Geist, und die ihn anbeten, müssen ihn im Geist und in der Wahrheit anbeten. Dazu braucht es weder einen Berg noch irgendeinen Tempel, sondern lediglich ein liebevolles, demütiges Herz. Wer demnach mit einem solchen Herzen Gott liebt, der ist ein rechter Anbeter Gottes des Vaters, und der Vater wird sein Gebet stets erhören und nicht auf den Ort sehen, an dem nichts gelegen ist« (Gr I 24, 13–15).

Jesus hat viele Wunder vollbracht, die im Evangelium nicht aufgezeichnet worden sind. Damals wurde dem Evangelisten Johannes von Jesus gesagt, daß er die vielen Wunder, die er im kleinen Kreis wirke, nicht aufschreiben dürfe. »Meinst du, die

Welt würde so etwas glauben? Sieh, die hier sind, die glauben es, weil sie es schauen. Die Welt aber, die im Finstern wandelt, würde es nimmer glauben, daß hier solches geschehen ist, denn die Nacht kann sich unmöglich vorstellen die Werke des Lichtes.« »Es wird aber schon einmal eine Zeit kommen, in der all diese Dinge der Welt offenbart werden« (Gr I 36, 2–3). (In der Neuoffenbarung wird über diese Wundertaten, die unter Ausschluß der Öffentlichkeit geschahen, ausführlich berichtet.)

Es war nun an der Zeit, daß Jesus seinen Jüngern die Einsicht vermittelte, daß sie »alle einen ganz unrichtigen Begriff vom Messias und seinem Reich haben und es noch viel brauchen wird, bis sie ins reine kommen werden«. »Denn des Messias' Reich wird nicht ein Reich dieser Welt sein, sondern ein Reich des Geistes und der Wahrheit im Reiche Meines Vaters ewig« (Gr I 36, 6–7).

»Ich sage euch: Ihr werdet den alten Menschen ausziehen müssen und dafür anziehen einen ganz neuen. Dieser wird freilich anfangs unbequem sein« (Gr I 39, 10).

Um diese Zeit nahm Jesus den Matthäus, der als Zöllner und Schreiber in römischen Diensten stand, als Schreiber und Evangelisten auf. Anschließend hält Jesus die Bergpredigt in der Nähe von Sichar in Samaria, sie dauerte drei Stunden. Der von den Evangelisten aufgezeichnete Inhalt kann in wenigen Minuten vorgetragen werden. Nach der Predigt diskutieren die dortigen Priester mit Jesus. Insbesondere kritisieren sie die anbefohlene Selbstverstümmelung. (»Reiß dein Auge aus ...«, Mt 5, 29) Darauf erhielten sie die Antwort: »Ich gebe euch hier Bilder und ihr verschlingt bloß ihre Materie, die euch zu ersticken droht, aber vom Geist, den Ich in diese Bilder gelegt habe, scheint ihr keine Ahnung zu haben.«

Der Oberpriester erwidert etwas verärgert: »Rede nun lieber erklärend über Deine harte Rede, die ohne genügende Erklärung wohl kein Mensch je fassen kann.«

Der Apostel Nathanael bedeutet daraufhin dem Oberpriester:

»Der Herr gibt uns seine Lehre in Samenkapseln.« »Wenn Er sagt: ›Wer von dir einen Rock verlangt, dem gib auch den Mantel dazu‹, da wollte Er bloß andeuten, daß ihr, die ihr reich seid und viel besitzt, den Armen, so sie zu euch kommen, reichlich und viel geben sollt« (Gr I 43, 4 u. 9).

Im Matthäus-Evangelium 7, 28 wird berichtet, daß, nachdem Jesus seine Bergpredigt beendet hatte, »die ganze Menge von seiner Lehre hingerissen war«. Diese Stelle ist offensichtlich später im Sinne der Korrektoren geändert worden. In der NO wird wirklichkeitsgetreu berichtet, daß zwar nach der Predigt »noch viel Volk da war, aber sich viele früher, bevor Ich die Predigt beendigte, voll Unglaubens und Ärgers davonmachten« (Gr I 45, 14).

Nach dem Aufenthalt in Samaria zog Jesus weiter nach Galiläa, wo er seine Jünger vorübergehend nach Hause entließ, »damit sie zur Bewirtschaftung ihrer Felder ihre Sorge verwenden möchten« (Gr I 83, 11). »Maria und die fünf Söhne Josephs, die mit Jesus in Jerusalem waren, wurden zur Bestellung ihres Hauswesens ebenfalls entlassen« (Gr I 89). Maria blieb in ihrem Hause, von den fünf Söhnen Josephs kam nur einer zu Jesus zurück.

Von Kana in Galiläa, wo Jesus das Kind eines Beamten, der von königlicher Abkunft und ein Verwandter des Oberpriesters war, heilte, ging er dann nochmals nach Kapernaum. »Ich muß dahin, denn es ist viel Elend daselbst und in den kleinen Städten, die um den See von Galiläa liegen« (Gr I 93, 21).

Diese Feststellung ist bemerkenswert, weil sie uns Einblick in die damaligen Verhältnisse in Galiläa gibt, die von so manchem Forscher gänzlich falsch beurteilt werden. So kann man z. B. in der Literatur folgende Darstellung finden: »Die Galiläer, an die sich Jesus wendet, sind wohlhabende Bauern oder Fischer, denen ihre Netze einen auskömmlichen Lebensunterhalt gewähren.«[17]

Die zuverlässige Auskunft, die wir demgegenüber aus der NO erhalten, lautet ganz anders! Hören wir, was Petrus zu den

Lebensverhältnissen der damaligen Fischer zu sagen hat: »Unsere Fischerei trägt kaum für den halben Mund eines Menschen, geschweige für eine Familie eine ersprießliche Nahrung. Mein Bruder Andreas ist mir ein guter Zeuge« (Gr I 9, 2). Von dem Fischer Philippus wird gesagt: »Dieser Mann leidet viel und ist sehr arm …« (Gr I 9, 3) Von den Bauern wird berichtet, daß sie »durch Härte und Habsucht des Pachtkönigs Herodes« hart bedrückt wurden, wenn sie die Pachten und Steuern nicht aufzubringen vermochten.

Ganz allgemein wird die Lage wie folgt geschildert: »Es war ein großes Elend der unter allerlei Druck verschmachtenden Menschen, besonders in den Märkten (Marktstädten) und Dörfern anzusehen« (Gr I 132, 1 u. 5). Die Knechte der Feudalherren wurden so gering bezahlt, daß sie unmöglich eine Familie gründen konnten, weil sie dieselbe nicht hätten ernähren können (Gr VI 139).

Ganz sonderbare Mitteilungen über die armen Jünger des Herrn werden uns von manchen Autoren, die ihre Einbildungskraft auf falsche Wege bringt, vermittelt. Da wird z. B. gesagt, Zebedäus habe »mit seinen Söhnen Jakobus und Johannes am See Genezareth eine Großfischerei betrieben«. »Des Zebedäus Sohn Johannes hatte besondere Beziehungen zum Hohenpriester in Jerusalem.«[18] Tatsächlich stammte Johannes – wie in der NO berichtet wird – aus einer ganz armen Fischerfamilie, in der die größte Not herrschte.

Auch bezüglich der topographischen Verhältnisse werden unrichtige Vorstellungen vermittelt. So berichtet z. B. Stauffer vom »wüsten Jordantal«.[19]

Das Jordantal war nach den Kundgaben der NO damals alles andere als »wüst«. Das Jordantal und die heute unfruchtbaren jordanischen Höhenzüge waren damals ein gesegnetes und stark bevölkertes Gebiet. Von der Dekapolis – wie dieser Landstrich nach den zehn Städten, die dort waren, von den Römern genannt wurde – berichtet die NO, daß es eigentlich, unter Einbeziehung der kleinen Städtchen, »60 Städte« waren, »die teils im Jordantal selbst und teils auf den, dasselbe nahe und weit umgebenden Bergen und Hügeln zerstreut lagen« (Gr X 32, 1).

Vom Jordantal selbst wird gesagt, daß es in späteren Zeiten zu einer Wüste werden wird: »Das schöne große Jordantal mit seinen vielen Städten, Flecken und Dörfern wird zu einer Wüste werden, in der neben Dieben und Räubern wilde Tiere wohnen« (Gr X 193, 9).

In der Literatur der Leben-Jesu-Forschung wird auch mehrfach die Frage aufgeworfen, wovon Jesus und seine oft recht große Anhängerschar während drei Jahren gelebt haben. Es sind mancherlei Hypothesen aufgestellt worden, nur auf den wirklichen Sachverhalt kommt kein Autor zu sprechen. Wahrscheinlich erscheint ihnen die Möglichkeit, die dem Sohn Gottes offen steht, suspekt, weil sie in ihren Augen das Odium des Mirakelhaften hat.

Durch die unzutreffende Bemerkung in dem unzuverlässigen Lukas-Evangelium, daß einige Frauen Jesus und die zwölf Apostel begleitet hätten, »die sie mit ihrer Habe unterstützten« (Lk 8, 2–3), sind irrige Vorstellungen erweckt worden. Lukas hätte sich denken können, daß einige Frauen nicht den zeitweise großen Anhang von mehreren hundert Personen drei Jahre lang ernähren konnten. Judas, dessen Funktion man als »Quartiermeister«, »Manager« und gleichzeitig auch als Kassierer bezeichnen könnte, machte im Anfang der Wanderungen gegenüber Jesus die Bemerkung: »Ich meine, daß etwas Geld auf einer Reise dem Menschen niemals schaden könnte.« Darauf gab Jesus ihm die folgende Antwort, deren Sinn Judas erst später aufging: »Wer Mich kennt, der weiß auch, daß man bei Mir auch ohne Geld ganz gut auskommen kann. Siehe, Ich habe weder einen Sack in Meinem Rock und noch weniger etwas von einem Geld, und doch führte Ich viele Hunderte durch Judäa und Samaria bis hierher. Frage sie, wieviel jeden diese Reise gekostet hat. Ich sage dir aber obendrauf, daß es in jüngster Zeit geschehen wird, daß

Ich viele Tausende speisen werde, ohne mehr Geld bei Mir zu haben als jetzt« (Gr I 94, 2–3).

Inzwischen waren die vorübergehend nach Hause entlassenen Jünger zurückgekommen, und »sie brachten von allen Seiten neue Jünger mit« (Gr I 89, 12). Petrus ließ seinen Sohn Markus kommen, der des Schreibens kundig war, und dieser schrieb dann das Markus-Evangelium (Gr I 89, 5).

Bevor Jesus nach Kapernaum zog – und dort den Knecht des römischen Hauptmanns heilte (Mt 8, 5–13) –, machte Thomas Jesus auf den zwielichtigen Charakter und das geizige Wesen des Judas aufmerksam. Er riet ihm, sich von Judas zu trennen. Wenn manche liberale Autoren die Antwort, die Thomas von Jesus gegeben wurde, kennen (und glauben) würden, so würden sie aus ihren Überlegungen bezüglich des Verhältnisses Jesu zu Judas andere Schlüsse gezogen haben, als es geschehen ist. Aus dem Umstand, daß Jesus den Judas aufnahm und ihn während fast drei Jahren als Apostel behielt, folgern sie ohne Zögern, Jesus sei nicht Gottes Sohn gewesen, ansonsten hätte er erkennen müssen, daß es sich bei Judas um einen Menschen handelte, der gegenüber den übrigen Jüngern völlig aus dem Rahmen fiel und der eines Tages für ihn sehr gefährlich werden könnte.

Die Antwort, die Jesus dem Thomas gab, lautet: »Mein lieber Thomas! Was du Mir gesagt hast, habe Ich schon lange gewußt aber dennoch sage Ich dir: So er gehen will, da gehe er, so er bleiben will, so bleibe er. Seine Seele ist ein Teufel und will von Gott die Weisheit lernen, aber solcher Sinn wird dieser Seele einen schlechten Gewinn geben!« (Gr I 96, 9).

Die jüdische Priesterschaft in Kapernaum war sehr aufgebracht über den Eindruck, den die Heilung des Knechtes des Hauptmanns und die Reden Jesu auf das Volk gemacht hatten. »Seine Rede und Lehre gleicht einem Feuerstrom«, redete begeistert das Volk. Aber bereits jetzt ließ Jesus seine Jünger nicht im unklaren darüber, daß ihm die Reaktion und die vom jüdischen Klerus gegen ihn gehegten Absichten bekannt seien. »Sie werden an Mir ihr arges Ziel wohl noch erreichen, aber jetzt ist es noch nicht an der Zeit« (Gr IV 99, 4).

Von Kapernaum aus begab sich Jesus in das nicht weit entfernte Haus des Petrus. Dort heilte er die Schwiegertochter des Petrus (nicht, wie es im Matthäus-Evangelium 8, 14–15 heißt, dessen Schwiegermutter). »Ein gutes und sehr arbeitsames und züchtiges Mädchen von etwa zwanzig Jahren lag an einem starken Fieber darnieder« (Gr I 99, 6).

Dem Petrus hatte Jesus gesagt, daß er Gottes Sohn sei, aber er ermahnte ihn wiederholt, jetzt noch »niemand das wissen zu lassen, denn du kennst den einen unter uns. Dieser aber ist und bleibt ein Verräter« (Gr I 100, 13).

Vom Hause des Petrus aus begab sich Jesus zu Schiff zu dem am Ostufer des Sees gelegenen Gadara. Bei dieser Fahrt drohte ein Sturm das Schiff zum Sinken zu bringen. Zum Erstaunen der Jünger gebot Jesus dem Meer Ruhe (Mt 8, 25). Auf der Rückfahrt entschloß sich Jesus, noch einmal Nazareth aufzusuchen, »um sich daheim ein wenig auszuruhen und bei dieser Gelegenheit auch den sehr unsteten Nazaräern das Licht der Wahrheit anzuzünden« (Gr I 105, 1).

Zu Hause waren »Maria, die drei ältesten Söhne Josephs und vier Mägde, die schon früher zu Josephs Zeiten, als Ich noch ein Kind war, an Kindes Statt ins Haus aufgenommen und erzogen worden waren« (Gr I 105, 5). Das Volk von Nazareth betrachtete deshalb diese Hausgenossen Jesu als seine Brüder und Schwestern, wie es der Evangelist Matthäus (13, 56) im Ausspruch des Volkes wortgetreu richtig wiedergibt.

Im Haus des verstorbenen Joseph ergab sich bei den Jüngern Jesu ein Gespräch über die Maria. »Sie ist nun schon 45 Jahre alt«, bemerkte einer der Jünger, »und sieht aus, als hätte sie kaum das zwanzigste Jahr zurückgelegt.« »Ja«, bemerkte Jesus, »sie ist die erste, und es wird nimmer eine mehr sein wie sie. Aber es wird auch kommen, daß man ihr mehr Tempel (Kirchen, d. Vf.) als Mir erbauen und sie ehren wird zehnfach mehr als Mich, und man wird des Glaubens sein, nur durch sie selig werden zu können. Darum will Ich nun auch, daß man sie nicht zu sehr erhebe, indem sie wohl weiß, daß sie Meines Leibes Mutter ist. Deshalb seid mit ihr überaus gut und artig, nur hütet euch davor, ihr eine göttliche Verehrung zukommen zu lassen. Denn bei allen ihren über die Maßen vortrefflichen Eigenschaften ist sie dennoch ein Weib, und vom besten Weib bis zur Eitelkeit ist und bleibt nur ein sehr kleiner Zwischenraum« (Gr I 108, 9–14).

Am nächsten Tag erweckte Jesus die verstorbene Tochter des Obersten Priesters der Synagoge von Kapernaum, der Jairus hieß. Die Tat, die das Volk in große Erregung versetzte, wollte nicht nur Matthäus, sondern auch Johannes aufschreiben, aber im Johannes-Evangelium sucht man sie vergeblich.

Den Bibelkritikern entging es natürlich nicht, daß nicht alle Evangelisten gleichermaßen über spektakuläre Ereignisse berichten. Fehlt der Bericht bei einem oder gar mehreren, so sind nicht wenige sofort geneigt die betreffende Stelle als nicht echt, d. h. als eingeschoben, anzusehen. Den wirklichen Grund für die oft ungleiche Berichterstattung werden sie wahrscheinlich kaum erahnen. Die NO gibt uns hierüber einen vollständigen Aufschluß:

Johannes, der den Bericht über die Auferweckung des toten Mädchens auch gerne aufgeschrieben hätte, sagte deshalb zum Herrn: »Wäre es nicht sehr vorteilhaft, so ich ganz genau wie der Bruder Matthäus alles aufzeichnete, was Du tust und lehrst? Denn so dann die Menschen in der späteren Folge meine und des Matthäus Schrift miteinander vergleichen und in meiner Schrift nicht finden werden, was da steht in der des Matthäus, werden sie dann nicht zu grübeln und an der Echtheit des ganzen Evangeliums zu zweifeln anfangen und sagen: ›Ist denn nicht *ein* Jesus gewesen, der Gleiches gelehrt und auch sicher Gleiches getan hat? Warum schrieb Matthäus dies und Johannes jenes, das sich nicht gleicht, und doch sollen beide beständig um Ihn gewesen sein?!‹ Ich meine, dieses Urteil der Nachkommen wird bei so bewandtem Umstande, daß ich ganz etwas anderes schreibe als der Bruder Matthäus, nicht ausbleiben« (Gr I 113, 7–8).

Darauf erhält Johannes vom Herrn die bemerkenswerte Erklärung: »Du hast wohl ganz recht, liebster Bruder, aber siehe, warum Ich das also geschehen lasse, hat einen dir für jetzt noch unfaßbaren Grund, der dir aber in der Folge schon noch klarwerden wird. Was Matthäus schreibt, das kommt nur dieser Erde besonders zugute; was aber du schreibst, das gilt für die ganze, ewige Unendlichkeit! Denn in allem, was du schreibst, liegt verhüllt das rein göttliche Walten von Ewigkeit zu Ewigkeit durch alle schon bestehenden Schöpfungen und durch jene auch, die in künftigen Ewigkeiten an die Stelle der nun bestehenden treten werden! Und würdest du das auch in viele tausend Bücher schreiben,was Ich dir und euch allen darüber noch kundgeben werde, so würde solche Bücher die Welt nimmer begreifen können, und es würden solche Bücher der Welt daher auch nichts nützen (vgl. Joh 21,25, d. Vf.).Wer aber nach der überkommenen Lehre lebt und glaubt an den Sohn, der wird ohnehin wiedergeboren im Geiste, und der Geist wird ihn leiten in alle Tiefen der ewigen Wahrheit.

Nun weißt du den Grund, warum Ich dich nicht alles schreiben lasse, daher frage Mich künftig darum nicht weiter mehr. Denn zu klar darf es der Welt nie gemacht werden, auf daß sie nicht in ein noch größeres Gericht verfalle, als sie sich ohnehin schon befindet im alten notwendigen Gerichte. Ich will Meine Lehre aber also stellen, daß durchs bloße Lesen oder Hören des Evangeliums niemand auf den Grund der lebendigen Wahrheit gelangen soll, sondern allein nur durchs Handeln nach Meiner Lehre, die Handlung erst wird jedem zu einer Leuchte werden!« (Gr I 113, 9–13).

In Nazareth hatten sich inzwischen dreitausend aufgeregte Menschen vor dem Haus der Maria angesammelt, die sich anschickten, Jesus zum König auszurufen. Jesus entkam ihnen aber durch den Garten des Hauses und ging nach Kapernaum. Als das

Volk ihm nachfolgte, alarmierte der römische Standortkommandant die Truppen, um die Menge zu überwachen. Angesichts der römischen Soldaten ließ das Volk von seiner Absicht, Jesus zum König auszurufen, ab und folgte ihm weiter nach Bethabara am Jordan. Zwischen Kapernaum und Bethabara kehrte Jesus in ein Haus ein, das sofort von Tausenden umlagert war, so daß es nicht möglich war, einen Gichtbrüchigen durch die Haustüre in das Haus zu bringen. Da sagte der Hausbesitzer: »Mein Haus ist wie die meisten Fischerhäuser mit Schilf bedeckt. Wir setzen von draußen Leitern aufs Dach, decken dasselbe schnell soweit ab, daß ihr durch das gemachte Loch den Kranken samt dem Bett durchbringen könnt.« »Ich mache dann die Falltüre auf« (Gr I 116, 3).

Selbst an dieser, bei genauer Schilderung des Sachverhaltes leicht verständlichen und plausiblen Textstelle haben sich moderne Exegeten, wie schon erwähnt, gestoßen. So schreibt z. B. E. Hirsch: »Der Text ›Sie deckten das Dach ab‹ (Mk 2, 4) ist ein alter Übersetzungsfehler.«[20]

Anschließend an die Heilung des Gichtbrüchigen kehrte Jesus bei dem Zöllner Matthäus ein, der auch ein Gasthaus hatte. Hierzu heißt es erläuternd: »Der junge Hausherr Matthäus, der Zöllner, der nicht zu verwechseln ist mit dem Matthäus, der ein Amtsschreiber (der Römer, d. Vf) war, berief Meine Jünger, die Pharisäer und Schriftgelehrten hinein, und sie gingen und setzten sich und aßen und tranken recht wacker« (Gr I 122, 1).

In diesem Gasthaus entspann sich zwischen einem »progressiven« und einem »traditionalistischen« Pharisäer ein bemerkenswertes Streitgespräch, das in der NO aufgezeichnet wurde: Einer der Pharisäer machte folgenden Standpunkt geltend: »Aber seine (Jesus) Lehre ist rein und der Natur des Menschen völlig angemessen, und es schaut doch nirgends etwas Teuflisches heraus. Ganz bin ich der Meinung nicht, daß Moses im Grunde doch dasselbe lehrte als dieser Nazaräer. Gott lieben über alles und den Nächsten wie sich selbst, das Böse nicht mit Bösem vergelten, sogar den Feinden Gutes tun, und die segnen, die uns fluchen, und dabei demütig und voll Sanftmut sein – da schaut wahrlich keine Teufelei heraus.« Darauf entgegnete wütend ein anderer Pharisäer: »Für dich freilich nicht, weil du schon des Teufels bist. Weißt du denn nicht, daß der Teufel eben dann am gefährlichsten ist, wenn er im Lichtgewand eines Engels auftritt?« (Gr I 146, 15–17).

In dieser Zeit berief Jesus seine zwölf Apostel, wozu nun auch der Zöllner Matthäus (der eben erwähnte Gastwirt, also nicht der Schreiber und spätere Evangelist, d. Vf.) gehörte. Die Apostel erhielten den Sendungsauftrag. Er steht wie der vollständige Text der NO zeigt, zu dem nochmals erteilten Auftrag »Gehet zu allen Völkern« nicht in Widerspruch.

Bei Matthäus 10, 5 heißt es nur: »Gehet nicht auf den Straßen der Heiden.« Sobald die Kirchenmänner den Weg der Gewalt und des Zwanges gingen, mußte der weitere erläuternde Text ausgemerzt werden, denn er besagt, daß sich die Apostel und ihre Nachfolger keiner »Gewaltmittel bedienen« sollen. Wie sehr die katholische Kirche im Laufe der Jahrhunderte in zunehmendem Maße gerade gegen diese Anweisung Jesu verstoßen hat, ist bekannt.

Der vollständige Wortlaut des Sendungsauftrages ist folgender: »Vor allem geht nicht auf den Straßen der Heiden! Das heißt, gehet nicht wie die Heiden mit Gewalt einher und meidet auch solche, euch als zu wüst bekannte Völker, denn den Hunden und Schweinen sollt ihr das Evangelium vom Reiche Gottes nicht verkündigen.« »Auch ziehet nicht in die Städte der Samariter. Warum? Diesen habe Ich bereits an eurer Seite und unter euren Augen einen Apostel gestellt, und sie bedürfen fürs erste eurer nicht, und fürs zweite würdet ihr um so schlechter bei den Juden aufgenommen werden, falls sie erfahren würden, daß ihr mit ihren verhaßten Feinden eine gemeinsame Sache habt« (Gr I 135, 8–10). »So sich aber euer Meister und Herr nicht außerordentlicher Gewaltmittel bedient um die Menschen in seine Lehre hineinzuzwingen, warum sollen das seine Jünger und Knechte tun wollen?« (Gr I 138, 18)

An anderer Stelle heißt es ergänzend: »Ich gebe euch eine vollkommen freieste Kirche, die keiner anderen Einfriedung benötigt, als bei jedem Menschen für sich das höchst eigene Herz, in dem der Geist und die Wahrheit wohnt, allwo Gott von den wahren Verehrern allein anerkannt und angebetet sein will« (Gr I 202, 8). »Ihr sollt aus der Gabe nicht irgendein festes Amt machen, wie solches die Heiden und finsteren Juden und Pharisäer tun« (Gr I 202, 9).

In völliger Mißachtung dieser Anweisungen entstand die Amtskirche, die im Laufe der Zeit ihre Macht in dem kurialen Apparat in Rom konzentrierte und ausbaute. (Siehe auch Matth 20, 25–26)

Inzwischen hatten die Pharisäer und die Tempelpriester in Jerusalem ihre Pläne realisiert. Sie hatten Soldaten nach Galiläa geschickt, die am Südufer auf Schiffe verladen wurden, um in Kis am Nordufer Jesus festzunehmen. Durch einen Sturm kamen sie jedoch alle um. Jesus erkennt, daß seine und der Jünger Lage bedenklich wird, und entschließt sich, vorübergehend nach Norden auszuweichen. Er informiert nun entsprechend seine Jünger: »Für diese (Ertrunkenen) werden andere Soldaten aufstehen und uns sehr nötigen, daß wir in die Städte des Griechischen werden flüchten müssen, und es werden bis dahin nicht viele Wochen vergehen« (Gr I 209, 4).

Zunächst blieb Jesus aber, wie aus dem Vorgesagten hervorgeht, noch in Galiläa und setzte seine Wanderungen fort.

Erstmals besuchte er anschließend Kana im Tal. (Kana in Galiläa, wo Jesus das erste Wunder wirkte, lag 8–10 km nordöstlich.) Die fast ausschließlich griechische Bevölkerung nahm Jesus mit Begeisterung auf, worauf ihre Kranken geheilt wurden (Gr I 210, 2). Nach der Rückkehr nach Kis trafen sie dort Maria und die Söhne Josephs an. Der jüdische Klerus hatte sie aus ihrem Haus in Nazareth vertrieben und den Söhnen Josephs die Bau-

und Handwerkszeuge weggenommen (Gr I 230, 3 u. 7). Jesus fand aber Mittel und Wege, daß sie alles wieder zurückerstattet erhielten.

Von dieser Zeit an wird Jesus auch von den Spähern des Herodes »auf jedem Schritt und Tritt überwacht« (Gr II 81, 7) und auch verfolgt (Gr II 9 1, 11). Jesus weicht mit seiner jetzt großen Jüngerschaft von achthundert Personen den Verfolgern jeweils erfolgreich aus. Zunächst begab er sich in die Wüste bei Bethabara am Einfluß des Jordans. Das Volk folgte ihm auch dahin zu Tausenden mit den Kranken, »die alle in einem Augenblick geheilt wurden« (Gr II 95, 9) (s. auch Mt 14, 14). »Das Loben und Preisen des Volkes nahm kein Ende.« Anschließend vollbrachte Jesus am Abend die Speisung der »fünftausend Männer, ohne die Weiber und Kinder gerechnet« (s. Mt 14, 21).

Wie zu erwarten war, wollte das Volk ihn erneut zum König ausrufen, da sie in ihm einen Aufstandsführer sahen, dem sie einen Sieg über die verhaßten Römer zutrauten. Aber Jesus entzog sich ihnen auf einen Berg. Vorher hatte er die Jünger angewiesen, ohne ihn in der mondhellen Nacht über den See ans andere Ufer zu rudern. Petrus befolgte zwar die Anweisung, es waren aber alle Jünger in Ansehung des hohen Seeganges ungehalten und sagten: »Die Küste ist weiß vor Schaum. Halten wir uns nicht bis zum Morgen, so gehen wir allesamt zugrunde.« Petrus teilte ihre Sorge: »… ich, als ein grau gewordener Schiffer, stehe weiter für nichts ein« (Gr II 96, 1 u. 9). Während die Jünger ihr Ende nahen sahen, stand Jesus keine »zehn Schritte nahe dem Schiff«. Das Weitere ist bereits im Evangelium gesagt.

Jesus ließ dann das Schiff Kurs auf die Freistadt Genezareth nehmen, wo er sowohl vor den Verfolgern des Tempels als auch des Herodes sicher war, »weil diese Stadt unter dem strengen Schutz der Römer stand … Das steht zwar in keiner Schrift (Evangelium), weil es zu geringfügig war« (Gr II 102, 12). Im Verlauf von einigen Tagen heilte er dort zweitausend Kranke. – In der Herberge von Genezareth waren auch Pharisäer aus dem benachbarten Jesaira. Hier war es, wo Jesus die Pharisäer bewußt herausforderte, indem er seinen Jüngern sagte, sie sollten ostentativ ihr Brot mit ungewaschenen Händen essen, »um diese wahren Erzphilister von Pharisäern und Schriftgelehrten in Harnisch zu bringen«. Das Streitgespräch schildert Matthäus im 15. Kapitel. Als Jesus schließlich erklärte: »Solche Menschensatzung hebe Ich für ewig auf«, da fing das Volk an zu jubeln. Die Bauern konnten, wenn sie auf den Feldern waren, dieses Gebot nur selten befolgen. Und weil das Volk dieses nicht praktikable Gebot unbeachtet ließ, betrachteten die formalistisch und zeremoniell denkenden Pharisäer das einfache Volk als Am-haares, d. h. der Verdammung Anheimfallende. Die Pharisäer aber riefen vor Zorn glühend Jesus zu: »Wir haben genug gehört, er hat Gott gelästert. Nun wissen wir, mit wem wir es zu tun haben« (Gr II 125, 5).

Den Schiffsknechten am Hafen bekundeten sie, Jesus habe »ganz Jesaira von Jerusalem abwendig gemacht«, und er würde zur Verantwortung gezogen werden (Gr II 167, 4).

Jesus war nun auf dem Höhepunkt seines Erfolges. Das Volk fiel am Galiläischen Meer allerorts vom Tempel ab. Die Priester in der Provinz und die Hohenpriester in Jerusalem vermerkten diese Entwicklung mit Sorge und Wut, um so mehr, als ihre Einnahmen bedenklich zurückgingen. Welcher Klerus und welche Hierarchie wendet sich in solcher Lage nicht haßerfüllt gegen den »Ruhestörer«, der sie aus ihrer Selbstzufriedenheit aufschreckt?

Wie wenig realistisch manche Exegeten die im Evangelium geschilderten Sachverhalte und Sachlagen sehen, wird in geradezu erstaunlicher Weise deutlich aus der folgenden Äußerung von Heinz Zahrnt: »Es ist nicht recht einzusehen, warum die Hohenpriester, Pharisäer und Schriftgelehrten diesen Rabbi aus Nazareth ..., der doch völlig ungefährlich war ..., so gehaßt und seine Hinrichtung durch die Römer betrieben haben.«[21]

Bei Matthäus 15, 21 heißt es: »Und Jesus ging von dort (Genezareth) hinweg und begab sich in das Land von Tyrus und

Sidon.« Aus der NO erfahren wir, daß Jesus in den genannten Städten nicht war. Drei Stunden Fußmarsch vor Tyrus änderte er seine Absicht und wandte sich wieder in Richtung des Galiläischen Meeres. Nördlich von Jesaira bestieg er am Ufer des Sees mit zwanzig seiner Jünger einen Berg, um drei Tage dort oben zu bleiben. Obwohl man sich unbeobachtet gefühlt hatte, »erstiegen sofort Tausende ebenfalls den Berg und brachten fünfhundert Kranke mit. Jesus heilte sie mit einem einzigen Wort« (Gr II 171, 5).

»Er und seine Jünger unterwiesen während drei Tagen das Volk in seiner Lehre. Am dritten Tag speiste er wiederum durch ein Wunder viertausend Mann und noch einmal soviel Weiber und Kinder« (Gr II 173, 7).

Am folgenden Tag sandte Jesus einige seiner Jünger nach Norden in die (außerhalb Galiläas gelegene, d. Vf.) Stadt Cäsarea Philippi voraus, um zu erkunden, was die Menschen dort von ihm hielten bzw. ob sie überhaupt von ihm gehört hätten. Diese Gegend hatte Jesus noch nicht betreten. Es ergab sich, daß alle von ihm gehört hatten, jedoch waren die Nachrichten bereits ins Absurde und Phantastische verzerrt worden. So wurde z. B. erzählt, Jesus könne »sich zu einer riesenhaften Größe ausdehnen und dann wieder zu einem kaum fingergroßen Zwerg zusammenschrumpfen«. Die Jünger verwiesen dem Volk diesen und anderen Unsinn. »Daher«, heißt es in der NO, »datiert auch der Wust von etlichen fünfzig Evangelien, die bei der ersten großen morgenländischen Kirchenversammlung als apokryph verbrannt worden sind, was sehr gut war« (Gr II 174, 16).

Bevor Jesus wieder nach Obergaliläa zurückkehrte, begab er sich zunächst noch einmal per Schiff nach Jesaira, wo man ihm wieder zahllose Kranke brachte. Diesmal weigerte er sich, sie zu heilen, und sagte zu dem Volk: »Ich bin nicht gekommen, um eure Kranken zu heilen, sondern vielmehr darum, euch zu verkünden, daß das Reich Gottes nahe zu euch gekommen ist, wie Ich es schon einmal getan habe vor einer nicht gar langen Zeit, aber ihr achtetet damals nicht viel darauf, weil ihr Mich kanntet von Nazareth aus, und jetzt haltet ihr erst recht nichts darauf. Und so bleibe Ich auch nicht bei euch und heile auch eure Kranken nicht. Gehet zu euren Ärzten« (Gr V 241, 8).

Das sind Worte, die sich so manche Vertreter der Neuen Theologie merken sollten. Offenbar ist es bei nicht wenigen Theologen in Vergessenheit geraten, daß der Auftrag an die Kirchen nicht in erster Linie sozialen, sondern heilsgeschichtlichen Charakter hat. Die Fehlentwicklung ist bereits so weit gediehen, daß manche Autoren die Absichten Jesu durch kühne und völlig haltlose exegetische Kunststücke ins Gegenteil verkehren. So wird behauptet, man müsse die Krankenheilungen durch Jesus als »Hinweis auf die Aktionsrichtung Jesu verstehen: Jesus geht es um das irdische Heilwerden und Zurechtkommen des hilflosen Menschen in seiner Umgebung«[22].

Die obige Erklärung Jesu gegenüber dem Volk läßt sich nicht im Sinne der Neuen Theologie, der Sozialromantiker und der Theologie der Revolution zurechtbiegen. Jesus dennoch dafür in Anspruch nehmen zu wollen, bedeutet eine Verfälschung eines klaren Sachverhaltes.

In Jesaira erklärte Jesus erstmals öffentlich gegenüber dem Volk, daß er der verheißene Messias sei, und er fügte hinzu »Wohl dem, der von euch das glaubt« (Gr IV 241, 10).

Von Jesaira aus begab sich Jesus mit seinen Jüngern in das Haus des Petrus, wo sie ein paar Tage lang ruhten. Dann besuchten sie in Galiläa »eine Menge Orte, Dörfer und Flecken«. »Ich und die Jünger verkündeten das Evangelium, fanden vielfach eine gute Aufnahme, aber auch viele Gegner. Denn auf diesen Reisen tat Ich wenig Wunder, da sich dazu wenig Glauben fand. Überhaupt war das nördliche Galiläa damals zuviel von Griechen und Römern unterspickt (unterwandert, d. Vf.) und stets von einer Menge Zauberern durchzogen, die da ihr Wesen trieben, daher allda die Wunder auch eben nicht viel besagten und in keinem großen Ansehen standen« (Gr V 241, 13).

Der Herbst neigte sich seinem Ende zu, und Jesus gab nun seinen Jüngern bekannt, wo er den Winter zu verbringen beabsichtige: »Ich werde unfern von hier, etwa in Kis in der Nähe von Kana, den Winter zubringen« (Gr V 239, 13).

Als Jesus im Haus des Petrus mehrere kleine Nachbarskinder sah, rief er eines zu sich und sagte zu den Jüngern: »Wahrlich, so ihr nicht umkehrt von euren weltlichen hochstrebenden Gedanken (sie dachten daran, Minister in seinem weltlichen Reich zu werden! d. Vf.* und nicht werdet ebenso demütig wie diese Kinder, da kommt ihr selbst, obwohl ihr nun Meine Jünger seid, nicht in das Himmelreich hinein« (Gr V 244,2). »Wer sich selbst erniedrigt wie dieses Kind und keine Spur irgendeines Hochmutes in sich verspürt, der ist der Größte im Himmelreich, denn nur die wahre Demut eines reinen Herzens bestimmt allein den Seligkeitsgrad in den Himmeln« (Mt 18, 4) (Gr V 244,3).

Bevor Jesus wieder nach Jerusalem zog, besuchte er einige Orte auf den damals sehr fruchtbaren Golanhöhen. Später kam er nochmals dorthin. Seit seinem zwölften Lebensjahr zog er nach Jerusalem, und seit dieser Zeit kannte er die Familie des Lazarus.

In Jerusalem bekennt sich nun Jesus im Streitgespräch mit den Pharisäern als der Messias. Die schon vorher durch die Heilung des Gelähmten am Teich Bethesda am Sabbat ergrimmten Juden sagten: »Nun, Du sagst es jetzt ganz frei heraus, daß der Allmächtige Dein Vater ist« (Gr VI 4, 6).

Vor der Rückreise nach Galiläa gibt Jesus den Jüngern sein Tätigkeits- und Lehrprogramm für den Winter und das Frühjahr bekannt. »Von jetzt an werde Ich außer den Heilungen an Kranken keine anderen Zeichen mehr wirken den ganzen Winter hindurch und keine Lehre geben« (Gr VI 22, 10). Abwechselnd hält er sich in einer Herberge und bei seinem Freund Lazarus auf »bis zum halben Winter«. »Dann besuchen wir den Kisjonah (in

* Siehe hierzu auch Markus 10, 37.

Kis am Nordufer des Galiläischen Meeres, d. Vf.) und kommen vor dem Osterfest wieder nach Jerusalem. Sodann erst werden wir mit vielen Begleitern und neuen Jüngern wieder nach Galiläa ziehen, wo Ich wieder neu zu lehren und zu wirken beginne« (Gr VI 22, 10).

In Jerusalem waren 70 Jünger bei Jesus. Diese folgten ihm jedoch nicht ständig wie seine zwölf Apostel. »Die Jünger«, erläutert Jesus, »haben soviel gehört und gesehen, daß sie genau wissen, was sie zu tun haben, um das ewige Leben zu erreichen, und eines mehreren bedarf es für sie nicht. Sie wollten ihrer häuslichen Verhältnisse wegen Mir auch nicht stets und überallhin folgen, und so entließ Ich sie einstweilen, aber sie werden schon wieder kommen und Mir folgen auf allen Wegen und Stegen« (Gr V 273, 12). Jesu Apostel waren wie auch seine Jünger zumeist Galiläer.

Als Jesus Judäa verließ, folgte ihm eine große Volksmenge bis nach Galiläa! (Joh 6, 2). Am See angekommen, bestieg er ein Schiff mit Kurs nach Kis. Als das Schiff in Sichtweite an der Stadt Tiberias vorbeisegelte, erkannte das Volk Jesus und seine Jünger und wollte ihm der Kranken wegen (!) folgen. Jesus betrat jedoch die Stadt Tiberias nie, denn »die Menschen dieser Stadt haben wenig guten Sinn und noch weniger Glauben, denn es ist ein Handelsvolk, und sein Sinn ist Geld und Gewinn« (Gr VI 41, 7). Dieser Ausspruch von Jesus, den Johannes nicht aufgezeichnet hat, kann recht nachdenklich machen. Jesus ließ das Schiff etwa eine Stunde von Tiberias entfernt an einer unbewohnten Stelle landen und bestieg einen Berg. Die Volksmenge, die ihm aus Judäa gefolgt war, wurde auf dem Berg vermehrt durch die täglich aus der Umgebung hinzukommenden Menschen. Fünf Tage lang hielt sich Jesus dort auf, und die meisten hatten bald nichts mehr zu essen. So erfolgte auf diesem Berg die dritte Brotvermehrung für »bald fünftausend Männer, die Weiber und Kinder gar nicht gerechnet« (Joh 6, 10).

Wiederum sprachen die Juden zueinander: »Wenn Er so

mächtig ist wie keine Macht der Welt und weiser als Salomon, da ist es wohl an der Zeit, daß wir Ihn mit Gewalt zum König machen« (Gr VI 41, 20). Langsam begriff jetzt auch Judas, »daß der Herr zum irdischen Leben offenbar keines Geldes bedarf, das ist ganz klar einzusehen« (Gr VI 47, 4).

Das Volk, das ihm aus Judäa und Galiläa nachlief, fand ihn schließlich »in einer Schule von Kapernaum«.

Jesus wußte, daß sie allerorts nur gekommen waren, damit ihre Kranken geheilt würden. Und nach dem dritten Speisewunder schreibt der Evangelist Johannes: »Ihr suchet Mich ... weil ihr durch Mich satt geworden seid« (Joh 6, 26). In Kapernaum hat es Jesus aber der Menge unverblümter gesagt und zugleich den Johannes wissen lassen, daß es keinen Zweck hat, diesem unreifen Volk zu predigen. Er sagte deshalb zu den Tausenden, die umherstanden: »Ihr dachtet bei euch: Siehe da, der hat Macht genug wider unsere Feinde, deretwegen wir zuallermeist arbeiten müssen, und dazu kann er uns stets also Brot verschaffen, und wir haben dann nicht mehr nötig zu arbeiten« (Gr VI 43, 5).

Und zu Johannes sagte er anschließend flüsternd: »Siehst du, was Ich dir gestern geheim auf dem Berg (der Brotvermehrung) sagte, war es nicht wahr? Diese Menschen sind noch ganz auf der Stufe der Tiere, und Ich rede darum verdeckt, auf daß sie ganz unsinnig werden und sich sodann von Mir entfernen (!), denn ihre Zeit ist noch lange nicht da« (Gr VI 43, 16).

»Für taube Ohren ist schwer zu predigen und für die Blinden schwer zu schreiben« (!) (Gr VI 44, 4).

Als Jesus der Volksmenge sagte, er sei der Messias und »Ich bin das Brot des Lebens, das vom Himmel gekommen ist« (Joh 6, 41), fingen sie an zu murren und wollten es trotz aller Wunder nicht für möglich halten, daß der Sohn eines Handwerkers der Messias sein soll und sagten: »Ist dieser etwa nicht der Zimmermann Jesus, des Zimmermanns Joseph Sohn? Wir kennen doch ihn, den Vater und die Mutter nur zu gut. Wie kann dieser hernach sagen, daß er vom Himmel gekommen sei?« (Gr VI 44, 11).

Darauf entgegnete ihnen Jesus: »Wer von diesem Brot essen wird, der wird fortan leben in Ewigkeit. Und sehet, das Brot das Ich euch geben werde, ist *Mein Fleisch*, das Ich geben werde für die Menschenleben dieser Welt« (Joh 6, 51). (Zur Erläuterung des Gesagten wurde Jakob Lorber an dieser Stelle folgendes ergänzend gesagt: »Darunter ist zu verstehen die äußere materielle Umhüllung Meines Wortes, innerhalb dessen sich das lebendige geistige Wort befindet wie der lebendige Keim in seiner toten Umhülsung.«)

Die Juden fragten sich daraufhin: »Wie kann dieser uns sein Fleisch zu essen geben?« (Joh 52). Worauf Jesus ihnen antwortete: »Ihr möget streiten und zanken, wie ihr wollt, es ist dennoch also, wie Ich es euch gesagt habe. Und Ich sage euch nun noch bei weitem mehr: Werdet ihr das Fleisch des Menschensohnes nicht essen und sein Blut nicht trinken, so habt ihr kein Leben in euch« (Joh 6, 53).

(Nochmalige Erläuterung des Gesagten für Jakob Lorber und die späteren Leser: »Was das Fleisch bedeutet, ist bereits gezeigt worden. Das *Blut* als das eigentlich physische Lebensfluidum, das dem Leibe das Leben gibt, ihn erhält, ernährt und ihm den fortpflanzenden Lebenskeim gibt, ist das eigentliche innere Lebensgeistige im äußeren Buchstabenwort« [Gr VI 44, 20]).

»Die Worte, die Jesus zu dem Volk gesprochen hatte, verstanden weder dieses noch die vielen Jünger, wie natürlich auch die zwölf erwählten Apostel nicht, diese harrten noch auf eine nähere Erklärung. Unter sich murrten sie und sagten: Es ist doch sonderbar mit Ihm! Heute hätte Er mit einer klaren und der Vernunft angemessenen Lehre Tausende zu festen Anhängern seiner Lehre machen können, so aber hat Er sich auf lange hin geschadet. Denn wer wird Ihn von nun an noch länger anhören und ertragen können?« (Gr VI 45, 6).

Jesus ließ die Jünger nun wissen, daß diese Menschen noch lange nicht reif zur inneren Aufnahme des Reiches Gottes seien, und sagte:«Die Worte, die Ich zu euch geredet habe, sind Geist und Leben und nicht ein irdisch Fleisch und Blut« (Gr VI 45, 10). Erst später, als Jesus mit den Jüngern in einer Herberge allein war, kam er nochmals auf diese allen unverständlich gewesene Rede zu sprechen und gab ihnen die folgende völlige Aufklärung über den Sinn seiner Worte, die er in Kapernaum gesprochen hatte.

»Brot und Fleisch sind da eines und dasselbe, so wie auch Wein und Blut, und wer da in Meinem Worte das Brot der Himmel ißt und durch das Tun nach dem Worte, also durch die Werke der wahren, alleruneigennützigsten Liebe zu Gott und zum Nächsten, den Wein des Lebens trinkt, der ißt auch Mein Fleisch und trinkt Mein Blut. Denn wie das von den Menschen genossene natürliche Brot im Menschen zum Fleische und der getrunkene Wein zum Blute umgestaltet wird, so wird in der Seele des Menschen auch Mein Wortbrot zum Fleische und der Liebetatwein zum Blute umgewandelt. Wenn Ich aber sage: ›Wer da ißt Mein Fleisch‹, so ist damit schon bedeutet, daß er Mein Wort nicht nur in sein Gedächtnis und in seinen Gehirnverstand, sondern auch zugleich in sein Herz, das da – wie bereits gezeigt – der Magen, der Seele ist aufgenommen hat, und im gleichen auch den Liebetatwein, der dadurch nicht mehr Wein, sondern schon das Blut des Lebens ist; denn das Gedächtnis und der Verstand des Menschen verhalten sich zum Herzen beinahe so wie der Mund zum natürlichen Magen.

Solange das natürliche Brot sich noch unter den Zähnen im Munde befindet, ist es noch kein Fleisch, sondern Brot; wenn es aber zerkaut in den Magen hinabgelassen und dort von den Magensäften durchmengt wird, so ist es seinen feinen Nährteilen nach schon Fleisch, weil dem Fleische ähnlich. Und ebenso ist es auch mit dem Weine oder auch mit dem Wasser, das sicher auch den Weinstoff in sich enthält, da ohne das Wasser, das das Erdreich zur Ernährung aller Pflanzen und Tiere in sich birgt die Rebe erstürbe. Solange du den Wein im Munde behältst, geht er nicht ins Blut über; aber im Magen wird er gar bald in dasselbe übergehen. Wer demnach Mein Wort hört und es in seinem Gedächtnisse behält, der hält das Brot im Munde der Seele. Wenn er im Gehirnverstande darüber ernstlich nachzudenken anfängt, da zerkaut er das Brot mit den Zähnen der Seele, denn der Gehirnverstand ist für die Seele das, was die Zähne im Munde für den Leibmenschen sind.

Ist vom Gehirnverstande Mein Brot, also Meine Lehre, zerkaut oder als volle Wahrheit verstanden und angenommen, so muß sie dann auch von der Liebe zur Wahrheit im Herzen aufgenommen werden und durch den festen Willen in die Tat übergehen. Geschieht das, so wird das Wort in das Fleisch und durch den ernstfesten Tatwillen in das Blut der Seele, das da ist Mein Geist in ihr, umgestaltet, ohne das die Seele so tot wäre wie ein Leib ohne das Blut« (Gr IX 73, 2–5).

»Liebet und handelt in dieser Liebe mit Mir. Seid nicht nur willig, sondern seid liebetätig, d. h., seid tätig aus Meiner Liebe zu euch und daraus dann aus eurer Liebe zu Mir.«

»Sehet, das ist das wahre Abendmahl. Das ist der wahre Leib der ewigen Liebe, der für euch gegeben, und das wahre Blut, das für euch vergossen wurde. Diesen Leib und dieses Blut nehmet hin und esset und trinket alle davon, damit dadurch euer Fleisch stark werde und auferstehe zum wahren, ewigen Leben!« »Meine Liebe ist das große wahre Abendmahl. Wer Meine Gebote hält, welche nichts als lauter Liebe sind, der hält auch Meine Liebe, was da ist, daß er Mich wahrhaft liebt. Wer Mich aber liebt in der Tat, der ißt wahrhaft Mein Fleisch und trinkt im rechten Sinne Mein Blut, welches alles ist das wahre Brot und der wahre Wein der Himmel, der Engel und allen Lebens« (Hi II, S. 2–3).

»Was ihr den Armen tut, das tuet ihr Mir selbst!« Das ist das echte ›Hoc est enim corpus meum‹, daß ihr wahre Werke der Liebe verrichtet. Denn ein *rechtes Liebewerk* in Meinem Namen ist Mein *eigentlichster, wahrhaftigster ›Leib‹*« (Hi II, S. 320).

Im Abendmahlssaal, am Abend vor seinem Tod, sagte Jesus zu seinen Aposteln gemäß der Aussage der Neuoffenbarung:

»Nehme noch jeder einen Bissen, den Ich hier bereite! Es ist Mein Fleisch, das Fleisch gewordene Wort, welches in euch lebendig werden soll. Nehmet auch diesen Kelch! Trinket alle daraus! Es ist Mein Blut, welches für euch zur Vergebung eurer Sünden vergossen werden wird. Wer Mein Fleisch nicht ißt und Mein Blut nicht trinkt, wird nimmermehr selig werden. *Ihr wisset aber nun, wie ihr dies zu verstehen habt,* und werdet euch nicht mehr an solchen Worten stoßen. Esset, trinket und solches tuet, sooft ihr es tuet zu Meinem Gedächtnisse« (Gr XI 71, S. 196).

Im Sinne der Anweisung »Tuet dies zu Meinem Gedächtnis« kamen die Mitglieder der Urgemeinde in Jerusalem zum gemeinsamen Mahl zusammen. Sie brachen das Brot, speisten und waren in freudiger Stimmung. So berichtet die Apostelgeschichte 2, 46. Das *Dankgebet* bei Tisch nannte man *Eucharistia.*

In Kapernaum eröffnete Jesus den Jüngern, daß mehrere von ihnen keinen oder nur geringen Glauben an ihn hatten und daß einer ihn verraten werde. Darauf verließen ihn viele Jünger mit den Worten: »Das Harte und Unglaubliche verstehen wir nicht und können es darum auch nicht glauben« (Gr VI 46, 6).

Entsprechend seiner vor einiger Zeit gemachten Ankündigung verließ Jesus nun Galiläa und zog mit zwanzig Jüngern zunächst »an die nördlichste Grenze Galiläas«, wohin er zuvor noch nicht gekommen war. Von dort zog er weiter nach Kleinasien und besuchte in Cappadozien die Städte Serrhe, Samosata, Malaves am Euphrat sowie weiter im Norden Melite (Gr VI 127, 21).

»Von da aus zogen wir in die große Stadt Antiochia, wo wir uns einen ganzen Monat aufhielten.« »Mit dieser Reise, die man eine sehr fruchtbare nennen kann, verbrachten wir den ganzen Sommer« (Gr VI 140, 6 u. 8).

Nach der Rückkehr an den See erholten sich Jesus und die Jünger in einer Herberge nahe bei Kapernaum.

Als die Jünger »die altgewohnte Reiselust« anwandelte und sie außerdem, wie Jesus sagte, »festdurstig« waren, schlugen sie

Jesus vor, daß er mit ihnen zum Laubhüttenfest nach Jerusalem gehe. »Sie redeten aber nur deshalb so, weil ihr Glaube an Mich ganz schwach geworden war. – Da fragt sich freilich so mancher, wie das bei den vielen Zeichen und Lehren wohl möglich war. O das ist bei jedem Menschen leicht möglich! Er darf nur ein wenig überheblich werden und sich auf seine Fähigkeiten etwas einzubilden anfangen, und seine Seele befindet sich sogleich in einem zweifelvollen Dunkel, aus dem ihm nur irgendeine kleine Demütigung helfen kann.«

Er ließ die Jünger ziehen, folgte ihnen aber insgeheim. In Jerusalem ging er »mitten durch das tolle Gewühl des Festes und durch das berauschte und unsinnige Volk, von niemandem erkannt und bemerkt, hinauf in den Tempel« (Gr VI 146, 38).

Dort ergriff er das Wort, und sofort schrien die Pharisäer: »Seht, wie er uns das Volk verführt!« und sandten ihre Knechte aus, auf daß sie Mich ergreifen und mit Stricken binden sollten« (Gr VI 147, 16–17). »Da drängten sie plötzlich auf Mich zu, aber als sie Mich ergreifen wollten, da verschwand Ich plötzlich aus dem Tempel.« »Wohin ist Er denn so plötzlich verschwunden, sagten die Pharisäer, das ist ein offenbarstes Wunder« (Gr VI 147, 23).

Vorher hatte Jesus den Pharisäern zugerufen: »Bevor Meine Zeit nicht da ist, wird Mich niemand aufzugreifen vermögen« (Gr VI 147, 21). Auch seinen Jüngern hatte er vor deren Abreise gesagt, daß seine Zeit noch nicht da sei.

Nach diesem vereitelten Angriff auf seine Person ging Jesus mit den Jüngern in das Haus des Lazarus, wo sie übernachteten. Dort in der Stille des abgelegenen Hauses machte Jesus sehr bedeutsame Prophezeiungen über in unserer Zeit hereinbrechende Menschheitskatastrophen größten Ausmaßes. Wir wissen aus der Neuoffenbarung: Es ist *Endzeit*. Nicht daß die Erde zerstört würde, aber für das, was kommen wird, gelten die Worte des Evangeliums, daß es schwer zu ertragen sein wird. Die *Anfänge* der Katastrophen haben bereits begonnen. Im letzten Kapitel wird über diese Prophetie ausführlich berichtet werden.

Jesus wußte, daß noch so überzeugende Beweise nicht bewirken können, daß die Menschen glauben, wem sie nicht glauben wollen oder weil sie sich einem System verschrieben haben, dem sie infolge einer lebenslangen falschen Erziehung nicht zu entrinnen vermögen.

Er wußte nach den zahlreichen mißglückten Attentaten auf ihn und den vielen Warnungen, die er von befreundeter Seite – insbesondere von dem bestens orientierten Nikodemus – erhielt, daß der jüdische Klerus ihn nie anerkennen würde. Im engen Kreis bemerkte er deshalb: »Die Fische im Meer getraue Ich Mich eher zu bekehren als unsere Rabbis« (Gr VII 223, 20).

Von gewissen Schichten des Volkes sagte er: »Sie wollen ihren Weltsinn und ihre Weltlehre und ihr unbegrenztes Wohlleben nicht fahren lassen« (Gr X 148, 4).

Wie aktuell und modern das klingt! Beide Hinweise, sowohl betreffend die »Rabbis« als auch die im Wohlleben verstrickten Menschen der Industrienationen, werden ihre Geltung haben, wenn es sich um die Annahme oder die Ablehnung der göttlichen Neuoffenbarung handelt.

Auf dem Weg vom Haus des Lazarus in Bethanien nach Jericho sprach ein reicher Mann Jesus an und fragte ihn, was er tun müsse, um selig zu werden. Bedeutsam an diesem Gespräch ist der vom Text des Evangeliums geringfügig abweichende Wortlaut der NO. Es handelt sich zwar nur um ein Wort, das jedoch der Aussage Jesu einen recht bedeutsamen veränderten Sinn gibt. Im Evangelium heißt es: »Wie schwer wird ein Reicher ins Himmelreich kommen.« Tatsächlich sagte jedoch Jesus: »Wie schwer werden *solch* Reiche ins Reich Gottes kommen«, und er beschreibt dann den Charakter dieses Mannes. Von seinem großen Vermögen würde er kaum etwas den Armen geben, seine Diener halte er bei arg magerer Kost, und den Handwerkern ziehe er oft unberechtigterweise mehr als die Hälfte des Rechnungsbetrages ab. Es war somit ein geldgieriger Geizhals ohne jedes Gefühl für die Mitmenschen. Die Verhältnisse, die ein solcher Mensch, der das oberste Gebot Jesu, die Nächstenliebe, während seines ganzen Lebens mißachtet, im Jenseits antreffen wird, erklärt Jesus den Jüngern wie folgt:

»Eine jede Seele nimmt nach dem Abfall ihres Leibes nichts mit hinüber als ihre Liebe, der ihre Werke als Produkte ihres Willens nachfolgen. Hängt die Liebe der Seele also an den toten Dingen dieser Welt so sehr, daß sie mit ihnen völlig eins geworden ist, so ist sie auch ›tot‹ ... und das ist, was man die Hölle oder den ewigen Tod nennt. Hütet euch darum vor allem, daß eure Seelen nicht die Liebe zur Welt mit ihren Schätzen und Reizen gefangennehme, denn wen die Welt einmal gefangengenommen hat, der wird sich höchst schwer von ihrer Gewalt losmachen können« (Gr VIII 166, 15).

Nachdem zweieinhalb Jahre seit Beginn der Lehrtätigkeit Jesu vergangen waren, begab er sich wieder nach Galiläa, und zwar zunächst nach Kana (in Galiläa), und dann nach Kis, wo jetzt seine Mutter zumeist mit ihren Freundinnen wohnte (Gr IX 114, 19).

Maria klagt über erneute Drangsale durch den Klerus von Nazareth: »Ich habe in Nazareth vom dortigen Obersten (Oberpriester, d. VE) um Deinetwillen viel böse Reden und Urteile zu erdulden gehabt, und habe Mich hauptsächlich deshalb hierher in die Einsamkeit begeben, um vor dem Obersten und seinem Anhang Ruhe zu haben« (Gr IX 117, 14).

Von Jesus hören wir in der NO, daß Maria »eine strenge Jüdin war und noch auf den Tempel etwas hielt, wenn auch in Meiner Zeit (der Lehrtätigkeit, d. Vf.) nicht mehr soviel wie ehedem« (Gr IX 130, 2).

Im Herbst des letzten Jahres der Lehrwanderungen besuchte Jesus nur noch wenige Orte am See, darunter ganz einsam gelegene kleine Fischerdörfer. Maria nahm er mit. Von fast allen Orten, die Jesus besuchte, ist, wie Lorber gesagt wurde, »heute keine Spur mehr zu finden« (Gr IX 140, 22). Seine letzte Lehrtätigkeit gilt der sogenannten Dekapolis, dem Gebiet der zehn

Städte. Diese Landschaft war »eine breite und sehr fruchtbare Hochebene« (Gr X 36, 1). Der Besuch der Städte Pella, Golan, Aphek und Abila wird besonders erwähnt.

Nach der Rückkehr nach Bethsaida erfolgte die zweite Aussendung der Jünger in die Gebiete »beinahe vom Ursprung des Jordans bis zu seiner Mündung ins Tote Meer«.

»... es bleiben uns in der Dekapolis noch sieben Großstädte und eine Menge Kleinstädte und andere Orte übrig, und Meine Zeit geht zu Ende. Ich habe nun bald gut zweieinhalb Jahre nahezu allein ohne Ruhe und Rast gearbeitet und will nun hier in Meinem Lieblingsort (Bethsaida) eine Rast von sieben Tagen nehmen« (Gr X 133, 7). »Nach sieben Tagen sollt ihr wieder hier eintreffen.«

Den Jüngern gibt Jesus folgende Mahnung mit auf den Weg: »Ich ganz allein bin der Herr! Ihr alle untereinander aber seid ganz gleiche Brüder, und es soll keiner mehr noch minder sein, denn eine jede noch so geringe Vorsteherei erweckt im Gemüt des Vorstehers die satanische Herrschgier und wird dann auch nur zu bald zum Verderben der reinen Liebe und der lebensvollen Wahrheit aus ihr, wie es sich nun im Tempel zu Jerusalem mehr und mehr und noch klarer erweist. Wer von euch aber schon durchaus ein Erster Meiner Jünger sein will, der sei ein Letzter und Geringster von ihnen und sei ihrer aller Knecht und Diener, denn so besteht die Ordnung in Meinen Himmeln unter Meinen Engeln.«

»Wahrlich Ich sage euch: Alle, die sich auf dieser Erde in einem anderen Sinn werden zu Vorstehern berufen lassen, werden jenseits einen schweren Stand überkommen. Denn die schwerste Lebensaufgabe für einen Hochmütigen – was am Ende beinahe ein jeder Vorsteher wird – ist die Demütigung seines Gemütes.« »Darum bleibet alle völlig gleiche Brüder, und keiner wolle vor dem anderen einen noch so geringen Vorzug haben« (Gr X 134, 6–9).

Das Vorstehende steht in verkürzter Form genau so im Evangelium Mt 20, 25–28, Mk 10, 42 und Lk 22, 24–26. Zwischen

Auftrag und Wirklichkeit entstand dennoch im Laufe der Jahrhunderte eine abgrundtiefe und unüberbrückbare Kluft. Über die stufenweise Abweichung vom Evangelium und den Folgen für die nächste Zukunft wird in einem besonderen Kapitel noch zu reden sein.

Außerdem sagte Jesus zu seinen Jüngern: »Suchet nirgends einen irdischen Gewinn um Meines Namens und Wortes willen, noch irgendein weltliches Herrscherreich.« »Ihr sollt Mir in der Folge auch nicht irgendwelche Tempel und Altäre erbauen, denn Ich werde nimmerdar wohnen in den von Menschenhänden erbauten Tempeln und Mich nicht ehren lassen auf den Altären. Wer Mich liebt und Mein leichtes Gebot hält, der ist Mein lebendiger Tempel, und sein Herz voll Liebe und Geduld ist der wahre und lebendige und Mir allein wohlgefällige Opferaltar zu Meiner Ehre« (Gr IX 166, 8 u. 10).

Die öffentliche Lehrtätigkeit Jesu ging dem Ende zu, und erwog Erfolg und Mißerfolg gegeneinander ab. In erster Linie war er zu dem Judenvolk gekommen, aber ebenso klar hatte er auch die Verbreitung der Lehre unter den Heiden befohlen. Bereits bei seinem Aufenthalt auf den Höhen links des Jordans hatte er gesagt: »... es soll auch allen Heiden Mein Evangelium – worin die Gründung des Reiches Gottes auf dieser Erde zur Beseligung aller Menschen besteht – gepredigt werden. Denn es werden Zeiten kommen, und sie sind schon da, in denen gar viele Heiden Gott näher stehen werden als gar viele Juden, die Gott mit ihren Lippen loben und preisen, mit ihrem Herzen aber von Ihm sehr ferne sind« (Gr X 145, 12). »Zählet die Juden, die an Mich glauben – wie klein und gering ist ihre Zahl gegen die, die Mich hassen und allenthalben verfolgen. Zählet aber nun die Heiden, die von nah und fern stets hierher kommen und mit vieler Freude Meine Lehre annehmen und Mich als den, der Ich bin, bald und leicht anerkennen und Mich gleich über alles lieben« (Gr IX 193, 10). »Gehet nach Jerusalem und in viele andere Judenstädte und Orte, und ihr werdet euch über die schnödesten Urteile über Mich nicht genug wundern können. Und doch habe Ich allenthalben die gleiche reinste Lebenswahrheit gelehrt und große Zeichen gewirkt« (Gr X 138, 3).

Meine in Nazareth verbliebenen drei Brüder »hielten auf Mich nicht das, was sie wohl hätten halten können, darum Ich denn solchen Unglaubens wegen Nazareth eben nicht so oft besuchte; und seinen Bewohnern, als sie fragten, woher Mir, dem ihnen wohlbekannten Sohne des Zimmermanns Joseph, solche Weisheit und Macht käme, sagte Ich: Ein Prophet gilt nirgends weniger als in seinem Vaterland! Darauf zog Ich mit Meinen Jüngern von dannen und kam persönlich nicht wieder nach Nazareth« (Gr X 31, 10).

Auch die Jünger Jesu verstanden ihn nach zweieinhalb Jahren Lehrzeit immer noch nicht. Petrus hält ihm vor, in seiner Rede sei immer noch »etwas Hartes und Rätselhaftes trotz so mancher Erläuterungen«, die er ihnen schon gegeben habe (Gr X 153, 3). Petrus bekommt die Antwort, er müsse sie immer noch »mit Milch speisen, weil sie noch keine harte und kräftige Speise zu sich nehmen und zu verdauen imstande« seien (Gr X 153, 9).

Doch kann nicht verkannt werden, daß sich der einfache und alt gewordene Fischer Petrus, dem keine Denkschulung an einer Universität vermittelt worden war, rechtschaffen bemühte, das, was ihm und den andern Jüngern gesagt worden war, zu erfassen. Daß er sich so manches durch den Kopf gehen ließ, beweist die Frage, die er an den Herrn stellte, was denn eigentlich aus den vielen Menschen im Jenseits werde, die bisher nichts von der Lehre Jesu gehört hatten und wohl auch in Zukunft nichts hören würden. Ob sie denn nur dazu da wären, »den weiten Boden der Erde für ein allfälliges und besseres Menschengeschlecht zu düngen?« (Gr X 153, 2). Darauf wird ihm bedeutet: »Wie soll Ich denn die Unwissenden und Unschuldigen richten und verdammen?« (Gr X 154, 2). »In Meines Vaters Hause sind viele Wohnungen … aber auch sehr viele Korrektionsanstalten …« (Gr X 154, 10).

Aus dieser Aussage von Jesus ist die Unsinnigkeit der Lehre der Kirchen, für jeden Menschen dieser Erde entscheide sich sein jenseitiges Schicksal endgültig in diesem Erdenleben, klar ableitbar.

Noch einmal weist Jesus nun seine Apostel nachdrücklich darauf hin, daß sich im nächsten Jahr zu Ostern alles erfüllen werde, was die Propheten von ihm vorausgesagt hätten (Gr X 141, 15).

In diesem Spätherbst begab er sich zu einem nur kurzen Aufenthalt nach Jerusalem. In diese Zeit fällt die Auferweckung des Lazarus, welches Wunder »den Schlußstein Meines Lehramtes bildete« (Gr XI, S. 104). Diese Tat setzte die Templer in höchste Wut, da sie nahe bei Jerusalem an einem der reichsten Männer des Landes erfolgt war. Außerdem wäre nach dem Ableben des Lazarus, der keine Kinder hatte, ein Drittel dessen großen Vermögens nach dem Tempelgesetz an den Tempel gefallen! (Gr XI, S. 85).

Lazarus bat Jesus, den Winter über, wie schon einmal, längere Zeit bei ihm zu bleiben. Jesus willfahrte dieser Bitte jedoch nicht, sondern entschloß sich, mit elf seiner Apostel (ohne den Judas) und acht weiteren Jüngern sich ganz in die Abgeschiedenheit zurückzuziehen. Die übrigen Jünger gingen wie stets im Winter in ihre Heimatorte. Jesus begab sich, wie es auch im Evangelium heißt, nach dem kleinen Ort Ephrem. Dieses Dorf lag aber nicht, wie manche Autoren meinen, in Samaria[23], sondern im Gebirge Juda östlich von Hebron nahe dem Toten Meer. Der Text des Johannes-Evangeliums 11, 54 bietet keine Grundlage für die Annahme, Jesus habe sich »nach dem Norden« gewandt. Es heißt dort lediglich, »in eine Gegend nahe der Steppe«.

In diesem kleinen Ort Ephrem, der kaum von jemand im Winter betreten wurde, bauten die Jünger mit Genehmigung der Ältesten des Dorfes eine verfallene Burg soweit aus, daß sie bewohnbar wurde. In dieser Behausung blieben sie während des ganzen Winters etwa drei Monate lang (Gr XI, S. 146).

Beim Weggang von Ephrem warnte Petrus nochmals den Herrn vor den Templern. Er ahnte, daß die Dinge einem dramatischen Höhepunkt zutrieben. »Von jener Stunde an trug Petrus stets heimlich ein Schwert bei sich, bereit, für Mich sein Leben zu opfern, falls die Häscher kamen, Mich zu fangen« (Gr XI, S. 148).

Nach der Rückkehr von Ephrem »folgten nun sehr bedeutsame Tage, welche dazu angetan waren, sowohl Lazarus als auch Meine Jünger davon zu überzeugen, was Mein Endziel mit der Menschheit sei, weswegen ihnen noch vieles eröffnet wurde, was jetzt der Menschheit zu offenbaren nicht an der Zeit ist. Später wird dies jedoch geschehen.«

»Wir saßen abends in dem bekannten großen Saal der Herberge auf dem Ölberg, welche ebenfalls dem Lazarus gehörte, beisammen, weil hier viel Volk zusammenströmte und dieses Mich sehen sollte« (Gr XI, S. 154–155). »Am Abend des ersten Tages, da wir beim Lazarus ankamen, hatten wir uns von dem Volk, das sich an diesem Tag noch nicht soviel einfand, zurückgezogen und waren in dem Saal, der uns stets zur Zusammenkunft diente, allein, als plötzlich Judas Ischariot zur Türe hereintrat und uns begrüßte« (Gr XI, S. 155). »Er schilderte in lebhaften Farben, wieviel Elend er in Jericho (wo er sich aufgehalten hatte, d. Vf.) und auch auf seinem Weg hierher gefunden habe, wie das arme Volk bedrückt werde und in Knechtschaft schmachte.« »Er schloß mit den Worten: ›O Herr, hätte ich nur ein Zehntel Deiner Kraft in mir, wie wollte ich da in Kürze all der Gewalttätigkeit ein Ende machen, das Volk, welches, in Fesseln geschlagen, zu Jehova um Rettung schreit, befreien und froh und glücklich machen, daß es den Namen seines Herrn und Gottes lobe und jauchze vor Freude. O Herr, wie lange kannst Du nur noch zaudern und die Bitten ungehört verhallen lassen?‹«

»Nach diesen Worten, aus denen deutlich hervorklang, wie Judas in Mir auch den weltlich befreienden Messias erhoffte, der nicht zu sein Ich doch oft betont hatte, entstand eine große, erwartungsvolle Stille, und Ich erwiderte ihm: ›Habe Ich nicht die Armen jederzeit zu Mir gerufen? Sind die Betrübten nicht von Mir getröstet, die Kranken gesund und die Armen reich gemacht worden, soweit sie dessen bedurften? Wer zaudert also? Nicht Ich – die Welt zaudert, die nicht zum Heile kommen will! Doch wird des Menschen Sohn bald zu der Höhe der Macht gelangen, die erreichbar ist, damit die Welt sehe, daß Er wohl erlangen könne, wohin die Welt strebt und was ihr wünschenswert erscheint. Jedoch nicht zum Heile der Welt – zum Heile Meiner Himmel soll dies geschehen! Und so beruhige dich denn nur mit dem, was du schon gesehen hast und bald noch sehen wirst!‹ Judas schwieg nun und freute sich in seinem Herzen; denn er glaubte, durch seine Worte nun den Anstoß gegeben zu haben, daß Ich vielleicht nun auch einen entscheidenden Schritt tun würde, das Volk vom Römerjoch zu befreien, wozu er die Kraft in Mir recht wohl wußte« (Gr XI, S. 156).

»Judas vermeinte, daß Ich wohl nicht imstande sei, seine geheimsten Gedanken zu lesen, denn er, als ein bei allen guten Anlagen des Geistes dennoch materieller Mensch, war durchaus nicht so tief in das Wesen und Verständnis Meiner Person eingedrungen, um etwas anderes als nur einen sehr begabten, mit außergewöhnlichen Fähigkeiten ausgerüsteten Menschen in Mir zu sehen« (Gr XI, S. 158).

»Judas ging hinaus zu dem Volke, das sich bei der Herberge angesammelt hatte, und erzählte allen, daß Ich da sei und morgen nach der Stadt kommen würde« (Gr XI, S. 161).

»Da nun Meine Anhängerzahl eine sehr große war, so wurde es auch schnellstens überall bekannt, zumal es für das Volk nichts Wichtigeres in Jerusalem gab als Mein Auftreten in der Stadt. Wir saßen, während sich die Nachricht von Meiner Anwesenheit in der Stadt verbreitete, ganz ruhig im Hause des Lazarus und unterhielten uns nun von mehr gleichgültigen Dingen, als endlich Petrus bemerkte, daß Judas nicht mehr anwesend war« (Gr XI, S. 161).

»Ich aber verließ das Haus und begab Mich allein auf die Höhe des Ölberges, von wo aus man eine weite Aussicht über Jerusalem und die ganze Umgegend genießt.

Hier trennte sich die *Gottheit* in Mir von dem Menschensohne Jesus und sprach zu diesem: ›Siehe hier, vor dir liegt die Stadt deines Leidens, das da in den nächsten Tagen beginnen wird, wenn du freiwillig das Joch auf dich nehmen wirst, das zur Erlösung der gesamten Menschheit dienen soll!

Du bist in deinem irdischen Leibe, getrennt von Mir, ein Mensch wie jeder andere. Du hast dich bemüht, den Geist in dir zu erwecken, der da die Fülle der Gottheit selbst ist. Du hast mit Aufopferung deines Willens den Willen der Allmacht in dir wachsen lassen. Jetzt aber hängt es von deinem Willen als *Mensch* selbst ab, ob du das letzte und schwerste Werk übernehmen willst. Daher frage Ich dich: Willst du als Mein Sohn aufgehen in dem Vater, indem du alles, was dieser dir zu tun befiehlt, ausführst? Oder willst du als Sohn des Menschen dieser Menschheit allein angehören und nur von dieser Welt bleiben?

Du kannst sein ein Herrscher der Welt und bleiben ein Erlöser der Welt; aber du kannst auch sein ein Wegweiser zu Mir, der da führt zu Gottes innerstem Herzen, indem du völlig in Mir aufgehst und damit ein Herrscher des Lebens in allen Ewigkeiten wirst. Du kannst sein ein Fürsprecher der Menschen als Wesen, die da, von Meiner Macht erschaffen, ausgingen und wiederkehren sollen zu dem Herzen des Vaters; aber du kannst auch sein ein Fürsprecher der Liebe, die der Weisheit gebietet, ihre Gerechtigkeit zur Erbarmung umzugestalten. So wähle denn jetzt, wo dir vor Augen liegt, was dir am Leibe geschehen wird, ob du den Weg *neben* Mir oder den Weg *in* Mir wandeln willst; denn die letzte Entschließung ist da!‹« (Gr XI, S. 166). »Da sprach die Seele Jesu, der Menschensohn: ›Vater, Dein Wille ist allzeit der meine und nur, was Du allein willst, geschehe.‹«

»Darauf sagte die Gottheit in dem Herzen des Menschensohnes: ›Noch einmal werde Ich dich fragen wie heute, und dann geschehe, wie du willst, so du noch dieselbe Antwort gibst. Jetzt aber siehe, was die Welt dir bieten wird‹« (Gr XI, S. 167).

»Am anderen Morgen, schon bevor die Sonne aufgegangen war, waren alle munter, und wir begaben uns sofort ins Freie.«

»Daselbst rief Ich Meine Jünger, die zwölf Apostel, um Mich und redete sie also an: ›Meine Lieben, der heutige Tag wird für des Menschen Sohn zu einem hohen Ehrentag werden, weil es der Vater um der Menschen willen also will.‹«

»Die Jünger, unter denen sich auch wieder Judas befand, fragten Mich: ›Herr, wie meinst Du das, und wodurch können wir uns schützen vor dem Feinde?‹«

»Hierauf wandte Ich Mich nach der Gegend von Jerusalem und rief laut: ›Du aber, Tochter Zions, bereite dich, deinen König zu empfangen!‹« (Gr XI, S. 167)

»Die Jünger sagten nun nichts mehr, verwunderten sich aber sehr und flüsterten untereinander, was Mein sonderbares Wesen zu bedeuten habe.«

»Judas, der diese Worte gehört hatte, sagte lächelnd zu Johannes: ›Freund, der Herr weiß schon, welchen Weg Er zu wandeln hat. Nicht in die Hölle, doch zum Ruhme und zur Ehre Seines Volkes wandelt Er den Weg des Gesalbten.‹« »Begeistert blickte er auf Mich, denn Mein lauter Ausruf schien ihm eine Bestätigung aller seiner Wünsche zu sein, so daß er den Weg zu allen Ehren offen sah, die ihm ebenfalls werden mußten als dem Wegbereiter des Messias, der ihm viel zu danken haben werde.«

»Petrus sah erstaunt auf Judas hin, der eine stolze, selbstbewußte Haltung zeigte, schwierig jedoch, da ihm das ganze Gebaren an diesem Morgen höchst wunderlich vorkam, und setzte nun mit den anderen elf ruhig seinen Weg fort« (Gr XI, S. 168).

»Wir waren nun auf dem halben Weg von Bethanien bis zu den Toren von Jerusalem gekommen. Vor uns lag zur linken Hand ein Örtchen, welches Betphage hieß, nun aber ganz verschwunden ist, als Ich Meine Jünger aufforderte, daß zwei von ihnen Mir einen Liebesdienst erweisen sollten. Es meldeten sich nun alle dazu. Ich aber wählte Johannes und Petrus und hieß sie, in den Ort zu gehen, welchen sie vor sich sähen. Daselbst würden sie an dem ersten Hause eine Eselin finden, welche, mit ihrem Füllen angebunden, das Gras abweide.« »Dieses Füllen bringet Mir, denn Ich bedarf seiner! Werdet ihr gefragt, wer euch gesandt hat, so antwortet nur: ›Der Herr ist es und bedarf des Tieres‹, so wird man es euch geben« (Gr XI, S. 169).

»Migram – der Besitzer des Füllens – hatte durch Markus viel von Mir gehört, war in Meine Lehre eingeweiht und als Römer, der sich um die Jerusalemer Juden nicht kümmerte, da er nur mit den Abgesandten und Bürgern Roms sich abgab, ein offener Anhänger von Mir. Als daher die beiden Jünger zu seinem Hause kamen, dort auch beide Tiere fanden, von denen sie alsbald das jüngere von den Fesseln lösten, trat der Besitzer schnell aus seinem Hause und mit ihm mehrere andere, die sich bei ihm eingefunden hatten, um Früchte zu kaufen, und fragte sie barsch, wie sie dazu kämen, das Tier mitnehmen zu wollen. Johannes antwortete nach Meinen Worten, und Migram, hoch erfreut, als er hörte, es gelte Mir einen Dienst zu erweisen, beeilte sich, schnell auch die alte Eselin loszulösen, um sie selbst mitsamt dem Füllen Mir zuzuführen. Zwar sagten die Jünger, der Herr brauche nur das Füllen« (Gr XI, S. 169–170).

»Als wir noch mit diesen Vorbereitungen beschäftigt waren, kam ein großer Trupp Menschen die Straße von Jerusalem heraufgezogen. Als sie unser ansichtig wurden, eilten sie auf uns zu, und in kürzester Zeit waren wir von einigen hundert Menschen umringt, welche Mich stürmisch bewillkommneten und als Retter Israels begrüßten. Es waren das aber meistens zum Feste hinzugezogene Juden, welche Mich teilweise von Meinen Reisen durch das Land her kannten und daher Mich und Meine Jünger bereits früher als Heilsspender kennengelernt hatten. Diese Menschen priesen Mich als ihren König, zumal viele unter ihnen waren, die damals von Mir wunderbar gespeist worden waren und bereits damals die Absicht hatten, mich zum König auszurufen, weswegen Ich Mich ihnen entzog« (Gr XI, S. 170).

»Als die Anwesenden den allen wohlbekannten Lazarus erblickten, dessen Name seit seiner Erweckung in aller Munde war, kannte ihr Jubel keine Grenzen, und unter Hosianna- und Heilrufen wurden wir alle umgeben. Ich wehrte diesen Ehrenbezeigungen nicht, sondern bestieg schweigend das zubereitete Tier, das sich nun auf der Straße nach Jerusalem hin bewegte. Die Menge wuchs aber mehr und mehr an, da durch den Lärm alles angelockt wurde und nachfolgte. Die Menschen hieben grünende Baumzweige ab und streuten sie auf den Weg. Sodann breiteten sie ihre Kleider aus und ließen das Lasttier darüber hinwegtreten – alles Ehrenbezeigungen, mit denen die früheren Könige begrüßt wurden. Als wir uns dem Abhange des Ölbergs näherten, von wo aus man eine weite Übersicht über Jerusalem hatte, sahen wir Tausende an den Toren stehen, und das Kidrontal war mit Menschen angefüllt« (Gr XI, S. 170 f.).

»Als wir zum Tore Jerusalems kamen, das vom Ölberg aus den Haupteingang bildete, versuchte die römische Torwache, dasselbe zu schließen, da die Wachhabenden fürchteten, es bereite sich ein Aufstand vor.«

»Als die Römer aber sahen, daß das Volk friedlich Mir mit Baumzweigen und Palmblättern in den Händen nahte, unterließen sie jeden Widerstand, staunten vielmehr den Zug als etwas ihnen noch Unbekanntes und vielleicht zum Feste Gehöriges an. So kamen wir alle ungehindert in die Stadt und nahmen sofort die Richtung nach dem Tempel hin« (Gr XI, S. 171).

»Die Pharisäer, Priester und Bediensteten des Tempels waren inzwischen in größte Aufregung geraten, was bei dieser großen Kundgebung zu tun sei. Daß es unmöglich sei, mit Waffengewalt diese zu unterdrücken, sahen sie bald ein, da sicherlich sofort ein Aufruhr gegen die ohnehin mißbeliebte Tempelwirtschaft entstanden wäre. Das Volk war in einem Begeisterungstaumel, der durch Gewalt nicht hätte beseitigt werden können. Es blieb ihnen also nichts anderes übrig, als vorläufig die Dinge gehen zu lassen, um daraus bei einem unvorhergesehenen Umschwunge nach Möglichkeit Vorteil für das Ansehen des Tempels zu ziehen. Vor allen Dingen riet der Hohepriester Kaiphas in einem schnell zusammengerufenen Rate, es abzuwarten, was Ich eigentlich beginnen wolle und wohin Ich die ganze Bewegung zu lenken gedächte« (Gr XI, S. 172).

»Die Tempeldiener wurden jedoch schnell angewiesen, in den Vorhallen des Tempels den Verkäufern, die sich wieder recht zahlreich eingefunden hatten, Mitteilung von Meinem Kommen zu machen, damit eine ärgerliche Szene, wie Ich sie schon einmal bereitet hatte, vermieden würde. Diese Vorsorge kam jedoch zu spät, denn kaum hatten die Geldwechsler und Verkäufer aller Art, durch das Geschrei außerhalb der Mauern aufmerksam gemacht, vernommen, um was es sich handle, als sie auch schon, in Erinnerung Meiner früheren Tat, schnell ihre Sachen zusammenpackten und fluchtartig mit ihren feilgehaltenen Waren das Gebäude verließen.« »Diese zweite Reinigung des Tempels, welche nicht direkt durch Mein Auftreten geschah, hat zu Mißverständnissen Anlaß gegeben, als sei die früher geschilderte Szene jetzt bei Meinem Einzug geschehen, während sie doch viel früher zu Anfang Meines Lehramtes geschah.« »Als nun das Volk mit vielem Geschrei in den Tempel eindrang, suchte es vor allen Dingen nach den Priestern, es wollte von dem Hohenpriester Kaiphas verlangen, daß er Mich mit heiligem Salböl zum Könige salbe, worauf es Mich in die Zionsburg zu führen gedachte, um Mir zu huldigen. Die Priester jedoch waren nicht zu finden; ungehindert drang das Volk durch die Vorhöfe in das Heiligtum ein« (Gr XI, S. 172 f.).

»Die Pharisäer und Tempelobersten hatten ganz richtig die leicht erregbare Stimmung des Volkes beurteilt. Während dieses vordem sich nicht besonnen hätte, die Priester nach seinem Willen zu zwingen, so war jetzt durch den Eindruck, den der Ort selbst machte und an dem durch die Abwesenheit aller Priester keine persönliche Anfeindung möglich war, der allgemeinen Erregung ein feierliches Verstummen und die Erwartung dessen, was Ich beginnen würde, gefolgt. Ich hatte auch den Meinen geboten zurückzubleiben, und so stand Ich denn allein, von allem Volke gesehen. Mit lauter Stimme sprach Ich nun zum Volke:

»Es ist die Stunde gekommen, da alle Welt an sich erfahren soll, wohin die Wege führen, welche sie bisher betreten hat, und jeder sich entscheiden soll, ob er zum Vater will oder nicht. Ihr habt Mich hierhergeführt in dieses Haus, wo der Geist Gottes früher sichtbar wohnte, doch jetzt ist er aus diesen Mauern gewichen und leer ist die Stätte geworden. Nun aber hat er sich eine andere Stätte gewählt, und jeder Mensch kann sich einen Tempel erbauen, so er nach Meinen Worten und nach Meinen Lehren, die Ich euch gegeben habe, handelt.

Ein jeder lasse sich tragen von der Demut und gehe sodann geraden Weges ein in das erbaute Gotteshaus, das da leer geworden ist, doch von neuem angefüllt werden soll von den Taten der Liebe. Jede Liebestat ist ein Baustein zum Tempel, und es wird dieser Tempel gekrönt werden mit dem Zeichen der Weisheit und der Kraft, so nur allein die Liebe den Grundstein bildet. Darum aber bin Ich zu euch gekommen, daß ihr die Liebe von Mir lernet, die ihr mißachtet – nicht die Eigenliebe, die ihr wohl habt, sondern die Liebe zum Nächsten, welche ihr nicht habt, die euch aber vergöttlicht und allein zu Gott führen kann. So ihr aber glaubt, Ich sei und wolle sein euer König, so wisset denn, daß Mein Reich nicht von dieser Welt ist, sondern daß dieses in aller Herrlichkeit in dem Menschen wohnt und das Erbteil bildet, welches der Vater dem Sohne und durch diesen allen Menschen auf Erden und in allen Himmeln gegeben hat. Denket also nicht, Ich würde einziehen in die Burg Davids, um ein irdisches Reich zu gründen. Wer Mir folgen will, der folge Mir nach in Meinen Taten, so wird er selig werden!« (Gr XI, S. 173 f.).

»Damit ihr aber seht, was des Vaters Kraft im Menschen

bewirkt, so bringe man Mir die Kranken, welche an ihren Leibern leiden, damit Ich sie heile« (Gr XI, S. 174).

»Meine Worte sind die Wahrheit, und weil sie die Wahrheit sind, sind sie auch das Leben und die Kraft des Lebens. Ich habe als Mensch stets danach gehandelt, und so bin Ich ein Meister des Lebens geworden. Darum sage Ich euch allen: Gehet hin und tuet desgleichen, doch sündiget nicht mehr, weder in Worten noch in Werken! Sündiget nicht mehr, indem ihr nichts tut, was gegen die Liebe zu Gott und dem Nächsten verstößt, so werdet ihr gesund bleiben und wahre Lebensmeister werden. Stehet auf und wandelt!

Nach diesen Worten schwanden alle Gebrechen von den Leibern der Kranken, und sie erhoben sich, gesund und kräftig an ihren Leibern. Das Volk aber, das umherstand, brach wieder in laute Rufe aus und jubelte und lobte Mich über alle Maßen. Viele fielen vor Mir nieder und suchten Meine Hände und Kleider zu fassen, um diese zu küssen. Ich wehrte ihnen nicht, sondern ließ alle an Mich herankommen.

Viele wollten nun abermals den Versuch machen, zu den Hohenpriestern einzudringen, um die Absicht auszuführen, Mich zu salben, diese hatten sich aber so gut verborgen, daß keine Spur von ihnen zu entdecken war, weswegen die Abgesandten bald zurückkehrten. Als sie nun zu Mir hindrängten, um Mich stürmisch zu umgeben, gebot Ich ihnen Ruhe und sagte zu den Königslüsternen: ›Saget, kann der, der da vor Gott steht als ein Träger von dessen Kraft, auf Erden noch höher gestellt werden, als er schon vor Gott steht?‹«

»Da sagte etwas betroffen der Anführer der Schar: ›Meister, er selbst wohl nicht; aber die ihm anhangen, wollen doch auch nach außen hin ein sichtbares Zeichen seiner Macht, daß unter seiner machtvollen Hand das Volk glücklich und nicht gepreßt werde!‹

Sagte Ich: ›Was hatte denn das Volk gewonnen, als Samuel auf Verlangen des Volkes den Saul zum Könige salbte? Gewiß nicht Frieden und Ruhe, sondern Kampf und Unruhe? Und warum das? Weil es des sanften Joches, welches der Herr ihm nach seinem Tun auferlegte, müde geworden war und der kraftvollen Hand eines sichtbaren Herrschers zustrebte.‹ Es hat denn auch weiterhin nicht an Königen gefehlt, und auch jetzt ist euch in dem Herodes ein König geworden. Glaubt ihr nun, daß ein neuer König, den ihr in Mir sucht, euch Frieden brächte, so er auch ein äußerlich machtvoller König würde sein wollen? Herodes und die Römer würden alle seine Anhänger und ihn selbst zu vernichten suchen. Es würden Elend, Krieg und Not heraufbeschworen werden, so Ich euer irdischer König würde. Wie aber vertrüge sich das mit Meiner Lehre ›Liebe deinen Nächsten wie dich selbst!‹, wenn Ich euch den Krieg und den Mord bringen wollte? Darum lasset das Äußere von Mir ab! Mein Reich ist nicht von dieser Welt. Errichtet in euch das rechte Friedensreich, dort will Ich stets gern euer König sein und bleiben.‹

Nach diesen Worten wandten sich die Königslustigen unmutig ab und meinten, Ich sei kein Held, von dem das Volk Israel ein Heil auch nach außen hin erwarten könne. Sie begaben sich nun unter das Volk und verhehlten ihren Unmut nicht. Doch war das übrige Volk deswegen noch keineswegs Mir abwendig zu machen, da meine Taten zu gewaltig zu ihm sprachen« (Gr XI, S. 174).

»Es hatten jedoch die Tempeljuden, Priester und Pharisäer jetzt gemerkt, daß eine weit ruhigere Stimmung Platz gegriffen hatte, und einige von ihnen hatten sich verkleidet unter das Volk begeben, um zu spionieren, wie es denn nun stände. Schnell hatten sie mit den Königslustigen (d. h. die zum Aufstand Entschlossenen, d. Vf.), die nun sehr verstimmt waren, gemeinsame Sache gemacht, um Mich beim Volk zu verhetzen und eine Gegenstimmung hervorzubringen« (Gr XI, S. 178).

»In ähnlicher Weise nahmen auch die verkleideten Tempeljuden gegen Mich Partei und suchten das Volk vorsichtig gegen Mich zu stimmen.«

»Meine Seele empfand nun, daß Meine Stunde geschlagen

hatte, und sie wurde traurig wegen der nahe bevorstehenden Leiden und daß das Volk so wankelmütig war. Daher sagte Ich zu Meiner nächsten Umgebung: ›Jetzt ist Meine Seele betrübt. Und was soll Ich sagen? Vater, hilf Mir aus dieser Stunde? Doch darum (um das Erlösungswerk zu vollbringen, d. Vf.) bin Ich in diese Welt gekommen. O Vater, verkläre Deinen Namen!‹ Da tönte eine Stimme vom Himmel, die aber in Wahrheit in den Herzen aller erschallte, die nur irgendwie zu einem Geistesleben noch zu erwecken waren: ›Ich habe Ihn verklärt und will Ihn abermals verklären‹« (Gr XI, S. 178 f.).

»Es hatten aber die Priester und Tempelobersten inzwischen erfahren, daß das Volk ruhig geworden sei und daß Ich Mich geweigert habe, einen offenen Staatsstreich auszufahren, um Mich zum Herrn und König ausrufen zu lassen. Weiter wußten sie, daß ein augenblicklicher Unmut sich deswegen geltend machte. Schnell suchten sie diese Stimmung auszunutzen. Es wurden alle Priester und Leviten schnell beordert, einen glanzvollen Zug zu bilden. Posaunenbläser schritten voran, und Herolde verkündeten dem Volk, der Hohepriester habe vom Herrn den Befehl erhalten, ein großes, außerordentliches Versöhnungsopfer für die Sünden des Volkes zu leisten, da der Herr diesem gnädig gesinnt sei und Er alle Sünden vergebe, welche das Volk innerhalb eines halben Jahres begangen habe. Mit allem Glanz und größter Feierlichkeit zogen die Scharen auf, und Kaiphas selbst vollzog das Opfer auf dem großen Brandaltar des Tempels. Durch diese Handlung erreichte der Tempel seine Absicht; denn das Volk hing noch sehr an den alten Zeremonien und an allem, was vom Tempel ausging. Es wurde so ein (taktischer) Gegenzug von starkem Eindruck, der durch die Außergewöhnlichkeit wirkte, auf die Gemüter ausgeübt, und noch im Laufe des halben Tages war von der außergewöhnlichen Erregung des Volkes, die durch Meinen Einzug entstanden war, nichts mehr zu verspüren« (Gr XI, S. 179 f.).

»Wir gelangten in nicht zu langer Zeit zur Behausung des

Lazarus. Ein jeder hatte den Weg schweigend zurückgelegt, und besorgte Blicke der Meinen trafen Mich oftmals, da es ihnen allen klar schien, daß Ich heute einen Hauptschlag zu führen versucht hätte, der aber, ihnen allen unbegreiflich, fehlgeschlagen war. Wo war Meine Wunderkraft geblieben, die doch so leicht durch ein starkes äußeres Zeichen Meine Sendung hätte bekräftigen können? Denn das Gesundmachen der Kranken galt ihnen schon als etwas Alltägliches, das auch Meinen Jüngern gelang, und daher für etwas vor dem Volke nichts Außergewöhnliches. Auch die Stimme vom Himmel war ihnen zweifelhaft, da diese nicht mächtig genug geschallt habe, um alle Zweifel niederzuwerfen.

Alle diese Fragen erörterten die Meinen sehr ausführlich, als wir in Bethanien angelangt waren und Ich Mich in ein einsames Gemach zurückgezogen hatte, um Mich, d. h. Meine Seele zu sammeln und zu stärken. Im Kreise Meiner nächsten Jünger war es vornehmlich Judas, welcher am meisten erregt war über den anscheinenden Mißerfolg. Er sprach sich ganz unverhohlen darüber aus, daß Meine allzu große Sanftmut und Güte Mich daran hinderten, dem Volke machtvoll entgegenzutreten. Er sagte: ›Der Herr ist ganz gewiß ein Mensch von ganz außergewöhnlicher Kraft und Weisheit, und ich zweifle auch durchaus nicht daran, daß Er und kein anderer der erwartete Messias ist; aber dieser starke Geist, der oft blitzartig in seiner außerordentlichen Kraft in Ihm wohnt, wird umschlossen von einer zu schwachen Hülle, die für die Menschen noch zu viele Schwächen zeigt. Nicht Sanftmut und Güte allein ist es, die die Welt regieren, sondern auch die Faust, welche das Schwert zu führen weiß und, wenn es sein muß, mit blutiger Strenge dareinfährt, sichert den Erfolg. Wenn der Herr gezwungen wäre, sich und die Seinen zu schützen vor den Händen der Henkersknechte, so würde die in Ihm wohnende Gotteskraft ganz anders auftreten müssen, damit Er mit den Seinen nicht untergeht, sondern Sein Werk gedeiht. So aber ist es Ihm noch immer mißlungen.‹

Sagte ihm Petrus: ›Judas, hast du denn noch nicht gesehen, wie oft sowohl der Herr als auch wir bedrängt wurden und daß wir ohne diese in Ihm wohnende Kraft schon lange untergegangen wären? Entsinne dich, wie Er dem Sturme gebot und wie oft die Anschläge des Tempels, der die Schergen gegen uns sandte, vernichtet wurden!‹

Antwortete Judas: ›Und doch ist das kein Beweis, denn allezeit traten so günstige Umstände dabei ein, daß wir vielleicht auch ohnedies, durch eigene Kraft, uns noch hätten aus den Gefährnissen herausziehen können. Nein, ich meine, wenn ganz plötzlich eine leibliche Gefahr an Ihn herantreten würde, so daß diese ein jeder sehen und fürchten müßte – würde da der Herr nicht viel kraftvoller handeln müssen? Würde Ihm das Volk dann nicht ganz anders anhangen und nicht durch ein albernes, prunkhaftes Tempelspiel abwendig gemacht werden können?!‹

Meinten Petrus und die anderen kopfschüttelnd: ›Wie sollte so etwas eintreten können, und wer will das entscheiden? Der Herr wird wohl selbst am besten wissen, was Er vorhat und wie Er handelt.‹

Judas schwieg nachdenklich und blieb den Tag über finster und verschlossen.

Im Hause des Lazarus war es ruhig, und niemand störte Mich, der Ich in Meinem Kämmerlein allein blieb und Zwiesprache hielt mit Meinem Vater in Mir. Es wird aber kein Mensch so recht begreifen, wie letzteres möglich war« (Gr XI, S. 180–182).

»Nikodemus sowie die mit ihm Gekommenen waren sehr ängstlich um Mich besorgt und baten Mich dringend, weder dem Herodes zu trauen noch Mich der Gefahr, die jetzt vom Tempel drohe, auszusetzen. Sie allein hätten es gewagt, Mir diese Nachrichten zu überbringen. Es wären auch noch viele andere aus ihren Kreisen Mir freundlich gesinnt, doch wagten diese der Pharisäer wegen nicht, selbst zu Mir zu kommen« (Gr XI, S. 183).

Jesus antwortete ihnen: »Seid unbesorgt um das, was geschehen ist und noch geschehen wird. Der Vater will es so.« »Nur eine kleine Weile noch wird es dauern, dann ist der Sohn ewiglich im Vater. Wie aber dies zu erreichen ist, das geht euch jetzt noch nichts an, doch wird es euch und der ganzen Menschheit zugute kommen« (Gr XI, S. 184).

Darauf sagte Nikodemus: »Herr, wir verstehen diese Deine Worte nicht ganz; auch scheint es uns vor allen Dingen notwendig, daß Du an Deine eigene persönliche Sicherheit denkst, weswegen wir hierhergekommen sind, Dir diese nach unseren Kräften zu verschaffen. Wäre es daher nicht am besten, Du verließest diesen Ort, um Dich zu verbergen? Meines Bruders Sohn hier würde Dich sicher geleiten, da er viele Verbindungen außer Landes hat, wo Du völlig gesichert eine Zeitlang leben könntest.«

Darauf erwiderte Jesus: »Seid nicht so töricht! Ich bedarf der Hilfe der Menschen nicht. Wollte Ich Meine Feinde vernichten, so wäre Mir das ein kleines. So aber *will* Ich das nicht; denn auch sie sollen noch des Heiles teilhaftig werden und mit ihnen das gesamte Volk. Ich bleibe! Seid gewiß, niemand wird Mich eher ergreifen, als bis Ich selbst dieses werde wollen« (Gr XI, S. 184 f.).

»Als es Morgen wurde, suchte Judas sich dem Thomas zu nähern und ihn abseits zu führen. Beide gingen ins Freie und besprachen daselbst sich wie folgt: ›Bruder‹, sagte Judas, ›kannst du die Handlungsweise des Herrn wohl begreifen? Wir sind doch nun beide gestern Zeugen seines Triumphes gewesen, wie es Ihm doch nur ein kleines gewesen wäre, das Volk, welches Ihm fest anhängt, so an sich zu ketten, daß es Ihm gefolgt wäre, wohin Er nur wollte. Aber anstatt von seiner Messiassendung nun alle Welt zu überzeugen, läßt Er sich vom Tempel alle Früchte seiner Arbeit aus den Händen nehmen, unternimmt nichts von dem, worauf die Hoffnungen des Volkes gerichtet sind, obgleich in Ihm doch wahrlich so viel Kraft ist, daß Er dem Tempel und dem ganzen Römerreich gebieten könnte, wenn er sich nur aufraffen wollte. Was nützt Ihm alle Kraft Gottes, mit der Er den Stürmen, den Kranken und allem Unheil gebieten kann, wenn Er in sich selbst schwächlich genug ist, diese Kraft nicht anzuwenden, wo sie notwendig ist.‹

›Oh, mir zittert das Herz im Busen vor Freude, wenn ich daran denke, wie alles sein könnte – wie es aber nicht ist. Und warum ist es nicht? Weil Er, der einzige, in dem die Kraft Gottes lebt, nicht den Mut zur raschen, entschlossenen Tat in sich finden kann‹ (Gr XI, S. 186).

›Auch bin ich fest überzeugt, daß alle Welt nur allein von Ihm das Heil erhalten kann, aber ebenso fest bin ich überzeugt, daß etwas geschehen muß, um dieses Heil zu verwirklichen. Jetzt ist es Zeit oder nie.‹

›Herodes ist Ihm wohlgesinnt. Der Römer Macht ist gerade jetzt eine geringe hier, weil sie ihre Streitkräfte anderswo gebrauchen. Also liegt alles günstig für Ihn, den mächtigsten Mann, wenn Er nur wollte. Aber dieses Wollen in Ihm wachzurufen, daran liegt es. Denn wie sehr Er zögert, haben wir gesehen, und was der Tempel will, haben wir gehört. Findet Er in sich nicht den Mut zu unternehmen, was not ist, so muß Er *gezwungen* werden, es zu tun.‹

Erschrocken fuhr Thomas auf: ›Zwingen? Wer will Den zwingen, aus dem der Allmächtige selbst spricht?‹ (Gr XI, S. 187).

Jesus ging sodann mit den Jüngern nach Jericho. »Am Jordan verbrachten wir noch zwei volle Tage, nachdem wir vom Lazarus uns entfernt hatten. Ich benutzte diese Zeit, um den Aposteln nochmals ihre Berufung und Meine Lehre klarzulegen« (Gr XI, S. 189).

»Darauf verabschiedete sich Judas von uns und begab sich nach Jerusalem. Alsbald erfuhr er dort, daß alles über Mein plötzliches Verschwinden erstaunt war. Von der großen Erregung, welche Mein Einzug hervorgerufen hatte, war nichts mehr verblieben. Allgemein urteilte das Volk, Ich sei vor der Macht des Tempels geflüchtet. Dieser selbst war jedoch von den Tempelwächtern und herodianischen Soldaten stark bewacht. Außerdem durchzogen römische Soldaten täglich die Stadt, um etwaige Volksversammlungen zu zerstreuen. Der Tempel hatte bereits beim Landpfleger Pontius Pilatus Schutz gegen etwaigen Aufruhr gesucht und Mich als Volksaufwiegler verklagt.

Es war von Pilatus auch bereits eine Untersuchung eingeleitet worden, welche jedoch ergeben hatte, daß das Volk keinerlei feindliche Kundgebungen gezeigt hatte, sondern nur eine hohe Begeisterung für den, dem Pontius Pilatus durchaus nicht mehr unbekannten Wunderheiland. Er legte daher auch dem Ereignis keine tiefergehende Bedeutung bei, ließ jedoch der aufrecht zu erhaltenden Ordnung wegen oftmals Soldatentrupps die Stadt durchstreifen. Das Volk wurde durch diese Maßnahmen stark eingeschüchtert, wußte es doch nur zu gut, daß Roms Macht und Strenge bei Ausschreitungen zu fürchten sei.

Der Tempel hatte nun wieder stark Oberwasser, und es schien ihm die Zeit gekommen, einen vernichtenden Schlag gegen Mich zu führen – wenn sie, die Templer, nur gewußt hätten, wo und wie sie Mich ungefährdet ausheben könnten; denn daß auch dieses nicht so leicht sei, hatten sie schon oft genug verspürt. In geheimer Sitzung wurden die Mittel und Wege hin und her beraten, ohne daß die Templer sich hatten einigen können. Da wurde ihnen gemeldet, daß ein Mensch dem Hohen Rat eine Auskunft überbringen wolle, wo sich der Nazarener befinde« (Gr XI, S. 190).

»Hoch erfreut ließ Kaiphas den Judas Ischariot zu sich kommen und führte ihn vor den Hohen Rat« (Gr XI, S. 190).

Dort fragte ihn Kaiphas: »Weißt du, wo er sich jetzt befindet?« Judas entgegnete: »Nein, denn das kann ich nicht wissen, ob er den Ort nicht schon verlassen haben wird. Aber ich weiß, daß er, wie immer, auch in diesem Jahr das Osterlamm im Kreise seiner Anhänger wird essen wollen und daß dieses nirgendwo anders als in der Nähe der Stadt geschehen wird.«

Einer der Pharisäer meinte: »Das Beste wäre, man finge ihn des Nachts – einesteils wegen des Volkes, das ihm doch viel anhängt, und dann habe ich immer sagen hören, daß in der Nacht die Kraft von solchen Zauberern eine schwächere sei.«

»Kaiphas wollte davon nichts wissen, weil er sicher sei, daß der Nazarener über keine anderen übernatürlichen Kräfte verfüge als auch die Essäer, die deretwegen genug bekannt seien, aber er sei dennoch ebenfalls dafür, Jesus nachts zu ergreifen, um jedes Aufsehen zu vermeiden« (Gr XI, S. 191).

»Es wurde daher mit dem Judas vereinbart, er solle am Tage des Osterlammes sich nachts im Tempel einfinden, um dort mit den Schergen zusammenzutreffen, die er nach dem Orte hinzuführen habe, wo sich der Nazarener befinde. Kaiphas fragte ihn, was er für diesen Dienst verlange. Judas, der sich innerlich freute, daß der Hohe Rat in die, wie er meinte, von ihm gestellte Falle gegangen sei, war nun noch mehr erfreut, daß sein Plan ihm auch noch Geld einbringen sollte – was anfangs nicht seine Absicht war –, und forderte nun die dreißig Silberlinge, welche ihm auch versprochen wurden, wenn er sich am Abend der Tat einfinden würde« (Gr XI, S. 192).

»Judas erkannte deutlich, daß es Mir auch weiterhin gelingen würde, das gesamte Volk mit Mir zu reißen, sowie nur irgendeine heroische Tat von Mir ausginge, und daß das Volk wohl stutzig geworden, aber von mir nicht gänzlich abgefallen sei. Diese Erkenntnis erfreute und bestärkte ihn noch mehr in seiner Absicht, Mich in eine Lage zu bringen, die Mich zwingen würde, Meine Angreifer, um Mir diese vom Leibe zu halten, womöglich zu vernichten oder doch so unschädlich zu machen, daß jedermann deutlich erkenne, wie Mir niemand auf Erden widerstehen könne, so Ich nur ernstlich wolle« (Gr XI, S. 192).

»Nachdem die Mittagszeit herangekommen war, ließ Ich die Meinen aufbrechen, und wir begaben uns wieder nach der Landstraße zwischen Jerusalem und Jericho. Es war aber heute der Tag des Osterlammes« (Gr XI, S. 193).

»Was an diesem Abend (im Abendmahlssaal, d. Vf.) alles gesprochen wurde, das hat der Evangelist Johannes genau aufgezeichnet und ist daselbst nachzulesen. Hier ist nur einiges nachzuholen, damit das Verständnis dafür mehr gefördert werde, wie die Ereignisse sich vollzogen haben.«

»Es war nun Sitte, daß nach dem Mahle von dem Hausvater noch ein Bissen verabreicht wurde, indem er einen Spruch der Schrift dazu demjenigen sagte, der diesen Bissen erhielt.« »Während Ich nun diese Bissen bereitete, überfiel Meine Seele große Traurigkeit, und Ich sagte die Worte: ›Einer unter euch wird Mich verraten!‹ Die Jünger, entsetzt über den Ausspruch, der ihnen dunkel erschien, bestürmten Mich mit Fragen, wie Ich das meine und wer Mich verraten könne. Ich lehnte aber jede Antwort ab und begann die Bissen zu verteilen, indem Ich jedem nach seinem Charakter noch eine Ermahnung sagte. Petrus, der einer der ersten war, war am meisten von Meinem Ausspruch bedrückt und winkte dem Johannes, der Mir zunächst saß, er möge forschen, wer es wäre, den Ich meine.«

»Das ›An-der-Brust-Liegen‹ ist vielfach falsch verstanden worden, indem die vielen Deutungen nur durch Mißverstehen des Sprachgebrauchs entstanden sind. Wir lagen nicht zu Tische, wie die Römer es taten, wie oft gedeutet wird – diese Sitte nahmen die Juden als heidnisch nicht an, wie sie alles vermieden, was sie mit heidnischen Völkern hätte gemein machen können –, sondern wir saßen. Derjenige, dem eine besondere Freundesauszeichnung gegeben werden sollte, saß dem Hausvater zur Rechten und wurde von ihm dadurch geehrt, daß er ihm die Speisen zubereitete. Geschah dieses, so mußte sich der Hausvater ihm oftmals zuwenden, ihm die Brust entgegenstellen. In dem Sprachgebrauch der damaligen Zeit bedeutete dieser Umstand eben das, was jetzt mit ›An-der-Brust-Liegen‹ übersetzt ist, wodurch allerdings ein anderer Begriff mit unterlaufen ist, der nicht beabsichtigt war.«

»Johannes fragte Mich nun leise, und ihm, als dem vertrautesten Meiner Jünger, sagte Ich: ›Der ist es, dem Ich den Bissen gebe!‹ – wonach Judas denselben erhielt mit den Worten: ›Was du tust, das tue bald!‹

Natürlich konnten die anderen Jünger aus diesem Ausspruch nicht entnehmen, was Ich meinte. Judas aber, der ebenfalls durch

Meinen ersten Ausspruch erschreckt war, da er sich getroffen fühlte, nahm diese Worte nun ganz als Aufforderung auf, die seinen Plänen zustimmte, erhob sich schnell und ging, innerlich triumphierend, hinaus. Der ganze Hochmut eines künftigen Mitherrschers, der er durch Mich nun zu werden hoffte, sowie die größte Begierde, Ruhm und Ehre rücksichtslos einzuheimsen, erfüllte ihn nun, so daß Satan mit allen Hochmutsteufeln von seiner Seele Besitz nahm, die nur in dem Wunsche erglühte, zu herrschen und alle Gegner zu vernichten« (Gr XI, S. 194–195).

Jesus brach dann das Brot und sprach dabei die auf Seite 292 ff. zitierten Worte.

»Wir gingen nun zum Tore hinaus und wandten uns dem Ölberg zu. Dort lag der Garten, der jetzt noch ›Gethsemane‹ genannt wird, jedoch an einem ganz andern Orte. Der Garten Gethsemane gehörte zu jener Herberge am Ölberg, die dem Lazarus gehörte und als beliebter Ausflugsort bekannt war. Unterhalb jener Herberge, die auf der Höhe lag und eine weite Aussicht bot, erstreckte sich eine parkartige Anlage, durch welche ein sehr angenehmer Weg hinauf zur Höhe führte. Dieser Park selbst aber ist das eigentliche Gethsemane gewesen und liegt daher an einer ganz anderen Stelle als das jetzt gezeigte, das mit ihm nur den Namen gemeinsam hat, weil die dortigen sehr alten Bäume den späteren Suchern dieses Ortes es wahrscheinlich machten, die richtige Stätte gefunden zu haben« (Gr XI, S. 196).

»Wir lagerten uns abseits des Weges, und Ich forderte Petrus, Johannes und Jakobus auf, mit Mir von den andern weg etwas abseits zu gehen. Sie taten so und folgten Mir. Hier trat nun der Augenblick ein, wo die ganze Wucht des nahenden Unheils die Seele des Menschensohnes befiel und die Gottheit sich wiederum gänzlich zurückzog, um die freieste Entscheidung dem Menschen Jesus zu überlassen. Daher empfand dieser auch die bange Stunde und sagte: ›Meine Seele ist betrübt bis in den Tod!‹ Er sagte sodann auch zu den dreien: ›Bleibet hier und wachet mit mir!‹

Sodann ging er abseits und betete die Worte: ›Mein Vater, ist es möglich, so gehe dieser Kelch von mir; doch nicht wie ich will, sondern wie Du willst!‹ Da jedoch in diesen Worten noch nicht der eigene feste Entschluß steht, so trat die Gottheit auch noch nicht in ihn zurück. Jesus ging zu den Seinen zurück und fand sie schlafend« (Gr XI, S. 197).

»Jesus ging nun zurück und betete abermals: ›Mein Vater, so es nicht möglich ist, daß dieser Kelch von mir gehe, so trink' ich ihn denn, und Dein Wille geschehe!‹

Wiederum von Unruhe getrieben, suchte die Seele Anschluß nach außen bei den Ihren und fand diese wiederum schlafend, und zwar so fest, daß sie nicht geweckt wurden, sondern bei ihrem Anrufe sich nur schlaftrunken regten.

Jetzt hatte Jesus, der Menschensohn, gesiegt.

Mit einem Blick des Mitleides überschaute er die Seinen, eilte zurück und rief laut: ›Vater, ich weiß, es ist möglich, daß dieser Kelch vorübergehe; aber Dein Wille allein geschehe, und darum will ich ihn trinken!‹

Da kehrte *die Gottheit* in ihn völlig zurück und stärkte ihn, durchdrang ihn völlig und sprach: ›Mein Sohn, zum letztenmal hattest du dich zu entscheiden. Nun sind Vater und Sohn in dir geeint und ewig untrennbar geworden. Trage, was dir zu tragen gegeben worden ist! Amen!‹« (Gr XI, S. 197 f.).

»Darauf erhob Ich Mich wieder und ging zu Meinen Jüngern, die wieder schlafend lagen, und weckte sie ...«

»In diesem Augenblick nahte sich eine Schar bewaffneter Tempelwächter mit Fackeln, welche Judas anführte, und die er nach der Herberge führen wollte, wo er Mich vermutete. Die Jünger fragten Mich, was das bedeute. Ich aber hieß sie zurücktreten und ging auf dem Weg der Schar entgegen. Als Mich Judas sah, trat er auf Mich zu und wollte Mich küssen als Erkennungszeichen für die Schergen. Ich aber wehrte ihm und sagte: ›Judas, verrätst du also des Menschen Sohn?! Dir wäre besser, nie geboren zu sein!‹

Darauf wandte Ich Mich zu dem Haufen und fragte mit starker Stimme: ›Wen suchet ihr?‹ Der Anführer antwortete: ›Jesum von Nazareth!‹ Darauf gab Ich Mich mit den Worten ›Ich bin's!‹ ihnen zu erkennen und trat ihnen einige Schritte näher.

Die Schergen aber wichen zurück, weil sie von Meiner Kraft gar manches gehört hatten und sich vor dieser fürchteten – weswegen auch von Kaiphas nur solche Knechte ausgewählt worden waren, die Mich noch nicht kannten. Einige der zuletzt Stehenden fielen von dem Aufpralle der Vorderen sogar zu Boden.

Wiederum fragte Ich sie, da die Knechte zögernd und ängstlich dastanden: ›Wen suchet ihr?‹ Und auf die nochmalige Antwort des Anführers wiederholte Ich: ›Ich habe es euch gesagt, daß Ich es bin. Suchet ihr aber Mich, so lasset diese hier gehen!‹

Als nun die Knechte merkten, daß ihnen nichts geschehe, schämten sie sich ihres anfänglichen Schreckens, drangen auf Mich ein und umringten Mich alsbald, während der Anführer ihnen zurief, nur auf Mich zu achten, da der Befehl des Hohenpriesters laute, nur Mich zu fangen« (Gr XI, S. 198).

»Judas aber stand dabei und wartete, daß irgend etwas geschehe, wodurch die Wächter in Schrecken versetzt würden. Da aber nichts geschah, glaubte er um so sicherer, es werde sich vor dem Hohen Rat Meine Kraft schon entfalten« (Gr XI, S. 199).

»Der Zug ging nun über den Kidron durch dasselbe Tor hindurch, durch welches Mein Einzug geschehen war. Die Tempelwachen führten Mich zunächst zu Hannas, welcher des Hohenpriesters Kaiphas Schwager war. Hannas aber war darum der erste, zu dem Ich gebracht wurde, weil er Stellvertreter des Kaiphas war und in dieser Angelegenheit sich stets sehr regsam verhalten hatte, weswegen auch ihm zunächst die Nachricht gebracht wurde, es sei geglückt, Mich zu fangen.

Es ist durchaus nicht die Absicht, hier das alles zu wiederholen, was im Evangelium Johannis schon ausführlich behandelt worden ist – denn diese Schrift soll das Evangelium Johannis nicht überflüssig machen –, sondern es wird in den folgenden historischen Ereignissen nur ergänzt werden, was als Lücke empfunden werden kann. Die Art, wie Hannas Mich empfing, und auch des Petrus' Fall ist daher dort nachzulesen.

Hannas sandte Mich gebunden zu Kaiphas.

Judas, welcher nun einsah, daß alles wohl anders abzulaufen schien, als er gemeint hatte, sah, wie Ich weggeführt wurde, und folgte bestürzt und voller Furcht über das Mißlingen seiner Absicht. Er wollte auch mit Mir zum Hohenpriester eindringen, jedoch wurde ihm der Eintritt verwehrt.

Bei Kaiphas war der ganze Hohe Rat versammelt, der auf Mein Erscheinen schon längst ungeduldig und rachebrütend wartete. Dort wurde nun in aller Form die Anklage gegen Mich erhoben, und Zeugen traten wider Mich auf, die da bezeugen sollten, Ich sei ein Hochverräter. Hierzu wurde namentlich der Einzug benutzt sowie, daß Ich es gewagt hatte, das Heiligtum zu betreten, und Mir dadurch priesterliche Kraft angemaßt hatte, die Ich nicht besäße. Sodann wurde haarscharf bewiesen, daß Ich das Volk gegen den römischen Kaiser aufbringen wolle, um Mich selbst zum Könige zu machen. Als es jedoch dazu kam, Zeugen hierfür zu gewinnen, welche diese Absicht durch Meine Worte beeiden konnten, fanden sich keine.

Schließlich traten die Zeugen auf, welche sagten, Ich habe gesagt: ›Brechet diesen Tempel ab, und in drei Tagen will Ich ihn wieder aufbauen!‹

Kaiphas sagte nun, dies sei eine Schmähung gegen den Tempel selbst; denn um dies zu vollbringen, dazu gehöre göttliche Gewalt, die dem Gesalbten des Herrn, der da einmal in großer Kraft kommen würde, nur allein eigen sein könne. Ich aber habe gesagt, Ich sei Christus, der Gesalbte, und so beschwor er Mich, zu sagen, ob Ich wirklich sei Christus, der Sohn Gottes.

Darauf antwortete ich: ›Du sagst es, doch sage Ich euch: Von nun an wird es geschehen, daß des Menschen Sohn wird sitzen zur Rechten der Kraft Gottes und kommen in den Wolken des Himmels zu dem Vater, der da in Ihm wohnt!‹

Da zerriß der Hohepriester seine Kleider und sprach: ›Er hat Gott gelästert! Was bedürfen wir weiterer Zeugen?! Ihr habt seine Gotteslästerung gehört.‹

Natürlich stimmten alsbald alle dem zu; denn im Rate waren nur die versammelt, von denen Kaiphas wußte, daß sie ihm ergeben und willfährig waren. Die da aber Mir irgendwie freundlich gesinnt waren – wie sich bei den letzten Sitzungen bereits erwiesen hatte –, denen war die Absicht, Mich zu fangen, und des Judas Ischariot Verrat verheimlicht worden.[*] So war denn auch das Todesurteil schnell fertig, und es handelte sich nur darum, die Genehmigung des Pontius Pilatus zu erlangen.

In der Frühe wurde Ich dahin gebracht, und es wurde dem Landpfleger die Sache vorgetragen: Ich sei ein Rebell und Gotteslästerer und habe als solcher den Tod verschuldet. Pontius Pilatus, dem Mein Einzug sehr wohl bekannt war und der nichts Rebellenhaftes an ihm hatte finden können, suchte Mich zu retten, da er als Römer geneigt war, in Mir eine Art Halbgott von besonderen Kräften zu sehen. Er sprach nun mit Mir, wie es im Evangelium Johannes zu lesen ist, und sagte den vor dem Richthause stehenden Templern, daß er keine Schuld an Mir fände« (Gr XI, S. 199–201).

»Die Priester und Templer hatten ihren ganzen Anhang aufgeboten (25 000 Menschen lebten in Jerusalem vom Tempel, d. Vf.[24]), der vor dem Richthaus stand, und dieser ließ niemand von dem übrigen Volk hinzu, so daß die eingeschüchterte, Mir anhängliche Volksmenge nicht in nächster Nähe stand, sondern nur diese Tempelsippe,[**] die ihren Zweck, Mich zu beseitigen, mit

---

[*] Das für die Theologen bestehende Rätsel, ob auch Nikodemus und andere mit Jesus befreundete Mitglieder des Synedriums Jesus zum Tode verurteilt haben, wird durch die Kundgaben der NO einer Lösung zugeführt. Die Annahme mancher Autoren, Nikodemus hätte »Jesus als Gotteslästerer verdammt«[25], erweist sich als unzutreffend. Nikodemus und die übrigen, die sich bei Vorbesprechungen für Jesus eingesetzt hatten, wurden zu der entscheidenden Sitzung von Kaiphas nicht eingeladen.

[**] Daraus folgert, daß die übliche Annahme, dieselben Menschen hätten in Jerusalem an einem Tag »Hosianna« gerufen und kurz danach »Kreuzige«, auf einer totalen Verkennung des wirklichen Sachverhaltes beruht.

aller Macht zu erreichen suchte« (Gr XI, S. 202). »Sie hatten beschlossen, Mich zu greifen und dem Pilatus als einen Staatsrebellen vorzuführen; wird er Mich richten, dann solle er ungeschoren bleiben, richtete er Mich aber nicht, so wollen sie (die Priesterschaft) ihn beim Kaiser selbst als einen verdächtigen Menschen bezeichnen, bei welchem Geschäft ihnen Herodes mit Freuden an die Hand gegangen wäre« (Gr XI, S. 227).

Dem Pilatus blieb dieser Plan zwar nicht geheim, er wußte nur nicht, wie er ihm vorbauen sollte, daher beschloß er bei sich, diese Sache näher abzuwarten. Aber während er noch mit sich selbst kalkulierte, was er tun werde, so die hohe Priesterschaft ihm mit dem berüchtigten Jesu im Ernste den Streich spielen sollte, siehe, da kamen sie schon mit dem Gefangenen und verlangten unverzügliches Gericht. Pilatus – wie aus den Wolken gefallen – fragte mit einer Donnerstimme: ›Was hat dieser Gerechte, an dem ich keine Schuld finde, verbrochen?!‹ Aber die Priesterschaft und ihr bezahlter Anhang schrien noch zehnmal ärger: ›Dieser ist ein Volksverführer, ein Aufwiegler, ein Sabbatschänder, ein Gotteslästerer und gibt sich für den Sohn des lebendigen Gottes aus! – Das alles ist nach unseren Gesetzen, die Rom respektiert, und auch nach des Kaisers Gesetzen des Todes im höchsten Grade wert; daher richte ihn, lasse ihn kreuzigen, oder du bist des Kaisers Feind!‹

Dieser Aufruf machte Pilatus allerdings stutzen, und er wußte im Ernste nicht, was er da tun solle. Hier, dachte er in der Eile bei sich, ist nichts anderes zu tun, als zu solchem zu wenig vorgesehenen bösen Spiele eine gute Miene zu machen und im Namen des unergründlichen Fatums dem zu willfahren, was diese ihm nun über alles verhaßte Priesterkaste von ihm verlangt« (Gr XI, S. 227).

»Pilatus war eingeschüchtert – denn er kannte den Tempel und wußte, daß dieser zu allem fähig war …« (Gr XI, S. 203)

»Pilatus versuchte alle Mittel, Jesus freizumachen, aber es war alles vergebliche Mühe, bis er endlich in höchster Entrüstung sich öffentlich die Hände wusch und sprach: ›Ich will keine Schuld haben am Blute dieses Gerechten. Ihr aber habt selbst ein Gesetz, nehmet ihn und richtet ihr ihn.‹ Da schrien die hohen Priester: ›Sein Blut komme über uns und über unsere Kinder! Wir dürfen aber unsere Hände nicht mit Blut besudeln, daher gebe uns römische Soldaten!‹« (Gr XI, S. 228).

»Aber als der ganze Haufen nach der Freilassung des Barabbas nur um so hartnäckiger auf der Kreuzigung Jesu bestand und von dessen Einkerkerung nichts hören wollte und Pilatus einen Feigling nannte, da wurde er im höchsten Grade entrüstet und sprach: ›Da, ihr Elenden! nehmt euren Verbrecher, der gerechter ist als ihr es seid, und da sind die Schergen! Ziehet ab und macht mit ihm, was ihr wollt, mein Zeugnis über ihn und über euch wird von mir eigenhändig folgen!‹ Mit diesen Worten entfernte er sich und überließ ihnen Jesus, den die Priesterschaft dann durch die Schergen ergreifen und kreuzigen ließ« (Gr XI, S. 228).

Wir müssen an dieser Stelle näher auf eine Frage eingehen, die die Historiker und Theologen seit langem beschäftigt. Es handelt sich um die Frage, wie der mächtige Prokurator, der ansonsten mit den Juden rücksichtslos und grausam umging, dazu kam, dem Druck der Hohenpriester nachzugeben und wider besseres Wissen Jesus zum Tode zu verurteilen. Wo gibt es in der Geschichte der Rechtssprechung einen ähnlichen Fall, daß ein Richter einen Angeklagten für unschuldig befindet, dies expressis verbis bekundet und ihn anschließend zu einem qualvollen Tod verurteilt? Einige Autoren versuchen das Problem auf eine primitive Weise zu lösen: Sie erklären die Aussage des Pilatus, er finde keine Schuld an Jesus, für unecht, d. h., es sei eine nachträgliche Einschiebung in den Urtext. Derartige allzu grobe Vereinfachungen sind immer verdächtig und führen auch in diesem Fall nicht zur Klärung des hintergründigen Sachverhaltes. Andere, wie z. B. Rudolf Bultmann, meinen, daß Pilatus als »Außenstehender« den »eigentümlich unpolitischen Charakter« der Lehrtätigkeit Jesu nicht begriffen habe, und Jesus versehentlich zum

Tode verurteilt worden sei.[26] Diese Annahme widerspricht der klaren Aussage des Pilatus, die durchaus plausibel erscheint. Pilatus wußte über die Predigten und Absichten von Jesus bestens Bescheid. Es steht außer Frage, daß die Römer einen Mann, der 20 000 bis 30 000 Menschen mehrfach um sich versammeln konnte, genauestens überwachten. Bei den politisch explosiven Verhältnissen in Palästina waren die Römer auf der Hut, denn sie hatten in Palästina nur drei Kohorten Infanterie (etwa 2500 Mann) und 500 Mann Kavallerie stehen.[27] Bei dem Aufstand im Jahre 68 wurden diese Streitkräfte von den zahlenmäßig weit überlegenen bewaffneten Juden in kürzester Zeit niedergemacht. Erst als im Laufe der Jahre 69 und 70 Legionen aus anderen Gebieten zusammengezogen worden waren, eroberten die Römer wieder das ganze Land. – Andere Autoren halten Jesus für einen wirklichen Aufstandsführer und behaupten, er sei rechtens verurteilt worden. Mit diesen Verfälschern des wirklichen Sachverhaltes, die den Texten des Evangeliums Gewalt antun, setzen wir uns im nächsten Kapitel noch näher auseinander.

Die Neuoffenbarung führt uns in Zusammenwirken mit den historischen Fakten aus dem Sumpf der Vermutungen und Verfälschungen heraus und wirft ein neues Licht auf die Hintergründe des von Pilatus begangenen Justizmordes.

Zum Verständnis des Vorganges müssen wir uns kurz mit den geschichtlichen Ereignissen der damaligen Zeit in Rom befassen. Zur Zeit der Verurteilung Jesu durch Pilatus regierte der Kaiser Tiberius. Der engste Mitarbeiter des Kaisers war der General der Prätorianergarde, Sejan. Dieser war ein Judenhasser ohnegleichen. Im Jahre 19 vertrieb er die Juden aus Rom. Seine Pläne aber gingen viel weiter. Er forderte, wie der Geschichtsschreiber Euseb berichtet, »die Ausrottung der gesamten jüdischen Rasse« (Universam gentem Judaeorum deperdendam exposcebat, Euseb, Chronik, Armenisch p. 150. Vgl. Philon, Legatio, 24, 160).[28]

Im Jahre 26 wird Sejan der mächtigste Mann neben dem Kaiser. Der alternde Tiberius findet das Regieren nicht mehr besonders reizvoll und zieht sich zurück auf sein Schloß auf der Insel Capri. Jedoch versäumt er nicht, Sejan, dem jetzt das Regieren obliegt, insgeheim überwachen zu lassen, und daran tat er gut. Seit Luzifers Zeiten mögen es Hochstehende oft nicht gern, daß ein noch Höherer über ihnen steht. Im selben Jahre setzt Sejan den Pilatus, der ein Ritter der unteren Klasse war und nach den damaligen Gegebenheiten für einen so hohen Posten normalerweise nicht in Frage gekommen wäre, als Prokurator in Judäa ein. Pilatus muß dem Sejan als Judenverächter bekannt gewesen sein. Über den weiteren Verlauf der Dinge berichtet E. Stauffer wie folgt: »Im Jahre 30 trifft Sejan die Vorbereitungen zu einer durchgreifenden Großaktion gegen die Juden in aller Welt. Die Statthalter und Prokuratoren in den Provinzen erhalten ihre geheimen Weisungen, auch und vor allem Pilatus, der nur auf diesen Wink gewartet hat. Im Frühjahr 30 bringt Pilatus eine neue Provokationsmünze heraus mit dem Lituus, dem Krummstab des göttlichen Kaisers. Im gleichen Jahr verliert das Große Synedrium in Jerusalem die Blutgerichtsbarkeit.«[29]

»Im Januar 31 erhält Sejan mit dem Kaiser zusammen das Konsulat für fünf Jahre. Pilatus erneuert seine Münzemission mit dem aufreizenden Lituus und veranstaltet ein Blutbad unter den Passahpilgern in Jerusalem. Der gesinnungstüchtige Prokurator erhält (wohl auf Empfehlung Sejans) den Ehrentitel Amicus Caesaris, Freund des Kaisers, eine Rangstellung, die ihm höchste Privilegien und eine glänzende Karriere garantieren. Alle Zeichen stehen auf Sturm.

Aber Tiberius weiß längst, daß sein Konsulatskollege ihn beiseite schieben will, und er kommt ihm zuvor. Am 18. Oktober 31 wird Sejan in Rom verhaftet und hingerichtet. Seine Freunde werden nach Rom zitiert und sterben reihenweise durch Selbstmord oder durch den Henker. Gleichzeitig beginnt im ganzen Imperium die Jagd auf Umstürzler und Thronprätendenten aller Art. Gleichzeitig erhalten die Provinzialchefs Befehl, alle antisemitischen Maßnahmen augenblicklich abzustoppen.«[30]

Pilatus, der durch des Sejanus Gunst in Judäa Prokurator geworden war, befürchtet nun das Schlimmste. Wie aus einem Brief des Herodes Agrippa I. an den Kaiser Caligula hervorgeht, war von nun an der Gedanke an eine eventuelle Beschwerde der Juden beim Kaiser der Alptraum des Pilatus (Philon, Legatio 38/299/305). Er suchte alles zu vermeiden, was ihn ins Scheinwerferlicht bringen könnte. Der hohe jüdische Klerus war über die ganze Situation bestens im Bilde, und die sich im Prozeß Jesu abzeichnende erpresserische Taktik der Hohenpriester war wohlberechnet. Als sie merkten, daß Pilatus zögerte, ihnen zu Willen zu sein und einen Unschuldigen dem Tode zu überliefern, fuhren sie ihr schwerstes Geschütz auf: »Verurteile Jesus, sonst bist du ein Feind des Kaisers!« (Gr XI, S. 227). Pilatus hatte verstanden! Er war ein brutaler, kompromittierter Konjunkturritter, dem es in dieser für ihn mißlichen Lage auch auf einen Justizmord nicht ankam. Aber dieses Verbrechen rettete ihn schließlich doch nicht vor dem so sehr befürchteten tiefen Sturz. Sein brutales Vorgehen einige Jahre danach gegen unbewaffnete Wallfahrer in Samaria kam zu Ohren des Kaisers, der ihn daraufhin absetzte und verbannte. Pilatus wurde jedoch nicht, wie die Legende berichtet, nach Gallien verbannt, sondern in die Nähe von Pompeji bei Neapel, wo er unter sehr dürftigen Verhältnissen sein Leben beschloß (lt. Gr XI, S. 269).

Über den weiteren Verlauf der Leidensgeschichte berichtet die Neuoffenbarung noch folgendes: »Es soll nun nicht weiterhin die genaue Beschreibung aller Martern erfolgen, die Mein Leib durchzumachen hatte, denn das sind Dinge, die keines Menschen Seele im Leib schon fassen kann.« »Es sollen hier nur verschiedene Irrtümer berichtigt und Klarheit in einige Dinge gebracht werden, damit anhand der bezüglich des Leibestodes ziemlich genauen Evangelien ein deutliches Bild der letzten Stunde des Menschensohnes gegeben werde« (Gr XI, S. 204).

»Simon von Kyrene nun, der ein Anhänger Meiner Lehre und als solcher den Priestern sehr wohl bekannt war, begegnete dem

Zuge und beobachtete voller Entsetzen und Mitleid Meine jammervolle Lage. Da rief ihm einer der Templer höhnend zu: ›Da sieh deinen großen Meister, der sich nicht selbst helfen kann! Jetzt kommt all sein Betrug elend zutage!‹ Simon entgegnete empört und weissagenden Geistes: ›Ihr werdet noch der Stunde fluchen, in der ihr solches getan habt! Ich aber wünsche, meinem Meister dienen zu können, damit dieser Schmerzensweg Ihm leichter werde.‹

›Das sollst du!‹ riefen erbost mehrere Priester. ›Denn da du es wagst, die Handlungen des Tempels zu schmähen, so legen wir dir Buße auf! Du sollst das Kreuz deines Meisters tragen!‹

Als Simon das hörte, eilte er freudig hinzu, nahm das schwere Kreuz auf seine starken Schultern und bot Mir, dem am Boden Liegenden, noch seine Hand, damit Ich Mich stützen möge. Ich nahm diese, und Simon ward so sehr in seiner Kraft gestärkt, daß es ihm leicht wurde, die schwere Last zu tragen.

Es waren aber alle Meine nächsten Freunde, die während der Aburteilung nicht zu dem Richthause gelangen konnten, nun ge- folgt. Auch nahte sich jetzt viel des Volkes, das erst eingeschüchtert von ferne gestanden hatte, als der Anhang des Tempels sein ›Kreuzige ihn!‹ geschrien hatte. Diese nahmen alsbald eine drohende Haltung an, als der Zug sich dem Tore näherte, an dem ein weiter Platz es ermöglichte, sich auszubreiten. Die Pharisäer hatten aber sehr wohl so etwas befürchtet und hatten daher eine größere Abteilung römischer Soldaten beordert, welche den Zug am Tor nach Golgatha hin erwartete, um die Ordnung aufrechtzuerhalten. Als die Mir Wohlgesinnten sahen, daß Ich rettungslos verloren und eine etwaige gewaltsame Befreiung aus den Händen der Tempelschergen unmöglich sei, erhob sich ein großes Wehklagen, in das namentlich die Weiber einstimmten.

Ich wandte Mich daher zu den Nächststehenden und sagte ihnen: ›Weinet nicht über Mich, sondern über euch und eure Kinder; denn diesen wird noch Schlimmeres widerfahren, als ihr nun seht, daß es Mir geschieht! Ich gehe ein zu Meinem Vater; jene aber werden nicht wissen, wohin sie gehen!‹

Es heißt in der Überlieferung der Kirche, die Magd Veronika habe Mir ein Tuch gereicht, um den Schweiß zu trocknen. Das ist wohl wahr; denn diese stand in den ersten Reihen der Wehklagenden. Das Abdrücken des Gesichtes in dies Tuch ist jedoch eine später entstandene Sage, ebenso wie es hier gesagt sei, daß es zu Meiner Zeit nie einen Juden Ahasver gegeben hat, der Mich von seinem Hause verjagte. Beides sind Legenden, die später entstanden sind aus Erzählungen frommer Gemüter, die bemüht waren, Meinen Leibestod mit allen möglichen Wundern auszuschmücken, die sich auch in die Evangelien eingeschlichen haben.

Wäre tatsächlich, während der Leib am Kreuz hing, all derartiges geschehen, wie es berichtet wird – das große Erdbeben, die Verfinsterung der Sonne, das Erscheinen der Geister und vieles andere –, so hätte Jerusalem, gezwungen durch diese starken Zeichen, noch desselben Tages Buße in Sack und Asche getan und Meine Auferstehung nicht mit Zweifeln, sondern mit Freuden und als Zeichen der Vergebung aller Sünden betrachtet. So ist aber in der Zeit des Absterbens des Leibes nichts so Außergewöhnliches geschehen, daß es gerade auf Meinen Tod zwingend Bezug hätte haben müssen« (Gr XI, S. 205–206).

»Es wird nun berichtet, es sei eine Finsternis eingetreten, als Mein Leib am Kreuze hing. Ja, eine große *innere* Finsternis trat ein über Jerusalem, aber keine äußere. Eine innere, die jeder fühlte, als sei ihm etwas verlorengegangen, ohne daß er wußte, was es sei, und selbst die Hohenpriester, Schriftgelehrten, Pharisäer und Tempeljuden, die doch sehr nach Meinem Tode verlangt hatten, fanden keine Befriedigung und keine Freude an ihrer Tat.

Daher kam es auch, daß der Tempel keinerlei Schritte gegen Meine Jünger und nächsten Anverwandten tat, auch nicht gegen Nikodemus, Joseph von Arimathia und Lazarus, die alle zu Meinem Kreuze wallfahrteten und in der letzten Lebensstunde zugegen waren. Vornehmlich der Würde des Nikodemus als

Mitglied des Hohen Rates verdankten es die Meinen, daß sie in nächster Nähe zu bleiben die Erlaubnis erhielten, während sonst der Platz von Soldaten abgesperrt und niemand hinzugelassen wurde. Dieser Fürsprache zufolge wurde eine Ausnahme gemacht. Meine allernächsten Jünger jedoch, außer Johannes, waren nicht zugegen, wie Ich es früher oftmals vorhergesagt hatte. Der Hirte war geschlagen, und so zerstreuten sich die Schafe. Nach Meiner Gefangennahme hatten sie sich teilweise zu Lazarus geflüchtet, teils waren sie bei Freunden versteckt, die sie verborgen hielten. Nur Johannes allein wagte es, sich überall offen zu zeigen und Meiner Leibesmutter Maria eine Stütze und ein Trost zu sein.

Petrus, der nach seinem Fall von tiefster Reue erfaßt worden war, folgte heimlich dem Zug, der Mich durch die Straßen von Jerusalem von einem Oberhaupte zum andern führte, hielt sich jedoch von allen Brüdern fern, da er in seiner Seele das Bedürfnis des Alleinseins fühlte und nun erst zur völligen Klarheit hinsichtlich Meines Wirkens gelangte, wozu die Übungen in Ephrem ihm ganz besonders dienlich waren. Er erkannte das Wesen und den Zweck Meines irdischen Heimganges und war auch fest durchdrungen von dessen Notwendigkeit und von Meiner vorhergesagten Auferstehung, auf die er, ohne ein Wort darüber zu äußern, fest vertraute.«

»Als Meine Seele sich nun vom Körper trennte, entstand allerdings ein Erdbeben; aber das war wiederum eine Erscheinung, die nicht sehr auffiel, da in jener Gegend zu Meiner Zeit die unterirdischen Gewalten des Jordantales noch weit häufiger sich bemerkbar machten als jetzt, daher Erdstöße nicht gerade selten waren. Daß allerdings diese Erscheinung wirklich mit Meinem Tode zusammenhing, kam den verstockten Juden nicht in den Sinn.

Auch ist es richtig, daß der Vorhang im Tempel zerriß als ein äußeres Zeichen, daß es nun keine Schranke mehr gebe, um zum allerheiligsten Herzensraume des Vaters zu gelangen, ja, daß ein jeder dahin gelangen könne, um das ewige Leben daselbst zu empfangen, aber auch diese Erscheinung, wenn auch verwunderlich, machte weiter kein Aufsehen. Die diensttuenden Priester hingen den Vorhang wieder auf, und damit war die Sache abgetan.

Weiter wird berichtet, daß die Sonne ihren Schein verlor. Es ist schon gesagt, daß eine Finsternis nicht eintrat. Wohl aber ist es jedem bekannt, daß sich Erdbeben in heißeren Ländern durch eine starke Trübung der Atmosphäre ankündigen, wodurch die Sonne an Glanz verliert. So ähnlich geschah es auch hier. Allerdings hatte aber diese Glanzlosigkeit der Sonne einen anderen Grund als den gewöhnlichen – wenn auch die Erscheinung die nämliche war.

Als nun der Körper gestorben war und die Zahl der Feinde ihre Rache völlig gekühlt hatte, verlief sich das Volk auch bald, weil ein inneres Grauen – eben die innere, schon berichtete Finsternis – jeden veranlaßte, einen Schutz in seinem Hause zu suchen, wo sich die Juden nach ihren Satzungen nun zum Sabbat vorzubereiten hatten, der mit Sonnenuntergang herannahte.

Meine Anhänger näherten sich nun immer mehr der Richtstätte, so daß der Kreis der Mir Nahestehenden sich ziemlich vergrößerte. Joseph von Arimathia war schon vorher zu Pilatus gegangen und hatte um Meinen Leib gebeten, eine Vergünstigung, die nicht immer gegeben wurde. Pilatus jedoch gab sie ihm gerne, da er dadurch sowie auch durch die in drei Sprachen ausgeführte Schrift an der Spitze des Kreuzes, welches besagte, Ich sei der Juden König, den Juden einen Ärger bereiten wollte.

Meine Freunde nahmen den Körper herab, reinigten und salbten ihn und trugen ihn sorgsam zu einem Felsengrab, das dem Joseph von Arimathia gehörte, auf einem Grundstück, welches dieser dem Nikodemus abgekauft hatte, um daselbst seine eigene letzte Ruhestätte zu finden. Golgatha war zwar ein Felsenhügel, jedoch war die Stätte in nächster Nähe eines vielbewohnten Villenviertels, wo sich viele reiche Römer und Juden angekauft hatten und herrliche Landhäuser erbauten; daher ist die Nähe des Gartens erklärlich« (Gr XI, S. 207–209).

»Es wurden Wächter bestellt, römische Soldaten, welche fünf Tage lang an dem Grab Wache stehen sollten« (Gr XI, S. 209).

Die Auferstehung Jesu

»Am dritten Ostertage kehrte die Gottheit zurück und rief den Körper des Menschensohnes an, der sich sofort gänzlich auflöste und nun als Gewand der Seele noch hinzugefügt wurde. Diesen Vorgang sahen die römischen Wächter als glänzendes Licht, das die Grabeshöhle erfüllte und das sie so erschreckte, daß sie eilends davonliefen, um Kunde zu geben, Ich sei auferstanden.«

»… die Priester gaben den Soldaten viel Geld, damit sie in ferne Gegenden flüchten sollten, was diese auch taten, wonach dann die Rede vom Diebstahl des Leichnams ins Werk gesetzt wurde, welcher Glaube sich auch erhalten hat bis auf diesen Tag« (Gr XI, S. 216).

Die Himmelfahrt Jesu

»Die Jünger gingen alsbald wieder ihrer Beschäftigung nach, um ihr Haus zu bestellen. Ich hatte ihnen geboten, sich an einem bestimmten Tage wiederum bei dem Wirt (der Herberge auf dem Ölberg) zu versammeln, wie es auch geschah. Dieser Tag war der vierzigste nach dem Osterfest.

Es kamen auch alle, die Mir nahestanden, zusammen, und Ich trat wiederum mitten unter sie und führte sie auf die Spitze des Ölberges, von wo man eine weite Umschau hatte. Dort versammelte Ich die Apostel um Mich. Die übrigen Jünger umstanden uns in weitem Kreise. Ich ermahnte sie nochmals alle, fest zu Mir und Meiner Lehre zu halten. Auch gab Ich Meinen Jüngern den Auftrag, in alle Welt zu gehen und das Evangelium zu predigen in Meinem Namen. Alsdann verabschiedete Ich Mich von ihnen und erklärte ihnen, daß sie Mich nun leiblich nicht mehr sehen würden, jederzeit jedoch geistig mit Mir verbunden bleiben würden. Dann segnete Ich sie, und alsbald war Ich aus ihrer Mitte verschwunden« (Gr XI, S. 219).

Pfingsten

Es ist bereits an anderer Stelle der Hinweis der NO zitiert worden, daß die im Evangelium erwähnten Begleiterscheinungen bei der Ausgießung des Heiligen Geistes »zum allergrößten Teil ein Werk der damaligen Phantasie Meiner verschiedenartigen Anhörer und Verehrer sind«. Es wird hinzugefügt, daß der Augenzeuge Johannes davon nichts weiß und deshalb auch darüber nichts berichten kann (Gr XI, S. 273).

Die Tätigkeit der Jünger

Nach dem Pfingstfest blieben die Jünger zwölf Jahre lang im Judenlande und gründeten Gemeinden. Sie gingen dann in die damals bekannten Reiche der Erde, »sie leisteten aber wenig« (Gr XI, S. 261). Ihre Gemeinden »entfernten sich in kurzer Zeit (!) so weit von den Grundprinzipien Meiner Lehre, daß Ich dann notwendigerweise durch Johannes (Evangelist) in seiner Offenbarung die meisten als verwerflich darstellen mußte« (Gr XI, S. 261).

Bemerkenswert ist die Mitteilung des Herrn, daß der Apostel Paulus »mehr bewirkte als alle andern zwölf Apostel und deren viele Jünger« (Gr XI, S. 261).

Die bibelkritischen Forschungsergebnisse im Lichte der Neuoffenbarung

1. Der Einfluß des Säkularismus und des Materialismus auf die wissenschaftliche Forschung

Die heutige Christenheit ist weithin nur noch dem Namen nach christlich. Die Glaubenslosigkeit und das Desinteresse an religiösen Fragen ist weit verbreitet. Diese Entwicklung hat mehrfache Ursachen. Es erscheint uns eine Aufgabe von Belang zu sein, die Ursachen der Glaubenslosigkeit und der Gleichgültigkeit gegenüber den Grundfragen des Lebens einer Analyse zu unterziehen.

Als eine dieser Ursachen sind der *Rationalismus*[*] und der *Intellektualismus,*[**] die in der bibelkritischen Forschung ihren Niederschlag gefunden haben, anzusehen. Die vielen Schriften der liberalen Theologen über Jesus und über den Ursprung des Christentums haben in früherer Zeit zunächst in Kreisen der Gebildeten zu einer zunehmenden Glaubenslosigkeit geführt. Im Laufe der Zeit sind die destruktiven Theorien durch die Massenmedien auch in die übrigen Schichten des Volkes eingedrungen. Insbesondere bei der jungen Generation wurden Zweifel gesät oder es wurde die Vorstellung, das Christentum sei lediglich ein Mythos, mehr und mehr gefestigt.

Wer sich die Frage stellt: Wie konnte die christliche Denkweise und Haltung in unserer Zeit in einem so rasanten Tempo zerbre-

---

[*] In der Theologie versteht man unter *Rationalismus,* namentlich seit der Aufklärung, die Kritik an der überlieferten Glaubenslehre vom Standpunkt der Vernunft. Descartes verstand darunter, daß es lediglich eine aus der Vernunft zu schöpfende Erkenntnis gibt.

[**] *Intellektualismus* = philosophische Ansicht, daß nur dem Verstand die Erkenntnis des Wahren zuzuschreiben sei. Der Verstand wird unter Vernachlässigung des Irrationalen und der Intuition einseitig betont.

chen?, kann die Antwort nicht finden, wenn er nicht weiß, daß in längeren Zeiträumen eine geistesgeschichtliche Entwicklung stattgefunden hat, die, von wenigen beobachtet, die Aufnahmefähigkeit für das derzeitige Denken der Menschen vorbereitet hat. Die Veränderung der geistigen Grundhaltung hat Wurzeln, die tiefer in die europäische Geistesgeschichte hinunterreichen.

Der Vorgang erstreckt sich über dreihundert Jahre. Zum Verständnis der Entwicklung der geistigen Strömungen, die abseits vom Kirchenvolk vor sich gingen, muß die Sonde etwas tiefer angelegt werden. Auch der Leser, der mit Erörterungen, wie sie nun folgen, bisher noch nicht konfrontiert worden ist, möge die geringe Mühe nicht scheuen, den nachstehenden Ausführungen, die nur einen kurzen, skizzenhaften Abriß der fast unübersehbar gewordenen Materie darstellen, zu folgen. Insbesondere wenden wir uns aber an die durch die fragliche Literatur verunsicherten und die Wahrheit suchenden Menschen, um ihnen durch Vorlage von Fakten einen Denkanstoß zu geben.

In der Zeit der *Säkularisation* (oder Säkularisierung) wurde die Losschälung des Menschen von allen religiösen, übernatürlichen Bindungen und von aller metaphysischen und göttlichen Bezogenheit angestrebt und eingeleitet. Ausgangspunkt war nicht, wie vielfach angenommen wird, die Naturwissenschaft, sondern die *Philosophie.*

Der Philosoph *Descartes* (gest. 1650), der in völliger Einsamkeit lebte, hat die Grundlage für die Entstehung des *Rationalismus* vollzogen. Die erkenntnistheoretischen Fragen traten nun beherrschend in die Mitte des Philosphierens. Der Rationalismus nahm alles unter die Lupe der Vernunft. Bedeutsamen Einfluß auf die Entwicklung nahm dann *Auguste Comte* (gest. 1857); er war der Begründer des *Positivismus.** Hierbei haben wir es mit

---

* *Positivismus* = eine der Metaphysik entgegengesetzte philosophische Richtung des Empirismus. Sinnvoll sind danach nur auf Erfahrung beruhende Aussagen, sinnlos alle metaphysischen Sätze. Der Positivismus ist Grundlage der materialistischen Weltanschauung.

einer der Metaphysik* entgegengesetzten philosophischen Richtung (Empirismus**) zu tun, die nur gelten läßt, was durch die Erfahrung gesichert ist. Damit war die Grundlage für die materialistische Weltanschauung geschaffen, die sich über die ganze Erde ausgebreitet hat.

Der *Materialismus**** läßt in seiner Lehre für Gott keinen Raum. Das wurde bereits im Anfang des 19. Jahrhunderts deutlich, als der Astronom und Mathematiker *Laplace* (gest. 1827) auf die Frage Napoleons, wo Gott in seiner Theorie bleibe, antwortete: »Sire, diese Hypothese benötige ich nicht. Die Natur ist mit sich allein.«[31]

Durch die Atomphysik ist zwar inzwischen nachgewiesen worden, daß der sogenannte Determinismus,**** der das Fundament der materialistischen Weltanschauung bildet, gar nicht allgemein zutrifft.

Bis neue geistige Ideen in die Masse des Volkes eindringen, braucht es lange Zeit. Als Descartes, Comte, Hegel und Feuerbach ihre Gedanken niederschrieben, ahnte die Umwelt noch lange Zeit danach nicht, welche Brisanz in diesen Ideen lag und daß sie die Welt – nicht zum Guten – verändern würden.

Ideen springen über wie Funken und entzünden oft an anderem Ort ein geistiges Feuer. Der Philosoph *Ludwig Feuerbach* fand wenig Resonanz und geriet bald in Vergessenheit, aber Marx und Engels griffen seine Gedanken auf, und so hat Feuerbach letzten Endes doch die »entscheidende säkularisierende Wende

---

* Die *Metaphysik* ist die Wissenschaft vom Gesamtwirklichen, d. h. auch von dem, was jenseits des Physischen, d. h. des Erfahrbaren, liegt, z. B. Gott, der alles Erfahrbare übersteigt.

** *Empirismus* ist die Lehre, die allein die Erfahrung als Erkenntnisquelle gelten läßt.

*** *Materialismus* ist die Weltanschauung, die in der Materie (Stoff) den Grund und die Substanz aller Wirklichkeit sieht; die seelische und geistige Wirklichkeit als Funktion der stofflichen. Der *praktische* Materialismus ist die Lebensweise, die Macht, Besitz und Genuß geistigen Werten vorzieht.

**** *Determinismus* ist die philosophische Lehre, die eine durchgängige Bestimmtheit alles Geschehens in der Welt (mit Einschluß des menschlichen Willens) nach dem Prinzip von Ursache und Wirkung annimmt.

vollzogen«[32]. Auch des Philosophen *G. W. F. Hegel* Gedanken wurden von Karl Marx verwertet, allerdings bog er sie in seinem Sinne um und füllte sie mit anderen Inhalten an.

Die weitere Entwicklung führte dazu, daß dem dialektischen Materialismus die Parteilichkeit der Wissenschaft als Sondergut zu eigen geworden ist. Im Westen hat die Wissenschaftsgläubigkeit auf andere Weise weithin zur Anerkennung des Materialismus als Weltanschauung geführt.

In den angeführten philosophischen Ideen lag eine ungeahnte Sprengkraft. Die Schübe, mit denen die Glaubenslosigkeit bei den Intellektuellen und schließlich auch bei weiteren Volkskreisen zunahm, lassen sich historisch verfolgen. Wenn heute die Menschen vor den immer stärker in Erscheinung tretenden chaotischen Kräften Furcht empfinden, so ahnen nur wenige, daß das geistige Fundament dieser Verhältnisse in der Säkularisation der früheren Jahrhunderte liegt.

Nachdem in diesen Lehren Gott keine Existenzberechtigung mehr hat und es ein Leben der Seele nach dem Tode nicht geben soll, blieb letzten Endes nur – wie dies der Philosoph *Martin Heidegger* darstellt – Nihilismus als Sinn des Lebens übrig, nämlich heroische Verzweiflung. Da die Welt immer mehr aus den Fugen gerät und das Gerede vom Humanismus im Hinblick auf die zunehmend brutale Gewalt in jeder Form sich nicht als tragfähige Grundlage erweist, macht sich allerorten die Daseinsangst mehr und mehr breit. Es läßt den Menschen erschaudern, in die Abgründe des Nichts schauen zu müssen.

Der Mensch hat die Freiheit, Gott anzuerkennen oder ihn zu leugnen und sich an seine Stelle zu setzen. Und letzteres hat er im Laufe der Menschheitsgeschichte immer wieder versucht. Wo die Antriebskräfte des Atheismus* zu suchen sind, ist nicht schwer zu ergründen. Es ist der uralte luziferische Haß und Trieb

---

* *Atheismus* = Leugnung einer göttlichen Weltordnung oder überhaupt des Daseins Gottes, Atheist = Gottleugner.

des Geschöpfes, sich an die Stelle des Schöpfers zu setzen. Man braucht nur bei Karl Marx nachzulesen, um zu erkennen, worauf sich Marxismus und Materialismus gründen. Marx schreibt: »Die Philosophie verheimlicht es nicht. Das Bekenntnis des Prometheus, ›Ich habe, in einem Wort, Haß genug für alle Götter‹, ist ihr eigenes Bekenntnis, ihr eigener Spruch gegen alle himmlischen und irdischen Götter, die das menschliche Selbstbewußtsein, nicht die oberste Gottheit anerkennen.«[33](!)

2. Die Aufklärung, ihre Ursachen und ihre Folgen

Parallel zu den philosophischen Ideen lief die sogenannte Aufklärung*. Trotz des lautstarken Kampfes gegen die Kirche waren ihre Erfolge nicht so nachhaltig wie diejenigen der Philosophen, die in der einsamen Studierstube, unbemerkt von der Außenwelt, ihre Gedanken niederschrieben. Die Aufklärung war eine Reaktion auf die unmenschlichen Zustände, die die katholische Kirche durch die Inquisition, die Folter, die Hexenverbrennungen, die Leibeigenschaft (die Sklavinnen der Klöster nannte man sinnigerweise »Gotteshausweiber«), die Knebelung der Wissenschaften und andererseits die Veräußerlichung des Kultus, die geduldete Mirakelsucht und dgl., über die Menschen der Alten und der Neuen Welt gebracht hatte. Im Bereich der katholischen Kirche war der Betrieb unvoreingenommener experimenteller Wissenschaft ganz unmöglich gemacht. Der erste Versuch durch den Gelehrten Roger Bacon (gest. 1294) scheiterte sofort. Bacon wurde deswegen jahrelang in grausamer Kerkerhaft gehalten. Galilei wurde, sobald er seine Theorie von der Umdrehung der Erde um die Sonne veröffentlicht hatte, zu lebenslänglichem

---

* Die *Aufklärung* ist in der Philosophie eine europäische Geistesbewegung, die die Unmündigkeit durch Bedienung des Verstandes zu überwinden gedenkt. Die Aufklärung fordert die individuelle Freiheit des Menschen als Maßstab für das Leben und die Wissenschaft, sie richtet sich in erster Linie gegen die kirchliche Bevormundung.

Gefängnis verurteilt. Die Inquisition nannte ihn in ihrem Urteil vom 22. Juni 1633 einen »Verbrecher«. Bis weit ins 19. Jahrhundert hinein sträubte sich die Hierarchie gegen jeden Fortschritt. Gegen den Bau von Eisenbahnen, Hängebrücken, gegen Straßenbeleuchtung (Köln), das Anbringen von Blitzableitern (Mannheim) usw. wurde Widerstand geleistet. Ja, selbst wissenschaftliche Kongresse wurden unter Papst Gregor XVI. (gest. 1846) »als gleichbedeutend mit Aufruhr angesehen«[34]. Der Katalog der unsinnigen Proteste bzw. der über die Staatsmacht veranlaßten Verbote – bis zur Untersagung des angeblich unsittlichen Walzertanzes – ist lang. Der Walzertanz wurde auf Veranlassung von Papst Leo XII. im Jahr 1883 verboten.

Der kirchliche Fanatismus, insbesondere in Spanien, war so penetrant, daß Gegenkräfte auf den Plan treten mußten. Der Geist der Abwehr verstärkte sich immer mehr, und die Aufklärung, die in den einzelnen Ländern unterschiedlichen Charakter hatte, fand große Anerkennung. Die Inquisition in der bisherigen Form, die Folter und die Leibeigenschaft wurden beseitigt. Der Begriff der Menschenrechte wurde geschaffen, und die Wissenschaft wurde frei. Jedoch fiel die Bewegung alsbald ins Extrem.

Die Aufklärung war zunächst antikirchlich, dann antichristlich und schließlich antireligiös. Die Kritiker des 18. und zum Teil des 19. Jahrhunderts waren polemisch und haßerfüllt. Voltaire übernahm in seine Schriften sogar die Fabel einer alten jüdischen Schmähschrift auf Jesus, die aus dem 7. oder 9. Jahrhundert stammte. Danach sollte Jesus der Sohn eines römischen Soldaten sein, der aus Germanien stammte. Renan bezeichnete bereits 1863 diese Verirrung Voltaires öffentlich als einen »dummen Streich«[35]. Im Stil Voltaires »écrasez l'infâme« (»Vernichtet sie, die Verruchte« [die Kirche, d. Vf.]) erschienen später keine Schriften mehr. Aber auch die Schriften des Reimarus (1694–1768) haben teilweise ebenfalls polemischen Charakter und vermögen einer kritischen Prüfung nicht standzuhalten. Die in unserem Jahrhundert von verschiedenen Autoren aufgestellte

Behauptung, Jesus sei ein politischer Revolutionär gewesen, ist nicht neu, denn schon Reimanus hatte im 18. Jahrhundert die Tempelreinigung durch Jesus zu einem Aufstand hochgespielt.[36]

3. Die Forschungen im 19. Jahrhundert

Die folgende Periode der bibelkritischen Forschung war wenig fruchtbar; sie befaßte sich vorwiegend mit den Wundern, die Jesus vollbrachte. Diese Frage wurde ganz nach rationalistischen Gesichtspunkten bearbeitet, wobei der Heidelberger Geheime Kirchenrat Prof. Paulus für jedes Wunder ohne Ausnahme eine natürliche Erklärung vorbrachte. Seine Arbeit wurde später selbst von D. Fr. Strauß als Fehlleistung gekennzeichnet.

Einen enormen Erfolg hatte *Ernst Renan* (1823–1892) mit seiner Schrift *Das Leben Jesu* (1863). Sie wurde in 15 Sprachen übersetzt und erlebte 70 Auflagen. Es ist aus der heutigen Sicht schwer zu verstehen, daß dieses Buch, das so viel Ungereimtes enthält, solchen Anklang finden konnte. In romanhaftem Stil ließ Renan seiner Phantasie freien Lauf, aber offenbar glaubte man ihm mehr als dem Evangelium. Unter anderem schreibt er:

»Jesus floh nicht die Freude, sondern besuchte gern Hochzeitsvergnügen.« »So durchwanderte er Galiläa unter steten Festlichkeiten.«[37](!)

»Das schöne Klima Galiläas machte die Existenz dieser redlichen Fischersleute zu einem beständigen Zauberleben.«[38]

Man glaubt, einen Aufsatz des kleinen Moritz zu lesen, aber nicht ein Werk, das 70 Auflagen erlebte. In nicht zu überbietender Anmaßung glaubte Renan, daß das Problem der historisch-kritischen Untersuchung des Evangeliums durch ihn in einer Weise gelöst worden sei, »die den Bedürfnissen der Geschichte völlig zu genügen vermag«.[39]

Renan sah in Jesus einen Lehrer, der ein irdisches Reich errichten wollte.[40]

F. Ch. Baur (1792–1860) sieht in den synoptischen Evangelien nur einen zwischen den Evangelisten tobenden Kampf. Matthäus und Markus verteidigen nach seiner Ansicht die jüdische Richtung (Judaismus), während die paulinische Richtung des Lukas das Judentum ausschalten will (Paulinismus). Diese Hypothese des Gegensatzes, der in dieser scharfen Form überhaupt nicht existiert, wird heute von der Forschung einhellig abgelehnt. Das Johannes-Evangelium sieht Baur als wertlos an (!), weil es nach seinen Vorstellungen zwischen beiden Richtungen zu vermitteln suche. Während einige Forscher die Entstehung des Christentums aus dem Spätjudentum erklären wollten, sahen andere – die Vertreter der religionsgeschichtlichen Schule – die Entstehung aus Elementen der Welt des Hellenismus an, wieder andere behaupteten, das Christentum sei nur eine »synkretistische Religion«, d. h., es seien Elemente aus den verschiedensten damaligen Religionen, insbesondere aus den Mysterienkulten, übernommen worden. Es kann hier auf die Einzelheiten der verschiedenen Theorien, die heute ohnehin allgemein nicht mehr akzeptiert werden, nicht eingegangen werden.

In der neuesten Literatur wird der Irrweg der damaligen Forscher wie folgt kommentiert: »Die ausgebreiteten religionsgeschichtlichen Forschungen haben trotz mancher unkritischen Spekulation nicht dazu geführt, ›Jesus‹ und das Christentum nur als Ausdrucksformen jüdischer und hellenistischer Religiosität neben anderen zu begreifen. Sie haben ihre unverwechselbare Eigenart … aufgewiesen.«[41]

Wer die Frage der Durchsetzung der Lehre Jesu in einer feindlichen Umwelt mit dem Intellekt bewältigen will, muß scheitern, denn das Christentum hat Wurzeln in einer Dimension, die der erfahrbaren Erkenntnis nicht zugängig ist. Das Wirken dieser Kraft ist historisch nicht zu erklären.

Der evangelische Theologe *David Friedrich Strauß* (1808–1874), ein Schüler von Ferd. Christian Baur, glaubt zwar im Gegensatz zu andern damaligen Forschern an die Existenz des

Jesus von Nazareth, wertet aber die Evangelien als Mythos – als erfundene Geschichten – ab.[42] Er versteigt sich in seiner rationalistischen Betrachtungsweise zu dem Satz, er sehe Jesus »ganz nahe dem Irrsinn«.[*] H. Daniel-Rops bemerkt hierzu treffend, daß der Narr niemals Erfolg habe, und hier überwiege das Lächerliche noch das Verletzende.[43]

Auch Strauß hatte einen ungeheuren literarischen Erfolg. Es ist eigenartig, daß Schriften, die heute von der Wissenschaft als eine Fehlinterpretation angesehen werden, damals auf das Publikum einen so großen Einfluß nehmen konnten. Die enge und starre Haltung der Kirchen in der Frage der Verbalinspiration hatte offensichtlich in Kreisen der Gebildeten die Glaubhaftigkeit der Kirchen bereits stark erschüttert.

Während mehrere Autoren in unserem Jahrhundert in Jesus einen politischen Umstürzler und Aufstandsführer sehen, vertritt *Friedrich Nietzsche* (1844–1900) genau den gegenteiligen Standpunkt. Jesus sei »decadent« gewesen, behauptet er, »ein übersenibler Mensch«, der mit der rauhen Wirklichkeit nicht fertig geworden sei. Er sei vielmehr ein »Idiot« im Dostojewskischen Sinne.[44] Nietzsche heißt Jesus einen »heiligen Anarchisten« oder »politischen Verbrecher«, in seinen Augen ist er ein »Verführer« oder wie »Franz von Assisi, ein Epileptiker, Visionär, Neurotiker«.[45]

Ärgerlich gibt Nietzsche seinem Haß Ausdruck, indem er schreibt, die Wurzel alles Üblen sei, daß »die sklavische Moral«, die Demut, die Keuschheit und die Selbstlosigkeit gesiegt habe. Prometheus, der keinen Gott über sich ertragen konnte, ist denn auch Nietzsches Symbol.[45]

»Es gibt keine radikalere Kritik an Jesus«, sagt mit Recht Werner Post, »als die von Nietzsche.«[46]

---

[*] Strauß wurde von der ev. Kirche seines Amtes enthoben.

4. Die historisch-kritische Methode der Bibelwissenschaft

Begründer der historisch-kritischen Bibelwissenschaft war *Johann Jakob Semler* (1725–1791). Er war bereits zur damaligen Zeit auf Grund seiner Studien zu der Auffassung gelangt, daß die Evangelien nicht durch Verbalinspiration zustande gekommen sein konnten.

Man unterscheidet bei dieser Methode, die erst später vervollkommnet wurde, die niedere Textkritik und die höhere historisch-literarische Kritik.

Der *niederen Textkritik* obliegt die Aufgabe, den ursprünglichen Wortlaut der Heiligen Schrift festzustellen, da diese durch in früher Zeit erfolgte Textänderungen, Zusätze usw. nicht mit den Originalen übereinstimmt.

Die *historisch-literarische* Kritik hat u. a. die Aufgabe, die Entstehungszeit und die Autorschaft der Evangelien zu ermitteln sowie die von den Autoren benützten Quellen festzustellen.

Exegeten, Historiker und Kritiker haben bis zum Ersten Weltkrieg mit Fleiß, Geduld und Geistesschärfe an allen Universitäten diesseits und jenseits des Ozeans eine umfassende Arbeit geleistet. Rückblickend stellt sich aber die Frage: Ist es der mühsamen Tätigkeit der historisch-kritischen Forschung gelungen, Klarheit in die Materie zu bringen, oder hat sich die Wissenschaft in Abwege verloren? Die Antwort auf diese entscheidende Frage geben die in diesem Kapitel vorgelegten Fakten.

Im Anfang gingen zahlreiche Forscher an ihre Aufgabe heran, indem sie die Prämisse aufstellten, daß Jesus gar nicht existiert habe. Von anderen – insbesondere von *Ritschl* – wurde zudem ein wahrer Kreuzzug gegen jede Metaphysik gestartet.[47] In derselben Richtung lagen die Thesen *Harnacks*, dessen Bücher in Kreisen der Gebildeten weiteste Verbreitung fanden. Bei Harnack ist von der eigentlichen Substanz des Christentums, wie die Gottheit Jesu, Erlösung usw., nichts mehr zu finden. Er deutete das Wort von Lk 17,21 »Das Reich Gottes ist mitten unter euch« völlig um, und das Christentum war bei ihm nur noch bloße Innerlichkeit.

Die Arbeiten der verschiedenen Forscher brachten keine Klarheit in die Materie, sondern sie dienten mehr der Verunsicherung oder der Zerstörung des Glaubensgutes.

Heute besteht die herrschende Meinung, daß durch die historisch-kritische Methode nicht die erwarteten objektiven Erkenntnisse gewonnen werden konnten und daß das Ergebnis negativ ist. Das bestätigen Urteile der evangelischen und katholischen Forscher aus jüngerer Zeit wie folgt:

Albert Schweitzer: »Das historische Fundament des Christentums, wie es die rationalistische, die liberale und die moderne Theologie aufgeführt haben, existiert nicht mehr.«[48]

Friedrich Heiler: »Es kann kein Zweifel bestehen, daß viele neutestamentliche Tatsachen von dieser extremen Kritik entstellt werden.«[49]

W. Trilling: »Die eingangs erwähnte fundamentale Problematik ›Jesus und das Neue Testament‹ wurde damals empfunden, wenn auch – wie wir heute klarer sehen – in einem zu engen geistesgeschichtlichen Horizont verhandelt.«[50]

H. Daniel-Rops: »Diese Methode ist tendenziös, denn unter dem Vorwand, die Dokumente einzig im Licht der vernunftmäßigen Logik zu analysieren, schematisiert und eliminiert sie die Wirklichkeiten mit Zufälligkeiten des Lebens.«[51]

Heinz Zahrnt: »Das ganze liberale Jesusbild ist in sich zusammengebrochen.«[52] »... es zerbröckelte den Untergrund ..., es löste sich alles in Geschichte auf.«[53]

Zahrnt stellt weiter fest, daß »die heimliche Selbsttäuschung der liberalen Theologie aufgedeckt und die historische Unhaltbarkeit ihres historischen Jesus nachgewiesen«[54] worden sei.

E. C. Hoskyns: »Gerade wenn der Historiker seine Aufgabe dem Neuen Testament gegenüber ganz ernst nimmt, muß er feststellen, daß das Neue Testament von seinem Leser etwas verlangt, was er als Historiker gerade nicht geben kann, nämlich ein Urteil, das jedem die wichtigste Entscheidung bedeutet, die überhaupt möglich ist.«[55]

Der bekannte evangelische Theologe *Karl Barth* gesteht: »Wenn ich wählen müßte zwischen der historisch-kritischen Methode der Bibelforschung und der alten Inspirationsmethode, ich würde entschlossen zu der letzteren greifen: Sie hat das größere, tiefere, wichtigere Recht. Ich bin froh, nicht wählen zu müssen.«[56] Barth spricht schlicht von den »unverständigen Historikern« (Br 106).

Die historisch-kritische Methode war ein Kind der Aufklärung, und die Auswirkung der Philosophie des 18. und 19. Jahrhunderts schlug sich nieder in der Ablehnung des Denkens in metaphysischen Kategorien. Die Wissenschaft schlug einen Irrweg ein; das minderte aber den ungeheuren Publikationserfolg in keiner Weise. Die Wissenschaftsgläubigkeit war unangefochten. Zunächst wurden von dieser Literatur die Intellektuellen erfaßt, aber in den Jahrzehnten bis zum Ersten Weltkrieg wurden diese religiösen Vorstellungen durch eine politische Partei auch in weite Kreise der Arbeiterschaft getragen. Die destruktiven, von der heutigen Forschung als irrige Spekulationen erkannten Forschungsergebnisse wurden damals weithin als eine Offenbarung angesehen. Das Zerstörungswerk des christlichen Glaubens hatte mit dem Historismus begonnen, und es sollte seine Fortsetzung finden bis in unsere Zeit.

5. Die formgeschichtliche Methode der bibelwissenschaftlichen Forschung

In der Zeit nach dem Ersten Weltkrieg hatte man die Grenzen der historisch-kritischen Methode erkannt. Man setzte die Forschungen zwar fort, jedoch wurde das Schwergewicht jetzt nicht mehr auf die Findung des Originaltextes gelegt, sondern es wurde nach dem Sinn des Textes gesucht. Die Botschaft Jesu sollte interpretiert werden. Es wurde zwischen Form und Gehalt der Evangelientexte unterschieden, so daß als Folge die redaktionsgeschichtliche Betrachtungsweise vordergründige Bedeutung erhielt. Dabei faßte man die Tatsache ins Auge, daß manches, was im Evangelium steht, nicht von Jesus gesprochen wurde, sondern – wie es die Neuoffenbarung bestätigt – später von den Gemeindeleitern verändert oder eingeschoben wurde. Das Bestreben war, die Lehre Jesu rein zu erhalten bzw. von Interpolationen und Verfälschungen zu reinigen. An der Existenz von Jesu zweifelten die Forscher nun nicht mehr. Man bezeichnet diese Methode der kritischen Forschung als die *formgeschichtliche Methode.* Sie ist vor allem mit den Theologen *Rudolf Bultmann, Ludwig Schmidt* sowie mit dem evangelischen Bischof *Dibelius* verbunden.

Bei der Durchführung der Arbeiten stellten sich die Wissenschaftler die Frage, welche Gründe für Manipulationen an der Botschaft Jesu für die christlichen Gemeinden bzw. deren Bischöfe ursächlich gewesen sein konnten. Dieses Problem umriß man mit dem Begriff »Der Sitz im Leben«; dieser Begriff zieht sich durch die formgeschichtlich-kritische Literatur wie ein roter Faden. »Der Sitz im Leben« hat aber den Charakter eines Schlagwortes angenommen, denn er mußte von vornherein als eine ganz unsichere Grundlage für eine einigermaßen gesicherte Erkenntnis angesehen werden. Das war den Wissenschaftlern ohne Zweifel auch klar. Zahrnt bemerkt zu diesem Problem treffend folgendes: »Die Quellenfrage bereitet in unserem Fall die größten (!) methodischen Schwierigkeiten. Denn wir besitzen *keinerlei** formale Kriterien, um mit Sicherheit zu entscheiden, was aus dem nachösterlichen Glauben der Gemeinde stammt und was auf Jesus selbst zurückgeht. Nur radikale Kritik führt hier zum Ziel.«[57]
Der letzte Satz muß Verwunderung erregen. Er stellt einen

---

* von mir hervorgehoben.

Wegweiser zu einem Irrweg dar. Die englischen Theologen waren in Ansehung der völlig unsicheren Situation zurückhaltender; sie zogen keine Konsequenzen aus den Ergebnissen dieser vagen Methode. Es genügte ihnen nicht, daß die »Stoffe in Gruppen geordnet und nach ihren Gattungsmerkmalen beschrieben« wurden. Im Hinblick auf den klaren Sachverhalt und die großen Risiken, wie sie Zahrnt unumwunden zugibt, ist es erstaunlich, daß vereinzelt Theologen die Behauptung wagen, die Methode ermögliche, eine »genauere, höchstmögliche Sicherheit (!) von echten Jesusworten und Fakten zu erreichen«.[58]

Ein Vergleich mit den Kundgaben der NO beweist, wie falsch die extremen Ergebnisse dieser Methode sind.

6. Formgeschichte – Kerygma – Entmythologisierung

Das Bemühen, die Texte des Evangeliums in das Denken unserer Zeit zu übersetzen, nennt die Wissenschaft *Hermeneutik*. Der markanteste Vertreter der hermeneutischen Arbeiten ist der evangelische Theologe *Rudolf Bultmann*. Sein Name und seine Thesen sind durch die Massenmedien auch einer breiteren Öffentlichkeit bekanntgeworden. Die Arbeiten setzten bereits nach dem Ersten Weltkrieg ein und wurden nach dem Zweiten Weltkrieg fortgesetzt und damit zunehmend bekannter.

Um dem heutigen Menschen die damalige Darstellungsweise, wie sie uns in den Evangelien entgegentritt, verständlich zu machen, bedient sich Bultmann einer Brücke, die er das »Kerygma« nennt. Kerygma heißt wörtlich »Verkündigung«. Bultmann glaubt, dem modernen Menschen die Botschaft Jesu nahebringen zu können, indem er vorgibt, der Inhalt des Evangeliums sei zum großen Teil Mythos, also keine geschichtliche Wirklichkeit, sondern »Gemeindebildung«, d. h. von der Gemeinde erfundene Geschichte. Deshalb müsse das Evangelium durch rationale Wissenschaft *entmythologisiert* werden.

Durch das im Jahre 1943 erschienene Buch Bultmanns *Offenbarung und Heilsgeschichte* wurden endlose Diskussionen über das Entmythologisierungsthema ausgelöst. Die Entmythologisierung erfolgt durch Bultmann auf eine radikale Weise. Er legt die Axt an die Wurzeln der christlichen Lehre, indem er, ebenso wie ehedem Strauß, Harnack u. a., die Göttlichkeit Jesu, die Jungfrauengeburt, die Auferstehung, die Wunder u. a. mehr leugnet. Die Auferstehung Jesu besteht für Bultmann nur in der Phantasie der Jünger. Er leugnet nicht den historischen Jesus, aber er interessiert ihn überhaupt nicht. Jesus kommt neben der Sache zu stehen, ohne Bedeutung für den Glauben. Er ist nur ein geglaubter Jesus. Aber nicht nur von der Person Jesu, sondern auch von seiner Lehre bleibt nicht viel übrig. Bultmann schreibt: »So zeigt sich schließlich, daß Jesus als der Offenbarer Gottes nichts offenbart hat, als daß er der Offenbarer ist.«[59] Es ist deshalb begreiflich, wenn ein Autor hierzu bemerkt, daß Bultmanns Jesusbuch »in gewissem Sinn ein Buch von Jesus ohne Jesus ist«[60]. Und ein anderer stellt fest: »Nach dem Neuen Testament ist das Wort Fleisch geworden, … in der Kerygmatheologie ist das Wort Kerygma geworden.«[61]

Die Gottheit Jesu, die Erlösung und damit viele andere fundamentale christliche Lehren fallen dem Kahlschlag der Entmythologisierung Bultmanns und seiner Schule zum Opfer. Für ihn ist die Offenbarung keine übernatürliche Wissensvermittlung, sondern »Gemeindeglauben«. »Aber«, so fragt Zahrnt, »wenn wir Jesus nur noch im Kerygma haben, was haben wir dann überhaupt noch von ihm?«

Selbst dem atheistischen Philosophen Ernst Block erscheint die Deutung der Entmythologisierung als gänzlich neben der Sache liegend. Diese Theologen versuchen nach Blochs Meinung, das Evangelium »in lauter Legenden aufzulösen, wie Moses oder Wilhelm Tell«[62]. Scharfsinnig argumentiert Bloch: »Zu einem Kind, das im Stall geboren, wird gebetet … Zugleich ist der Stall wahr. Eine so geringe Herkunft des Stifters wird nicht erfunden.

Sage macht keine Elendsmalerei und sicher keine, die sich durch ein ganzes Leben fortsetzt. Der Stall, der Zimmermannssohn, der Schwärmer unter kleinen Leuten, der Galgen am Ende, das ist aus geschichtlichem Stoff, nicht aus dem goldenen, den die Sage liebt.«[63]

Die Methoden, die Bultmann anwendet, um Schrifttexte, die seiner Auslegung im Wege stehen, auszuräumen, muten oft seltsam an. Der Apostel Paulus beruft sich (1. Kor 15,3–8) bezüglich Jesus und seines Schicksals auf noch lebende Augenzeugen. Sie waren damals befragbar, und diese empirische Beweisführung steht Bultmanns Bestreben, alles als Mythos zu erklären, hinderlich im Wege. Deshalb erklärt er kurzerhand, des Paulus Argumentation sei theologisch »fatal«. Diese seltsame Kasuistik kennzeichnet der aus der evangelischen Kirche ausgeschiedene Theologe Joachim Kahl ebenso sarkastisch wie treffend: »Nicht für den Apostel ist dies fatal, sondern für Bultmanns Auslegung. Der permanente Frevel an Texten ist Bultmann nicht allein anzulasten. Darin besteht das Metier der Theologen überhaupt.«.[64]

Bultmann hat bereits von einem Teil seiner Schüler Ablehnung erfahren. So erklärt Ernst Käsemann rundheraus, daß die formgeschichtliche Methode »uns völlig im Stich läßt, wenn wir nach formalen Kennzeichen des authentischen Jesus fragen«[65]. Ein anderer Schüler Bultmanns, Gerhard Ebeling, sagt: »Fehlte die Auferstehung Jesu, so würde ihm alles fehlen, so wäre er selber damit hinfällig.«[66]

Zu welch grotesken Ergebnissen die Methode der Entmythologisierung führt, zeigt die Auffassung Edouard Dujardins, der schreibt, Jesus sei eigentlich der Nun, der Gott der Fische, (oder genauer gesagt) die Wasserschlange.[67]

Welch eine Verarmung bedeutet diese Umdeutung des Evangeliums gemessen an der grandiosen Konzeption des Erlösungswerkes, wie sie in den umfassenden und tiefen Erläuterungen zum Evangelium in der Neuoffenbarung zum Ausdruck kommt.

Bei den bibelkritischen Forschungen haben eine seltsame Mischung von Wissenschaft und Phantasie die abwegigsten Ergebnisse erzeugt. Das Wort Mommsens »Die Phantasie ist wie aller Poesie auch aller Historie Mutter« erlangt bei der Tätigkeit der Bibelkritiker volle Geltung. Dem Intellekt gelingt es offensichtlich nicht, sich von Trugbildern freizuhalten. Die Intelligenz unterliegt unentwegt der Versuchung, alles aufzulösen, was wegen der metaphysischen Tiefe für sie nicht begreifbar ist. Dostojewski hat den Sachverhalt richtig dargestellt, wenn er sagt: »Vieles, was den Gebildeten als primitiv erscheint, ist nicht primitiv, sondern primär.« In der Neuoffenbarung steht der Satz, der so manchen Entmythologisierer nachdenklich stimmen sollte: »Es gibt mehr, als Wort und Schrift vermitteln können« (Gr XI, S. 135).

Das Wort Gottes ist in der Bibel absichtlich verdunkelt und verborgen. Wer das Geheimnis mit analytischen Methoden zu entschleiern versucht, greift ins Leere wie der Jüngling von Sais. Mit Hilfe der menschlichen Einbildungskraft läßt sich kein Mysterium verstehen. Wo dieser Weg hinführt, ist in der NO klar gesagt: »Wer da äußerlich rein historisch nach seinem Verstande urteilt, was muß der bei diesen sehr verschiedenen Angaben (im Evangelium, d. Vf.) wohl notwendig finden, so er recht spitzkritisch zu Werke gehen will? Ich sage dir: Entweder der Tod seines Verstandes oder den Tod seines Glaubens« (Hi II, S. 139).

Wir haben einleitend in diesem Kapitel darauf hingewiesen, daß die Wurzeln der rationalistischen Denkweise, mit der man den Inhalt der Botschaft Jesu zu bewältigen versucht, bei den Philosophen zu suchen sind. Das gilt auch im Falle Rudolf Bultmanns. Der Einfluß der Philosophie Heideggers auf Bultmann ist, wie Dietrich von Hildebrand ausführt, wohlbekannt.[68] Die Wahrheit ist aber keine Sache philosophischer Spekulationen.

Die Feststellung Gollwitzers, daß die Entmythologisierungstheologie sich nicht auf einige wenige Theologen beschränkt, sondern daß diese in viel weitere Kreise der evangelischen und teilweise auch der katholischen Theologen eingedrungen ist, ist wahrhaft beklemmend. Gollwitzer sagt: »Die gesamte protestantische Theologie ist heute durch Fragestellungen und Antworten Rudolf Bultmanns und seiner Schüler geprägt, wie die Rede von einer Generation post Bultmann natum.« [69]

Was übrigens heute die Theologie der Entmythologisierung als neue Erkenntnis anbietet, ist kein Novum. Marcion hat das alles bereits im 2. Jahrhundert praktiziert. Er verwarf die Evangelien von Matthäus, Markus und Johannes, und aus dem Lukas-Evangelium eliminierte er alle Stellen, die seinen Vorstellungen nicht entsprachen. Mit Recht schreibt deshalb Jean Guitton: »Wer wie Bultmann das Evangelium ›entmythologisieren‹ will, ist von Geiste Marcions verschroben.«[70]

Fast die gesamte historisch-kritische Forschung ist von den heidnischen Gegnern des Christentums wie Porphyrius (3. Jh.) und Celsus (2. Jh.) vorweggenommen worden. Schon die Nestorianer behaupteten im 5. Jahrhundert, daß nicht der Gottessohn am Kreuz starb, sondern nur ein Mensch. Bei dem Gnostiker Valentinus ist Jesus der »Erlöser« im Sinne des erleuchteten und beispielhaften Lehrers, als welchen ihn ja heute fast alle liberalen Autoren ansehen.

Die moderne Forschung steht jetzt wieder vor dem gleichen Geheimnis, wie ehedem die Gnostiker und die heidnischen Kritiker.

Wer die Auferstehung Jesu und die Erlösungstat leugnet, entzieht dem Christentum die Grundlage, und alle Predigt ist dann eitel: »Wenn Christus nicht auferweckt ist, so ist unsere Predigt eitel und leer euer Glaube« (1. Kor 15, 14).

»Wer den Sohn leugnet, der hat auch den Vater nicht« (Joh 5.23).

Die Göttlichkeit Jesu ist ein Mysterium, das dem Menschen zu unfaßbar ist. Einen leidenden Gott konnten sich die heidnischen Römer ebensowenig vorstellen wie die heutigen Entmythologisierer. Und deshalb bleibt es ständig bei einer Art historischen Ratespiels, wechselnden Forschungsmethoden, die bei gleicher Ausgangslage unhaltbare Hypothesen und teilweise absurde Ergebnisse zeitigten. Der Vers des Johannes-Evangeliums »Das Licht kam in die Finsternis, und die Finsternis hat es nicht begriffen« (Joh 1,5) hat bis heute seine Geltung behalten.

Die Verwirrung ist unter den Christen im Laufe der Jahrzehnte immer größer geworden. Ratlos fragen sie sich, ob alles, was die Kirchen lehren, Mythos, d. h. Erfindung, ist. Woher manche Theologen den Mut nehmen zu der Behauptung, die Ergebnisse der historisch-kritischen Methode (einschließlich der Entmythologisierung, d. Vf.) seien geeignet, »dem modernen Menschen das Christentum wirkungsvoll nahezubringen«[71], ist unerfindlich.

Wenn Günther Bornkamm darauf hinweist, daß mit der radikalen Bibelwissenschaft auch der Atheismus wie eine Lawine sich ausbreitete[72], so ist der Kausalzusammenhang zweifelsfrei. Wahrscheinlich hat Papini recht, wenn er sagt: »Keine Zeit war wie die unsrige ferner von Christus und zugleich sehnsüchtiger nach ihm.« »Die Worterklärungen der Philologen, die Kommentare der Exegeten, die Lesarten der Handschriftenforschung – das alles hilft wenig. Das Herz braucht etwas anderes.«[73] Menschen, die nicht blind sind für metaphysische Tiefe, haben auch heute noch eine Sehnsucht nach echter Offenbarung. Von diesen heißt es in der Neuoffenbarung: »Ich werde euch (den Verbreitern der NO) die reifen Seelen in den Weg führen« (Pr 163). »Reif sind sie«, heißt es dort weiter, »weil in ihnen das Streben nach höheren Zielen wach und lebendig geworden ist« (Gr V 128,3).

»Solange der Mensch in sich ein solches Bedürfnis nicht fühlt, sondern, ganz einem Tier gleich, unbekümmert für seine Lebenssphäre, in was sie auch übergehe, fortlebt und ißt wie ein Polyp auf dem Meeresgrund, in dem ist noch keine Reife für eine höhere Offenbarung vorhanden« (Gr V 128,4).

»Darum wird aus dem Himmeln auch nur denen das Licht der Erweckung ihres Geistes gegeben, die es *suchen* und als ein höchstes Lebensgut auch über alles lieben und hochschätzen« (Gr IX 180,6).

7. War Jesus ein Essäer oder Anführer eines Aufstandes gegen die Römer?

Im folgenden Kapitel müssen wir uns mit einer speziellen bibelkritischen Literatur befassen, die von den Experten als unwissenschaftlich und tendenziös bezeichnet wird. Die in den betreffenden Schriften aufgestellten Thesen, Jesus sei ein gescheiterter politischer Rebell oder ein militanter Sozialrevolutionär gewesen, werden seit Jahrzehnten immer erneut in die Massen hineingetragen. Dasselbe gilt von *Johannes Lehmanns* weitverbreiteter Behauptung, das Christentum sei nicht auf Jesus Christus zurückzuführen, sondern habe seinen Ursprung in der jüdischen Sekte der Essäer von Qumran. Zugleich übernimmt Lehmann die lange vor ihm von anderen aufgestellte Theorie, Jesus sei ein Anführer eines gescheiterten Aufstandes gegen die Römer gewesen.

Die Kenner des Evangeliums werden sich ob dieser eigenartigen Pseudo-Exegese wundern, weil sie sich kaum vorstellen können, daß der Text des Evangeliums etwas Brauchbares für solche Phantasieprodukte hergibt. Protestantische, katholische und jüdische Theologen und Historiker, die Experten dieses Fragenkomplexes sind, vertreten denn auch einhellig die Meinung, daß die betreffenden Autoren dem Evangeliumstext Gewalt antun. Die öffentliche Kritik der Experten in Wort und Schrift ist vernichtend. Das konnte jedoch nicht verhindern, daß die Theorien weiteste Verbreitung fanden. Der Leitung des Süddeutschen Rundfunks erschienen sie offenbar als eine Sensation. Sie strahlte die Ansichten Lehmanns unter dem Titel »Das Geheimnis des Rabbi J.« im Jahre 1970 in einer dreizehnteiligen (!) Sendefolge aus. Am 8. April 1970 fand dann ein zweistündiges Podiumsgespräch über das Thema statt. Hierbei wurde die völlige Unhaltbarkeit der erwähnten Theorien erhärtet. Das hinderte jedoch die Illustrierte *stern* nicht, »Das Geheimnis des Rabbi J.« als vierteilige Vorabdruckserie mit der Überschrift *Wer war*

Jesus? Was die Kirche verschweigt zu veröffentlichen. Schließlich erschien dann das Ganze als Buch im Econ-Verlag mit dem Titel *Jesus-Report – Protokoll einer Verfälschung.* Millionen Menschen haben die Sendungen gehört, die Illustriertenartikel und das Buch gelesen. Viele darunter werden die Einwendungen der Wissenschaftler beim Podiumsgespräch aber nicht gehört haben. Man wird an eine Aussage der Neuoffenbarung erinnert, die die heute herrschende Situation kennzeichnet: »Die Wahrheit wird stets schwer zu erreichen sein, während sich das Regiment der Lüge gratis über die ganze Welt breitmacht« (Gr IV 33, 58).

Eine Einbeziehung der erwähnten Hypothesen in unsere Betrachtungen scheint insbesondere deshalb angebracht, weil aus der Neuoffenbarung der wirkliche Sachverhalt klar erkennbar wird.

Johannes Lehmann will aus den Bibeltexten herauslesen, Jesus habe den Essenern (auch Essäer genannte) nahegestanden und deren Lehre vertreten. Im dritten Jahr seiner Lehrtätigkeit habe er sich entschlossen, den Aufstand gegen die römische Besatzungsmacht mit seinen zahlreichen Anhängern zu wagen, der dann fehlgeschlagen sei, so daß er als Anführer von den Römern hingerichtet worden sei. Nach seinem Tode hätten ihn dann seine Anhänger zu dem gemacht, als was er in den Evangelien erscheint.

Wäre Jesus ein Rabbi mit essenischer Lehre gewesen, so würde das Christentum seit zweitausend Jahren eine einzige Täuschung darstellen. Diese Unterstellung Lehmanns zielt denn auch auf den Zusammenbruch des Christentums ab. Daher die in seiner Schrift gestellte Suggestivfrage: »Ist Qumran (das zentrale Kloster dieser Gemeinde am Toten Meer, d. Vf.) die ›Wiege des Christentums‹? Und ist das Christentum nichts weiter als die historisch gewachsene Fortsetzung chassidischer Einsiedler?«[74]

Lehmann nimmt die in den vierziger Jahren unseres Jahrhunderts in der Nähe des Toten Meeres gefundenen Schriften (Qumranschriften, d. Vf.), die außer dem Alten Testament auch sonstige Lehren enthalten, zum Anlaß und zur Grundlage seiner Behauptung, das Christentum sei qumranischen Ursprungs. Durch diese Texte sei erwiesen, daß die Lehre Jesu nicht originär, sondern von den Qumranleuten (Essäern) übernommen worden sei. Daß es zu solchen Gedankengängen kommen konnte, ist u. a. auf die kurz nach der Auffindung der Schriften erfolgte voreilige, sensationell wirkende Veröffentlichung zurückzuführen, die in eine falsche Richtung führte. Im Jahre 1950 behauptete der französische Professor André Dupont-Sommer (Sorbonne, Paris), der in den Schriftrollen erwähnte Lehrer der Gerechtigkeit sei identisch mit Jesus, denn auch jener sei verurteilt, gekreuzigt worden und zum Himmel, zu Gott gefahren. Wie Jesus habe auch er ein Strafgericht verkündet und sollte am Ende der Zeiten ein höchster Richter sein.[75]

Die Nachricht wurde von den gesamten Massenmedien begierig aufgegriffen; sie wirkte bei vielen Christen schockartig. Aber die Sensation verblaßte schnell. Dupont-Sommer sah sich durch die sofortigen Einwendungen fast aller an den Übersetzungsarbeiten beteiligten Gelehrten genötigt, unverzüglich seine voreiligen und unrichtigen Behauptungen zu widerrufen. Einer wissenschaftlichen Prüfung hielten sie nicht stand. Der evangelische Theologieprofessor Herbert Braun, der sich seit fünfzehn Jahren mit den Qumranrollen beschäftigt, erklärt: »Vom Leiden, Sterben und Auferstehen dieses ›rechten Lehrers‹ steht in der Kolumne des Habakuk-Kommentares schlechterdings nichts. Alle Analogien zwischen Jesus und der Qumransekte, die darauf abheben, haben die Texte gegen sich, auch wenn gerade an diesem Punkt das populäre Interesse seine Sensation sucht.«[76]

Die Qumranleute warten nicht auf *einen*, sondern auf zwei Messiasse, wobei der eine ein Priester und der andere ein Feldherr sein sollte. Lehmann schreckt nicht vor Textänderungen zurück und »betreibt auch sonst bewußte Falschinformation«[77].

Die christliche Lehre kann unmöglich aus den Qumranschriften hergeleitet werden, weil sie in wichtigen Teilen der Lehre Jesu diametral entgegenstehen. Der protestantische Neutestamentler Herbert Braun, der nach P. K. Kurz nicht im Verdacht steht, an dogmatischen Überlieferungen wider bessere Einsichten festhalten zu wollen, und ein hervorragender Kenner der Schriftrollen ist, erklärt: »Die von Jesus geforderte Liebe zum persönlichen und religiösen Feind (Mt 5, 44) geht weit über das Alte Testament hinaus und steht in schroffem Gegensatz zu dem ›ewigen Haß gegen die Männer der Grube‹ (Man 9, 21 F.), der den Sektenfrommen abverlangt wird.«[78] Die Liebe der Essäer durfte sich nur auf die Sektenangehörigen erstrecken, alle Außenstehenden waren zu hassen. Dieselben krassen Unterschiede bestehen bezüglich Gesetzes- und Ritualfragen. Das Wort Jesu über den Sabbat (Mk 2, 27) muß von den Essäern geradezu als frevelhaft angesehen worden sein. Auf rituelle Reinheit legten sie größten Wert, während Jesus, wie die NO berichtet, die Pharisäer durch das Unterlassen des Händewaschens bewußt provoziert hat. Die Qumranleute durften noch nicht einmal ein Streitgespräch mit den »Männern des Frevels« (Außenstehende, d. Vf.) führen und weder Speise noch Trank annehmen.[79] Von den Essenern wurden die Zöllner und Sünder ebenso gemieden wie von den Juden.

Zur Untermauerung seiner Hypothesen stützt sich Lehmann auf Frank M. Cross. Aber sein Gewährsmann »identifiziert Qumran und Christentum gerade nicht«[80]. Lehmanns These bricht – wenn sie einer kritischen Prüfung unterzogen wird – zusammen wie ein Kartenhaus. Sämtliche katholischen und protestantischen Exegeten sprechen ihm die erforderlichen Sachkenntnisse in dieser Materie ab und bescheinigen ihm »massive Unkenntnis der wissenschaftlichen Literatur«[81].

Lehmann sieht in Jesus aber nicht nur einen Essäer. Er behauptet darüber hinaus, Jesus sei auch ein Widerstandskämpfer und Anführer gegen die römische Besatzungsmacht gewesen. Diese These ist nicht neu. Einige Jahre vor Lehmann hat dasselbe der amerikanische Historiker und Orientalist Carmichael in seiner Schrift »Leben und Tod des Jesus von Nazareth«[82] schon behauptet. Auch die im Jahre 1970 in Deutschland erschienenen Jesus-Romane schildern Jesus als Aufrührer und Partisanenführer.[83] Der Romanschriftsteller Frank Andermann gibt zwar in seinem Buch *Das große Gesicht* zu, daß er seiner »Phantasie (!) den Auftrag gegeben hat, nach dem Ursprung des Unternehmens zu forschen, das am Kreuz endete« (S. 165), behauptet aber andererseits kühn, die Evangelisten seien in seinen Augen Betrüger. Im Licht der Neuoffenbarung erscheinen die Fabeln dieser Schriftsteller »wie in einem Vexierspiegel verzerrte, übertriebene, schreckenerregende oder groteske«[84] Vorgänge. Schon Reimarus hatte im 18. Jahrhundert dieses Thema aufgegriffen. Der jüdische Autor Robert Eisler schrieb in den zwanziger Jahren unseres Jahrhunderts darüber ein umfangreiches Buch.[85] Bischof Dibelius bezeichnet diese Schrift als »kombinatorische Magie« und die Arbeit von Carmichael, die ganz auf Eislers Buch aufbaut, »ein plagiatorisches Kondensat aus Eislers großem Werk«[86].

Dennoch fand das Buch Carmichaels weite Verbreitung und den Beifall der Sensationspresse. Auch der Herausgeber des *Spiegels*, Rudolf Augstein, zollte in einer Buchbesprechung der Rebellenthese begeisterten Beifall.[87] Anklang fand diese These aber auch bei Theologen seit Lietzmann, Greguel, R. Bultmann, H. Buhr, ferner bei dem Philosophen W. Bökker und dem jüdischen Autor Paul Winter.[88]

Die Bibeltexte geben für fragliche Theorien nicht viel her. Das tut Lehmann und den übrigen Autoren in ihrem Bestreben keinen Abbruch. Lehmann umgeht dieses Problem, indem er die Fiktion aufstellt, die Evangelisten wollten ihre eigene Rebellentätigkeit »vertuschen« und »verharmlosen«; sie wollten nicht »berichten, sondern berichtigen« (S. 138).

Wie argumentieren nun diese Autoren konkret? Das Hauptargument für die angebliche revolutionäre Betätigung Jesu ist bei allen die Tempelreinigung, obwohl diese nach den Texten des Evangeliums weder im Prozeß Jesu vor dem Synedrium noch vor Pilatus eine Rolle gespielt hat. (Wie wir aus der NO zitierten, hatte diese Tempelreinigung keinerlei Konsequenzen, und Jesus wurde nicht weiter behelligt.) In Verbindung mit der Tempelreinigung wird als Indizienbeweis der Einzug in Jerusalem herangezogen, obgleich die beiden Ereignisse – wie wir aus der NO zuverlässig wissen – fast drei Jahre auseinanderlagen. In diesen Vorkommnissen sehen die Verfasser die Besitzergreifung des Tempels durch die Anhänger Jesu mit Gewalt. Nach dem niedergeschlagenen Aufstand sei Jesus als politischer Rebell von Pilatus zum Tode verurteilt worden. Für alle Verfasser, die in Jesus einen jüdischen Freiheitskämpfer sehen, ist diese Erklärung das Axiom, um das herum sie ihre These aufbauen. Sie bemühen sich nicht im geringsten, den hintergründigen Ursachen des sonderbaren Verhaltens des Pilatus nachzugehen. Wenn sie auf die historischen Fakten, die wir im Kapitel »Der Erdenweg Jesu. Aufhellende zusätzlich Kundgaben der Neuoffenbarung zum Evangelium« im Zusammenhang mit dem Justizmord des Pilatus geschildert haben, eingegangen wären, so hätte das ihre Theorie zum Einsturz gebracht, und deshalb übergehen sie die politischen Zusammenhänge und die hintergründigen Motive des Pilatus mit Schweigen.

Da die Tempelreinigung aufgrund der Schilderung des Evangeliums nicht mit einem politischen Aufstand verwechselt werden kann, finden die Autoren der Revolutionstheorie dennoch einen Weg, die Dinge so zu sehen, wie sie es sich a priori vorgenommen haben. Der Bericht des Evangeliums, so behaupten sie, sei »eine Art Abschwächung auf das Minimum dessen, was in Wirklichkeit ein massives Unternehmen gewesen sein muß«. So Carmichael. Auch der Evangelienvers »Herr, hier sind zwei Schwerter« wird als Indiz bewertet, daß die Jünger bewaffnet waren. Aber auch Eisler wußte, daß man mit zwei Schwertern keinen Aufstand unternehmen kann, und so biegt er den Text eben in seinem Sinne zurecht und schreibt: »Sie antworten, indem sie Jesus – jeder von ihnen natürlich – zwei Schwerter vorzeigen.«[89] (!) Daß bewaffnete Aufständische jemals mit zwei

Schwertern pro Mann in den Kampf zogen, ist völlig neu in der Geschichte der Revolutionen.

Wie weit entfernt diese abenteuerlichen Konstruktionen von der Wahrheit sind, zeigt der folgende Text aus der Neuoffenbarung, wo gesagt ist, welcher Art die Waffe eines Jüngers Jesu sein soll:

»Eure Waffe gegenüber den Menschen bestehe stets nur in der Liebe, Sanftmut und Geduld, und ihr werdet auf diesem Weg, den Ich selbst nun vor den Menschen wandle, mehr ausrichten, als mit purem Feuereifer und seinem diamantenen Ernst.« »Doch wo ihr sehen werdet, daß ihr mit Liebe und der rechten Weisheit mit den zu verfinsterten Menschen nichts auszurichten vermöget, denen kehrt den Rücken und ziehet von dannen« (Gr IX 148, 9 u. 11).

»Ich selbst bin ja nun auch auf dieser Erde und füge Mich, Meiner äußeren Persönlichkeit nach, in die von dem römischen Kaiser vorgeschriebene Ordnung und lehne Mich nirgends, nicht einmal dem Anschein nach, wider dieselbe auf« (Gr V 133, 5).

»Seid auch ihr der weltlichen Obrigkeit stets untertan, ob sie mild oder strenge ist, denn sie hätte keine Macht, so ihr sie nicht der vielen unverbesserlichen Sünder wegen von oben gegeben wäre« (Gr IX 159, 16).

Sowohl im Evangelium als auch in der Neuoffenbarung ist die Rede vom »Kampf« und vom »Schwert«. Die ausführlichen Kundgaben der NO lassen keinen Zweifel darüber offen, welchen Sinn diese Textstellen beinhalten.

»Ich gebe euch für diese Welt keinen Frieden, sondern das Schwert, denn durch den Kampf mit der Welt und mit allem, was sie euch bietet, müßt ihr euch des ewigen Lebens Freiheit erringen! Denn Mein Reich leidet Gewalt, und die es nicht mit Gewalt an sich reißen, die werden es nicht einnehmen« (Gr I 201, 4–5).

»Wer aber da meint, daß Ich nun ein irdisches Reich gründen werde, der irrt sehr. Die Römer sind nun eure irdischen Herren und werden es auch in der Zukunft so lange bleiben, als es Gott gefallen wird. Wenn ihr euch aber wider sie auflehnen werdet, dann werden sie euch zerbrechen und zermalmen« (Gr VIII 85, 26).

Aus der NO erfahren wir, daß der Ratsherr Nikodemus gegenüber dem Lazarus den Ausspruch tat: »Das Merkwürdige ist, daß Er bei den Römern einen großen Anhang hat und daß Ihm bei der Ausbreitung Seiner Lehre von ihnen gar keine Hindernisse in den Weg gelegt werden« (Gr VII 47 ,11).

Auch viele Juden teilten diese Meinung. Als Jesus bei dem geschilderten dramatischen geistigen Kampf auf dem Tempelplatz um die Seele des jüdischen Volkes rang, weigerte er sich, sich zum König und damit zum Führer eines Aufstandes machen zu lassen. Daraufhin sagten die Juden: »Er ist bekanntlich ein Freund der Römer und Griechen und kann daher bei uns Juden keinen besonderen Anhang finden« (Gr VI 146, 35).

Vergleicht man diese Aussagen mit der völlig abwegigen Rebellentheorie, so wird man an einen Vers aus dem Alten Testament erinnert: »Vielerlei Einbildung haben ja die Menschenkinder, und müßige Wahngebilde führen irre« (Sir 3, 23–24).

Jesus forderte einen Umsturz, aber er meinte eine moralische Revolution, den *inneren* Umsturz der Werte, der zu einer anderen Geisteshaltung führt. Diese Umkehr, die »metanoia« des Neuen Testaments, kann allein die Welt erneuern und verändern.

Es steht noch die von Lehmann aufgestellte Behauptung, Jesus sei ein Essäer gewesen, und somit sei das Christentum nicht als originäre Lehre Jesu anzusehen, unbeantwortet im Raum. Die Neuoffenbarung nimmt auch zu dieser Frage – wie die folgenden Zitate zeigen – in aktueller Weise Stellung. Wie daraus zu entnehmen ist, hat Jesu seinen Jüngern vorausgesagt, daß man schon zu seinen Lebzeiten sich erzählen werde, er sei aus der Schule der Essäer hervorgegangen.

»Auch wir sind von Essäern nach allen Seiten hin umlagert, die vor dem blinden Volke mit Leichtigkeit allerlei Zeichen tun, um es mit der Zeit ganz für sich zu gewinnen. Und so machen nun unsere stärker und wunderbarer auftretenden Zeichen das Volk im allgemeinen wenigstens stutzen, wenn sie es auch nicht völlig überzeugen, und das ist gerade das rechte Maß, und es wäre dem Volke zu keinem Heile, so wir mit den Zeichen noch einen größeren Aufwand machten. Wenn Ich alle die Kranken heile, ja sogar die Toten auferwecke, so macht das eben vor dem Volke den Essäern gegenüber kein zu großes Aufsehen – wohl aber bereitet das den Templern einen größten Ärger, die aber auch den ihnen gerade auf der Nase sitzenden Essäer-Orden schon lange zu allen Teufeln gewünscht haben« (Gr IV 248, 6–7).

»Es ist aber auch ein ordentlicher Scherz, da Ich gerade ein Wasser auf die Mühle der Essäer bin, und ihr werdet es noch erleben, daß man zu euch sagen wird, daß auch Ich ein aus der Schule dieses Ordens hervorgegangener Jünger sei und arbeite nun für das Gedeihen dieses Ordens, der nun selbst der Meinung ist, daß er moralisch bald alle Welt beherrschen werde. Diesen Orden haben wir daher vorderhand nicht wider uns, und er dient uns, auch ohne uns eigentlich dienen zu wollen« (Gr IV 248, 8).

Tatsächlich fanden sich damals Juden, die ihn für einen Essäer hielten: »Er ist nichts als ein verkappter Essäer, er ist mit allen Zauberkünsten ausgerüstet und verführt fein und sauber das Volk« (Gr VI 146, 36).

Zu den Essäern selbst sagte Jesus: »Eure Worte, die ihr Essäer dem Volk predigt, sind pur Lug und Trug, weil ihr selbst nicht glaubt, was ihr lehrt. Denn ihr habt eine Doppellehre, eine fürs Volk und eine ganz andere für euch, von der ihr unter euch sagt, daß sie wahr sei, daß aber das Volk davon nichts vernehmen dürfe, um in der Lüge ruhig und glücklich zu sein.« »Was ihr für Wahrheit haltet, ist ganz Lüge, was ihr aber das Volk lehret, ist nur zur Hälfte Lüge« (Gr II 104, 20).

Zu seinen Jüngern sagte Jesus: »Lasset euch von den Essäern nicht berücken, denn ihre Worte sind Lügen, ihre Taten Betrug und ihre Freundschaft ist die wahrste Heuchelei« (Gr V 274, 8).

Nach Angaben der NO war der Apostel Bartholomäus »als

voll Eingeweihter« im Kloster Qumran, konnte dann aber entkommen. Bartholomäus kannte die Tricks, mittels denen die Essäer ihre »Wunder« wirkten, mit denen sie das Volk beeindruckten und ihm das Geld aus der Tasche zogen (Gr II 98, 6 f.).

Wenn Lehmann sein Buch mit dem Untertitel »Protokoll einer Verfälschung« versieht, so stellt er die Sachverhalte auf den Kopf. Nicht das Evangelium, sondern seine Schrift, der von allen Seiten wissenschaftliche Unhaltbarkeit bescheinigt wird, verdient diese Bezeichnung. Sowohl Carmichael als auch Lehmann dürften sich über die Brüchigkeit ihrer krampfhaften Umdeutungsversuche im klaren sein, aber sie konnten dessenungeachtet sicher sein, daß ihre Bücher ihre »Gläubigen« finden und der finanzielle Erfolg nicht ausbleiben würde.

Dem Gesagten möchten wir noch eine Bemerkung der Zeitschrift *Publik* vom 30. Oktober 1970 nachtragen: »Lehmann schreibt in einer erschreckenden Unkenntnis der Fachliteratur, und zwar gerade der historisch-kritischen. Nach all dem fragt man sich, wie es möglich war, daß Lehmanns Manuskript als ›Report‹ oder ›Protokoll‹ durch die Fachredaktionen des Süddeutschen Rundfunks und durch das Lektorat des Econ-Verlages hindurchging und veröffentlicht wurde. Nicht einmal die Schreiber von Science-fiction-Romanen dürfen sich heute auf ihrem Gebiet derartige Verdrehungen wissenschaftlicher Fakten leisten.«

8. War Jesus ein Sozialrevolutionär?

Die These vom Rebellenführer Jesus ist durch eine neue Zeitströmung in den Hintergrund gedrängt worden. Mehr »in« ist heute die »Theologie der sozialen Revolution«. Viele junge Pfarrer beider Konfessionen, Theologiestudenten, aber auch die studentische Jugend überhaupt sehen weithin in Jesus einen Sozialrevolutionär, der das Schwergewicht seiner Tätigkeit auf die

Umwandlung der Gesellschaft gelegt habe und dessen Zielsetzung in erster Linie die Verbesserung der Lage der Armen gewesen sei. Auch diese Theorie ist durchaus nicht neu. Der Sozialist Kautsky hatte bereits im Jahre 1908 in seinem Buch *Ursprung des Christentums* Jesus als einen Systemüberwinder angesehen. Gegen Ende des 19. Jahrhunderts bemühten sich in den USA gleich mehrere Autoren, Jesus in einen »Propheten einer idealen Sozialordnung« umzustilisieren. So z. B. W. Rauschenbusch, Shailer, Mathuos und F. G. Pedbody.[90]

Immer, wenn die sozialen Verhältnisse bedrückend waren, glaubten Theologen, vereinzelt in der Predigt von Jesus Spuren sozialkritisch-revolutionärer Tendenzen feststellen zu können. Heute finden diese Vermutungen besonders Nahrung durch die große Armut in den unterentwickelten Ländern, denen im krassen Gegensatz der Reichtum der Wegwerfgesellschaft in den Industrieländern gegenübersteht. Die Namen des Arztes Che Guevara, des Priesters Camillo Tores und des evangelischen Pfarrers Martin Luther King, die ihren Kampf für eine größere Gerechtigkeit mit ihrem Leben bezahlten, sind in aller Welt ein Begriff geworden. Ebenso hat die Aktivität des brasilianischen Erzbischofs Dom Helder Camara in weitesten Kreisen Anerkennung und Bewunderung gefunden.

Die Theologie der sozialen Revolution ist nicht zuletzt eine Reaktion auf die Verhaltensweise der Kirchen, vor allem der katholischen Kirche in der Vergangenheit. Der katholische Moraltheologe Bernhard Häring stellt die Sachlage wirklichkeitstreu dar, wenn er feststellt: »Die Tatsache, daß die hörigen Bauern und Lohnarbeiter im Mittelalter schlechter behandelt wurden als die Sklaven in alten Zeiten, ist ein Beweis dafür, daß die christliche Kult-, Glaubens- und Liebesgemeinschaft schon damals nicht mehr lebendig war.«[91] Als die Lage der Bauern im 16. Jahrhundert unerträglich geworden war, steckten die Bauern während der Bauernaufstände rund tausend Klöster und Burgen in Brand, ein deutlicher Hinweis, wo ihre Ausbeuter zu suchen waren.[92] Religiöse Motive hatte der Bauernaufstand nicht. Im 19. Jahrhundert überließ die Kirche die verelendeten Arbeitermassen der Verzweiflung, und gegen die Schrecken der Kinderarbeit, insbesondere in den Bergwerken, rührte sie keine Hand. Die Bischöfe entstammten bis zum 19. Jahrhundert ausschließlich der Schicht der reichen Feudalherren. Noch in unseren Tagen stehen sie in Spanien und in Südamerika zum großen Teil auf der Seite der alles beherrschenden dünnen Oberschicht. Erzbischof Dom Helder Camara wird von ihnen ebenso mit scheelen Augen angesehen, wie im 16. Jahrhundert der Mönch Las Casas, der dem Papst über das Elend der versklavten und geschundenen Indios berichtet hatte. Nur vereinzelte Heilige, die sich der Armen annahmen, leuchten wie Sterne in der dunklen Nacht einer lieblosen Kirche. Nicht ohne Grund heißt es in der Neuoffenbarung von der katholischen Kirche: »Deine Liebe ist ein kalter Ofen« (Hi II, S. 193). Aber die Führer der protestantischen Kirche waren damals genauso verständnislos. Luther schrieb, der gemeine Mann müsse mit Bürden beladen werden, sonst werde er zu mutwillig. Melanchthon sagte: »Daß die Bauern nicht mehr leibeigen sein und die bisherigen Zinsen nicht mehr geben wollen, ist ein großer Frevel.«[93]

Die jungen Theologen haben erkannt, daß die Kirche den in der Botschaft Jesu vorgezeichneten Weg verlassen hat, aber es besteht die Gefahr, daß sie ins andere Extrem verfallen. Die in der theologischen Literatur zu findenden Ansichten lassen das befürchten. Die Aktionsrichtung Jesu wird völlig falsch gesehen, wenn manche Theologen folgendes meinen: »Der einzelne wird von Jesus nicht auf ein zukünftiges Totaliter aliter (= Jenseits, d. Vf.) vertröstet, das er dann gar nicht mehr erlebt. Das gegenwärtige Leben wird nicht der Zukunft des Reiches geopfert.« »Der von Jesus gebrauchte Begriff der ›Gottesherrschaft‹ verspricht eine aktive Überwindung der gegenwärtigen Unrechtszustände.«[94] Hinweise auf das ewige Leben bezeichnet H. G. Link als »Vertröstungsideologie«. In dieser neuen Theologie sieht dieser

Autor »die Aufgabe einer grundlegenden Erneuerung des Christentums«! Die Abkehr vom wahren Sinngehalt der Botschaft Jesu, wie sie aus der Neuoffenbarung klar und deutlich wird, bedeutet keine Erneuerung, sondern eine Zerstörung des christlichen Glaubens. Jesus hat – wie aus der NO hervorgeht – weder einen Klassenkampf noch ein Paradies auf Erden verkündet. Seine Predigt hatte keinen sozialethischen, sondern theozentrischen Charakter. Es ist auch nicht zutreffend, wenn andere Theologen meinen, daß »Jesus niemals mit den Reichen und Mächtigen dieser Erde in Berührung gekommen ist«[95]. Lazarus, Nikodemus und Josef von Armathia zählten zu den reichsten Männern Palästinas. Jesus hatte auch nach den Kundgaben der NO engen Kontakt mit einflußreichen römischen Militärpersonen bis zu den höchsten Rängen (Gr VIII 157, 7).

Worauf es Jesus allein ankam, das ist im Evangelium und in der Neuoffenbarung ganz unmißverständlich ausgesprochen. In der Neuoffenbarung sagt der Herr: »Ich kann nur das *geistige* Fortschreiten, aber nicht das weltliche Wohlleben jedes einzelnen als *Hauptzweck* seines Erdenlebens im Auge haben« (Pr 149).

Was der Herr von der Verbiegung seiner Lehre in die gegenteilige materialistische Denkungsart hält, ist in der NO auch ganz konkret ausgeführt: »Eine solche Denkungsweise war schon seit Entstehung des Menschen immer bei einzelnen die Basis ihrer Handlungen, und in jetziger Zeit predigen solches eure gelehrten Materialisten ohne Scheu und finden ein großes Publikum, welches ihren Ansichten beistimmt und ihnen Beifall klatscht« (Pr 272).

Wie aktuell ist doch diese Kundgabe und wie präzise ist sie auf die heutigen theologischen Zeitströmungen zugeschnitten!

Und noch einmal an anderer Stelle der NO unüberhörbar klargestellt: »Diese Erde hat nun einmal die Bestimmung, daß auf ihr für die ganze Unendlichkeit Kinder des Geistes Gottes erzogen werden, und es ist darum nötig, daß der Boden stets mehr mager als zu locker und zu fett gehalten wird« (Gr II 205, 9). »Es ist die Armut zwar eine große Plage für die Menschen, aber sie trägt den edlen Keim der Demut und der wahren Bescheidenheit in sich und wird darum auch stets unter den Menschen verbleiben. Dennoch sollen die Reichen die Armut nicht mächtig werden lassen, ansonsten sie sehr gefährdet werden, hier *und* dereinst im Jenseits« (Gr IV 179, 3).

Die Armut ist – wie hier aus der Neuoffenbarung ganz klar erkennbar wird – ein Teil des Heilsplanes Gottes. Die Voraussage im Evangelium, »Arme werdet ihr allzeit bei euch haben«, hat die Bedeutung, auch wenn sie offensichtlich von den Theologen, die Jesus als einen Sozialreformer ansehen und die humanitäre Seite einseitig betonen, nicht erkannt wird.

Die Lehre Jesu ist primär keinesfalls eine soziale Botschaft und schon gar kein Aufruf zum Klassenkampf und zum Umsturz bestehender Verhältnisse. Er sagte kein Wort gegen die Sklaverei, auf der das damalige Wirtschaftssystem aufgebaut war. Der Gewaltverzicht ist schon aus den in den vorangegangenen Kapiteln zitierten Aussagen der NO erhärtet worden. Das geht auch gleichermaßen aus Lk 6, 27–36, Mt 5, 38–48 hervor.

Jesus hat das Problem der Armut mit seinen Jüngern ausführlich besprochen. Aus der NO erfahren wir hierzu folgendes: »Daß die Güter dieser Erde sehr ungleich verteilt sind, so daß es Reiche und Arme gibt, ist der weise Wille Gottes. Denn dadurch, daß Gott die Menschen mit verschiedenen Gütern, Gaben und Fähigkeiten ausgestattet hat, ist ein Mensch dem anderen ein unerläßliches Bedürfnis« (Gr VII 37, 1). »Aber die Unbilligkeit und Ungerechtigkeit unter den Menschen auf Erden ist das größte Übel, das auf der Welt die Brüder und Schwestern entzweit und Feindschaften stiftet. Wo aber diese einmal bestehen, da gibt es kein Heil mehr unter den Menschen, sondern Neid, Haß, Raub, Totschlägerei, Mord und Kriege« (Gr VII 179, 2).

»Der zu selbstsüchtige Wucher und die zu große Herrsch- und Glanzsucht der Menschen ist der eigentliche Satan, ein Fürst dieser Welt, die, weil ohne alles Lebenslicht aus den Himmeln, vollkommen die Hölle selbst ist« (Gr IX 101, 7–8). »Wenn die

Menschen alle so miteinander lebten und nach dem ihnen schon oft geoffenbarten Willen und Rate Gottes handelten, so würden niemals Not, Bedrängnis und Trübsal unter ihnen entstehen. Alles Elend bereiten sich die Menschen selbst durch ihren bösen Wuchergeist« (Gr IX 101, 5).

Der Reichtum als solcher wird also von Gott nicht verurteilt. Entscheidend ist, wie er verwendet wird. Aber in dieser Hinsicht weicht zweifellos die Mehrheit der Reichen von der Forderung, wie sie als Voraussetzung für die Anerkennung des Reichtums gestellt wird, ab. Hierzu wird in der NO gesagt: »Ich bin nicht nur ein Freund der Armen, sondern auch ein Freund der Reichen, wenn sie ihren Reichtum nach der wahren Absicht Gottes gebrauchen. Wer reich ist, der tue also, und er wird leben« (Gr VI 227, 10).

Auf die Frage eines reichen Pharisäers: »Herr und Meister, siehe Deine Freunde Lazarus, Nikodemus und Joseph von Arimathia sind doch um vieles reicher als wir. Warum verlangst Du von ihnen nicht das, was Du von uns verlangst?« (Aufgeben aller irdischen Güter, d. Vf.) antwortet ihnen Jesus: »Zwischen ihnen und euren Gütern ist ein himmelgroßer Unterschied! Ihre Güter sind streng gerechte Stammgüter, und die darin enthaltenen königlichen Schätze sind das Ergebnis eines wahren, uneigennützigen Fleißes und des Segens aus den Himmeln Gottes. Zugleich sind die drei Genannten nun fast die einzigen Unterstützer der vielen Tausenden, die durch euer gottloses Treiben und Gebaren arm und elend geworden sind.« »Ist das auch mit euren zusammengeraubten Gütern der Fall?« (Gr VII 157, 8 ff.).

»Reich sein auf dieser Erde und nur soviel für sich verwenden, wie man zur Erhaltung seiner selbst nötig braucht, also karg sein gegen sich selbst, um desto freigebiger gegen die Armen sein zu können, dies ist die größte Gottähnlichkeit schon im Fleische auf dieser Erde« (Gr III 192, 11). »Wer für den Leib mehr tut als für die Seele oder gar für den Leib allein sorgt und für die unsterbliche Seele gar nicht, der ist wahrhaft ein Narr« (Gr VII 222, 15).

Bei der Erörterung des Problems der Armut in der Neuoffenbarung wird kein Zweifel darüber gelassen, daß dieser seit Jahrtausenden bestehende Zustand seinen gottgewollten Sinn hat,
wenn auch viele die Tiefenschichten des Heilsgeschehens nicht
zu erkennen vermögen und glauben, alles Geschehen an den
Maßstäben der menschlichen Vernunft messen zu können. In der
NO wird nicht ohne Grund mit Nachdruck betont: »Diese
Worte, die Ich nun zu euch rede, sind Leben, Licht und Wahrheit,
deren Realität jeder einsehen muß, der sich danach kehren wird«
(Gr IV 79, 9).

Auch weist der Herr in diesem Zusammenhang mit Nachdruck darauf hin, daß es in der Welt viele Gefahren für die Seele
gibt, die ihrer Vervollkommnung und Reife für das Reich Gottes
entgegenwirken. Die größte Gefahr ist das luziferische Element
des Hochmutes, dem entsprechend dem Heilsplan Gottes ständig Gegenkräfte entgegengesetzt werden müssen. In jeder Seele
lebt ein Hoheitsgefühl und darin der Keim zum Hochmut. Daraus wird in der Neuoffenbarung die Schlußfolgerung gezogen,
d. h., um eben diesen hieraus resultierenden Gefahren begegnen
zu können, wird ein Damm gebaut: »Darum ist auf dieser Erde
die Armut vor der Wohlhabenheit der Menschen so überwiegend
groß, um dadurch den Hochmut stets am scharfen Zügel zu
halten. – Setze einem Bettler eine Königskrone auf, und du wirst
dich überzeugen, wie seine frühere Demut und Geduld alsbald
verdampft« (Gr IV 83, 1–2).

»Die Not des Lebens ist ein Gefäß des Lebens, in welchem
dieses gefestet wird gleich einem Diamanten.« »Daher nehme
jeder sein Kreuz auf seine Schulter und folge Mir in aller Liebe
nach, so wird er sein Leben erhalten ewig« (Hi I, S. 335). »Armut
und Not entschuldigen den Diebstahl und den Raub nicht, und
noch weniger den Totschlag eines Beraubten« (Gr IV 79, 2).

»Ich weiß gar wohl, warum Ich über ein oder das andere Volk
dies oder jenes kommen lasse. Euch aber genüge es zu wissen,
daß von Mir, dem Vater aller Menschen, keine bösen Gaben den

Kindern, wie diese auch beschaffen sein mögen, gereicht werden, am wenigsten denen, die Mich suchen, erkennen und lieben« (Hi II, S. 296).

»Es ist für den im Geist Erweckten aber besser, in den Gütern der Himmel zu schwelgen, aber dabei sich an den Gütern dieser Erde eine kleine Not gefallen zu lassen« (Gr IX 209, 10). »Alles, was zugelassen einmal da ist, muß da sein als ein Triebkeil zum Besserwerden der Menschen« (Gr V 158, 1).

Für Völker, die völlig entarten und ihr von Gott gesetztes Ziel vollständig aus dem Auge verlieren und keinem Mahnruf mehr zugängig sind, »gibt es allerdings keine andere Schule als die des Elends. Das spricht Der, Der alle Völker der Erde kennt« (Hi II, S. 319).

Eine zu große Not wird allerdings für die Seele eher schädlich als nützlich sein. Das bringt Thomas von Aquin treffend zum Ausdruck, wenn er sagt: »Gratia supponit naturam«, d. h., »die Gnade setzt die Natur voraus«. Die Gnade kann bei Menschen, die ständig von größter Not und Sorge belastet sind, nicht wirksam werden. Das besagen auch die Kundgaben der Neuoffenbarung, und das Urteil, das über diejenigen gefällt wird, die für die übergroße Not verantwortlich sind, ist vernichtend.

»Die Not ist ein übles Ding und verleitet den Menschen zu oft größeren Lastern als der Reichtum« (Gr II 68, 4).

»Wenn die Reichen und Mächtigen alles an sich ziehen, so müssen dadurch dann ja auch gar viele tiefst verarmen und in allem Elend und großer Not ihr Leben hinbringen, weil alles nur den wenigen Reichen und Mächtigen, den Armen aber nichts gehört – außer das, was ihnen die Reichen und Mächtigen für die für sie verrichtete schwere Arbeit kärglichst geben wollen« (Gr VIII 182, 8).

»… die Not und die Armut unter den Menschen auf dieser Erde erzeugt einzig und allein die gegenseitige Lieblosigkeit …« (Gr IX 210, 4).

»Ihr wisset es, daß ein Mensch, der an irdischen Gütern reich geworden ist, zumeist auch in seinem Herzen zu einem Stein von Gefühl- und Lieblosigkeit ward.« »Wo steht aber ein solcher Mensch dann in der inneren Lebenssphäre? Ich sage es euch: auf dem Punkt des ewigen Gerichtes und dessen Todes ...« (Gr VIII 182, 1).

»... es ist das (sich von materiellen Dingen abzuwenden, d. Vf.) für eine einmal mit der Weltliebe erfüllte Seele wahrlich keine leichte Arbeit, und es gibt gar viele Reiche und Mächtige in der Welt, für die es schwerer ist, sich von der Materie und ihrem eingebildeten Wert zu trennen – als wie schwer es für ein Kamel wäre, durch ein Nadelöhr zu gehen« (Gr VIII 183, 5).

»Aber was nützte es dem Menschen, wenn er auch der Besitzer aller Schätze der Erde wäre und sich damit alle erdenklichen Lustbarkeiten verschaffen könnte, aber dadurch an seiner Seele Schaden litte?« (Gr VIII 183, 9).

Wer denkt beim Lesen des obenzitierten Verses, »wenn die Reichen alles an sich ziehen«, nicht an die Latifundienbesitzer und Klöster, die jahrhundertelang in Europa und anderswo die armen Bauern aussaugten, wer denkt nicht an Südamerika, Äthiopien, Pakistan, Indien usw., wo heute noch einige wenige den größten Teil des ackerbaufähigen Landes besitzen, und wer weiß nicht, wie den die Rohstoffe liefernden armen Ländern seit Jahrzehnten von den Industrieländern Preise diktiert wurden, die nicht einmal das Existenzminimum dieser Völker ermöglichten, während die Industrienationen ihren Wohlstand rapid erhöhten?

Die Latifundienbesitzer und die Industriellen sind in der Neuoffenbarung vom Herrn namentlich angesprochen worden. Jesus sagt, daß die »sogenannten Gutsherren dereinst eine harte Rechnung abzulegen haben und sie sich über den letzten Heller vollkommen werden ausweisen müssen, wofür sie ihn verwendet haben. Wehe denen, die ihre Einnahmen verpraßt, vergeudet und verhurt haben« (Hi I, S. 358).

»Die Großen und Mächtigen sind durch ihren Wuchersinn

und durch ihre große Herrschsucht Diebe und Räuber der Völker und haben auch von Mir zur rechten Zeit den verdienten Lohn zu gewärtigen« (Gr IX 101, 6).

Jahrhunderte hindurch wurden die Völker in Europa und anderswo von absolutistisch herrschenden Mächtigen des Staates, von Großgrundbesitzern und von Industriellen bis zum Weißbluten ausgebeutet. Nur wer die Geschichte kennt, ahnt, welches Elend und welches Leid sich hinter dieser Feststellung verbirgt. Die farbigen Völker wurden durch die überlegenen Feuerwaffen der Europäer unterdrückt und ausgebeutet. Später genügte die Macht des Geldes, um Länder wie Mittel- und Südamerika in wirtschaftlicher Abhängigkeit zu halten. In der Neuoffenbarung wird ausdrücklich gesagt, daß die »Industrie dem Hauptgebot der Liebe schnurstracks entgegenstrebt«. »Blicket nur nach Amerika, England usw.« (Hi I, S. 347).

Auch in Palästina war zur Zeit Jesu die Ausbeutung der Sklaven und auch des einfachen Volkes an der Tagesordnung. Dennoch hat Jesus auf Gewaltanwendung und Terror zur Veränderung der Welt grundsätzlich verzichtet und auch gleichzeitig eindringlich darauf hingewiesen, daß der Sinn des Lebens nicht die Erzielung eines höchstmöglichen Lebensstandards sei. Die folgenden Kundgaben der NO machen deutlich, daß die marxistische Ideologie vom Paradies auf Erden eine Utopie ist.

»Jeder von euch denke daran, daß die Erde unmöglich ein Paradies sein kann, weil sie ein Prüfungsboden für jeden, in das schwere Fleisch des Menschen gelegten Geist für alle Zeiten verbleiben muß, ohne den kein Geist ein vollkommenes, ewiges Leben erreichen könnte« (VdH I 85, 10).

»Meint ihr denn, Ich wüßte nicht, was die Welt tut, und sei etwa zu lau, um die Welt für ihre Untaten zu züchtigen? Ich sage euch: Glaubet etwas anderes und lasset die Leitung der Welt Mir!«

»Wer das Schwert zieht, der kommt auch durch das Schwert um. Mit offener Gewalt wird nie jemand etwas ausrichten gegen die Welt, denn, wo die Welt Gewalt sieht, da begegnet sie derselben wieder mit Gewalt, und auf diese Weise würgt fortwährend ein Volk das andere.«

»Wer die Welt bekämpfen will, der muß sie mit heimlichen Waffen bekämpfen, und diese Waffen sind Meine Liebe und Mein Friede in euch! Jeder aber muß zuerst mit diesen Waffen die eigene Welt in sich besiegen, dann erst wird er eben diese Waffen allzeit siegreich gegen die Außenwelt gebrauchen können.«

»Wahrlich, wer nicht innerlich ein Meister der Welt ist, der wird es äußerlich um so weniger werden! Jeder aber, der in sich noch einen fluchähnlichen Feuereifer verspürt, der ist noch nicht fertig mit seiner eigenen Welt.« »Mein Geist und Mein Friede eifern nicht, sondern wirken mächtig im stillen nur und gänzlich unbemerkt von aller Welt und haben kein anderes Außenschild als die Werke der Liebe und in der Erscheinlichkeit die Demut« (Schriftt. 35, 20–24).

Das sind klare Aussagen, an denen es nichts zu deuteln gibt. Die theologischen Systemveränderer, die sich marxistische Gedankengänge zu eigen machen, haben kein Recht, sich auf Jesus zu berufen und von »Erneuerung des Christentums« zu reden. Es gibt heute in der Welt allzu viele Systemveränderer, denen das Herzstück der Botschaft Jesu nichts bedeutet, ihre Herzen sind im Gegenteil oft von Haß und Neid erfüllt. Von ihnen sagt Nietzsche, auf der ersten Stufe verlange man Gerechtigkeit von Seiten derer, die die Macht haben, auf der letzten Stufe habe man dann schließlich die Macht allein.[96] Die Forderungen nach Gleichheit und Freiheit sind oft nur maskierte Arten des Willens zur Macht.

Jesus hat es vorausgesagt, daß bei Gewaltanwendung auf die Dauer keine glücklichen Zustände herbeigeführt werden. Wie wir inzwischen durch die Erfahrung wissen, hat sich die im Osten angestrebte Einheit im Despotismus verwirklicht. Der zaristische Terror wurde von einem anderen abgelöst. Zugleich begannen die Religionsverfolgungen durch den militanten Atheismus. Was durch die gewaltsame Systemveränderung zustande kam, sagen uns zwei prominente Zeugen. Nach Angaben von Alexander Solschenizyn in seinem Brief an die kommunistische Partei der UdSSR vom September 1973 wurden in Sowjetrußland seit dem Jahre 1917 66 Millionen Menschen aus politischen, wirtschaftlichen und klassenkämpferischen Gründen ausgerottet.[97] Jahrzehntelang waren zur Zeit Stalins zehn bis zwölf Millionen Menschen in Straflagern, was unendliches Leid über diese und deren Familien brachte.[98]

Prof. Andrej Sacharow, der »Vater der sowjetischen Wasserstoffbombe«, sagte in einem Interview, das er dem schwedischen Rundfunk gab, es herrsche in Sowjetrußland Zynismus, Apathie und Erschöpfung, Heuchelei, Verfall der Moral und Schöpferkraft, worunter vor allem die geistige Schicht seines Landes leide. Wörtlich sagte er: »Die Geschichte unseres Landes muß den Ländern des Westens und der Dritten Welt als Warnung dienen, damit sie die historischen Entwicklungsfehler vermeiden, denen sich unser Land schuldig gemacht hat.«[99]

Der bedeutende Soziologe Max Weber (1864–1920) hat bereits vor einem halben Jahrhundert festgestellt, daß die Gewalttätigkeit immer aus ihrem Schoß die Gewalttätigkeit erzeuge, daß die Gewalttätigkeit gegen die Ungerechtigkeit am Ende nicht zum Siege einer höheren Gerechtigkeit führe.[100]

Alle philosophischen und politischen Utopien führen in die Tyrannei, weil alle Systemveränderer nach einem Wort Hugo Balls negativ operieren: »Keiner protestiert nach innen, immer nur nach außen.«

Ohne die Verwirklichung der Botschaft Jesu in den Herzen der Menschen ist kein wahrer Humanismus denkbar.

9. Negative Jesus-Bücher und kein Ende –
Eine Auseinandersetzung mit Augsteins Jesus-Buch

Aufsehen, ob zu Recht oder Unrecht, das sei dahingestellt, hat das Jesus-Buch des Spiegel-Herausgebers *Rudolf Augstein* erregt.[101] Augstein war es bei seinen Erörterungen auf 426 Seiten nicht darum zu tun, die Fehlentwicklung der christlichen Kirche im Laufe von fast zweitausend Jahren aufzuzeigen, ihm geht es um die Zerstörung des christlichen Glaubens überhaupt. Ob er das Buch – wie weithin bezweifelt wird – selbst verfaßt hat oder andere dahinterstehen, ist für die Betrachtung des Inhalts ohne Belang. An sich bringt Augstein nichts Neues. Es handelt sich um ein kompilatorisches Werk. Alles, was er vorbringt, haben andere vor ihm längst gesagt. Nach Augsteins Auffassung ist »kostbarstes Ergebnis aller Sinnsuche die Einsicht, daß ... der Mensch ohne ›letzten Sinn‹ ... ist« (S. 421). Und »Ein Narr muß nicht sein, wer die gesamte Jesus-Figur für einen Mythos hält ...« (S. 47).

»Die Evangelien enthalten die Lehren der Evangelisten, nichts sonst, und diese wiederum enthalten die Lehren der Essener, der Qumraner, der Apokalyptiker, der liberalen Pharisäer, der Judenchristen, der Hellenisten, nichts sonst« (S. 164). Die Szenen der Evangelien seien aus Weissagungen des Alten Testamentes herausgesponnen (S. 182), und das alles sei »Gemeindebildung« (S. 367).

Augstein übernimmt kritiklos die Thesen Bultmanns und anderer Autoren, obwohl bereits Bultmanns Schüler die radikale Entmythologisierung ablehnen und selbst der atheistische Philosoph Ernst Bloch sie für unhaltbar hält. Augsteins Grundanschauung ist nihilistisch, seine weltanschaulichen Anleihen stammen von Existenzphilosophen* wie Heidegger und Sartre. Nur

---

* Nach Ansicht der Existenzphilosophen, die den *Existentialismus* vertreten, ist ein Dasein oder Nichtdasein Gottes völlig gleichgültig zur Selbstfindung des Menschen. Das Leben an sich ist sinnlos. Sinn gewinnt die Existenz nur durch das, was sie jeweils beliebig als sinnvoll setzt.

der Theorie, daß Jesus ein politischer Aufstandsführer gewesen sein soll, mißtraut er; sie erscheint ihm doch unwahrscheinlich, »da man über Tasten und Kombinieren nicht hinauskommt« (S. 195).

Augstein, »ein Besserwisser sondergleichen« (R. Pesch), behauptet, daß »Jesus uns nicht lehrt, wie wir leben sollen« (S. 163), wie bei Jesus überhaupt alles fraglich ist.

Er tendiert auf eine Verunsicherung der Leser hin, und da die Kirchen das Vertrauen des Kirchenvolkes weithin verspielt haben, weil ihre Theologen den Zweifel der Gläubigen nähren, ist Augsteins »Dokument der Verwirrung« (Pesch) sicher bei vielen auf fruchtbaren Boden gefallen. Wenn Theologen die Auferstehung Christi leugnen und das Christentum nur noch als »Dienst am Menschen« ansehen, dann muß man Augstein allerdings beipflichten, wenn er dazu bemerkt: »Und dafür zweitausend Jahre Kirche!« (S. 102). Es verwundert auch nicht, wenn Augstein sich wundert, daß der katholische Theologe Josef Blank behauptet, »Jesus habe keine ewige, überzeitliche Wahrheit verkündigen wollen, sondern sich unmittelbar an die Menschen seiner Zeit gewandt« (S. 98).[102]

Augstein reibt sich, wie so viele vor ihm, an zahlreichen Stellen des Evangeliums wund und hält alle Perikopen, für die er die Lösung nicht findet – wie dies so üblich geworden ist – für »verdächtig«. Er weiß nicht, daß Jesus seinen Aposteln sagte: »Die volle, nackte Wahrheit kann im allgemeinen den Menschen von Mir aus jetzt (zur Zeit Christi) nicht gegeben werden, sondern nur verhüllt in Gleichnissen« (Gr III 168, 12).

Es sind aber oft simple Dinge, um die es Augstein geht. In der Neuoffenbarung sind für fast alle von ihm aufgeworfenen Fragen plausible und überzeugende Erklärungen zu finden.

So stört ihn beim Verrat des Judas, daß der Evangelist den Judas zu der Rotte der Tempelpolizei sagen läßt: »Der ist es.« Jesus, so argumentiert er, sei in dem kleinen Areal von Jerusalem »bekannt gewesen«. »Man brauchte keinen Sachverständigen, der ihn mit einem ›der ist's‹ kennzeichnen mußte« (S. 184). Die NO schildert den Vorgang ausführlich, so daß ohne weiteres klar wird, daß die Darstellung des Evangelisten durchaus zutreffend ist. Es heißt dort: »Die Schergen wichen zurück, weil sie von Meiner Kraft gar manches gehört hatten und sich vor dieser fürchteten – weswegen auch von Kaiphas nur solche Knechte ausgewählt worden waren, die Mich noch nicht kannten« (Gr XI, S. 198). Schließlich war es auch dunkle Nacht, als die Verhaftung Jesu erfolgte.

Das Todesurteil des Pilatus, der vorher Jesus ausdrücklich als unschuldig bezeichnet hatte, erscheint ihm »als ein Unding«. Nach seiner Meinung waren »hier Dichter am Werk« (S. 197). Von den historischen Hintergründen, wie wir sie im Kapitel »Der Erdenweg Jesu« geschildert haben, hat Augstein offenbar keine Ahnung. Alles, was er nicht kennt oder versteht, ist entweder »verdächtig« oder »ein Unding«. Vorschnell hat er sein Urteil zur Hand, wo er nicht durchsieht. Aber andererseits scheut er – wie Rudolf Pesch schreibt – auch keineswegs vor phantastischen Konstruktionen zurück.[103]

Die Berichte der Evangelisten über die Schergen, die Jesus gefangennahmen, erscheinen ihm ebenfalls unwahrscheinlich, weil nach seiner Vorstellung eine römische Kohorte (600 Soldaten) die Verhaftung durchgeführt haben soll. Er konstruiert selbst dort Schwierigkeiten, wo gar keine bestehen. »Wo hatten die Juden einen Kohorte her, mit einem römischen Oberhauptmann an der Spitze?« fragt Augstein (S. 202). Von einem *römischen* Hauptmann steht im Evangelium kein Wort. Hauptleute gab es sowohl beim römischen Militär als auch bei der Tempelpolizei. Auch von einer Kohorte spricht keiner der Evangelisten. Matthäus 26, 47 redet von »einem großen Haufen im Auftrag der Hohenpriester«, Markus 14,47 sagt wörtlich das gleiche. Auch Lukas 22, 47 spricht von einem »Haufen«. Johannes berichtet (18, 3) von »einer Abteilung Soldaten und Knechten von den Oberpriestern« und (18, 12) von »der Abteilung mit ihrem

Hauptmann und den Knechten der Juden«. In der Einheitsübersetzung der Heiligen Schrift (Katholische Bibelanstalt, Stuttgart) ist bei Johannes auch keine Rede von Soldaten, sondern dort heißt es: »Judas kam mit einem Trupp und mit Knechten der Hohenpriester dorthin.«

In der Neuoffenbarung ist der Sachverhalt ganz präzise dargestellt: »In diesem Augenblick nahte sich eine *Schar* bewaffneter *Tempelwächter* mit Fackeln.« Von einem »Hauptmann« ist nicht die Rede, sondern es steht dort das Wort »Anführer«. Es ist nicht zulässig, das Wort »Hauptmann« bei Johannes so auszulegen, als hätte römisches Militär bei der Festnahme Jesu mitgewirkt. Pilatus war über die Reden Jesu bestens informiert und hatte keine Veranlassung, Jesus festnehmen zu lassen. Hätte er das gewollt, hätte er die Tempelpriester dazu nicht nötig gehabt. Glaubt Augstein im übrigen im Ernst, die Römer hätten den Priestern der Juden ein Drittel ihrer in Palästina stehenden Streitmacht (eine Kohorte) für die Festnahme eines Mannes in der Nacht zur Verfügung gestellt? Und kann er sich vorstellen, daß ein römischer Hauptmann einen von ihm festgenommenen Mann dem von den Römern abgesetzten ehemaligen Hohenpriester Hannas zuführt? Nach seinen eigenen Angaben erscheint das als unwahrscheinlich (S. 204).

Auf 426 Seiten seines Buches stellt Augstein unentwegt Fragezeichen hinter die Texte des Evangeliums. Typisch ist hierfür seine Darstellung auf Seite 219:

»Von Pilatus (?) ist er zur Tötung (?) freigegeben (?), von römischen (?) Soldaten (?) gekreuzigt (?) worden, mehr als Fragezeichen sieht man nicht.« – Wenn man sich systematisch aufs Mythologisieren verlegt, ist das bei der komprimierten Darstellung des Evangeliums eine Möglichkeit, der keine Grenzen gesetzt sind. Das läßt sich machen, bis – wie der Marxist Ernst Bloch drastisch sagt – »vom Evangelium nur noch Lila übrigbleibt«.

Wer aber die Neuoffenbarung liest, kann ein Fragezeichen nach dem anderen entfallen lassen. Sie ist eine wahre Fundgrube von wichtigen Details, die uns eine klage Vorstellung von den wirklichen Sachverhalten vermitteln. Wüßten die durch die bibelkritische Literatur im Laufe vieler Jahrzehnte verunsicherten Christen, auf welch tönernen Füßen die kritischen Auslassungen stehen, so würden sie den folgenden Worten, die vom Herrn dem Jakob Lorber diktiert wurden, zustimmen.

»Ein jeder (Kritiker, d. Vf.) meint, so oder so den Nagel auf den Kopf getroffen zu haben. Aber es dauert nicht lange, da taucht schon ein anderer auf, welcher dem ersten auf ein Haar beweist, daß er einen ungeheuren Fehlhieb gemacht hat. Und so geht das fort und fort, und am Ende weiß der letzte es sowenig wie der erste, ob er den Nagel auf den Kopf getroffen hat oder nicht« (Schriftt. 60).

Es ist nun einmal so, wie Alexis Carrel sagt, daß »das Wirkliche nicht immer einfach und klar ist«. »Das Wort Gottes in der Bibel ist keine glatte und billige Einheit, es ist vielmehr oft tief verborgen unter Widersprüchen, Dunkelheiten und schweren Fragen.« »Der Ausgangspunkt allen Nachdenkens über das Wort Gottes muß darum die Ehrfurcht vor diesem Geheimnis sein.«[104]

Jesus hat es nach den Aussagen der NO seinen Jüngern vorausgesagt, daß in später Zeit die Gelehrten vielfach seine Botschaft nicht verstehen werden. »Viele Weltweise bringen nur für irdische Zwecke etwas heraus, aber alles Innere, Tiefere und Geistige bleibt ihnen fremd« (Gr IV 236, 1). »Der Menschen Weltverstand begreift die inneren Dinge des Geistes und der lebendigen Wahrheit nicht und hält die für Narren, die ihnen davon Kunde bringen« (Gr IX 132, 16).

Die kritische Bibelforschung hat bewiesen, daß, wenn die Verstandesfunktion absolutiert wird, das supranaturale Einmalige an Jesus nicht begriffen wird; der Intellekt ist dann für die metaphysische Tiefe mancher undurchdringlicher Geheimnisse der Gottheit, der Schöpfung, der Erlösung völlig blind. »Ein Narr muß aber nicht sein«, wer den lichtvollen, klaren und logischen Kundgaben der Neuoffenbarung mehr Glauben schenkt als einer Bibelkritik, die sich von Trugbildern nicht freihalten kann, ständig wechselnde unglaubhafte Hypothesen aufstellt und schließlich nach endlosen Diskussionen wieder dort angelangt ist, wo die Heiden Celsus und Porphyrius im 2. und 3. Jahrhundert angefangen haben.

Wenn man die theologische Literatur der Leben-Jesu-Forschung, die in Radikalismus und Atheismus mündet, ansieht, so kann man den in der NO zu findenden Aussagen Glauben schenken: »Wie Ich in jener Zeit ans Kreuz genagelt wurde, Meine Lehre verhöhnt und Meine Jünger beschimpft und verfolgt wurden, so wird es wieder sein. Statt Meiner Person werden die Menschen meine Lehre ans Kreuz schlagen und sie verhöhnen« (Pr 91). »Aber laßt die sich gelehrt Dünkenden mit ihrer Scheinweisheit! Ihre Zeit des Triumphes wird kurz sein« (Pr 31).

»Es wird eine Zeit heranrücken, wo all euer Weisheitskram nicht ausreichen wird, euch einen Trost oder auch nur Ruhe zu geben. Bei den Ereignissen, die über euch hereinbrechen, werdet ihr zwischen zwei Welten stehen und Gott und euer Schicksal der Grausamkeit anklagen, weil die materielle Welt euch mit Hohn zurückstoßen und die geistige euch nicht aufnehmen wird« (Pr 30).

10. Die neue Theologie ohne Gott

Bei den folgenden Erörterungen haben wir uns mit der neuesten Form der Theologie zu befassen, die alles Bisherige in den Schatten stellt. Evangelische, katholische und anglikanische Theologen leugnen entweder die Existenz Gottes oder das jenseitige Leben der Seele nach dem Tode. Gottesleugner hat es zu allen Zeiten gegeben, doch ist es der Endzeit unserer Tage, wo die Verwirrung der Geister einem Höhepunkt zusteuert, vorbehalten geblieben, daß solche Aussagen von Theologen, ja selbst von einem anglikanischen Bischof gemacht werden.

Schon die Philosophen des Altertums hatten bezüglich der Existenz Gottes konträre Auffassungen. Nach Meinung der Gottesleugner stand eh und je im Anfang der Zufall, und im weiteren Verlauf der Geschichte soll dann alles deterministisch verlaufen. *Demokrit* (460–360 v. Chr.) legte, genau wie die Materialisten unserer Zeit, das Prinzip der Gestaltung in den Stoff selbst und begründete damit die mechanistische Weltanschauung (Fragmente phys. 1). *Heraklit* (500 v. Chr.), der besonders auf Hegel, Nietzsche und Heidegger wirkte[105], äußerte sich wie folgt: »Diese Weltordnung, dieselbe für alle Wesen, hat kein Gott geschaffen, sie war immer da« (Fragmente 30). Nach Ansicht des *Anaxagoras* (500–428 v. Chr.) ist die Welt zwar göttlicher Herkunft, sie ist aber ein Mechanismus, der einmal in Gang gesetzt, ohne teleologische Kräfte, rein kausal sich betätigt« (Fragm. 12). Dieses Bild von Gott als eine Art Uhrmacher, der das Werk schafft, es dann aber ablaufen läßt, ohne sich noch jemals darum zu kümmern, finden wir in späterer Zeit gelegentlich immer wieder. Selbst innerhalb der katholischen Kirche findet sich diese Vorstellung in der nominalistischen Theologie des *Nikolaus Oresne* (gest. 1382).

Den atheistischen Auffassungen im Altertum steht zu gleicher Zeit der Glaube anderer griechischer Philosophen an einen persönlichen Gott gegenüber. *Pythagoras* (500 v. Chr.) glaubte an einen Schöpfergott, den göttlichen Ursprung der Seele und an deren Unsterblichkeit nach dem Tode.[106] Sokrates (470–399 v. Chr.) war ebenfalls gottgläubig und heilt die Seele für einen Teil des göttlichen Wesens.[107] *Platon* (427–347 v. Chr.) glaubte gleichfalls an einen Schöpfergott von unsichtbarem, unkörperlichem ewigem Sein, jenseits der sichtbaren Welt, sowie an die Unsterblichkeit der Seele.[108] Desgleichen *Thales* von Milet (gest. 636 v. Chr.).[109]

Erst im 18. und 19. Jahrhundert wurde das Gottesproblem von den Philosophen wieder erörtert. Die Entwicklung begann mit *Descartes* (gest. 1650), der der Begründer des *Rationalismus* und der neueren Philosophie überhaupt ist. *Auguste Comte* (1798–1857) schuf die Grundlage des *Positivismus* und damit die Voraussetzung für den *Materialismus*. Mit dem Philosophen *Ludwig Feuerbach* (1804–1872) begann in der *Säkularisation* ein neuer Abschnitt.

Obwohl Feuerbachs Schriften zunächst wenig Beachtung fanden und der Philosoph in Vergessenheit geriet, brachten dennoch seine Schriften *Das Wesen des Christentums* (1841), *Das Wesen der Religion* (1845) und *Theogonie* (1857) die entscheidende Wende. Feuerbach ließ nur den Realismus und den Materialismus als Philosphie gelten. Er versuchte, das gesamte System der Religion aus den Angeln zu heben. Da es in Feuerbachs Philosophie keinen Raum für ein himmlisches Paradies gibt, glaubt er an die »Abänderung der aufhebbaren Übelstände des menschlichen Lebens« (I 200), also an die Verwirklichung des Paradieses auf Erden. Feuerbach hatte starken Einfluß auf Marx und Engels, wenn auch diese später ihre eigenen Wege gingen. »Engels Lehre vom dialektischen Materialismus ist zur Grundlage der späteren Sowjetideologie geworden, deren Dogmatik oft den Vergleich mit einer säkularen Religion herausgefordert hat.«[110] Inzwischen hat der dialektische Materialismus sich auch im Westen ausgebreitet und wie eine Flut alle Lande überschwemmt.

Ursprünglich wurden die Ideen nur von wenigen beachtet, aber sie enthielten eine Sprengkraft, die heute jedermann sichtbar vor Augen steht. Nach Mitteilung des *Spiegels* ist heute für jeden dritten Deutschen Gott tot.[111]

Seit einiger Zeit hat sich der *Atheismus** selbst bei Theologen eingenistet. Besonderes Aufsehen erregte die Schrift des anglikanischen Erzbischofs *John A. T. Robinson* (England) *Gott ist anders* (Honest to God). In seinem Buch, das eine Auflage von 350 000 Exemplaren (!) erlebte, verblüfft er den Leser mit der Frage: »Haben wir uns schon einmal klargemacht, daß die Ab-

---

* *Atheismus* = Lehre von der Nichtexistenz Gottes.

schaffung eines göttlichen Wesens in Zukunft der einzige Weg sein könnte, dem christlichen Glauben Sinn und Bedeutung zu erhalten?, d. h., daß wir ohne einen Gott, außerhalb der Welt, auskommen können oder sogar müssen.«[112] »... ich frage, ob nicht die gesamte supranaturalistische Vorstellungswelt eine so gewaltsam konstruierte Christologie begünstigt.« »Wir müssen die Geschichte von Jesu Geburt lesen können, ohne ihre Wirklichkeit im wörtlichen Sinne in einem Einbruch des Übernatürlichen ins Natürliche zu suchen.« »Wenn das Weihnachtsereignis zu einer netten Erzählung wird, dann wird der Naturalismus – also der Versuch, das Christusgeschehen in rein menschlichen Kategorien zu erklären – als die einzige Alternative, die einem intelligenten Menschen etwas zu sagen hat, das Feld behalten. Wenn man einmal das ›Dogma‹ von der Gottheit Jesu aus dem Weg geräumt hat, dann bleibt ein recht sympathisches Bild von dem Menschen Jesus übrig – trotz seines radikal ›antitheistischen‹ Charakters.«[113]

Robinson predigt – wie auch andere – ein religionsloses Christentum. Ein Christentum ohne Christus und ohne Gott – ein Paradoxon par excellence. Die Menschen sind in der Tat, wie Blaise Pascal sagt, »in einer natürlichen und unabänderlichen Schwäche, irgendeine Wissenschaft in einer absolut vollendeten Ordnung durchzuführen.«[114]

Auch für verschiedene amerikanische Autoren sowie für *Paul van Buren,* dessen Buch gleichfalls ein Bestseller wurde, ist »Gott« ein Wort ohne Sinn.[115]

Für den Professor der Theologie *Manfred Mezger,* Mainz, ist Gott auch nur eine leere Vokabel. Er sagte: »Es gibt einen Bodensee, es gibt einen Himalaja, aber Gott gibt es nicht.«[116]

Das Beunruhigende an diesen Feststellungen ist, daß sich manchem gläubigen Pfarrer, der Einblick in die faktischen Verhältnisse hat, die Frage stellt: »Ist nicht nur Dr. Robinson, sondern die heutige protestantische Theologie im wesentlichen atheistisch?«[117] Die folgende, von *Prof. Wilker* von der evangelischen kirchlichen Hochschule im März 1974 abgegebene Erklärung dürfte berechtigen, vom »kirchlichen Notstand« zu sprechen. Wilker sagt, Christus werde von allzu vielen Theologen nur noch als irdisches Wesen angesehen. Das Institut zur Pfarrausbildung sei eine »gesellschaftspolitische Schule«, das die Diener am Wort zu »Sozialingenieuren« ausbilde. Das Wort vom »kirchlichen Notstand« gehe durch die ganze evangelische Kirche.[118]

Wer glaubt, daß die katholische Kirche von diesen Zersetzungserscheinungen verschont geblieben sei, der kann durch einige Beispiele eines anderen belehrt werden. Der Jesuit *Prof. Rupert Lay* erklärte vor Junioren der CDU in Mainz: »Wir versagen, wenn wir die Menschen auf den Himmel im Jenseits vertrösten, den es nicht gibt.«[119] Der katholische Theologe *Prof. Halbfas* leugnet die Auferstehung Jesu und die Hölle. Dieser katholische Religionspädagoge schreibt in einem Aufsatz *Illusionen müssen sterben:* »Keine Stelle im Neuen Testament besagt, es gebe etwas im Menschen, das den Tod überdauere.«[120]

Dietrich von Hildebrand stellt fest, daß weit mehr katholische Theologen vom Bultmannismus infiziert seien, als allgemein bekannt sei. »Diese ganze Konfusion«, schreibt von Hildebrand, »hat ihre Wurzel in der Existentialphilosophie Heideggers.«[121]

Nach Ansicht der evangelischen Theologin *Dr. Dorothea Sölle* braucht man an keinen Gott glauben, um Christ zu sein. »Gott, der aus der jenseitigen Welt alles so herrlich regieret, ist unmöglich geworden.«[122]

Der evangelische Mainzer Theologieprofessor *Herbert Braun,* ein Führer der weltweiten »Gott-ist-tot«-Bewegung innerhalb der Kirche, betrachtet Gott nicht als irgendwo existierend, sondern »Gott ist nichts als eine bestimmte Art von Mitmenschlichkeit.«[123]

Das alles ist wahrhaft bestürzend, und Franz Deml ist nachzufühlen, wenn er sagt: »Gegenüber den Atheisten im geistlichen Gewande steht man heute als Christ fassungslos da.«[124]

Nicht minder erschreckend sind die Nachrichten von den evangelischen theologischen Hochschulen, an welchen jetzt die Früchte des vor weit mehr als hundert Jahren gesäten Säkularismus und Materialismus sichtbar werden. Im Jahre 1969 verteilten Studenten der »Basisgruppe Theologie« der Universität Tübingen ein Flugblatt mit folgendem Inhalt: »Das Neue Testament ist ein Manifest der Unmenschlichkeit, ein großangelegter Massenbetrug. Es verdummt die Menschen, statt sie über die objektiven Interessen aufzuklären.« »Das Neue Testament ist das Produkt neurotischer Spießer.«[125]

In einem anderen Flugblatt der »Basisgruppe Theologie« der Universität Heidelberg, das bei der Abstimmung im theologischen Seminar eine Mehrheit erhielt, heißt es wörtlich: »Die Predigt muß abgeschafft werden, und es darf kein Seminar über biblische Texte gehalten werden, sondern es geht ausschließlich um revolutionäre Reden zur Umfunktionierung von Kirche und Gesellschaft.«[126]

Wenn man diese anarchistischen Geistesprodukte von angehenden Theologen liest, die in den Seminaren eine Mehrheit finden (!), so kann man sich nicht des Eindrucks entziehen, daß in dieser Endzeit die Geister zum entscheidenden Großangriff gegen den Heilsplan Gottes angetreten sind.

Feuerbachs Philosphie des Atheismus hat ihren Weg gefunden. Der schleichende Säkularisationsprozeß ist auf dem Wege, das Christentum in eine atheistische Philosphie umzuwandeln. An die Stelle Gottes setzen die »Gott-ist-tot«-Theologen »Das Dasein für andere«; also die Religion wird etwas anderes, sie wird reine Sittlichkeit. Dies bedeutet eine Pervertierung des Religionsbegriffs. Religion kommt vom lateinischen »religare«, d. h. Gebunden- und Abhängigsein des Menschen von seinem Urheber, von Gott. Der atheistische Humanismus aber kennt keine Begegnung mit Gott und kein Abhängigsein vom Numinosen. Der prometheische Mensch duldet keinen Gott, von dem er abhängig ist, über sich.

Die »Heilsbotschaft« des sog. Immanenz-Säkularismus wird jedoch das erwartete Heil nicht bringen, sondern sich sehr bald als »Utopia« und als Daseinsbedrohung erweisen.

Die Wurzeln dieser anarchistisch-chaotischen Kräfte reichen hinunter in das Zeitalter der Säkularisation. Man kann die bestürzenden Auflösungserscheinungen nur verstehen, wenn man weiß, in welcher Form und in welcher Zeit der Samen des Unglaubens gelegt worden ist. Was das letzte Jahrhundert zu denken begann, hat unser Jahrhundert angewandt. Deshalb sind die einleitenden kurzen Betrachtungen über die Philosophen der Säkularisationszeit vorangesetzt worden.

Die im folgenden wiedergegebene Ansicht des Theologen *Bonhoeffer* unterscheidet sich in nichts von der Philosophie Laplaces (gest. 1827): »Der Mensch hat gelernt, in allen wichtigen Fragen mit sich selbst fertig zu werden ohne Zuhilfenahme der ›Arbeitshypothese Gott‹.«[127] Ob Bonhoeffer angesichts der sich heute abzeichnenden und schwerlich aufzuhaltenden ökologischen Katastrophe, wodurch der Mensch blindlings seinen Lebensraum zerstört, auch noch mit solcher Gewißheit zu behaupten wagte, daß der Mensch mit allen Problemen dieser Erde selbst fertig werde und daß alles machbar sei?

Die Tage der großen Reinigung, verbunden mit furchtbaren Katastrophen, von denen die Neuoffenbarung so klar und deutlich spricht, sind wahrscheinlich nicht mehr ferne. Dann werden viele mit Nietzsche sprechen müssen: »Wohin ist Gott? Ich will es euch sagen! Wir haben ihn getötet – ihr und ich! Stürzen wir nicht fortwährend? Und rückwärts, seitwärts, vorwärts, nach allen Seiten? Gibt es noch ein Oben und Unten? Irren wir nicht durch ein unendliches Nichts? Haucht uns nicht der leere Raum an? Ist er nicht kälter geworden? Kommt nicht immerfort die Nacht und mehr Nacht?«[128]

Die Mystiker und Dichter haben oft tiefere Einsichten als atheistische Theologen. »Man kann Gott nur im Herzen und nicht im Verstand besitzen«, sagt der Mystiker Eckehart[129], und bei Friedrich Rückert lesen wir: »Wer Gott nicht fühlt in sich und allen Lebenskreisen, der wird ihn nicht beweisen mit Beweisen« *(Weisheit des Brahmanen)*.

Die derzeitigen Verhältnisse gleichen auffallend denjenigen, wie sie vorausschauend für unsere Zeit in der NO beschrieben sind. »Man wird nur mit Mühe erkennen können, wo unter lauter Lügengewebe die reine Wahrheit verborgen und begraben liegt« (Pr 222). »Mit Trauer sehe Ich, wie die große Masse anfängt, Mir nach und nach den Rücken zu kehren und, statt Mir zu folgen, dem folgt, der ihnen als böse bekannt ist« (Pr 287).

»Überall möchten die Menschen Meine Lehre dem Leben so anpassen, daß es keiner Aufopferung, keiner Verleugnung bedarf, um Meine Jünger, Meine Kinder zu werden« (Pr 17.) »Auch jetzt (in unserer Zeit, d. Vf.) geht Meine Lehre mitten durch diese Hindernisse hindurch ihren eigenen Weg und wird der Menschheit zugänglich werden, wenn der geeignete Zeitpunkt durch herbe Schicksale, Drangsale und Leiden herbeigeführt sein wird (!), wenn alle trügerischen Hoffnungen auf weltliche Macht und Größe in ihrer Nacktheit als Irrlichter dastehen werden, die den ihnen folgenden Menschen, statt auf trockenen Boden, in Sumpf und Morast leiten. *Dann erst* wird die klare Einsicht Meines Wortes sich geltend machen und selbst diejenigen zum Glauben bringen, die, sich früher auf ihr Verstandeswissen stützend, schon wähnten, es gäbe keinen Gott, sondern der Gott – wenigstens für diese Erde – seien sie selbst, d. h. der Verstandesmensch mit seinen ausgedachten Hirngespinsten« (Pr 107).

»Um euch die Evangelien, mit mehr als sieben Siegeln verschlossen, zu öffnen und durch diese Bücher (der NO) den Weg zu Mir und Meinen Himmeln anzubahnen, sende Ich euch diese Erklärungen« (Pr 229).

V. TEIL

Ist der Evolutionismus eine wissenschaftlich fundierte Theorie?

In diesem Kapitel geben wir der Erörterung einer Frage von fundamentaler Bedeutung Raum, die heute in der Auseinandersetzung zwischen Christentum und Atheismus einen primären Rang einnimmt. Der Ausgang dieses Kampfes ist von entscheidender Bedeutung. Er bewirkt, ob sich der Atheismus noch weiter und schneller ausbreitet als bisher oder ihm eine seiner wichtigsten Grundlagen entzogen werden kann.

Unter *Evolution* versteht man die stufenweise Entwicklung in der Natur vom Niederen zum Höheren. Die ausgestorbenen Lebensformen beweisen, daß sich die Arten weitgehend zu Reihen abgestufter Ähnlichkeit ordnen lassen. Insoweit ist die Evolutionstheorie unbestritten.

Der *Evolutionismus* behauptet, daß diese Entwicklung ohne übernatürliche Einwirkung, nur durch äußere, rein mechanische Ursachen und in der Natur herrschende Gesetze vor sich geht. Eines göttlichen Schöpfers bedarf es nach dieser Theorie nicht. – Die Vertreter des Evolutionismus nennt man Evolutionisten.

Die folgenden Erörterungen beziehen sich somit auf die Frage nach den Faktoren, welche die Evolution verursacht haben. Es ist zu prüfen, ob es zutrifft, daß die Entwicklung durch Kräfte, die in der Materie liegen, mit Hilfe des Zufalls möglich gewesen ist. Die Theorie, die auch *Deszendenztheorie* (= Abstammungslehre) genannt wird, läßt den Menschen vom Tier abstammen. Der Geist, der nach materialistischer Lehre aus der Natur hervorgegangen, also nicht wie in christlicher Sicht das Primäre ist, kam im Laufe der Zeit aus dem Stoff hinzu. Eines Schöpfergottes bedarf es nach Auffassung der Evolutionisten nicht und findet demzufolge in der Literatur der Vertreter dieser Theorie auch keine Erwähnung.

Der Evolutionismus beherrscht heute die öffentliche Meinung. Er hat Eingang gefunden in die Lehrbücher und beherrscht die Erörterungen bei den Massenmedien. Studenten und Schüler erfahren eine einseitige Darstellung des Sachverhaltes und lernen die in großer Zahl vorliegenden *kritischen* Verlautbarungen nur in seltenen Fällen kennen. Wie schon erwähnt, haben wir es beim Evolutionismus mit einer Weltanschauung zu tun. Was der Gelehrte W. H. Thorpe hierzu bemerkt, erhellt die Motive, die das Eintreten für diese materialistisch-monistische Theorie erklären: »Die überwiegende Mehrheit derer, die den wahren Glauben an Gott verloren oder ihn nie besessen haben, glaubt nach Woods in diesem Sinne noch an die Natur, und meiner Meinung nach trifft dies insbesondere für fast alle Naturwissenschaftler zu.«[1]

Der Evolutionismus ist mit der christlichen Glaubenslehre unvereinbar. Würde sich diese Theorie allgemein als unhaltbar erweisen, so würde damit eine tragende Säule des Materialismus zusammenstürzen. Die Auseinandersetzungen gehen deshalb weit über die Bedeutung einer wissenschaftlichen Theorie hinaus. Der Kampf schien lange Zeit zugunsten der materialistischen Weltanschauung entschieden zu werden. Voreilig wurde die Theorie als gesicherte Erkenntnis ausgegeben und durch populärwissenschaftliche Schriften unter das Volk gebracht.

Unbemerkt von der Öffentlichkeit ist inzwischen aber bereits eine Wende eingetreten. Zahlreiche angesehene Wissenschaftler haben erkannt, daß es kaum in einer anderen wissenschaftlichen Disziplin so viele widerspruchsvolle und unbewiesene Behauptungen gibt wie beim Evolutionismus.

Zunächst geben wir eine kurzgefaßte Darstellung über die verschiedenen Phasen des Evolutionismus.

Im Jahre 1809 stellte *Jean-Baptiste Lamarck* (gest. 1829) die These auf, die Verhältnisse auf der Erde hätten sich im Laufe sehr langer Zeiträume verändert und die Pflanzen und die Tiere hätten sich der veränderten Umwelt anpassen müssen. Die Entwicklung habe sich in kleinsten Schritten vollzogen. Die erworbenen Eigenschaften seien erblich, und auf diese Weise seien neue Einzeltypen entstanden. Die These Lamarcks hat sich später als falsch erwiesen. Man erkannte, daß es keine durch Einflüsse der Umwelt erworbene Vererbung gibt. Außerdem gibt es viele Tierarten, die in der gleichen Umwelt leben und sich dennoch ganz verschieden entwickelt haben. Andere Tiere wiederum sind seit Milliarden Jahren bis heute gleich geblieben, obwohl sich die Umwelt verändert hat.

Im Jahre 1859 veröffentlichte *Charles Darwin* die Schrift *Die Entstehung der Arten durch natürliche Zuchtwahl* und stellte darin eine neue Theorie auf. Lamarcks These erkannte er bereits als unhaltbar und schrieb dazu: »Der Himmel bewahre mich vor dem Lamarckschen Unsinn, einer Neigung zum Fortschritt der Anpassung infolge des langsam wirkenden Willens der Tiere.«[2] »Aber die Schlußfolgerungen, auf welche ich geführt worden bin, sind von den seinigen nicht sehr verschieden, obschon die Abänderungsmittel es gänzlich sind.«[3]

Nach Darwins Theorie werden die Veränderungen in der Tierwelt und die Entstehung neuer Arten durch geschlechtliche Zuchtwahl als »Auslese der Tüchtigsten« bewirkt. Die Tüchtigsten, die durch den Ausleseprozeß (Selektion) übrigbleiben, werden schrittweise vervollkommnet. Es mußte jedoch eine treibende Kraft vorhanden sein, die Veränderungen in den Erbanlagen bewirkt. Von den Genen, den Trägern erblicher Eigenschaften und deren Veränderungen im Keimplasma durch Mutationen, wußte Darwin noch nichts. Bis dahin schrieb man Veränderungen der Arten dem Eingriff des Schöpfers zu. Auch Darwin vertrat diese Meinung, wie noch zu zeigen sein wird. Die späteren atheistischen Darwinisten haben Gott keinen Platz in der Theorie Darwins eingeräumt und überließen die Entwicklung materiellen Kräften in Zusammenwirken mit dem Zufall.

Auch Darwins Theorie beruhte ebenso wie Lamarcks These auf der Annahme, daß die Veränderungen der Arten nur im Verlauf von Millionen Jahren in kleinsten Schritten vollzogen werden. Allerdings erwies sich bald, daß auch Darwins Theorie aus den verschiedensten Gründen nicht haltbar war. Die Selektion kann zwar die besten Exemplare der Art erhalten, aber einen neuen Typ kann sie niemals hervorbringen; sie hat keine schöpferische Potenz. Der Theorie haften auch noch andere Mängel an. Das Ausleseprinzip bedingt zwangsläufig die Gestaltung zum Zweckmäßigen hin, für Luxuserscheinungen und hypertrophische Gestaltung in der Tierwelt ist dabei kein Raum. Aber der Luxus der Farben in der Fauna auf der Erde und in der Tiefsee ist auffallend und spricht gegen diese Theorie. Auch entstanden in der Tierwelt Merkmale, die der Zweckmäßigkeit entgegenstehen. Die Entwicklung des gewaltigen Geweihes beim irischen Elch Megaloceres muß für das Tier als ebenso schädlich angesehen werden wie die schweren, nach rückwärts gebogenen Stoßzähne des eiszeitlichen Mammuts, die keine Waffe mehr waren, sondern lediglich eine Last.[4] Dasselbe gilt für die Zähne des Säbeltigers.

Weshalb die ungeheure Mannigfaltigkeit der Organismen trotz der unendlich kleineren Mannigfaltigkeit der Lebensbedingungen entstanden ist, vermögen weder Lamarck noch Darwin zu erklären. Nach G. Heberer müssen z. B. vom Miozän bis zum Pliozän etwa 20 Millionen Anchitherien (Pferdegattungen) gelebt haben.[5]

Der schwerwiegendste Einwand, der gegen die Darwinsche Theorie erhoben werden kann, ist aber das Fehlen der Übergangsstufen, die ja bei sehr langsamer evolutiver Entwicklung vorhanden sein müssen. Darwin wußte um diesen, seine Theorie unglaubwürdig machenden Tatbestand. Er hoffte, daß die zahlreichen Zwischenglieder, insbesondere den Menschen betreffend, bald gefunden würden. Nachdem durch eine hundertjährige emsige Forschertätigkeit reiche Funde vorliegen, steht aber heute fest: Es gibt kein einziges »Missing link« (fehlendes Zwischenglied zwischen Tier und Mensch), wie es sich Darwin und seine Zeitgenossen vorstellten, sondern nur eine Reihe von Zwischenformen.[6] Ebensowenig wurde das »Missing link« zwischen Fisch und Echse und zwischen Echse und Vogel gefunden.

Es ist schwer begreiflich, daß dieses Konglomerat von Widersprüchen und schwerwiegenden Mängeln der Evolutionstheorie den ungeheuren Beifall nicht beeinträchtigte. Darwins Bücher fanden reißenden Absatz. Man geht sicher nicht fehl anzunehmen, daß emotionale Gesichtspunkte hierbei eine große Rolle spielten. Die Animosität gegen die Kirchen, die so lange Zeit die Wissenschaften in ihrer Tätigkeit behindert hatten, wirkte nachhaltig – und zwar bis zum heutigen Tag!

Der Mensch sollte nach der Deszendenztheorie durch Evolution aus tierischen Vorstufen entstanden sein. Die damals gängige Theorie der Abstammung des Menschen vom Affen wurde in Deutschland von dem Jenaer Professor *Ernst Haeckel* durch populärwissenschaftliche Schriften in weiteste Volkskreise getragen. In seinem Hauptwerk *Generelle Morphologie der Organismen* (1866) schreibt Haeckel: »Der Mensch ist ohne Zweifel aus den Catarrhinen (Schmalaffen) der Alten Welt entstanden, und er kann von dieser Unterordnung der echten Affen im System nicht getrennt werden.«[7] Später war ihm eine Ähnlichkeit zwischen menschlichen Embryonen und denen des Gibbonaffen aufgefallen. Voreilig postulierte er, daß der Gibbon von den Menschenaffen dem Menschen am nächsten verwandt sei: »Der Mensch hat gibbonähnliche Vorfahren gehabt.«[8] Das, was Haeckel damals Millionen Menschen als wissenschaftliche Erkenntnis vermittelte, hat sich als gänzlich falsch erwiesen. Heute ist hierzu in wissenschaftlichen Werken folgendes zu lesen: »In bezug auf die vier Menschenaffenarten – Gibbon, Orang-Utan, Gorilla und Schimpanse – ist man der Ansicht, daß der Gibbon in seinem Organisationsgrad dem Menschen am wenigsten ähnlich ist …«[9]

Es gab damals wenige Intellektuelle, die Haeckels Bücher nicht gelesen hatten. Von jedem Primaner wurden sie als eine Offenbarung angesehen. Die Glaubenslosigkeit begann sich auszubreiten. Niemand ahnte, daß später bessere Erkenntnisse gewonnen und Du Bois-Reymond spöttisch sagen würde, die Haeckelschen Stammbäume glichen den homerischen Helden, da sie ebenso hypothetisch seien wie diese.[10]

Haeckels Schüler rückten vom Gibbon ab und erklärten andere Affenarten als menschliche Vorfahren. Brandes brachte sie mit dem Orang-Utan in Verbindung, Keith mit dem Gorilla und A. H. Schulz mit den amerikanischen Affen. Weinert schließlich sah einen Zusammenhang mit dem Schimpansen. Wieder andere – wie z. B. Franz – sahen den Vorfahren des Menschen im Propliothecus fraasi und behaupteten wider besseres Wissen, die Stammesreihe über den Menschenaffen zum Menschen sei vollständig belegt. Später hat der hervorragende Sachkenner *Beurlen* in dem Sammelwerk *Die Evolution der Organismen* festgestellt, daß gerade diese Reihe »ganz besonders lückenhaft« vertreten sei. Jeder behauptete auf seine Weise die Abstammung des Menschen vom Affen, obwohl alles völlig ungesicherte Annahmen waren. Heute besteht die übereinstimmende Erkenntnis, daß die Abstammung des Menschen vom Menschenaffen unmöglich ist. In dem im Jahr 1965 von Gerhard Heberer herausgegebenen Sammelwerk *Menschliche Abstammungslehre* schreibt Günther Bergner: »Die Gorillahypothese widerspricht den Befunden an anderen Organsystemen ebenso wie die Schimpansenhypothese Weinerts und ist daher mit den gleichen Argumenten abzulehnen.«[11]

Im Jahre 1968 schrieb Heberer in der *Frankfurter Allgemeinen Zeitung* vom 25. September: »Das vulgäre und manchen noch immer perhorreszierende Schlagwort, der Mensch stamme vom Affen ab, ist erledigt.« Aber in weiten Volkskreisen geistert diese Irrlehre heute noch herum.

Obwohl bereits in den dreißiger Jahren unseres Jahrhunderts

eine Wende in der wissenschaftlichen Erkenntnis eingetreten war, verfochten einige Anthropologen, vor allem *Weinert,* die Abstammungstheorie des Menschen vom Affen mit großer Hartnäckigkeit. Sie fanden dabei von den einflußreichen Vertretern des Dritten Reiches jede Unterstützung. Es wurde sogar eine Massenauflage der längst überholten Schriften Haeckels ins Volk gebracht.[12] Die inzwischen als völlig unhaltbar angesehene sogenannte Dreistufentheorie (Übergang von den Anthropusformen, Neandertalformen, Sapiensformen der heutigen Menschheit) wurde in vielen Lehrbüchern als »gesichertes Ergebnis« angegeben! Erst Anfang der fünfziger Jahre wurde diese zu keinem Zeitpunkt auch nur halbwegs bewiesene These fallengelassen.[13]

Karl Weiss sagt treffend, daß die Kraft des Monismus nicht in der Tiefe der Gedanken, sondern im Gefühlsmäßigen, in den Affekten liege, die sich mit irgendwelchen Schlagworten in die Menge tragen lassen.[14] Es muß erst einmal für die richtige Grundstimmung gesorgt werden, und dafür wurde eh und je bis auf den heutigen Tag gesorgt. Was damals betrieben wurde, war keine Wissenschaft mehr, sondern Ideologie und Volksverdummung. Die Tendenzen richteten sich klar gegen das Christentum. Aufs stärkste gefördert von den Atheisten des Dritten Reiches wurde vor allem die Gruppe um *Gerhard Heberer**, Tübingen, der seit 1943 das große Sammelwerk *Die Evolution der Organismen* herausgab. Wie er selbst in seiner Schrift *Homo – unsere Ab- und Zukunft* (1968) aussagt, vertritt er eine »antimetaphysische Methodik« (S. 112). Die Gruppe vertritt die physikochemische Erklärung des Lebens, d. h. das Wort »Gott« darf im Vokabular dieser Schriften nicht vorkommen. Im Sinne des monistischen Materialismus werden nur Kräfte des leblosen Stoffes anerkannt. Heberer, der in den vierziger Jahren die Anthropoiden-Abstammung für »unwiderruflich bewiesen«[15] erklärte, mußte sich damals schon von Gehlen sagen lassen, daß »diese Form nicht

---

* Gestorben 1973.

nachweisbar ist«.[16] Schon bald danach sah sich Heberer dann auch zu vorsichtigeren Formulierungen genötigt. Im Jahre 1951 schrieb er: »Es hat sich ergeben, daß die morphogenetischen Vorstellungen, die sich in der Struktur des klassischen Geschichtsbildes ausdrückten und zu seinem Aufbau bestimmend beitrugen, uns nicht immer den richtigen Weg gewiesen haben.«[17] Vielsagend bemerkt er, der vielleicht zu sichere Optimismus der letzten fünfzig Jahre sei etwas gedämpft worden. In seinem im Jahre 1968 erschienen Buch *Homo – unsere Ab- und Zukunft* muß er dann schließlich zugeben, daß das früher gezeichnete Geschichtsbild der Primaten, die zum Homo sapiens* führen sollen, »vielfach hypothetisch sein muß«[18].

Als die biologische Forschung erkannte, daß Veränderungen bei einem Individuum nur durch Veränderung der Gene möglich sind, trat für die Evolutionisten eine neue Sachlage ein. Mit den bisherigen Erklärungen, die Wirkkräfte der Evolution seien der Ausleseprozeß und der Kampf ums Dasein sowie die Anpassung an die Umwelt allein, war nichts mehr anzufangen. Der Darwinismus war erledigt, aber die Darwinisten gaben nicht auf, sie suchten ihre monistische Weltanschauung durch den Neodarwinismus zu retten.

Das Gen, mit dem wir uns zunächst kurz befassen müssen, ist die kleinste Einheit einer Zelle, sozusagen das biologische Atom; das Gen ist der Träger der Erbveränderungen und erhält dazu die erforderlichen Informationen. Zuweilen wird das Gen in der wissenschaftlichen Literatur mit einer Lochkarte verglichen, die Informationen speichert. Auf die Frage, woher diese »Lochkarten« kommen und wer die Informationen gibt, antwortet die Wissenschaft: »Diese Frage nach dem Wie und Warum ist identisch mit der Frage nach der Entstehung des Lebens auf der Erde überhaupt. Hierüber können freilich keine genauen Auskünfte gegeben werden, höchstens erste Ansätze, Bruchstücke und Hy-

---

* *Homo sapiens* = der heutige vernunftbegabte Mensch.

pothesen.«[19] Auf diesem kaum tragfähigen »Fundament« ist der Evolutionismus bzw. Neodarwinismus aufgebaut.

Im Gen treten sehr selten Veränderungen der gespeicherten Erbinformation durch chemische Veränderungen der DNS auf, welche Veränderungen als *Mutationen* bezeichnet werden. Eine Mutation hat für die Erbanlagen positive oder negative Folgen. Fast immer sind sie negativ. Mutationen kommen in der Natur äußerst selten vor, sie können aber auch durch kurzwellige Strahlen oder sogenannte mutagene Chemikalien künstlich herbeigeführt werden.

Von nun an lehrten die Evolutionisten, daß die Evolution durch kleinste Schritte infolge von Mutationen erfolge. Die Entwicklung benötigt also – wie schon Lamarck und Darwin unterstellt hatten – viele hundert Millionen Jahre. Es muß hier hervorgehoben werden, daß das logischerweise die Prämisse war, an der unabdingbar festgehalten werden mußte, denn spontan in der Natur frei vorkommende Mutationen sind äußerst selten, und die durch Experimente gewonnenen Erfahrungen zeigten, daß fast alle Mutationen schädliche Wirkungen wie Deformierungen usw. zur Folge haben. Die meisten Experimente wurden mit der kleinen Frucht- oder Taufliege (Drosophila) angestellt. Zwanzig Millionen Taufliegen sind auf diese Weise bereits gezüchtet worden, aber eine neue Art kam dabei nicht zustande. Es traten fast nur Verlustmutationen ein.[20] Damit war bewiesen, daß Kleinmutationen nur sekundäre Merkmale innerhalb der Art verändern, aber niemals Übergänge von einer Art zur andern verursachen. Es kommt aber allein auf die Veränderung des *Bauplanes* und die Entwicklung *neuer Typen* an. Durch Kleinmutationen kann also die Evolution nicht bewirkt werden.

Zugleich wurde aber auch in anderer Hinsicht durch Forschungsergebnisse der Paläontologie eine neue Erkenntnis gewonnen, die die Theorie des Evolutionismus ganz unglaubwürdig macht. Seit Lamarcks Zeiten bestand bei allen Evolutionisten die einhellige Meinung, daß für das Hervorgehen neuer Arten unendlich lange Zeiträume benötigt würden. Nun ergab sich aber durch die Forschungen die unwiderlegbare Tatsache, daß das Auftreten neuer Tierarten in den verschiedensten erdgeschichtlichen Zeitabschnitten nicht allmählich in zahllosen Übergangsformen erfolgte, sondern daß im Gegenteil die neuen Arten *plötzlich* da waren.

Hierzu die Fakten. *Overhage* schreibt: »Das Werden der verschiedenen Stämme der reich gegliederten Wirbellosen ist uns verborgen, weil sie alle in hochentwickelten Vertretern schon in den ältesten, noch Fossilien führenden Schichten des Kambriums *abrupt* nebeneinander auftreten. Sie lassen sich nicht auf frühere Formen zurückführen, weil das Präkambrium (vor mehr als 500 Millionen Jahren) praktisch fossilleer ist.« »Der Stamm der Wirbeltiere tritt im Silur *unvermittelt* zum erstenmal auf.«[21]

Karl Weiss berichtet: »Im Untersilur treten die ersten Wirbeltiere auf. Chamberlin sagt darüber: Das Erscheinen der Fische ist eines der abruptesten und drastischsten Geschehnisse in der Erdgeschichte; sie erscheinen *sofort von einem verhüllten Ursprung her in breitem Zug.* Von Anfang an stehen zahlreiche ganz verschiedene Typen nebeneinander, und zwar Haie, Rochen, Chimären, Lungenfische, Panzerfische.« »Die Vögel treten im Jura *plötzlich* auf. Der bekannte ›Urvogel‹ (Archäopteryx) wurde früher vielfach als Übergangsform zwischen Reptilien und Vögeln bezeichnet, er hat sich indessen als richtiger Vogel mit vier Zehen und echten Federn erwiesen. Wir kennen kein Geschöpf, das uns einen Fingerzeig geben könnte, wie jemals aus den Hornschuppen eines Reptils die Federn eines Vogels hervorgegangen sind. Die Säugetiere sind zu Beginn des Tertiärs mit zahllosen Ordnungen, Familien und Gattungen *plötzlich* da.« »Von Übergangsformen«, stellt Weiss fest, »ist überhaupt nichts zu finden.« »Wenn wir diese logische Säuberung gründlich durchführen, bleibt von dem gewaltigen Gebäude der darwinistischen Stammbaumkonstruktion fast nichts mehr übrig.«[22] Nobelpreisträger *Konrad Lorenz* betont in seiner Schrift *Die*

Rückseite des Spiegels ausdrücklich, daß auf jeder Entwicklungsstufe des Lebendigen Neues auftritt, was aus der tieferen Stufe
auf keine Weise ableitbar ist.[23]

Im Jahr 1967 haben die Geologische Gesellschaft von London
und die Paläontologische Vereinigung Englands von 120 Wissenschaftlern einen *Fossilbericht* erarbeiten lassen. Der 800 Seiten
umfassende Bericht gibt eine Übersicht über die Funde von
fossilen Pflanzen und Tieren. Er ist in etwa 2500 Gruppen un-
terteilt. Dieser Bericht bestätigt in authentischer Weise die in den
früheren Jahren von zahlreichen Experten gemachten Angaben
über das ganz plötzliche Auftreten neuer Arten.

Auch der angesehene Evolutionist *George Gaylord Simpson*
(Harvard-Universität) läßt keinen Zweifel offen, daß es in dieser
Hinsicht unter den Gelehrten nur eine einhellige Meinung gibt.
Er schreibt: »Wie jeder Paläontologe weiß, erscheinen die Mehrzahl der neuen Arten, Gattungen und Familien sowie fast alle
neuen Abteilungen oberhalb der Familie in den ›Urkunden‹
plötzlich; es führt keine ununterbrochene Reihe bekannter Über-
gangsvarietäten zu ihnen hin.«[24]

Charles Darwin hatte bereits 1859 in seinem berühmt gewordenen Buch *Die Entstehung der Arten* selbst Zweifel an seiner
Theorie aufkommen lassen, als er schrieb: »Wenn die Arten
durch unmerkliche Übergänge aus anderen Arten entstanden
sind, warum finden wir dann nicht überall Übergangsformen?
Warum besteht dann nicht in der Natur ein wirres Durcheinan-
der von Formen, anstatt daß die Arten, wie wir sie sehen, *wohl
abgegrenzt* sind?« Darwin klammerte sich, um seine Theorie
nicht aufgeben zu müssen, an die Vorstellung, daß alle Übergangsformen zerstört worden seien. Ein halbes Jahrhundert später war es dann aber klargeworden, daß der Grund des Fehlens
der Übergangsformen ein anderer war. Bereits um die Jahrhundertwende schrieb der Zoologe *A. Fleischmann:* »Die praktische
Möglichkeit, etwas über die Urgeschichte des Tierreiches zu
ergründen, ist vollständig erschöpft und die Hoffnung für alle

Zukunft zerstört. Wir erhalten ein Resultat gerade umgekehrt von dem, was man erwarten sollte. ... Diesen Zustand nenne ich den Zusammenbruch der Abstammungslehre.«[25]

Heute, nach mehr als hundertjähriger emsiger Forschungsarbeit, müssen die Evolutionisten zugeben: Es gibt keine Übergangsformen, es gibt keine Entwicklung, sondern plötzliches Vorhandensein. Die einzelnen Arten stehen da wie die Pfeiler einer gesprengten Brücke. Diese Feststellung ist vernichtend für den Evolutionismus. Alle Fakten weisen zwingend darauf hin, daß ein Schöpfer am Werk war, der die einzelnen Arten erschaffen hat, und zwar stufenweise in immer höheren Formen.

Wäre der Evolutionismus für zahlreiche Wissenschaftler kein Dogma, so müßten sie dasselbe bekennen wie der Evolutionist *Edmund Samuel,* Professor am Antioch College (Ohio, USA): »Die Evolutionshypothese ist keine überzeugende wissenschaftliche Erklärung für das Vorhandensein der verschiedenen Lebensformen. Das ist so, weil die Daten nur als Indizien zu betrachten sind und weil keine genaue Analyse ... des Fossilberichtes die Evolutionstheorie direkt stützen kann.«[26] Obwohl die Fakten den Evolutionisten fast die Augen ausstechen, bleiben sie bei ihrer Theorie und betrachten, wie z. B. Heberer, Lenkungsfaktoren, die von einem Schöpfergeist ausgehen, als »emotionale Imponderabilien«[27].

Da der Evolutionismus wesensmäßig atheistisch ist, wird er einer Gesamttendenz dienstbar gemacht und darf sich deshalb nicht aufgeben. Der Kausalismus hat sich mit dem Materialismus auf das engste verbunden.

Nachdem die Grundthese der Evolutionisten – die sehr langsame Entwicklung durch Mikro-Mutationen (Klein-Mutationen) – unhaltbar geworden war, blieb, wenn man nicht alles aufgeben wollte, nur noch eine – allerdings von vornherein wenig glaubhafte – These übrig: die Veränderungen der Arten durch *Makro- oder Mega-Mutationen* (Groß-Mutationen). Das Begriffsarsenal der Evolutionisten wurde jetzt auf den Kopf gestellt. Man behauptete genau das Gegenteil von dem, was ehedem vorgetragen wurde. Der Evolutionismus und Neodarwinismus befand sich erneut auf dem Rückzug, ohne daß dies der Öffentlichkeit bewußt geworden ist.

Eine Makro-Mutation stellt man sich vor als die zusammengefaßte Zahl von Klein-Mutationen. Der Makro-Mutation muß nun noch eine unerhörtere Zufallsleistung zugesprochen werden als wie bisher der Klein-Mutation, die schon ganz unwahrscheinlich war. Makro-Mutationen müßten – sofern sie es überhaupt jemals gegeben hat – eine unvorstellbare Zahl von Zufälligkeiten, vereint in einem Augenblick, ergeben. Diese Ungereimtheit sollte in explosiver Form einen neuen Typus entstehen lassen. Daß diese neue Theorie, die den Begriff »Evolution« zum Paradoxon macht, eine reine Verlegenheitslösung ist, ist auf den ersten Blick erkennbar. Die Makro-Mutation ist ein reines Phantasieprodukt, denn Groß-Mutationen, die auch die Baupläne verändern, sind noch niemals beobachtet worden. »Praktisch hat es die Genetik im Genom bisher nur mit den sekundären Merkmalen zu tun.«[28] Portmann bemerkt, daß wir bis heute nur etwas von der Mikro-Evolution wissen, während uns die Makro-Evolution, die Bildung von neuen Typen, gänzlich unbekannt ist.[29] Er bemerkt, daß es »Theorien gibt, an denen die schweifende Phantasie allzu frei mitgewirkt hat«[30].

Um die Unwahrscheinlichkeit vor Augen zu führen, daß der Zufall seit Millionen Jahren in Millionen Fällen aus dem Meer der Möglichkeiten stets einen Volltreffer erzielt haben soll, sei kurz etwas über die Vererbungsvorgänge beim Menschen gesagt.

Der Körper besteht aus 60 Billionen Zellen. Im Zellkern befinden sich fadenförmige Gebilde, die Chromosome genannt werden. An diesen Chromosomen sind die Gene wie Perlen an einer Schnur aufgereiht. Das Gen besteht aus chemischen Substanzen, die gekürzt DNS genannt werden. Das Gen bzw. die DNS enthält den Bauplan für das zu erwartende Kind. Primitive Lebensformen haben nur einige hundert Gene, der Mensch aber hat einige Millionen. Diese verteilen sich unbekannterweise auf 46 Chromosome. Das Gen als Träger der Erbanlagen muß die richtigen Informationen erhalten, damit jeweils wieder die richtige Art entsteht. Im Fall einer positiven Mutation muß der Informant genau die richtige Wahl treffen. Schon bei einer Mikro-Mutation ist das bei einer millionenfachen Auswahl eine erstaunliche Leistung. Bei einer Makro-Mutation müssen aber für die Neubildung einer Art mit der Schnelligkeit eines Blitzstrahls Hunderte ganz bestimmter Gene aus den milliardenfachen Möglichkeiten herausgefunden werden. Es stellt sich hier zwangsläufig die entscheidende Frage – die den Kern des Problems darstellt – nach dem Informator. Der gläubige Christ sieht keine Schwierigkeiten, weil er weiß, daß einem weisen und allmächtigen Gott alle Dinge möglich sind. Der atheistische Wissenschaftler muß die ganz unwahrscheinliche Kreativität des blinden Zufalls als Informator annehmen. Man wird hier an ein Wort von Epikur (gest. 271 v. Chr.) erinnert, der bereits vor 2250 Jahren erkannt hatte, daß der Zufall immer nur die Bezeichnung für die jeweilige Grenze unseres Wissens ist. Nach dem Vorgesagten muß man sich sträuben, dem Zufall in so vielfältiger und komplexer Weise Fähigkeiten zuzuerkennen, die göttlicher Weisheit allein zukommen. Mit Recht fragt *Viktor v. Weizsäcker:* »Warum soll nur der Unsinn, der Zufall recht behalten, warum nicht auch der Sinn?«[31]

Darwin hatte sich noch dieses gesunde Empfinden bewahrt, obwohl er noch keine Kenntnis von der unvorstellbaren Vielfalt der Vererbungsmöglichkeiten hatte. In einem seiner Briefe brachte er das zum Ausdruck: »Ich muß sagen, ich kann unmöglich begreifen, daß dieses gewaltige und wunderbare Universum und daß wir Menschen mitsamt dem Bewußtsein unserer selbst durch Zufall entstanden sein sollen; und das scheint mir das Hauptargument für die Existenz Gottes zu sein; ob aber dieses Argument stichhaltig ist, das zu entscheiden ist mir niemals gelungen. Die sicherste Aussage scheint mir die zu sein, daß das ganze Problem jenseits der Reichweite menschlichen Intellekts liegt.«[32]

Natürlich kommen auch heute den Gelehrten im geheimen oder auch im offenen Bekenntnis Zweifel, ob der Zufall bei der Makro-Mutation als wirksamer Mechanismus der Evolution ein brauchbares Agens ist.

So schreibt z. B. *Polanyi:* »Die Bedeutung der Evolution liegt in der Entstehung höherer Wesen aus niedrigeren und ganz besonders im Auftreten des Menschen. Eine Theorie, die nur evolutive Veränderungen aufgrund eines selektiven Vorteils zufälliger Mutationen sieht, kann dieses Problem nicht erkennen.«[33]

Burnet sagt: »Der Versuch, das Verständnis der Lebensprozesse um jeden Preis durch morphologische, physikalische und chemische Untersuchungsmethoden erzwingen zu wollen, ist an einem Punkt angelangt, an dem die Ergebnisse in umgekehrt proportionalem Verhältnis zu der aufgewendeten Mühe stehen. Wir nähern uns einer unsichtbaren Schranke, und für die theoretische Biologie mag in Kürze eine Änderung ihrer Zielsetzungen und Methoden notwendig werden.«[34]

Adolf Remane (Kiel) kommt am Ende einer gründlichen Bestandsaufnahme der Evolutionslehre im Jahre 1972 zu folgendem Ergebnis: »… uns fehlt noch jede Vorstellung, wie komplizierte Organe, an deren Aufbau Hunderte von Genen beteiligt sind, sich durch bekannte Mutationstypen gebildet und harmonisch weiterentwickelt haben.«[35] (!)

L. L. Whyte meint: »Vielleicht gibt es überhaupt keine Mutationen, die völlig auf Zufall beruhen.«[36]

W. H. Thorpe erklärt: »Mir scheint die Zufälligkeit der Mutationen recht zweifelhaft, und damit verleihe ich einem Zweifel Ausdruck, der seit fünfundzwanzig Jahren das Gemüt *zahlreicher* Biologen im *geheimen** (!) bewegt.«[37]

---

* Von mir hervorgehoben.

Von besonderem Gewicht ist die Äußerung des bekannten deutschen Evolutionisten *Gerhard Heberer* in der *Frankfurter Allgemeinen Zeitung* vom 21. August 1962. Heberer bekennt, daß es im Bereich der menschlichen Entwicklung vom subhumanen zum humanen Niveau in schneller Folge einer »Mega-Mutation, also eines Riesenerbsprunges bedurft hätte, die aber nach allem, was wir heute über die chemische Struktur des Erbgutes wissen, so unwahrscheinlich ist, daß mit ihrer Realisierbarkeit nicht zu rechnen ist. (!) Erst in einer sehr langen Generationskette, die sich über 15 Millionen Jahre erstreckte, erwarben die subhumanen Hominiden (= die Menschenartigen, d. Vf.) durch den Mutations-Selektions-Mechanismus schrittweise die physischen Voraussetzungen für die humane Phase, für das echte Menschentum.«[38]

Hier wird von Heberer expressis verbis die Mega- oder Makro-Evolution als gänzlich unrealistisch bezeichnet. Aber gerade diese soll doch der letzte Rettungsanker für den Evolutionismus sein!

Die dem Monismus, das heißt der Alleinherrschaft der Materie verschriebenen Wissenschaftler geben dennoch niemals zu, daß Gottes Ideen und die Hilfe seiner Geistwesen die Schöpfung in ihrer undurchdringlichen Kompliziertheit und Harmonie bewirkt haben, so wie es die Neuoffenbarung in logischer und einleuchtender Weise anschaulich darstellt. *Spülbeck* kennzeichnet die Ursache dieser nicht zu begreifenden Verhaltensweise treffend, wenn er feststellt: »Wir sind durch den vulgären Materialismus und durch die rein mechanistisch orientierte Naturwissenschaft für diese Dinge geradezu wertblind geworden.«[39]

1. Die Menschwerdung aus der Sicht des Evolutionismus und der Neuoffenbarung

Die Neuoffenbarung unterscheidet zwischen den mit dem göttlichen Geistfunken versehenen Menschen, die von Adam abstammen, und den sogenannten Präadamiten oder Vor- und Urmenschen (dort auch Tiermenschen genannt). Die menschenartigen Tiermenschen (von der Wissenschaft Hominiden genannt) lebten vor Adam nach Angaben Jakob Lorbers seit »vielen Millionen Jahren«. Diese Erkenntnis wurde von der wissenschaftlichen Forschung erst vor wenigen Jahren gewonnen. Bis dahin glaubte man, daß die Hominiden seit mehreren hunderttausend Jahren die Erde bevölkert hätten.

Lorber berichtet auch völlig zutreffend, daß die verschiedenen Typen der Präadamiten nach sehr langen Zeiträumen durch etwas höherentwickelte Arten abgelöst wurden.

Die Wissenschaft hat ihre Ansichten im Laufe der vergangenen hundert Jahre immer wieder berichtigen müssen, und zwar so gründlich, daß man zu sagen geneigt ist: »Das Dauerhafteste auf dieser Welt sind die Irrtümer.« Bemerkenswert hierbei ist, daß die Forschungsergebnisse sich ständig den Kundgaben Jakob Lorbers annäherten. Das gilt – wie in einem früheren Kapitel gezeigt wurde – auch für andere Disziplinen der Wissenschaft.

In gewissen Zeitabständen wurde in früheren Jahrzehnten die Öffentlichkeit immer wieder von Wissenschaftlern in Kenntnis gesetzt, daß das »Missing link«, das fehlende Übergangsglied in der Entwicklung zwischen dem Tier und dem Menschen, gefunden worden sei.

Als in den achtziger Jahren des vorigen Jahrhunderts das erste vollständige Skelett eines Neandertalers bei La Chapelle sur Saints gefunden worden war, gab der Direktor des Institutes für Humanpaläontologie in Paris, Marcellin Boule, in einem von ihm erstellten Gutachten bekannt, es handle sich bei dem Fund um das fehlende Glied zwischen Affe und Mensch. Diese Tatarennachricht wurde dann sogar in die Lehrbücher aufgenommen, und das Skelett wurde auf seiner Wanderschaft durch die Kontinente von den Ausstellungsbesuchern gläubig bestaunt.

Ähnliches Aufsehen erregte im Jahre 1894 Eugène Dubois, als er in seiner Schrift *Pithecanthropus erectus* von einer »menschenähnlichen Übergangsform aus Java« behauptete, es sei nun in Java das wirkliche »Missing link« gefunden worden. Die Lücke schien geschlossen und die Evolutionstheorie nun gesicherte wissenschaftliche Erkenntnis zu sein. Phantasiebegabte Paläanthropologen wollten sogar die Sprachbegabung dieses Hominidenfundes aus der Kopfform erkennen wollen, obwohl die Gehirnleistung anatomisch nicht erfaßbar ist. Aber auch dieser Rausch dauerte nur kurze Zeit. Dubois mußte sich von anderen Gelehrten überzeugen lassen, daß der Pithecanthropus – übrigens eine unrichtige Bezeichnung –, dem ein Alter von ca. 500 000 Jahren zuzusprechen ist, das gesuchte fehlende Glied wiederum nicht ist.

In den Jahren 1911 und 1912 gab es dann eine neue Sensation, und diesmal schien der Fund überzeugen zu können. In einem Graben bei Piltdown (England) wurde der Schädel eines modernen Menschen gefunden, der nach dem Fundzustand mehrere hunderttausend Jahre alt sein mußte und seltsame menschliche Zahnmerkmale erkennen ließ. Es dauerte sehr lange, bis Licht in dieses Fossil gebracht werden konnte. Erst im Jahre 1948 wurde mit Hilfe des Fluor-Testes ermittelt, daß dieser Fund, der soviel Kopfzerbrechen verursacht hatte, eine raffinierte Fälschung war. »Ein Schimpansenunterkiefer war durch Abfeilen der Backenzahnhöcker mit menschlichen Kauzähnen ausgestattet worden und hatte durch irgendeine Chemikalie, wie z. B. Kaliumpermanganat, sein fossiles Aussehen erhalten.«[40] Die Fälschung war beinahe vollkommen, der Fälscher ist bis heute unbekannt geblieben. Der Fall beweist, wie von gewisser Seite die Rechthaberei bis zur Fälschung betrieben wurde.

Lange Zeit glaubte man später, daß die während der etwa eine

Million Jahre dauernden Eiszeit* lebenden Australopithecinen für die Abstammung des Homo sapiens in Betracht kämen. Die Annahme mußte vor einigen Jahren durch Funde, die Leakey jr. in Afrika gemacht hat, auch wieder als unhaltbar aufgegeben werden. Hierzu schreibt Heberer: »... ob die prähomininen Australopithecinen Afrikas uns den Ort des Tier-Mensch-Übergangsfeldes, des Schlußakkordes der Hominisation (Menschwerdung, d. Vf.) anzeigen, hat als ein ungelöstes Problem zu gelten.«[41] »Die Australopithecinen sind ausgestorben, ohne vorher die Verbindung herstellen zu können« *(FAZ* v. 25. 9. 1968).

Nun war man gezwungen, das sogenannte Gabelungsereignis in immer tiefere Epochen des Tertiärs zu verlegen. »Nach den modernsten Ergebnissen der paläontologischen Wissenschaft zweigt mit dem Ramapithecus (RA) die Entwicklungslinie, die zum Menschen führt, *wahrscheinlich*** schon im Oligozän, im mittleren Tertiärzeitalter vor über 25 Millionen Jahren aus der gemeinsamen Wurzel von Mensch und Affen ab. Die ›Vormenschen‹ waren danach schon während der Tertiärzeit im Miozän vor 10 bis 25 Millionen Jahren weit verbreitet.«[42]

Heberer muß die ständige und schnelle Veränderung der Mutmaßungen zugeben, indem er hinzufügt: »Noch vor drei Jahren hatte man die Verselbständigung der menschlichen Stammeslinie erst für das Pliozän vor zehn Millionen Jahren angesetzt« *(FAZ* v. 25. 9. 1968).

Je weiter man in die Epochen des Tertiärs hinuntergeht, um so vager werden die Aussagen. Wie unsicher die Evolutionisten jetzt geworden sind, wird aus einer Verlautbarung von Heberer ersichtlich. »Überblicken wir das Geschichtsbild, welches die moderne genetische Anthropologie von der Evolution der Hominiden zu entwerfen vermag, so muß betont werden, daß dies nur ein Jeweilsbild ist, das auf dem jetzigen Fundbestand be-

---

* Diese Zeitdauer hat sich nach neueren Forschungsergebnissen aber als zu kurz erwiesen (FAZ v. 19. 8. 1970).
** Von mir hervorgehoben.

ruht.«[43] In seiner Schrift *Homo* (1968) spricht Heberer zehn Jahre später nur noch von »Theorien« und »Hypothesen« (S. 15, 22 u. 27). Die Jahrzehnte zuvor von Heberer zur Schau getragene Sicherheit war schon früher von Experten zurückgewiesen worden. Gehlen schrieb damals an Heberer: »Die klassische Theorie tritt mit einer großen, dem Gegenstand ganz unangemessenen Sicherheit auf, und nur bei sehr genauem Hinsehen erkennt man, an welcher Stelle die Unsicherheit durchblickt.«[44]

Die Ansichten, in welcher Epoche des Tertiärs das »Ancien member« zu suchen ist, gehen – da alles nur *Vermutungen* sind – sehr weit auseinander. Während Heberer das Gabelungsereignis in die Zeit vor 25 Millionen Jahren legt, vertreten amerikanische Anthropologen völlig andere Ansichten. Wilson und Sarich (USA) sprechen von vier bis fünf Millionen Jahren, und C. O. Lovejoy von der Kent State University sowie A. H. Burstein und K. G. Heiple (Case Western Reserve University Cleveland, USA) vertreten den Standpunkt, daß die Abzweigung vor etwa 14 Millionen Jahren erfolgt ist.[45]

Der Schweizer Johannes Hürzeler geht gleich viermal so tief hinunter wie die Amerikaner. Er vermutet die gemeinsame Wurzel im Eozän vor 60 Millionen Jahren![46]

Der angesehene Gelehrte Koenigswald gab schließlich in einer ZDF-Sendung am 28. Januar 1970 der Wahrheit die Ehre, als er sagte: »Wann und wo die Abspaltung erfolgte, ist unbekannt. Alle Zwischenformen sind vor etwa 25 Millionen Jahren ausgestorben. Wir kennen den gemeinsamen Vorfahren nicht.«

Da über einen Zeitraum von zwölf Millionen Jahren fast keine in Betracht kommenden Fossilien gefunden wurden (!), kann auch nicht mehr von einem realen Stammbaum gesprochen werden. Infolge der stark zugenommenen Kritik an der Evolutionstheorie durch Fachgelehrte sind die Evolutionisten auch in Hinsicht des Geredes vom Stammbaum zurückhaltend geworden. So spricht auch Heberer jetzt statt von »Stammbaum« vom »phylogenetischen Beziehungsschema«. Wörtlich sagt er: »Diese

›Stammbäume‹, die man vorsichtiger und besser als phylogene-
tische Beziehungsschemen bezeichnen könnte ...«[47]

Nachdem die Anthropologie weithin auf Spekulationen beruht, verwundert es nicht, daß sich die Wissenschaftler auf einem
Kongreß in Chicago im Jahre 1965, an dem 300 prominente
Anthropologen, Biologen, Zoologen und Vererbungswissen-
schaftler teilnahmen, über die vielen offenstehenden Fragen nicht
einigen konnten.[48]

Auch bestimmte andere Forschungsergebnisse bringen die
Theorie in schwere Bedrängnis. Nach dem klassischen Konzept
muß die Entwicklungslinie bei der Menschwerdung sich von
zeitlicher Stufe zu Stufe immer mehr dem modernen Menschen
nähern. Das ist eine Erscheinung, die logischerweise der Evolution immanent sein muß. Aber die Fossilien tun den Evolutionisten weithin diesen Gefallen nicht. Der 250 000 Jahre alte Swans-
kombe-Schädel ist von einem Schädel des modernen Menschen
fast nicht zu unterscheiden, der etwa nur 40 000 bis 50 000 Jahre
alte Schädel des Spy-Menschen – ein klassischer Neandertaler –
zeigt einen flachstirnigen Menschen mit enormen Überaugen-
wülsten.[49]

Daß diese Ergebnisse so gar nicht in das Konzept der Evolutionisten passen, wird in der Schrift *Der Mensch der Vorzeit*
(1971) offen dargestellt: »Die Entwicklungstendenzen, die während dieser Zeit an dem Neandertaler zu beobachten waren,
waren höchst rätselhaft. Es hat nämlich den Anschein, als sei er
statt fortschrittlicher ›primitiver‹ geworden. Seine letzten Fossilien, die wir aus Europa kennen, sind noch plumper und massiver
und besitzen noch stärkere Augenwülste als die seiner Vorfahren.«[50]

Die schillernde Vorstellung vom langsamen Übergang erweist
sich an der entscheidenden Stelle als unrealistisch. Die Theorie
der kleinen Schritte, die im Zusammenwirken mit dem unentwegt eintretenden Zufall die monistische Theorie des Evolutionismus stützen sollte, erwies sich als nicht tragfähig. Das hatte

bereits frühzeitig Heribert Nilsson erkannt und festgestellt: »Mit Lamarck, Darwin und de Vries kommen wir nicht weiter.«[51] Und heute ist in wissenschaftlichen Werken zu lesen: »Nicht nur, daß man plötzlich keine Neandertaler mehr antrifft, man findet genauso abrupt an seiner Stelle Menschen unserer Art. Da gibt es kein Überlappen, keinen langsamen Übergang von einem Typ zum anderen. (!) Es ist, als seien moderne Menschen herangestürmt und hätten den Neandertaler vertrieben, ja vielleicht sogar getötet.«[52]

Ebenso stellt Gottfried Kurth im Sammelwerk Heberer (1964) fest: »In Europa treten die klassischen Alt- und die ersten klassischen Jetztmenschen einander so *übergangslos* und *morphologisch scharf abgegrenzt*[*] gegenüber, daß über ein genetisches Auseinander die Akten endgültig geschlossen sind.«[53]

Auf den Neandertaler folgte vor 35 000 Jahren der *Cromagnonmensch*. Woher diese Menschenart kommt, ist völlig unbekannt. Plötzlich war sie da.[54] Sie hat bereits einzelne Exemplare hervorgebracht, die künstlerisch begabt waren. Jedoch wird das Niveau des Cromagnonmenschen in seiner Gesamtheit meist weit überschätzt. Wie sehr manche Autoren geneigt sind, Erdichtetes in die Natur hineinzuprojizieren, wird daran erkennbar, daß ein Wissenschaftler von dem tierhaften Neandertaler annimmt, er müsse »dicht davor gestanden haben, ein Ästhet und Mystiker zu werden«[55] (!).

Vom Cromagnonmenschen wird von Experten gesagt, »daß wir ihm mehr Fähigkeiten andichten, als ihm eigentlich zukommen. Das mag eine Erklärung dafür sein, warum so viele Bilder und Zeichnungen, mit denen man sein tägliches Leben zu rekonstruieren versucht, ihn dennoch falsch wiedergeben. Allzuoft wird er als gütig-philosophischer Mensch dargestellt, der nur reine Motive und Gedanken kannte und ein gut Teil seiner Zeit damit verbrachte, helläugige Jungen die Kunst des Werkzeugma-

---

[*] Von mir hervorgehoben.

chens und der Höhlenmalerei zu lehren. Auch das ist sicher ein Trugschluß. Vom Cromagnonmenschen wissen wir absolut nichts, was darauf hindeuten würde, daß er rein und edel gewesen ist. Ganz im Gegenteil, er war ohne Zweifel genauso grausam, unzuverlässig, emotionell, unstet und abergläubisch wie die meisten der heute lebenden rückständigen und viele der sogenannten aufgeklärten Menschen.«[56]

Bei den Fossilien des Cromagnonmenschen wurden aufgebrochene Beinknochen gefunden, »als ob jemand das Mark in ihnen gesucht hätte ...« »Das läßt an Kannibalismus denken ...«[57]

Bis vor wenigen Jahren konnten die Anthropologen über die Frage, ob die Vormenschen eine Sprache hatten, nur Vermutungen anstellen. »Wir wissen nichts darüber, wie der Cromagnonmensch zu seinesgleichen sprach, und auch nicht, welche Worte er gebrauchte. Und wir werden es niemals in Erfahrung bringen können.«[58] Hier dürfte sich der Verfasser irren. Prof. Liebermann von der Universität Connecticut gab auf der Jahrestagung der Amerikanischen Akustischen Gesellschaft in Washington im Jahre 1971 bekannt, daß dem Neandertaler ebenso wie einem neugeborenen Kind oder einem erwachsenen Schimpansen die Rachenhöhle fehlte und auch weitgehend der Teil des Schlundes zwischen Mund und Kehlkopf. Die Rachenhöhle habe den Erfordernissen eines normalen artikulierten Sprechens nicht genügt. Es wäre unmöglich gewesen, ihm eine Sprache beizubringen.[59]

Jakob Lorber hat vor 120 Jahren aufgrund der Verbalinspiration mancherlei über die Hominiden geschrieben, was heute durch die Wissenschaft als zutreffend bestätigt wird. Über die »Sprache« berichtet Lorber folgendes: »Sprache haben sie in der Art, wie sie nun unter den Menschen üblich ist, keine, aber sie haben besser artikulierte Laute, Zeichen und Gebärden als selbst die vollkommensten Tiere und können sich gegenseitig verständigen, was sie für ein Bedürfnis haben« (Gr VIII 72).

Während die Forscher bis vor wenigen Jahren der Meinung

waren, daß es Hominiden erst seit einigen Jahrhunderttausenden gab, schrieb Lorber schon damals, daß die Voradamiten während »vieler Millionen Jahre« die Erde bevölkerten (Gr VIII 72).

In den letzten zwanzig Jahren wurde die »Ahnenreihe« immer wieder verändert, weil Hominiden-Fossile aus älteren Epochen gefunden wurden. Der »Homo habilis« wurde abgelöst durch den etwas älteren Sinanthropus mit 1,7 Millionen Jahren. Im Jahre 1972 entdeckte Richard Leakey am Rudolfsee in Kenia den Schädel eines Hominiden, dessen Alter auf 2,6 Millionen Jahre beziffert wird.[60] Im Jahre 1974 berichtete der Anthropologe Dr. Carl Johanson von der Universität Cleveland von einem neuen Fund in Äthiopien, dessen Alter drei Millionen Jahre betragen soll.[61] Portmann schließlich vertritt wie heute auch andere Forscher den Standpunkt, daß hominide Gestalten bereits vor zehn bis zwölf Millionen Jahren gelebt haben.[62]

So haben sich auch in diesem speziellen Fall die Kundgaben des Propheten Jakob Lorber bewahrheitet.

Alle Theorien, die sich später als unhaltbar erwiesen, fanden wissenschaftsgläubige Anhänger, denen die ständigen Veränderungen offenbar gar nicht auffielen. Nur die Aussage der Bibel, daß Gott die Tiere und den Menschen erschaffen hat, hat in zunehmendem Maße Ablehnung gefunden. Die Erklärung, eine solche Deutung sei unwissenschaftlich, hat heute fast die gleiche magische Wirkung wie ehedem die Redewendung mittelalterlicher Mönche: »Es steht in der Bibel geschrieben.«

Selbst in gewissen katholischen intellektuellen Kreisen darf offenbar Gott in der wissenschaftlichen Literatur nicht mehr in Erscheinung treten. Darauf weisen zumindest bestimmte Auslassungen hin. In dem von der katholischen Görres-Gesellschaft herausgegebenen elfbändigen *Staatslexikon*, 6. Aufl., heißt es u. a.: »... die katholische Theologie spricht ausdrücklich von dem berechtigten ›methodischen Atheismus‹ der Einzelwissenschaften, die im Bereich ihrer Kompetenz Gott als Hypothese, Faktor oder Resultat nicht mehr benötigen« (1. Ergänzungsband).[63]

Dem Evolutionismus, der bestreitet, daß Adam aus Gottes Hand hervorging, steht aber ein Faktum von zwingender Logik im Wege. Es steht aufgrund der archäologischen Ergebnisse nach einhelliger Auffassung fest, daß vor rund 6000 Jahren ganz plötzlich ein Aufflammen des menschlichen Geistes erfolgte, dessen Tätigkeit in Kulturdokumenten der verschiedensten Art signifikant wurde. »Der erste Beginn einer nachweisbaren Menschheitsgeschichte«, schreibt Dobzhansky, »vollzog sich vor etwa 6200 Jahren im Niltal in Ägypten. Innerhalb weniger Jahrhunderte (!) griff dann ein kulturelles Erwachen in verschiedenen Gebieten um sich.«[64] »Keine Entdeckung«, sagt P. J. Wiseman, »hat mehr Überraschung ausgelöst als die, daß die Zivilisation in der Welt ganz plötzlich entstanden ist. Das war genau das Gegenteil dessen, was man ursprünglich angenommen hatte.«[65]

Diese Tatsache macht die Theorie der ganz allmählichen Übergänge in evolutiver Weise völlig zunichte. Es gibt aber andererseits – wie Heberer und andere Evolutionisten zugeben – keine Makro-Evolution. Er sagt ausdrücklich, daß der Übergang von der subhumanen Phase in die »humane Phase«, d. h. daß ein Mensch erscheint, der nun auch die »Conditio humana«, die psychischen Qualitäten des Menschen besitzt, nach Gesetzmäßigkeiten der Evolutionstheorie keinen »abrupten Sprung« zulasse. Das, so erklärt er, würde der phylogenetischen Wahrscheinlichkeit widersprechen.[66] Was sich aber vor etwa 4000 Jahren v. Chr. ereignet hat, war keine Evolution, sondern eindeutig eine Neuschöpfung. Der Lückenbüßer Zufall hat somit seine Rolle ausgespielt. Die Vernunft weist auf den einen übrigbleibenden Weg zu Gott.

Betrachten wir die Verhältnisse, wie sie zur Zeit der Erschaffung Adams auf der Erde bestanden haben, etwas näher. Vorbei war es plötzlich mit dem Dahinvegetieren der Voradamiten, die in Millionen Jahren nichts zuwege brachten, was die Erde hätte verändern können. Diese Feststellung hat die Neuoffenbarung bereits zu einer Zeit getroffen, als noch kein Gelehrter von

Hominiden sprach: »Obschon die fünfte Erdvorbildungsperiode viele Millionen Jahre währte, war unter diesen (Vor-)Menschen doch keine wie immer geartete Fortschrittskultur bemerkbar, sondern sie lebten ihr einförmiges Nomadenleben fort« (Gr VIII 72). Der Zeitpunkt der Neuschöpfung ist von der Neuoffenbarung ganz präzis in Übereinstimmung mit den Erkenntnissen der Archäologie angegeben. Im Gr V 72 heißt es, daß Adam, der einen göttlichen Geistesfunken erhielt und mit hoher Intelligenz ausgestattet wurde, etwa vor 6000 Jahren erschaffen wurde. »Der Mensch wurde von Mir wie jede andere Kreatur sogleich vollkommen in die materielle Welt gesetzt, und zwar mit der alsogleichen Verleihung der nachherigen Fortpflanzungsfähigkeit ...« (Gr XI, S. 253)

Völlig neuartig und erregend ist das plötzliche Leuchten einer bis dahin ganz unbekannten geistigen Kraft des Menschen. In kurzer Zeit entstanden Städte und Reiche. Die Schrift kam auf, und Recht und Gesetz wurden geschaffen, Tempel und Pyramiden erbaut. Bald gelang es, Metalle zu schmelzen. Die ältesten, ungefähr 5000 Jahre alten Kaukasus-Metallfunde wurden von den Archäologen der »Kupferzeit« zugeordnet.[67] Die Seefahrt und der Handel wurden entwickelt.

Adam wurde zu einem Zeitpunkt auf die Erde gesetzt, als die klimatischen Verhältnisse gegenüber der vorangegangenen Periode recht günstig geworden waren. Prof. H. E. Wright, Direktor des Limnologischen Forschungszentrums der Universität von Minnesota, hat mit Hilfe der zuverlässigen Pollenanalyse lt. der wissenschaftlichen Zeitschrift *Science* folgende Feststellungen getroffen: Das Sagrosgebirge im iranischen und anatolischen Hochland war vor 11 000 Jahren in Höhenlagen von 600 bis 2000 m noch ein kaltes Steppengebiet. Erst nach dieser Zeit beginnt der prozentuale Anteil an Pollen von Bäumen – Eichen und Pistazien – ständig zu wachsen. Ein zunehmend wärmeres Klima begünstigte das Entstehen einer Eichen-Pistazien-Savanne. Seit 8000 Jahren wächst der prozentuale Anteil an Eichenpollen in den Pollenproben vom Zeribar- und Mirabad-See ständig an. Die Niederschläge vermehrten sich bis vor 5500 Jahren, so daß um diese Zeit der Eichenmischwald zu 50 bis 70 Prozent das dortige Land bedeckte, wie es auch heute noch der Fall ist. Nun treten auch neue, wilde Getreidearten auf. Mit der Domestikation von Tieren und dem Anbau von Getreide konnte begonnen werden.[68]

Die Domestikation (Haustierhaltung) hat nach neueren Untersuchungen etwa um 8000 v. Chr. im Iran und in Palästina mit Ziegen begonnen, später kamen das Schaf und der Hund hinzu. Die Schweinezüchtung wird seit 7000 v. Chr. in Thessalien und im Nordirak nachgewiesen.[69] Daß die Hominiden, also die vor Adam lebenden Vormenschen, Haustiere hatten, wird auch von Lorber wie folgt berichtet: »Sie (die Voradamiten) pflanzten sich bis Adam in den Niederungen fort.« (Die höheren Lagen waren damals – wie oben berichtet – Steppen, d. Vf.) Kurz vor der Erschaffung Adams »ging das beschriebene Voradamitengeschlecht mitsamt seinen *Haustieren* nahezu ganz unter« (Gr VIII 72).

Wenn gelegentlich berichtet wurde, daß städtische Siedlungen entdeckt worden seien, die aufgrund der Radiokarbonatmethode (C 14) ein höheres Alter als 6000 Jahre haben, so muß man diesen Angaben mit Skepsis begegnen, weil diese Methode von den Experten als unzuverlässig angesehen wird. »Fehler der Muschel-Radiokarbonat-Altersangaben mögen mehrere tausend Jahre ausmachen« (!), heißt es z. B. in *Science* vom 16. August 1963 (S. 634). »Ein klassisches Beispiel«, wird an anderer Stelle dieser angesehenen wissenschaftlichen Zeitschrift gesagt, »für die ›Unverantwortlichkeit‹ dieses Verfahrens wird offenbar durch die Altersbestimmung des prähistorischen Dorfes Jarmo im Nordosten des Irak. Aufgrund von elf Altersbestimmungen soll es 6000 Jahre lang bewohnt gewesen sein; aufgrund aller archäologischen Beweise jedoch ist es höchstens 500 Jahre lang bewohnt gewesen.«[70]

Auch deutsche Wissenschaftler haben auf einer Tagung in Heidelberg im Jahre 1968 auf die Unzuverlässigkeit der Kohlenstoff-Datierung (C 14) aufmerksam gemacht. Die Zweifel sind nach Angaben der Professoren Milojcic (Heidelberg) und Willkommen (Kiel) deshalb aufgekommen, weil der Kohlenstoffgehalt der Atmosphäre in früheren Jahrtausenden erheblich höher war als heute. Nach Angaben von Prof. Milojcic hat die sehr diffizil zu behandelnde C-14-Methode in die Irre geführt.[71]

Der adamitische Mensch ist mit den Vor- und Urmenschen, von Lorber zutreffend auch Tiermenschen genannt, überhaupt nicht vergleichbar. Ein tiefer Abgrund trennt sie: »Jeder Mensch, der auf Erden geboren wird, bekommt einen Geist aus Mir und kann nach der vorgeschriebenen Ordnung die vollkommene Kindschaft Gottes erhalten« (EM 53). »Erst dem adamitischen Menschen fließt ein geistiges Fühlen, das Empfinden einer Macht ein, die die Seele anregt, ihren Schöpfer zu erkennen und zu suchen« (Gr XI, S. 25).

Hierin besteht der unbeschreibbar große Unterschied zwischen Adam und dem Cromagnonmenschen sowie den übrigen Hominiden.

Dacqué bezeichnet die Fähigkeit der Hominiden als »natursichtig«, »natursomnambul«. Das, was diesen fehlte und den Adam auszeichnete, war das abstrakte Denkvermögen sowie die geistige Freiheit und damit der freie Wille. Nur der geistbegabte Mensch konnte in wenigen Jahrhunderten Hochkulturen aus dem Nichts entstehen lassen, ohne ein Vorbild zu haben. Der Zeitpunkt des Beginns der Menschwerdung in Adam ca. 4000 Jahre v. Chr. – wie es die Neuoffenbarung aussagt – stimmt genau überein mit der plötzlichen und explosionsartigen Entstehung hoher Kulturen.

Die Evolutionisten lehnen den Unterschied zwischen Mensch und Tier ab. Da sie keinen Gottesgeist anerkennen wollen, sehen sie den Menschenleib als aus dem Tierleib hervorgegangen an, obwohl inzwischen klargeworden ist, daß Belege für diese Theorie nicht beigebracht werden können und alles auf eine Erschaffung durch göttliche Macht und Weisheit hindeutet. Weil das Tier auch Intelligenz besitzt, sehen sie den Wesensunterschied zwischen Mensch und Tier nur im graduellen Unterschied der Intelligenz. Es besteht aber – wie Rothacker richtig bemerkt – nicht nur ein quantitativer, sondern auch ein »wesentlich qualitativer« Unterschied. »Eine graduelle Steigerung der tierischen Intelligenz würde noch lange keine menschliche Intelligenz ergeben.«[72] »Der Mensch ist der Transzendenz fähig, und das Tier durchaus nicht.«[73]

2. Die Zweifel der Wissenschaftler an der Richtigkeit der Evolutionstheorie

Trotz der fehlenden Fundierung der Evolutionstheorie wird diese in wissenschaftlichen Werken, in Lehrbüchern der Schulen und in populärwissenschaftlichen Schriften als gesicherte wissenschaftliche Erkenntnis vermittelt. Erwachsene, Schüler und Studenten ahnen wohl nicht, wieviel Zweifel und wachsende Kritik von wissenschaftlicher Seite gegenüber der Evolutionstheorie angemeldet werden. Der angesehene amerikanische Gelehrte W. H. Thomson erklärte in der Zeitschrift *The American Biology Teacher*, man könne die Evolutionstheorie nicht wissenschaftlich definieren, geschweige denn mit wissenschaftlicher Exaktheit beweisen, aber man versuche, in der Öffentlichkeit durch *Unterdrückung der Kritik und Leugnen der vielen Schwierigkeiten** die Glaubwürdigkeit der Theorie zu erhalten. Es ist auch in einer Demokratie keineswegs einfach, die Wahrheit zu erfahren, denn die Wahrheit hat viele Feinde! In allen Ländern gibt es eine wissenschaftliche Lobby, die ein bestimmtes System errichtet und bewährte Methoden anwendet, um ihre Hypothe-

---

* Von mir hervorgehoben.

sen, mögen sie noch so brüchig sein, zu verteidigen, als wären es Dogmen. Zweifel an der Theorie bedeuten bereits »Häresie«. Westenhöfer weist darauf hin, daß nach dem Versagen der Evolutionstheorie »die Übermacht deszendenztheoretischer Modeströmungen verhindert habe, aus richtigen Erkenntnissen die richtigen Schlußfolgerungen zu ziehen«.[74]

Im folgenden zitieren wir die Äußerungen der zahlreichen Wissenschaftler, die zeigen, in welchem Umfang der Evolutionismus nicht einmal mehr als Theorie, geschweige denn als gesicherte wissenschaftliche Erkenntnis anerkannt wird. Die Öffentlichkeit erfährt davon allerdings wenig. Es ist auch in den westlichen Demokratien schwer, der Wahrheit zum Durchbruch zu verhelfen.

Portmann, Adolf   »Gar mancher Biologe denkt kaum mehr daran, daß die Systematik die Grundlage der ganzen Abstammungslehre ist, daß sie das Sichere ist, das, was wir wissen, während die Entwicklungstheorien das sind, was wir *vermuten**.«[75]

Dobzhansky, Theod.   »... die moderne Theorie weicht weitgehend von derjenigen Darwins ab. Nicht alle Biologen sind jedoch überzeugt, daß auch die moderne Theorie zwingend ist.« »Woher stammt nun dieser moderne Mensch? Wo ist er zuerst entstanden? Diese Fragen sind sehr schwer zu beantworten, wir sind hier bisher fast nur auf *Vermutungen*** angewiesen und noch weit von einer überzeugenden Lösung entfernt.«[76]

Gehlen, Arnold   »Wer als Physiker, Philologe oder Erkenntnistheoretiker exakte Methoden kennt, hat keinen Zweifel an dem höchst hypothetischen Charakter aller Abstammungsprobleme des Menschen.«[77]

---

* Von mir hervorgehoben.
** Von mir hervorgehoben.

Konrad Lorenz (Nobelpreisträger) betont ausdrücklich, daß auf jeder Entwicklungsstufe des Lebendigen Neues auftritt, was aus der tieferen Stufe auf keine Weise ableitbar ist.[78]

Westenhöfer, Max »Die Selektion kann in Wirklichkeit nichts Neues schaffen, sie kann höchstens Mangelhaftes, Lebensunfähiges ausmerzen. Die Umwelt aber kann nur verborgene Anlagen ›hervorrufen‹, so daß es aussieht, als ob sie dieselben geschaffen hätte. Die Frage, woher die Anlagen stammen – und das ist die Hauptfrage überhaupt – bleibt unbeantwortet.« »Darüber dürfen wir uns nicht täuschen, daß alles, was wir von der Menschwerdung annehmen, unsicher und hypothetischer Natur ist.«[79]

Overhage, Paul »Das Dickicht von verwandtschaftlichen Beziehungen, das durch die undurchsichtigen Vorgänge der Rekombination und Merkmalsentfaltung zustande gekommen ist, läßt sich durch kein Schema oder System auch nur annähernd erfassen und wiedergeben.«[80]

Thorpe, W. H. »Es legt alles, was über die Mutationsraten bei Mensch, Pflanze und Tier bekannt ist, die Schlußfolgerung nahe, die Mutationsraten seien zu niedrig, als daß ein Organismus durch zufällige Mutationen in eine bestimmte Richtung ›gezwungen‹, d. h. gegen die Wirkung natürlicher Selektion in eine Evolutionslinie geleitet werden könnte. Damit verbleibt kein Raum für eine ›schöpferische Evolution‹.« »Die Zufälligkeit der Variationen, auf die die natürliche Selektion einwirkt, bildet seit jeher den größten Stein des Anstoßes, auch für jene, die durchaus geneigt, ja begierig waren, die Theorie anzuerkennen.«[81]

Berril, N. J. »Es gibt keinen direkten Beweis oder kein direktes Zeugnis dafür, daß diese *vermuteten* Vorgänge oder Veränderungen stattgefunden haben. In einem gewissen Sinne ist dieser

Bericht (über die Stufenleiter der organischen Evolution, d. Vf.)
eine Science-fiction*.«[82]

O. H. Schindewolf führt folgende Wissenschaftler an, die alle
in ihren Schriften betonen, daß die Neubildung von Typen
»sprunghaft und plötzlich« vor sich gehe, ohne daß wir für diese
Wandlung einen Grund angeben können: de Beer, Beurlen, Garstang, Goldschmidt, Jaeckel, Hauck, Neumayer, Rhumbel,
Schindewolf, Sewertzoff, Spath, Veit, Wedekind.[83]

Ebenso erklären die Gelehrten Weißermehl, von Huene, Robert Broom, W. Troll, Aberhalden, die Paläontologie wisse
nichts über die Entstehung der Typen. »Man muß sich«, wie
Weißermehl schreibt, »entweder mit Nichtwissen bescheiden,
oder man muß annehmen, daß eine geistige Potenz, zu deutsch
ein Schöpfer, hinter der ganzen Entwicklung stehe.«[84]

Wood, J. G. »Es wird zugegeben, daß man diese Lehre (des
Evolutionismus, d. Vf.) nicht durch Tatsachen – auch nicht durch
eine einzige Tatsache – beweisen kann. Wir haben noch nie
festgestellt, daß sich aus einer Art eine andere entwickelt. Mit
unseren eigenen Augen sehen wir nicht, daß so etwas vor sich
geht. In der geschichtlichen Zeit ist nicht die geringste Spur einer
solchen Entwicklung zu finden.«[85]

Spülbeck, Otto »Je mehr man die Bücher der Abstammungslehre ansieht, um so mehr ist man erstaunt, wie sehr alles durch die
eigene Brille angeschaut wird.« »Die Paläontologie wie auch die
Genetik geben Hinweise, aber erklären nicht das Auseinander-
klaffen von Ursache und Wirkung. Die Diskrepanz scheint bio-
logisch nicht auflösbar zu sein.«[86]

* Science-fiction = naturwissenschaftlich-technisch-utopische Literatur.

Hübner, Paul »Die kompletten Stammbäume werden wir niemals vor uns liegen sehen, die das Werden des Homo sapiens auf dieser Erde lückenlos dokumentieren.«[87]

Woodger, J. H. »Bei kaum einer wissenschaftlich behandelten Frage sind so viele Widersprüche geblieben wie bei den Äußerungen zu den Abstammungsfragen. Man kann hier, auch aus den letzten Jahrzehnten, für fast jeden Satz das genaue Gegenteil aus anscheinend zuständigem Munde zitieren. Das gilt selbst für die Grundfragen in dieser ›Wissenschaft der Antithesen‹.«[88]

Kurth, Gottfried »Wir verfügen noch über keine eindeutigen oder auch nur tragfähigen Hinweise auf den Raum, in dem sich einmal die ersten ›Voll‹menschen aus der Basisschicht der humanen Hominiden herausdifferenziert haben müssen. Unsere Aussage über Stellung und Bedeutung eines Fossilfundes mußte mit zunehmender Materialkenntnis immer zurückhaltender werden.«[89]

Heberer, Gerhard »Über den anatomischen Typus dieser Wurzel (vor 25 Millionen Jahren, d. Vf.) läßt sich Konkretes noch nichts aussagen, aber doch wohl soviel *vermuten**, daß wir mit einem Zwischenzustand zwischen prähomininen Australopithecinen und archanthropiner Gestaltung rechnen dürfen.«[90]

Selbst die Hauptvertreter des Evolutionismus lassen die Ratlosigkeit durchblicken; sie sind auf Spekulationen angewiesen, die keine tragfähige Grundlage für eine wissenschaftliche Theorie darstellen.

Nilsson, Heribert »Die Theorie der Entwicklung ist durch experimentelle Forschungen nicht bestätigt worden.«[91]

---

* Von mir hervorgehoben.

Dacqué, Edgar »Keine irgend uns bekannte jetztweltliche oder urweltliche Gattung und Form ist so gestaltet, daß man sie in den Stammbaum des Menschen als des höchsten Geschöpfes herein-nehmen könnte. Alles ist seitab entwickelt von der Bahn zu dieser Höhe.«[92]

Schirmbeck, Heinrich »Sind wir mit den neuesten paläoanthro-pologischen Funden dem Geheimnis der Menschwerdung wirk-lich nähergekommen? Ist mit ihnen die Schwierigkeit des Ent-stehens der freien menschlichen Seinsweise aus Triebgebunden-heit des animalischen Daseins zu erklären?

… der Übergang zum geistig-sittlichen Verhalten, zu objekt-distanzierter Bewußtseinshaltung – Eigenschaften, die aus-schließlich dem Menschen zukommen – und die ihn in eine höhere Seinskategorie emporheben, erscheint uns *nach wie vor ein Geheimnis**.«[93]

Zimmermann, Walter »Das entscheidende Verfahren auch in der Phylogenetik ist die Feststellung: ›falsch‹.«[94]

Beurlen, K. »Durch keine Differenzierung kann der Typus überschritten und eine neue Art hervorgebracht werden.« »Die theoretisch zu folgernde gemeinsame Stammform bleibt Kon-struktion.« »Alle Stammbäume, die in der Literatur auf Grund eingehender paläobiologischer Analysen veröffentlicht worden sind, haben an den Verzweigungspunkten *fiktive* Formen, wäh-rend die konkret vorliegenden Fossilien sich auf den Seitenästen befinden.«[95]

Rostand, Jean »Ist das Problem Evolution … tatsächlich gelöst, wie die Neodarwinisten behaupten? Ich bin anderer Meinung, und wie viele andere (!) sehe auch ich mich gezwungen, einige

---

* Von mir hervorgehoben.

banale Einwände gegen die Lehre des Neodarwinismus zu erheben.« »... durch Mutation entsteht im organischen Aufbau nie etwas Neues, nichts, was man als Grundlage für ein neues Organ oder als die Voraussetzung für eine neue Funktion ansehen könnte. Nein, ich kann mich nicht dazu durchringen zu glauben, daß diese ›Schnitzer‹ der Vererbung – selbst unter Mitwirkung der natürlichen Auslese und wenn man für die Entwicklung der Lebensformen ungeheure Zeiträume annimmt – für die Entstehung einer ganzen Welt mit ihrer verschwenderischen Vielfalt, in der alles bis ins kleinste ausgeklügelt ist (!), für ihre erstaunliche ›Anpassung‹ ... verantwortlich sind.«[96] (Rostand zählt zu den prominenten Evolutionisten.)

Romer, A. S. »Die Zwischenglieder fehlen da, wo wir sie am liebsten sähen, und es ist sehr wahrscheinlich, daß viele Zwischenglieder auch weiterhin fehlen werden.«[97]

Westenhöfer, Max »Zwischenglieder sind bisher noch niemals weder im Bereich der Paläontologie, von der man sie gerade erwartet hatte, noch von der Botanik, noch von der Zoologie gefunden worden.«[98]

Dacqué, Edgar Trotz reichhaltigem Material ist »von gradlinigen und harmonisch sich entwickelnden Stammreihen *nirgends** etwas zu finden«[99]. »Alles löst sich in eigene Typen und Formkreise auf. Das gewöhnliche Stammbaumbild, wie es durch die klassische Deszendenz- oder Abstammungslehre vorausgesetzt wurde, hat sich nirgends aufdecken lassen.«[100]

Tirala, Lothar Gottlieb »Auch heute (1969) noch sind unbelehrbare Darwinisten und Lamarckisten bereit, die Planmäßigkeit in Form und Aufbau, Entwicklung und individuellen Ablauf

---

* Von mir hervorgehoben.

des Lebens der Tiere, die allmähliche Entfaltung von niederem zu höherem Seelenleben, die Großartigkeit der Instinkthandlungen, die Einpassung von Tier- und Pflanzenwelt für ein Werk des Zufalls, des blinden Zusammentreffens von Elektronen, Atomen und Molekülen und deren Ketten zu erklären. Demgegenüber hat die Biologie unter Führung von H. Driesch, J. v. Uexküll, J. Reinike, G. Wolff und einigen anderen die Autonomie, die Eigengesetzlichkeit des Lebens, im Gegensatz zur Physik und Chemie eindeutig nachgewiesen.«[101]

Thompson d'Arcy, W. »Ein achtzigjähriges Studium der Darwinschen Abstammungslehre hat uns nicht gelehrt, wie sich aus Reptilien Vögel entwickelten, Säugetiere aus älteren Vierfüßern, Vierfüßer aus Fischen oder Wirbeltiere aus Wirbellosen. Die Wirbellosen weisen die gleichen Schwierigkeiten auf ... die Lücke zwischen den Wirbeltieren und den Wirbellosen, zwischen den Würmern und den Hohltieren, zwischen den Hohltieren und den Protozoen ... ist so groß, daß wir sie nicht überblicken können ...« »... man sucht umsonst nach Schrittsteinen, die diese Klüfte überbrücken, denn man wird sie nie finden.«[102]

Fleischmann, A. »Die praktische Möglichkeit, etwas über die Urgeschichte des Tierreiches zu ergründen, ist vollständig erschöpft, und die Hoffnung für alle Zukunft zerstört. Wir erhalten ein Resultat gerade umgekehrt von dem, was man erwarten sollte.«[103] (!)

A. Meyer-Abich bezeichnet die von den Evolutionisten angenommenen »Übergänge« im Hinblick auf die überall fehlenden Zwischenstufen als »logische Unmöglichkeit« und stellt dann weiter fest: »Jede Schicht bzw. Stufe ist ein kategorisches Novum*, *unverbunden* mit der vorangehenden Stufe.«

---

* Novum, d. h. hier ein völlig neuer Typ.

Es müsse, sagt Meyer-Abich weiter, ein »metaphysischer Prozeß« wirksam gewesen sein, »der der rationalen Erfassung unzugänglich bleibt«.[104]

Fangauf, Werner »Kampf ums Dasein, natürliche Zuchtwahl, Erhaltung der Art, Anpassung, Formen, Vererbung, Natur – alles Abstrakta! Denkelemente des menschlichen Geistes, im menschlichen Gehirn gebildet und allein in diesem bestehend! Philosophisches Papiergeld ohne biologische Deckung.« »Sobald wir uns einmal von der Ungeheuerlichkeit des blinden Mutierens freigemacht haben und zur Erkenntnis zielgerichteten Bildens gelangt sind, wird uns das Gen zum Zeugen einer Kategorie, die, weil weitverschieden von den Kategorien *unseres* Geistes, von diesem nicht begriffen wird.«[105]

W. Troll kann ebenfalls in Ansehung der Fakten, die das Gegenteil von dem beweisen, was die Evolutionisten erwartet hatten, nur noch annehmen, daß »ein Wirken aus der metaphysischen Sphäre« heraus die plötzliche Artenumbildung geschaffen hat, d. h., er denkt an eine göttliche Schöpfung.«[106]

Gray, James »Entweder müssen wir als einzige Lenkung des Evolutionsmechanismus die natürliche Auslese annehmen und bereit sein zuzugeben, daß ziemlich viel Spekulation damit verbunden ist, oder in unserem Innersten den peinlichen Gedanken haben, die natürliche Auslese, die aufgrund zufälliger Mutation wirkt, überlasse dem Zufall zuviel. ... Wenn wir die organische Evolution als ein *Glücksspiel der Natur** betrachten, so erscheint es etwas merkwürdig, daß sie so viele Gewinne verteilt haben soll.«[107]

* Von mir hervorgehoben.

Simpson, G. G. »Man hat es aufgegeben, nach der Ursache der Evolution zu suchen. Es ist jetzt klar, daß die Evolution weder eine einzelne noch eine einfache Ursache hat.«[108]

Overhage, Paul »Alles, was durch Entwicklung geworden ist, könnte ebensogut auch durch Erschaffung sein, aber nicht umgekehrt. Jede Entwicklung setzt immer bei etwas ein, was durch Erschaffung schon vorhanden ist, und bedeutet nur eine Veränderung oder Abwandlung des Geschaffenen aus immanenten Kräften.«[109]

Illies, Joachim »Niemand von ihnen (den Biologen, d. Vf.) leugnet die Evolution (als solche, d. Vf.), aber sie *alle* sind skeptisch bei der Antwort auf die Faktorenfrage und zweifeln an dem darwinistischen Optimismus, mit Zufallstreffern der Mutation und Selektion sei auch das Warum des historischen Entwicklungsprozesses zu erklären.« »Es liegt mehr Einsicht im Bericht vom Schöpfergott, der Tier und Mensch nach seinem Willen aus Lehm formte, als in der Vorstellung vom Zufall, der uns aus dem Staube wachsen ließ.«[110]

Meurers, Josef »So faszinierend eine solche Idee einer Evolution der ganzen Welt auch ist, so besagt dieser faszinierende Charakter gar nichts über die Wahrheit und Tragweite der Konzeption. Schon im Bereich der Materie stellt die Evolution eines der größten Probleme dar.«[111]

Haas, Johannes »Selbst wenn die Hypothesen und Theorien der Biogenesisforschung nach Kräften (in der Natur, d. Vf.) begründet erscheinen, werden sie selten über den Grad von Wahrscheinlichkeitsaussagen hinausgehen.«[112]

Der bedeutende britische Biologe *Woodger* stellt den Sachverhalt mit rückhaltloser Klarheit dar, wenn er schreibt: »Es ist schierer

Dogmatismus, wenn vorgegeben wird, die Dinge hätten sich so zugetragen, wie wir es wünschen, daß es gewesen sei.«[113]

Kälin, Josef »Der biologische Entwicklungsbegriff widerspricht keineswegs dem Schöpfungsbegriff, sondern setzt diesen voraus und gibt ihm eine Tragweite, welche jedes statische Schöpfungsbild als unzulänglich erscheinen läßt.« »Durch das personale Sein des Menschen wird die ganze Schöpfung hingeordnet und hinbewegt zu jenem Ziel, von dem sie ausgegangen ist. Das ist das Menschenbild der neuen Anthropologie, aus dessen Mittelpunkt die Transzendenz vom personalen Sein aufleuchtet.«[114]

Hengstenberg, H. E. »Als naturwissenschaftliche Theorie ist der Evolutionismus nicht vertretbar, weil er Voraussetzungen macht, die in den naturwissenschaftlich beobachtbaren Fakten nicht gedeckt sind.« »Er überschreitet die Aussage eines konditionalen Zusammenhangs zwischen früherer und späterer Art, die von den Fakten allein zu verantworten ist, und macht daraus unbegründet einen Kausalzusammenhang.«[115]

Portmann, Adolf »Die Lehre von der Abstammung des Menschen hat im Streit der *politischen** Meinungen, in den sozialen Kämpfen der letzten Jahrzehnte eine wichtige Rolle gespielt. So war es nicht zu vermeiden, daß sie heute vielfach in einer überlebten, veralteten Form gelehrt wird, die den zeitbedingten Gehalt der Entwicklungslehre erstarren ließ, welche nun ein für allemal als eine wissenschaftliche Wahrheit gelten sollte. Solche Erstarrung ist das Schlimmste, was einer wissenschaftlichen Theorie geschehen kann, und die Gefahr liegt besonders nahe, wenn es sich um Fragen handelt, von denen wir in der Tiefe unseres menschlichen Wesens berührt werden.«[116]

---

* Von mir hervorgehoben.

Die vorstehend zitierten Meinungsäußerungen von Gelehrten, darunter nicht wenige, die den Evolutionismus vertreten oder ehedem vertreten haben, sind für diese Theorie vernichtend. Es besteht kein Zweifel: Bei Licht betrachtet ist es um die Fundierung der Theorie mehr als schlecht bestellt. Trotz aller Anstrengungen im Verlauf eines Jahrhunderts ist es nicht gelungen, das Dunkel des Geheimnisses der Evolution zu lichten. Der Evolutionismus beruht nachgewiesenermaßen auf Vermutungen, Spekulationen und unbewiesenen Behauptungen. Um so erstaunlicher ist es, daß viele Evolutionisten in der Öffentlichkeit noch selbstsicher auftreten und es bei der Darstellung des Problems in populärwissenschaftlichen Schriften, Fernsehvorträgen usw. heute noch, ebenso wie in früheren Jahrzehnten, oft an der notwendigen Objektivität und Zurückhaltung fehlen lassen. Es ist so, wie *Radl* es ausdrückt: »Wenn einmal ein falsches grundlegendes Prinzip als wahr erklärt ist, gibt ihm die Eigenliebe tausend Erklärungsmöglichkeiten gegenüber der einfachsten Erfahrung.«[117]

Ähnlich treffend äußert sich *N. J. Berrill:* »Es mag sein, daß man es nie beweisen kann, doch das mag keine Rolle spielen, denn hierbei handelt es sich um Material, aus dem man Träume machen kann.«[118]

von Bertalanffy, Ludwig »Gesellschaft und Wissenschaft waren so von den Ideen des Mechanismus, Utilitarismus und dem ökonomischen Konzept des freien Wettbewerbs durchdrungen, daß man das Selektionsprinzip an Gottes Stelle setzte, und als letzte Realität ansah.«[119]

Sir Fred Hoyle erklärte im Januar 1982, daß die Strukturen des Lebens so komplex seien, daß sie nicht wie die Evolutionisten behaupten, durch Zufall entstanden sein könnten. Hinter den Strukturen stehe ein intelligenter Plan.[120]

Sir Arthur Keit »Die Evolution ist unbewiesen und unbeweisbar. Wir glauben aber daran, weil die einzige Alternative dazu der Schöpferakt eines Gottes ist, und das ist undenkbar.«[121]

Evan Shute (US-Biologe) »Das Argument, die Mehrheit sei doch dafür, hat mich nie beeindruckt.« »Die Wissenschaft ist nicht an zahlreichen Anhängern interessiert, sondern ausschließlich an der Wahrheit.«[122]

Kahle, Henning »Trotz ihrer verbreiteten Anerkennung wird der Evolutionstheorie in jüngerer Zeit zunehmend widersprochen. Besonders der Neodarwinismus wird von einer wachsenden Zahl von Autoritäten kritisiert oder ganz abgelehnt.« »Der Neodarwinismus ist eher eine naturphilosophische als eine wissenschaftliche Theorie, von einer Tatsache kann keine Rede sein.«[123]

In der naturwissenschaftlichen Beilage der *FAZ* vom 13. 12. 1978 wird festgestellt, daß bei der Durchsicht der Literatur »ein wachsendes Unbehagen am Neo-Darwinismus deutlich wird«. »Sein Anspruch, die Evolution, das heißt die stammesgeschichtliche Entwicklung der Lebewesen, allein durch Mutation und natürliche Auslese erklären zu wollen, kann offenbar nicht mehr kritiklos hingenommen werden.«

Bereits im Jahre 1976 gab es über 500 Wissenschaftler in aller Welt, welche die Unhaltbarkeit der materialistischen Evolutionstheorie erkannten und sich in der Creation Research Society and Institute of Creation Research, San Diego (California/USA) zusammengeschlossen haben.

Man wird hier an das Goethe-Wort erinnert: »Alles, was Meinungen über die Dinge sind, gehört dem Individuum an und ist damit von subjektiven Überzeugungen abhängig, und wir wissen nur zu sehr, daß die Überzeugung nicht von der Einsicht, sondern von dem Willen abhängt« *(Farbenlehre* Polem. Teil § 30).

Studenten, Schülern, Lesern, Rundfunkhörern und Fernsehzuschauern wird der Eindruck vermittelt, als sei der Evolutionismus eine unbestreitbar gesicherte wissenschaftliche Theorie. Die Aussagen der Wissenschaftler, die die Unhaltbarkeit der Theorie nachweisen, gelangen nur wenigen zur Kenntnis.

Was die Studenten betrifft, so sind die Aussagen mehrerer Hochschullehrer bemerkenswert. Prof. *C. P. Martin* an der McGill-Universität (USA) sagt: »Es ist nicht so, daß sie etwas von diesen Schwierigkeiten wissen ... und sie als unbedeutend oder nichtssagend abtun, sondern sie haben nie etwas davon gehört und staunen darüber, daß überhaupt jemand diese anerkannte Lehre kritisiert.«[124]

Welche Dauerwirkungen es hat, wenn eine Lehre den Studenten oder Schülern eingeimpft wird, beschreibt der Evolutionist *Rostand:* »Wir sind von der Idee der Artenumwandlung völlig durchdrungen ... Wir haben sie in der Schule kennengelernt. Wir wiederholen mechanisch, daß das Leben durch Entwicklung entstanden sei, daß sich eine Art in die andere umwandle.«[125]

Auch *Westenhöfer* befaßt sich mit dem Phänomen, daß einerseits bei »einer ganzen Anzahl der besten Forscher das sehr richtige Gefühl vorhanden ist, daß in der bisheutigen Theorie der Abstammung des Menschen irgend etwas nicht stimmen könne«, aber es andererseits »um so unverständlicher ist, daß trotz alledem diese Theorie als ›gesicherte Wahrheit‹ auf Schulen und Universitäten seit Jahrzehnten gelehrt wird und ganze Generationen junger wißbegieriger Menschen in einen verhängnisvollen Irrtum gezogen werden, *der später schwer abzuschütteln ist, und ihre Weltanschauung beeinflußt* «.[126]

G. A. Kerkert, Professor für Physiologie und Biochemie an der Universität Southampton/England, trifft die bemerkenswerte Feststellung, daß der Student, der sich die Evolutionstheorie einverleibt, sich nicht anders verhält als der Theologiestudent

---

* Von mir hervorgehoben.

vergangener Zeiten. Er nehme die Evolutionstheorie als bewiesen hin »und plappert wie ein Papagei die Ansichten der Hauptvertreter dieser Auffassung nach«. Aber es sei noch schlimmer, er behaupte bei alldem auch noch, »anders zu sein als sein (theologischer) Vorgänger, nämlich wissenschaftlich zu denken und Dogmen zu verabscheuen«.[127]

H. E. Hengstenberg erörtert die psychologischen Ursachen, weshalb es so schwierig ist, die Wahrheit zum Durchbruch zu bringen: »Die autonomistische* Unterwanderung der Kategorien ist dem modernen Intellektuellen und besonders den Wissenschaftlern so in Fleisch und Blut übergegangen, daß er sie gar nicht mehr bemerkt und sich nicht denken kann, wie man anders denken könnte. Dem kommt der Evolutionismus aufs äußerste entgegen. Der Autonomismus herrscht auch im christlichen Lebensraum.«[128]

Es muß hier einmal daran erinnert werden, daß vor Jahrzehnten viele Theologen von der, insbesondere von Weinert, im Dritten Reich ins Volk getragenen sogenannten Dreistufentheorie (Pithecanthropus [Affenmensch] – Neandertaler – Homo sapiens) fasziniert und überzeugt waren, einer Theorie, die heute von *allen* Gelehrten als bare Unmöglichkeit angesehen wird. Heute ist die Situation nicht viel anders. Obwohl erkannt worden ist, daß es zwar eine Grundverwandtschaft mit den vorangegangenen Typen gibt, diese aber keinesfalls von diesen ableitbar sind, und es somit keinen Evolutionismus geben kann, wird auf Tagungen der katholischen Akademien den Zuhörern ein Bild vermittelt, das dem Sachverhalt nicht gerecht wird. Kritische Fragen werden – wie es in einer Besprechung einer Tagung heißt – mit Achselzucken beantwortet.[129] Manche Vortragende vertreten den Polygenismus, d. h., sie nehmen die Erschaffung des

---

* Hengstenberg definiert *Autonomismus* wie folgt: »Wir verstehen unter Autonomismus jene Geisteshaltung, die versucht, alle endlichen Gegebenheiten so ursächlich miteinander verknüpft zu denken, daß ein Rückgriff auf die göttliche Transzendenz als überflüssig erscheint.«

einen Adam durch Gott nicht mehr als sicher an, sondern behaupten: »Der Wahrscheinlichkeitsgrad von Polygenese ist größer als der von Monogenese«[130], d. h., der Mensch sei mehrfach aus Tierleibern entstanden. Papst Pius XII. hatte diese Theorie mit Recht mit der Begründung abgelehnt, es fehle jeglicher Beweis für diese Behauptung.

Die katholischen Theologen Karl Rahner und P. Overhage erklärten laut *Frankfurter Allgemeine Zeitung* vom 20. Januar 1962, daß sich unter den katholischen Theologen »die Zahl derer vermehrt, die ausdrücklich als Theologen die Vereinbarkeit eines biologischen Evolutionismus mit der Lehre der Kirche vertreten«. Bei den evangelischen Theologen ist die Situation analog.

Die Evolutionisten haben Darwins Lehre überzogen. Darwin hatte nicht, wie die materialistische Wissenschaft der folgenden Jahrzehnte bis in unsere Zeit, Gott als Schöpfer und die immanente Wirkungskraft ausgeschlossen. Er hatte keine monistische Deszendenztheorie entworfen, sondern Gott als schöpferischen und ordnenden Geist nicht grundsätzlich ausgeschlossen. Das geht eindeutig aus dem letzten Satz seines berühmten Buches *Über die Entstehung der Arten durch natürliche Zuchtwahl* (1859) hervor. Darwin schreibt: »Es ist wahrlich eine große Ansicht, daß der Schöpfer den Keim alles Lebens, das uns umgibt, nur wenigen oder nur einer einzigen Form eingehaucht hat und daß, während unser Planet den strengen Gesetzen der Schwerkraft folgend sich im Kreise schwingt, aus so einfachem Anfang sich eine endlose Reihe der schönsten und wundervollsten Formen entwickelt hat und noch immer entwickelt.«

In der Folgezeit haben die Evolutionisten alles darangesetzt, Gott nicht ins Spiel bringen zu müssen. Als klargeworden war, daß die Forschungsergebnisse den Evolutionismus eindeutig widerlegen, blieb nur übrig, die Verlegenheit durch Fremdwörter zu kaschieren. An die Stelle der Schöpferkraft Gottes traten nichtssagende Begriffe wie »Metakinese« (Haeckel), »Deviation« (de Baer), »Caenogenese« (Sevetzoff), »Neotenie« (Garstang), »Fetalisierung« (Bolk) usw.[131]

Es macht sich immer gut, ein griechisches Wort als Leerformel zu verwenden, wenn man mit seinem Latein am Ende ist.

In Wahrheit hat man es – wie G. G. Simpson sagt – »längst aufgegeben, nach den Ursachen der Evolution zu suchen«.

Vergeblich versuchte der sowjetische Vererbungspapst Trofin Lyssenko in den sechziger Jahren nachzuweisen, daß die Lamarcksche These von der Vererbung erworbener Anlagen doch zutreffe. Er scheiterte mit seinen Thesen und wurde 1965 als Direktor des Instituts für Genetik abgesetzt. An seine Vorstellung, daß sich die Entwicklung des neuen Menschen durch sozialistische Umwelteinflüsse forcieren lasse, glaubt selbst in Rußland niemand mehr.[132] Der berühmte Genetiker Wawilow wurde – wie Jung berichtet – sogar umgebracht.[133]

Die artumbildenden Kräfte, vor denen die Evolutionisten in Ost und West die Augen verschließen, sind in der Neuoffenbarung in umfassender und überzeugender Weise beschrieben. »Ohne Gott«, heißt es in *Die Haushaltung Gottes* (Urgeschichte der Menschheit), Bd. I, »ist keine Tat möglich« (S. 301). »Jede Kraft, die wirkt, ist aus Gott« (S. 360). Die wirkende Kraft kann der Weltmensch nicht sehen (Gr X 173, 9).

Um zu verstehen, weshalb die Evolutionisten an ihrer brüchigen und längst widerlegten Theorie zäh festhalten, muß man die Sonde tiefer anlegen. Die materialistische Weltanschauung steht und fällt nämlich mit dem Evolutionismus. Dies ist der eigentliche Grund, weshalb materialistisch denkende Biologen und Anthropologen in Ost und West es ablehnen, die Lösung des Problems durch metaphysische Einwirkungen auch nur zu erwägen, obwohl diese Erklärung sich durch die Fakten geradezu aufdrängt. Der Evolutionismus beruht auf weltanschaulicher Grundlage. »In erkenntnistheoretischer Hinsicht muß er als Empirismus oder Positivismus bezeichnet werden. In ontologischer Hinsicht beruht er auf dem biologischen Materialismus.«[134]

In Wirklichkeit geht es um viel mehr als um wissenschaftliches Interesse. Wir haben es hier mit einem wichtigen Teilaspekt der in unserer Zeit auf den Höhepunkt gekommenen Auseinandersetzung zwischen der christlichen und der atheistischen Weltanschauung zu tun. Vielsagend ist das, was Mitte des vorigen Jahrhunderts in diesem Zusammenhang in der NO niedergeschrieben wurde: »Unter diesem Treiben und Hin- und Herwogen zwischen großen Ideen, zwischen Geistlehre und Materialismus, reift das Mannesalter der Menschheit heran« (Pr 65). Dieser Kampf wird mehr und mehr entbrennen. Vielleicht wird bald das Goethe-Wort Geltung bekommen: »Woran die Menge glaubt, ist leicht zu glauben, ursprünglich eignen Sinn laß dir nicht rauben!«

Es war zwar immer schwierig, das scheinbar Gültige in Zweifel zu ziehen, aber viele objektive und mutige Geister sind bereits am Werk. In diesem geistigen Kampf spielt die Frage, ob der Evolutionismus zu Recht besteht oder eine bewußte weltanschauliche Irreführung von Millionen Christen darstellt, eine zentrale Rolle. In einer Schrift, die eine Apologie des Christentums darstellt, kann deshalb der ausführlichen Erörterung dieses Themas nicht ausgewichen werden.

Man muß, um einen Überblick über den weltanschaulichen Einfluß auf diese Theorie zu gewinnen, auf die Anfänge der Entwicklung zurückgehen. Kennt man diese, so wird manches, was bisher verdeckt und im dunkeln lag, klarer.

Der Marxist Friedrich Engels – ein Freund von Karl Marx – hatte bald nach dem Erscheinen des Buches von Darwin *Natural Selection* (1859) begriffen, daß man evtl. die christliche teleologische Geschichtsbetrachtung aus den Angeln heben könnte, wenn man die dort vertretene Theorie Darwins, der Gott als Schöpfer in seiner These als immanenten Wirkungsfaktor gelten ließ, materialistisch interpretiere. Das geht aus einem Brief hervor, den er am 12. Dezember 1859 an Karl Marx schrieb: »Übrigens ist der Darwin, den ich jetzt gerade lese, ganz famos. Die

Teleologie* war nach einer Seite hin noch nicht kaputtgemacht, das ist jetzt geschehen. Dazu ist bisher noch nie ein so großartiger Versuch gemacht worden, historische Entwicklung in der Natur nachzuweisen, und am wenigsten mit solchem Glück. Die plumpe englische Methode muß man natürlich in Kauf nehmen.«[135]

Marx antwortete am 19. Dezember 1860 zustimmend und verfälschte dann Darwins Grundthese ebenso, wie er Hegels christliche Anthropologie umgebogen hat. Die Evolutionslehre wurde jetzt, sagt Grützmacher treffend, »eine Art Gegenreligion gegen das Christentum, die darauf abzielte, die spezifischen Offenbarungsgrundlagen der christlichen Religion zu negieren«. »Das Charakteristische und zu Bekämpfende im modernen Evolutionismus liegt in seiner Behauptung einer Entwicklung aus der Tiefe, in der natürlichen Erklärung der Entwicklungsursachen ohne Gott.«[136]

Wir können erkennen, wie die Evolutionstheorie in den ersten Anfängen von Atheisten mit Beschlag belegt, in ihrem Sinn manipuliert und dann mit größter Intensität über die ganze Erde verbreitet wurde. »Das Wort ist eine Lawine«, heißt es in der Neuoffenbarung, »zwar klein am Anfang, vergrößert sich dann immer mehr und zieht alles mit sich in den Abgrund« (Pr 49).

Der Evolutionismus wurde bald zu einer Säule der atheistischen Weltanschauung im Osten wie im Westen. Im Osten ist diese unbewiesene Theorie das Fundament der ganzen kommunistischen Weltanschauung. Im Westen fand diese monistische Lehre durch viele Helfer ebenfalls weiteste Verbreitung; sie fand nicht nur Aufnahme bei den Intellektuellen, sondern durch politische Parteien auch in breiten Volkskreisen.

Nachdem die Forschungsergebnisse dem Evolutionismus die Bestätigung der Richtigkeit versagt haben, halten die Neodarwinisten dennoch ohne Rücksicht darauf, daß dieser Lehre längst

---

* *Teleologie* = Erklärung des Weltgeschehens aus seiner deutlichen Zielstrebigkeit und Zweckmäßigkeit. Jede Teleologie weist auf Gott hin.

die Grundlage entzogen ist, an dieser fest. Die tiefste Ursache dieser Verhaltensweise ist fraglos die luziferische Hybris. Der Mensch will keinen Gott über sich anerkennen, und »wenn es einen geben muß«, so wird in der NO gesagt, »so möchte er es selbst sein« (Pr 322). Da die Evolutionisten sich zu einer Lobby zusammengeschlossen und großen Einfluß haben, ist es den objektiv denkenden Wissenschaftlern nur mit großer Mühe möglich, ihre Erkenntnisse einer breiteren Öffentlichkeit bekanntzumachen. Die folgenden Ausführungen von Prof. *L. G. Tirala* machen diese Schwierigkeiten deutlich: »In einem Siegeszug ohnegleichen werden alle Zoologen und Botaniker, die, gestützt auf die Tatsachen, ihre Bedenken äußerten, weggefegt. Der Darwinismus ist zu einer Art von religiösem Bekenntnis an der Biologie geworden.«[137]

»Aus Darwins Lehre wurde für die Menge eine Art Religion oder Antireligion, für die Zoologen und Biologen aber, die alle in den Strudel hineingezogen wurden, ein Heiligtum. Wer dagegen sprach, stellte sich bloß oder wurde aus seiner Stellung verdrängt!«[138] (!) »Die Kritiklosigkeit und Leichtgläubigkeit der Gefolgsleute auch in der Wissenschaft ist kennzeichnend für diesen massenpsychotischen Akt.«[138] »In der Tat gibt es Massenpsychose auch in der Wissenschaft.«[139] Es bewahrheitet sich immer wieder, daß »einer neuen Wahrheit nichts schädlicher ist als ein alter Irrtum« (Goethe).

In der Neuoffenbarung sagt der Herr voraus, daß die moderne Wissenschaft die Menschen glaubenslos machen wird (Gr IX 89), aber es wird dort auch gesagt, daß die Glaubenslosigkeit nicht allzulange dauern wird. Wie ein zerstörender Rauhreif hat sich der Evolutionismus durch die Gestaltung der Unterrichtsbücher auf die Seelen von zahllosen Menschen gelegt. Mit vollem Recht sagt *Westenhöfer:* »Wohl niemals hat die ungenaue, um nicht zu sagen, falsche Schlußfolgerung aus der Naturbeobachtung solche verheerende Folgen gehabt wie diese Lehre.«[140] Die Wende wird kommen und eine bereinigte Wissenschaft, »die mit Meiner

Lehre zu vereinbaren ist« (Gr XI 90, 11), wird aus der Sackgasse des geistlosen Materialismus herausführen auf den Weg ins Transzendente.

Über die Verirrung der materialistischen Wissenschaft werden noch folgende Aussagen in der NO gemacht:

»Viele Naturforscher werden sich derart weit verirren, daß sie den geistigen Standpunkt ganz verlieren und sich in der toten Materie herumtreiben werden« (Gr VIII 96, 12).

»Aber die große Schöpfung müßte doch stets allen denkenden Menschen zurufen: Hinter diesen zahllos vielen und großen Werken muß ein höchst weiser und allmächtiger ewiger Werkmeister sein« (Gr VIII 214, 7).

»Eure klugen Materialisten glauben, es sei die ganze Welt nur bewegt und erregt durch Kraft und Stoff – zwei Dinge, die sie selbst nicht recht erklären können« (Pr 174).

»Wo aber eure Gelehrten Naturgesetze wittern, eben dort lebt und entwickelt sich kein anderes als geistiges Leben, das über alles Greifbare hinaus weit höher steht, als die Ideen und Begriffe eurer Gelehrten sich schwingen können. Und weil das Geistige sich nicht ihrem Willen unterwirft, so haben sie beschlossen, es ganz zu leugnen« (!) (LGh, S. 85).

»Eine jede Entdeckung auf naturwissenschaftlichem Gebiet wird von euren Gelehrten auf falsche Art erklärt und nur zu materiellen Zwecken ausgebeutet (Chemie und Atomspaltung, d. Vf.). Findet auch der eine oder andere Spuren einer hohen, geistigen Macht als gerade die schon längst bekannten Elemente, so gibt er sich alle Mühe, auf weiten Umwegen und mit großen, wissenschaftlich gelehrten Worten das wegzuleugnen, was so nahe vor ihm liegt, oder er erklärt es nach seinem Gutdünken anders, weil er keinen Gott anerkennen will. Wenn es einen geben muß, so möchte er es selbst sein« (Pr 322). »… vielen ist noch bis jetzt Meine ganze Schöpfung ein stummes Gemisch von Materie, deren Gesetze nach ihrer Meinung nur dem Zufall (!) entstammen.« »Sie disputieren lieber ihr eigenes Ich weg, als daß sie sich durch tatsächliche Beweise vom Dasein Gottes für besiegt erklären« (Pr 203). Durch diese prophetischen Worte ist die Situation, die im Laufe der folgenden hundert Jahre eingetreten ist, genau gekennzeichnet worden.

Aus der Neuoffenbarung wissen wir, daß sich in der Evolution mehr verbirgt als blinde, richtungslose Zufälle und ein mechanischer Trieb, sondern der gesamte Ablauf des Geschehens ist, wie Morgan sagt, »der Ausdruck der Absicht Gottes«[141].

Die langsame Höherentwicklung hat einen teleologischen Sinn, d. h. sie ist zweck- und zielbestimmt. So gesehen ist die Evolution vollkommen vereinbar mit dem Wirken Gottes. Die Darstellung in der Neuoffenbarung von der fortschreitenden Schöpfung, ihrem Zweck und des seit Ewigkeiten vorgesehenen Heilsplanes Gottes, ist eine plausible Erklärung des geheimnisvollen Geschehens; sie ist eine grandiose Konzeption, vor der die ständig wechselnden und unglaubhaften Hypothesen der Evolutionisten verblassen.

Die Wissenschaft muß die ihr gesetzten Grenzen erkennen, sie muß zugeben, daß es Gewalten gibt, die jenseits der Empirie liegen. Die Evolutionisten verlassen ja ohnedies den Boden der Erfahrung, nachdem sie genötigt sind, in die Tiefe der Erdgeschichte bis ins Miozän und Eozän hinunterzugehen, wo kaum noch Fossilien gefunden werden.

Die Zeit, wo Zweifel am Dogma des Evolutionismus »Häresie« bedeutete, geht zu Ende. Der »Häretiker« sind – wie gezeigt wurde – bereits zu viele. Immer mehr Wissenschaftler bezeichnen den Evolutionismus als einen Irrweg. Manche Aussagen sind geradezu vernichtend, sie können ein Fanal für die weitere Entwicklung sein. Das gilt zum Beispiel für die Bemerkung von Prof. W. H. Thomson, dem früheren Direktor des biologischen Institutes in Ottawa (Kanada), die dieser im Vorwort zur Neuauflage (1959) von Darwins *On the Origin of Species* machte: »Der Erfolg des Darwinismus ist begleitet von einer Absage an die wissenschaftliche Ehrlichkeit. Zwar verbünden sich die Männer der Wissenschaft, um eine Doktrin zu verteidigen, sie sind aber gleichzeitig unfähig, sie wissenschaftlich zu bestimmen oder gar sie mit wissenschaftlicher Strenge zu beweisen. So befinden sie sich in einer anormalen und geradezu unerwünschten Situation.«

Ebenso beachtenswert ist, was der Atheist und Anhänger der mechanistischen Weltanschauung, *J. B. S. Haldane*, sagt: »Der Weise richtet sein Verhalten ebenso nach den Theorien der Religion wie nach denen der Naturwissenschaft. Er betrachtet diese Theorien jedoch nicht als letzte Wahrheiten über elementare Tatsachen, sondern als Kunstformen.«[142]

Die zahlreichen Äußerungen von prominenten Wissenschaftlern können hoffen lassen, daß sich die Voraussagen der Neuoffenbarung erfüllen werden und die Wissenschaft in Bälde den Weg aus der Sackgasse des Materialismus findet. Schon jetzt steht fest: »Der Unglaube kann nicht mehr behaupten, die Wissenschaft auf seiner Seite zu haben« (Pascual Jordan).[143]

Aufhorchen läßt, was der Nobelpreisträger *P. A. M. Dirac* (England) auf der Tagung der Nobelpreisträger in Lindau i. B. in seinem Vortrag im Jahre 1973 ausführte: »Wir wissen, wie schwierig es ist, die Atome so zu ordnen, daß es Leben wird.« »Da es nicht überall Kausalitäten gibt, kann es sein, daß ein Gott existiert, der die Quantensprünge regelt.«

Auch die Ausführungen von *A. Portmann* lassen erkennen, daß sich ein Wandel anzubahnen beginnt: »Wir sind daran, gehörig umzulernen – aber dieses Umlernen wird sehr mühevoll sein.« »Der Kern der *Wandlung, die wir heute erleben**, ist die Einschätzung des menschlichen Geistes. Die frühe Zeit der Abstammungslehre beachtete ganz einseitig die technische Intelligenz als eine Art Ursprungsgebiet des Geistigen: Die Entstehung des Menschen erschien als die Bildung eines werkzeugmachenden Tieres.« »Heute sind wir nicht mehr so sicher, daß die menschliche Entwicklung sich so abgespielt hat.«[144]

---

* Von mir hervorgehoben.

»Das Neue keimt aber erst in einzelnen, die heute an diesen Problemen arbeiten. Zwar behandelt die Mehrzahl der Lehrwerke und der allgemeinverständlichen Darstellungen die Abstammungslehre in der Form der ›Mutationstheorie‹ als ein in den allgemeinen Grundgesetzen geklärtes Forschungsfeld. Daneben bahnt sich aber eine Gesamtauffassung der Natur an, welche den Geltungsbereich der heutigen Mutationstheorie wesentlich eingeschränkt sieht und in der Entstehung der großen Lebenstypen als eines der ungelösten Rätsel vor uns ist.« »… in ersten Umrissen kündet sich ein neues Bild vom Menschen an.«[145]

»Richtet euer Auge auf die kommenden religiösen Bewegungen«, heißt es in der Neuoffenbarung, »und ihr werdet sehen, wie die gleichgesinnten Geister sich finden und einander nähern« (Pr 55).

»Die eifrigsten Grübler, Naturforscher und Untersucher der Materie – alle kommen am Ende dazu und müssen trotz ihres Sträubens dazu kommen, daß hoch über der Materie ein großer Geist lebt, der die kleinsten Atome wie auch die großen Welten zu einem Ganzen vereinigt …« (Pr 221).

»Alle treibt es zur geistigen Reife, selbst die größten Materialisten, die verstocktesten Ungläubigen und Gleichgültigen läßt es nicht in Ruhe« (Pr 170).

»Und so muß es kommen, damit auf eurer Erde überall anerkannt wird, daß die Materie oder das Weltliche nur des Geistigen wegen geschaffen wurde« (Pr 118).

»Es hängt nichts, was ihr auch immer ansehen möget, ja selbst nicht die Bewegung eines Sonnenstäubchens, von einem sogenannten blinden Zufall ab (!), sondern dies alles ist von Mir schon von Ewigkeit her auf das allergenaueste berechnet und bemessen« (Hi I, S. 137).

»Euren Gelehrten ist nur das Materielle sichtbar, aber die stille Kraft mit Intelligenz, die die Gefäße bis ins kleinste mit gleicher Vollkommenheit baut und belebt, diese Intelligenz kennen sie nicht, denn mit dem Sezieren läßt sie sich nicht finden« (LGh, S. 235).

»Eure Gelehrten bauen meistens ihr ganzes System auf eine Hypothese, die falsch oder richtig sein kann; sie wissen dann mit schönen Worten und vernünftig *erscheinenden* Schlüssen mittels der Hypothese eine Theorie aufzubauen« (LGh, S. 234). »Da sie keinen Schöpfer und Gesetzgeber annehmen wollen, so legen sie den Stoffen die Intelligenz bei und sagen: Wir folgen nur diesem oder jenem Impuls.« »… den Geist wollen sie nicht finden.« »Überall ruft euch aber die Natur zu: Wir sind! aber nicht aus Zufall, oder nach euren ›Gesetzen‹ zusammengekettet, sondern wir sind aus und durch höhere Macht zusammengeformt …« »Wir sind! aber nicht ›Kraft‹ und ›Stoff‹, wie ihr Blinde glaubt, wir sind ›Geist‹!«, d. h. gebundenes »Geistiges, gelöstes Geistiges, Geistiges in Formen schaffend, und wieder dessen Formen zerstörend, um aus all diesem Kampfe am Ende vergeistigt hervorzugehen, um euch zu zeigen, daß in der ganzen Natur alles Geist ist, und euch nur der Geist der Auffassung dazu fehlt und ihr euch trotz Offenbarung der sichtbaren und unsichtbaren Natur (Atom, d. Vf.) nicht zu dem Bekenntnis bequemen wollt: Ja, wir sehen ein, daß wir nichts wissen« (LGh, S. 81).

»Alles Leben ist so beschaffen, daß es sich ständig vermehren und wachsen kann durch *Mein unablässiges Einfließen*« (Ha I 185, 20).

»Alles entsteht und besteht aus Gott, alles ist in Ihm, alles ist die endlose Fülle seiner Gedanken und Ideen vom Kleinsten bis zum Größten« (Gr VI 226, 8). »Nichts in der materiellen Schöpfung kann entstehen und fortbestehen ohne geistigen Grund« (Gr VIII 96, 4).

»Eine blinde Kraft hat noch nie auch nur ein Moospflänzchen, das in derselben ganz und gar gleichen Form stets viele Jahrtausende hindurch wiederkehrt, hervorgebracht« (Gr VI 87, 7).

»Das Sichgestalten und Sichwiederzersetzen aller Materie ist kein anderer Drang als der des erweckten Geistes, welcher in der Materie gebunden und schlummernd lag. Das Aufwärtsschreiten von Stufe zu Stufe, das Sichvervollkommnen könnte nicht stattfinden, wäre nicht im Innersten der Materie der durch äußere Umstände geweckte Geist« (Pr 314).

»So wie Ich aber durch die Hände der Menschen zahllose Dinge machen lasse, ebenso lasse Ich durch die Kraft der Liebe und Weisheit Meiner Engel und Geister diejenigen Dinge auf der Erde, wie auch auf anderen Weltkörpern machen, die von den Menschen nicht gemacht werden können« (EM 42, 2).

»Was z. B. die Gelehrten Instinkt nennen, das ist nicht Intelligenz des Tieres, sondern das ist schon Direktion oder Richtung von seiten höhergestellter Geister« (EM 42, 5).

»Alles Erschaffene hat die Bestimmung, durch eine lange Reihe von allerlei Formen endlich in ein freies und selbständiges Leben überzugehen.« »Jede Form entspricht einer gewissen Intelligenz … und so steigert sich die Intelligenz bis zum Menschen herauf.« »Die Formen sind zeitweilige Sammler und Träger eines sich stets mehr befestigenden und intelligenter werdenden Lebens« (Gr VI 53, 5–9).

»Ihr seht wohl das, was in der Welt der Materie ist und geschieht, aber was den Geist betrifft, dessen Reich und Wirken, das ist euch fremd, und ihr könnt darum auch nicht begreifen und fühlen, was da ist Gottes Wirken im Menschen« (Gr I 222, 5).

Es gibt eine Evolution – und das bestreitet niemand –, aber es gibt keinen Evolutionismus, d. h. keine Zufälligkeiten ohne Ende, keine Abstammung des einen aus dem anderen in zahllosen kleinen Übergängen. Es gibt nur ein *Nacheinander* durch die Schöpferkraft Gottes und seiner Engel und Geister. Die Schöpfung ist das Werk einer unerhörten Weisheit, und nicht das Produkt eines Dummen und blinden Zufalls, der angeblich aus Milliarden Möglichkeiten stets das Richtige trifft. Es kommt auch kein neuer Typ durch Auslese zustande. Die Selektion merzt Schwaches aus, bringt aber nie einen neuen Bauplan und eine neue Art hervor. Es gibt – wie die Wissenschaftler zugeben müssen – keine nahtlos aneinandergefügten Übergänge, sondern nur Sukzession. Plötzlich erscheinen die neuen höheren Arten ohne unmittelbare Verbindung zum Vorangegangenen. Eine Kluft von Millionen Jahren, in denen keine Lebewesen vorhanden waren, trennt die höheren und niedrigeren Typen. Das Ganze ist das zielbewußte Werk eines göttlichen Schöpfers, dem – wie in einem früheren Kapitel dargelegt wurde – ein großartiger, aus einer unfaßbaren Liebe Gottes entstandener Plan zugrunde liegt. Dieser Plan, der sich über Millionen Jahre erstreckt, erreicht im adamitischen Menschen seinen Kulminationspunkt. Das Ziel ist die Heimholung des verlorenen Sohnes ins göttliche Vaterhaus. »Die Sinnenwelt erkennen wir, in der übersinnlichen Welt wurzeln wir« (Fichte).

Dieser Plan findet im Evolutionsprozeß seinen Ausdruck. Aber den Wissenschaftlern wird es wohl nie gelingen, die Labyrinthe der Entwicklungs- und Schöpfungsvorgänge vollends zu erhellen. Das wird nach Aussagen der Neuoffenbarung keinem sterblichen Auge je möglich sein. »Nur der urälteste Zeuge allen Werdens und Seins, nämlich Gott allein, vermag das alles zu überblicken.«

VI. TEIL

Die Kundgaben Jakob Lorbers
über die katholische Kirche

Die Neuoffenbarung läßt keinen Zweifel darüber offen, daß wir in der beginnenden Endzeit leben. Die vorausgesagte Verwirrung der Geister, die Zerstörung der Umwelt, die Erdbeben und die Überschwemmungskatastrophen gewaltigen Ausmaßes zeichnen sich in ihren *Anfängen* bereits deutlich ab, und sie werden nach den Angaben Jakob Lorbers immer größere Ausmaße annehmen. Im letzten Kapitel dieses Buches wird über diese Prophetie ausführlicher berichtet werden.

Jakob Lorber wurde aber auch gesagt, welches Schicksal der katholischen Kirche in der Endzeit bevorsteht und weshalb ein Gericht über sie ergehen wird. Lange Jahrhunderte hat Gott zu den schweren Verfehlungen der Hierarchie der katholischen Kirche geschwiegen, aber nun redet Er durch den Propheten der Endzeit. »Von nun an werde Ich mit den Machthabern keine Geduld und Rücksicht mehr haben. Das kannst du (Lorber, d. Vf.) wohl glauben, da Ich dir solches verkünde« (Gr X 27, 8).

Der katholische Theologe de Lubac hat das Phänomen des Propheten in unseren Tagen richtig erkannt, wenn er sagt, daß Seher, die *Stimmen hören*, »Zusammenhänge überblicken, die den Durchschnittsmenschen völlig verborgen sind«[1].

Geistige Umwälzungen haben immer ihren Grund in Verhältnissen, die weiter zurückliegen. Die Liste der Schuldposten der katholischen Kirche ist lang, und durch wohlklingende Formulierungen in Konzilsdekreten können sie nicht getilgt werden. Die Abkehr vom Auftrag, den Jesus seinen Aposteln gegeben hatte, zieht sich wie ein roter Faden durch die Geschichte der

Kirche, und die Kluft zwischen der Botschaft Jesu und der Wirklichkeit ist bis heute unüberbrückbar. Kardinal Suenens von Belgien trifft den Kern des vielen nicht verständlichen Zeitgeschehens, wenn er bemerkt, daß man sich über den in der Vergangenheit angewendeten Zwang Rechenschaft geben müsse, wenn man die Ursachen und die Wucht der gegenwärtigen Reaktion begreifen wolle.[2] Zahlreiche einsichtige Theologen, wie z. B. Hans Urs von Balthasar, Karl Rahner SJ, Pribilla SJ, Hans Küng und viele andere, wissen um die Zusammenhänge des derzeitigen Verfalls und der früheren schweren Verfehlungen der Kirche. »Die negativen Schwingungskräfte der vergangenen Jahrhunderte lassen sich nicht – wie katholische Apologeten es vielfach zu tun pflegen – mit kasuistischen Wortspielereien wie ›zeitbedingte Erscheinungen‹ abtun, sondern sie strahlen, ähnlich wie die Radioaktivität, über lange Zeiträume bis in unsere Tage aus.«[3]

Das Leben in dem riesigen Ghetto der katholischen Kirche war jahrhundertelang lebensgefährlich und unerträglich geworden. Es unterschied sich in nichts von den Verhältnissen in den totalitären Staaten des 20. Jahrhunderts.

Jesus hat diesen Terror und Fanatismus seinen Jüngern vorausgesagt: »Wenn diese Meine Lehre einmal durchs Schwert unter den Völkern wird ausgebreitet werden, dann wird es bald sehr elend auf dieser Erde aussehen. Das Blut wird in Strömen fließen« (Gr X 106, 14). »Es muß das aber alles zugelassen werden wegen der Selbstbestimmung und wahren Lebensausbildung eines jeden Einzelmenschen für sich, ohne die niemand ein wahres Gotteskind werden und nie in die ewige Herrlichkeit des Vaters eingehen kann« (Gr III 228, 8). »Ich kann dem Menschen den freien Willen nicht nehmen, weil er ohne diesen kein Mensch wäre« (Gr VIII 213, 22).

Die Entartungserscheinungen in der katholischen Kirche, die *Herrschsucht* und der *Zwang,* die bis in die derzeitige repressive Politik des Vatikans ausstrahlen, sind ursächlich für den jetzigen

Verfall der Kirche. Dieser Kausalzusammenhang wird in der Neuoffenbarung klar herausgestellt.

»… ein Mußgesetz ist erstens für den freien Willen der Menschen ganz wider Meine göttliche Ordnung, weil es den Menschen nur verfinstert und nie erleuchtet, und zweitens, weil mit dem Mußgesetz sich die Gesetzesverkünder sogleich eine höhere, nur ihnen zukommende Gewalt *anmaßen,* darum bald stolz, hochmütig und herrschsüchtig werden und zu den, als rein göttlich ausgesprochenen Satzungen, auch aus einer angemaßten göttlichen Gewaltinhabung, vor der ihre Gläubigen oft mehr als vor Gott selbst zittern und beben müssen, eigene arge Satzungen als göttlichen und ihnen neu geoffenbarten Willen hinzufügen und auf deren Beachtung stets ein viel größeres Gewicht legen als auf die Beachtung der rein göttlichen Gebote. Daraus aber geht hervor: finsterer Aberglaube, Abgötterei, Haß gegen Andersgläubige, Verfolgung, Mord und Kriege …« (Gr VIII 20, 11–20).

Alle, die auf die Neugründung eines Reiches Gottes auf Erden mit einem äußeren Schaugepränge harren, werden sich in ihrer blinden Hoffnung sehr täuschen, denn ein solches wird auf Erden niemals gegründet in der lebendigen Wahrheit aus Mir und in Mir.« »Falsche Propheten werden das wohl tun unter Führung Meines Namens, doch Ich werde in einem solchen Reiche niemals wohnen und thronen. Siehe, so steht es der vollen Wahrheit nach mit der Gründung Meines Reiches auf dieser Erde« (Gr X 73, 9–10).

Die katholische Kirche kennt das Wort Gottes. Sie besitzt nicht nur das Evangelium, sondern hat durch die Apostel und die apostolischen Väter noch manches zusätzlich – was heute in der Neuoffenbarung kundgegeben wird – von Anfang an durch die Geheimtradition in Erfahrung gebracht. Sie hat aber das Wort des Herrn in der langen Kette der Jahrhunderte mehr und mehr mißbraucht. Ihr System des Zwanges und des »dogmatischen Imperialismus«[4] hat sie auf dem starren statischen Prinzip aufgebaut und verankert. Da diesem Prinzip das Element der Erstarrung immanent ist, ist ihr jegliche Flexibilität abhanden gekommen, und jetzt, da in der modernen Welt alles in dynamische Bewegung gekommen ist, wird ihr die Starrheit und die Rechthaberei zum Verhängnis. Sie ist unwahrhaftig geworden und hat das Vertrauen der denkenden Menschen erschüttert. Dadurch ist sie unglaubwürdig geworden. »Jetzt sieht man deutlich«, schreibt Hans Urs von Balthasar, »die Risse in den tragenden Pfeilern einer verfehlten Statik.«[5] Auf der römischen Bischofssynode im Oktober 1974 erklärten die Kardinäle Alfrink (Utrecht) und Döpfner (München), die Kirche behindere oft den Zugang zum Glauben. Sie betonten, daß die Synode zuerst über eine größere Glaubwürdigkeit der Kirche sprechen müsse (!), bevor sie über die Schwierigkeiten, die die Welt der Kirche bereite, rede.[6]

Die Kirche hat sich nie mehr auf ihre spirituelle Sendung und die Machtlosigkeit besonnen, mit der sie in den ersten Jahrhunderten die Lehre Jesu gegen alle Widerstände einer ihr feindlich gesinnten Umgebung verbreitete. Sie machte sich nie mehr von der Veräußerlichung des Zeremonientums frei und hat nie die Herrschgewalt aufgegeben, weil sie befürchtete, daß dadurch ihr falsches System gefährdet würde. Und deshalb kann noch das Wort wahr werden, daß sie »zum Grab des Christentums wird«.[7] »Die Schuld von einst wirkt fort wie Gift.«[8]

In der Neuoffenbarung ist die derzeitige starre Haltung in Rom und mancher Bischöfe vorausgesagt worden. »Von einem freien guten Willen gegen die Völker ist bei den alten Machthabern noch verzweifelt wenig vorhanden. Was sie zugunsten der Völker tun, dazu drängen sie die Umstände. Könnten sie diese durch irgendein für sie günstiges Mittel sich vom Halse schaffen ... so müßten die Menschen dann von neuem nach der alten spanischen Inquisition tanzen« (Gr X 30, 1). »Sie werden alle Mittel anwenden, die zu ihrem früheren Glanz und zu ihrer früheren Macht führen sollen« (Pr 209). »Aber sie gehen einer

Reform entgegen, die ganz anders ausfallen wird, als sie es sich dachten« (Pr 65).

Das Zweite Vatikanische Konzil brachte nicht die erhoffte Wende.[9] Die Integralisten gewannen nach einer kurzen Zeit der Euphorie im Vatikan wieder die Oberhand und verhinderten eine grundlegende Veränderung der kirchlichen Strukturen. Aber eine Änderung anderer Art trat ein. Es wurden Kräfte entfesselt, die die Kurie nicht mehr zu bändigen vermag. Der lange Zeit angestaute Druck hat sich mit Vehemenz entladen. Die traditionellen Ansichten und Formen gerieten ins Wanken, und die Kirche wird seitdem in zunehmendem Maße von theologischen Kontroversen erschüttert. Die seit Jahrhunderten ins Extrem gesteigerte Autorität des Papstes zerfällt mehr und mehr. Denkende Katholiken können der Frage »Was ist Wahrheit, und was ist Einkleidung?« nicht mehr entgehen. Die Tatsache, daß die Kirche die streng geforderte Glaubenslehre, der Inhalt des Neuen und des Alten Testamentes sei Wort für Wort irrtumslose Wahrheit und bedingungslos zu glauben, aufgeben mußte, hat bei allen – soweit sie kritisches Denkvermögen besitzen – das Vertrauen in die Lehren der Kirche untergraben. Weite Kreise haben erkannt, daß die Theologen bisher unhaltbare Behauptungen der verschiedensten Art gegen ihre Überzeugung mit verwickelten Argumenten verteidigen mußten.

Priester, Mönche und Nonnen verlassen diesseits und jenseits des Ozeans ihren Dienst und ihre Orden. In Europa sind von 35 800 Pfarreien 27 Prozent ohne Pfarrer.[10] Das Konradsblatt der Erzdiözese Freiburg berichtet, daß seit 1965 80 000 Priester am Zölibat gescheitert sind.[11] Die Priesterkrise beschränkt sich aber nicht auf Amtsniederlegungen, sondern – was weniger in Erscheinung tritt – ist das Aufkommen von Zweifeln und innerliche Resignation bei vielen Priester, »deren Zahl meist größer ist als die, die ihren Dienst aufgeben«[12]. Es resignieren Kardinäle, Bischöfe und Priester in aller Welt. Die äußere Machtrepräsentanz ist zwar noch bedingt vorhanden, aber die Basis schmilzt weg. Die Kirchenaustritte nehmen zu, und die Abwanderung in die innere Emigration gleicht einem immer breiter werdenden Strom. Die junge Generation hat sich schon überwiegend von der Kirche abgewandt. Ratlosigkeit herrscht, und die Angst geht um.

Das ist in kurzen Umrissen die Lage der katholischen Kirche, wie sie sich seit dem Zweiten Vatikanischen Konzil darstellt. Die folgende, Wirklichkeit gewordene Prophezeiung Jakob Lorbers sollte denjenigen zu denken geben, die den Prophezeiungen Jakob Lorbers skeptisch gegenüberstehen.

»Wenn sie ein Konzil ihrer doktorlichen Weisheit halten werden, gerade dann will Ich sie auf den Scheitel ihrer Weisheit schlagen und sie zugrunde richten lassen ...« (Hi II, S. 196)

»Da sie den wahren Geist nicht haben ..., richten sie nach ihrer geistigen Blindheit und ihrer Weltklugheit alles mit *äußerem Pomp* und verlocken dann viele, auch bessere Geister zu sich. Und siehe, das ist eine grobe Verunreinigung einer noch so reinen Lehre« (Gr VI 22, 3–4).

»Immer noch klammern sich die Menschen an Zeremonien und Gebräuche – ein Zeichen, daß sie selbst noch sehr materiell sind und nur Materielles wünschen und verstehen« (Pr 18).

»Dieses Volk verehrt Mich in gemauerten Kirchen mit Glockengeläut mit Orgeln und allerlei Pfeifen, mit Klingel und Klangel, mit Weihrauch und brennenden Kerzen, in goldenen Gewändern«, »aber ums Herz darf man da nicht fragen, ob es nah oder fern von Mir ist« (Hi II, S. 368).

Und was kommt am Ende bei dieser Art verflachter Religiosität des katholischen Volkes denn heraus, fragt der Herr in der Neuoffenbarung (Gr IX 209). Seine Antwort lautet: »Siehe, die Menschen entfernen sich stets mehr von Gott, anstatt daß sie sich ihm stets mehr und mehr im Herzen und in der Liebe und im wahren, lebendigen Glauben und Vertrauen nähern sollen ...« »... und Gott muß schließlich wieder durch den Mund eines neu erweckten Propheten zu den Menschen rufen und schreien:

Siehe, dieses Volk ehrt Mich mit den Lippen und eitler toter Weltzeremonie, aber sein Herz ist fern von Mir« (Gr IX 209, 4). »Das Werk des Scheines und der Zeremonien gilt ihnen mehr als der Lebendige selbst, der zu ihnen redet.« »Lasset das alles fahren – allein die *Liebe* behaltet« (!) (Schriftt. 108 f.).

»Das Licht, dieses wahre Gottesreich kann nie von Rom ausgehen.« »Denn was da geschieht, ist nur rein Äußerliches« (Hi II, S. 370 f.).

»… sie verkehrten das Göttliche in Weltliches, sie gaben den Menschen die Rinde statt den Kern des geistigen Lebens« (Pr 119).

Die Folgen des Zwanges, des geduldeten und geförderten Aberglaubens und der magischen Vorstellungen des Volkes liegen jetzt wie Mehltau auf der wahren Lehre Jesu. Die Erstarrung in klischeehaften Vorstellungen und Gewohnheiten ist bei vielen infolge der falschen Erziehung durch Generationen hindurch so groß, daß die Menschen der Wahrheit, wenn sie dieselbe erfahren, kaum noch zugänglich sind. Das folgende, dem Propheten mitgeteilte Urteil über die Veräußerlichung und die religiöse Verflachung vieler kirchentreuer Katholiken kann erschrecken.

»So wie Ich seinerzeit von den Juden weniger erhoffte als von den Heiden, so ist es auch in jetziger Zeit, in der von jenen wenig zu erwarten ist, welche sich Katholiken nennen und glauben, es auch wirklich zu sein, wenn sie nur die vorgeschriebenen Gebräuche halten. Ja, gerade sie, die das beste und fruchtbarste Feld für Meine Lehre sein sollten, gerade sie sind die ärgsten Widersacher alles dessen, was sie aus ihrer so bequem eingerichteten Religionslehre aufweckt und Aufopferungen und Entsagungen fordert, denen sie nicht gewachsen sind, weil ihnen die moralische Kraft der Überwindung angewöhnter Gebräuche und Ideen fehlt. Sie gleichen den meisten Zuhörern jener Zeit (zur Zeit Jesu, d. Vf.). Sie suchen Mich überall in den Kirchen, aber nicht auf dem Weg des Lebens, wo sie durch Taten beweisen sollen, was sie oft in den Kirchen geloben« (Pr 202 f.).

»Es ist das keine leichte Sache, Menschen, die sich in allerlei

Irrtümern begründet haben, und jene, die aus den Irrtümern irdische Vorteile zu gewinnen verstehen, zu der reinsten Wahrheitslehre aus den Himmeln zu bekehren« (Gr X 128, 3). »Ich werde euch aber die reifen Seelen in den Weg führen« (Pr 163).

Die Folgen der Entartungserscheinungen wurden vorausgesagt, und heute sind sie vor aller Augen sichtbar:

»Jetzt fallen wie einst die Anhänger von diesen Führern ab und suchen das Licht, suchen das Wort – als Ausdruck ihres Gottsuchens –, was ihnen ihre eigenen Führer nicht geben können.« »Es regt sich der Drang nach Freiheit des Denkens, nach geistiger Freiheit« (Pr 24). »Der Grund, daß Ich jetzt so viel Himmelsbrot gebe, wie es seit Meinem irdischen Lebenswandel *nie geschehen* ist, ist der, weil gerade jetzt der Zeitpunkt sich nähert, an dem die Welt ihren Gipfelpunkt in den Verirrungen und im Abweichen von Meinen Schöpfungszwecken erreichen wird« (Pr 163). »Ich will jetzt den Ungläubigen die Augen öffnen und den Buchstabenauslegern Meiner Bibel (den Theologen, d. Vf) den eigentlichen Sinn erklären« (Pr 163).

Propheten waren von alters her für die jeweilige Hierarchie unbequeme Männer. So wie die alttestamentlichen Propheten den Zorn der damaligen Priester entzündeten und sich Verfolgungen zuzogen, so werden auch die prophetischen Worte Jakob Lorbers Ärger, Zorn und Widerspruch erregen. Denn auch von seiner Prophetie gilt das, was Jeremia von seinen prophetischen Worten sagte: »Brennt mein Wort nicht wie Feuer? Ist es nicht wie ein Hammer, der Felsen zerschlägt?« (Jerem 23, 9).

Über das Schicksal der katholischen Kirche wird von Lorber für die nächste Zukunft vorausgesagt:

Die Kirche, so heißt es in der Neuoffenbarung, sei durch Herrschsucht und Macht entstellt worden (Pr 90). Der Zwang und das Richten werden streng verworfen (Gr IX 39, 11). »Ich habe niemand von euch (den Jüngern, d. Vf.) einen Zwang angetan, sondern euch in der vollsten Freiheit nur zugerufen: Wer da will, der komme, höre, sehe und folge Mir nach! Und ihr tatet das aus eurem freien Willen heraus. Und also tut auch fürderhin in Meinem Namen, und ihr werdet guten Weges zu wandeln haben.« »Wer aber daraus ein Muß machen wird, der wird Mein Jünger nicht sein, und auf seinem Wege wird er Felsen, Klippen und Dornen finden« (Gr VIII 20, 3–5).

»Die volle Ausbildung des eigenen Lebens ist jedem Menschen in die höchst eigenen Hände gelegt« (Gr I 93, 8). »Der Autoritätsglauben bietet der Seele viel zu wenig Licht« (Gr VIII 27, 13).

»Vor Mir gilt nur die freieste Selbstbestimmung. Alles, was darüber oder darunter ist, hat vor Mir und Meinem Vater, der in Mir ist, und Ich in Ihm, keinen Wert« (Gr I 93, 5).

»Siehe Ich bin nicht in jenen, aus deren Munde nichts als ein Gericht ums andere und eine Verdammnis um die andere sprüht, da sie Gott nur im richtenden Feuer, aber niemals nur in der Liebe erkennen wollen« (!) (Hi II, S. 13, 17).

»Die Pharisäer setzten den Tempel als erstes voran, und die Priester der Christen ihre Kirche« (Pr 266).

»Aber aus der Nacht wird langsam Dämmerung, aus der Dämmerung Tag.« »Es dämmert schon in vielen Köpfen« (Pr 90).

»Ich dein Herr und Gott donnere dir (der Kirche, d. Vf.) nun schon lange in dein verstopftes Ohr und in dein verhärtetes Herz von allen Seiten her« (Hi II, S. 194, 10).

»Deine irrwähnige göttliche Machtvollkommenheit hat aber dein Herz oder deine Liebe von Mir abgezogen und hat es erfüllt mit Hochmut, Stolz, Zorn, Rache, Hurerei und allen Gerichten …« (Hi II, S. 194, 8).

»Wie du es mit anderen getrieben hast, so sollen sie es *nun* auch mit dir treiben. Und dein lange schon verdienter Lohn soll über dein Haupt kommen« (Hi II, S. 197, 15).

»Alle deine Anhänger, die du dir zu eigen angebunden hast mit deiner Doppelzunge Macht, werden dich in ihren Herzen höchst verabscheuen« (Hi II, S. 195).

»Das lebendige Wort (die Neuoffenbarung, d. Vf.) wird ein Feuer werden in den Herzen derer, die es besitzen werden.« »Alles menschliche, weltgelehrte Wort aber soll dagegen ein leeres, dürres Stroh werden, desgleichen auch alle Kanzelreden« (Hi II, S. 198).

Dem Apostel Petrus hat Jesus nach den Kundgaben der Neuoffenbarung folgendes vorausgesagt: »… nach etlichen hundert Jahren, da wird man in Rom vorgeben, daß du solchen Stuhl (den Heiligen Stuhl, d. Vf) daselbst gegründet hast. Und die Völker, die mit Feuer und Schwert dazu gezwungen werden, werden den falschen Propheten auch glauben, daß du als ein erster Glaubensfürst solchen Stuhl in Rom aufgestellt habest und vom selben in Meinem Namen die ganze Erde und ihre Fürsten und Völker regierest. Aber siehe, das wird ein falscher Stuhl sein, von dem viel Unheil auf der weiten Erde wird ausgebreitet werden, und es wird da nahezu niemand mehr wissen, wo du den rechten Stuhl, den Stuhl der Liebe, der Wahrheit des lebendigen Glaubens und des Lebens aufgestellt hast, und wer dein rechter Nachfolger ist. Solch ein falscher Stuhl wird sich zwar lange halten, viel über tausend Jahre hinaus, *zweitausend Jahre Alters wird er aber nicht erleben.«* »Aber in jener Zeit wird es denn auch einer großen Läuterung bedürfen, auf daß die Menschen Mich wieder erkennen und allein an Mich glauben werden« (Gr VIII 162, 2–6).

»Das alles kann noch eher geschehen, als da nach Mir, wie Ich nun leiblich unter euch (den Aposteln, d. Vf) bin, zwei volle tausend Jahre verrinnen werden« (Gr IX 71, 5).

Den heutigen Freunden der Neuoffenbarung wird gesagt: »Kümmert euch nicht um die Widersacher! Je mehr die Zeit fortschreitet und Meine Schafe sich mehren werden, desto weniger kann diese Meine Lehre (die Neuoffenbarung, d. Vf.) unbekannt bleiben, desto größer wird aber auch der Widerstand gegen sie und ihre Anhänger werden. Der Kampf muß entglimmen« (Pr 131).

»Bedenkt es sind Millionen von Menschen, welche zur rechten Tür des Lichts geführt werden sollen …« (Pr 132) »Fürchtet nicht, daß sie siegen werden« (Pr 107).

»Das Wehe steht nun knapp vor der Türe. Der Scharfschützen gibt es schon eine größere Menge, und sie werden ihr Ziel nicht verfehlen« (Gr XI, S. 238).

»Von der äußeren (Amts-)Kirche wird freilich nie das Gottesreich kommen, welches da ist das eigentliche innere, ewige Geistesleben. Aber diese äußere Kirche ist nach Meiner Vorsehung und Sorge ein Schutz für die innere Kirche, die jedermann leicht finden kann, wenn er sie nur finden will. Und dabei ist es *gleich,* in welcher äußeren Kirche er sich befindet – so sie nur irgendwie Meinen Namen und Mein Wort verkündigt« (Hi II, S. 375, 8). »Fluchet aber nicht dem ganzen Baum, weil seine Rinde tot ist« (Hi I, S. 98). »So ihr abtrünnig werden wollt (d. h. aus der Kirche austreten wollt, d. Vf.), so wird wenig Segen an eure Brüder gelangen« (Hi I, S. 99).

(Hier ist anzumerken, daß fast alle Freunde der Neuoffenbarung Mitglied einer christlichen Kirche sind. Die Lorber-Gesellschaft veranlaßt niemanden, aus seiner Kirche auszutreten. Es wird den Freunden aber auch ausdrücklich gesagt, daß sie keiner Sekte angehören sollen (Hi II, S. 82). Deshalb darf die Lorber-Gesellschaft selbst auch nicht den Charakter einer Sekte annehmen, sondern sie muß eine lose Gemeinschaft von Geistesfreunden bleiben.)

Fromme, von der kirchlichen Tradition geprägte Seelen, die im Hinblick auf die Entwicklung in der katholischen Kirche seit dem Konzil von Sorgen erfüllt sind, klammern sich, wenn Verzagtheit und Angst sie überkommen will, an die Worte des Evangeliums: »Die Pforten der Hölle werden sie nicht überwältigen« (Mt 16, 18). Aber einfache Gemüter pflegen oft hochgeistige Wirklichkeiten zu konkretisieren, d. h., sie bleiben am Buchstabensinn des Evangeliums kleben. Die Theologen wissen, daß das Wort von der Unüberwindlichkeit der Kirche nicht die äußere Organisationsform der Kirche betrifft.

In der Neuoffenbarung wird die Textstelle des Matthäus-Evangeliums 16, 18: »Du bist Petrus, auf diesen Felsen will Ich

Meine Kirche bauen, und die Pforten der Hölle werden sie nicht überwältigen«, ausführlich erläutert. Die betreffenden Kundgaben können hier nur auszugsweise wiedergegeben werden.

»Dieses Schrifttextes wegen herrscht noch bis jetzt in allen christlichen Bezirken auf der Erde der größte Irrtum« (Gr XI, S. 332). »Petrus war der *erste,* dem Ich in seinem Glauben und Vertrauen die Schlüssel zum Himmelreich gab, welches da ist ein Reich der Liebe zu Gott im Herzen der Menschen ...« (Gr XI, S. 334).

»Jeder, der Mich wie Petrus erkennt und liebt, ist ein rechter Fels, auf dem Ich Meine wahre Kirche, die wahre Liebe und Weisheit aus Mir, erbauen kann und auch vollernstlich erbaue« (Gr XI, S. 332).

Die Kirche wird zerfallen, bevor Neues entstehen kann. Die neue Geistkirche wird nicht gestaltlos sein, auch sie benötigt eine organisatorische Form, aber nicht die Form einer hierarchisch gegliederten Amtskirche, die herrscht, Zwang ausübt, verdammt und sich in Zeremonientum und Aberglauben verliert. Sie wird auch das Wort des Evangeliums »Verschafft euch weder Gold noch Silber« (Mt 10, 9) beherzigen.

Nach der vollzogenen Umwandlung der Ecclesia carnalis[*] – wie Joachim von Fiore sie nennt – in die Ecclesia spiritualis werden die schönen, gleichnishaften Worte der Neuoffenbarung Geltung bekommen: »Seht, der Weise geht in die Rumpelkammer und findet da oft große Schätze, von der Zeremonie bedeckt. Den Staub wischt er weg und legt das reine Gold in die Schatzkammer. Desgleichen tut auch ihr« (Hi I, S. 99, 15).

Die Kirchenführer wissen es, daß das Gericht und das Ende der katholischen Kirche bevorsteht. Im Jahre 1960 sollte der Vatikan das ihm vom Bischof von Leiria (Portugal) übergebene Geheimnis der dritten Botschaft an die Kinder von Fatima der Welt bekanntgeben. Das Schreiben wurde zwar geöffnet und der

---

[*] Ecclesia carnalis heißt wörtlich »fleischliche Kirche«. Gemeint ist die Amtskirche der Hierarchie. Das Gegenteil ist die Ecclesia spiritualis, die Geistkirche.

Inhalt zur Kenntnis genommen, aber nicht veröffentlicht. Die Botschaft ist trotzdem bekanntgeworden. Von dem Schicksal eines bestimmten Volkes ist darin – wie zur Ablenkung verbreitet worden war – nicht die Rede. Das hat laut Pressemeldungen vor einigen Jahren die im Kloster lebende Zeugin dem Bischof von Leiria bestätigt. Heute weiß man, daß in Fatima u. a. das Gerichtsurteil über die katholische Kirche verkündet wurde. Auf dem 6. Fatima-Kongreß in Freiburg i. B. im September 1973 sagte Bischof Dr. Rudolf Graber von Regensburg: »Fatima ist das *Gerichtsurteil* über eine Kirche, die glaubt, ohne Opfer und Sühne auskommen zu können und die zur Welt geworden ist. Fatima ist das Gericht Gottes über ein Minichristentum der niedrigsten Preise, dessen Schlußausverkauf im Gange ist.«[13]

Das ist ein ebenso offenes Wort wie das folgende Bekenntnis des Patriarchen Athenagoras, der sagte: »Wir haben aus der Kirche eine Organisation wie alle übrigen gemacht. Wir haben unsere Kräfte damit vertan, sie aufzubauen, und setzten diese nun für ihr Funktionieren ein. Und sie funktioniert, sie funktioniert wie eine Maschine. Wie eine Maschine – und nicht wie das Leben.« »Was haben wir getan? Christus hat uns verlassen. Wir haben ihn verjagt.« Bereits auf dem letzten Konzil hatten katholische Patriarchen die Kurie für die Austrocknung der Religion durch den römischen Juridismus und Triumphalismus verantwortlich gemacht. Ihre Mahnungen verhallten ebenso ungehört wie zahlreiche andere im Laufe der Zeit.[14]

Auch Papst Paul VI. schien erkannt zu haben, daß es mit der Kirche zu Ende geht. Im Sommer 1974 klagte er in einer Audienz: »Die Kirche ist in Schwierigkeiten – sie scheint zum Aussterben verurteilt zu sein.«[14a]

In der Neuoffenbarung versichert der Herr ausdrücklich, daß die Lehre Jesu den Menschen auf dieser Erde auch nach dem Verfall der katholischen Kirche bekanntgemacht wird: »Wenn ihr Gericht und ihr Ende über die römische Kirche kommen wird, wird Meine Lehre dennoch fortbestehen unter gar vielen

Menschen auf der Erde. Aber sie wird stets nur als ein freies Gut unter den Menschen im stillen glänzen, leuchten und trösten, nie aber als Herrscherin über ganze Völker auf einem Herrscherthrone mit Krone, Stab und Zepter« (Gr VIII 14, 7).

Nach Ansicht katholischer und evangelischer Theologen ist in weiten Kreisen ein Hunger nach echter Offenbarung vorhanden. Oft braucht allerdings die geistige Einsicht Zeit zum Reifen. Die Besinnung auf die Grundwahrheiten des auf dem Evangelium gegründeten Glaubens erfordert Wachheit und einige Denkarbeit.

Die Neuoffenbarung, die den geistigen Horizont so sehr erweitert, vermag dem ansprechbaren Menschen erstarrte Begriffe, mit denen die Theologie zu arbeiten gewohnt ist, einprägsam einzuschmelzen in den Fluß einer für jedermann verständlichen und überzeugenden Darstellung. Wem es wirklich ernst ist mit der Findung religiöser Wahrheit wie sie Jesus gelehrt hat, der wird sich aufgerufen fühlen zur Gewinnung neuer Erkenntnisse. In der Neuoffenbarung redet Gott wirklich in unserer Endzeit zu den Menschen. Ohne Mühe kommt allerdings niemand zur Wahrheit. Zuweilen mag das Wort des Empedokles beim Studium der metaphysischen Tiefenschichten dieser umfassenden Offenbarung Geltung haben: »Ich weiß zwar, daß die Wahrheit den Worten, die ich verkünde, innewohnt, doch mühsam ist sie den Menschen zu erringen, und schwer durchdringt das heiße Bemühen um den Glauben die Seele.«

Wo Widersprüche zwischen der Neuoffenbarung und den Lehren der Kirchen bestehen, hat nicht, wie katholische und evangelische Theologen behaupten, die Kirche, sondern die Neuoffenbarung recht. Das Evangelium ist in den ersten Jahrhunderten zugegebenermaßen zum Teil verfälscht und durch die Entmythologisierer und Theologen im 19. und 20. Jahrhundert zum Zerrbild gemacht worden.

»Niemand außer ihnen«, heißt es vielsagend in der Neuoffenbarung, »soll etwas wissen und irgendeine Erfahrung haben.«

»Sie lieben Mein Licht nicht und werden diejenigen nicht lieben, die Mein Licht zu ihnen bringen« (Gr III 225, 9).

Ob die Kirchen den Propheten der Endzeit, Jakob Lorber, totschweigen oder mit Steinen bewerfen, der Erfüllung der Prophetie wird das keinen Abbruch tun können.

In diesen Zeiten sollten die Christen die Forderung des Apostels Paulus beachten: »Löscht den Geist nicht aus! Weiset prophetische Rede nicht verächtlich zurück! Prüfet alles, und was gut ist, behaltet« (1. Thess 5, 19–21).

»Ohne Unruhe und Umdenken geht es nicht ab«, sagt Pater Lohfink, Professor am Päpstlichen Bibelinstitut in Rom, »wo Gott Propheten auftreten läßt.«[15]

Auch für die Neuoffenbarung gilt das Goethe-Wort, daß »das Allervorzüglichste, was hervortritt, was uns begegnet, so lange verneint wird, als es nur möglich ist«. Aber es ist jetzt wohl doch der Zeitpunkt gekommen, daß diese wichtige Offenbarung durch den Propheten Jakob Lorber allgemein bekannt wird.

»Es entsteht der allgemeine Drang nach Licht, nach geistigem Leben, nach Liebe, nach erwärmender und rechter geistiger Lehre. So regt sich die geistige Tendenz trotz allen Widerstandes …« (Pr 24).

Jakob Lorber sagt bis zum Ende des Jahrhunderts zunehmende Katastrophen furchtbaren Ausmaßes voraus

Hochkulturen entstehen und vergehen wieder. Selten hat sich aber eine Kultur und Zivilisation so schnell bis zur Perfektion entfaltet wie im Zeitalter der Technik. Wissenschaft und Technik haben alles in ihren Bann gezogen und Leistungen vollbracht von denen man ehedem nicht zu träumen wagte. Der Mensch geriet immer mehr in einen wahren Fortschrittstaumel. Irgendwelche

Bedenken wurden stets ausgeräumt mit dem stereotypen Slogan: Dem Fortschritt darf man nicht im Wege stehen! Große Teile der Menschheit verloren ihren religiösen Glauben und huldigten nun bedingungslos der Wissenschaftsgläubigkeit. Daß für den Menschen alles machbar sein würde, wurde nicht mehr bezweifelt.

Versicherten in früheren Zeiten gelegentlich Monarchen ihren Völkern, sie würden sie herrlichen Zeiten entgegenführen, so übernahmen diese Aufgaben nun die Futurologen.

Nach dem Zweiten Weltkrieg wurde die Entwicklung immer atemberaubender. Die Produktionskurven und die Realeinkommen stiegen in immer schnellerem Tempo, letztere schneller als die Leistung. Der Arbeitsmarkt war leergefegt, und weit über zwei Millionen Gastarbeiter wurden ins Land geholt, um den eigenen Wohlstand weiter zu erhöhen. Niemand fragte nach den eventuellen Problemen, die sich aus dieser überbordenden Entwicklung ergeben könnten. Daß die Wohlstandssteigerung sich endlos fortsetzen würde, war für die Menge keine Frage. Das Wort »Arbeitslosigkeit« war zu einem antiquierten Begriff geworden. Die Politiker aller Parteien versprachen ja auch unentwegt noch mehr Wohlstand und schlugen gleichzeitig die Mahnungen namhafter Gelehrten, betreffend die sich abzeichnenden Folgen für die Umwelt, in den Wind. Vom Geist der Selbstbescheidung von 1945 hatte die junge, dem Fortschritt hörig gewordene Generation nicht einmal die Erinnerung mehr. Die Menschheit schien sich paradiesischen Zuständen zu nähern.

Es wäre deshalb noch vor wenigen Jahren ein denkbar ungeeigneter Zeitpunkt gewesen, einem breiteren Publikum die von Jakob Lorber verkündeten Menschheitskatastrophen bekanntzumachen. Allein die Prophezeiung Lorbers, daß weltweite Arbeitslosigkeit aufkommen würde, hätte genügt, alle Kundgaben des Propheten als völlig irreale Phantasieprodukte abzutun. Waren doch die Auftragsbücher der Unternehmer vollgefüllt und war Arbeitskräftemangel an der Tagesordnung. Und wie konnte ein Prophet von Hungersnot reden, wo doch die Geschäfte vor

Fülle geradezu barsten und ein opulentes Warenangebot jeden Bedarf befriedigte.

Aber innerhalb weniger Jahre veränderte sich die Szenerie grundlegend. Am ewig blauen Himmel des Wirtschaftswunderlandes zog plötzlich dräuendes dunkles Gewölk auf. Zugleich kamen vom ganzen Erdenrund beunruhigende Meldungen. Aber wie ein Donnerschlag wirkte es, als im Herbst 1973 bisher kaum beachtete Wüstenscheichs an den Ölhahnen zu drehen begannen und die Millionenmassen in allen Industrieländern der Erde erkannten, daß ihre Existenz gar nicht auf so sicheren Fundamenten ruhte, wie man bis dahin geglaubt hatte. Die Zahl der Arbeitslosen und der Kurzarbeiter stieg beängstigend an.

Daneben mehren sich die Sorgen anderer Art, wenn diese auch noch nicht voll in das Bewußtsein der breiten Öffentlichkeit gedrungen sind: die rapid zunehmenden *Umweltschäden* und die damit noch nicht voll übersehbaren Risiken. Die Feststellungen der Wissenschaftler verheißen für die Zukunft nichts Gutes. Mit diesem Thema haben wir uns im folgenden ausführlicher zu befassen, denn die Erkenntnisse der Wissenschaft bestätigen auch auf diesem Gebiet schon jetzt die Voraussagen Lorbers zum Teil bis in Details.

Nach den Aussagen Lorbers befindet sich die Menschheit jetzt in der *Endzeit,* die von Katastrophen aller Art angefüllt sein wird. Endzeit ist keinesfalls gleichzusetzen mit Weltuntergang. Die Erde wird nach der Kundgabe Lorbers noch viele Millionen Jahre lang »mit und ohne Menschen« ihre Bahn um die Sonne ziehen. Die bevorstehenden großen Umwälzungen werden aber eine unvorstellbare Trübsal mit sich bringen und das Ende des jetzigen technischen Zeitalters herbeiführen. Daß Lorber nicht aus sich redet, dürfte im Abschnitt »Die Beweise für die Echtheit der Prophetie Jakob Lorbers« hinreichend belegt worden sein. Auf Jakob Lorber trifft die Feststellung im 2. Petrus-Brief (1, 21) zu, daß »Weissagungen, die sich bestätigen, nie aus menschlichem Willen hervorgegangen sind, sondern daß die Prophe-

ten von dem Heiligen Geist getrieben im Namen Gottes redeten«.

Die Aussagen Lorbers sind von apokalyptischem Ausmaß und
von bestürzender Furchtbarkeit. Von großem Ernst und lapidarer Eindringlichkeit sind demzufolge auch die mit den Kundgaben verbundenen Mahnungen und Warnungen an die Menschheit, den eingeschlagenen Irrweg des theoretischen und
praktischen Materialismus nicht weiterzugehen. Die Neuoffenbarung läßt keinen Zweifel darüber offen, daß die jetzt schon
teilweise vorhersehbaren Katastrophen ihren Ursprung im Geistigen haben. Wenn Blaise Pascal einmal sagt, in jeder Sünde
wohne der ganze Krieg, so gilt das in analoger Weise für die
Fehlhandlungen der Menschheit die Katastrophen aller Art heraufbeschwören. »Alle Katastrophen der Geschichte haben sich
im Geistigen und Sittlichen ereignet, ehe sie sich in materiellen
Machtkämpfen dargestellt haben« (Reinhold Schneider).

Die Neuoffenbarung sagt hierzu: »Alles Schlechte, das sich
jetzt in der Welt augenscheinlich als solches zeigt, ist nicht von
Mir geschaffen worden, sondern ein Produkt des Mißbrauchs des
freien Willens von seiten der Menschen. Als freie Wesen können
sie tun, was sie wollen, müssen aber auch die Folgen davon sich
selbst zuschreiben« (Pr 83).

Unsere Verhältnisse des Industriezeitalters hat der Herr seinen
Aposteln mit folgenden Worten geschildert: »In jenen Zeiten
werden es die Menschen größtenteils durch das unermüdliche
Forschen und Rechnen unter den Zweigen und weitausgebreite-
ten Ästen des Baumes der Erkenntnis in vielen Wissenschaften
und (technischen) Künsten gar sehr weit bringen, und sie werden
mit allen in der Natur der Erde den Menschen jetzt noch ganz
verborgenen Kräften Wunderbares zustande bringen und werden auch sagen: Sehet das ist Gott, sonst gibt es keinen. Der
Glaube dieser Menschen wird so gut wie gar keiner mehr sein«
(Gr IX 89, 1–2). »Dadurch wird mit der Zeit wohl eine völlige
Glaubensleere unter den Menschen sein …« (Gr IX 89, 10).

Diese Zeit ist jetzt da! Das 20. Jahrhundert steht in seiner letzten Phase sowohl in dem vorausgesagten Zeichen der technischen Perfektion als auch des Atheismus. Die Technik, die alles als machbar ansieht, ist zum Ungeist geworden; in den Dienst des Dämonischen gestellt, wird sie zum Zerstörer der Umwelt. Die Philosophen unserer Zeit setzten als Vertreter des Existentialismus und Atheismus den Menschen an Gottes Stelle, und Millionen haben ihre Theorien übernommen.

Die *Endzeit* hat nach Lorber bereits mit den beiden Weltkriegen, die eine wahre Geißel der Menschheit waren, begonnen. Ein Teil der verkündeten, große Trübsal bringenden Ereignisse stellen auch die Terrorsysteme unter Stalin und Hitler dar. Über diese Zeit sagt Lorber folgendes voraus: »... die Machthaber werden sich der Menschen wie der Tiere bedienen und werden sie ganz kaltblütig und gewissenlosest hinschlachten lassen, so sie sich nicht ohne alle Widerrede dem Willen der glänzenden Macht fügen werden. Die Mächtigen werden die armen Menschen plagen mit allerlei Druck und werden jeden freieren Geist mit allen Mitteln verfolgen und unterdrücken ...« (Gr I 72, 2). »Es werden bis dahin von nun an (z. Z. Jesu, d. Vf.) noch tausend und nicht noch einmal wieder tausend Jahre vergehen« (Gr I 72, 3).

Die Herrschaft und der Sturz Hitlers wird in der genuinen Sprache des Propheten wie folgt beschrieben: Zunächst erfolgt die »Absonderung und Abschließung von allen Seiten ...« (Verbot ausländischer Zeitungen und Schriften, d. Vf.), dann »Krieg mit Federn« (Propaganda, d. Vf.), »dann wirklicher Krieg mit dem Schwert ...«. »Wenn dieser Vielkrieg (Weltkrieg) wird ausgefochten werden, dann wird man das Winkelmaß nehmen und wird alles kritisch und mathematisch ausmessen, was ein jeder Mensch haben und essen darf (Kleiderkarten und Lebensmittelkarten, d. Vf), was er wissen, reden und schreiben darf« (Sprachregelung von Presse und Rundfunk, Verbot des Abhörens ausländischer Sender und Überwachung der Rede eines jeden Menschen, d. Vf.). »Man wird einen Kreis ziehen und wird sich sondern und wird sich als das Vollkommenste betrachten.« (Die Deutschen als das Herrenvolk und dort wieder der engere Kreis, die Partei, d. Vf.) »Das wird der Kreis sein.« »Ich werde Mir ganz heimlich die Freiheit nehmen und werde solch närrischem Kreis ein Ende machen. – Wie? – Das weiß Ich wohl! Das wird dann das Ende eines überaus dummen Liedes dieses Geschlechtes sein« («Die Fahne hoch …«, d. Vf.). »Siehst du, wie der nordische Eisbär (Sowjetrußland) sich am Eis die Zähne spitz schleift?« »Ihr (der deutschen Kriegsgefangenen, d. Vf.) Fett wird sehr zerrinnen an den Eisküsten Sibiriens« (Hi II, S. 302).

Lorber sagte auch die Zerstörung der deutschen Städte durch Feuer im Zweiten Weltkrieg voraus: »Es wird diesmal ganz Europa, besonders in den großen Industriestädten ganz gewaltig gezüchtigt werden« (Hi II, S. 308).

»Es werden aber noch gar viele Städte durch Feuer und durchs Wasser geläutert werden« (Hi II, S. 79). (Diese Prophezeiung kann sich auch auf die Zukunft beziehen.)

»Ein Volk will größer sein als das andere, ein Reich mächtiger als das andere. Der Hochmut der Völker hat alles Maß überschritten, bis in den höchsten Himmel stieg schon der Dampf der Hölle.« »Und seht, die Zeit ist da, enthüllt vor euren Augen: Ein Volk zieht wider das andere! Fraget ihr nach dem Warum, so sage Ich euch: Aus purem Hochmut« (Wiederk. 16).

»Über die Erde geht nun eine geistige Sündflut, wie einst vor 4000 Jahren zu Noahs Zeiten eine materielle gegangen ist. Jene tötete das Fleisch, diese aber tötet Seele und Leib« (Wiederk. 65).

»Wenn schon mit der natürlich zunehmenden Geschicklichkeit der Menschen auch ihre Selbstsucht, Habgier und Herrschsucht zunehmen werden und damit die Verfinsterung der Menschengemüter, dann natürlich können davon auch die schlimmsten Folgen nicht unter dem Wege verbleiben« (Gr V 108, 4).

»Daß aber Menschen zumeist aus zeitlichen Interessen gar oft alles erkannte Gute, Rechte und Wahre dennoch mit den Füßen treten und im Handeln gerade umgekehrt sich erweisen, können wir nun schon Tag für Tag an Hunderten nur zu handgreiflich erfahren, und es geht aus dem wieder hervor, daß die Freiheit des menschlichen Willens durch gar nichts gefährdet und beschränkt werden kann. Und so ist es schon möglich, daß mit den Zeiten die Menschen große Dinge erfinden und also auch auf die Natur der Erde so einzuwirken anfangen können, daß diese am Ende *ordentlich leck werden muß.* Die Folgen davon werden freilich keine angenehmen sein und werden als eine sichere Strafe des schlecht verwendeten Willens erscheinen, aber nicht von Mir aus irgend gewollt, sondern durch den Willen der Menschen hervorgebracht« (Gr V 109, 6).

Hinter der Außdrucksweise des Propheten, daß die »Erde ordentlich leck werden wird«, steht ein erschreckender Tatbestand von weltweitem Ausmaß, dessen Bedeutung der Leser wahrscheinlich erst nach Kenntnisnahme der folgenden Ausführungen über die auf uns zukommenden Umweltschäden erfassen wird. Die Gefahren sind bereits lebensbedrohend und werden unheimlich rasch größer. Solange die Menschen nicht unmittelbar von einer Sache betroffen sind, nehmen sie nur selten Notiz davon. Erstmals wurde die gesamte Menschheit durch den Donnerschlag der Katastrophe im Atomkraftwerk Tschernobyl weltweit aufgeschreckt.

Die auf die Menschheit zukommenden Katastrophen durch die Umweltschäden

Die Schäden in unserer Umwelt und die Risiken sind so zahlreich geworden, daß sie nur noch schwer überschaubar sind. Immerzu werden neue, nie geahnte Gefahren erkannt. Die Folgen der Schäden werden oft nach einer langen Latenzzeit sichtbar, weil sie zunächst unterschwellig wirken. Jahr für Jahr werden neue

Chemikalien hergestellt, deren Wirkungen und eventuelle Wechselwirkungen mit anderen chemischen Produkten oft unbekannt sind. Die Wissenschaft hat zwar viele Erkenntnisse gewonnen, aber der Bereich des Unbekannten ist noch so groß, daß – wie schon bisher – auch in Zukunft mit unerfreulichen oder gar höchst bedenklichen Überraschungen gerechnet werden muß. Das Unerwartete, das kaum Vorstellbare – das Lorber voraussagt – kann Wirklichkeit werden. Niemand vermag zu sagen, wo die äußerste Belastungsgrenze des ökologischen Systems liegt. »Die eigentliche Katastrophe«, schreibt G. R. Taylor, »steht noch aus.«[16] Die folgende Bestandsaufnahme läßt in der Tat Schlimmes befürchten.

Die Verpestung der Luft

Der Verkehr und die Industrie verschmutzen seit Jahrzehnten die Luft in so starkem und ständig zunehmendem Maße, daß die Menschen in den Großstädten – vorab die Kinder – keine einwandfreie Luft mehr einatmen können. Die Voraussetzung für den normalen Ablauf der Lebensprozesse im menschlichen Organismus ist auf die Dauer nicht mehr gegeben. Die meisten Menschen gewöhnten sich an die oft unhaltbaren Zustände, so daß sie nicht bemerken, in welcher Lage sie sich befinden.

Zu den größten Luftverschmutzern zählen die Personenkraftwagen. Ihre Zahl stieg in einem Umfang, daß bald kein Parkplatz mehr zu finden war und die Straßen der Städte mit Wolken von krebserregenden Abgasen erfüllt sind.

Das in verkehrsreichen Straßen der Städte trotz der gesetzlichen Maßnahmen auch heute noch allgegenwärtige Blei ist in seiner biologischen Auswirkung zehnmal giftiger als Blei, das über Nahrungsmittel und Wasser aufgenommen wird.[17] »Abgase von Kraftfahrzeugen sind nicht lästig, sondern lebensgefährlich.« Das sagte das Vorstandsmitglied der MAN, Nürnberg, Prof. Meurer, lt. *Frankfurter Allgemeine Zeitung* vom 7. Juli 1971. Nach Untersuchungen der Biologisch-Physikalischen Forschungsanstalt in Oberjessingen (Baden-Württemberg) im Jahre 1970 hat bereits jede neunte Versuchsperson eine Bleivergiftung, und jeder vierte weist Schwermetallanreicherung im Blutserum auf. Zu diesem Ergebnis erklärt das Institut: »Wir alle, die wir in einer verseuchten Umwelt leben, müssen auf eine dramatische Entwicklung gefaßt sein.«[18]

Jährlich werden von den Autos in der Welt 250 000 Tonnen Blei ausgestoßen. Es ist naheliegend, daß die höchste Bleikonzentration in den Ballungsgebieten festgestellt wird. Bei der seit Jahrzehnten ansteigenden Zahl der Personenwagen konnte den in den siebziger Jahren veranlaßten gesetzlichen Maßnahmen zur Verbesserung der Luft kein Erfolg beschieden sein. Der Präsident des Bundesumweltamtes mußte denn auch im August 1980 zugeben, daß die Erfolge, die bei der Luftreinerhaltung in der Industrie erzielt wurden, zum größten Teil durch die angestiegene Abgasbelastung der Autos zunichte gemacht worden sind.[19]

Besonders gefährdet sind die Kinder, und die Auswirkungen auf die vorgeburtlichen Vorgänge sind noch in keiner Weise erforscht. Die Ursachen vieler Krankheiten, wie Allergien, Migräne, Nervenkrankheiten, Herz- und Kreislaufschäden sowie Stoffwechselkrankheiten, können von den Ärzten gar nicht mehr erkannt werden, weil die unzähligen Umweltgifte eine *schleichende* Wirkung haben und der Ausbruch der Krankheit oft erst nach Jahren und Jahrzehnten erfolgt.

Als das Gesetz zur Bekämpfung des Bleiausstoßes der Autos in der Presse mit dicken Schlagzeilen verkündet wurde, ahnten die wenigsten, wie hilflos die Regierungen in aller Welt dem Abgasproblem der Autos gegenüberstehen. Die Bürger erfuhren nichts davon, daß die übrigen gefährlichen Gifte – u. a. das krebserregende Benzpyren – in dem genannten Gesetz mit keinem Wort erwähnt worden sind.

Erst seit kurzer Zeit ist klargeworden, daß nicht die Industrie und die Haushaltungen den größten Anteil an den Umweltgiften produzieren, sondern die Autos.[20]

Der große Feind des Menschen, insbesondere in den Groß-städten, sind die von den Personenkraftwagen ausgestoßenen *Kohlenwasserstoffe,* nach denen alle Straßen stinken. Sie enthalten das Benzpyren, das mit an der Spitze aller krebserregenden Stoffe steht und nach langer Einwirkungszeit mit Sicherheit krebserregend wirkt.[21] Der Keim für den Lungenkrebs wird bereits im zarten Kindesalter gelegt. Zudem muß neuerdings befürchtet werden, daß die Kohlenwasserstoffe das Erbgut des Menschen verderben.[22] Nach Angaben des Heidelberger Krebs-forschungszentrums entsteht sowohl durch Benzpyren als auch durch Blei aus den Abgasen der Personenwagen vorgeburtlicher Krebs, dem dann die Kinder in jüngsten Jahren zum Opfer fallen.[23]

Inzwischen lassen neue Erkenntnisse erschrecken, die von der breiten Masse kaum zur Kenntnis genommen werden. Zivilisierte Völker bringen offenbar ihre Krankheiten nicht gern zum Bewußtsein. Nach einem Bericht der *Frankfurter Allgemeinen Zeitung* wirkt nach den neuesten Forschungsergebnissen der sich aus den Autoabgasen absetzende *Ruß* mehr als tausendmal stärker krebserregend als der zyklische Kohlenwasserstoff Benzpyren. »Lösungsversuche, der Autogifte Herr zu werden«, wird hierzu in der Zeitung bemerkt, »erscheinen gegenüber diesem Faktum als reine Utopie.«[24]

Eine ähnliche Hiobsbotschaft kommt aus den USA. Das US-Umweltbundesamt in Washington gab bekannt, daß die von der amerikanischen Autoindustrie bevorzugten Abgasentgiftungs-vorrichtungen möglicherweise mehr Schaden anrichten, als sie verhindern. Die Vorrichtungen verringern zwar den Ausstoß von Kohlenmonoxyd und Kohlenwasserstoffen, erhöhen aber den Ausstoß von Sulfaten, was zu einer Vermehrung tödlicher Herz- und Lungenerkrankungen führt.[25] Ferner beweist eine amerikanische Studie, die von der amerikanischen, der schweizerischen und der japanischen Regierung in Auftrag gegeben wurde, daß die Verbrennungsprodukte von bleifreiem Benzin um etwa 25 Prozent mehr andere Gifte enthalten als die verbleiten Treibstoffe.[26]

Zu den giftigen Abgasen der Autos kommt das in der Luft befindliche krebserregende *Asbest* hinzu, das aus Füllstoffen der Autoreifen und vom Abrieb der Bremsbeläge stammt. Nach Ermittlungen von Prof. Konrad Morgenroth (Universität Bochum) haben bereits etwa 80 Prozent der Menschen Asbest in der Lunge.[27]

Es gibt kein Zurück mehr! Es scheint, daß in diesem Fall das chinesische Sprichwort Geltung erlangen wird: »Wer auf dem Tiger reitet, kann weder den Weg bestimmen noch absteigen.«

Das *Kohlenmonoxyd* (CO) ist eines der in der Atmosphäre am weitesten verbreiteten Schadgase. Es wird von Autos und bei zahlreichen industriellen Prozessen sowie von Haushaltungsfeuerungen ausgestoßen. Durch den Autoverkehr werden allein in der Bundesrepublik Deutschland jährlich 4 000 000 Tonnen Kohlenmonoxyd (CO) an die Luft abgegeben.[28] Dieses geruch- und geschmacklose Gas, das auch beim Zigarettenrauchen entsteht, schädigt vor allem das Zentralnervensystem und die Herzmuskulatur. Der gesetzliche Grenzwert für Kohlenmonoxyd beträgt 8,6 ppm als Jahres- und 24-Stunden-Mittelwert und 25,8 ppm als Halbstundenwert. Nach Angaben der Wissenschaftler dürfen die Konzentrationen in den Großstädten nicht über 9–10 ppm ansteigen. Tatsächlich betragen sie aber 30 und 50 ppm, ja sogar nicht selten 100–300 ppm.[29] In Großstädten liegt der Anteil des vom Menschen produzierten CO bis zu tausendmal höher als der durchschnittliche Atmosphärenwert. Jährlich werden in der Welt 400 Millionen Tonnen von diesem Umweltgift in die Atmosphäre geblasen.[30]

Als sehr gefährlich in der Umwelt hat sich das Cadmium erwiesen, was lange Zeit nicht erkannt worden war. Seit Beginn dieses Jahrhunderts hat sich die Cadmiumproduktion vertausendfacht.[31]

Im Jahre 1977 war der von der Weltgesundheitsorganisation (WHO) als noch tolerierbar festgesetzte Pro-Kopf-Grenzwert von 0,0057 mg in der Bundesrepublik Deutschland bereits überschritten.[32] Im Schlamm unserer großen Flüsse ist Cadmium gegenüber dem natürlichen Vorkommen um das Tausendfache erhöht.[33] »Allein der Cadmiumgehalt der Rheinsedimente wird auf etwa 100 t geschätzt.[34] Prof Magnus Piscator erklärte auf der Tagung des Vereins Deutscher Ingenieure in Düsseldorf im Jahre 1973, daß dieses giftige Schwermetall eine große Gefährdung des Trinkwassers (aus dem Rhein, d. Vf.) darstelle.«[35]

Wenden wir nun die Betrachtung einem Gift zu, das seit langer Zeit wie eine Atomwolke um den Erdball zieht: das DDT.

Das *Schädlingsbekämpfungsmittel DDT* wurde ursprünglich von den Herstellern als ganz unschädlich bezeichnet. Dieses Nervengift, dessen Gefährlichkeit aber in Wirklichkeit bereits im Jahre 1945 erkannt worden war, ist seitdem in ungeheuren Mengen produziert worden. DDT ist beständiger als E 605. Seine Halbwertzeit beträgt zwanzig Jahre. Man findet es bei den Eskimos der Arktis und bei den Pinguinen, Robben und Fischen der Antarktis sowie in der Muttermilch amerikanischer und europäischer Frauen. In dem Bericht über die Sitzung der Baden-Württembergischen Landesgesundheitsbehörde vom 6. Juni 1973 heißt es, daß in der Muttermilch eine zwanzig- bis dreißigfach überhöhte Pestiziddosis festgestellt worden ist, vor allem an chlorierten Kohlenwasserstoffen.[36] Im *Deutschen Ärzteblatt* weist Prof. Hans Jürgen Holtmeier, Stuttgart-Hohenheim, darauf hin, daß bereits drei Monate alte Embryonen erhebliche Mengen an polychlorierten Wasserstoffen im Fettgewebe aufwiesen.[37] Was diese alarmierenden Feststellungen für Folgen für die kommende Generation haben werden, ist nicht abzusehen.

Das DDT wird nach wie vor für die Anwendung in den Entwicklungsländern in großen Mengen produziert. In bedenklicher Weise nimmt auch der Quecksilbergehalt der Luft und des Regens zu. Dauerbelastungen können zu Nerven- und Nierenschäden führen. Lange Zeit wurde auch die Gefährlichkeit des PCB (polychlorierte Biphenyle) nicht erkannt. Dieses Gift wird durch die Nahrungskette stark angereichert und weder abgebaut noch vom Körper ausgeschieden. Viele der untersuchten Lebensmittel wiesen bedenklich hohe Gehalte an PCB auf, u. a. auch die Muttermilch. In normalen Müllverbrennungsanlagen wird PCB nicht unschädlich gemacht, sondern gelangt unverändert in die Atmosphäre. Ungeborene Kinder haben heute nach Angaben von Wissenschaftlern fast ebensoviel PCB und DDT in ihren Körpern wie Erwachsene.[38]

Der Smog

Über allen industriellen Ballungsgebieten liegt eine »Glocke« aus verschmutzter, ätzender und oft widerlich stinkender Luft. Diese Luft ist in viel größerem Maße verseucht als allgemein bekannt ist. Das, was eine Untersuchung in Köln ergeben hat, gilt auch für die anderen großen Industriestädte, für manche sogar in höherem Grad. In der Kölner Industrieluft sind mehr als 300 luftverunreinigende Stoffe ermittelt worden. Dies ist im Umweltgutachten für die Bundesregierung nachzulesen.[39] In der Bundesrepublik häufen sich die Tage, an denen die Konzentration des Smogs den Mittelwert von 200 ppb überschreitet.[40] München hatte bereits in den Jahren 1953–1960 im Durchschnitt jedes Jahr an 124 Tagen Inversionen von mehr als zwölf Stunden.[41] Der Bereich der Großstädte Mannheim und Ludwigshafen befindet sich fast »das halbe Jahr über am Rande des Smogs«[42]. Es ist naheliegend, daß die zahlreichen Giftstoffe in der Luft der industriellen Ballungsgebiete bei bestimmten Wetterbedingungen sich immer mehr bis zur höchsten Konzentration steigern. Fehlt stärkerer Wind und es liegt zugleich eine Warmluftschicht über der am Boden der Stadt liegenden Kaltluft, so entsteht eine sogenannte austauscharme Wetterlage – Inversionswetterlage genannt. Ein Abfließen der mit Schadstoffen angereicherten Luft in den unteren Bereichen ist nicht möglich; ständig sorgen aber Autos, Fabriken und Haushaltungen für neue Zufuhr von Giften aller Art. So entsteht der gefürchtete sogenannte Smog. Am gefährlichsten sind bei dieser Sachlage die von den Autos ausgestoßenen Kohlenwasserstoffe. Diese werden dann unter Mitwirkung von Stickstoffoxyd und Sonnenlicht in besonders aggressive Substanzen umgewandelt.[43]

Ein Hauptbestandteil des photochemischen Smogs ist das Ozon. Es gelangt durch Zusammenwirken von Stickstoffoxyden und Kohlenwasserstoffen aus Industriewerken (u. a. aus Raffinerien) und aus Autos in die Stadtluft. Vor allem ist die Kombination von Ozon mit Schwefeldioxyd risikoreich, das Atemvolumen nimmt dann um 30 Prozent ab.[44] Ozon ist selbst in kleinster Konzentration schädlich. Die Weltgesundheitsorganisation (WHO) schlägt als Grenzwert 60 ppb vor. In deutschen Großstädten wurden Werte von 200, ja sogar 270 ppb gemessen.[45]

Um die Smogwarnung und vor allem um die Durchsetzung der dann erforderlichen Maßnahmen ist es in aller Welt gar schlecht bestellt. Nach Ansicht der amerikanischen Zeitschrift *Life* müssen bald die Menschen in den Großstädten der USA Gasmasken tragen.[46] New York wird nach einem von 300 Wissenschaftlern erstellten Gutachten bald dem Erstickungstod nahe sein. Schon jetzt verlassen die Menschen die unbewohnbar gewordene Riesenstadt in einem unvorstellbar großen Ausmaß. Jährlich werden in New York 120 000 Wohnungen leer und verfallen.[47]

Die Smogalarmpläne für die Industrie beruhen in Deutschland auf Kann-Bestimmungen, und die erforderlichen Maßnahmen treffen die Betriebe nicht aufgrund gesetzlicher Vorschriften, sondern nach Maßgabe freiwilliger Vereinbarungen. Zudem sind nach Angaben von Wissenschaftlern die Grenzwerte, bei denen Smogalarm ausgelöst wird, »wesentlich zu hoch angesetzt, medizinische Erkenntnisse wurden (bei der Festlegung) nicht berücksichtigt«[48]. Die große Anfälligkeit von Säuglingen und Kleinkindern ist bei der Grenzwertfestsetzung gänzlich außer acht gelassen worden. Smogalarmpläne können somit ihre Aufgabe kaum erfüllen. Es ist hierbei besonders zu bedenken, daß Smogextrakte eine 600mal stärkere Wirkung auf die Erzeugung von Tumoren haben als reines Benzpyren.[49]

Der Biochemiker Dr. Frederic Vester bemerkt hierzu treffend, daß dieses Forschungsergebnis »ein erschreckendes Beispiel für die ungeheure, jedoch noch kaum erforschte Bedeutung synergetischer* Effekte« sei.[50]

Die Verseuchung der Flüsse, der Seen und des Meeres

1. Die Verseuchung der Flüsse und Seen

Die moderne Industrie verpestet nicht nur die Luft, sie verseucht auch die Flüsse, Seen und Meere. Der Zustand des Wassers des Rheins, aus dem 20 Millionen Menschen das Trinkwasser beziehen, hat sich zwar infolge des Baus von Kläranlagen und verschärften Einleitungsbedingungen, vor allem für die chemische Industrie, verbessert. Aber der Flußschlamm des Stromes ist in Rotterdam nach wie vor so sehr mit giftigen Schwermetallen vollgesogen, daß er nur mit hohem Kostenaufwand auf einer

---

* Synergismus = das Zusammenwirken mehrerer Schadstoffe, die neuartige, meist stark erhöhte Giftwirkungen zeitigen.

Spezialdeponie untergebracht werden darf. In den industriellen Ballungsgebieten zwischen Basel und Duisburg ist der Rhein auch heute noch als belastet anzusehen. Das aus Rhein und Mosel gewonnene Trinkwasser ist häufig hochgradig mit Pestiziden belastet (Bund 9/1989). Die Fische sind nach wie vor nur in begrenzter Menge eßbar.

Die biologischen und mechanischen Kläranlagen reichen nicht aus, um die Chlorverbindungen, Nitroverbindungen und Sulfosäuren zu beseitigen. Hormone, wie sie z. B. die Antibabypille enthält, sind überhaupt nicht absorbierbar. Niemand weiß, was das für die nächste Generation für Folgen haben wird.

Die Internationale Arbeitsgemeinschaft der Wasserwerke im Rheineinzugsgebiet beklagte mit Recht, daß es trotz internationaler Aktionen noch nicht zu einer erkennbaren Verbesserung der Überwachung der potentiellen Einleiter gekommen sei.[51] Die skandalösen Vorkommnisse, die zu einem riesigen Fischsterben führten, hätten keinen Anlaß zu einer systematischen Überwachung durch die Behörden gegeben. Im Jahre 1989 waren die Wasserwerke zu der Erklärung genötigt, daß die Überwachung der Abwassereinleitung »lückenhaft und dringend verbesserungsbedürftig sei«. Häufig sei der Rheinalarm nicht von den Verursachern, sondern von den Wasserwerken ausgegangen.

Mit dem Wasser der übrigen Flüsse – und zwar in West und Ost gleichermaßen – ist es nicht besser bestellt. Auch in der ehemaligen DDR zählen 90 Prozent der Wasserläufe zu den stark mit Fremdstoffen belasteten Gewässern. Der Verschmutzungsgrad der Wolga, des Baikalsees und des Kaspischen Meeres nimmt rapid zu.[52]

Alarmierend sind in jüngster Zeit die Nachrichten aus den verschiedensten Teilen der Welt über das »Sterben« der Seen durch sauren Regen. Tausende von Seen in Kanada, Finnland, Norwegen, Schweden, Japan und den USA sind durch den saueren Regen derart verschmutzt, daß es darin weder Fische noch Wasserpflanzen gibt.[53]

Der Wasserverbrauch ist seit Jahrzehnten in ständigem Steigen begriffen. Anfang des 19. Jahrhunderts betrug der Wasserverbrauch in dem Gebiet der heutigen Bundesrepublik Deutschland pro Kopf und Tag 30 Liter, heute 126 Liter, in den USA sogar 450 Liter.[54] In den USA befürchtet man, daß der Wassermangel zu einem Notstand führen kann.

Die Wasserversorgung wird in Europa, in den USA und auch in den Entwicklungsländern zu einem Problem werden. Heute sind bereits von den 420 000 indischen Dörfern nur zehn Prozent ausreichend mit Trinkwasser versorgt![55] Dabei begnügen sich die Menschen in den Entwicklungsländern heute schon mit 4,5 Liter Wasser pro Tag und Kopf.[56]

Innerhalb von nur fünf Jahren sind in der Dritten Welt 73 Millionen Menschen vom Land in die Städte gezogen und vermehrten die Zahl der Slumbewohner.[57] Die Bevölkerungsexplosion in den Entwicklungsländern wird hinsichtlich der Trinkwasserversorgung in Zukunft zu katastrophalen Verhältnissen führen. Nach Angaben der Weltgesundheitsorganisation (WHO) hat bereits heute über die Hälfte der Menschen in der Dritten Welt kein einwandfreies Trinkwasser mehr. Der UNO-Generalsekretär erklärte vor dem Plenum der 35. Vollversammlung im Mai 1981, daß jedes Jahr allein etwa 15 Millionen Kinder an den Folgen von Krankheiten sterben, deren Ursache verseuchtes Wasser sei.[58]

2. Die Verseuchung des Grundwassers

Große Sorgen bereitet den Hydrobiologen und den Gemeinden die fortschreitende Anreicherung des Grundwassers mit Nitrat (Stickstoff) in aller Welt. Die künstlichen Düngemittel enthalten Nitrate. Der Verbrauch dieser Stickstoffdünger hat seit dem Zweiten Weltkrieg ständig zugenommen. In den USA hat er sich z. B. in den letzten 25 Jahren vervierzehnfacht.[59] Im Laufe der

Jahrzehnte haben jetzt die Nitrate in vielen Gegenden das Grundwasser erreicht. Das an sich harmlose Nitrat wird aber leicht in giftige Nitrite umgewandelt, was sogar im Darm geschehen kann. Die Folgen sind Atemnot und in schlimmeren Fällen der Tod. In aller Welt nimmt die Zahl der Quellen zu, bei denen die zulässige Höchstmenge im Trinkwasser weit überschritten wird. In der Stadt Illinois (USA) ist dies bereits bei einem Viertel aller Brunnen der Fall; ähnliche Verhältnisse bestehen in Essex (England).[60] In der Bundesrepublik Deutschland wurden im Raum Freiburg, Offenburg, an der Bergstraße in der Nähe von Mannheim, in zahlreichen Gemeinden in den Weinbaugebieten, insbesondere an der Mosel, im Mainzer Becken, an der Mittelgebirgsschwelle in Norddeutschland und auf der Insel Reichenau im Bodensee usw. Nitrate oder Salpeter in viel zu großen Mengen festgestellt.[61]

Der Geschäftsführer des Deutschen Vereins des Wasser- und Gasfaches, Wolfgang Merkel, erklärt zu der weiteren Entwicklung in der Bundesrepublik Deutschland: »Die massiven Grundwasserverunreinigungen häufen sich in geradezu dramatischer Weise.«[62] Diese Gefahr der Verseuchung des Grundwassers durch die verschiedensten Einflüsse werden durch die Aussagen von Prof U. Häselbath vom Bundesgesundheitsamt bestätigt.

Für Säuglinge ist der Genuß des so verseuchten Wassers lebensgefährlich. An einigen Orten an der Mosel mußte an die Bewohner bereits von Amts wegen Mineralwasser ausgegeben werden.[63] In der ehemaligen DDR mußten bereits im Jahr 1980 12 000 Kleinkinder mit Mineralwasser versorgt werden.[64]

Bei Zugrundelegung des von der EG festgelegten Grenzwertes von 50 mg/l Nitrat sind in der Bundesrepublik Deutschland bereits acht bis zehn Prozent des Trinkwassers mit Nitrat überbelastet. Der Nitratverbrauch stieg in der BRD von 33 kg pro Hektar im Jahre 1955 auf 113 kg im Jahr 1980, während die Erträge stagnierten.[65]

Auch besteht die Gefahr, daß sich krebserregende Nitrosamine bilden.*66

Da die Nitrosamine durch Verbindung von Kunstdünger und sekundären Aminen entstehen, kamen Wissenschaftler zu der Überzeugung, daß unsere Landwirtschaft zu einem »großen Umweltverschmutzer geworden ist«.67

Im August 1981 erklärte der Staatssekretär im Bundesministerium für Raumforschung, D. Sperling, daß der Kunstdünger sowie das hochgiftige Cadmium und nicht zuletzt die Insektenvernichtungs- und Pflanzenschutzmittel langfristig zu einer intensiven Vergiftung unserer Grundwasservorräte führen wurden, so daß ein Zeitpunkt eintreten werde, wo das Grundwasser als Lebensmittel verboten werden müßte.68

Die Trinkwasserverordnung betreffend die Pflanzenschutzmittel wurde endlich am 1. Oktober 1989 wirksam. Die Grenzwerte sind extrem niedrig. Die im Boden vorhandenen Gifte werden erst nach Jahren im Grundwasser in Erscheinung treten.

3. Die Verseuchung der Ozeane

Der ganze giftige Cocktail der Flüsse fließt in die Meere, und die Winde tragen Blei, DDT und andere Gifte in die Ozeane. Die Seeschiffahrt verseucht die Meere alljährlich mit mehreren Millionen Tonnen Altöl, das über Bord gepumpt wird, sowie durch havarierte Tanker.

Militär und Industrie wetteifern, die Meere zu vergiften. Am 18. August 1970 versenkte die amerikanische Marine in der Nähe des Golfstromes einen ausgedienten Frachter mit einer Ladung von 12 000 Raketen mit tödlichem Nervengas. Der Tiefseetaucher Piccard sagt hierzu: »Dort unten liegt in 4850 m Tiefe

---

* Siehe hierzu die Ausführungen im Kapitel »Zunehmende Krankheiten als Folge der Umweltgifte«.

eine Zeitbombe, die den Atlantik verseuchen kann. Der Mensch treibt Raubbau mit der Erde. Es ist ihm zuzutrauen, daß er den Golfstrom vergast.«[69] In der Ostsee versenkte Anfang der dreißiger Jahre ein schwedischer Konzern 7000 Tonnen Arsen. Nun drohen die Betonbehälter, in die das Arsen abgefüllt ist, auseinanderzufallen. Die Menge würde genügen, um die ganze Bevölkerung der Erde umzubringen.[70] Seit Jahren bringen Großbritannien, Frankreich und die Schweiz mittelradioaktive Abwässer in das Meer. Großbritannien senkt zudem regelmäßig plutoniumhaltige Abfälle in Fässern in den Ozean.[71] Die holländische und die deutsche Industrie kippen jährlich mehrere hunderttausend Tonnen Schwefeldioxyd und Dünnsäure in die Nordsee.[72]

Nach Angaben in *Umschau der Wissenschaft* 71, 308 (1971) gelangt etwa ein Viertel der gesamten DDT-Weltproduktion in die Ozeane. Außer DDT gibt es aber noch viele andere gefährliche chlorierte Kohlenwasserstoffe, die ebenfalls die Meere erreichen.

Die Küstengewässer der Industrieländer sind bereits durch quecksilberhaltige Industrieabwässer verseucht, so daß der Fischfang – wie in Japan – teilweise eingestellt werden mußte; obwohl Fisch in diesem Land das zweitwichtigste Nahrungsmittel ist, sagen kritische Beobachter das baldige Ende der gesamten japanischen Küstenfischerei voraus.[73] Scharfe Kontrollen sind auch in den USA und in Europa notwendig geworden. In den USA mußte eine Million Dosen Fischkonserven aus den Regalen der Geschäfte genommen werden, weil sie zu stark mit Quecksilber verseucht waren.[74] Fast die Hälfte der hochgiftigen Quecksilberproduktion gelangt in die Ozeane.[75] In der Escambia-Bucht vor Pensacola (Florida) verendeten im Sommer 1967 ca. 50 bis 75 Millionen Fische.[76]

Die Belastung des Mittelmeeres hat weithin die Grenzen des Tragbaren erreicht. Über 100 der 120 größeren Städte am Mittelmeer pumpen ihre Abwässer ungeklärt ins Meer, darunter die Millionenstädte Barcelona, Marseille, Neapel, Alexandria und

Algier. Mit den Abwässern werden jährlich folgende hochgiftige Schwermetalle in das Mittelmeer gebracht: 100 t Quecksilber, 3800 t Blei, 2400 t Chrom und 21 000 t Zink. Thunfische im Mittelmeer haben dreimal soviel Quecksilber im Leib wie Thunfische im Atlantik.[77] Nach Angaben der Zeitschrift *Bild der Wissenschaft* fließen jährlich sechs bis sieben Millionen Tonnen Erdöl und Kohlenwasserstoffe in die Meere. In den letzten 15 Jahren wurden im Meer in Küstennähe mehr als 15 000 Ölquellen erschlossen! Die Gesamtzufuhr an Quecksilber beläuft sich pro Jahr auf etwa 10 000 Tonnen. Experten befürchten, daß irgendwo der Punkt ist, von dem an es kein Zurück mehr gibt.[77]

Die Verseuchung der Meere kann aber noch andere ungeahnte Folgen haben. Es ist nämlich nicht ausgeschlossen, daß die Vergiftung des Planktons Auswirkungen auf die *Sauerstoffproduktion* der Erde haben wird. Der Haushalt der Natur sorgte bisher dafür, daß der Sauerstoffanteil der Luft stets gleichblieb. Neuerdings greift der Mensch von zwei Seiten in diesen Haushalt massiv ein. Die Industriegesellschaft verursacht einerseits einen ungeheueren Mehrverbrauch an Sauerstoff und schädigt andererseits die Sauerstoff bildenden Organe der Natur. In den obersten Millimetern des Meerwassers bildet die Mikroflora und Fauna (Kieselalgen, Wimpertierchen, Bakterien usw.) – Phytoplankton genannt – ca. 60 Prozent des Sauerstoffs der Lufthülle.[78] Den restlichen Teil des Sauerstoffs produzieren die Wälder. Durch die hemmungslose Rodung in aller Welt können diese einen stets geringer werdenden Beitrag leisten. Sauerstoff wird heute in gewaltig vermehrter Menge verbraucht durch Autos, Flugzeuge, Kraftwerke usw. Mit zunehmendem Wachstum steigt der Verbrauch immer weiter an. Anderseits besteht die Gefahr, daß die Sauerstoffproduktion durch das Phytoplankton zurückgeht, weil dieses durch die im Meer befindlichen Gifte geschädigt wird. Sowohl Prof. La Mont C. Cole, Direktor des Langmuir-Laboratoriums der Cornell University Ithaca (USA), als auch Dr. Charles Wurster jr. (New York University in Stony

Brook) haben unabhängig voneinander festgestellt, daß schon eine schwache Konzentration des Insektenschutzmittels DDT ausreicht, die Photosynthese und damit die Sauerstoffzufuhr im Meerwasser zu verhindern.[79]

Prof. La Mont C. Cole sagt, er finde es angsterregend, daß ungefähr eine halbe Million verschiedener Chemikalien in die Meere gekippt würde, ohne daß die Verantwortlichen auch nur eine Ahnung davon haben, ob sie das Phytoplankton des Meeres vergiften könnten.[80] Ebenso vielsagend ist die von dem Experten der Welternährungsorganisation der UNO, Dr. Sidney J. Holt, getroffene Feststellung: »Die zur Vergiftung beitragenden Verbindungen nehmen wesentlich schneller zu, als wir sie überhaupt feststellen können.«[81]

Nach einem Bericht des Umweltprogramms der Vereinten Nationen (UNEP) steht fest, daß die Verschmutzung der Meere international weiter zunehmen wird. Die Folgen sind noch weitgehend unerforscht.[82]

Der Einbruch der Chemie in die Grundlagen des Lebens kann in absehbarer Zeit unübersehbare Folgen haben. Obwohl die Grenzen des Tragbaren längst überschritten sind, verkünden Politiker, Industrielle und Gewerkschaften, auf weiteres Wachstum könne nicht verzichtet werden. Und so wird es kommen, wie Taylor voraussagt: »Die zur Vergiftung beitragenden Verbindungen nehmen wesentlich schneller zu, als wir (Biologen) sie überhaupt in Erfahrung bringen können.« »Es liegt im Wesen der Industrie, daß sie sich selbst zerstört.«[83]

Zunehmende Krankheiten als Folge der Umweltgifte und anderer Einwirkungen

Die Folgen der Umweltschäden sind heute schon bedenklicher, als allgemein angenommen wird. Die vollen Auswirkungen werden sich erst im Laufe der Jahre zeigen. Viele Krankheiten sind bereits latent verbreitet und werden erst später bei auftretenden Beschwerden erkennbar werden. Die jetzigen Verhältnisse sind aber bereits alarmierend. »Die Statistik sagt uns, daß jeder vierte Einwohner Deutschlands an Krebs sterben wird.«[84] Nach Angaben von Professor Grundmann, München, gibt es 700 Kanzerogene (krebserregende Stoffe) in unserer Umwelt. Auf dem internationalen Symposium der Krebsforscher wurde eine noch höhere Zahl angegeben.[85] In zahlreichen Fällen mehren sich bei Kindern Krankheiten (u. a. Krebs), die früher nur bei Erwachsenen auftraten. Vor fünfzig Jahren hielt man Kinderkrebs für eine medizinische Seltenheit. Heute ist bei Kindern der Krebs nach den Verkehrsunfällen die häufigste Todesursache.[86]

Nach den neuesten Forschungsergebnissen werden die *Nitrosamine* als die gefährlichsten unter den Krebsgiften angesehen. Sie sind überall in der Umwelt anzutreffen, wo Nitrosäuren mit Aminen eine chemische Verbindung eingehen. Nitrosäuren bilden sich aus Nitraten (u. a. aus künstlichen Düngemitteln) und aus Stickstoffoxyd und Stickstoffdioxyd (z. B. Abgase der Autos und Kraftwerke). Nitrosamine sind feststellbar in Grundstoffen der Industriebetriebe, in Pflanzenschutzmitteln, in Arzneien, in Lebensmitteln usw. Bei allen Tierversuchen riefen die Nitrosamine Krebs hervor, »und das so heftig wie kein anderer Stoff«. Die Konzentrationen sind nach Angaben von D. Shapley in der Zeitschrift *Science* vom 23. Januar 1976 besonders in den Städten zum Teil gefährlich hoch.[87]

Die chilenischen Wissenschaftler R. Armijo und A. H. Coulson verweisen in ihrem Buch *Epidemiology of stomac cancer in*

Chile. The role of nitrogen fertilizers auf statistisch gesicherte Zusammenhänge von Nitratdüngeranwendung und Magenkrebs.[88]

Auf dem Deutschen Krebskongreß im Februar 1976 in Hamburg erklärte Prof. Carl Gottfried Schmidt, daß 80 Prozent aller Krebskrankheiten, an denen Menschen in der Bundesrepublik Deutschland leiden, durch Umwelteinflüsse verursacht worden sind. Zum gleichen Ergebnis kamen amerikanische Wissenschaftler in ihrem Land. Professor Schmidt sagt voraus, daß in zwei bis drei Jahrzehnten jeder dritte ein Opfer der »Geißel der Menschheit« sein werde.[89] Rund 430 Substanzen mit krebserzeugender Wirkung kommen nach Angaben von Prof. D. J. Tilgner in Konzentrationen von 0,0002 bis 0,05 ppm ständig in unserer Nahrung vor, wo sie ... »ihre *allmählich summierende Wirkung* entfalten«[90].

Am meisten sind die Kinder und die Ungeborenen im Mutterleib bedroht.

Sie sind enorm anfällig für die Schädigungen sowohl chemischer Giftstoffe als auch radioaktiver Strahlung, Die Nitrosamine dringen im Mutterleib durch die Placenta zum Embryo vor.[91] Heute leben in der Bundesrepublik bereits 360 000 körperlich oder geistig behinderte Kinder, und ihre Zahl erhöht sich Jahr für Jahr um 40 000.[92] Es ist kaum zu ermessen, was hieraus in Zukunft an menschlichen Problemen, Kosten und Leid auf die Menschen zukommen wird. Der Humangenetiker Prof. Gerhard Wendt, Marburg, rechnet für die Lebensdauer der zur Zeit vorhandenen erbkranken Kinder mit Kosten in Höhe von 38 Milliarden DM.[93] Hier muß die kaum bekannte Tatsache angemerkt werden, daß die Grenzwerte der von den Kernkraftwerken ausgehenden radioaktiven Strahlen durch die Strahlenschutzverordnung auf »Einzelpersonen über 18 Jahre« bezogen werden. Kleinkinder und Embryonen sind aber nach einhelliger Meinung von Befürwortern und Gegnern von Atomkraftwerken 100- bis 600mal empfindlicher als Erwachsene. Auf diese Tatsache weist die erste Strahlenschutzverordnung zwar hin, nimmt aber dessenungeachtet auf die Risiken für die Embryonen und Säuglinge keine Rücksicht! Damit erscheinen die ständigen Behauptungen von der außerordentlich geringen Strahlenbelastung durch Kernkraftwerke in einem völlig anderen Licht.

In der Bundesrepublik Deutschland ist nach dem im Oktober 1972 veröffentlichten Bericht des Statistischen Bundesamtes in Wiesbaden heute schon etwa jeder siebente Einwohner chronisch krank.[94]

Die Belastung durch umweltgeschädigte Lebensmittel, zuviel Kalorien, davon zuviel Fleisch, Fett, Weißmehl und Zucker, und zuwenig Vitamine und Mineralstoffe fördern bei gleichzeitigem Streß, Lärm und Mangel an Bewegung die Krankheitsanfälligkeit stetig. Wie das Max-Planck-Institut für Ernährungsphysiologie in Dortmund festgestellt hat, leiden 50 bis 60 Prozent der bundesdeutschen Bevölkerung an einem verborgenen Vitaminmangel. Als eine Folge dieses Mangels wird Verringerung der körperlichen Abwehrkräfte angegeben. Dasselbe gilt für den Mangel an Mineralstoffen. Professor Schlierf vom Klinischen Institut für Herzinfarktforschung (Universität Heidelberg) berichtet, daß heute bereits zehn bis 20 Prozent der Bevölkerung von Ernährungskrankheiten erfaßt sind, was jährlich der Bundesrepublik etwa 17 Milliarden DM Kosten verursacht![95] Schädlich sind vor allem – und zwar in verschiedener Hinsicht – die vielen aus Weißmehl, Zucker und Schokolade hergestellten Süßigkeiten. Jährlich geben die Bundesbürger allein für zahnzerstörende zuckerhaltige Genußmittel 15 Milliarden DM aus[96], was maßgeblichen Einfluß auf die Kosten für Zahnbehandlung und Zahnersatz in Höhe von acht Milliarden DM hat.[97]. Im Hinblick auf die lawinenartig anwachsende Kostenentwicklung forderte im Juli 1976 der Freie Verband deutscher Zahnärzte die Belegung der Süßigkeiten aller Art mit einer Sondersteuer.[98]

Die ständige Zunahme der Zivilisationskrankheiten kann nach Auffassung medizinischer Autoritäten nur durch eine Änderung in der Ernährungsweise und durch Konsumverzicht aufgehalten werden.[99] Das entspricht ganz dem, was der Herr den heutigen Menschen der Industrienationen in der Neuoffenbarung anrät: »Ihr sollt im Essen und Trinken mäßig sein und nach keinen verkünstelten Leckerbissen gieren, so werdet ihr des Leibes Gesundheit lange erhalten« (Gr VIII 82, 11). »Es ist allerdings für den, dessen Herz voll von allerlei weltlichen Dingen ist, schwer, sich von ihnen zu reinigen« (Gr X 98, 9).

Weil dem so ist, ist die Fettsucht infolge Überernährung neben Krebs und hochgradigen Infektionen ein beängstigendes Gesundheitsproblem geworden. Der dritte Ernährungsbericht der Bundesregierung (1976) stellt fest, daß 56 Prozent der Bundesbürger Übergewicht haben. Im ersten Ernährungsbericht (1969) wurde der hohe Zuckerverbrauch von 90 g pro Kopf und Tag gerügt und eine Beschränkung auf 60 g am Tag gefordert. Im Jahr 1975 ist der Verbrauch laut Ernährungsbericht auf 100 g angestiegen! Wörtlich heißt es dort weiter: »Allein bei den rund fünf Millionen Schulkindern entstehen infolge des steigenden Zuckermißbrauchs im Jahr rund 15 Millionen Kavitäten in den Zähnen.«

Nach Angaben, die Professor Reifferscheid auf dem Fachkongreß der Chirurgen in Aachen machte, wird in Westeuropa jeder vierte an den Folgen der Fettsucht wie Herz-Kreislauf-Krankheiten oder Diabetes frühzeitig sterben.[100]

Eine weitere bedenkliche Belastung der Gesundheit stellen heute die im Fleisch, in der Wurst und in der Milch enthaltenen Antibiotika, Hormone und dergleichen dar. Die Verhältnisse sind in dieser Hinsicht so untragbar geworden, daß die Tierärzte im Hinblick auf die Zunahme der geschädigten Lebensmittel auf dem Baden-Württembergischen Landestierärztetag in Konstanz vom Gesetzgeber endlich energische Schritte zur Unterbindung des »grauen Arzneimittelmarktes« forderten. Die Tierärzte – so wurde ausgeführt – könnten nicht mehr länger zusehen, »wie große Mengen verschreibungspflichtiger Arzneimittel unkontrolliert den landwirtschaftlichen Nutztieren verabreicht würden und über den Rückstand in Fleisch und Milch die menschliche Gesundheit gefährden«.[101]

Mit einer Eindämmung der illegalen Anwendung von Hormonen, Antibiotika usw. war bis in die siebziger Jahre nicht zu rechnen, weil durch die Verordnung vom Juli 1975 nach Aussagen von Sachverständigen gesetzwidrige Handlungen künftig noch weniger verfolgt und belangt werden konnten als früher. »Die Tierärzte werden durch diese Verordnung zum schrankenlosen Arzneimittelhandel geradezu stimuliert.«[102] Im *Ernährungsbericht der Bundesregierung 1976* flüchten sich die Autoren, wie es in einem Kommentar dazu heißt, in diesem Fall »in Andeutungen und Abschwächungen«[103].

Selbst als im Jahr 1979 das Bundeskriminalamt in Ansehung der für die Volksgesundheit bestehenden Gefahren strengere Kontrollen forderte, wurden immer noch keine Maßnahmen ergriffen. Im Oktober 1980 wurde dann von einigen Kontrolleuren das rücksichtslose Verhalten der am illegalen Tierarzneimarkt Beteiligten aufgedeckt. Die festgestellten Vorfälle stellten aber nur die Spitze eines Eisberges dar. Der Fahndungsdienst war sowohl personell als auch ausstattungsmäßig ungenügend ausgerüstet. Zudem waren die von den Gerichten verhängten Geldstrafen, gemessen an den erzielten Gewinnen lächerlich gering gewesen. Nach Angaben der bayerischen Tierärztekammer wurden auch im Jahr 1983 nach wie vor in der Bundesrepublik Deutschland ca. 70 Prozent der Tierarzneimittel illegal oder über den grauen Markt an den Mann gebracht! In den Jahren 1988 und 1989 wurde wiederum umfangreicher Mißbrauch mit Wachstumshormonen festgestellt.[104]

Zu den angeführten Belastungen der Volksgesundheit, die der einzelne nicht abzuwehren vermag, kommen die Folgen der Schäden durch Alkohol, Rauchen und Drogen. Jährlich gibt es ca. 100 000 Frührentner, was auf Nikotinmißbrauch zurückzuführen ist.[105] Hinzu kommen jedes Jahr 20 000 Raucherbeinamputierte und 25 000 Lungenkrebskranke.[106]

Mit der Drucksache 7/2070 gab die Bundesregierung bekannt, daß jährlich 140 000 Raucher vorzeitig sterben. Das Bundesgesundheitsministerium ergänzte diese Angabe dahingehend, daß 40 Prozent aller Krebserkrankungen bei Männern durch Nichtrauchen vermeidbar wären.

Alkoholmißbrauch und Drogensucht sind mit sehr hohen Hundertsätzen bei Trunkenheit am Steuer, Arbeitsunfällen, Gewalttaten und Einlieferung in Gefängnisse und Heilanstalten ursächlich. Die vom Bundesgesundheitsministerium berechneten Folgekosten durch übermäßigen Genuß von Alkohol und Nikotin sowie durch Überernährung belaufen sich jährlich auf die ungeheure Summe von 54 Milliarden DM.[107]

Auch andere Volkskrankheiten steigen rapid an. So beträgt die Zahl der *Rheumakranken* in der Bundesrepublik 10 Millionen, wovon die Hälfte auf Personen unter 25 Jahren entfällt.[108] Die Rheuma-Frühinvaliden sind auf 200 000 angewachsen und jährlich kommen 20 000 arbeitsunfähige Rheumakranke hinzu.[109] Rheumatologen schätzen den volkswirtschaftlichen Verlust allein durch Arbeitsausfälle in der Bundesrepublik Deutschland pro Jahr auf 14 Milliarden DM.[110]

Die *Zuckerkrankheit* entwickelt sich in den Industrieländern ebenfalls immer mehr zu einer Volkskrankheit. Seit Ende des letzten Weltkrieges ist sie um das Zehnfache auf 2,3 Millionen angestiegen. Ebenso ist die Stoffwechselkrankheit *Gicht* zu einer Volkskrankheit geworden.[111]

Diese Krankheiten sind eine Folge der Ernährungsgewohnheiten der Industrievölker. Dasselbe gilt für die sich stark veränderten Trinkgewohnheiten. Im April 1976 legte das Gesundheitsministerium Nordrhein-Westfalen eine diesbezügliche Bilanz vor. Danach gibt es in der Bundesrepublik zur Zeit über zwei Millionen Alkoholkranke. Die Zahl der durch Alkoholismus Gefährdeten wird, wie das Ärzte-Magazin *Selecta* berichtet, auf drei bis vier Millionen geschätzt. Der Anstieg wird von ministerieller Seite als »bedrohlich« bezeichnet.[112] Nach Ansicht von Prof. Volker Faust, Freiburg i. B., ist künftig fast jeder zweite Jugendliche in Gefahr, durch übermäßiges Alkoholtrinken einen Leberschaden zu erleiden.«[113] Schon heute entfallen 37 Prozent aller Frühinvalidität auf Leberschäden.[114]

Zwanzig Prozent der Bevölkerung sind von *Mykosen* (Pilzerkrankungen) befallen, so daß man bereits von einer »seuchenhaften« Ausbreitung sprechen kann.[115] Dasselbe kann bezüglich der weltweit zunehmenden *Allergie*erkrankungen gesagt werden, die eine Folgeerscheinung der »Chemisierung« unserer Welt sind. Die Möglichkeiten, an Allergien zu erkranken, sind unbegrenzt, weil die Zahl der allergieerregenden Stoffe in der Luft in den Nahrungsmitteln, den Waschmitteln, den Medikamenten, den Kunststoffen usw. unübersehbar ist. Auf dem Kongreß der Deutschen Dermatologischen Gesellschaft erklärte der Vorsitzende, Prof. G. Stuttgen, daß unsere Industriegesellschaft mit ihren Umweltveränderungen häufig bis an die Grenze der Toleranz gehe und daß ein Einschreiten erforderlich werden würde, wenn die Aggressivität ein »Ausmaß annimmt, das mit der Erhaltung des Lebens nicht mehr vereinbar« sei.[116]

Nicht weniger bedenklich sind die Arzneinebenwirkungen. Wie Prof. Klaus Dietrich Bock in der Fachzeitschrift *Diagnostik* berichtet, hat das Problem der Arzneimittelnebenwirkungen inzwischen die Größenordnung der Infektionskrankheiten angenommen. Nur die Spitze eines Eisberges sei hier sichtbar.[117]

In besorgniserregender Weise nimmt auch die Zahl der Lebensmittelinfektionen zu. Das gilt vor allem für die in die Tausende gehenden Fälle von Salmonelleninfektionen. Eine wirksame Kontrolle der Einfuhrflut – so stellt das Institut für Hygiene und Mikrobiologie der Universität Würzburg fest – lasse sich gar nicht mehr ermöglichen.[118]

Außer den eben genannten Krankheiten nehmen die Herz- und Gefäßkrankheiten, Bluthochdruck, Arteriosklerose, Neuralgien, Stoffwechselstörungen, Bandscheibenschäden lawinenartig zu. Sie runden das Bild des Elends der Industriegesellschaft ab. Nahezu 80 Prozent aller Erkrankungen müssen als Zivilisationskrankheiten bezeichnet werden.[119] Sie haben einen noch nie gekannten Umfang angenommen und steuern weiter einem Höhepunkt zu.

Die Wohlstandsbürger sind in zunehmendem Maße der Gefahr ausgesetzt, in verschiedener Hinsicht süchtig zu werden und als Folge der enthemmten zivilisatorischen Lebensform dem Siechtum zu verfallen. Zu den Süchtigen sind nicht nur die von Drogen Abhängigen zu zählen, auch der Alkoholismus und zu hoher Verbrauch an Zigaretten. Der enorme Kostenanstieg bei den gesetzlichen Krankenkassen von 23,8 Milliarden DM im Jahr 1970 auf 127,5 Milliarden DM im Jahre 1988, also um 433 Prozent innerhalb von 18 Jahren, muß im Zusammenhang mit den obengetroffenen Feststellungen gesehen werden.[120] In Ansehung dieser Entwicklung hat der Präsident des Bundesgesundheitsamtes, Professor Diether Großklaus, im Jahr 1990 die heutige Ernährung als unser »derzeitiges Gesundheitsrisiko Nummer eins« bezeichnet.[120]

Das ist die Kehrseite des vielgepriesenen Fortschritts und des von allen politischen Parteien versprochenen endlos steigenden Wohlstandes. Zur Zeit sind aber erst die Anfänge der unabsehbaren Folgen der bestürzenden Entwicklung und des Beschreitens eines schillernden Irrweges sichtbar.

In der Neuoffenbarung ist aber nicht nur die Rede von »vielen bösen Krankheiten«, sondern auch von »Seuchen und Pestilenz«. Unüberhörbar wird hinzugefügt, daß »*Naturereignisse und Epidemien* die Menschen in *Massen* hinwegraffen werden« (Pr 319). Auch diese Risiken zeichnen sich bereits u. a. durch die zunehmende Gefahr der resistent gewordenen Bakterien und Viren ab.[121]

Die Malaria tropica, die gefährlichste Form des heimtückischen Wechselfiebers, ist wieder weltweit aufgeflammt, weil sowohl die Überträgermücken als auch die Malariaerreger gegen die klassischen Malariamittel resistent geworden sind. In Sri

Lanka (Ceylon), wo vor zehn Jahren nur noch 25 Malariafälle registriert worden waren, sind zur Zeit wieder zwei Millionen Menschen erkrankt. Insgesamt gibt es heute wieder 200 Millionen Malariakranke.[122] Allein in Afrika sterben heute wieder jährlich eine Million Kinder an Malaria.[123]

In neuester Zeit sind zudem die resistent gewordenen Bakterien und Viren der Schrecken jeder Klinik. Heute erkranken rund sechs Prozent aller deutschen Krankenhauspatienten an diesen Hospitalkeimen. Acht Prozent der Krankenhaustodesfälle sollen auf sie zurückzuführen sein. Ebenso alarmierend ist die gleichzeitig feststellbare Abnahme der natürlichen Abwehrkräfte der Menschen.[124] Die ständige Zunahme der resistenten Bakterien und Viren in den Krankenhäusern hat das Bundesgesundheitsamt veranlaßt, Maßnahmen für die Kontrolle vorzubereiten.[125]

Die derzeitige Lage des Gesundheitszustandes der Bevölkerung in der Bundesrepublik wird deutlich aus der Aussage des damaligen Präsidenten des Bundesgesundheitsamtes Berlin, Prof. Georg Fülgraff, daß die Krankheitshäufigkeit steige, statt abzunehmen. Fülgraff ließ keinen Zweifel offen, daß »der Aufwand der hochtechnisierten Medizin in einem krassen Mißverhältnis zu den damit erzielten Erfolgen steht«[126].

Heute besteht bei den Experten die herrschende Meinung, daß wir einer gesundheitlichen und damit auch einer volkswirtschaftlichen Katastrophe entgegengehen. Es werden eines Tages nicht nur die Krankheitskosten eine nicht mehr aufzubringende Höhe erreichen, sondern auch die Arbeitsausfälle eine ungeahnte Minderung der volkswirtschaftlichen Leistung und damit einen entsprechenden Rückgang des Sozialproduktes und des Wohlstandes zur Folge haben. Die Folgen der enthemmten zivilisatorischen Lebensform der Industrievölker werden vielleicht in absehbarer Zeit zu einem existentiellen Problem werden, an dem Staaten zerbrechen können.

Parallel zu den körperlichen Krankheiten steigt die Kurve der *psychischen Erkrankungen* in allen Industrieländern der Erde ebenfalls in bedenklicher Weise an. Dreißig Millionen US-Amerikaner suchen wegen seelischer Störungen den Arzt auf. Drei Millionen leiden an Neurosen.[127] Der Chefpsychiater am Tokioter Aisei-Hospital, Dr. Masakatsu Shiozaki, erklärt: »Ich kann definitiv sagen, daß sich ein Drittel aller im Angestelltenverhältnis arbeitenden Japaner im Vorstadium aktiver Neurosen befindet.«[128]

Die diesbezüglichen Verhältnisse in der Bundesrepublik Deutschland enthüllt in authentischer Weise der von der Bundesregierung im Jahr 1975 vorgelegte *Bericht über die Lage der Psychiatrie.* Sachverständige bezeichnen die Lage als katastrophal. 600 000 Bundesbürger werden jährlich wegen psychischer Krisen von einem Nervenarzt behandelt. Dringend psychiatrisch oder psychotherapeutisch behandlungsbedürftig sind aber rund eine Million. Elf Millionen Menschen in der Bundesrepublik sind bereits mit einer seelischen Krankheit konfrontiert worden.[129]

Erschreckend hoch ist der Hundertsatz der Kranken und verhaltensgestörten Kinder. Zwanzig Prozent der Kinder sind hyperaktiv, das heißt zappelig, ohne Konzentrationsvermögen und demzufolge lernunwillig.[130] Für diese Hyperkinese werden mehrere Ursachen angenommen: synthetische Zusätze in Nahrungsmitteln, Blei, Neonlicht in Schulräumen (was sich auf Grund von Versuchen als schädlich für Kinder erwiesen hat[131]) und oft auch die fehlende Mutter-Kind-Beziehung gerade in den ersten Lebensjahren.[132] Zudem sind die Kinder übersättigt von der Reizflut in den Großstädten, und sie werden außerdem zuviel vom Fernsehen berieselt.

Die stark angestiegene Zahl der Selbstmorde von Kindern im Alter von 6 bis 15 Jahren beweist, daß die Kinder in unserer Zeit im Elternhaus und in der Schule immer mehr untragbaren Belastungen ausgesetzt werden. In den fünfziger Jahren kamen bei Kindern im Jahr 45 Selbstmorde vor, in den siebziger Jahren, einschließlich der Jahre 1980 und 1981 stieg diese Zahl auf 92 Fälle an, und im Jahr 1981 wurde erstmals die Zahl Hundert überschritten. Hinzu kommt die Dunkelziffer von Tausenden Selbstmordversuchen.[133] Die Zunahme der Selbstmorde bei Kindern seit den fünfziger Jahren um hundert Prozent ist nach Aussagen von Experten als alarmierend anzusehen. Bei allen übrigen Altersgruppen der Selbstmörder liegt die Vergleichszahl bei 41 Prozent.

Die zunehmenden seelischen Erkrankungen der Jugend werden offenbar zu einer kollektiven Seuche, die die Existenz der Menschheit bedroht.[134] Nach Untersuchungen der Deutschen Angestellten-Krankenkasse haben heute bereits 25 Prozent aller Jugendlichen Kreislaufstörungen.[135] Die verhaltensgestörten Kinder neigen später zu Aggressionen, unsozialem Verhalten und teils zu Zerstörungswut.[136] Bei dieser Entwicklung handelt es sich um ein weltweites bedrohliches Problem. Die Weltgesundheitsorganisation (WHO) zeigt in ihrer Zeitschrift *Weltgesundheit* erschreckende Perspektiven für die Zukunft auf.[137]

Immer mehr werden in allen Ländern fehlgeleitete Energien von solcher Intensität freigesetzt, daß sich die Gesellschaft langsam als Ganzes bedroht fühlt. Nach Ansicht der Wissenschaftler kann eine zu große Zahl von Neurotikern eines Tages den Zustand einer anarchischen Gesellschaft herbeiführen.[138] Das mag manchem als eine übertriebene Horrorvision erscheinen. Allein der folgende Bericht in der *Deutschen Zeitung* über die Verhaltensweisen der Schuljugend in den USA belehrt eines anderen und läßt bange Fragen auch für die Völker in Europa aufwerfen.

Von den Grund- und Mittelschülern in den USA wurden im Jahr 1974 »12 000 bewaffnete Raubüberfälle, 204 000 bewaffnete tätliche Angriffe, 9000 Vergewaltigungen und 270 000 Einbrüche innerhalb amerikanischer Schulen gemeldet. Diese Zahlen stehen aber nur für einen Bruchteil der tatsächlich begangenen Verbrechen«. »Jährlich werden etwa hundert Morde in amerikanischen Grund- und Mittelschulen verübt und mindestens 70 000 tätliche Angriffe auf Lehrer vorgenommen.«[139] Die Aggressionen der Schüler haben solch untragbare Formen angenommen, daß die

Lehrer und Lehrerinnen in Los Angeles mit Sprechfunkgeräten ausgestattet werden mußten, damit sie auf schnellstem Weg Polizeischutz anfordern können.

Die zerstörungswütigen Schüler haben in einem Jahr an Schulgebäuden Schäden in Höhe von mehr als einer Milliarde DM angerichtet. »Der Revolver, der für zehn Dollar im Umkreis des Schulhofes leicht erworben werden kann, ist zur Lieblingswaffe der Schulkinder avanciert.«[140]

Die Verhältnisse in der Grundschule in der Bundesrepublik Deutschland werden in der Zeitschrift *Die Zeit* vom 20. Mai 1983 wie folgt beleuchtet: »Nicht nur in den USA und in Großbritannien, auch hierzulande greifen die Aggressionen an den Schulen um sich; mehr und mehr sind auch die Lehrer betroffen. Werden deutsche Lehrer wie ihre englischen Kollegen auch bald besondere Risikoversicherungen abschließen müssen?« »Verhaltensstörungen und Aggressionen machen den Lehrern und Lehrerinnen immer mehr zu schaffen.« Diese Darstellung wird in der Zeitschrift durch Vorkommnisse belegt, die in früherer Zeit nicht vorstellbar gewesen wären.

Mit der Saat des Hasses gegen das »Establishment« und der Propagierung der antiautoritären Erziehung zur »Schaffung eines freien Volkes«[141] wurde Wind gesät und Sturm geerntet. Die Jugend, die in den letzten Jahrzehnten in einer über ihre Verhältnisse lebenden Überflußgesellschaft aufgewachsen ist und in ihrer Umwelt nur Wohlstandsanbeter sah, hat die Maßstäbe verloren, den Sinn des Lebens nicht erkannt und sich deshalb in nihilistisches Gebaren verloren.

In der Neuoffenbarung hat der Herr es vorausgesagt, daß es so kommen wird, wenn die Jugend falsch erzogen wird und keine Leitbilder mehr hat. Es heißt dort: »Der Hauptgrund der Verderbnis der Menschenseelen liegt hauptsächlich in der anfänglichen, gewöhnlich affenliebigen Erziehung. Man läßt das Bäumchen wachsen, wie es wächst und trägt durch die unzeitigen Verzärtelungen alles mögliche dazu bei, um den Stamm ja recht

krumm wachsen zu lassen« (Antiautoritäre Erziehung, d. Vf).
»Ist aber der Stamm einmal erhärtet, so nützen dann gewöhnlich
alle Geradebeugungsversuche wenig oder nichts mehr. Eine einmal krumm gewachsene Seele wird wohl selten mehr zu einem
völlig geraden Stamm. Darum beuget eure Kinder in ihrer leicht
lenksamen Jugend gerade.« »Gebt ihr aber den Begierden eurer
Kinder zu sehr nach, so werdet ihr mit ihnen auch allen Lastern
ein neues und weites Tor öffnen, durch das sie heerscharenweise
in diese Welt verderbensvoll eindringen werden. Und werden sie
einmal da sein, werdet ihr vergeblich gegen sie mit allerlei Waffen
zu Felde ziehen und nichts ausrichten gegen ihre Macht und
Gewalt« (Gr IV 124, 2, 3 u. 8).

Jakob Lorber warnt vor der Zerstörung der Wälder

Die Japaner hatten in der Meiji-Periode die Wälder gerodet und
die Folge waren anschließende Flutkatastrophen. Nach dem
Zweiten Weltkrieg sollten nach einem von einem Amerikaner
entworfenen Plan Deutschland und Japan in Agrarländer um-
strukturiert werden. Die Amerikaner zwangen demzufolge die
Japaner 1945, die Wälder zu roden und in Ackerland umzuwandeln. Wiederum antwortete die Natur mit Überschwemmungen
und Bodenerosion. Aber die Zeiten änderten sich bekanntlich
dann sehr bald, und die Japaner beendeten schleunigst die Zerstörung der Wälder.[142]
   Dieselben Erscheinungen, wie sie vor Jahrzehnten in Japan
eintraten, nehmen heute in aller Welt ein bisher nicht gekanntes
Ausmaß an. Orkane mit sintflutartigen Regenfällen überschwem-
men in allen Gegenden der Welt weite Gebiete. In Indien werden
Millionen Menschen von den über die Ufer tretenden Flüssen
heimgesucht. Dieses Land war im Jahr 1865 noch zu 57 Prozent

mit Wald bedeckt, heute sind es kaum noch zehn Prozent.[143] Die Wissenschaftler wissen heute, daß der derzeitige Raubbau an den Wäldern die schwerwiegendsten Folgen haben wird. Vergeblich warnen sie vor den damit verbundenen Eingriffen in das empfindlich reagierende ökologische System.

Auch in der Neuoffenbarung wird die Menschheit vor der Zerstörung der Wälder gewarnt, insbesondere vor dem Raubbau »einer losen Industrie« (Gr IX 63, 6). Ausdrücklich wird dort auf den Zusammenhang zwischen dem Schwund der Wälder und auftretenden Orkanen hingewiesen. »Solange Wälder auf der Erde in gerechtem Maße bestehen ..., so lange werdet ihr über dem Erdboden hin weder zu heftige Elementarstürme noch irgend zu verschiedene pestilenzartige Krankheiten auftauchen sehen. Wenn aber einmal die zu gierige Gewinnsucht der Menschen zu sehr sich an den Wäldern der Erde vergreifen wird, dann wird für die Menschen böse zu leben und zu bestehen sein auf dieser Erde, und am bösesten dort, wo die Lichtungen (Abholzung, d. Vf.) der Wälder zu sehr überhandnehmen werden – was ihr euch merken sollt, um die Menschen vor solch loser Industrie rechtzeitig zu warnen« (Gr IX 63, 6).

»... dichte Wälder sind notwendig, sie haben tausendfache Zwecke« (Gr VIII 63, 4).

In der Tat ist die Pflanzen- und die Tierwelt des Waldes ein hochkompliziertes, extrem vielgliedriges System, dessen Komplexität insbesondere unter Einbeziehung des Klimas, der Sauerstoffbildung usw. im allgemeinen wenig bekannt ist.

Aber weder die Industrieländer noch die Entwicklungsländer nehmen Rücksicht auf die unausbleiblichen Folgen der Waldvernichtung.

Infolge der explosionsartigen Bevölkerungszunahme werden in Süd- und Südostasien in jedem Jahr über 15 Millionen Hektar Wald durch Rodung und Brandrodung vernichtet.[144] Der Raubbau in den Wäldern der asiatischen Bergregion mit den höchsten Bergen der Welt hat bereits zu besorgniserregender Erosion der

Hänge und zu Überschwemmungen der riesigen indischen Tieflandgebiete geführt.[145]

Innerhalb weniger Jahrzehnte wurden riesige Waldgebiete im Norden *Brasiliens* gerodet. Seit 1900 ist dort der Waldanteil von 40 Prozent auf fünf Prozent gesunken. Wie nicht anders zu erwarten war, kam es zu großen Überschwemmungen.[146]

Nach von Experten gemachten Angaben betrug die Waldfläche der Erde vor hundert Jahren 4,5 Mrd. qm, im Jahre 1960 noch 2,7 Mrd. qm.[147] Als Folgeerscheinung stellen Geographen, Botaniker und Ökologen eine alarmierende Ausdehnung der Wüsten in allen Teilen der Erde fest.[148]

Ein Drittel des heute weltweit kultivierten Landes wird nach Angaben von Sachkennern der UNO innerhalb der nächsten 15 Jahre veröden. Zu den bedrohten Gebieten sollen möglicherweise bisher als sicher angesehene Gebiete wie die USA und Kanada gehören.[149]

Jakob Lorber hat vorausgesagt, daß die Entwaldungen großen Ausmaßes schwerwiegende Folgen haben werden: »... ihr werdet die Folgen davon gar sehr bitter schmeckend allerjüngst schon verspüren.« »... verheerende Stürme werden ganze Länder gänzlich zugrunde richten« (Gr V 109, 1).

Das ist in unserem Jahrhundert wirklich wahr geworden! Der Kahlschlag gewaltiger Waldgebiete in den USA und die Einführung von Monokulturen ohne den Schutz von Hecken hatte im 20. Jahrhundert die Vernichtung von riesigen Flächen zur Folge. Im März 1934 wurden von einem Tornado 300 Millionen Tonnen Humuserde in den Atlantik getragen. 160 000 Farmer hatten in diesem Gebiet große Farmen, die sie an einem Tag verloren. Das Gesamtgebiet wird von Prof. Yudkin auf 120 Millionen Hektar beziffert.[150]

Wörtlich berichtet ein Autor: »Inmitten der vor wenigen Jahren noch reichsten amerikanischen Weizenanbaugebiete ist eine Fläche von der *Größe Deutschlands und Frankreichs zu echter Wüste geworden,* und eine gleich große von der Vernichtung bedroht.«[151] Zwei Drittel der Fläche der Vereinigten Staaten sind heute von Menschen gemachte Wüste.[152] Um der Erosion Einhalt zu gebieten, muß die USA Jahr für Jahr eine Milliarde Dollar aufbringen.

Trifft es nicht *wörtlich* zu, wenn Lorber Mitte des vorigen Jahrhunderts prophezeite, daß Gebiete, die dem Umfang »*ganzer Länder*« gleichkommen, »*gänzlich zugrunde gerichtet*«, d. h. zur Wüste werden? Und daß die »Folgen bitter schmecken werden«?

In Afrika wird es eines Tages auch zu einer solchen Katastrophe kommen. Dieser Erdteil verliert jährlich 300 Millionen Tonnen Humuserde, er wird vielleicht in 15 Jahren nicht mehr in der Lage sein, seine Bevölkerung zu ernähren.[153]

Unentwegt werden überall auf der Erde riesige Waldgebiete für die Gewinnung von Acker- und Weideland, für Holzgewinnung zum Feuermachen durch die sich ständig vermehrenden Eingeborenen sowie durch den enormen Holzbedarf der Industrieländer vernichtet. Große Teile dieser ehemaligen Waldgebiete sind inzwischen bereits durch Erosion und Überweidung zur Steppe oder Wüste geworden. Riesige Weidegebiete mußten aufgegeben werden. Unser Erdball ist auf dem besten Weg zu verkarsten. In allen Trockengebieten der Erde dehnen sich die Wüsten rapide aus. Das hat nach Aussagen der Experten der Weltwüstenkonferenz *schon jetzt* Folgen für das Klima und den Wasserhaushalt.[154]

Die weltweite Abholzung der Wälder kann nach Angaben der Wissenschaftler zu einem allgemeinen Temperaturrückgang auf der Erde führen. Als Nebenwirkung könnten die großen landwirtschaftlichen Gebiete Nordamerikas und Europas von ständigen Dürren heimgesucht werden.[155] Und Jakob Lorber sagt dazu: »Gehet hin und vernichtet alle Wälder …« »Was wird aber davon die Folge sein? … Wolkenbrüche von der fürchterlichsten Art und unausgesetzter Hagelschlag werden darauf die ganzen Gegenden und weiten Umgegenden verheeren« (Gr IV 143, 5).

Seit dem Jahre 1982 kommen aus der Bundesrepublik Deutschland und aus deren Nachbarländern Schreckensmeldungen über das schnelle Umsichgreifen des Sterbens der Wälder durch Chemikalienbelastung. Die Ursachen des Waldsterbens in Mitteleuropa liegen nach Angaben der Experten 20 bis 30 Jahre zurück. Seit Jahrzehnten werden die Wälder mit Schwefeldioxyd, Stickoxyde, Ozon, Photooxydantien und giftigen Schwermetallen belastet und die Folgen werden jetzt mit ungeahnter Schnelligkeit sichtbar. Das schlagartig auftretende Sterben der Wälder ist die Ankündigung für den eines Tages allgemein eintretenden Zusammenbruch des ganzen ökologischen Systems, dessen Widerstandskraft sich durch die ständig zunehmende Belastung erschöpft.

Inzwischen haben Forschungsergebnisse von Wissenschaftlern der Universität Nottingham (England) erkennen lassen, daß in Zukunft auch das Getreide durch Schwefeldioxyd geschädigt werden wird, so daß »Ertrag und Qualität beeinträchtigt werden«. Gleichermaßen warnte im Mai 1983 der Bund für Naturschutz, daß die nächste Umweltkatastrophe sich bereits abzeichne. Die Zerstörung der Böden werde durch die chemische Überdüngung sowie die zunehmende Anreicherung der Äcker mit Cadmium in absehbarer Zeit dazu führen, daß immer größere Flächen in der Bundesrepublik Deutschland nicht mehr landwirtschaftlich genutzt werden können.[156]

Das, was Jakob Lorber vorausgesagt hat, beginnt sich auch in diesem Bereich zu erfüllen. Die durch die Chemie verursachten Schäden treten in zunehmendem Umfang in Erscheinung. Lorber prophezeite: »Es werden entstehen Seuchen und Pestilenz bei Menschen*, Tieren und – sogar bei den Pflanzen« (Gr. VIII 185). »Die Gerichte werden sich ausdehnen« (Gr VI 150, 15).

Umsonst warnt der Herr in der Neuoffenbarung: »Darum lehret die Menschen weise zu sein, ansonsten *sie selbst* die Ge-

---

* »Krebs«, sagt Prof S. Eppstein von der University of Illinois (USA), »ist die Pest des 20. Jahrhunderts.«

richte heraufbeschwören werden. Ich weiß aber, daß es also kommen wird, und dennoch darf Ich nicht hindernd dagegen auftreten durch Meine Allmacht, sondern nur durch die Lehre« (Gr V 109, 7).

Führt man sich die Verschmutzung der Luft, die Verseuchung der Flüsse, des Grundwassers und der Meere sowie den Raubbau der Wälder vor Augen, so gewinnen die fast hellsichtigen Aussagen Friedrich Georg Jüngers, der seinerzeit von den Technokraten so stark angefeindet wurde, größte Aktualität. »Das Dämonische erfüllt den ganzen Arbeitsbereich der Technik und entfaltet sich in ihm mit einer stets wachsenden Kraft.« »Die Technik kann zwar Perfektion gewinnen, aber nie Reife.« »Religion, politische und soziale und ökonomische Erwägungen sind von diesem Denken ausgeschlossen.« »Der praktische Raubbau, den die Technik betreibt, hat seine Entsprechung im Denken des Technikers selbst.« »Es sind dunkle Dinge, die sich hier aufdrängen.«[157]

Industrie und Landwirtschaft wollen nur mehr produzieren. Der Materialismus ist so die Rechtfertigungsideologie der Technik und der sie dirigierenden Industrie. Noch erkennt die Menge nicht, in welche Richtung das Geschehen treibt und was dem vorstehend aus der Neuoffenbarung zitierten Satz »… Ich weiß aber, daß es also kommen wird« für ein Gewicht zukommt.

Die drohende Klimaveränderung

Lorber hat aber nicht nur verheerende Stürme und sintflutartige Niederschläge vorausgesagt, sondern als Folge der Vernichtung der Wälder die Veränderung des Klimas prophezeit. Wörtlich heißt es, daß »… die Menschen durch ihre Gewinnsucht und Habsucht selbst das meiste dazu beitragen, daß durch die Vernichtung der Wälder selbst die klimatischen Verhältnisse sich gänzlich ändern werden« (LGh, S. 208).

Mit Sorge beobachten die Klimatologen und Meteorologen in allen Ländern im Westen und im Osten die Anzeichen für eine baldige globale Klimaveränderung durch die Umweltschäden.

Die Mehrzahl der Gelehrten glaubte in den siebziger Jahren aufgrund von Anzeichen, daß die Verschmutzung der Atmosphäre eine Temperatursenkung zur Folge haben wird. Die Luftverschmutzung vermindert die Strahlungsenergie der Sonne. Von der Erde gelangt jährlich die ungeheure Menge von 1,6 Mrd. Tonnen Staub in die Atmosphäre.[158]

Der englische Sachbuchautor Nigel Calder vertritt in seinem Buch *Die Wettermaschine – droht eine neue Eiszeit?* (1975) den Standpunkt, daß auch die verheerende Dürre der letzten Jahre in der afrikanischen Sahelzone im Zuge globaler Wechselwirkungen innerhalb der »Wettermaschine« mit der zunehmenden Abkühlung im Norden zusammenhängt.[159] Auch die japanischen Meteorologen des staatlichen Wetterdienstes in Tokio sehen die Ursache der Trockenperioden (z. B. in der Sahelzone) und die verheerenden Überschwemmungen in allen Teilen der Welt in der stetigen Abkühlung der Polargebiete, die seit einem Jahrzehnt beobachtet wird.[160]

Daß die Trübung der Atmosphäre durch die ständige Zunahme der Aerosole weltweit zunimmt, falls immer mehr Wachstum erfolgt, steht fest. Zahlreiche Messungsergebnisse, die aus den verschiedensten Gebieten der Erde für die vergangenen Jahrzehnte vorliegen, zeigen das deutlich.[161] Die direkte, die Erdoberfläche erreichende Sonnenstrahlung ist heute schon um etwa acht Prozent geringer als noch zur Zeit des Zweiten Weltkrieges.[162]

Noch im Jahre 1980 berichteten die Wissenschaftler:

Die Eismassen der Antarktis nahmen in den Jahren 1966 und 1967 um zehn Prozent zu und sie wachsen langsam weiter.[168] Daß dieser Trend sich seitdem fortgesetzt hat, beweist die Mitteilung in der Zeitschrift *Nature* vom November 1980. Danach haben Forscher der Universität Maine (USA) festgestellt, daß die Eisgebiete der Antarktis weiterhin größer werden.[169]

Bereits jetzt gibt es Anzeichen dafür, daß der Getreideanbau zurückgedrängt wird. Diese Erscheinung wurde sowohl von kanadischen als auch von sowjetischen Wissenschaftlern bestätigt.[172] Gleichzeitig berichten Ornithologen, daß »im Norden ansässige Vogelarten immer mehr nach Süden vordringen«.[173]

Die Meteorologische Weltorganisation (OMM) in Genf ist besorgt über die Klimaveränderungen und meint, »die Welt hat Anlaß, sich Sorgen für die Lebensbedingungen der Kinder und Kindeskinder zu machen«.[174]

»Alle Wissenschaftler stimmen darin überein«, heißt es in dem Buch *Der Klima-Schock,* »daß sich unser Wetter, der bedeutendste Faktor für das Überleben der Zivilisation jetzt ändert zum Schlechteren.«[176]

Das war der Stand der Dinge Anfang der achtziger Jahre. Es waren damals von den Wissenschaftlern zahlreiche Beweise aus aller Welt vorgelegt worden, die auf ein kälter werdendes Klima hinwiesen.

Seit Mitte der achtziger Jahre ist bei vielen Klimatologen eine grundlegende Meinungsänderung eingetreten. Heute glaubt die Mehrzahl an eine drohende Erwärmung und nicht an eine Abkühlung des Klimas. Es wird angenommen, daß der starke Kohlendioxydausstoß aus Verbrennungsanlagen von Kohle, Öl und Gas einen Treibhauseffekt bewirken wird. Das habe eine Klimaänderung im Gefolge, und die Ozeane würden die am Meer gelegenen Städte überfluten. Manche Klimatologen, wie z. B. Prof. Reid A. Bryson (USA), sind allerdings der Meinung, daß die Erwärmung durch das Kohlendioxyd vom Abkühlungseffekt der zunehmenden Staubmengen überdeckt wird. Wieder andere Klimatologen, wie die Forscher der Universität Hamburg und des Max-Planck-Institutes in Hamburg erklären, daß alle bisherigen Klima-Modelle bezüglich des durch Kohlendioxyd bedingten Treibhauseffektes falsch seien.[163] Nach den Aussagen mancher Gelehrter sind die Erkenntnisse der Klimaforschung heute noch nicht perfekt genug, um sichere Voraussagen machen zu können.[164] Tatsächlich sind viele Wechselwirkungen zwischen den klimabestimmenden Faktoren bislang nur unzureichend bekannt. So gilt z. B. die Rolle der Ozeane, die große Mengen Kohlendioxyd aufnehmen, im Klimageschehen als eine der wichtigsten ungeklärten Faktoren.[165] Auch der Einfluß der Wolken zählt zu den großen Unbekannten aller Klima-Modelle.[167] Außerdem reichen die derzeitig zur Verfügung stehenden Großrechner nicht aus, um die Simulation wichtiger dynamischer Vorgänge zu bewerkstelligen.[170] Übereinstimmend besteht aber heute die Meinung, daß große Gefahren für das Klima im Anzug sind.[171] Die auffallende Häufung von extremer Trockenheit in vielen Gebieten der Erde, u. a. in den USA im Jahre 1988, die zu einer großen Mißernte führte, sowie in Spanien und anderen Ländern im Jahre 1989, ferner die nicht mehr endenden sintflutartigen Niederschläge seit Jahren in aller Welt sind ebenso Hinweise wie die mit bisher nie gekannter Wucht von 320 km/h auftretenden Hurrikane. Das alles sind für die Experten Indizien für eine schleichende Klimaänderung. Daß konträre Ansichten bezüglich der Ursachen vertreten werden, beruht nach Aussagen der FAZ u. a. darauf, daß die Forschung »in den lähmenden Widerstreit der Interessen von Kohle- oder Kernindustrie geraten ist.«[175]

Noch sind zur Zeit die Industrieländer mit ihrem großen Kohle- und Ölverbrauch die Hauptverursacher der befürchteten Entwicklung. Und zur Bekämpfung des Kohlendioxydgehaltes der Luft gibt es noch keine internationalen Vereinbarungen. Um den Gefahren entgegenzuwirken, wären erhebliche Einschränkungen und Einbußen an Bequemlichkeit erforderlich. Aber die Menschen fürchten die Störung ihrer Ruhe und Eingriffe in ihren Lebensstandard mehr als das, was die Grundlagen des Lebens bedroht. Bedenkliche Aspekte ergeben sich für die Zukunft auch durch das nicht aufzuhaltende starke Wachstum der Bevölkerung in der Dritten Welt. Hierdurch wird der Kohlendioxydausstoß maßgeblich mitbestimmt. Verschiedene Völker lassen in dieser Hinsicht keinen Zweifel aufkommen. Es bleibt ihnen auch kaum ein anderer Weg, als Kohle oder Holz, das sie im Lande haben, in großen Mengen zu verbrennen. China hat riesige Kohlenvorräte in der Erde, und es wird sie auch nützen. In Indien und Afrika ist die Bevölkerung genötigt, vermehrt das Holz der Wälder zu verwenden.

Die von Jakob Lorber vorausgesagten »bitter schmeckenden Folgen der Zerstörung der Wälder« sind seit Jahren weltweit erkennbar geworden. Allein die folgenden beispielhaft angeführten Unwetter zeigen den Umfang der entstandenen und künftig zu erwartenden Schäden an. Der Hagelsturm in München von 20 Minuten Dauer am 12. Juli 1984 verursachte einen Schaden von 3 Milliarden DM. Die Stürme in Großbritannien und Frankreich am 15. Oktober 1987 kosteten mehr als 7 Milliarden DM.[175] Der Hurrikan »Gilbert« ruinierte in Amerika »ganze Länderstrecken«, wie es Lorber vorausgesagt hat.

Der prometheische Mensch unseres technischen und naturfeindlichen Zeitalters entwickelt ein grenzenloses Macht- und Gewinnstreben. Fasziniert von Fortschritt und Wachstum nimmt er fortwährend schwere Eingriffe in die Natur vor. In der Spätzeit unserer Hochkultur führt er wahrscheinlich durch die Zerstörung des ökologischen Systems »einen Fortschritt zum Ende« herbei. Die Naturfeindlichkeit und der luziferische Hochmut kommen oft und deutlich zum Ausdruck, wie zum Beispiel in den Worten Voegelins: »Um als unbeschränkter Herr seines Seins zu erscheinen, muß der Mensch das Sein so einschränken, daß die Schranken nicht mehr sichtbar sind.«[184]

Prophetische Worte sind mit dem Gewicht ihrer Aussage meist erst dann zu begreifen, wenn die Ereignisse, die sie betreffen, abgelaufen sind. Zur Zeit zeichnen sie sich bereits in vielen Aspekten und erschreckenden Umrissen ab. Man wird nach den vorangegangenen Erörterungen jetzt besser verstehen, was das am Anfang des Kapitels zitierte Wort Lorbers, das wir seiner großen Bedeutung wegen hier wiederholen, zu besagen hat: »Es ist schon möglich, daß mit den Zeiten die Menschen große Dinge erfinden können und also auch auf die Natur der Erde einzuwirken anfangen, so daß diese ordentlich leck (d. h. beschädigt, funktionsunfähig, d. Vf.) werden muß. Die Folgen davon werden freilich keine angenehmen sein ...« (Gr V 109, 6)

In der Neuoffenbarung weist der Herr die Menschen darauf hin, daß er in seiner Weisheit alles bestens eingerichtet hat und daß nichts dem Zufall überlassen bleibt. Das äußerst komplizierte ökologische System wird von unsichtbarer Hand ständig im Gleichgewicht gehalten, und zwar solange der Mensch keine störenden Eingriffe vornimmt. Deshalb heißt es in der Neuoffenbarung: »Meine Ordnung ist wohlberechnet und Meine Blicke sind auf alles gerichtet, damit vom Allergrößten bis zum Allerkleinsten eines da sei zur Erhaltung des andern.« »Es ist alles so eingerichtet, daß es ewig bestehen kann, wenn nicht die freiwillige Bosheit der Menschen Störungen in Meiner ewigen Ordnung verursacht, die Ich nicht hindern darf ...« (Hi I, S. 138, 24 ff.)

»Alle Kalamitäten, allerlei Krankheiten, schlechte Witterung, magere und unfruchtbare Jahre, alles zerstörende Überschwemmungen, Orkane und dergleichen sind lauter Folgen der unordentlichen Handlungsweisen der Menschen« (Gr IV 144, 2). »Die Menschen haben die sie umgebende Natur entwürdigt, mißbraucht, und daher kommen alle Mißstände, welche in geistiger und materieller Hinsicht die Menschen jetzt verfolgen mit Übeln und Leiden aller Art« (LGh 90).

Es wird uns aber auch folgendes vorausgesagt: »Die Gerichte werden sich mehren und (in den Ausmaßen der Zerstörung) sich ausdehnen« (!) (Gr VI 150, 15).

Zerstörung der Ozonschicht der Erde
und Auslöschung jeglichen Lebens?

Gefahren völlig anderer Art, die bisher kaum erahnt wurden, kommen auf die Menschheit zu. In der Höhe von 25 bis 39 km ist die Erde von einer Ozonschicht umhüllt, die die unsichtbaren ultravioletten Bestandteile des Sonnenlichts filtert, so daß dieses den Menschen zwar bräunt, aber ihm – falls er das Sonnenbaden nicht übertreibt – nicht schadet. Ohne diese Ozonschicht würde alles Leben auf der Erde vernichtet werden. Die Gefahr der Zerstörung der Ozonschicht innerhalb weniger Jahrzehnte besteht neuerdings durch die jetzt in aller Welt verwendeten Fluorchlorkohlenwasserstoffe (Markennamen: Freon, Frigen, F. TF. Solvent), die Haarfestiger, Deodorantien, Sonnenöl, Farben, Duftstoffe, Isoliermäntel, Pestizide oder Klebstoffe aus Spraydosen treiben. Diese Stoffe werden aber auch als Kühlmittel in Kühlschränken und Klimaanlagen verwendet. Die genannten Fluorchlorkohlenwasserstoffe lösen sich nicht auf und gehen auch keine Verbindungen mit anderen chemischen Stoffen ein, sondern steigen in die obere Atmosphäre auf und gelangen eines Tages in die Stratosphäre, wo sie mit dem Ozon chemisch reagieren und damit die natürliche Schutzhülle zerstören. Die Menschen müssen dann mit zunehmendem Hautkrebs und Augenerkrankungen rechnen. Die FCKW-Gase beschwören aber auch noch andere Gefahren herauf. Es werden auch die Nutzpflanzen geschädigt und die Ernten beeinträchtigt. Hinzu kommt, daß die Sauerstoffbildung durch das Phytoplankton, das aus winzigen Pflänzchen besteht, in Frage gestellt wird.[185] Die Wälder der Erde tragen nur etwa 40 Prozent zur Sauerstoffbildung bei, das Phytoplankton in den Ozeanen mehr als die Hälfte. Nach Feststellungen der Wissenschaft wird bei einer Abnahme der Ozonschicht um 5 Prozent die Intensität der Ultraviolettstrahlung an der Oberfläche der Meere um 26 Prozent zunehmen. Das Ozonloch über der Antarktis hat bereits die Größe der USA erreicht. Nach Angaben von *Bild der Wissenschaft* 2/1988 deuten Satellitenmessungen einen globalen Ozonabbau an, der weitaus größer ist, als vermutet wurde. Messungen über Australien ergaben, daß die ultraviolette Strahlung dort bereits um 20 Prozent zugenommen hat.[186] Im Januar 1989 wurde auch über der Arktis eine Ozonabnahme festgestellt.[187] Zu bedenken ist ferner, daß das FCKW-Gas 10 bis 15 Jahre braucht, bis es im Bereich der Ozonhülle ankommt. Seit 1979 bis 1989 sind also rd. 10 Millionen Tonnen des Gases noch unterwegs! Nicht zu übersehen ist auch die außerordentlich lange Verweildauer der FCKW-Gase von 30 bis 50 Jahren in der Stratosphäre. Das Zerstörungswerk wird somit wohl erst in den kommenden Jahren voll wirksam werden. Ungeachtet dieser bedrohlichen Situation sah die chemische Industrie jahrelang keinen Anlaß, die Produktion der FCKW-Gase wirksam zu drosseln. Auf den Konferenzen in Helsinki und Montreal wurden von allen Ländern nur unverbindliche Absichtserklärungen abgegeben. Dabei stand fest, daß der Ozongehalt über der Antarktis im Jahre 1987 nur noch die Hälfte des im Jahr 1979 gemessenen Wertes betrug.[188] Selbst als die Indizien immer drückender wurden, erfolgten keine durchgreifenden Maßnahmen. Im Jahr 1989 bedurfte es der Drohung der Behörden mit massiven Maßnahmen, um eine Änderung herbeizuführen.

Die folgende, in der *FAZ* zum Ausdruck gebrachte Besorgnis beleuchtet die Risiken, die sich durch die Flut der Chemikalien ergibt, denen die Menschheit ausgesetzt ist: »Es muß nachdenklich stimmen, daß eine Chemikalie seit vielen Jahren in Millionen Tonnen in die Umwelt gelangen konnte, ohne daß auch nur annähernd bekannt war, wo sie bleibt und welche Reaktionen sie auslösen kann.«[189]

»In Meinem großen Haushalt«, wird den Menschen unserer Zeit vom Herrn gesagt, »ist alles wohlberechnet. Ein Eingreifen durch Menschenhand kann sich nur am Menschen selbst rächen, weil er seine Berechnungen höher stellt als Meine« (LGh 208).

Der Prophet sagt weltweite Hungersnot durch menschliche Fehlhandlungen voraus

Unter anderem heißt es in der Neuoffenbarung: »Das Schwert hat schon arg gehaust (die beiden Weltkriege und die später folgenden lokalen Kriege, d. Vf.), aber so die Menschen noch länger in der Herrschsuchtflut treiben werden (Kampf der Riesen um die Weltherrschaft, Hegemoniebestrebungen der Möchtegerne in vielen Bereichen, d. Vf.), werde Ich noch einen anderen Engel senden, nämlich den Hunger- und zugleich Pestengel. Diese Lehren werden den Menschen sicher ganz andere Begriffe beibringen, als von denen sie jetzt belegt sind« (Wiederk. 67).

Lorber wurde gesagt, wenn die Technik unserer Zeit einen hohen Stand erreicht haben wird, so daß die »Schiffe wie ein Sturmwind über des Wassers Wogen dahintreiben und ihm sogar Trotz bieten und durch sein ergrimmtes Gesicht fahren«, die Zeit der Übel auf Erden *bald* anbrechen wird. Das *»große Gerichtsfeuer aus den Himmeln«* ist dann nach Lorbers Angaben nicht mehr fern. Dieser Gerichtszeit werden aber zunächst *andere Plagen vorangehen.* »Aber bald nach jener (vorstehend geschilderten Zeit, d. Vf.) wird es auf der Erde für das Leben der Menschen sehr übel auszusehen anfangen. Es werden Kriege, große Teuerung und *Hungersnot* entstehen, denn *die Erde wird unfruchtbar werden«* (Gr III 33, 4).

Die Erde soll unfruchtbar werden? Ist es der Chemie nicht gelungen, durch den Kunstdünger die Ernten gegenüber früheren Zeiten auf ein Vielfaches zu steigern? Das wohl, aber dennoch bewahrheitet sich heute schon die Prophezeiung Lorbers! Die unübersehbaren Folgen durch die klimatischen Veränderungen für die Ernten auf der nördlichen Halbkugel sind bereits an anderer Stelle deutlich gemacht worden. Es drohen aber den Böden noch Gefahren anderer Art; sie sind nur noch nicht ins Bewußtsein der meisten Menschen gedrungen.

Oben wurde bereits gezeigt, in welch gewaltigem Umfang die Bodenerosion als Folge der Rodung zugenommen hat und dadurch gewaltige Gebiete durch Staubstürme und Wasserfluten verlorengingen; und die Erosion geht unaufhaltsam weiter. Zugleich ist aber in Zukunft entsprechend der Kundgabe Lorbers mit abnehmender Ertragskraft der Böden zu rechnen. Man weiß das in Fachkreisen, und man kennt auch den Grund.

Die durch Justus von Liebig aufgestellte Theorie, daß nur anorganische Stickstoffe für das Wachstum der Pflanzen bedeutungsvoll sind, wurde lange Zeit als ein Dogma angesehen. Diese Theorie hat sich jedoch inzwischen als falsch erwiesen. Man weiß heute, daß die Böden ohne Zufuhr organischer Stoffe (Stallmist, Torf usw.) die Bodengare, d. h. die gesunde krümelige Struktur, mit der Zeit verlieren. Ohne Zufuhr organischer Stoffe geht nämlich die Zahl der Bodenbakterien stark zurück. An diese Kleinstlebewesen ist die Humusbildung unabdingbar gebunden; fehlen diese, so fehlen auch bald die Regenwürmer, und wo diese fehlen, ist es bald um den gesunden Boden geschehen. Die Bodenbakterien vermehren sich aber nachweisbar bei starker und dauernder Anwendung von mineralischem Kunstdünger in ungenügender Weise, ihre Bestände gehen bald zurück. Der Nobelpreisträger Virtanen (Helsinki) konnte nachweisen, daß die Bakterien ihre physiologische Tätigkeit sofort verringern oder gar einstellen, wenn die Böden mit Stickstoffdünger angereichert werden.[190] Der an organischem Material verarmte Boden hat zur Folge, daß die Infektionen um so leichter aus demselben hochsteigen.[191] Schädlich wirken sich auch Monokulturen aus, weil dort die Bodenflora einseitig wird. Schädlinge treten im Übermaß nur auf, wenn in der Natur etwas in Unordnung geraten ist.

Die künstliche Stickstoffdüngung hat noch eine weitere bedenkliche Nebenwirkung. Der Direktor der Bundesanstalt für Qualitätsforschung, Prof. W. Schuphan in Geisenheim am Rhein, zeigt den Circulus vitiosus, in den uns die Chemie gebracht hat, unwiderlegbar auf, wenn er bekundet (1971): »Überhöhte Stickstoffdüngungen (Nitrate) rufen Anfälligkeit unserer Nahrungspflanzen zu Krankheits- und Schädlingsbefall hervor. Das zwingt wieder zu gesteigertem Aufwand an chemischen Pflanzenschutzmitteln. Außerdem vermindert der hohe Stickstoffanteil die für die Gesundheit der Menschen lebenswichtigen Vitamin- und Mineralstoffe der Pflanzen.« Zur Zeit werden die ernährungsbedingten Zivilisationskrankheiten nicht in erster Linie durch die Schadstoffe, sondern durch den Mangel an Vitalstoffen verursacht.[192] Ernährt man Mäuse mit mineralstofffreier Kost, so sterben sie nach Angaben von Prof. Heupke nach kurzer Zeit. Die stärkere Krankheitsanfälligkeit des Viehes ist »auf die Fütterung von kunstdüngerernährten und pestizidbehandelten Futterpflanzen zurückzuführen«.[193]

Der Magnesiumgehalt ist bei manchen Futterpflanzen infolge des Mineraldüngers so stark vermindert worden, daß Kühe durch Tetanus (Starrkrampf) eingingen.[194] Die mineralische Stickstoffdüngung hat nicht zuletzt – wie die Schweizer Milchkonferenz feststellte – auch unerfreuliche Folgen für die Qualität der Milch und der Käseproduktion.[195]

Nach dem Bericht des Club of Rome »Zur Lage der Menschheit«[196] mußten bei einer Steigerung der Welterzeugung an Nahrungsmitteln in den Jahren 1951 bis 1966 um 34 Prozent rund 300 Prozent mehr giftige Insektenbekämpfungsmittel eingesetzt werden. Da die Widerstandskraft der Schädlinge gegen die Gifte in unerwartetem Maße zugenommen hat, müssen in Zukunft noch mehr Gifte versprüht werden. Nach Angaben von Prof. Friedrich Dittmar sind heute etwa 1300 Schädlingsbekämpfungsmittel in Gebrauch.[197] Was das in absehbarer Zeit ganz allgemein für Folgen haben kann, mag das folgende Beispiel lehren: Die Böden des Staates Massachusetts (USA) wurden durch die starke Anwendung von Insektiziden derart vergiftet, daß eine der größten amerikanischen Konservenfabriken, die auch Kindernahrungsmittel erzeugt, davon Abstand nehmen mußte, die auf diesen Böden geernteten Früchte und Gemüse einzukaufen. Die Untersuchungen, die aufgrund der geschmacklichen Veränderungen vorgenommen wurden, hatten recht beträchtliche Rückstände des DDT und anderer Insektizide erbracht.[198]

Die bedenkliche Entwicklung hat in den USA bereits zum Eingreifen der Gerichte geführt. Das höchste Gericht hat dort entschieden, daß die amerikanischen Lebensmittelhersteller auf den Packungen angeben müssen, ob ihre Produkte DDT oder Dieldrin enthalten.[199] Dieldrin ist vier- bis fünfmal so giftig wie DDT.[200] Im Jahre 1983 wiesen amerikanische Agrarwissenschaftler eindringlich darauf hin, daß der Ruin des Bodens der Hauptweizengebiete in den USA bevorstehe.[201]

In der Bundesrepublik geht nach Aussage des Biologen Professor Schuphan, Mainz, die toxikologische Prüfung von aus der Umwelt stammenden Schadstoffen »an der biologischen Wirklichkeit vorbei«[202]. Zur gleichen Zeit wies Prof. G. H. M. Gottschewski vom Max-Planck-Institut für Immunologie in Freiburg i. B. die Behauptung, die Anwendung von Pestiziden (Insektenvertilgungsmittel) und Herbiziden (Unkrautbekämpfungsmittel) sei unschädlich, als »unbewiesen und grob fahrlässig« zurück.[203]

In den achtziger Jahren waren in der Bundesrepublik Deutschland bereits sieben Prozent der landwirtschaftlichen Nutzfläche so stark mit Chemikalien belastet, daß sie nach den von Experten im Jahre 1983 getroffenen Feststellungen »kaum mehr nutzbar sind«.[204]

Die amerikanischen Krebsforscher Dr. Th. Slage und Dr. R. Shearer vom Hutchinson-Forschungszentrum in Seattle/Washington berichteten im März 1976 auf einem Kongreß amerikanischer Wissenschaftler, krebsauslösende Chemikalien seien in der Umwelt und in der Nahrung so zahlreich, daß es nicht möglich sein werde, alle Gefahren zu bannen. Achtzig Prozent der Krebserkrankungen der Menschen würden durch Chemikalien in der Umwelt, zwanzig Prozent durch Chemikalien in Nahrungsmitteln verursacht.[205]

Erschreckend ist auch die Mitteilung der Weltgesundheitsorganisation (WHO), daß die Zahl der *schweren* Vergiftungen durch die mißbräuchliche Verwendung von Schädlingsbekämpfungsmitteln in der Welt *jährlich* auf 500 000 angewachsen ist.[206]

Bemerkenswert sind die in den Jahresberichten der Untersuchungsämter der Bundesrepublik Deutschland gemachten *amtlichen* Angaben über die Prüfung von Lebensmitteln. Danach werden die inländischen, aus herkömmlichem Anbau (also nicht-biologischem Anbau) stammenden Lebensmittel etwa zu 40 Prozent mit Rückständen von Pflanzenschutzmitteln behaftet.[207] In der von der Stiftung *Warentest* im Februar 1976 durchgeführten Untersuchung von Erzeugnissen aus biologischem Anbau heißt es bezüglich der Pestizidenrückstände: »Die wichtigsten Gruppen der Pflanzenschutzmittel – chlorierte Kohlenwasserstoffe und Phosphorsäureester – waren bei keinem der biologischen Produkte nachweisbar.«[207] Zu den in großer Zahl festgestellten Giftrückständen bemerkt Prof. W. Schuphan: »Wir wissen nicht, ob die ständige Zufuhr toxischer Pestizidsubstanzen und deren Umsetzungsprodukte (Metabolite) – selbst in kleinsten Mengen – auf die Dauer, und zwar auch in Verbindung mit häufig gebrauchten Pharmaka schleichende chronische toxische Schäden oder die sich häufenden unerklärlichen Allergien mit sich bringen.«[208] Hier ist etwas Bemerkenswertes anzumerken. Mit Wirkung vom 1. Januar 1978 ist zwar der Pflanzenschutzmittelparagraph 14 (1) 2 des Lebensmittel- und Bedarfsgegenständegesetzes in Kraft getreten, wonach Rückstände besonders giftiger Substanzen aus Pestiziden in Nahrungsmitteln nicht mehr enthalten sein dürfen, aber in einer Novelle zu diesem Gesetz wird bestimmt, daß das Gesetz nur für inländische Erzeugnisse Geltung hat. Bei den Importwaren sind diese giftigen Rückstände bis zur festgesetzten Höchstmenge zugelassen! Deutsche Fabriken liefern die Gifte ins Ausland, und von dort kommen sie mit Obst, Gemüse, Salat, Reis, Zitrusfrüchten, Käse usw. in die Küchen der bundesdeutschen Haushalte zurück.[209]

Prof. J. D. Diehls von der Bundesanstalt für Ernährung in Karlsruhe gab im April 1983 zu, daß 43 Prozent des Gemüses und 30 Prozent des Obstes mit chemischen Rückständen behaftet sind.[210]

Die Schädlingsbekämpfungsmittel werden aber noch andere schwerwiegende Folgen zeitigen. Der Bestand der Bienenvölker ist nach Angaben von Prof. Wilhelm Drescher, Bonn, in den vergangenen Jahren um fast 200 Milliarden oder elf Prozent vor allem durch die Schädlingsbekämpfungsmittel zurückgegangen. Zugleich werden auch unsere besten Freunde der Schädlingsbekämpfung, die Vögel, durch die Insektizide immer mehr reduziert. Ganze Vogelarten sind bereits durch Chemikalien bis auf Reste ausgestorben. Hinzu kommt die unverantwortliche Tötung der Vögel zur Befriedigung der Gaumenlust. Die Zeitung *La Stampa* schätzt, daß in Italien jährlich 150 Millionen Vögel abgeschossen oder gefangen werden.[211] Italien ist aber nicht das einzige Land, in dem der Vogelmord an der Tagesordnung ist.

Die Fruchtbarkeit der Böden wird nicht nur durch die bisher bekannten und oben beschriebenen Einflüsse negativ beeinträchtigt werden, sondern es kommen neue Alarmmeldungen, die das Gefahrenspektrum deutlich machen. Jährlich werden Millionen Tonnen Schwefeldioxyd in den Luftraum ausgestoßen. Im Boden verwandelt sich das Schwefeldioxyd durch Feuchtigkeit in Schwefelsäure. Eine schwedische Studie kommt zu dem Ergebnis, daß die Säure das Kalzium und andere basisch reagierende Elemente aus den Oberflächenschichten herauslöst und ihre Auswaschung begünstigt, wodurch sich die Fruchtbarkeit der Böden in Zukunft verringern wird.[212] Kalziummangel in den Pflanzen kann für den menschlichen Organismus unerfreuliche Folgen haben. Die Entwicklung der Beeinträchtigung der Fruchtbarkeit der Böden in der ganzen Welt befindet sich erst im Anfangsstadium, sie geht aber unaufhaltsam weiter. Ernährungsexperten, wie zum Beispiel Lester R. Brown, weisen auf die verhängnisvollen Langzeitfolgen des massiven Einsatzes von künstlichen Düngemitteln hin. Die grundlegende Verschlechterung der Böden würde verschleiert. Der Landwirtschaftsminister von Nordrhein-Westfalen, H. O. Bäumer, gab bekannt, daß nach Ansicht zahlreicher Wissenschaftler die meisten landwirtschaftlich genutzten Böden in einigen Jahrzehnten durch Schwermetalle total vergiftet sein werden.[213]

Die zuständigen Behörden wissen um die drohenden vielfältigen Gefahren Bescheid. In einem im Auftrag der Landesregierung von Baden-Württemberg erstellten Gutachten wird von den Experten ohne Umschweife festgestellt, daß »die heutigen Produktionsmethoden ... der Landwirtschaft den Kulturboden zerstören« (!)[214]. Auch das Bundesministerium für Ernährung, Bonn, macht in seinem *Bericht der Landwirtschaft* Bd. 50/1972, Heft 1–3 keinen Hehl über die zukünftigen Folgen der Auspowerung und Vergiftung der Böden. Es heißt dort: »Mit zunehmender wirtschaftlicher Notwendigkeit zur Intensivierung der landwirtschaftlichen Produktion zeichnen sich Gefahren ab, die nicht heruntergespielt werden dürfen.«

»Die Böden sind ausgelaugt und verkrustet, durch Monokulturen verbraucht ...«[215] Das gilt nicht nur für die USA und Europa, sondern auch die Produktionskapazität des südafrikanischen Ackerlandes geht laufend zurück.[216]

Nach dem Vorgesagten wird es verständlich, wenn der Staatssekretär im Bundesinnenministerium, G. Hartkopf, öffentlich erklärt: »Die Chemie ist in ihrer potentiellen Gefahr weit schlimmer als die Nutzung der Kernenergie.«[217]

In den Entwicklungsländern geht die rapide Zunahme der Bevölkerung unaufhaltsam weiter. Dadurch wurden schon bisher alle optimistischen Schätzungen bezüglich der Ernährung der Menschen in diesen Gebieten zunichte gemacht. Seit dem Jahr 1971 ging die Getreideproduktion in der Welt pro Kopf der Bevölkerung zurück. Die Mehrzahl der Länder in der Dritten Welt hat den Wettlauf zwischen dem Bevölkerungswachstum und der landwirtschaftlichen Erzeugung bereits in den siebziger

Jahren verloren. In manchen Ländern bestehen zudem unlösbare Probleme durch die riesigen Flüchtlingsströme, wie sie in der Geschichte der Menschheit in diesem Ausmaß noch nicht vorgekommen sind.[218]

Im Jahre 1980 lebten nach Angaben der Welternährungskonferenz fast 800 Millionen Menschen in »absoluter Armut«. Der Hunger in der Welt hat viele Ursachen. Th. R. Malthus (gest. 1834) hat mit seiner Behauptung, daß die Zahl der Erdbewohner eines Tages schneller wachsen würde als die landwirtschaftliche Produktion, eine späte Rechtfertigung erfahren. Zum Teil haben die Länder der Dritten Welt die Notlage mitverschuldet. Ihre Regierungen vernachlässigten die Landwirtschaft und zahlten den Bauern zu geringe Preise für ihre Produkte. Deshalb wandern diese immer mehr in die Städte und verlassen sich dort auf die Nahrungsmittelhilfe der Industrievölker. Viele Völker, besonders in Afrika, die sich früher selbst ernähren konnten, sind heute in zunehmendem Maße auf Einfuhren von Getreide angewiesen. Die Folge davon ist, daß allein in Afrika bei 24 Staaten die Schulden im Ausland innerhalb von zehn Jahren um das Sechsfache zugenommen haben, und diese wahrscheinlich den Banken der Industrieländer nie werden zurückzahlen können. Die Folgen stehen heute erst wenigen vor Augen! Hinzu kommt, daß die enorme Preissteigerung beim Erdöl eine starke Verteuerung der künstlichen Düngemittel verursachte, denn zu deren Herstellung wird Öl in großen Mengen benötigt. Die Anwendung der künstlichen Düngemittel wird deshalb in den Entwicklungsländern immer mehr erschwert.

Die Erträge werden außerdem durch Dürreperioden, Überweidungsfolgen, Auslaugung des Ackerbodens und Erosion zunehmend beeinträchtigt. In Indien und anderen Ländern werden jährlich 400 Millionen Tonnen Kuh- und Büffelmist sowie Stroh zum Kochen der Speisen verwendet, weil Holz weithin durch die Zerstörung der Wälder nicht mehr zu finden ist. Auf diese Weise wird die Erhaltung der Bodengare, welche die erste Voraussetzung für den Ertrag ist, unmöglich gemacht. Als Folge davon wurden bereits riesige Gebiete vom Sturm verweht und vom Regen ausgewaschen; sie sind für die landwirtschaftliche Produktion verloren. Nach Schätzungen der UNO-Experten wird in den nächsten 15 bis 20 Jahren ein Drittel des ackerbaufähigen Bodens in der Welt unbrauchbar werden.[219]

Die bisherigen Landverluste verursachten bei gleichzeitiger Bevölkerungszunahme überall eine Landflucht größten Ausmaßes. Die Slums in den Städten wachsen infolgedessen dreimal so schnell wie die übrigen Teile der Städte. Diese Entwicklung geht in allen Gegenden der Dritten Welt unaufhaltsam weiter. Untersuchungsergebnisse der UNO lassen darauf schließen, daß durch die explosionsartige »Verstädterung« sich von den 15 größten Städten der Welt in Zukunft zwölf in den Entwicklungsländern befinden werden. Daß bei einer solchen Entwicklung das Chaos programmiert ist, entspricht der Meinung aller Sachkenner. Das Ergebnis einer vom amerikanischen Rat für Umweltschutz in dreijähriger Arbeit erstellten Studie ist denn auch eine wahre Schreckensvision. Danach wird die Zahl der gegenwärtig hungernden und unterernährten Menschen von 800 000 in den nächsten 20 Jahren auf drei Milliarden anwachsen.[220]

Die Autoren des zweiten Berichtes an den Club of Rome[221], Prof. Eduard Pestel und Mihailo Mesarovic, hatten die Sachlage schon im Jahre 1974 realistisch eingeschätzt. In einem Interview mit der Zeitschrift *stern* erklärten sie, daß sie mit einer Milliarde Hungertoten rechnen. »In zehn oder zwanzig Jahren wird es vermutlich zu spät sein.« Prof. Pestel prophezeit: »... es wird dann zu solcher Zerrüttung in den zuerst betroffenen Regionen, wie etwa Indien, und zu Milliarden Toten kommen, daß die Ausbreitung des politischen Chaos in andere, noch intakte Regionen, wie die unsere, unausbleiblich ist.«[222]

Im Jahre 1988 traten in den Getreidegebieten der USA infolge einer großen Dürre so schwere Ernteschäden ein, daß die Ernte nicht ausreichte, um die Bevölkerung der USA zu ernähren!

Dank der sehr großen Vorräte in diesem Land traten keine Ernährungsschwierigkeiten auf. Bei Zunahme der Dürreperioden in vielen Gegenden der Erde, u. a. durch das Ausbleiben der Monsumwinde (s. Indien) sowie durch sintflutartigen Regen werden nicht nur riesige Schäden entstehen, sondern auch immer mehr Ackerland verlorengehen. Amerikanische Experten sind der Ansicht, daß infolge der eingetretenen und eventuell fortdauernden Dürre in den Hauptweizenanbaugebieten der USA – den sogenannten High Plains – die größte Gefahr der Versteppung droht. Die Wasserknappheit verdunkle auch in den USA immer mehr die Zukunft.[224]

Es könnte sich ereignen, daß selbst der Brotkorb der Industrievölker gefährdet wird. Heute werden nach Angaben der Gesellschaft für Ernährung e. V., Frankfurt/M., in der Bundesrepublik Deutschland etwa zehn Prozent der eingekauften Waren – im Wert von vielen Milliarden DM – auf die Müllkippe geworfen, weil, wie es in einem Kommentar dazu heißt, »Groschen und Mark zu locker sitzen«[225]. Allein die Schulkinder werfen täglich schätzungsweise 30 000 kg Schulbrote weg, »weil sie genügend Taschengeld haben, um sich Leckereien zu kaufen«[226]. Die Italiener werfen jeden Tag 28 000 kg Brot in den Abfalleimer. Der Präsident des Nationalen Bäckereiverbandes beziffert die Vergeudung umgerechnet auf eine Milliarde DM pro Jahr.[227]

Das Menetekel ist bereits an die Wand geschrieben. Die Prophezeiung Jakob Lorbers wird sich – nach allem, was erkennbar ist – in furchtbarer Weise erfüllen. Wenn oben festgestellt wurde, daß riesige Acker- und Weideflächen auf der Erde durch Vergiftung, Auslaugung, Überweidung und Erosion infolge menschlicher Eingriffe unfruchtbar oder ganz zerstört wurden, so muß dem Gesagten die spezielle Aussage Lorbers zu diesem Sachverhalt noch hinzugefügt werden. Lorber schreibt, daß ein *großes* Unglück hervorgerufen wird »durch die schlechte Wirtschaft der Menschen mit ihrem eigenen Erdboden« (!) (Wiederk. S. 112).

Lorber sagt Inflation und Arbeitslosigkeit voraus

Nach den Kundgaben Lorbers wird in der Endzeit auch »übermäßige Teuerung« entstehen (Gr VIII 185,3). Seit vielen Jahren besteht in Europa und in anderen Weltteilen eine permanente Geldentwertung. Sie konnte nicht beseitigt werden, sondern sie ist in allen Ländern – in unterschiedlichem Außmaß – ein Dauerzustand geworden.

Heute erkennt man, daß die Völker, geblendet von der Wohlstandseuphorie, seit Jahren über ihre Verhältnisse gelebt haben. Der Zuwachs der Löhne und Gehälter lag in fast allen Ländern höher als die Steigerung der Produktivität. Während in der Zeit von 1913 bis 1935 das reale Sozialprodukt im Deutschen Reich nur um zwölf Prozent stieg[228], haben sich z. B. die *Real*löhne in der BRD seit 1959 vervierfacht.[229] Der Anteil vom Bruttoeinkommen aus Unternehmertätigkeit und Vermögen ist dagegen seit 1960 ständig abgesunken. Der Anteil betrug 1960 39,4%, 1970 noch 33,3% und 1973 noch 30,1%.[230]

»Die rasche Steigerung der Arbeitseinkommen«, schreibt Marion Gräfin Dönhoff in *Die Zeit,* »die in verschiedener Graduierung überall stattgefunden hat, ist nur – und das muß man klar sehen – durch einen Prozeß ständiger Inflationierung ermöglicht worden.«[231]

Hans Roeper stellt in der *FAZ* fest: »Die öffentliche Hand, die Gewerkschaften, die Unternehmer, die Verbraucher haben dazu beigetragen, die Leistungskraft der Volkswirtschaft zu überfordern, die dann an ihrer empfindlichsten Stelle, der Kaufkraft des Geldes, nachgab.«[232]

In der Folge fingen die Preise an zu klettern, und bald waren die Arbeitsplätze in Gefahr. Die Inflation zieht stets Arbeitslosigkeit nach sich, und es dauert nicht mehr lange, dann tritt die gefürchtete Stagflation ein, d. h. Inflation und Arbeitslosigkeit zugleich.

Mitten in der strahlendsten Hochkonjunktur trat plötzlich die Ernüchterung ein. Letzte Ursache der Entwicklung war die Maßlosigkeit. Jakob Lorber faßt den Sachverhalt in dem kurzen Satz zusammen: »Das sind die industriellen Menschen und deren nimmer zu sättigende Bedürfnisse« (GS II 125, 5).

Ein Prophet hält mit seiner Meinung nicht hinter dem Berg, er spricht aus, was Politiker nicht laut zu sagen wagen. Es ist kein Zweifel: Der Geldinflation ging die Anspruchsinflation voraus. Die Maximierung des Wohlstandes ist nun einmal – wie das die Neuoffenbarung immer wieder hervorhebt – nicht die eigentliche Aufgabe des Menschen auf Erden. Im Grunde genommen ist das Problem ein moralisches ud deshalb mit äußeren Maßnahmen auch schwerlich zu lösen.

Jakob Lorber sagt auch voraus, daß *»viele Menschenhände arbeitslos werden«,* und zwar in der Zeit, wo »die Menschen zu einer großen Klugheit und Geschicklichkeit in allen Dingen gelangen und allerlei Maschinen erbauen werden, die alle menschlichen Arbeiten verrichten können wie lebende, vernünftige Menschen und Tiere« (Gr V 108, 1).

Diese Zeit der Automaten, Mikroprozessoren und Computer ist jetzt da. Lorbers Prophezeiung von der rapiden technischen Entwicklung und der damit verbundenen großen Arbeitslosigkeit ist Wirklichkeit geworden. Die Roboter sind in den Betrieben im Vormarsch, wenn auch die Entwicklung in diesem Bereich nicht so stürmisch verlaufen wird wie in der Bürorationalisierung. Japanische Hersteller bieten aber bereits eine neue Generation von kleinen, preisgünstigen Robotern an, denen europäische Firmen noch nichts Vergleichbares entgegenzusetzen haben.[233]

Friedrich Georg Jünger hat schon vor einem halben Jahrhundert aus intuitiver Erkenntnis gewußt, wohin der Weg führen wird, als er in seinem von Technokraten angefeindeten Buch *Die Perfektion der Technik* schrieb: »Gerade die reißende Kraft, mit der die technische Rationalisierung fortschreitet, deutet darauf hin, daß wir uns einem Abschluß nähern, einem Endstadium der Technik.«[234] Die dramatische Beschleunigung des Wandels in der technischen Entwicklung ist nicht beherrschbar, denn wer im Tempo gegenüber anderen Völkern zurückbleibt, riskiert, die Märkte zu verlieren. Das neue Schreckenswort in den Betrieben ist der »Mikroprozessor«. Seit dessen Start im Jahre 1960 hat die Industrie es ermöglicht, Millionen Informationen auf immer winzigeren Silicium-Blättchen (Chips) unterzubringen. Der Mikroprozessor gewinnt wegen der billigen Preise enorme Breitenwirkung. Die atemberaubende Entwicklung hängt mit dem Fortschritt der Halbleiterelektronik zusammen. Fachleute trauen den Mikroprozessoren zu, daß sie die gesamte Arbeitswelt umwälzen.

In der Europäischen Wirtschaftsgemeinschaft stieg die Zahl der Arbeitslosen von 2,6 Millionen im März 1983 an.[235]

In der Bundesrepublik Deutschland werden durch den unaufhaltsamen technischen Fortschritt unentwegt Arbeitsplätze durch Maschinen, Roboter und Mikroprozessoren ersetzt.[237] Diese Entwicklung wird noch durch den sinkenden Konsum infolge der zurückgehenden Bevölkerungszahl verschärft. Während in den Jahren bis 1960 jährlich rund eine Million Kinder geboren wurden, waren es in der Folgezeit (ohne die Kinder der Gastarbeiter) nur noch etwa 500 000. Treffend schreibt der Mitherausgeber der *Frankfurter Allgemeinen Zeitung,* Dr. Jürgen Eick: »Wenn eine Regierung meint, sie könne die Sicherheit des sozialen Netzes garantieren und gleichzeitig Vollbeschäftigung auf Dauer erzwingen, so hat sie bei sinkenden Bevölkerungszahlen die Rechnung ohne den Wirt gemacht.«[238]

Fast alle Regierungen der Industriestaaten versuchten, die Arbeitslosigkeit oder wenigstens deren weiteres Ansteigen durch Ankurbelung der Wirtschaft von seiten der öffentlichen Hände (Bund, Länder und Gemeinden) zu beseitigen. Das gelang nur teilweise und auch nur für wenige Jahre unter Inkaufnahme riesiger Schulden, die niemals wieder abgebaut werden können.

Im Jahre 1981 kam dann die Stunde der Wahrheit, und die Massen mußten langsam erkennen, daß alle Industrievölker über ihre Verhältnisse gelebt hatten. Die Folgen wurden plötzlich in ihren Anfängen sichtbar.

Schon im Jahr 1977 hatten die wirtschaftswissenschaftlichen Institute vorausgesagt, daß die Zahl der Arbeitslosen in der Bundesrepublik Deutschland bis zum Jahr 1985 auf über 2 Millionen ansteigen werde. Dieser Stand wurde auch erreicht. Das Anwachsen ist nicht zuletzt auf den rapid gestiegenen Einsatz von Robotern zurückzuführen. Im Jahre 1980 waren in der Bundesrepublik 255 Industrieroboter eingesetzt gewesen, im Jahr 1986 waren es bereits 12 400.[239] Zu den Haupteinsatzgebieten zählt die Automobilindustrie. Aber auch andere Fertigungsbetriebe rationalisierten laufend die Arbeitsvorgänge.

In den Entwicklungsländern hat die Arbeitslosigkeit durch die Bevölkerungsexplosion schon jetzt einen sehr hohen Grad erreicht, der sich in Zukunft unweigerlich noch stark verschlimmern wird.[240] Die Weltorganisation für Arbeit (ILO) schätzt, daß in 20 Jahren etwa 750 Millionen Menschen auf der Erde ohne Arbeit sein werden. Das Arbeitsbeschaffungsproblem erscheint allen Sachverständigen als unlösbar. Die sich ergebende Kausalkette ist voraussehbar: fehlendes Einkommen, dadurch Mangel an Nahrungsmitteln und Wohnungen, alles in allem: Hunger, Elend und Verzweiflung. Aus Verzweiflung über das Elend und die Aussichtslosigkeit, es zu ändern, kann abgrundtiefer Haß aufbrechen, und irrationale Kräfte können mit explosiver Gewalt zu schaurigen Taten schreiten.[241] Was durch diese Entwicklung auf die Industrienationen noch zukommen kann, ist heute sicher nur wenigen vorstellbar.[242]

Wären die Kundgaben Jakob Lorbers bezüglich der ständig ansteigenden Flut der Arbeitslosigkeit, die heute viele Millionen Menschen in der Welt belastet und andere mit Sorgen um ihren Arbeitsplatz erfüllt, in den sechziger Jahren einer breiten Öffentlichkeit bekanntgemacht worden, so würde seine gesamte Prophetie als gänzlich falsch und unglaubhaft abgetan worden sein. Damals war es für die Regierenden und das Volk eine Selbstverständlichkeit, daß die Hochkonjunktur und das kräftige Wirtschaftswachstum ein Dauerzustand sein würde. Unentwegt wurden Millionen Gastarbeiter mit ihren Familien ins Land geholt. Niemand machte sich Gedanken über die sich daraus eines Tages ergebenden Probleme. Heute steht es klar vor Augen, daß die prophetischen Kundgaben, die Lorber aufgrund einer gehörten Stimme niederschrieb, wider alles Erwarten zur gegebenen Zeit Wirklichkeit werden.

Der Widerstand gegen die Bekämpfung der Umweltschäden

Die ständig zunehmenden Umweltschäden, die erkennbar gewordenen Gefahren der Klimaveränderung und die bedrohliche Zerstörung des ökologichen Systems sind wahrhaft alarmierend.

Außer Zweifel steht bereits jetzt, daß die natürlichen Hilfsquellen Luft, Wasser und Boden aufs höchste bedroht sind. Krankheiten, Siechtum, frühzeitige Invalidität sowie die Degenerationserscheinungen bei der jungen Generation nehmen ein Ausmaß an, daß abgesehen von der hieraus resultierenden Kostenexplosion in Zukunft die wirtschaftliche Leistungsfähigkeit und damit die Lebensqualität, d. h. ein Leben in Gesundheit, nachhaltig beeinträchtigt werden.

Niemals war die Menschheit seit der Sintflut so im Ganzen bedroht wie jetzt. Obwohl die Lage ohne Beispiel ist, läßt sie den von ihr entfesselten zerstörerischen Kräften freien Lauf und bewegt sich mit einer geradezu selbstmörderischen Lethargie auf den Abgrund zu. Diese Blindheit gegenüber der Gefahr eines allgemeinen Zusammenbruchs ist aber am Ende einer jeden

Hochkultur typisch für eine Gesellschaft gewesen, die dem Verfall entgegentreibt. Solange die Gefahren sich in heimtückischer Unsichtbarkeit nähern und die katastrophalen Folgen des heranziehenden Unheils nicht massiv in Erscheinung treten, verharrt die große Mehrheit in Gleichgültigkeit und will in ihren Geschäften, in ihrer Ruhe und in ihrem Wohlleben nicht gestört sein. Aufkommende Bedenken, daß die nachfolgende Generation sich vor unlösbare Probleme gestellt sehen wird, werden verdrängt, und das Grollen aus der Ferne wird überhört. Es wird die Tragik der Industriegesellschaft sein, daß ihr die gefährliche Situation, in der sie sich bereits befindet, trotz allen Warnungen erst ins Bewußtsein dringt, wenn es zu spät ist.

Die Bedrohung unserer Umwelt durch die Chemisierung wächst unaufhaltsam. Die Öffentlichkeit, die lange Zeit kaum Notiz von den Warnungen der Wissenschaftler und der Umweltschützer genommen hat, wurde Anfang der achtziger Jahre durch nicht mehr abreißende Umweltskandale aller Art aufgerüttelt und zunehmend von Ängsten und Sorgen erfüllt. Die Dauerbelastung durch die langlebigen Giftstoffe, die über die Atmung und die Nahrung vom Körper aufgenommen werden, brachte die Chemie ins Rampenlicht des öffentlichen Interesses. Erst nach vielen erregenden Vorkommnissen, die bei den Massen Ängste hervorriefen, entschlossen sich die Regierungen, umweltpolitische Maßnahmen zu treffen. Aber fast alle diesbezüglichen Gesetze sind als unzureichend anzusehen. Der Druck der Industrielobby hatte zur Folge, daß die Gesetzesentwürfe stets nachhaltig verändert wurden. Vor allem aber kamen manche Gesetze zeitlich viel zu spät. Die Giftflut hat die Dämme längst überspült. Heute sind bereits 63 000 chemische Stoffe in der Welt, und sie werden in mehr als einer Million Zubereitungen verkauft. Nur relativ wenige davon wurden auf ihre eventuelle Gefährlichkeit untersucht. Aufgrund des Chemiegesetzes der Bundesrepublik Deutschland brauchen die vor dem Jahr 1980 hergestellten Produkte nicht auf ihre Gefährlichkeit geprüft zu werden. Die ab dem Jahr 1981 hergestellten Produkte sind vom Hersteller zu prüfen, aber auch nur dann, wenn sie in großen Mengen verkauft werden. In manchen Industriegebieten gibt es bis zu tausend Substanzen in der Luft, aber es werden in der Bundesrepublik Deutschland nur 180 davon in der »Technischen Anleitung zur Reinerhaltung der Luft« (TA-Luft) erwähnt.[243] Die Gesamtproduktion der chemischen Produkte in der Welt ist inzwischen auf jährlich 120 Millionen Tonnen angewachsen! Durch diese Feststellung wird verständlich, daß die Weltgesundheitsorganisation (WHO) 60 bis 90 Prozent aller Krebserkrankungen auf chemikalische Substanzen zurückführt.[244]

Noch gefährlicher als Blei und Quecksilber erweist sich nach neueren Erkenntnissen das giftige Cadmium, das sich bei der langen Halbwertzeit von 20 Jahren in Nieren, Leber und Knochenmark ablagert. Nach einem vom Bundesumweltamt erstellten Gutachten macht die durchschnittliche Belastung der Bewohner der Bundesrepublik 70 bis 80 Prozent der von der Weltgesundheitsorganisation (WHO) angegebenen Grenzwerte aus. In den Ballungsgebieten sind die Grenzwerte wahrscheinlich bereits überschritten. Das Cadmium gelangt von Industrieanlagen, Müllverbrennungsanlagen und stark befahrenen Autobahnen in die Luft.[245] Außerdem sind nach Aussage von Prof. G. Lehnert, Hamburg, die künstlichen Düngemittel eine »wesentliche Quelle« dieses Giftes, das sich in den Pflanzen niederschlägt. Lehnert weist auf die in Zukunft sichtbar werdenden gesundheitlichen Folgen für die Bevölkerung hin.[246] Nach Feststellungen von Prof. Vetter von der Landwirtschaftlichen Untersuchungsanstalt in Oldenburg sind zum Beispiel »die Cadmiumgehalte in der Kartoffel bezogen auf den hohen Verzehr an Kartoffeln so hoch, daß man aus diesem Grund die Bremsen ziehen muß«[247]. Trotz alarmierender Nachrichten sind weder in der Bundesrepublik Deutschland noch in der Europäischen Gemeinschaft Immissionsgrenzwerte für Cadmium in Lebensmitteln festgesetzt worden.

Für andere Chemikalien gibt es zwar Grenzwerte, zum Beispiel für Nitrat im Grundwasser, aber in der Bundesrepublik lagen sie vor dem 1. Juli 1986 fast doppelt so hoch wie die von der Welternährungsorganisation (FAO) angegebene oberste Toleranzgrenze.[248] Ebenso unzureichend ist der Schutz der Bevölkerung vor der giftigen Bleibelastung. Diese hat seit dem vorigen Jahrhundert um das Hundertfache zugenommen. Heute beträgt die weltweite Produktion über zwei Millionen Tonnen. 70 Prozent des Bleies gelangen über die Nahrung in den Körper. Nach Angaben von Wissenschaftlern ist die »duldbare Toleranzgrenze erreicht«. Prof. Fülgraff ging davon aus, daß »ca. fünf Prozent der heute in der Bundesrepublik gehandelten Lebensmittel vermutlich vom Verkehr auszuschließen seien«[249].

Nicht anders liegen die Dinge bei der Überwachung der Arznei- und Lebensmittel durch das Bundesgesundheitsamt. Prof. Fülgraff gab unumwunden zu: »... wir sind nicht in der Lage, präventiv Gefahren abzuwenden und neue Risiken schon im Vorfeld zu beurteilen.« In allen Bereichen sind die Kontrollen unzureichend. Den Grund für diese bedenklichen Verhältnisse gab die vormalige Ministerin für Gesundheit in Bonn, Antje Huber, offen bekannt. Sie beklagte sich darüber, daß das Parlament nicht die Geldmittel für das Personal des Bundesgesundheitsamtes bewilligt, die nötig sind, um die erheblich ausgeweiteten Aufgaben zu bewältigen.[250]

Der Sachverständigenrat für Umweltfragen forderte in seinem Gutachten für das Jahr 1980, ebenso wie die Umweltschutzorganisationen dies seit Jahren tun, vergeblich die Erstellung eines zentralen Krebsregisters, um die Krebsrisiken in Ballungsgebieten beurteilen zu können. Es steht nämlich fest, daß die städtische Bevölkerung in der Umgebung von großen chemischen Fabriken, die Benzol, chlorierte Kohlenwasserstoffe, Pestizide, Insektizide usw. herstellen, im Einzelfall zehn- bis fünfzigmal höher belastet werden, als Menschen, die in größerer Entfernung von den chemischen Werken wohnen.[251]

Alle gesetzlichen Maßnahmen, sofern es sie überhaupt gibt, sind unzureichend, um die wachsenden Gefahren einzudämmen. Der Widerstand gegen die nachhaltige Bekämpfung der Giftflut ist evident. Manche Minister rühren auch an den Kern des Problems. So erklärte zum Beispiel der Arbeits- und Sozialminister des Landes Nordrhein-Westfalen, Prof. Farthmann, daß in großen Unternehmen in erster Linie »betriebswirtschaftlich gedacht wird.« »Mit solcher Denkweise«, fährt er fort, »kommt man bei den Bemühungen um die Verbesserung des Umweltschutzes nicht weiter voran.«[252] Auch der Bundesinnenminister Baum sprach deutliche Worte: »Die Umweltpolitik der Europäischen Gemeinschaft darf nicht länger dem Primat der Handels- und Wettbewerbsharmonisierung untergeordnet werden. Was wir brauchen, ist eine Meistbegünstigungsklausel für den Umweltschutz.«[252] »Wir müssen den Mut haben, den Menschen zu sagen, von einem bestimmten Punkt an ist wirtschaftliches Wachstum so teuer bezahlt, daß man es lieber sein läßt.«[253]

Dennoch fanden sich bei der Forderung nach endlosem Wachstum alle Interessengruppen, die sich sonst bekämpfen, zusammen. Die Tatsache, daß endloses Wachstum »ein Prozeß schöpferischer Zerstörung ist«, hatte bereits vor Jahrzehnten der bedeutende Nationalökonom Alois Schumpeter richtig erkannt.[254] Aber diese inzwischen bestätigte Erfahrung wollte niemand zur Kenntnis nehmen. Die Menschen der Industrievölker, für die nur die Augenblicksinteressen Gültigkeit haben, sind nicht so leicht von dem Weg der strukturellen Kurzsichtigkeit abzubringen.

Die Regierungen und die politischen Parteien aller Länder sehen sich vor die Entscheidung gestellt, entweder wirtschaftliches Wachstum anzustreben und damit auf die ernsthafte Bekämpfung der lebensbedrohenden Umweltgefahren zu verzichten oder im Interesse der folgenden Generationen die Gefahren zu bannen, dann allerdings ihren Wählern eine Senkung des bisherigen Lebensstandards zuzumuten. Diese Feststellung wurde bestätigt, als der US-Präsident George Bush im Jahr 1990 die Beschlüsse auf zwei Klimakonferenzen betreffend die Verringerung des Kohlendioxidausstoßes blockierte. Die USA brauchen Wachstum, um die enorme Schuldenlast zu verringern.

Die ordnungsgemäße Dimension der Umweltprobleme wurde bisher weitgehend von den Wünschen der Massen bestimmt. Es wird sich aber erweisen, daß es nicht nur eine kollektive Kurzsichtigkeit, sondern auch eine kollektive Verantwortung und eine kollektive Übernahme der Konsequenzen gibt.

Unter den gegebenen Umständen blieb den Regierungen aller Länder zur Förderung des wirtschaftlichen Wachstums nichts anderes übrig, als unter Inkaufnahme sprunghaft ansteigender Staatsschulden das Ansteigen der Arbeitslosigkeit anzuhalten.[*] Daß auf diese Weise die anstehenden Probleme nur verdeckt und vor sich hergeschoben wurden, war voraussehbar. Treffend sagte Prof. Herbert Giersch, Direktor des Instituts für Weltwirtschaft an der Universität in Kiel: »Siege an der Beschäfigungsfront, die die Regierungen mit forcierter Geld- und Fiskalpolitik erringen können, sind stets nur kurzfristige Pyrrhussiege.«[255]

Inzwischen hat die Erfahrung in allen Ländern gezeigt, daß die Tatsache, daß alle Völker über ihre Verhältnisse gelebt hatten, vorübergehend verschleiert worden war. Die Industrienationen haben sich, wie der Nobelpreisträger Konrad Lorenz feststellt, »in einen Teufelskreis hineinmanövriert, in dem sie ständig wachsen müssen, wenn sie nicht pleite gehen wollen«.

Die Natur paßt sich aber nicht den Forderungen der Wirtschaft bzw. den ins Endlose gesteigerten Wünschen der Wohlstandsgesellschaft in den Industrieländern an. Die Erde ist ein begrenztes System, das nur ein begrenztes Wachstum und begrenzte Ansprüche ermöglicht.

Es scheint auch keine ernsthaften und wirksamen Lösungen bei den vielen Umwelt- und anderen Problemen auf internatio-

---

[*] Der Bund machte allein im Jahr 1980 mehr Schulden als in den beiden Jahrzehnten nach dem Jahr 1949!

naler Ebene geben zu können, weil – wie dem Propheten Jakob Lorber vom Herrn gesagt wurde – »all euer politisches ›Recht‹ auf lauter Falschem und Bösem der Eigenliebe beruht« (Hi I, S. 25).

»Das Herrschaftsdenken«, sagt der enttäuschte ehemalige Maoist André Glucksmann, »überdeckt den Planeten, es geht ebenso von Washington und Peking wie von Moskau aus.«[256]

Ringsum hat die Menschheit die Orientierung verloren. Alles scheint in hoffnungslose Verwirrung verrannt zu sein. Dennoch wollen viele Kommendes selbst dann nicht sehen, wenn es nicht mehr zu übersehen ist. Man wird hier an Goethe erinnert, der meinte: »Die diabolische Sinngebung des menschlichen Handelns kümmert sich nicht um die Tragweite der spukhaften menschlichen Werke.«

Die bisher erfolgreiche Vernebelung der Köpfe durch die Redensart gewisser Optimisten aus Notwendigkeit, durch Kassandrarufe werde ein Geschäft mit der Angst gemacht, wird nicht mehr von langer Dauer sein können. »... die Bedrohung unseres Lebensraumes ist so ernst«, sagt Prof. Georg Picht, »daß es nicht mehr angeht, daß Parteien, Interessengruppen, Regierung und Verwaltung Sachverhalte frisieren, wie es ihnen gerade paßt.«[257]

Zahlreiche Wissenschaftler sind der Meinung, daß der Kollaps schon vor Ende des Jahrhunderts droht.[258] Unter anderem sagt Prof. Grabarek (University Maryland), Präsident der amerikanischen Habitat Society: »Das Problem der Umweltvergiftung ist so groß geworden, daß die *Mehrzahl* der Ökologen mit vollem Recht glaubt, der Punkt, an dem es noch möglich gewesen wäre, den Verfall aufzuhalten, sei bereits überschritten.«[259] Dennoch wird entgegen der Vernunft in einer perspektivlosen Kurzsichtigkeit der Weg in eine unheilvolle Zukunft beschritten. Aber das Schicksal der Kassandra* war es ja, daß ihre später wahr gewordenen Voraussagen nicht geglaubt wurden.

---

* Kassandra war im griechischen Mythos Tochter des trojanischen Königs Priamos, die die Gabe der Weissagung besaß. Ihre sich später erfüllenden Warnrufe wurden nicht beachtet.

Die Menschheit hat die Freiheit der Entscheidung, aber das folgende Wort in Goethes *Faust* wird andererseits seine Geltung behalten:

»Das erste steht uns frei,
beim zweiten sind wir Knechte.«
»In jeder Art seid ihr verloren.
Und auf Vernichtung
läuft's hinaus.«

Prof. Carl Friedrich von Weizsäcker rührt an die eigentlichen geistigen Ursachen der katastrophalen Entwicklung unserer technischen Hochzivilisation, wenn er erklärt: »Die moderne Kultur ist in ihrer gegenwärtigen Entwicklungsphase eine Kultur ohne Weisheit, ohne Vernunft.«[260]

Eine vom materialistischen Zeitgeist befallene Menschheit mußte folgerichtig auf den Weg gedrängt werden, den sie beschreitet. Die Unfähigkeit, sich einzuschränken, das Streben nach immer mehr Bequemlichkeit und Vergnügen entbehrt jeder intellektuellen und vitalen Selbstdisziplin. »Die Freunde der toten Schätze, die Freunde des Mammons«, wurde dem Propheten Jakob Lorber gesagt, »sind schwer zu einem besseren Lichte zu bekehren« (Gr VIII 76, 10).

Eine egozentrische Gesellschaft vermag die Umweltsanierung nicht zu bewirken und die Apokalypse nicht aufzuhalten. – Jakob Lorber hat diese Entwicklung vorausgesagt, und seine Prophetie beginnt sich jetzt zu erfüllen.

»Die Menschen werden von ihren vielen Weltkenntnissen und erworbenen Fähigkeiten einen stets böseren Gebrauch machen und werden ganz freiwillig allerlei Gerichte aus den Tiefen der Schöpfung über sich und die *ganze Erde* heraufbeschwören« (Gr V 205, 4).

»Gott hat es in seiner Ordnung schon für immer eingerichtet, daß alles Schlechte und Falsche sich alle Zeit selbst zerstört« (Gr V 46, 7).

»Die Welt und die Natur haben von Gott aus ihre notwendigen und unwandelbaren Gesetze, und zwar in der rechten Ordnung. Dergleichen Gesetze hat auch der Mensch seiner Form und seinem leiblichen Wesen nach. Will der Mensch sich wider diese Ordnung auflehnen und die Welt umgestalten, so wird er darum nicht von einem zornigen Gott bestraft, sondern von der beleidigten, strengen und fixierten Gottesordnung in den Dingen selbst, die so sein müssen, wie sie sind« (Gr IV 143, 2).

»Es kann den Menschen nun auf keinem anderen Weg mehr geholfen werden als durch große Leiden« (Gr II 132, 13).

»Erst wenn die Welt zur Einsicht gelangen wird, daß außer Mir kein Heil zu suchen ist, wird der Friede die Erde küssen« (Hi I, S. 101).

Die Vorzeichen der beginnenden Endzeit

Die Kundgaben der Neuoffenbarung beschränken sich nicht auf die Umweltschäden aller Art, die »die Erde ordentlich leck machen«, und auch nicht auf die Krankheitsepidemien und den Hunger, sondern die Aussagen Jakob Lorbers lassen keinen Zweifel offen, daß auch Katastrophen anderer Art, z. B. geologische Umwälzungen von *unvorstellbarem Ausmaß,* den Erdball erschüttern und die Menschen in Angst und Schrecken versetzen werden. Aufgrund der folgenden Kundgaben muß von der *Endzeit* der Menschheit gesprochen werden. Erst die Rede von einer »allgemeinen Sichtung der Weltmenschen durch das Feuer und sein Geschoß, auf daß ich dann selbst eine ganz andere Pflanzschule für wahre Menschen auf dieser Erde werde errichten können, die dann bis ans Ende der Zeiten dauern wird« (Gr VI 150, 17).

Mehrfach wird gesagt, daß die katastrophale Entwicklung

stufenweise vor sich geht. »Gegen Ende der angezeigten Zeit werde Ich stets größere Propheten erwecken, und mit ihnen werden auch die *Gerichte sich mehren und ausgedehnter werden.*« (Gr VI 150, 15).

Der Zeitpunkt der *beginnenden Endzeit* ist in zweifacher Hinsicht ziemlich genau gekennzeichnet. Es wird gesagt, daß zuvor die Dampfmaschine erfunden wird, die »schwerste Wagen so schnell fahren wird wie ein abgeschossener Pfeil«, und »die Seeschiffe jedem Sturm Trotz bieten …«

»Bald *nach* jener Zeit«, heißt es dann, »wird es auf der Erde für das Leben der Menschen sehr übel auszusehen anfangen.« »Kriege werden entstehen, große Teuerung und Hungersnot« (Gr III 33, 4). »Ein Volk wird wider das andere ziehen« (Gr VI 150, 15). (Erster und Zweiter Weltkrieg, Koreakrieg, Kriege in Afrika, in Vietnam, Kambodscha, Indien, Pakistan und im Nahen Osten.)

Wissenschaft und Technik werden – so wird kundgegeben – Höchstleistungen erzielen, aber die Glaubenslosigkeit zur Folge haben. »Der Naturweltsinn solcher Weisen verdirbt nur zu bald durch sein anlockendes Beispiel viele Tausende von Menschen« (Gr VIII 181, 16).

Zu den Kennzeichen der beginnenden Endzeit zählt auch die Gewaltherrschaft Stalins und Hitlers (Gr I 72, 2).

Schließlich wird Bezug genommen auf die derzeitige ungeheure Kriegsrüstung in aller Welt. »… in der *Aufstellung großer Kriegsmächte* wirkt der Heilige Geist nie … Es folgt denn auch auf solche ihm zuwiderlaufende Handlungsweise allezeit ein mächtiges Gericht« (Schriftt., S. 61).

Der Zeitpunkt des großen Gerichtes gab Jesus seinen Aposteln wie folgt bekannt: »Es werden bis dahin von nun an tausend Jahre und nicht noch einmal wieder tausend Jahre vergehen.«

Als weiteres Kriterium der Endzeit wird von Jesus der Verfall der katholischen Kirche angegeben, den er seinen Aposteln bereits vorausgesagt hatte. Es werde »eine selbstsüchtige Verfälschung des geoffenbarten Wortes« eintreten (Gr VI 149, 13). Jahrhundertelange Streitigkeiten der Konfessionen würden »Zank und Hader ergeben« und »jeder gebe vor, daß er die volle und reine Wahrheit lehre«. Die Lehre Jesu werde abgeändert werden, »das Gerippe freilich wird noch bleiben« (Gr X 152, 10–11). »… die Anhänger werden sich bald in großen Scharen (von der kath. Kirche, d. Vf.) abwenden« (Gr VI 151, 12). »Legt die Hand auf das alte, müde Kirchenherz, wahrlich ihr müßtet schon blinder sein als der Mittelpunkt der Erde, so ihr nicht an den Fingern ausrechnen könntet, um die wievielte Stunde des großen Tages es nun sei« (Hi I, S. 308, 13).

»Sorget euch jedoch nicht, was aus Meiner Lehre mit der Zeit dann werden wird, denn Ich allein weiß es, was in dieser Welt alles zu geschehen hat« (Gr VI 151, 13). »Mein Geist, das ist der Geist der Wahrheit, wird unter den *vielfach bedrängten Menschen wach werden*, die Sonne des (geistigen) Lebens wird gewaltig zu leuchten beginnen« (Gr IX 40, 2). »… in jenen Zeiten wird den Menschen Meine Lehre nicht verhüllt, sondern völlig dem himmlischen und geistigen Sinne nach enthüllt gegeben werden (die Neuoffenbarung, d. Vf.), und *darin wird das Neue Jerusalem bestehen*, das aus den Himmeln auf die Erde herabkommen wird« (Gr IX 90, 2).

Die Phase der Katastrophen apokalyptischen Ausmaßes

In der Endzeit werden nach den Kundgaben Jakob Lorbers auch Naturereignisse Schrecken und Elend verbreiten. »Es werden das sein *große Stürme* auf dem Lande und auf dem Meere sowie *Erdbeben*. Das Meer wird an vielen Orten die Ufer überfluten. Da werden die Menschen in große Furcht und Angst versetzt werden vor Erwartung der Dinge, die über die Erde kommen werden« (Gr VIII 185, 4).

Die Häufung der Erdbeben, Hurrikans und Überflutungen seit einiger Zeit ist zwar aufgefallen, jedoch stehen – wie aus dem folgenden hervorgeht – noch ganz andere Katastrophen bevor. Der Seher des 20. Jahrhunderts, Edgar Cayce – genannt der schlafende Prophet –, der viele Ereignisse richtig vorausgesagt hat, prophezeite, daß noch vor dem Jahrhundertende große Teile der nordamerikanischen Westküste einschließlich der dortigen Riesenstädte in den Pazifik stürzen würden. Nach seinen Angaben werden auch große Teile Japans im Stillen Ozean versinken. [261]

Skeptiker werden solche Prophezeiungen als phantastische Behauptungen abtun. Ihnen kann mit wissenschaftlichen Angaben gedient werden, welche die Voraussagen Cayces in geradezu bestürzender Weise bestätigen. In *Bild der Wissenschaft* wird hierzu folgendes berichtet: »Die seismische Aktivität der Erde ist auf einige wenige schmale Gürtelzonen beschränkt. Dabei treten die meisten und stärksten Beben im zirkumpazifischen Gürtel auf« (Westküste Amerikas und die Inselgruppe Japan, d. Vf.).

Das Erdbeben in dem menschenleeren Raum in Alaska am 27. März 1964 hatte eine Maximalstärke von 8,5. »Wo die pazifisch-nordamerikanische Bruchzone über Land verläuft, ist sie zumeist als deutlich erkennbares Längstal ausgeprägt. Gleichgerichtete Seitenverschiebungen haben an manchen Stellen die Täler bis zu 20 km versetzt.« Die berüchtigte erdbebenreiche *San-Andreas-Verwerfung* durchzieht nahezu küstenparallel Kalifornien von San Franzisko bis zum Cap Mendocino. »Insbesondere ist der Raum um Los Angeles durch ein System von kleineren Querbrüchen durchsetzt.« (Der Ballungsraum Los Angeles [Los Angeles, Ventura und Orange] wird von neun Millionen Menschen bewohnt, d. Vf.)

Unterirdische Platten von gewaltigem Ausmaß driften aufeinander zu und werden sich begegnen. »Solange die Verwerfung in

Bewegung bleibt, sollte ein starkes Erdbeben in Kalifornien unwahrscheinlich sein.« »Die sich abzeichnenden Ergebnisse sind aber ein alarmierendes Signal: Die Bewegung in den Erdschollen ist ins Stocken geraten, sie werden im Gebiet von San Franzisko blockiert. Daß dem nördlichen Kalifornien in *naher Zukunft mit Sicherheit* ein *gewaltiger* Erdstoß bevorsteht, ist das übereinstimmende Urteil der Wissenschaftler.« »Wenn das Beben kommt, wird es dort schrecklich krachen.«[262] Nach Angaben des Geologen Donald L. Anderson in *Science* (217, S. 1097, 1982) ist die Wahrscheinlichkeit eines schweren Erdbebens in Kalifornien, das die Größe 7 oder mehr erreichen kann, im Steigen begriffen.[263]

Auch die von Cayce für Japan vorausgesagte Katastrophe hat im Jahr 1974 ebenfalls einen neuen Aspekt erhalten. Satellitenfotos, die die NASA (amerikanische Weltraumbehörde, d. Vf.) freigegeben hat, riefen in Japan eine große Bestürzung hervor. Das Foto beweist, daß eine Falte in der Erdrinde ganz Japan durchschneidet; sie wird von den Seismologen als gefährlicher angesehen als die San-Andreas-Falte in Kalifornien. Die Wissenschaftler fürchten, daß Japan das Jahr 2000 nicht mehr erleben wird.[264]

Im August 1983 ging die Mitteilung durch die Presse, daß der Direktor der japanischen Erdbebenwarte im zentralen Wetteramt, Kazuo Takahasi, erklärte: »Wir wissen, wo das nächste Erdbeben ausbrechen wird, wir können auch ungefähr seine Stärke voraussagen. Die einzig schwierige Frage ist nur, wann es kommt.«

Die aus Korea gebürtige Hellseherin Chou-Maja, die in Japan wohnt, hat für die japanischen Inseln – insbesondere Tokio – eine unvorstellbare Katastrophe vorausgesagt; Chou-Maja wird dort ernst genommen, weil andere von ihr gemachte Aussagen zutreffend waren. In einem Bericht heißt es dazu: »Wie tief die heimliche Angst der Japaner vor einer Katastrophe ist, zeigt ein Buch mit dem Titel *Der Untergang Japans,* das lange Zeit an der Spitze der japanischen Bestsellerliste rangierte. Es schildert, wie gigantische Erdbeben und Vulkanausbrüche Japan nicht nur verwüsten, sondern die gesamte Inselnation schließlich ganz in den Tiefen des Meeres versinken lassen.«[265]

Lorbers Prophezeiungen sind auf ganz Asien bezogen, so daß wohl außer Japan auch China und andere asiatische Völker mit schwersten Katastrophen rechnen müssen. Die schweren Erdbeben in China und der dreißigjährige Krieg in Vietnam mit seinen Folgen auch für die Nachbarländer lassen die Anfänge der Katastrophen in Asien bereits erkennen. Wörtlich schreibt Lorber: »Asien wird durch ein großes Weltgericht geläutert werden« (Gr IX 94, 12).

Alle bisher wiedergegebenen und erläuterten Kundgaben Jakob Lorbers lassen ihre Realität entweder durch bereits eingetretene Ereignisse oder durch die sich klar abzeichnenden Konturen zu erwartender Katastrophen erkennen. Einige der folgenden Prophezeiungen, die die letzte Phase der Endzeit betreffen und bis zum Ende dieses Jahrhunderts eintreten sollen, sind zum Teil schwer oder gar nicht deutbar; sie lassen aber erkennen, daß die Ereignisse das darstellen werden, was in der Offenbarung Johannis als Apokalypse bezeichnet wird.

Die Katastrophe ist nicht mit dem Untergang der Erde oder gar des Universums gleichzusetzen. In den Kundgaben heißt es vielmehr ganz klar: »Die Erde wird fortbestehen, wie sie nach Noah (Sintflut) fortbestanden hat, und wird Meine helleren Kinder tragen; nur der zu sehr überhandgenommene Unflat wird von ihr entfernt werden und in eine Reinigungsanstalt kommen, an denen es in Meinem ewig großen Reich wahrlich keinen Mangel hat« (Gr V 110, 6).

Jesus hat seinen Jüngern die Endzeit der derzeitigen Menschheit beschrieben und ihnen vorausgesagt, daß »von jetzt an in nicht vollen 2000 Jahren« die Menschheit »durch das große Lebensfeuer gereinigt werden müsse« (Gr VIII 182, 5).

Das, was Jesus damals einem kleinen Kreis, der in atemloser

Spannung zuhörte, mitteilte, durfte von den Jüngern dem Volk nicht bekanntgegeben werden. »Soll ich von dem Gericht, von dem Du uns heute erzählt hast, etwas auf das Pergament notieren?« fragte Johannes den Herren, worauf ihm gesagt wurde: »Laß das gut sein, denn in jener Zeit (unserer Zeit, d. Vf.) werde Ich solche Dinge durch den Mund neu erweckter Seher und Propheten den Menschen, die eines guten Willens sind, offenbaren lassen« (Gr X 157, 1–2). »Ich werde ihnen alles das, was jetzt bei meiner Gegenwart gesprochen wird, *durch ihr Herz in die Feder sagen.*« »… da die Menschen in jener Zeit beinahe durchgängig des Lesens und Schreibens kundig sein werden, so werden sie die neuen Bücher lesen und verstehen können. Und diese Art der Ausbreitung Meiner *neu* und *rein* wiedergegebenen Lehre aus den Himmeln wird dann um vieles schneller und wirksamer zu allen Menschen auf der ganzen Erde gebracht werden können als wie jetzt durch die Boten in Meinem Namen von Munde zu Munde« (Gr IX 94, 4–5).

In der obenzitierten Kundgabe war die Rede von der »Reinigung der Menschheit durch das Feuer«. Die Interpretation der Reinigung durch das Feuer ist teils realistisch und teils allegorisch zu verstehen. Jesus spricht den Jüngern gegenüber von vier Arten oder Stufen des Feuers.

Die *erste Art* der Katastrophe wird in der Neuoffenbarung wie folgt geschildert: »Das Feuer wird heißen große und allgemeine Not, Elend und Trübsal, wie die Erde eine größere noch nie gesehen hat. Der Glaube wird erlöschen und die Liebe erkalten.« »Ein Volk erhebt sich wider das andere und wird es bekriegen mit Feuerwaffen.« »Es werden entstehen übermäßige Teuerung, Hungersnot, viele böse Krankheiten und Seuchen und Pestilenz bei Menschen, Tieren und Pflanzen. Auch werden kommen große Stürme, Erdbeben …« »Das ist die erste Gattung des Feuers« (Gr VIII 185, 2–6).

Weiter wird gesagt, daß »in derselben Zeit« die technische Entwicklung, d. h. die Dampfkraft durch Kohle und Heizöl sowie die Elektrizität und die *Kriegswaffen* einen hohen Stand erreicht haben werden (Gr VIII 185, 7–9). Die *Feuerwaffen,* die soviel Unheil über die Menschen brachten, werden als *zweite Gattung* des Feuers angesehen und als das »natürliche Feuer« bezeichnet.

Von einem Atombombenkrieg ist in den Kundgaben Lorbers nirgends die Rede. Die folgende Aussage deutet eher darauf hin, daß das seit Jahrzehnten bestehende Gleichgewicht des Schreckens auch in Zukunft erhalten werden wird. Die bemerkenswerte Aussage lautet: »Die erfinderischen Menschen werden es mit den Waffen so weit treiben, daß dann bald kein Volk gegen das andere mehr einen Krieg wird anfangen können. Denn werden zwei Völker mit solchen Waffen sich anfallen, so werden sie sich auch leicht und bald bis auf den letzten Mann aufreiben, was gewiß keinem Teil einen wahren Sieg und Gewinn bringen wird. Das werden die Könige und Heerführer bald einsehen ...« (Gr VIII 185, 9)

Die mit der Bevölkerungsexplosion und dem weltweiten Ansteigen der Arbeitslosigkeit auf die Menschheit zukommenden Gefahren erscheinen vielen Sachkennern weit wahrscheinlicher als ein Atomkrieg.

Die *dritte* Art des Feuers ist ein *geistiges* Feuer. »Sie wird darin bestehen, daß Ich schon etliche hundert Jahre vorher stets heller erleuchtete Seher und Propheten erwecken werde« (u. a. Böhme, Swedenborg und Lorber, d. Vf.). Die Propheten haben die Aufgabe, die vom Zeremonientum und falscher Auslegung gereinigte Lehre Jesu neu zu verkünden, was den Verfall der katholischen Kirche zur Folge haben wird. Wörtlich heißt es, daß diese Propheten »der Kirche den Weg zu ihrem Untergang bahnen werden.«. »Wie aber diese Nacht nun (zur Zeit Jesu) in den heidnischen, blinden und sinnlosen Zeremonien, die man Gottesdienst nennt, besteht, so wird sie auch in jenen Zeiten bestehen, aber durch die dritte Art des Feuers aus den Himmeln zerstört und vernichtet werden« (Gr VIII 186, 3).

»Die *vierte* Art des Feuers wird bestehen in *großen* natürlichen

Erdrevolutionen aller Art und Gattung, und zwar namentlich an jenen Punkten der Erde, auf denen sich die Menschen zu große und prachtvolle Städte werden erbaut haben, in denen herrschen werden der größte Hochmut, die Lieblosigkeit, böse Sitten, falsche Gerichte, Macht, Ansehen, Trägheit und dabei andererseits die größte Armut, allerlei Not und Elend (Slums, d. Vf.), herbeigeführt durch das zu hoch emporgewachsene Epikureertum (Wohlleben mit Luxus, d. Vf.) der Großen und Mächtigen« (Gr VIII 186, 4).

»In solchen Städten werden aus übertriebener Gewinnsucht auch allerlei Fabriken im größten Maßstab errichtet werden, und es werden in ihnen anstelle der Menschenhände Feuer und Wasser arbeiten im Verbande von tausend kunstvollen, aus Erz angefertigten Maschinen. Die Feuerung wird mittels uralten Erdkohlen bewerkstelligt werden, welche die Menschen sich in übergroßen Massen aus den Tiefen der Erde verschaffen werden. Wenn solches Tun und Treiben durch die Gewalt des Feuers einmal seinen höchsten Punkt erreicht haben wird, dann wird denn auf solchen Punkten die Erdluft zu mächtig mit den brennbaren Ätherarten erfüllt werden, die sich dann bald da und dort entzünden und solche Städte und Gegenden in Schutt und Asche verwandeln werden samt vielen ihrer Bewohner; und das wird dann wohl auch eine große und wirksame Läuterung sein. Was aber das auf diese Art bewirkte Feuer nicht erreichen wird, das werden große Erdstürme aller Art und Gattung dort erreichen, wo es nötig sein wird, denn ohne Not wird nichts zerstört werden« (Gr VIII 186, 5–6). Zu seinen Aposteln bemerkte Jesus hierzu ausdrücklich: »Das ist freilich eine Weissagung für eine noch ziemlich ferne Zukunft, die aber nicht unerfüllt bleiben wird« (Gr VIII 186, 9).

Die folgenden Prophezeiungen sind wohl die am schwierigsten deutbaren Kundgaben:

»Wenn die Zahl der Reinen und Guten wie zu den Zeiten Noahs sich sehr verringern wird, dann soll die Erde abermals beschickt werden mit einem allgemeinen Gericht, in welchem weder der Menschen noch der Tiere, noch der Pflanzen geschont wird. Es werden da den stolzen Menschen nichts mehr nützen ihre feuer- und todspeienden Waffen, nichts ihre Burgen und ehernen Wege, auf denen sie mit der Schnelligkeit eines abgeschossenen Pfeiles dahinfahren werden, denn es wird ein Feind aus den Lüften angefahren kommen und wird sie alle verderben, die da allzeit Übles getan haben. Das wird sein eine wahre Krämer- und Wechslerzeit. Was Ich jüngst einmal zu Jerusalem im Tempel den Wechslern und Taubenkrämern tat, das werde Ich dann im großen tun auf der ganzen Erde und werde zerstören alle die Kramläden und Wechselbuden durch den Feind, den Ich aus den weiten Lufträumen der Erde senden werde wie einen dahinzuckenden Blitz mit großem Getöse und Gekrache. Wahrlich, gegen den werden vergeblich kämpfen alle die Heere der Erde, aber Meinen wenigen Freunden wird der große, unbesiegbare Feind kein Leid antun und wird sie verschonen für eine ganz neue Pflanzschule, aus der neue und bessere Menschen hervorgehen werden« (Gr V 108, 2–3).

»Es gibt ein gar großes Land im fernen Westen, das von allen Seiten vom großen Weltozean umflossen ist und nirgends über dem Meere mit der alten Welt zusammenhängt. Von jenem Land ausgehend, werden die Menschen zuerst große Dinge vernehmen, und diese werden auch im Westen Europas auftauchen, und es wird daraus ein helles Strahlen und Widerstrahlen entstehen. Die Lichter der Himmel werden sich begegnen, erkennen und sich unterstützen« (Gr IX 94, 14).

»Es werden die Menschen gewarnt werden durch *Seher* und *besondere Zeichen am Firmament,* woran sich aber nur die wenigen Meinen kehren werden, während die Weltmenschen das alles nur für seltene Wirkungen der Natur ansehen werden ...« (Gr VI 150, 16).

Über den Sinn der Kundgabe betreffend den »Feind aus den Lüften« und der »Lichter der Himmel« ist viel gerätselt worden.

Die Vertreter der Ufo-Theorie bringen die letzterwähnte Stelle in Verbindung mit den von zahllosen Menschen aller Stände beobachteten unidentifizierten Objekten (Ufos) am Himmel, vom Volksmund »Fliegende Untertassen« genannt. Sie stützen ihre Meinung auf die folgende Kundgabe der Neuoffenbarung und glauben, daß außerirdische Menschen in die Wirrnisse der heutigen Menschheit eingreifen werden: »Nun kommt die Zeit, wo ich den Bewohnern der größeren Planeten den Blick auf die Erde öffnen und ihnen klarmachen werde den Standpunkt derer, welche Mich zu suchen ausgegangen und auf diese Erde gekommen sind. Da werden wohl jene mächtig erregt werden, und diese Erregung wird sich erstrecken von der Venus bis zur Urka. Da kommt es dann, daß die ›Kräfte des Himmels erschüttert werden‹, und es wird dann ein gar mächtiger Ruf von allen Seiten an die Bewohner dieser Erde ergehen ...« (Wiederk 69). Andere interpretieren diese Kundgabe dahingehend, daß die Bewohner anderer Himmelskörper den Erdmenschen *geistige* Hilfe zuteil werden lassen.

Daß andere Weltkörper von Menschen bewohnt sind, darüber gibt es nach den mehrfachen Aussagen der Neuoffenbarung keinen Zweifel. Das Wort des Evangeliums »Ich habe noch gar viele Schafe, die nicht aus diesem Schafstall sind« hat Jesus in Wirklichkeit nach Angaben der Neuoffenbarung viel präziser ausgesprochen; offensichtlich ist später eine Verstümmelung erfolgt. Der vollständige Text lautet: »Ich habe noch gar viele Herden, die nicht im Schafstall der Erde wohnen, sondern die da leben nach ihrer Art auf zahllos vielen anderen Erd- und Weltkörpern. Diese müssen alle in den Schafstall des ewigen Lebens geführt werden« (GS I 61, 9).

Die wissenschaftliche Meinung, die früher mit dieser Aussage in keiner Weise übereinstimmte, ist seit einigen Jahren grundlegend verändert worden. Heute findet nach Aussage des wissenschaftlichen Leiters der NASA, Dr. Ernst Stühlinger, die Ansicht, daß sich im Weltraum zahllose Weltkörper mit Bewohnern mit Vernunft befinden, weitgehende Anerkennung. In dieser Hinsicht, so erklärt der Astronom, habe sich seit einiger Zeit gegenüber früheren Vorstellungen ein grundlegender Wandel vollzogen.[266]

Sofern manche Kundgaben der Neuoffenbarung mit den wissenschaftlichen Erkenntnissen nicht übereinstimmen, besteht, wie der vorstehend erörterte Fall zeigt, kein Grund, an dem Wahrheitsgehalt der Neuoffenbarung zu zweifeln. Die wissenschaftlichen Erkenntnisse nehmen zu und haben oft einen grundlegenden Meinungswandel zur Folge.

Die Deutung der Offenbarung Johannis durch die Neuoffenbarung

Viel Gelehrsamkeit wurde angewandt, um die Offenbarung Johannis und auch einige Texte des Matthäus-Evangeliums, die Bezug auf die Endzeit haben, zu enträtseln. In der Neuoffenbarung werden hierzu aufschlußreiche Erläuterungen gegeben. »Keiner hat noch den rechten Schlüssel gefunden, die Bücher des heiligen Wortes zu erschließen.« »Solange der Mensch die Deutung oder den geistigen Sinn der Worte – was man Entsprechung heißt – nicht begreift, ist es umsonst, Meine Worte im innersten Sinn fassen zu wollen« (Wiederk. 99). »Ihr findet in dieser Offenbarung Johannis nur symbolische Bilder. Ihr findet den ›Zorn Gottes‹, die ›Plagen‹ und noch mehreres, was in jener Zeit selbst bei den Propheten öfters gebraucht wurde, aber nicht wörtlich hatte verstanden werden sollen. Ich, der Gott der Liebe, kann weder Zorn, Haß noch Rache üben, was durchaus nicht möglich ist, wenngleich Ich als Gott durch plötzliche Vernichtung oder durch moralischen Zwang alles sogleich in die rechte Ordnung bringen könnte« (Wiederk. 100 f.).

»Daraus geht hervor, daß in allen Schriften des Alten und Neuen Testaments manches enthalten ist, was nicht so gemeint ist, wie der Buchstabe es zeigt, sondern der Auffassung jener Zeit angemessen, dennoch für ewig den großen Keim des Geistigen enthält« (Wiederk. 100 f.).

»Zum Beispiel sind die *Posaunenrufe* viele Entsprechungen der moralisch-geistigen Veränderungen, welche im menschlichen Gemüt vorgehen, sobald das zweischneidige Schwert des Zweifels eingreift und der Argwohn des Unglaubens seine Geißel schwingt« (Wiederk. 109).

In gleicher Weise erläutert die Neuoffenbarung auch das Matthäus-Evangelium, Kapitel 24, von der *Endzeit,* die von den Kirchen fälschlich mit dem Ende der Welt gleichgesetzt wird. »Ihr möget euch nichts Törichteres denken, als etwa am gestirnten Himmel ein sogenanntes Kruzifix zu erblicken« (Hi I, S. 337, 2). »Das ›Zeichen des Menschensohnes‹ ist gleichbedeutend mit der in der ›Kirche‹ neu erwachten Liebe mit all ihren himmlischen Attributen, als Barmherzigkeit, Geduld, Sanftmut, Demut, Ergebung, Gehorsam und Duldung aller Beschwerden des Kreuzes. Seht, *dieses* lebendige Zeichen des Menschensohnes wird am Himmel des *inneren, ewigen Lebens* erscheinen und wird nicht töten, sondern überaus beleben.« »Unter ›Himmel‹ ist zu verstehen die gesamte Glaubenswahrheit aus dem Wort, welches ist die ›Kirche‹ in ihrer Echtheit« (Hi I, S. 338, 8 u. 9).

Ebenso werden die Worte in Mt 24, 30: »Dann werden alle den Menschensohn auf den Wolken des Himmels kommen sehen mit großer Macht und Herrlichkeit« erläutert. Darunter ist zu verstehen »das lebendige Wort im Herzen des Menschen oder Meine ewige Liebe im Vollbestande, und diese ist ›von großer Macht und Herrlichkeit‹. Und es sind die ›Wolken des Himmels‹ die unendliche Weisheit selbst in diesem *lebendigen* Worte. Das also ist das kurze Verständnis dieses Schrifttextes« (Hi I, S. 338, 11). »Ihr steht in der großen Übergangszeit« (Wiederk. 71). »Es wird euch einleuchten, daß auf das lange Hinundherwogen eine Entscheidung eintreten muß, wo bestimmt wird, wer der Sieger und der Besiegte ist. Dieser Zeit geht ihr nun entgegen« (Wiederk. 113).

»Wenn alle geistigen und materiellen Kriege aufgehört haben, dann werden Mich alle leicht verstehen und auch Meine Gebote willig erfüllen, die mit der Nächstenliebe anfangen und mit der Gottesliebe aufhören« (Wiederk. 115).

»Es wird auch dann nur eine Kirche geben und ein Hirt und eine Herde sein« (Wiederk. 115). »Diese Zeit steht in der Offenbarung des Johannes unter dem Titel ›das Tausendjährige Reich‹ oder ›das Neue Jerusalem‹« (Wiederk. 114).

Dem »Tausendjährigen Reich« geht über die Endzeit, das Gericht voraus. »Das meiste aus der Offenbarung Johannis als Entwicklungskrise ist abgelaufen, das Ärgste bleibt noch übrig.« »Macht euch auf alles gefaßt! Nicht Ich, sondern des Menschen tierische Natur, der Menschen künstlich erzeugter Unglaube, ihre unbändige Herrschsucht und Geldgier wird auch diese Zornschalen und Posaunenbilder erfüllen helfen« (Wiederk. 119).

Anzumerken ist hier, daß das »Tausendjährige Reich«, das der Endzeit folgen wird, nach den Ausführungen der Neuoffenbarung nicht als ein Zeitraum von tausend Jahren zu denken ist, sondern eine Zeit, in der »das Geistige das Materielle besiegt hat« (Wiederk. 114).

Es wird eine Zeitperiode sein, »in welcher die seelische Ausbildung obenan steht« und »die Seelenhärte nicht mehr auftreten kann und das Recht des Stärkeren gänzlich verschwindet« (Gr XI, S. 150).

»Dieses Reich ist schon lange da im Geiste und in den Herzen der guten Menschen« (Gr XI, S. 326).

Das Fehlverhalten der Menschen des Industriezeitalters und die Folgen im Licht der Neuoffenbarung

Die Neuoffenbarung erhellt für manche Zeitgenossen mit unerfreulicher Deutlichkeit, daß der Weg, den die Menschen im 20. Jahrhundert eingeschlagen haben, ein Irrweg ist. Er führt die Menschen nicht zu ihrem eigentlichen Ziel hin, sondern von ihm weg.

Das Wirtschaften und Geldverdienen und die Erzielung eines Fortschritts ist an sich nicht abzulehnen. Das geht ganz klar aus dem, was Lorber gesagt wurde, hervor: »Es sollen ja die Menschen mit Maß und Ziel alles haben und sich errichten die mannigfachsten Bequemlichkeiten fürs irdische Leben und sollen schonen ihre Hände vor schweren Arbeiten, um desto mehr Zeit zu gewinnen für die Bearbeitung und Veredlung ihrer Herzen und Seelen« (Gr V 108, 5).

Jedes System bereitet aber seinen Untergang vor, wenn es sich absolut nimmt und damit unweigerlich in den Bereich des Dämonischen gerät. Das Wirtschaften verfällt dann mehr und mehr dem Geist der hemmungslosen Habsucht und damit der Rücksichtslosigkeit. Der dienende Charakter der Wirtschaft im Sinne des Evangeliums geht völlig verloren. In einem solchen Fall gilt dann unabdingbar, was der Herr durch seinen Propheten sagt: »Werden die großen Vorteile, in die euch mit der Zeit Mein Geist leiten wird, in Meiner Ordnung verwendet, so werden sie euch eine tausendfache Segnung in allem bringen. Werdet ihr sie aber dann etwa mit der Zeit *wider* Meine Ordnung *selbstsüchtig* zu gebrauchen anfangen, so werden sie für die Menschen zu Brutanstalten alles erdenklichen irdischen Unheils werden« (Gr IV 225, 5–6).

Leider hat die Industriegesellschaft den letzten Weg beschritten, und »alles erdenkliche irdische Unheil« zeichnet sich in der

Umwelt bereits überdeutlich ab. Kaum war die freie Marktwirtschaft im 19. Jahrhundert zur Entfaltung gelangt, ist sie vom Geist des Evangeliums abgewichen. Die Folgen waren für die Menschen in der Zeit des Frühkapitalismus katastrophal. Seit Beginn der Industrialisierung verfiel man zudem dem Wahn, durch den von Wissenschaft und Technik erzeugten Fortschritt könne die Verwirklichung des Paradieses auf Erden erreicht werden. Nachdem Karl Marx den anhaltenden Fortschritt zur Grundlage seiner Theorien gemacht hatte und dieser Gedanke in die Arbeitermassen getragen worden war, wurde von vielen das Paradies nicht mehr im Jenseits, sondern auf Erden angestrebt. In dieser Vorstellung hatten weder Gott noch der Glaube an ein ewiges Leben der Seele einen Stellenwert.

Die Rechnung von der Schaffung des irdischen Paradieses schien zunächst zu stimmen. Innerhalb der letzten fünfzig Jahre erreichte das Sozialprodukt in vielen Ländern eine geradezu phantastische Steigerung. In den Jahren 1960 bis 1975 vervierfachten sich in der Bundesrepublik Deutschland die Löhne und Gehälter, während die Preise in derselben Zeit nur um zwei Drittel anstiegen. Von 1950 bis 1976 wurde der Lebensstandard bei Familien mittleren Einkommens, gemessen am realen Verbrauch, um das Dreifache erhöht. Seit dem Jahr 1970 wurden zudem die sozialen Sicherungen explosionsartig ausgebaut.[267]

Aber es schien nur so, als würde die Kalkulation stimmen. Tatsächlich hatte sich die Industriegesellschaft auf einen gefährlichen Irrweg begeben, auf den »American Way of Life«. Die Vertreter dieses Weges kannten die Bergpredigt kaum noch, auf jeden Fall stand sie dem Grundsatz, nach dem gewirtschaftet werden mußte, im Weg. Ihr Grundsatz lautet: »Make it, or die« (Setz dich durch oder stirb).

In nationalökonomischen Werken wird diese Wolfsmoral euphemistisch als »das freie Spiel der Kräfte« oder »freie Marktwirtschaft« bezeichnet. Man muß kein »Linker« sei, wenn man feststellt, daß ein System, das ausschließlich auf den persönlichen materiellen Erfolg programmiert ist und dem der obenzitierte Wahlspruch Maßstab für die zwischenmenschlichen Beziehungen ist, der Lehre Jesu, deren Angelpunkt die Nächstenliebe ist, entgegengesetzt ist. Jeder Student der Nationalökonomie lernt, daß das Grundprinzip der Marktwirtschaft die Gewinnmaximierung ist. Zu welch unmenschlichen Zuständen dieses Prinzip im 19. Jahrhundert in vielen Ländern geführt hat, wissen heute nur noch wenige. Damals ist die Wahrheit der von Reinhold Schneider geprägten Worte »Die Knechte der Maschine haben ein Maschinenherz, und darum sind sie ihr ausgeliefert«[268] voll zur Geltung gekommen. Später haben der organisierte Widerstand und die Vollbeschäftigung so manches latent vorhandene Negative dieses Prinzips verdeckt. »Eben darum«, heißt es in der Neuoffenbarung, »weil der Verstand soviel Geld einträgt, ist die Liebe ganz außer Kurs gekommen, und die Tätigkeit nach ihr kennt man beinahe nicht mehr. Man hat ja Maschinen genug, die aus dem Verstande heraus sind« (Schrift. 13, 17).

Die Forderung des Füreinander der Bergpredigt wird ignoriert, weil sie nicht in das System, das den höchstmöglichen Eigennutz zum Ziel hat, paßt. Man kann es drehen und wenden, wie man will: Unsere Wirtschaftsordnung beruht auf dem luziferischen Element der Selbstsucht. In der Neuoffenbarung spricht der Herr bezeichnenderweise von dem »alten giftigen Unkraut der Eigenliebe« (Gr IV 109, 6). Wenn die dort vorausgesagten Umwälzungen eintreten werden, dann dürfte es manche Änderung geben, die zur Zeit viele noch für unwahrscheinlich halten. Man kann aber an der Aussage, die der Herr hierzu macht, nicht vorbeisehen: »Mein erstes Augenmerk ist auf die Ausmerzung des Egoismus – der Handel (lies: Wirtschaft, d. Vf.) ist ja das ausgeprägte Bild desselben – gerichtet« (Pr 111). »... es wird nicht mehr lange währen, bis eure sozialen Verhältnisse, von denen ihr glaubt, sie bestünden für immer, zusammenstürzen werden« (Pr 222).

Wer zu erkennen vermag, daß das letzten Endes nur noch eine

Generationenfrage ist, wird die bereits sichtbaren verschiedenen Vorzeichen eines Wandels zu deuten wissen. Klarblickende Wirtschaftsführer haben längst erkannt, daß grundlegende Änderungen im System nicht aufzuhalten sein werden, nur sprechen sie es nicht alle so pointiert aus wie der bekannte Bankier Hermann Josef Abs, der im *Deutschland-Magazin* 6/1974 folgendes schreibt: »In dem Generationenwechsel liegen die tieferen Gründe, warum die Konzeption einer freien Wettbewerbswirtschaft mit freien Produktionsentscheidungen und freier Konsumentenwahl nicht mehr begeistert und nicht mehr befriedigt.« »Die geistige Grundlage der Wirtschaft wird nicht mehr anerkannt (!). Die notwendigen Voraussetzungen weiteren wirtschaftlichen Wachstums werden daher geleugnet.« »Je weiter die Zeit fortschreitet, desto mehr wird sich die Gestalt der Zukunft von der Vergangenheit entfernen.« »Das Bild der zukünftigen Industriegesellschaft muß sich von dem Konzept der ersten Nachkriegszeit in vielem so entscheidend abheben wie der heutige Zustand der Gesellschaft von dem damaligen.«

Die Selbstregulierung der freien Wirtschaft funktioniert längst nicht mehr in der erforderlichen Weise, weil die Voraussetzungen immer weniger bestehen. Die atomistische Struktur des Marktes, d. h. die vollkommene Konkurrenz, ist nicht mehr existent, weil die Marktwirtschaft durch Fusionen zunehmend vermachtet wird.* Ferner ist die unabdingbare Voraussetzung für die Funktionsfähigkeit der Marktwirtschaft – die stabile Geldwährung – in fast allen Industrieländern verlorengegangen. Der unkontrollierten Wachstumsstrategie fehlte das Regulativ, sie hatte etwas Krebsartiges. Die »prästabilisierte Harmonie« existierte nur in alten Lehrbüchern der Nationalökonomie. Die Steuerungselemente der Wirtschaftspolitik greifen in keinem

---

* Der Präsident des Bundeskartellamtes, Professor Günther, erklärte, daß eine schläfrige Öffentlichkeit und eine flaue Bonner Wirtschaftspolitik die Konzentration nicht gebremst, sondern sogar gefördert hätten. Die Monopolkommission hält die Fusionskontrolle für ein weitgehend untaugliches Mittel, um die Konzentration zu verhindern. [269]

Land mehr. Die Zahl der Arbeitslosen steigt und steigt. Der nationale Egoismus erhebt überall sein Haupt, und der Protektionismus, der viele Formen hat, nimmt weltweit zu. Der Anfang einer zerstörenden Kettenreaktion ist bereits gemacht. Die langsame Industrialisierung der Dritten Welt beginnt für die Industrienationen im Wettbewerb Folgen zu zeitigen. Im sogenannten Nord-Süd-Dialog ist der Umfall der Industrieländer bereits erfolgt. Der weltwirtschaftliche Horizont verdüstert sich zusehends. Alles in allem: die scheinbar so gut fundiert gewesenen Theorien der Wettbewerbswirtschaft beginnen in bedenklicher Weise brüchig zu werden.

Der weltberühmte englische Nationalökonom John Maynard Keynes hatte vor Jahrzehnten geglaubt, er habe alle Elemente der wirtschaftlichen Zusammenhänge in den Griff bekommen, ja er vertrat sogar die Meinung, daß es möglich sein müsse, durch ökonomisches Denken die menschliche Natur umzugestalten. Keynes' Ansichten haben sich inzwischen als ein Irrtum erwiesen, seine der industriellen Menschheit gemachten Hoffnungen sind zerronnen. Die geistige Grundlage der Wirtschaftsordnung und die Einflüsse irrationaler Art waren für Keynes' Denken kein Element seiner Theorie. Die Begriffe »Liebe« und »Dienen« kamen weder in seinen Büchern noch in den sonstigen Lehrbüchern der Volkswirtschaftslehre vor. Der Nobelpreisträger Friedrich A. von Hayek trifft den Kern der Problematik der irrigen Keynesschen Theorie, wenn er die Erkenntnis vermittelt: »Der heute übliche Aberglaube, daß nur das, was gemessen werden kann, von Bedeutung sein könne, hat viel dazu beigetragen, daß die Ökonomie und die Welt ganz allgemein in die Irre geführt worden sind.«[270]

Auch der bekannte Nationalökonom von Nell-Breuning SJ kommt zu der bemerkenswerten Feststellung: »Der Wettbewerb neigt dazu, sich selbst umzubringen.«[271]

Ein führender Unternehmer, der als Direktor einer bundesdeutschen Großbank im Grundsätzlichen positiv zur freien

Marktwirtschaft eingestellt ist, Ernst H. Plesser, legt in seiner Schrift *Leben zwischen Wille und Wirklichkeit – Unternehmer im Spannungsfeld von Gewinn und Ethik* – die Ursachen der bedenklich gewordenen Entwicklung in bemerkenswerter Offenheit bloß. Die Ergebnisse seiner Analyse zeigen, daß es stets von geistigen Ursachen abhängt, ob Systeme aller Art funktionsfähig bleiben oder dem Zerfall preisgegeben sind. Wir zitieren im folgenden einige der von Plesser gewonnenen Einsichten.[272]

»Die Darwinsche These vom Kampf ums Dasein und dem Überleben des Stärkeren fand in die Wettbewerbswirtschaft Eingang und prägte sich in einer neuen Mentalität aus, die neben Härte und Umsicht auch noch Cleverneß (Raffiniertheit) und Smartheit (Gerissenheit) als Qualifikationsmerkmale der in der Wirtschaft leitend Tätigen stellte.

Nach dem Zweiten Weltkrieg … kamen Cleverneß und Smartheit, die vorübergehend nur im verborgenen eingesetzt worden waren, erneut in Mode« (S. 20).

»Gesellschaftliche und ethische Gesichtspunkte werden im Bereich des Wirtschaftlichen – aus der Einstellung der materialistischen Vergangenheit heraus – vielfach als wesensfremd angesehen. Ethik in der Wirtschaft ist aber notwendig« (S. 21).

»Infolge der geistigen Verengung, die die Ethik in unserer Gesellschaft in den Hintergrund gedrängt hat, ist der Leistungsaspekt menschlichen Handelns überbetont worden. Der Leistungsgedanke beherrscht seit der industriellen Revolution zunehmend alle Lebensbereiche.«

»Traditionelle sinngebende Orientierungshilfen, wie übergeordnete ethische, moralische oder religiöse Bezüge, haben weitgehend an Wirksamkeit verloren. Statt dessen sind in allen Bereichen Problemlösungen nach utilitaristischen Gesichtspunkten in den Vordergrund gerückt worden« (S. 15).

»Aus der Diskrepanz zwischen gesellschaftlicher Form und wirtschaftlicher Zielsetzung ist eine labile Grundstimmung in der Gesellschaft entstanden. Sie wird sichtbar in einem seit Mitte der 1950er Jahre gewachsenen Unbehagen, in der Nonchalance mancher wirtschaftlich Arrivierten, in sozialen Ressentiments und in einem weitverbreiteten Mangel an Weitblick« (S. 17). »Dazu kommt in manchen Ländern ein weitverbreiteter Zynismus, der sich in vielen Lebensbereichen auswirkt und offen zur Schau getragen wird« (S. 17).

»Jede Einrichtung läuft jeden Tag Gefahr, daß sich zynische Egozentriker zu Lasten ihrer Umwelt und der ganzen Gesellschaft nach vorn spielen und die Menschen sowie die Organisation nur als Werkzeug für ihre eigensüchtigen Zwecke mißbrauchen. Dies ist auch im Bereich der Wirtschaft immer wieder in Einzelfällen zu beobachten.«

»Hemmungslosigkeit und Anpassungsfähigkeit wurden mancherorts als beachtenswerte Qualifikationsmerkmale angesehen. Der Weg von dort zum zynischen Opportunismus ist nicht weit« (S. 26). »Damit wird dann allerdings auch fühlbar zur Zerstörung des Systems beigetragen, das in der Vergangenheit den Aufbau, die Erhaltung und die Ausdehnung der Unternehmen ermöglicht hat. Es erwächst eine Mentalität von allumfassendem Zynismus, die diesen Prozeß einleitet, beschleunigt und vollendet.«

»Sie üben Macht ohne Weisheit aus ...« (S. 27).

»Rücksichtslose, nur auf ihren eigenen Vorteil bedachte Menschen gefährden jedes System, also auch das bestehende.«

»In der jüngeren Generation unserer Zeit wächst die Zahl derjenigen, die Krankheitssymptome der Gesellschaft nicht mehr hinnimmt, sondern sie als das empfindet, was sie sind: Verfallserscheinungen, die die fortschreitende Symbiose zwischen den gesellschaftserhaltenden und gesellschaftsändernden Kräften zerstört. Die Frage ist, ob die Verfallserscheinungen krebsartig oder epidemisch ein Übergewicht bekommen und damit anderen radikalen Ordnungen mit anderen Akzenten, anderen Postulaten und anderen Methoden den Weg ebnen« (S. 57).

Plesser hat die Sonde tief angelegt und die geistigen Wurzeln des Problems schonungslos offengelegt. Er steht mit seiner Meinung nicht allein, nur scheut man sich allgemein, die Dinge beim Namen zu nennen.

Offene Worte sprach auch das Vorstandsmitglied der Daimler-Benz-Aktiengesellschaft Edzard Reuter in einem Vortrag in St. Gallen. »Ideal und Wirklichkeit stimmen nicht mehr überein. Viele wollen bloß nicht das eigene Nest beschmutzen.« »Hie und da wird zwar die klassische Zielsetzung der Gewinnmaximierung in gewissen Grenzen relativiert, aber das ist nur oft ein Lippenbekenntnis.«[273] Reuter ist mit dem Bankier Hermann Abs einer Meinung, daß »wir dabei sind, die Glaubwürdigkeit gegenüber der jungen Generation zu verlieren«.

Eine ähnliche, zwar kurze, aber dennoch vielsagende Feststellung wird in der schweizerischen Zeitschrift *Finanz und Wirtschaft* getroffen: »Die charakterliche Integrität vieler Topmanager ist heute zweifellos ein wunder Punkt.«[274]

Aufhorchen lassen auch die Ausführungen, die Prof. Dr. Wolfgang Stützel auf einem Symposium der *Ludwig-Erhard-Stiftung* in Bonn gemacht hat. Er sagte laut *FAZ* vom 3. Mai 1978 u. a.: »Wie aber steht es mit dem Konzept des ›Sozialen‹, wenn wir von ›Sozialer‹ Marktwirtschaft reden? Hier besteht seit langem ein Defekt, ein ›Programm-Defizit‹.« Lange habe man die Marktwirtschaft als ein System angesehen, das die leistungsfähigen Unternehmer und Arbeitnehmer prämiiere. Aber in Wirklichkeit, so stellt er wörtlich fest, »droht Gefahr. Am höchsten prämiiert wird am Ende nicht mehr der tüchtigste Pionier, sondern der fleißigste und skrupelloseste Schnorrer.«

Ein stark verdunkeltes Bild vom heutigen Unternehmer zeigen die Untersuchungen über die Ursache der Konkurse-Springflut der letzten Jahre. Nach Feststellungen des Institutes für Mittelstandsforschung in Köln, das in 1300 Konkursakten der Amtsgerichte Einsicht genommen und 74 Konkursverwalter befragt hat, sind »die Unternehmenszusammenbrüche mehrheitlich durch innerbetriebliches Fehlverhalten der Betriebsführung verursacht worden«. »Ob Handel, Industrie oder Dienstleistungsbereich – die Insolvenzforscher fanden das Mißmanagement gleichermaßen in allen Branchen.« »Betrügereien, Wechselmanipulationen und Mehrfachzessionen« waren »besonders häufig feststellbare Tatbestände«, und der Leitende Oberstaatsanwalt in Köln, Günter Bähr, bestätigt: »Die Masse der Insolvenzen ist in ihrem Endstadium krimineller Natur.« Das ist aber nur die Spitze eines Eisberges. Inzwischen liegt dem Bundesjustizminister in Bonn eine mehr als tausend Seiten umfassende Studie des Hamburger Max-Planck-Institutes für ausländisches und internationales Privatrecht vor; sie trägt den Titel »Die Praxis der Konkursabwicklung in der Bundesrepublik Deutschland«. Die von den Wissenschaftlern des Max-Planck-Institutes aufgedeckten Mißstände sind alarmierend. Die Untersuchungen ergaben, daß etwa 80 Prozent der Gläubiger leer ausgingen. Als Erklärung hierfür wird »der Komplex der Wirtschaftskriminalität als gewichtiger zweiter Grund für die Massenarmut« angegeben. Die Wissenschaftler bringen ihr Erstaunen zum Ausdruck darüber, daß in der Wirtschaft »das persönliche Verschulden (der Manager, d. Vf.) so stark in den Mittelpunkt gerückt ist«[275].

In Übereinstimmung mit den Erörterungen der vorstehend genannten Autoren findet sich in der *Frankfurter Allgemeinen Zeitung,* einem Blatt, das zweifelsfrei positiv zur freien Marktwirtschaft eingestellt ist, eine bemerkenswerte Feststellung: »Die Marktwirtschaft wird funktionsunfähig, wenn der Egoismus des einzelnen sich hemmungslos ausleben kann. Eine politische Partei, welche die Marktwirtschaft retten will, muß den Gruppen Verzicht zumuten.« Aber das Wort »Verzicht« war aus der Mode gekommen, denn es enthält so viel Brisanz, daß es Regierungen, Parteien und Gewerkschaften lange Zeit nicht auszusprechen wagten.

»Jedes System«, schreibt Marion Gräfin Dönhoff in richtiger Erkenntnis der psychologischen Gegebenheiten, »gebiert auf lange Sicht seine Antithese. Das liegt an der Unfähigkeit, Maß zu halten.«[277]

Im Zusammenhang mit dem gewichtigen Fixkostenproblem weist von Nell-Breuning noch darauf hin, daß »die Wirtschaft sich immer weiter von diesem (dem ursprünglichen, d. Vf.) Modell wegentwickelt hat«. »Schlimm ist, daß wir uns so daran gewöhnt haben, daß wir uns meist gar nicht mehr bewußt sind, wie fragwürdig dieses unser Verfahren und demzufolge auch die mit ihm erzielten Ergebnisse sind.«[278]

Klarblickende Wirtschaftsexperten wissen um den möglichen Zusammenbruch des Systems Bescheid. Treffend schreibt Professor Gutowski in der *FAZ:* »Selbst ein glühender Anhänger der marktwirtschaftlichen Ordnung sollte sich nicht daran hindern lassen festzustellen, in welch hohem Maße diese Ordnung verbesserungsbedürftig ist. Die Schlacht für die Marktwirtschaft kann an zahlreichen Fronten verloren werden.«[279]

Der frühere Bundespräsident Walter Scheel äußerte sich während seiner Amtszeit ähnlich: »Wissenschaft und Technik haben ein Janus-Gesicht. Ihre positiven Wirkungen sind bekannt, ihre negativen werden gerne verdrängt, nicht zuletzt, weil man um die Geschäfte fürchtet.« »Nachdenkliche Menschen beginnen zu zweifeln, ob unsere Wirtschafts- und Gesellschaftsform für uns selbst und für andere der Weisheit letzter Schluß ist.«[280]

In der Zeitschrift *Bild der Wissenschaft* 7/1977 wird in Ansehung der überbordenden Umweltgefahren festgestellt: »Die gegenwärtige Verschmutzung ist nur ein Maß für die Mißerfolge unserer wirtschaftlichen, sozialen und politischen Systeme: Zerstören wir unsere Umwelt, so zerstören wir uns selbst. Auch der Homo sapiens steht auf der Liste der gefährdeten Lebewesen.« »Die Unvernunft ist ein in das System fest eingebauter Bestandteil.«

Es ist in der Tat nicht mehr zu leugnen, daß die Fundamente der Existenz der Industrievölker in bedrohlicher Weise unterspült werden. Ein Heilmittel ist bis jetzt noch nicht gefunden worden, weil der Markt zu einem Kraftfeld geworden ist, in dem unzählige Egoismen den Ablauf bestimmen. »Brutal ausgedrückt«, heißt es in einer kritischen Erörterung in der *Deutschen Zeitung* vom 31. August 1979, »ist der Motor des ökonomischen Handelns die Habgier.« »Die Teilnehmer des Marktes und die Politiker bleiben Gefangene des ökonomischen Prinzips.«

Die Habgier ist eben, wie oben festgestellt wurde, ein luziferisches Element. Deshalb geht dieser Zersetzungsprozeß mit einem religiös-geistigen Zerfall einher. Die Ichbezogenheit ist das genaue Spiegelbild einer in Auflösung befindlichen Gesellschaft, die von der Bergpredigt nichts mehr hören will.

Diese besorgniserregende Entwicklung in den Industrieländern macht es verständlich, daß Papst Johannes Paul II. in seiner Enzyklika *Laborem exercens* vom 14. September 1981 zum Ausdruck bringt, daß nicht der Profit Richtschnur eines Wirtschaftssystems sein dürfte, sondern die objektiven Rechte der Arbeiter. Wörtlich heißt es u. a. in der Enzyklika:

»Es ist unleugbar, daß die heutige Gesellschaftsordnung und die materialistische Zivilisation auf Grundlagen aufgebaut sind, die eine fundamentale Unzulänglichkeit oder vielmehr einen ganzen Komplex von Unzulänglichkeiten, ja einen unzulänglich funktionierenden Mechanismus aufweisen. Eine solche Zivilisation macht es der menschlichen Gesellschaft unmöglich, über so radikal ungerechte Situationen hinauszuwachsen.«

Klarblickende Wissenschaftler erkannten schon früh, daß das System der freien Wirtschaft auf einer falschen geistigen Grundlage aufgebaut ist und daß die industrielle Zivilisation zu untragbaren Verhältnissen und schließlich zu einer Katastrophe führen muß. Der bedeutende liberale Nationalökonom – der Gründer der Freiburger Schule – Rudolf Eucken schrieb im Jahre 1926: »Wahrhafte Religion ist mit der Herrschaft des wirtschaftlichen Selbstinteresses auf die Dauer nicht vereinbar.« »Es ist klar, daß diese Wirtschaftsgesinnung erheblich dazu beitragen mußte, die Religionen aus ihrer alten Stellung zu verdrängen.« »... es ist nicht zu verkennen, daß der moderne Kapitalismus die geistige Leere der Zeit mitverschuldet, der dazu beiträgt, dem menschlichen Leben seinen Inhalt zu rauben ...« »Aus allem wird ersichtlich, daß Kapitalismus und Zeitkrise zusammenhängen.«[281] Eucken erkannte die unausbleiblichen Folgen der »inneren Leere des modernen Lebens« und forderte eine »umfassende geistige Lebensordnung«.

Auch der angesehene Nationalökonom Wilhelm Röpke erkannte schon vor 40 Jahren die Ursachen der Fehlleistungen des Systems der freien Wirtschaft im Verlust der religiösen Substanz und damit der moralischen Wertbasis. Röpke schreibt in seinem Buch »Jenseits von Angebot und Nachfrage«:

»Der tiefste Sitz der Krankheit unserer Kultur liegt in der geistig-religiösen Krise.« »Leben wir nicht in einer Wirtschaftswelt, die die nackte Erwerbsgier entfesselt, die einen kommerziellen Machiavellismus begünstigt, wenn nicht zur Regel macht, die alle höheren Regungen im eiskalten Wasser egoistischer Berechnungen ertränkt? Gibt es einen sichereren Weg, die Seele des Menschen völlig auszudörren, als die durch das Wirtschaftssystem geförderte Gewohnheit, unsere Gedanken ständig um das Geld und Geldwerte kreisen zu lassen?«

»Wir haben ... seit einem Jahrhundert den immer verzweifelteren Versuch gemacht, ohne Gott auszukommen und den Menschen, seine Wissenschaft ..., seine Technik und seinen Staat in ihrer Gottesferne an seine Stelle zu setzen.« »Jener verzweifelte Versuch hat eine Lage geschaffen, in der der Mensch ... auf die Dauer überhaupt nicht existieren kann, trotz Fernsehen, Autobahnen und komfortablen Appartements.« »Man darf überzeugt sein, daß eines Tages über die meisten wie eine Sturzflut hereinbrechen wird, was jetzt erst wenigen klar ist.«[282]

Mit diesen Worten hat der Gelehrte mit geradezu prophetischer Gabe die Wurzeln des Elends, das er auf die Menschen zukommen sah, bloßgelegt.

In unserer Zeit ist einer der brillantesten Nationalökonomen, der Nobelpreisträger Kenneth J. Arrow, zu der gleichen Meinung gelangt wie die oben zitierten Wissenschaftler. Arrow bestreitet die unaufhörlich in der Presse und in der Fachliteratur betonte Effizienz der freien Marktwirtschaft nicht, er erklärt aber, daß dessenungeachtet der freie Markt wegen des fehlenden Altruismus nicht als wichtiges konstruktives Element einer Wirtschafts- und Gesellschaftsordnung anerkannt werden kann.[283]

Die genannten Gelehrten lassen keinen Zweifel darüber aufkommen, daß die Grundlage unseres Wirtschaftssystems mit der Lehre Jesu nicht zu vereinbaren ist. Das Evangelium setzt den Akzent völlig anders als unsere Wirtschafts- und Gesellschaftsordnung. Zum Prinzip erhoben werden endloses Wachstum, Steigerung des Wohlstandes und der Ansprüche. Zusehends wird das System von Habgier und Machtgier durchsetzt, und dieser Zustand ist vom Propheten Jakob Lorber für unsere Zeit auch vorausgesagt worden, und zwar mit allen Folgen, wie sie Jahr für Jahr mehr sichtbar werden. Wörtlich heißt es in der Neuoffenbarung: »Sie glauben eigentlich schon an gar nichts mehr als allein an einen guten Gewinn« (Gr IX 40, 4). »Es folgt auf solche dem Heiligen Geist schnurgerade zuwiderlaufende Handlungsweise alle Zeit ein mächtiges Gericht, ein gleiches Ich auch schon jetzt in Bereitschaft halte« (Schriftt. 61, 18). »Ich habe die Erde nicht der Industrie wegen, und am wenigsten der Reichen wegen erschaffen.« »Mein Zweck ist ein anderer mit der Erde, als da die gegenwärtige, vom Satan ganz in Beschlag genommene Welt erkennt« (Hi II 308). »Ich bin nicht zum Nutzen des Leibes, sondern zum Nutzen der Seele in diese Welt gekommen« (Gr X 109, 2–3).

Die Folgen der Entwicklung wurden immer deutlicher. Die innere Selbstzerstörung der Wirtschaft und der Gesellschaft nimmt in allen Industrieländern langsam bedenkliche Formen an. Nach Berichten aus den USA kommen auch dort immer mehr Menschen zu der Ansicht, daß die Gesellschaftsordnung und die Zivilisation vor dem Zusammenbruch stehen. Der Wille zur Gesetzlosigkeit, zur Revolte und zur Anarchie erfüllt die Menschen zunehmend mit Furcht. Viele Jugendliche stehen nicht ohne Grund der technisch perfekten, aber nicht mehr durchschaubaren, fremden Welt mit Mißtrauen und tiefer Enttäuschung gegenüber.

Die Technologie und die Wirtschaft sind in den Dienst des Dämonischen geraten. Einem System, das alle Tätigkeit ausschließlich auf die Erzielung eines höchstmöglichen persönlichen Nutzens abstellt, muß dieses Prinzip eines Tages zum Verhängnis werden. »Eine Gemeinschaft ist eben nicht die Summe von Interessen, sondern die Summe an Hingabe« (Antoine de Saint-Exupéry). Die Geschäftswirtschaft in Form des Gelddenkens in Reinkultur aktiviert den Egoismus und führt letzten Endes zu Erscheinungen, wie sie uns täglich mehr und mehr belasten. Dieser kausale Zusammenhang wird in der Neuoffenbarung mit einfachen Worten glasklar dargelegt: »Es wird euch noch klarwerden, daß die Welt nur dann bestehen kann, wenn *Liebe ihr Grundwesen ist, Liebe ihr Bestehungs- und Vervollkommnungstrieb ist*« (Pr 276).

Die Industrie hat alles aufs Geratewohl, hemmungslos und planlos betrieben, ohne die komplizierten ökologischen Zusammenhänge zu kennen oder überhaupt berücksichtigen zu wollen. Sie hat die Menschheit unter ihre Diktatur gezwungen und gleichzeitig eine Kunstwelt geschaffen, über die sie die Kontrolle verloren hat. Wissenschaftler und Techniker sind zu Zauberlehrlingen geworden und können nicht mehr übersehen, welches Danaergeschenk sie der Menschheit machen. Eine wahre Giftflut ist über die Menschen hereingebrochen und verursacht noch nicht voll übersehbare gesundheitliche Schäden.

Eine Zeitlang schien der äußere Erfolg die Funktionsfähigkeit und die Unübertrefflichkeit unseres Wirtschaftssystems zu bestätigen, und jede Kritik mußte verstummen. Die Wirtschaft blühte in staunenerregender Weise. Aber gerade, als der Erfolg dem Höhepunkt zustrebte und das irdische Paradies nahe schien, wurde erkennbar, daß sowohl in dem Kalkül der Wirtschaftreibenden als auch in dem der Marxisten etwas nicht stimmt. Die Früchte, die zum Vorschein kamen, erwiesen sich als giftig.

Das Mehrhabenwollen nahm kein Ende, die Prestigesucht blühte, und der Luxus erreichte eine nie gekannte Höhe. Rang, Geltung und hoher Lebensstandard wurden zu Götzen unserer Endzeit. Zugleich entstanden brennender Neid, Haß, Terror, Entführungen, grenzenlose Brutalität als Begleiterscheinungen eines unsicher gewordenen Lebens. Das Übergewicht der technisch-instrumentalen Vernunft hat die Herzen der Menschen verändert. Die Menschen erwarten das Heil von irgendeinem Wirtschafts- oder Gesellschaftssystem. Von wenigen wird begriffen, daß jedes System funktionsunfähig wird, wenn ein hochgezüchteter Egoismus, ein übertriebenes Anspruchsdenken, lieblose Rücksichtslosigkeit und schwindendes Rechtsgefühl die Kennzeichen einer verfallenden Gesellschaft sind.

Den Soziologen ist es nicht entgangen, daß bei ständig steigendem Wohlstand ein besorgniserregender Zerfall der sozialen Bindekräfte zu beobachten ist. Der Verlust der zwischenmenschlichen Beziehungen führt in einer rational-technischen Welt ohne religiöse und ethische Bezüge zur sozialen Beziehungslosigkeit. Die Bereitschaft zur Polarisierung wächst fieberhaft. Die Schnelligkeit, mit der die Dinge sich zum Schlechten wenden, läßt eine Radikalisierung der Menschen befürchten, die das gesellschaftliche Gefüge zum Einsturz bringen kann. Die Entwicklung läßt mit Bangen an die Prophezeiungen in der Neuoffenbarung erinnern: »... aber es wird noch ärger kommen, weil eben der freie (das heißt hier, der nach Gott nicht mehr fragende, d. Vf.) Mensch wirklich ein beinahe steinernes Herz bekommen hat« (Pr 319).

Die egoistische Selbstverwirklichung hat einen schnell sichtbar gewordenen Verfall der Moral eintreten lassen. Der Neidkomplex breitet sich aus wie ein Ölfleck auf dem Wasser. Das Stehlen ist zum Volkssport geworden. Innerhalb eines Jahrzehnts hat die Zahl der Ladendiebstähle sich mehr als vervierfacht.[284] Allein in Kaufhäusern und Läden werden in der Bundesrepublik jedes Jahr Waren im Wert von schätzungsweise 1,5 bis 2 Milliarden DM gestohlen.[285] Ungleich höher sind die Verluste durch die Wirtschaftskriminalität, die mit 20 bis 25 Milliarden DM pro Jahr einen nie gekannten Höhepunkt erreicht haben und damit die Schäden durch Einbruchdiebstahl, Bankraub, Straßenraub und Erpressung weit übertreffen.[286]

Die Zahl der Raubtaten stieg in der Bundesrepublik Deutschland in den Jahren 1958 bis 1980 um 330 Prozent an.[287] Die Raubüberfälle auf Geldtransporte erhöhten sich in der kurzen Zeit von 1979 bis 1982 um 355 Prozent, und die Rauschgiftdelikte vermehrten sich in der gleichen Zeit in geradezu erschreckender Weise. Jährlich werden für Sicherheitsmaßnahmen von Unternehmen und privaten Haushaltungen 2,5 bis 3 Milliarden DM ausgegeben.[288] Nach Mitteilung des Bundesinnenministeriums gibt es auch in der Bundesrepublik »alarmierende Ansätze für organisiertes Verbrechen«, ähnlich den Zuständen in den USA und Italien.[289] Der britische Lordoberrichter Geoffrey Lane sagte in einem Vortrag an der Universität Cambridge, die unmoralische britische Gesellschaft sei von Drogen, Pornographie und Verbrechen durchsetzt. Eine Verbrechensexplosion habe ihren Anfang genommen, als Großbritannien in eine Ära des Wohlstandes eingetreten sei.

In anderen Erdteilen ist die Kriminalität bereits viel weiter fortgeschritten als in Europa. In den USA, wo im Jahr 1975 41 Prozent der schwarzen Jugendlichen ohne Arbeit waren, sind im gleichen Zeitraum 20 000 Menschen durch Gewalttaten ums Leben gekommen. Insgesamt wurden in diesem Land nahezu eine Million Menschen innerhalb eines Jahres tätlich angegriffen.[290] In New York entstanden 90 Prozent aller Brände durch Brandstiftung.[291] Innerhalb von zwölf Monaten sind allein in New York 80 000 Wohnungen durch Brandstiftung und Vandalismus ruiniert worden. In den letzten zehn Jahren sind von US-Bürgern 50 Millionen Revolver und Gewehre gekauft worden. Der höchste Richter der USA, Burger, faßt die Zustände in den Vereinigten Staaten mit folgenden Worte zusammen: »Der Terrorismus auf den Straßen und in den Häusern ist zu einem nationalen Alptraum geworden.«[292]

Einen nachhaltigen Einfluß auf die rapid zunehmende Kriminalität hat in allen Erdteilen die epidemieartig sich ausbreitende Drogensucht genommen.

Heroin, das vermehrten Absatz findet – allein in New York gibt es 200 000 Heroinsüchtige – ist in jedem Fall suchtbildend und zerstört den Menschen körperlich und geistig. »Ein Heroinsüchtiger«, heißt es in einem Bericht, »braucht am Tag ›Stoff‹ von ungefähr 150 Dollar. Ohne Diebstahl und Raubüberfall ist das für die wenigsten zu schaffen. Der Zusammenhang zwischen Drogensucht und Kriminalität liegt auf der Hand.«[293]

In Brasilien befinden sich 120 000 zur Verhaftung ausgeschriebene Kriminelle auf freiem Fuß, weil die Gefängnisse bereits bis zu hundert Prozent über das als zulässig angesehene Normalmaß belegt sind. Täglich gibt es in Rio de Janeiro etwa 150 Überfälle auf Busse, bei denen den Fahrgästen Geld, Uhren und Schmuck geraubt wird.[294]

Nachdenklich macht, daß laut der Statistik der Vereinten Nationen auch in den Entwicklungsländern mit wachsendem Sozialprodukt eine rapide Zunahme der Raubüberfälle um 179 Prozent innerhalb von nur sechs Jahren einherging.[295]

In aller Welt steigt die Kriminalität derart an, daß sie nach Ansicht des damaligen UNO-Generalsekretärs Dr. Waldheim das Ausmaß einer Krise angenommen hat. Die Entwicklung scheint auf der ganzen Welt in den in der Neuoffenbarung vorausgesagten *gänzlichen Verfall aller sozialen Bande* (Pr 260), d. h. in Anarchie zu münden.

Weitere Symptome des Verfalls sind die pornographische Sturzflut und die übersteigerte Sexualität. Auch diese Entwicklung wurde von Jakob Lorber richtig vorausgesagt: »Wird ein Volk irdisch zu wohlhabend, so wird es stets mehr und mehr sinnlich. Weil es ihm zu wohl wird, vergißt es am Ende des wahren Gottes ganz« (VdH, S. 66). Kennzeichen der Entartung sind ferner: der massive Mißbrauch der Genußmöglichkeiten, die Flucht in den Alkohol und den Drogenrausch. Die Endstation sind schließlich allein in der Bundesrepublik jährlich 13 000 Selbstmorde und etwa 100 000 Selbstmordversuche.[296] Die Weltanschauung der kriminell gewordenen Jugendlichen ist infolge fehlender klarer religiöser Erkenntnisse und seelischer Leere ein sich immer mehr ausbreitender Nihilismus.

Das Krankheitsbild der saturierten, allein am »Grundrecht« auf Bequemlichkeit und Wohlleben orientierten Industrievölker ist beängstigend. Gleichlaufend mit der Ausbreitung der Glaubenslosigkeit und der religiösen Gleichgültigkeit ist die seelische Korrumpierung und der Zerfall der ethischen und moralischen Werte fortgeschritten. Der Materialismus ist wie ein schleichendes Gift in die Seelen eingedrungen und hat eine immer breitere Grundströmung erzeugt. Weithin fehlt den Kindern die Vermittlung der Grundwerte durch die Eltern. Der Jugend fehlt der innere Kompaß. Es kommt nicht von ungefähr, daß in den USA mehr als die Hälfte aller schweren Verbrechen seit einigen Jahren von Jugendlichen im Alter von zehn bis 17 Jahren begangen werden (*Times*).[297]

Wenn die Philosophen Heidegger, Bloch, Marcuse, Adorno, Habermas u. a. verkünden, der Tod sei wie ein »Sprung ins Nichts« (Bloch) und ihre Hoffnung nur auf eine bessere Zukunft auf Erden setzen, und wenn diese sich nicht erfüllt, dann als letzte Lebenshilfe von einem »Sturz in einen abgrundtiefen Pessimismus und Nihilismus« (Bloch) reden[298], ist der Weg in ein geistiges Vakuum vorgezeichnet.

Auch diese Lehren der heutigen Weltweisen wurden dem Jakob Lorber vom Herrn klar wie folgt vorausgesagt: »Es gab, es gibt und wird auch fürderhin solche Weltweise geben, die da sagen: »Es gibt keinen Gott.« »Weiter behaupten sie, es sei demnach alles durch die Kraft der Erde, der Sonne, der Elemente … entstanden.« »Ich sage euch, daß es unter allem Elend und unter aller Not der Menschen nichts Ärgeres gibt als die geistige Blindheit der Menschen. Aus ihr entspringen notwendigerweise alle anderen Übel …«

»… Der Naturweltsinn solcher Philosophen verdirbt zu bald durch sein anlockendes Beispiel viele Tausende von Menschen« (Gr VII 181, 14–18).

Der Einfluß der genannten Philosophen, insbesondere auf die jungen Intellektuellen, steht außer Frage. Die Folgen sind inzwischen durch schockierende Taten erkennbar geworden. Auch diese Entwicklung in der Endzeit hat Jakob Lorber präzis vorausgesagt. Er schreibt, daß eine »gänzliche Gefühllosigkeit der Jugend, die nur fürs Leibliche erzogen wird« (Hi II, S. 21), Bestürzung hervorrufen werde. Seiner Aussage fügt er im Zusammenhang mit der Aufzählung der Kennzeichen der beginnenden Endzeit die Bemerkung hinzu: »Dies ist die letzte Zeit.«

Die Konsequenzen der materialistischen Weltanschauung bringen die Philosophen selbst unmißverständlich zum Ausdruck. In einem *Spiegel*-Gespräch im Januar 1970[299] erklärt Max Horkheimer: »Es gibt keine wissenschaftliche Begründung, warum ich nicht hassen soll, wenn ich mir dadurch in der Gesellschaft keine Nachteile zuziehe.«[300] Camus schreibt: »Wenn Gott tot ist, ist es gleichgültig, ob man Kranke pflegt oder umbringt.«[300]

So mancher, der ohne Gott und Liebe lebt, wird nicht nur solche Lehren übernehmen, sondern je nach den gegebenen Umständen auch brutalste Verbrechen rechtfertigen und begehen. Nietzsche nannte in seinem Nachlaß den Nihilismus treffend den »unheimlichsten aller Gäste«.[301]

Man muß hier an einen Ausspruch des Nobelpreisträgers Prof. Werner Heisenberg erinnern, der in Ansehung dessen, was in zunehmendem Maße an Grauenhaftem in der Welt geschieht, geradezu prophetischen Charakter hat. »Wenn man in dieser westlichen Welt fragt, was gut und was schlecht, was erstrebenswert und was zu verdammen ist, so findet man doch immer wieder den Wertmaßstab des Christentums auch dort, wo man mit den Bildern und Gleichnissen dieser Religion längst nichts mehr anfangen kann. Wenn einmal die magnetische Kraft ganz erloschen ist, die diesen Kompaß gelenkt hat – und die Kraft kann doch nur von der zentralen Ordnung herkommen –, so fürchte ich, daß sehr schreckliche Dinge passieren können, die über die Konzentrationslager und die Atombomben noch hinausgehen.«[302]

Wenn in der Bundesrepublik nur noch 17 Prozent des Volkes Gott als »etwas sehr Wichtiges« (*stern* vom 6. Oktober 1977) ansehen und der auf das ewige Leben ausgerichtete Lebenssinn immer mehr erstickt wird, ist die Gefahr abzusehen, daß zahlreiche Menschen in eine Sinnkrise geraten. Aus der Vorstellung der Sinnlosigkeit des Lebens entsteht der Nihilismus und damit die Haltlosigkeit. Die geistige Verwilderung und äußerste Brutalität werden sich immer mehr breitmachen und Schrecken verbreiten.

Die folgende Aussage, die der Terrorist Horst Mahler anläßlich eines Interviews im Gefängnis in Moabit machte, weist unverkennbar auf die erwähnten Zusammenhänge hin. Mahler sagte: »Die sechzehn Terroristen sind alle der Meinung, daß das Leben keinen Sinn hat.«[303]

Obwohl die Terroristen im allgemeinen sich nicht in einer wirtschaftlichen Notlage befanden, darf der Kausalzusammenhang mit den Verhältnissen der Wohlstandsgesellschaft nicht übersehen werden. Der bekannte schweizerische Psychiater Prof. Gerhard Schmidtchen weist in einem Bericht über die von ihm vorgenommene Analyse des Terrorismus auf eine hintergründige Ursache des Terrorismus hin, die in den zahlreichen Erörterungen in Zeitungen und Zeitschriften über dieses Phänomen tabuisiert wurde. Professor Schmidtchen schreibt: »Die Terroristen werden wahrscheinlich keine Rekrutierungsschwierigkeiten haben, solange ein selbstgerechtes Gesellschaftssystem nicht bemerkt, in welchem institutionellen Niemandsland ein

Teil der jungen Generation und ein Teil der Intelligenz heranwachsen. Wir müssen uns fragen ..., wie wahrhaftig eigentlich unsere Institutionen sind.«[304]

Der Atheismus, die grobmaterielle Denkungsart, sowie die religiöse Gleichgültigkeit führen in einen Teufelskreis, aus dem es kein Entkommen mehr zu geben scheint. Die Wohlstandsgesellschaft in allen Industrieländern nähert sich nicht dem angestrebten Paradies, sondern Zuständen, die schwer zu ertragen sein werden.

Wenn der Realitätssinn in weiten Kreisen immer mehr verlorengeht, alle Schranken überstiegen werden, und wenn das Dämonische in den Taten der Menschen immer erschreckender zum Ausdruck kommt, so daß die Welt aus den Fugen zu gehen droht, wird die Wohlstandsgesellschaft vielleicht zu spät erkennen, was die Entscheidung – Weg von Gott und seiner Lehre, hin zur materialistischen Fortschrittsersatzreligion – für irreparable Folgen hat. Es wird sein wie in einer antiken Tragödie: Die Zwänge sind unentrinnbar. Eine Wendung zu einem geordneten Leben und zum Frieden unter den Menschen wird erst nach Überwindung des theoretischen und praktischen Materialismus eintreten. Nur die Erkenntnis, daß der Mensch einen hohen metaphysischen Rang hat, und nicht wie Freud und andere behaupten, er sei »nichts anderes und nichts Besseres als ein Tier«[305], bringt einen Sinn in das Dasein des Menschen, und er kann hoffnungsvoll einem hohen Ziel zustreben.

Nur dann ist eine Änderung in den immer bedrückender und bedrohlicher werdenden Verhältnissen auf allen Gebieten des Lebens, wie sie in den nachstehenden Zitaten der Neuoffenbarung beschrieben werden, zu erwarten.

»Wenn ihr jetzt die Welt stets ärger, stets schlechter werden seht, wenn die Menschen stets unzufriedener, stets mißmutiger, stets grausamer, stets egoistischer werden, so ist überall der Grund der, daß niemand den eigentlichen Weg zum Frieden, zur Genügsamkeit und zum völligen Ergeben in Meine Führung erkennt.« »Es ist dies der Beweis, wie wenig in solchen Herzen von Religion oder von dem Begriff eines ewigen, geistigen Lebens vorhanden ist« (Pr 140). »Der Menschen Herzen sehen nun aus«, wird in der Neuoffenbarung gesagt, »wie diese Zeiten mit ihren grausamen Erscheinungen, wodurch nun solche Trübsal über die Menschen kommen wird, wie ihresgleichen die Erde noch nicht getragen und geschmeckt hat« (Wdk. S. 11).

Das läßt erahnen, was zu erwarten ist, wenn die Entwicklung in der bisherigen Weise weitergeht.

Glänzende technische Einzelleistungen, wie die Mondflüge oder die Atomspaltung, können nicht über den fundamentalen Mangel im System hinwegtäuschen. Der US-General Bradley hat die Problematik mit einem einzigen Satz prägnant umrissen, wenn er sagt: »Wir haben die Atomenergie entdeckt und die Bergpredigt vergessen.«[306]

Dem ganzen richtungslosen Treiben liegt eine grenzenlose Überheblichkeit zugrunde. Es ist kein Zufall, daß diese destruktive Entwicklung in einer säkularisierten Welt stattfindet. Dort konnte die tiefgehende Frage nach dem Sinn und dem Ausgang der hemmungslosen Geschäftigkeit gar nicht mehr gestellt werden. Das Prometheische der Zivilisationsdynamik, das keinen wirklichen dauerhaften Erfolg, sondern am Ende Unheil bringt, hat Reinhold Schneider frühzeitig erkannt und in den folgenden Versen Ausdruck gegeben:

»Die Täter werden nie den
Himmel zwingen.
Was sie vereinen,
wird sich wieder spalten,
was sie erneuern,
über Nacht veralten,
und was sie stiften,
Not und Übel bringen.«[307]

Das Unheil, das die ins Maßlose gesteigerte Praktizierung des Prinzips »Setz dich durch oder stirb« über die Menschen gebracht hat, beschränkt sich nicht auf die drohende Umweltkatastrophe, auf Inflation und Arbeitslosigkeit, sondern es setzt auch Millionen Menschen einer Hektik in der Arbeit aus, die sie zermürbt und krank macht. Kein Manager ist in diesem System mehr Herr seiner Entscheidung, sondern sie unterliegen Zwängen, die sie selbst zur Hektik antreiben und den Druck nach unten weitergeben läßt. Demoskopische Untersuchungen haben ergeben, daß heute bereits 58 Prozent der Beschäftigten unter Streß leiden.[308]

Die Hektik des Arbeitens hat einen Grad erreicht, daß sie als schwere Dauerlast empfunden wird, die zu Krankheiten, ja zum Selbstmord führt. In der Bundesrepublik nehmen sich nach Angaben der *FAZ* jährlich rund 100 Manager das Leben.[309] Während Mitte der zwanziger Jahre jeder siebte Sterbefall auf einen Zusammenbruch des Herz- oder Kreislaufsystems zurückzuführen war, war es nach Angaben des Statistischen Bundesamtes in Wiesbaden im Jahr 1972 jeder zweite Sterbefall.[310]

Der Unfug der immer ungezügelter werdenden, glücklosen Emsigkeit führt nicht nur zum gesundheitlichen Ruin der Arbeitskraft, sondern auch zu einem sinnentleerten Dasein. Die Hektik erzeugt einen Zustand, der keine Besinnung mehr auf die ewigen Werte und das Ziel des Menschen zuläßt. Man könnte glauben, daß – wie es in der Neuoffenbarung heißt – »ein solcher Fleiß das eigentliche Wesen aller Religionen und die Gottes würdigste Verehrung darstelle« (Hi I, S. 348). Der Herr spricht von den »ganz nach außen gekehrten Menschen« und mahnte seine Jünger und alle späteren Menschen nachdrücklich: »Wir bedürfen der inneren geistigen Ruhe, und diese ist eine rechte Heimat; in ihr werden wir das finden, was uns als äußere Fleisch-und-Blut-Menschen vor allem not tut« (Gr I 194, 2).

Aus der Sicht der Lehre Jesu und des ewigen Lebens der Seele gesehen, ist dieses immer toller werdende Jagen nach Erfolg und

Erhöhung des Lebensstandards ein absoluter Leerlauf. Die Kritik, die vom Herren in der Neuoffenbarung an der »materiellen Gewinnsucht, Rangsucht, Herrschlust und Gefallsucht« geübt wird, ist vernichtend (EM Kp 60 u. 63). Er geißelt die verfehlte Auffassung der heutigen Menschen des Industriezeitalters von ihrer Lebensaufgabe, die der Lehre des Evangeliums diametral entgegensteht. »Es wird wohl die Industrie dieser Welt fleißigst betrieben werden, um schneller den Geist zu ertöten und möglicherweise auch die ohnehin kärgliche Aussaat des Samens zum ewigen Leben ganz zu vernichten.« »Und so verkümmern die Herzen der Menschen, die alleinige Wohnung Gottes auf Erden« (Hi II, S. 367). »Die industriellen Menschen mit ihren nimmer zu sättigenden Bedürfnissen gleichen dem Gebüsch und den Dornen, unter denen der Samen der Worte Gottes erstickt wird« (GS II, S. 125,5). »Sie verscharren ihre Talente für den Himmel auf leichtsinnige Art in die Furchen der Welt« (Hi II, S. 350 f.).

Die Maßlosigkeit ist aber nicht nur das Kennzeichen der *Technik* und der *Wirtschaft*, sie ist auch das Kennzeichen des *Menschen des Jahrhunderts ohne Gott* ganz allgemein. Die Steigerung des Wohlstandes hat den Stellenwert der irdischen Güter stark erhöht und den Gedanken an das ewige Leben selbst bei denen verblassen lassen, die jeden Sonntag zur Kirche gehen. Nach einer Untersuchung des Münchener Infratest-Institutes glaubt etwa nur noch die Hälfte der Befragten an ein Leben nach dem Tod.[311] Hierzu läßt sich nur mit Goethe sagen: »Den Beweis für die Unsterblichkeit muß jeder in sich tragen, außerdem kann er nicht gegeben werden.«[312]

Die Neuoffenbarung stellt klar heraus, daß es gerade umgekehrt ist, wie viele glauben: »… Die äußere Materie, die doch alles zu sein scheint, ist im Grunde nichts. Das Geistige in der Materie, welches dem Blinden und Tauben nichts zu sein scheint, ist am Ende doch alles« (Hi I, S. 177, 28).

Auf die elementarsten Fragen kann die Wissenschaft keine

Antwort geben, der Positivismus kann zum Letzten und Wichtigsten – dem Geistigen – nicht vordringen. »Alle noch so großen Gelehrten der Welt bringen samt ihren Diplomen und Doktorhüten nicht heraus, was mit dem Menschen nach seines Leibes Tod geschieht ...« (Schriftt. 75). »Laßt euch darum nicht verlocken von den blinden und trügerischen Reizen der Welt, sondern seid allezeit nüchtern und schätzt den Wert der Welt richtig ein« (Gr I 167, 16).

Der Geist der Säkularisation des vorigen Jahrhunderts ist jetzt voll wirksam geworden, und die materialistische Lebensauffassung hat die jetzigen chaotischen und destruktiven Kräfte heraufbeschworen. Die atheistischen Frühsozialisten, die von Ludwig Feuerbach inspiriert waren, erwarten nicht nur das Paradies auf Erden, sondern sie verkündeten auch, daß erst der Mensch, der die Religion abgeworfen habe, »ein vollkommener Mensch« sei.[313] Diese damals erhoffte Abwerfung des Glaubens an Gott und an ein ewiges Leben ist nun in unserer Zeit in vollendetem Maße gegeben. Der Jesuitengeneral Arupe glaubt, daß es in den westlichen Ländern mehr Atheisten gibt als in den östlichen.[314] Die Welt, in der wir leben, macht uns in bestürzender Weise deutlich, in welcher Art der »vollkommen religionslose Mensch« in Ost und West Millionen Menschen unglücklich gemacht und unsagbares Leid über die Menschheit gebracht hat. Nachdem das moralische Kapital der Religion die Gesellschaft nicht mehr trägt, nehmen die Verfallserscheinungen immer mehr zu. Zu spät wird begriffen werden, daß die Religion der Anwalt der großen, über Leben und Tod hinausgreifenden Zusammenhänge ist. Alles, was immer mehr Menschen mit Schrecken erfüllt und noch mehr in Zukunft erfüllen wird, geht zunächst in der Wirklichkeit des Geistes vor sich und manifestiert sich dann in der äußeren Erscheinung unserer unheilvollen Welt.

In der Neuoffenbarung wird der heutige Zustand der Entartung wie folgt gekennzeichnet: »Auf eurer Erde ist jetzt mehr Fäulnis als geistiges Leben vorhanden.« »Beinahe die ganze

Menschheit liegt in materiellen Genüssen begraben, gleichsam unbeweglich im Sarg weltlicher Sorgen und Genüsse« (Pr 259). »Ich habe aber euch (den Aposteln, d. Vf.) zu öfteren Malen enthüllt und euch getreuest gezeigt, was infolge des *freien Willens* der Menschheit die Ursache der überaus argen Zukunft sein wird« (Gr IX 144, 7). »Darum ist es nun gerade jetzt so schwer, zum inneren Leben aus und in Mir zu gelangen« (Hi I, S. 349).

»Die Bewohner der großen Städte wissen sich vor lauter Genußsucht nicht zu helfen, alle wollen angenehm leben, alle sich unterhalten, alle glänzen und womöglich ein bißchen herrschen. … Aber alle genußsüchtigen Verfeinerungen sind nichts als Abgöttereien, denn sie sind Opfer des menschlichen Geistes an die äußere tote Naturmäßigkeit.« »Die Genußsucht ist ein unverkennbares Kind der Eigenliebe, welche mit der Herrschliebe ganz identisch einhergeht« (GS II 81, 8, 10, 12).

»Des Menschen Hoffart, sein Hochmut, seine Selbstsucht und Herrschlust brauchen unbeschreiblich vieles und sind dennoch nie zu befriedigen« (Gr III 10, 3). »… die Eigenliebe und die Habsucht haben bei den Weltgroßen den höchsten Gipfel erreicht« (Hi I, S. 348).

Diese Charakterisierung der Menschen des Industriezeitalters, insbesondere in der jetzigen Endzeit, hat ihren guten Grund. Die Menschen haben ihr Herz zu sehr an Erfolg, Prestige und Wohlstand gehängt. Im Jahre 1979 betrugen die Ausgaben für Alkohol in der Bundesrepublik Deutschland 39 Mrd. DM und für Tabakwaren 19 Mrd. DM.[315] Im Jahre 1939 entfielen auf den Kopf der Bevölkerung 4,85 Liter Alkohol, im Jahre 1971 12,2 Liter.[316] Von diesem Zeitpunkt an erhöhte sich der Konsum weiter. Der Sektverbrauch, der im Jahre 1971 1,9 Liter pro Kopf betragen hatte, stieg bis zum Jahre 1982 auf 4,2 Liter an. Das größte Problem für die Zukunft bildet der Jugendalkoholismus.[317]

Die 500 000 Pferdesportler geben jährlich rund 1,5 Mrd. DM für Pferdesport und Freizeitreiten aus.[318] Für Hunde, Katzen,

Vögel usw. werden pro Jahr 3 Mrd. DM aufgewendet.[319] Den Kindern wird jährlich für 2 Mrd. DM Spielzeug gekauft.*[320] Sechs Mrd. DM geben Verbraucher in Deutschland jährlich für Cremes, Make-up, Gesichtsmasken, Kollagen, Ampullen, Deo-Sprays usw. aus.[321] Die Froschschenkeleinfuhren in die Bundesrepublik Deutschland sind von 228 000 kg im Jahre 1975 auf 442 000 kg im Jahre 1978 angestiegen.[322] Die von der Bevölkerung aufgenommenen Konsumkredite stiegen von 45 Mrd. DM im Jahre 1972 auf 132 Mrd. DM im Jahr 1980.[323]

In der Neuoffenbarung wird unmißverständlich klargemacht, daß großer Wohlstand und religiöse Denkart in einem reziproken Verhältnis zueinander stehen. »... zu große irdische Vorteile sind stets für die Seele nachteilig.« »Ich bin nicht zum Nutzen des Leibes, sondern nur zum Nutzen der Seele in diese Welt gekommen« (Gr X 109, 2–3). »Eine zu große Verbesserung in irdischen Dingen ist stets eine wahre und dauernde Verschlimmerung im Geistigen, das der Mensch mit allen Kräften seines Lebens doch nur allein kultivieren soll« (Gr VII 222, 9). »Großer Wohlstand läßt des wahren Gottes ganz vergessen« (VdH 66).

Es wurde dem Propheten Lorber aber vom Herrn gesagt, daß sich im Industriezeitalter nur wenige vom Tanz um das Goldene Kalb freihalten würden. »Sie werden umgeben sein von völlig glaubenslosen Menschen, die nur allerlei gewinnbringende Industrie betreiben und sich um Meine Lehre nicht kümmern werden« (Gr IX, 40, 6).

»Sie verstehen es wohl, den materiellen Boden der Erde zu

---

* Zu den obigen Feststellungen sei kurz angemerkt, daß auf der Erde zur Zeit 800 Millionen Menschen ein Durchschnittseinkommen von 75 Pfennig pro Kopf und Tag haben.[324] In jeder der beiden indischen Städte Kalkutta und Bombay leben und schlafen dauernd etwa 100 000 Menschen buchstäblich auf den Straßen. In Kalkutta leben 10 Millionen Menschen, davon 3,3 Millionen in Slums, in Bombay 2,5 Millionen.[325] In 32 Entwicklungsländern mit 950 Millionen Einwohnern fiel das Wirtschaftswachstum trotz der Entwicklungshilfe von 2,6 Prozent in den fünfziger Jahren stetig bis auf 1,1 Prozent p. a. in den siebziger Jahren.

durchwühlen ..., aber das Erdreich des Geistes und des ewigen Lebens lassen sie brachliegen und kümmern sich wenig darum« (Gr IV 236, 4–5). »Es soll aber bald eine Zeit kommen, in der solche emsigen Diener der Welt beiderlei Geschlechtes noch diesseits gründlich erfahren werden, welch einen ›guten Lohn‹ sie mit ihrer Arbeit erworben haben« (Hi II, S. 184, 12).

Der *Beginn* dieser von Jakob Lorber vorhergesagten Zeit wird jetzt in der ganzen Welt sichtbar. Bleibende hohe Arbeitslosigkeit, spärliches wirtschaftliches Wachstum, Umweltvergiftung, Zunahme der Krankheiten, Zerstörung der Wälder auf der ganzen Erde durch menschliche Eingriffe aller Art, lang dauernde Dürreperioden sowie andererseits verheerende Wasserfluten in allen Erdteilen, eine auffallende Kette von Unglücksfällen, Ausbreitung der erschreckenden Gewaltverbrechen, Kriegsangst und anderes mehr bereiten den Menschen Sorgen, Unsicherheit und Angst. Allgemein nimmt die Erkenntnis zu, daß die elementaren Lebensgrundlagen der Menschen, Tiere und Pflanzen durch die verschiedensten menschlichen Eingriffe bedroht sind. Langsam wird begriffen, daß die übertriebenen Ansprüche auf ökonomischem Flugsand aufgebaut worden waren. Bei den Regierenden in aller Welt nimmt das Stimmengewirr der Ratlosigkeit zu. »Mein Heiliger Geist«, heißt es in der Neuoffenbarung, »ist in den jetzigen Handlungen der Welt nirgends zu sehen, daher diese Welt vollkommen als Waise dasteht. Ich lasse sie aber noch einige Zeit steigen, bis sie die rechte Fallhöhe erreicht haben wird« (Wiederk. S. 56).

Es schält sich immer klarer heraus: Der schillernde Glanz der Selbstherrlichkeit, die alles für machbar hält und von einem lenkenden Gott nicht mehr redet, steht immer in Verwandtschaft mit dem gefallenen Engel, dessen Werke ohne Gelingen bleiben und nur Übles bringen. Immer ging in der Geschichte einem Sturz die Vermessenheit voraus.

In seiner Botschaft an die Menschen der Endzeit durch seinen »Schreibknecht« Jakob Lorber warnt Gott die Industrievölker eindringlich und unüberhörbar, den Weg, der in die apokalyptische Katastrophe führen wird, nicht weiterzugehen:

»Bedenke doch ein jeder von euch, daß die Erde *unmöglich ein Paradies sein kann,* da sie ein *Prüfungsboden* für jeden, in das schwere Fleisch des Menschen gelegten Geist für alle Zeiten verbleiben muß, ohne den kein Geist ein vollkommenes ewiges Leben erreichen kann« (VdH 85, 10).

»Vergeßt nicht, daß dieses Erdenleben, das so flüchtig an euch vorübereilt, eine Probe, ein Prüfungsleben ist« (Pr 19). »Bedenkt, ihr seid nicht von dieser Welt! Ihr waret vorher Geist und werdet wieder Geist« (Pr 121). »Bedenkt, daß in geistiger Beziehung tausend Jahre kaum wert sind, ein allerschnellster Augenblick genannt zu werden – was ist demnach erst die höchst kurze Prüfungslebenszeit eines Menschen!« (Hi II, S. 48).

»Bei den jetzigen Lebensverhältnissen ist es zwar Pflicht eines jeden, für die irdischen Bedürfnisse zu sorgen. Nur soll diese Sorge nicht so weit gehen, daß sie einen Menschen hindert, sein geistiges Ziel zu verfolgen und seinem Nebenmenschen Gutes zu tun« (Pr 253).

»Die Gier verfinstert die Seele derart, daß sie gar nichts von etwas Geistigem mehr begreifen kann; und wird sie auch vom höchsten und reinsten Geisteslicht beleuchtet, so verkehrt sie es bald in ihr selbstisches, grobmaterielles Wesen und sieht und erkennt darum abermals nichts als nur Materielles« (Gr IV 123, 12).

»Aber was liegt dem Weltmenschen an der allerwichtigsten Selbsterkenntnis, ohne die eine wahre Gotteserkenntnis nicht denkbar ist« (Gr IV 224, 3).

»Die Seelen von Millionen wissen nicht einmal mehr, daß sie Träger des Geistes Gottes sind, geschweige denn, daß sie bei ihren ins Endlose gehenden Weltsorgen zur Frei- und Selbständigwerdung desselben irgend etwas Ersprießliches tun können und möchten« (Gr III 10, 13).

»Ihr wisset, daß ein Mensch, der an irdischen Gütern reich geworden ist, zumeist auch in seinem Herzen zu einem Stein von

Gefühl- und Lieblosigkeit wird.« »Wo steht ein solcher Mensch denn in der inneren geistigen Lebenssphäre? Ich sage es euch: auf dem Punkt des ewigen Gerichtes und dessen Tode ...« (Gr VIII 181, 1–2).

»So es auf Erden einmal gar viele derartige Epikureer* geben wird, dann wird auch bald ein allgemeines Weltgericht über alle Menschen auf dieser Erde von Gott zugelassen werden.« »*Und zwar von jetzt an (zur Zeit Jesu) nach nicht mehr vollen 2000 Jahren*« (Gr VIII 182, 3 u. 5). »Das alles wird zugelassen werden, um die Menschen von ihrem Hochmut, von ihrer Selbstsucht und ihrer großen (geistigen) Trägheit abzuwenden« (Gr VIII 185, 5).

»Die Menschen sind jetzt so weit von ihrem eigentlichen Ziel abgekommen, daß keine menschliche Macht mehr imstande wäre, sie aus ihren Träumen zu erwecken und sie von ihrem Jagen nach Genuß abzubringen« (Pr 309).

»... nachdem der Egoismus als Gegenpol Meiner Liebe und der Liebe überhaupt das Hauptsteckenpferd der jetzt lebenden Menschheit geworden ist, nachdem durch das tolle Treiben das Maß der Verirrungen auf eurer Seite und das Maß Meiner Geduld ebenfalls zu Ende zu gehen anfängt, so ist eben dieses Wort (die Neuoffenbarung, d. Vf.) euch gegeben worden, um noch vor dem allgemeinen Verfall so manchen zu retten ...« (LGh, S. 190).

»Die Elementarereignisse, die Unglücksfälle und Krankheiten, welche der Zeit (der letzten großen Katastrophen, d. Vf.) *vorangehen,* sind die letzten Versuche, noch zu retten, was zu retten möglich ist, damit nicht alle im Schlamm des Egoismus ersticken. Nur durch Unglück und herbe Schicksalsschläge wird das stolze Menschenherz mürbe« (Pr 330).

»Wenn all diese unglücklichen Ereignisse über die Menschheit hereinbrechen werden, wie einst bei den Juden die Zerstörung Jerusalems – wer ist dann schuld daran? Bin Ich ein Rachegott, der das Blut Tausender will? Oder sind sie es nicht vielmehr

---

* epikureisch = genußsüchtig.

selbst, die alles unter ihren Sinn beugen und selbst die großen Gesetze der materiellen und geistigen Welt – wenn es nur möglich wäre! – umstoßen möchten?«

»Ich lasse es hier niederschreiben, damit alle Welt es weiß! Wie ich einst den Verfall des Judenvolkes voraussagte und derselbe auch wirklich eintraf, so habt ihr hier der Mahnungen und Voraussagen genug, in denen Ich euch deutlich gesagt habe, was kommen wird, wie und wann es eintreffen muß, um Meine verirrten Kinder auf den rechten Weg zu bringen« (Pr 331).

Als Jesus seinen Jüngern die in unserer Zeit eintretenden Katastrophen verkündete, sagten diese, es sei doch traurig, daß solches über die Menschen kommen werde. Darauf antwortete ihnen Jesus: »Darin besteht die große Trübsal unter den Menschen, daß das Licht und die Liebe sie verlassen hat.« »Ich kann aber dem Menschen den *freien Willen* nicht nehmen, weil er ohne diesen kein Mensch wäre« (Gr VIII 213, 20 f.).

Es gibt nach der ausdrücklichen Mitteilung des Herrn nur eine einzige Möglichkeit das Abgleiten ins Unheil aufzuhalten: »Ich empfehle euch vor allem die Nächstenliebe, die da kommt aus der Liebe zu Gott. Dies allein vermag aus eurer *gänzlichen Verkehrtheit* wieder Menschen in Meiner Ordnung zu machen.« »Darum bin Ich in die Welt gekommen, um euch die rechte Umkehr zurück zu Meiner Ordnung zu zeigen« (Gr IV 220, 5–6).

Werden die Warnungen Gottes von der Menschheit beachtet werden?

Propheten wurden zu allen Zeiten als Störenfriede empfunden. Ihre Kritik an den herrschenden Verhältnissen und Handlungsweisen erregte Ärgernis und ihre Prophezeiungen erschienen den Menschen als gänzlich unwahrscheinliche Phantasieprodukte.

Noah wurde ausgelacht, Amos aus dem Lande vertrieben und Jeremias ins Gefängnis geworfen. Aber bald darauf brachen die vorausgesagten Katastrophen über die betreffenden Völker, die das alles nicht wahrhaben wollten, mit vernichtender Wucht herein.

Die eindringlichen Mahnungen und Warnungen des Herrn sowie die dargebotene reine Lehre werden auch heute unterschiedliche Aufnahme finden. Trotz aller überzeugender Beweise werden viele es nicht wahrhaben wollen, daß es ein supranaturales Charisma gibt und der Prophet Jakob Lorber im Auftrag Gottes redet. Nach allen Erfahrungen darf der Erfolg der Warnungen durch Propheten nicht überschätzt werden. Das wurde auch Lorber wie folgt gesagt: »Gar viele werden sich nicht daran (an die Katastrophen, d. Vf.) kehren, sie werden das alles den Kräften der Natur zuschreiben, und die Weissager werden Betrüger gescholten werden« (Gr VI 174, 6).

In der Neuoffenbarung wird kein Zweifel darüber offengelassen, daß die Johannesse auch heute wie einst meist nur tauben Ohren predigen werden (Pr 24).

Es ist nicht so leicht, eine weithin dem Materialismus und Hedonismus* verfallende Gesellschaft von ihrem Weg abzubringen. Die kalte Intellektualität hat kein Aufnahmeorgan mehr für das Transzendente und kann deshalb auch in hereinbrechenden Katastrophen nicht den Finger Gottes sehen. Wer das Leben zu einem rational faßbaren Mechanismus degradiert und sich dadurch von den letzten Gründen und Zusammenhängen des Seins abschneidet, muß in ein existentielles Vakuum geraten und von der Sinnlosigkeit des Lebens überzeugt werden. Deshalb suchen die glaubenslos gewordenen Massen immer mehr Zerstreuung in der von jenseits des Ozeans zu uns herübergekommenen Oberflächlichkeit materiellen Konsums. Aber die innere Leere und die geheime Angst bleiben.

---

* Hedonismus = Lust ist der höchste Wert.

Zieht man die im folgenden zitierten Aussagen Lorbers für eine Prognose heran, so besteht wenig Aussicht auf einen Fortschritt zur Vernunft:

»... Wen die Welt einmal gefangengenommen hat, der wird sich höchst schwer von ihrer Gewalt losmachen können« (Gr VIII 166, 15). »Wenn einmal ein Strom geht und kräftig geworden ist, dann ist es zu spät, ihn einzudämmen und ihn aufzuhalten in seinem Lauf.« »Seine (des Klarsehenden, d. Vf.) Ansichten mögen noch so richtig sein, was will er machen, wenn die große Masse blind und taub ist« (EM 66).

Die normative Kraft des Faktischen läßt eine fundamentale Wandlung, d. h. ein Heraustreten aus dem Sog des Erfolgs- und Anspruchsdenkens sowie des Wohllebens kaum erwarten. Niemand kann eben, wie es im Evangelium heißt und in der Neuoffenbarung nochmals unterstrichen wird, »der Welt und ihrem Mammon und zugleich auch dem lebendigen Reiche Gottes dienen, das ist unmöglich« (Gr VIII 77, 14).

Noch ist die Zeit nicht gekommen, wo die sich ständig mehrenden Zeichen des auf die Menschheit zukommenden Unheils aller Art in ihrer Bedeutung allgemein verstanden werden.

Die Völker haben am Ende von Hochkulturen nie erkannt, was um sie vor sich geht; sie haben auch nie begriffen, daß eine Anspruchsinflation das Ende einer Kultur zur Folge hat. Auch dem Verfall des Römischen Reiches gingen eine Anspruchsinflation und eine Geldinflation voraus. Im Jahre 301 n. Chr. erließ der Kaiser Diokletian einen Lohn- und Preisstopp, der genauso scheiterte wie die gleichen, vor Jahren in den USA und einigen europäischen Staaten durchgeführten Maßnahmen. Diokletian klagte: »Die Habgier wütet in der ganzen Welt.«[327] Wie sich die Bilder gleichen! Auch damals regierte vor dem Untergang der kalte Erwerbsinstinkt, und die Menschen verfingen sich im Netz ihrer unsinnigen Ansprüche.

Manche werden sich mit dem Gedanken trösten, das Leben werde auch nach den großen Katastrophen weitergehen. Sie beweisen damit nur ihren Mangel an Geschichtskenntnissen. Das Leben wird weitergehen, es fragt sich nur – wie? Zur Zeit des römischen Kaisers Konstantin (4. Jh.) hatte Rom 1,5 Millionen Einwohner.[328] Nach dem Zusammenbruch des Römischen Reiches lebten im 6. Jahrhundert dort noch vierzigtausend Menschen und im Mittelalter war Rom zu einem Dorf abgesunken; auf dem Forum weideten die Ziegen.[329] Nachdem die germanischen Völker aus den Urwäldern hervorgebrochen und über das zusammenbrechende Römische Reich geflutet waren, dauerte es ein halbes Jahrtausend, bis wieder kleine Städte entstanden, und von da an wieder Jahrhunderte, bis die Dome als Zeichen einer neu entstandenen Kultur erbaut wurden. »Wer hätte geglaubt«, schrieb der Kirchenvater Hieronymus (gest. 420), »daß Rom, aufgebaut auf allen Schätzen der Welt, jemals stürzen würde.«[330]

Auch in unserer Zeit ist – wie die Erörterungen über die sich in beängstigender Weise anbahnenden Katastrophen zeigen – das *Menetekel bereits geschrieben.* Nur erkennen zur Zeit noch wenige, was in Bälde auf die Menschheit zukommen wird.

Klarblickende Männer erkennen den Ernst der bedrohlichen Situation und den ihr zugrundeliegenden Trend. So sagt u. a. der Präsident des Bundesverfassungsgerichtes Ernst Benda (1971–1983) folgendes: »Das Gefühl in einer Zeit des Umbruchs und der Unsicherheit zu leben ist mehr als eine Emotion. Wir befinden uns in einer Krise. Die Ratlosigkeit der Menschen ist größer als zuvor. Der Prozeß geht dramatischer vor sich als früher.«[331]

Die Mahnung, die der angesehene Gelehrte Carl Friedrich von Weizsäcker aufgrund gewonnener Einsichten den Menschen erteilt, sollte Beachtung finden: »Ich glaube persönlich, daß die wachsende Kritik an der technokratischen Welt die Vorankündigung tiefer Krisen, ja Katastrophen ist. Es ist unverzeihlich, auf Kassandra, auf Jeremias nicht zu hören.«[332]

Auch sollte nicht überhört werden, was die in der katholischen Kirche immer mehr Beachtung findende Botschaft von *Fatima* vom Jahre 1917 bezüglich der kommenden Endzeit besagt. Bei seinem Besuch in Fulda hat Papst Johannes Paul II. laut Mitteilung in der katholischen Zeitschrift »*Stimme des Glaubens*« 10/1981 im engsten Kreis einige Angaben aus dieser Botschaft über die eintretenden riesigen Katastrophen gemacht. Danach werden u. a. »von den Ozeanen ganze Erdteile überschwemmt und Menschen von einer Minute auf die andere abberufen und das zu Millionen.«

Im Jahre 1973 hatte bereits Bischof Dr. Rudolf Graber, Regensburg, in einem Vortrag in Freiburg i. Br., im Beisein zahlreicher Bischöfe erklärt, *Fatima* sei »das große eschatologische Zeichen (der Endzeit), das Gott *unserer* Zeit gegeben hat«.[333]

In der Neuoffenbarung wird zu den kommenden Ereignissen zusammenfassend folgendes gesagt:

Wenn »sich die Anzeichen furchtbarer Katastrophen mehren« (Pr 37), wird dann wohl allgemein begriffen werden, daß die Endzeit bevorsteht. Erst dann wird sich nach den Angaben der Neuoffenbarung bei vielen ein Sinneswandel einstellen. »Meine Stimme kann in der Menschenseele meist erst dann klar ertönen, wenn die Seele durch viele bittere Erfahrungen aller Art verinnerlicht wurde und von dem Äußeren sich abgewendet hat« (Gr XI, S. 151).

»Es wird eine allgemeine Not, Elend und Trübsal eintreten, wie die Erde eine größere noch nie gesehen hat« (Gr VIII 185, 2). Dann »werden die Mißstände des menschlichen Lebens bald noch manchen in euer Lager führen« (LGh, S. 90).

»Von jetzt an (zur Zeit Jesu) werden nicht volle 2000 Jahre vergehen, bis das große Gericht vor sich gehen wird« (Gr VI 174, 7).

»Ich mache die Völker durch Not nüchtern. Ich reiße sie aus dem Wahn heraus, daß die weltliche, nur nach Genuß strebende Sucht das erste sei, was der Mensch suchen müsse. Ich lehre sie – leider durch unangenehme Ereignisse – die Vergänglichkeit weltlichen Eigendünkels, weltlichen Ruhms und weltlicher Glücksgüter und beweise ihnen nebenbei die ewige Dauer geistiger Schätze. So ergeht es dem einzelnen, so den Völkern, so den Herrschern, so den Priestern. Allen zeige Ich, daß über ihnen noch ein anderer steht, der sie zwar machen läßt, was sie wollen, der aber die Fäden der Verkettung der Umstände und Verhältnisse allein in der Hand behält, und alles – selbst das Schlechteste, von Menschen ausgeführt – zum Besten der Gesamtmenschheit wie auch des einzelnen zu verwerten weiß« (Pr 308).

»… Ich, der Schöpfer des Universums, muß sehen, wie Meine Geschöpfe, von mir zur höchsten geistigen Würde erschaffen, gerade den verkehrten Weg gehen, statt – eingedenk ihrer hohen Abkunft – dem Geistigen entgegenzueilen« (Pr 220).

»Tausende von Verirrten eilen auf dem Irrweg ins frühe Grab. Sie gehen unreif aus dieser Welt und kommen noch unreifer drüben an. Was soll aus solchen werden? Hier konnten sie nicht bleiben, und dort behagt es ihnen auch nicht. Oh, ihr kennt nicht die Qualen solcher Seelen, die unentschlossen umherirren! Das verlorene Irdische ist ihnen nicht mehr zugänglich, und das Geistige ist für ihre Ansichten und ihre Wesen nicht passend« (Pr 110).

»Daher ist das Erwecken nötig, um so mehr jetzt in dieser Zeit, in der die Lösung der ganz geistigen Bestimmungsfrage des Menschengeschlechtes vor der Tür steht und die meisten Menschen sich so in das weltliche, egoistische Treiben hineingelebt haben, daß durch leise Berührung mit einem Finger fast niemand mehr erweckt werden kann, sondern für die so tief in den Schlamm der Welt Versunkenen zumeist Gewaltmittel angewendet werden müssen, um sie herauszuziehen« (Pr 309).

»Des Sträubens von seiten vieler wird übergenug sein – doch die Arznei muß genommen werden und der Kelch des Bitteren bis auf die Hefe geleert werden« (Pr 309).

»Meine Wehklagen über Jerusalems Schicksal könnte Ich auch heute wiederholen, denn die törichte Menschheit erkennt auch heute nicht ihre Mission, den Zweck ihres Geschaffenseins und den Zweck ihres jetzigen und künftigen Lebens« (Pr 220).

»Überall lasse Ich Funken Meines Himmelslichts ausstreuen, überall ertönt Mein Vaterruf: Kehrt um, ihr Betörten, vernehmt die Stimme eures himmlischen Vaters, der euch mahnt, ehe die große Katastrophe heranrückt – wie einst über Jerusalem und seine Einwohner« (Pr 222).

In der Neuoffenbarung werden den Menschen unserer Zeit durch die Propheten Gottes viele unangenehme Wahrheiten gesagt und Mahnungen mit großer Eindringlichkeit an diejenigen gerichtet, die dem Zeitgeist verfallen sind. Die Neuoffenbarung, die die größte Siegelöffnung aller Zeiten darstellt, enthält die ganze Schöpfungs- und Heilsgeschichte und ihre wahre Lehre Jesu. Sie fällt mit der Wucht eines Kataraktes in die Seelen. Verwirrt und staunend werden viele die Weitung des geistigen Horizontes wahrnehmen und das heutige Treiben der Menschen der Endzeit aus einer ganz neuen Sicht, sozusagen von außen oder »sub specie aeternitatis«, d. h., aus dem Gesichtswinkel der Unsterblichkeit, betrachten lernen.

Vielen angefochtenen, verwirrten und die Wahrheit suchenden Menschen wird die durch den Propheten Jakob Lorber bekanntgegebene wahre Lehre Jesu, die die Grundgeheimnisse der Welt und des menschlichen Lebens erschließt, zum erregenden, freudigen Erlebnis werden.

Sicher wird aber auch die Neuoffenbarung für viele – ebenso wie bisher schon das Evangelium – ein Skandalon sein. »Lasset sie reden«, sagte der Herr zu Lorber, »laß ihnen Mein altes (das Evangelium, d. Vf.) und jedes neue Wort (die Neuoffenbarung, d. Vf.) eine allerbarste Torheit sein« (Hi II S. 97).

»Meine Lehre brächte sie um ihr süßes Erdenleben, was doch ihr höchstes Gut ist« (Gr I 124, 4). »Meine Lehre fordert aber Entsagung von dem, was dem Menschen in der Welt am angenehmsten erscheint« (Pr 130).

»Das Reich Gottes kann nur mit Gewalt und großen Opfern gewonnen werden« (Gr VIII 16, 3).

»Der wahrhaft edle und gute Mensch ist genügsam, während der arge, finstere Weltmensch an nichts ein Genügen hat« (Gr II 201, 7).

Durch die ganze Neuoffenbarung zieht sich die Mahnung an die heutige Menschheit, daß das kurze Erdenleben eine Schulung zu einem höheren, ewigen Leben ist. Vielen wird ein Spiegel vorgehalten. Wann aber haben jemals Propheten nach der Meinung der Masse oder nach den Behauptungen der Priester gefragt? Sie konnten es gar nicht, denn es waren nicht ihre Gedanken, die sie aussprachen oder niederschrieben. Jakob Lorber wurde gesagt: »Ich sage dir: Hätte dein Wort den Beifall der Welt, so wäre es nicht aus Mir. Die Verachtung durch die Welt ist allezeit das größte Zeugnis dessen, was aus Mir kommt« (Hi II, S. 98). »Wo du nichts ändern kannst, zufolge der jedem Menschen eigenen Willens- und Erkenntnisfreiheit, da erspare dir für die Zukunft jede Mühe und Arbeit« (Hi II, S. 97). »Tauben und Blinden ist hart zu predigen« (Hi II, S. 181). »Sorge dich (um diese) nicht; die Anstalten zur Besserung werden von großer Ausdehnung von hier bis nach jenseits ausgebreitet werden« (Gr II 133, 6).

»Jenseits wird sich für sie schon ein Platz finden, auf dem ihre Halsstarrigkeit wie Wachs geschmolzen wird« (Hi II, S. 143).

Sowohl im Evangelium als auch in der Neuoffenbarung ist klar gesagt, daß nur ein Teil des ausgestreuten Samens auf gutes Erdreich fallen wird. In der Neuoffenbarung wird aber auch andererseits vorausgesagt, daß nahezu 2000 Jahre nach Christus eine geistige Erweckung der Menschen stattfinden wird, »die wie eine Feuersäule sich von einem Ende der Welt zum anderen hinwälzt« und von der »viele Millionen« erfaßt werden (Gr I 72, 3).

Neue geistige Impulse treten – wie die Geschichte lehrt – zuweilen mit erstaunlicher Raschheit und unwiderstehlicher Kraft auf. Viele sind der Ansicht, daß es für eine religiöse Wiedergeburt außerhalb der zerfallenden Kirchen bereits erste Anzeichen gibt. Nach der Kundgabe Jakob Lorbers ist es zweifelsfrei, daß »der Aufgang der geistigen und ewigen Wahrheitssonne« (die Neuoffenbarung, d. Vf.) trotz aller Widerstände nicht verhindert werden kann (Gr VIII 46, 4).

»Mein Werk wird ungehindert ans Tageslicht treten als ein großer Magnet, der alles an sich ziehen wird« (Hi I, S. 99).

Die Zahl der Menschen, die fühlen werden, daß nur die Ausfüllung des religiösen Vakuums dem Leben wieder eine verlorengegangene Dimension und einen Sinn zurückgeben kann, wird dann immer mehr zunehmen. Das, was Jakob Lorber am 27. Juni 1841 durch die Innere Stimme vernommen hat, wird seine Geltung erhalten: »Ich gebe es dir, damit Ich der Welt dadurch einen *neuen Eck- und Grenzstein* setze, über den viele fallen werden, die nicht auf den darin bezeichneten Wegen der Demut, der gänzlichen Selbstverleugnung, der Geduld, der Sanftmut und aller Liebe wandeln werden« (Hi I, S. 390).

Quellennachweis

I. TEIL

1 DER SPIEGEL vom 18. Dezember 1967, S. 41

2 Küng, Hans: Wahrhaftigkeit. Zur Zukunft der Kirche, Freiburg i. B. 1968, S. 86

3 Koepgen, Georg: Die Gnosis des Christentums, Salzburg 1939, S. 153

4 Das Wort 9/1964, S. 259

5 Cheney, Sheldon: Vom mystischen Leben, Wiesbaden 1949, S. 305

6 von Leitner: Jakob Lorber – ein Lebensbild, Bietigheim/W. 1930, S. 15

7 von Leitner: Jakob Lorber – ... a. a. O., S. 29

8 von Leitner: Jakob Lorber – ... a. a. O., S. 15 f.

9 Cheney, Sheldon: Vom mystischen Leben, ... a. a. O., S. 220

10 Benz, Ernst: Swedenborg, München 1948, S. 295

11 Guitton, Jean: Der geteilte Christus (impr.), Würzburg 1965, S. 165

12 Fries, Heinrich: Es geht um das echte Wesen der Religion, in: Diskussion zu Bischof Robinsons »Gott ist anders«, hrsg. von Hermann Walter Augustin

13 Karrer, Otto: Die große Glut. Textgeschichte der Mystik im Mittelalter, 1926, S. 164

14 Mager, Alois: Mystik als Lehre und Leben, Innsbruck 1934, S. 180 u. 186

15 Sartory, Th. u. G.: In der Hölle brennt kein Feuer, München 1968, S. 175

16 Benz, Ernst, Swedenborg, München 1948, S. 306

17 Les halluzinations, Paris pp 30–31, 179, 183

18 Deml, Franz: Betrachtungen zur religiösen Situation unserer Zeit, in: Das Wort 7/1971, S. 208

19 Newman's Grammar of Assent, London 1913

20 Das Wort 11/1969, S. 337

21 Das Weltall, Time-Life, 1964, S. 164

22 Ducrocq, Albert: Roman der Materie, Frankfurt/M. 1965, S. 40

23 Meyers Handbuch über das Weltall, Mannheim 1967, S. 486

24 Frankfurter Allgemeine Zeitung (FAZ) vom 7. Januar 1963

25 FAZ vom 22. Februar 1967

26 Ducrocq, Albert: Roman ... a. a. O., S. 57

27 Ducrocq, Albert: Roman ... a. a. O., S. 84

28 Ducrocq, Albert: Roman ... a. a. O., S. 94

29 Martin, Wilhelm: Sonne – Weltall – Materie, Bietigheim/W. 1969, S. 48

30 von der Osten-Sacken, Peter: Kosmos plus minus. Vom Atom zum Spiralnebel, München 1971, S. 153

31 Das Weltall, Time-Life 1964, S. 153

32 Bivort de la Saudée, J.: Gott – Mensch – Universum, Köln 1963, S. 202

33 Mussard, Jean: Gott und der Zufall, Bd. 1, Zürich 1965, S. 67

34 FAZ vom 7. Januar 1963

35 Rhein-Neckar-Zeitung vom 30. September 1969

36 Rhein-Neckar-Zeitung vom 11. Januar 1963

37 FAZ vom 13. März 1954

38 Martin, Wilhelm: Sonne – Weltall – Materie, ... a. a. O., S. 46

39 Das Weltall, Time-Life 1964, S. 114

40 FAZ vom 8. November 1982

41 FAZ vom 18. August 1965

42 Ducrocq, Albert: Roman ... a. a. O., S. 71

43 Tirala, L. G.: Massenpsychosen in der Wissenschaft, Tübingen 1969, S. 62

44 FAZ vom 15. November 1967

45 Kristall 3/1965

46 FAZ vom 16. November 1967

47 FAZ vom 15. Dezember 1971

48 Rhein-Neckar-Zeitung vom 29. Dezember 1969

49 FAZ vom 13. Oktober 1964

50 Hobby 13/1964

51 Badische Volkszeitung vom 22. August 1964

52 Bild der Wissenschaft, April 1982, S. 157

53 Mannheimer Morgen vom 19. Februar 1982

54 von der Osten-Sacken: Kosmos ... a. a. O., S. 180

55 Das Weltall, Time-Life 1964, S. 152

56 X-Magazin vom Oktober 1971, S. 61

57 X-Magazin vom Oktober 1971, S. 61

58 FAZ vom 22. Oktober 1971

59 Ducrocq, Albert: Roman ... a. a. O., S. 138

60 von der Osten-Sacken: Kosmos ... a. a. O., S. 186

61 Lorber, Jakob: Von der Hölle bis zum Himmel, Bd. II, S. 481 f.

62 Bivort de la Saudée, J.: Gott – Mensch – Universum, ... a. a. O., S. 219

63 Mussard, J.: Gott und der Zufall, Bd. I, ... a. a. O., S. 71

64 FAZ vom 6. Januar 1969

65 Meyers Handbuch über das Weltall ... a. a. O., S. 305

66 FAZ vom 3. Januar 1968

67 Birjukow, D. A.: Der Mythos von der Seele, Leipzig 1959, S. 29

68 Ford, Kenneth, W.: Die Welt der Elementarteilchen, Heidelberg 1966, S. 2

69 Asimov, Isaac: Das Neutrino, Frankfurt/M. 1971, S. 8

70 Haber, Heinz: Der Stoff der Schöpfung, Bild der Wissenschaft, Stuttgart 1966,
    S. 91

71 Asimov, Isaac: Das Neutrino … a. a. O., S. 44

72 Brik, Hans: Mysterium – Atom-Mysterium – Leben, Berlin 1966, S. 170

73 Barnett, Lincoln: Einstein und das Universum, Frankfurt/M. 1951, S. 37

74 Ducrocq, Albert: Roman … a. a. O., S. 25

75 Mussard, J.: Gott und der Zufall, Bd. 1 … a. a. O., S. 86

76 Mussard, J.: Gott und … a. a. O., S. 85

77 Müller-Markus, Siegfried: Gott kehrt wieder, Aschaffenburg 1972, S. 105

78 von der Osten-Sacken: Kosmos … a. a. O., S. 243

79 Ducrocq, Albert: Kosmos … a. a. O., S. 33

80 Laun, W. L.: Vom Atom bis zur Grenze des Universums, Darmstadt 1966, S. 42

81 Die Zeit, Nr. 10/1972

82 Brik, Hans: Mysterium … a. a. O., S. 100

83 D. ter Haar: Wendepunkt in der Physik, Braunschweig 1963, S. 127

84 Mussard, J.: Gott und der Zufall, Bd. II, … a. a. O., S. 21

85 Asimov, Isaac: Das Neutrino … a. a. O., S. 98

86 Braunbeck in FAZ vom 20. Oktober 1971

87 Asimov, Isaac: Das Neutrino … a. a. O., S. 105

88 Asimov, Isaac: Das Neutrino … a. a. O., S. 106

89 D. ter Haar: Wendepunkt … a. a. O., S. 156

90 Kahn, Fritz: Das Atom, endlich verständlich, Stuttgart 1962, S. 54

91 Schlag nach, Mannheim 1963, S. 97

92 D. ter Haar: Wendepunkt … a. a. O., S. 156

93 Ford, Kenneth: Die Welt der Elementarteilchen … a. a. O., S. 23

94 D. ter Haar: Wendepunkt … a. a. O., S. 156

95 Ford, Kenneth: Die Welt … a. a. O., S. 23

96 Ford, Kenneth: Die Welt … a. a. O., S. 25

97 Die Welt des Atoms, Hrsg. von A. Cube, Tübingen 1970

98 Ford, Kenneth: Die Welt … a. a. O., S. 191

99 von der Osten-Sacken: Kosmos … a. a. O., S. 258

100 Ford, Kenneth: Die Welt … a. a. O., S. 11

101 Haber, Heinz: Der Stoff … a. a. O., S. 129

102 Ford, Kenneth: Die Welt … a. a. O., S. 165

103 Ford, Kenneth: Die Welt … a. a. O., S. 119

104 Mussard, J.: Gott und der Zufall, Bd. I, … a. a. O., S. 83

105 Mussard, J.: Gott und der Zufall, Bd. I, … a. a. O., S. 69 u. 105

106 Mussard, J.: Gott und der Zufall, Bd. I, … a. a. O., S. 87

107 Mussard, J.: Gott und der Zufall, Bd. I, … a. a. O., S. 46

108 Kollath, Werner: Der Mensch oder das Atom?, Freiburg i. B. 1959, S. 30

109 Barnett, Lincoln: Einstein und das Universum, Frankfurt/M. 1951, S. 25

110 von Weizsäcker, Viktor: Am Anfang schuf Gott Himmel und Erde, Göttingen 1956, S. 95

111 von Weizsäcker, Viktor: Am Anfang ... a. a. O., S. 27

112 Weigand, Leonhard: Elementarwissen vom Atom, München 1960, S. 129

113 Haber, Heinz: Der Stoff ... a. a. O., S. 134

114 von der Osten-Sacken: Kosmos ... a. a. O., S. 260

115 Barnett, Lincoln, Einstein ... a. a. O., S. 147

116 Mussard, J.: Gott und ... a. a. O., S. 40

117 Chauchard, Paul: Naturwissenschaft und Katholizismus, Einheit und Widerspruch von Geist und Materie, Freiburg i. B. 1962, S. 100

118 Vestenbrugg, R. E.: Eingriffe aus dem Kosmos, Freiburg i. B. 1971, S. 449

119 Bavink, Bernhard: Die Naturwissenschaft auf dem Wege zur Religion, Zitat bei Mussard: Gott und der Zufall, Bd. II. ... a. a. O., S. 57

120 Zitat bei Arthur Ford: Bericht vom Leben nach dem Tode, München o. J., S. 45

121 Eddington, Arthur: Das Weltbild der Physik, Braunschweig 1931, S. 6

122 Zitat bei Arthur Koestler: Die Wurzeln des Zufalls, Bern 1972, S. 58

123 Jeans, J.: Der Weltraum und seine Rätsel, Stuttgart 1931, S. 209

124 Zitat bei Arthur Koestler: Die Wurzeln ... a. a. O., S. 78

125 Firsoff, V. A.: Life, Mind and Galaxies, Edinburgh/London 1967, S. 102. Zitat bei A. Koestler: Die Wurzeln ... a. a. O., S. 63

126 Zitat bei A. Koestler: Die Wurzeln ... a. a. O., S. 63

127 Zitat bei A. Koestler: Die Wurzeln ... a. a. O., S. 77

128 Pauli, Wolfgang: Der Einfluß der archetypischen Vorstellungen auf die Bildung naturwissenschaftlicher Theorien bei Kepler in: Jung-Pauli: Naturerklärung und Psyche, Zürich 1952, S. 163

129 Zitiert bei American Association for the Advancement of Science, Section L 28. 12. 1954, Berkeley, California

130 Das Wort 11/1969, S. 336

131 Belzer Presse 1969

132 Koestler, Arthur: Die Wurzeln ... a. a. O., S. 143

133 Heisenberg, Werner: Naturwissenschaftliche und religiöse Wahrheit, in: FAZ vom 24. März 1973

134 Barnett, Lincoln: Einstein ... a. a. O., S. 144

135 Westenhöfer, Max: Der Eigenweg des Menschen, Heidelberg 1948, S. 135, 53, 43, 183; Simpson, George Gaylord: The Major Features of Evolution, S. 360
Nilsson, Heribert: Synthetic Specification 1954, S. 488
Lecomte du Nouy, Pierre: Die Bestimmung des Menschen, Heidelberg 1948, S. 133
Thomson d'Arcy, W.: On the Growth and Form, 1943, S. 1092 f.
Romer, A. S.: Genetics, Paleontology and Evolution, 1963, S. 114

136 Glowatzki: Tausend Jahre wie ein Hauch – Woher kommt der Mensch? 1968, S. 33

137 Der neue Herder, S. 968, und FAZ vom 2. Juli 1975

138 Rhein-Neckar-Zeitung vom 10. September 1965

II. TEIL

1 FAZ vom 17. März 1973

2 Nigg, Walter: Prophetische Denker, Zürich 1957, S. 32

3 Geiselmann, Josef Rupert: Die Frage nach dem historischen Jesus, München 1965, S. 171

4 Lohfink, Norbert: Bibelauslegung im Wandel, Frankfurt/M. 1967, S. 50

5 Lohfink, Norbert: Bibelauslegung ... a. a. O., S. 56

6 Küng, Hans: in: FAZ vom 21. September 1974

7 Das Wort 2/1971, S. 36 ff.

8 Rahner, Karl: Visionen und Prophezeiungen, Freiburg i. B. 1958, S. 186

9 siehe Kurt Eggenstein: Der unbekannte Prophet Jakob Lorber, Bietigheim/W. 1973, S. 109 u. 110

10 Cadburry, Joel Henry: Dunkelheit um den historischen Jesus, in: Wer war Jesus von Nazareth? Hrsg. von Gerhard Strube, München 1972, S. 174

11 Paillard, Jean: Vier Evangelisten – vier Welten, Wiesbaden 1961, S. 167

12 Paillard, Jean: Vier Evangelisten ... a. a. O., S. 185

13 Paillard, Jean: Vier Evangelisten ... a. a. O., S. 45

14 Kammeier, Wilhelm: Die Fälschung der Geschichte des Christentums, Heft 1, 1940, S. 46

15 Daniel-Rops, Henri: Jesus, der Heiland in seiner Zeit, (impr.) Innsbruck 1951, S. 36

16 Kammeier, Wilhelm: Die Fälschung ... a. a. O., S. 63 u. 71

17 Durant, Will: Cäsar und Christus, S. 693

18 Deschner, Karlheinz: Abermals krähte der Hahn, Stuttgart 1964, S. 40

19 Schweitzer, Albert: Aus meinem Leben und Denken, 1931, S. 118

20 »Inspiration«, in: Handbuch theologischer Grundbegriffe, Bd. I 1962, S. 719

21 FAZ vom 3. Dezember 1965

22 Herders theologisches Taschenbuch (1) hrsg. von Karl Rahner SJ, Freiburg i. B. 1972, S. 292

23 Geiselmann, Josef Rupert: Die Frage nach dem historischen Jesus, München 1965, S. 171

24 Heer, Friedrich: Gottes erste Liebe, München 1967, S. 95

25 Jung, K. M.: Die Kultur aus der wir leben, 1958, S. 342

26 M. D. Petre: Autobiography and Life of George Tyrell, Bd. I, London 1912, S. 60. Zitat bei Oskar Schroeder: Aufbruch und Mißverständnis, Köln 1969, S. 107

27 Schroeder, Oskar: Aufbruch ... a. a. O., S. 197

28 Küng, Hans: Die Kirche, 1969, S. 305

29 Wilder, Amos: Weltfremdes ... a. a. O., S. 21

30 Hirsch, E.: Frühgeschichte des Evangeliums, 1941, S. 354

31 Paillard: Vier Evangelisten ... a. a. O., S. 132

32 Paillard: Vier Evangelisten ... a. a. O., S. 49

33 Paillard: Vier Evangelisten ... a. a. O., S. 118

34 Paillard: Vier Evangelisten ... a. a. O., S. 118

35 Sachkunde Religion, Informationsquelle im evangelischen und katholischen
    Religionsunterricht der Oberstufe, Hamburg 1969, S. 92

36 Katholisches Bibelwerk, Stuttgart, Leseplan 1973

37 Geschichte und Ergebnisse der historisch-kritischen Jesus-Forschung, S. 199,
    in: Jesus von Nazareth, hrsg. von Franz Josef Schierse, Mainz 1972

38 Sachkunde Religion ... a. a. O., S. 84

39 Meyer, Eduard: Ursprung und Anfänge des Christentums, Bd. I, S. 157

40 Paillard, Jean: Vier Evangelisten ... a. a. O., S. 94

41 Hirsch, E.: Frühgeschichte des Evangeliums ... a. a. O., S. 9

42 Heussi, Karl: War Petrus in Rom?, 1936
    Haller, Johannes: Das Papsttum – Idee und Wirklichkeit, Bd. I, S. 15 ff. u.
    345 ff.
    Heussi, Karl: War Petrus wirklich römischer Märtyrer?, 1955

43 Zahrnt, Heinz: Es begann mit Jesus von Nazareth, Stuttgart 1960, S. 118

44 Zahrnt, Heinz: Es begann ... a. a. O., S. 118

45 Zahrnt, Heinz: Es begann ... a. a. O., S. 119

46 Bornkamm, Günther: Jesus von Nazareth, Stuttgart 1956, S. 11

47 Nietzsche, Friedrich: Jenseits von Gut und Böse, S. 60

48 Overbeck, Franz: Christentum und Kultur, Darmstadt 1963, S. 76. Zitat bei
    Joachim Kahl: Das Elend des Christentums, Hamburg 1968, S. 108

49 Schweitzer, Albert: Geschichte der Leben-Jesu-Forschung, 6. Auflage, Tü-
    bingen 1951, S. XII u. 631

III. TEIL

1 FAZ vom 28. September 1974

2 Das Wort 11/1969, S. 336

3 Mussard, J.: Gott und der Zufall, Bd. III, ... a. a. O., S. 139

4 Nigg, Walter: Das Buch der Ketzer Zürich 1949, S. 56 und 57

5 Zitat bei H. U. von Balthasar: Origenes – Geist und Feuer, Salzburg 1938, S.
   107

6 H. U. von Balthasar: Origenes – Geist und Feuer ... a. a. O., S. 23

7   H. U. von Balthasar: Origenes – Geist und Feuer … a. a. O., S. 12

8   Dacqué, Edgar: Die Urgestalt, Leipzig 1940, S. 74

9   Badische Volkszeitung vom 11. November 1964

10   Siehe hierzu die Schrift: Die Sache mit dem Apfel – Eine Wissenschaft vom Sündenfall. Hrsg. von Joachim Illies, Freiburg i. B. 1973

11   Mager, Alois: Mystik als Lehre und Leben, Innsbruck 1934, S. 180 u. 186

12   Materialdienst der Ev. Zentralstelle für Weltanschauungsfragen, Stuttgart vom 1. Dezember 1971

13   Wachsmuth, Günther: Die Reinkarnation des Menschen als Phänomen der Metamorphose, Berlin 1935, S. 57

14   Ohlig, Karl Heinz und Schuster, Heinz: Blockiert das katholische Dogma die Einheit der Kirchen?, Düsseldorf 1971, S. 9

15   Das Wort 1955, S. 336

16   Augustinus: »Handbüchlein«, in: Text der Kirchenväter, Bd. 4, München 1964, S. 563

17   Staudinger, Josef: Das Jenseits als Schicksalsfrage, Einsiedeln 1950, S. 246

18   Staudinger, Josef: Das Jenseits … a. a. O., S. 246

19   Staudinger, Josef: Das Jenseits … a. a. O., S. 243

20   Zitat bei Sartory: In der Hölle brennt kein Feuer, München 1968, S. 186

21   Staudinger, Josef: Das Jenseits … a. a. O., S. 260 u. 263

22   Staudinger, Josef: Das Jenseits … a. a. O., S. 270

23   Rheinische Post vom 25. September 1965. Zitat bei Friedrich Heer: Abschied von Höllen und Himmeln, München 1968, S. 305

24   Sartory, Th. u. G.: In der Hölle brennt kein Feuer, München 1968, S. 96

25   Papini, Giovanni: Der Teufel, Stuttgart 1955, S. 309

26   Papini, Giovanni: Der Teufel … a. a. O., S. 310

27   Althaus, P.: Die letzten Dinge, S. 194 ff.

28   Brunner, E.: Das Ewige als Zukunft und Gegenwart, Bd. I, S. 193 u. 198 ff.

29   Rahner/Vorgrimler: Kleines theologisches Wörterbuch, 1967, S. 39

30   Schwarz, Gerhard: Was Augustinus wirklich sagte, München 1969, S. 151

31   Zitat bei Th. u. G. Sartory: In der Hölle … a. a. O., S. 44

32   Ratzinger, Josef: Einführung in das Christentum, München 1968, S. 219

33   Materialdienst … a. a. O., vom 1. März 1972

34   Justin: Gespräche mit dem Juden Tryphon

35   Schmidt, K. O.: Wiederverkörperung und Karma, Pfullingen 1962, S. 41

36   Osthagen, Karl: Gibt es eine Wiedergeburt? Feldkirchen 1958, S. 12

37   Andersen, Karl: Die Lehre von der Wiedergeburt auf theistischer Grundlage, Hamburg 1899, S. 187

38   Heer, Friedrich: Abschied … a. a. O., S. 245

39   Martin, Henri: La vie futuré. Histoire et apologie de la doctrine chrétienne sur l'aure vie, 2. partie, chap. III

40 Geyer: Die patristische Geschichte der Philosophie (238), in F. Ueberweg: Grundriß der Geschichte der Philosophie, Bd. 2, 12. Auflage, Tübingen 1951 Siehe auch: Die Seelenwanderung Caesarius Heisterbacensis; O. List: Dialogus miraculorum. Hrsg. J. Stange, Köln 1851, Bd. I, S. 301

41 Wachsmuth, Günther: Die Reinkarnation des Menschen als Phänomen der Metamorphose, Berlin 1935, S. 7

42 Schubert, Kurt: Die Bedeutung der Handschriftenfunde vom Toten Meer für das Neue Testament, in: Theologie heute, München 1959, S. 65

43 z. B. Rudolf Augstein: Jesus Menschensohn, München 1972

44 Bultmann, Rudolf: Neues Testament und Mythologie, in: Kerygma I (5), S. 20

45 Zahrnt, Heinz: Es begann mit Jesus von Nazareth, Stuttgart 1960, S. 158, 160, 162

46 Zahrnt, Heinz: Es begann ... a. a. O., S. 162

47 Zahrnt, Heinz: Es begann ... a. a. O., S. 19

48 Hildebrand, Dietrich: Das trojanische Pferd in der Stadt Gottes, Regensburg 1968, S. 163

49 Nigg, Walter: Heimliche Weisheit, Zürich 1959, S. 279

50 Hirsch, E.: Frühgeschichte des Evangeliums, 1941, S. 118

51 Nigg, Walter: Heimliche Weisheit ... a. a. O., S. 381

52 Wilder, A. N.: Weltfremdes Christentum? Göttingen 1958, S. 37

53 Rahner/Vorgrimler: Kleines theologisches Wörterbuch, 1967, S. 310

54 Rahner/Vorgrimler: Kleines ... a. a. O., S. 310

55 Heer, Friedrich: Abschied von ... a. a. O., S. 60 ff.

56 Schweitzer, Albert: Geschichte der Leben-Jesu-Forschung, Tübingen 1913. Zitat bei: Wer war Jesus von Nazareth? Erforschung einer historischen Gestalt. Hrsg. von S. Strube, München 1972, S. 154

57 Glaubensverkündigung für Erwachsene (Deutsche Ausgabe des Holländischen Katechismus, 1968, S. 509)

58 Kirsch, P. A.: Zur Geschichte der Beichte, Würzburg 1902, S. 7

59 Kirsch, P. A.: Zur Geschichte ... a. a. O., S. 167

60 Kirsch, P. A.: Zur Geschichte ... a. a. O., S. 76

61 van der Meer: Augustinus der Seelsorger, 1946, S. 452

62 Weiss: Beichtgebot und Beichtmoral, S. 30

63 Henne by Rhyn: Deutsche Kulturgeschichte, Bd. I, S. 118

64 Catholicus: Um die Kirchen, Nürnberg 1967, S. 49

65 Kirchliches Amtsblatt, Trier (Ausgabe 21/1970 Nr. 260) Erklärung des Bischofs Stein

66 Herders theologisches Taschenlexikon. Hrsg. von Karl Rahner, Freiburg i. B. 1972, S. 353

67 Nigg, Walter: Heimliche Weisheit ... a. a. O., S. 238

68 Küng, Hans: Wahrhaftigkeit. Zur Zukunft der Kirche, Freiburg i. B. 1968, S. 57

IV. TEIL

1   Bultmann, Rudolf: Jesus, Tübingen 1961, S. 15

2   Zitat bei Holm Sören: Das Ende der Vergangenheit, Tübingen 1963, S. 185

3   Zitat bei Holm Sören: Das Ende ... a. a. O., S. 183

4   Kritischer Katholizismus, hrsg. von Ben van Onna und Martin Stankowski, Frankfurt/M. 1969, S. 35

5   Bea, Augustin: Die Geschichtlichkeit der Evangelien, Paderborn 1966, S. 39

6   Daniel-Rops: Jesus ... a. a. O., S. 249

7   Daniel-Rops: Jesus ... a. a. O., S. 146

8   Stauffer, Ethelbert: Jesus, Gestalt und Geschichte, Bern 1957, S. 32

9   Stauffer, Ethelbert: Jesus ... a. a. O., S. 31

10 Hirsch, E.: Frühgeschichte ... a. a. O., S. 188

11 Stauffer, Ethelbert: Jesus ... a. a. O., S. 34

12 Josephus Flavius: Bellum Iud. IV 661

13 Das Wort 7/1968, S. 205

14 Hirsch, E.: Frühgeschichte ... a. a. O., S. 35

15 Bildatlas zur Bibel, S. 19

16 Dalman, Gustav: Orte und Wege Jesu. 3. Auflage 1924. Zitat bei Eberhard Jaene: Daß ich für die Wahrheit zeugen soll, Lüneburg 1961, S. 42

17 Daniel-Rops: Jesus ... a. a. O., S. 270

18 Stauffer, Ethelbert: Jesus ... a. a. O., S. 44

19 Stauffer, Ethelbert: Jesus ... a. a. O., S. 46

20 Hirsch, E.: Frühgeschichte ... a. a. O., S. 9

21 Zahrnt, Heinz: Es begann ... a. a. O., S. 52

22 Link, Georg: Die Geschichte Jesu als Modell und Kritik gegenwärtiger Protestbewegungen, in: Jesus von Nazareth, hrsg. von Franz Josef Schierse, Mainz 1972, S. 101

23 Stauffer, Ethelbert: Jesus ... a. a. O., S. 81

24 Daniel-Rops: Jesus ... a. a. O., S. 186

25 Stauffer, Ethelbert: Jesus ... a. a. O., S. 95

26 Bultmann, Rudolf: Jesus, S. 26. Zitat bei Joachim Kahl: Das Elend des Christentums, Hamburg 1968, S. 81

27 Daniel-Rops: Jesus ... a. a. O., S. 180

28 Stauffer, Ethelbert: Jerusalem und Rom, Bern 1957, S. 16

29 Stauffer, Ethelbert: Jerusalem ... a. a. O., S. 17

30 Stauffer, Ethelbert: Jerusalem ... a. a. O., S. 18

31 Jordan, Pascual: Der Naturwissenschaftler vor der religiösen Frage, Oldenburg 1963, S. 82

32 Köhler, Hans: Gründe des dialektischen Materialismus im europäischen Denken, München 1961, S. 39

33 Marx, Karl: Differenz der demokratischen und epikureischen Naturphiloso-
    phie nebst einem Anhang, Marx-Engels, Historische Gesamtausgabe Abt. I,
    Bd. I (1927), S. 10

34 Kühner, Hans: Lexikon der Päpste, Zürich o. J., S. 277

35 Steinmann, J. und Stenzel, M.: Die Bibel im Spiegel der Kritik, Würzburg
    1957, S. 49

36 Kahl, Joachim: Das Elend des Christentums, Hamburg 1968, S. 81

37 Renan, Ernst: Das Leben Jesu, 1863, S. 152 f.

38 Renan, Ernst: Das Leben Jesu ... a. a. O., S. 137

39 Renan, Ernst: Das Leben Jesu ... a. a. O., S. 11

40 Renan, Ernst: Das Leben Jesu ... a. a. O., S. 86

41 Trilling, Wolfgang: Geschichte und Ergebnisse der historisch-kritischen Je-
    susforschung, S. 209 in: Jesus von Nazareth. Hrsg. von F. J. Schierse, Mainz
    1972

42 Strauß, D. F.: Das Leben Jesu I, Tübingen 1840 , S. 97 f.

43 Daniel-Rops: Jesu ... a. a. O., S. 363

44 Nietzsche, F.: Werke in drei Bänden, München 1954, Bd. II, S. 1190

45 Nietzsche, F.: Werke ... a. a. O., Bd. III, S. 641

46 Post, Werner: Jesus in der Sicht des modernen Atheismus, Humanismus und
    Marxismus, in: Jesus von Nazareth, hrsg. von F. J. Schierse, Mainz 1972, S. 89

47 Schoof, Mark: Der Durchbruch der neuen katholischen Theologie, Wien
    1969, S. 80

48 Schweitzer, Albert: Geschichte der Leben-Jesu-Forschung, 6. Auflage, Tü-
    bingen 1951, S. 631 f.

49 Heiler, Friedrich: A. Loisy, der Vater des katholischen Atheismus, München
    1947, S. 169

50 Trilling, Wolfgang: Geschichte und Ergebnisse ... a. a. O., S. 202

51 Daniel-Rops: Jesus ... a. a. O., S. 710

52 Zahrnt, Heinz: Es begann ... a. a. O., S. 54

53 Zahrnt, Heinz: Es begann ... a. a. O., S. 71

54 Zahrnt, Heinz: Es begann ... a. a. O., S. 54

55 Hoskyns, E. C. und Davey, F. N.: The Riddle of the New Testament, 1931,
    263 (deutsch 1938, 188)

56 Barth, Karl: Der Römerbrief, 2. Auflage, München 1922, S. X

57 Zahrnt, Heinz: Es begann ... a. a. O., S. 118

58 Trilling, W.: Geschichte und Ergebnisse ... a. a. O., S. 206

59 Bultmann, Rudolf: Neutestamentliche Theologie, S. 413

60 Zahrnt, Heinz: Es begann ... a. a. O., S. 97

61 Althaus, Paul: Das sogenannte Kerygma und der historische Jesus. Zur Kritik
    der heutigen Kerygma-Theologie, Gütersloh 1958, S. 27

62 Bloch, Ernst: Das Prinzip der Hoffnung, Frankfurt/M. 1959, S. 1482

63 Bloch, Ernst: Das Prinzip ... a. a. O., S. 1482

64 Kahl, Joachim: Das Elend ... a. a. O., S. 110 f.

65 Käsemann, Ernst: Das Problem des historischen Jesus, München 1972, S. 283

66 Ebeling, Gerhard: Das Wesen des christlichen Glaubens, S. 70

67 Zitat bei Daniel-Rops: Jesus ... a. a. O., S. 713

68 Hildebrand, Dietrich: Das trojanische Pferd ... a. a. O., S. 224

69 Gollwitzer; Post; Bultmann I. 17. Zitat bei Joachim Kahl: Das Elend. ... a. a. O., S. 105

70 Guitton, Jean: Der geteilte Christus ... a. a. O., S. 73

71 Wilder, A. N.: Weltfremdes Christentum? ... a. a. O., S. 20

72 Bornkamm, G.: Die christliche Botschaft und das Problem der Entmythologisierung, in: Theologie heute, München 1959, S. 35

73 Papini, G.: Leben Jesu. Zitat bei Paul Konrad Kurz: Der zeitgenössische Jesusroman, in: Jesus von Nazareth, hrsg. von F. J. Schierse, S. 110

74 Lehmann, Johannes: Jesus-Report. Protokoll einer Verfälschung, Düsseldorf 1970

75 Dupont-Sommer, André: Aperçus preliminaires sur les manuscrits de la Mer Morte (S. 121)

76 Braun, Herbert: Die Bedeutung der Qumranfunde für das Verständnis Jesu von Nazareth, S. 197, in: Wer war Jesus von Nazareth? München 1972, hrsg. von Strube. Siehe auch Kurt Schubert: Die Bedeutung des Handschriftenfundes vom Toten Meer für das Neue Testament, S. 69 ff., in: Theologie heute, München 1959

77 Müller, Karlheinz: Die Geburt des Rabbi J. aus dem Geiste von Qumran, in: Rabbi J. – Eine Auseinandersetzung mit Johannes Lehmanns Jesus-Report, Würzburg 1970, S. 28 f.

78 Braun, Herbert: Die Bedeutung der Qumranfunde ... a. a. O., S. 197

79 Schnackenburg, Rudolf: Das wahre Bild von Jesus? in Rabbi J .... a. a. O., S. 22 u. 23

80 Kurz, Paul Konrad: Der zeitgenössische Jesusroman ... a. a. O., S. 115

81 Dautzenberg, Gerhard: Der Jesusreport ... a. a. O., S. 68

82 Carmichael, Joel: Leben und Tod des Jesus von Nazareth, München 1965

83 Herberger, Günter: Jesus in Osaka (Roman); Andermann, Frank. Das große Gesicht (Roman)

84 Kurz, Paul Konrad: Der zeitgenössische Jesusroman ... a. a. O., S. 133

85 Eisler, Robert: Jesus Basileus ou basileuses, Heidelberg 1929

86 Zitat bei Hengel, Martin: War Jesus Revolutionär? ... a. a. O., S. 244

87 Zitat bei Hengel, Martin: War Jesus Revolutionär? ... a. a. O., S. 244

88 Winter, Paul: On the Trial of Jesus. Forschungen zur Wissenschaft des Judentums, Bd. I, Berlin 1960

89 Zitat bei Hengel, Martin: War Jesus Revolutionär? ... a. a. O., S. 246

90 Cadbury, H. J.: Dunkel um den historischen Jesus, in: Wer war Jesus von Nazareth? ... a. a. O., S. 167

91 Häring, Bernhard: Macht und Ohnmacht der Religion, 1956, S. 57

92 Weil, A.: Der Bauernkrieg, S. 195

93 Weil, A.: Der Bauernkrieg, S. 44

94 Link, Hans Georg: Die Geschichte Jesu ... a. a. O., S. 104

95 Daniel-Rops: Jesus ... a. a. O., S. 169

96 Nietzsche, Friedrich. Ges. Werke Bd. I, Der Wille zur Macht, S. 86 u. 784

97 Publik Forum vom 22. März 1974

98 Deutsche Zeitung vom 11. Januar 1974

99 Die Zeit vom 27. Juli 1973

100 Zitat nach FAZ vom 29. September 1972

101 Augstein, Rudolf: Jesus Menschensohn, München 1972

102 Blank, Josef: Christus, S. 239

103 Augsteins Jesus, hrsg. von Rudolf Pesch und Günther Stachel, Köln 1972, S. 17

104 Westermann, Claus: Umstrittene Bibel, Stuttgart 1960, S. 94

105 Der neue Herder, Freiburg 1951, S. 1653

106 Cheney, Sheldon: Vom mystischen Leben ... a. a. O., S. 118

107 Cheney, Sheldon: Vom mystischen Leben ... a. a. O., S. 125

108 Kamlah, Wilhelm: Christentum und Geschichtlichkeit, S. 208

109 Weigel: Sappho aus Lesbos, 1951, S. 103

110 Deschner, Karlheinz: Das Christentum ... a. a. O., S. 336

111 DER SPIEGEL, Weihnachtsausgabe 1967

112 Robinson, John: Gott ist anders, München 1964, S. 27

113 Robinson, John: Gott ist ... a. a. O., S. 73, 74 u. 75

114 Die Wahrheit der Ketzer, hrsg. von Schulz, 1968, S. 312

115 van Büren, Paul: The secular meaning of the Gospel, London 1963, British edition. Zitat bei Robert Adolfs: Wird die Kirche zum Grab Gottes? Köln 1967, S. 45

116 Zitat bei Franz Deml, in: Das Wort 3/1970

117 MacIntyre, Alisdair: Gott und die Theologen, in: Diskussion zu Bischof Robinsons »Gott ist anders«, München 1964, S. 66

118 FAZ vom 20. März 1974

119 Das Wort 3/4 1970, S. 84

120 Das Wort 3/4 1970, S. 84

121 Hildebrand, Dietrich: Das trojanische Pferd ... a. a. O., S. 220 u. 224

122 Sölle, Dorothee: Ein Kapitel Theologie nach dem Tode Gottes, Stuttgart 1966, S. 176

123 Das Wort 11/1967, S. 349

124 Deml, Franz: in: Das Wort 3/4 1970, S. 74

125 Das Wort 11/1969, S. 342

126 Das Wort 11/1969, S. 342

127 MacIntyre, Alisdair: Gott und die Theologen ... a. a. O., S. 64

128 Nietzsche, Friedrich: Die fröhliche Wissenschaft, Kerners Taschenbuchausgabe, Bd. 74, Leipzig 1941, S. 140

129 Cheney, Sheldon: Vom mystischen Leben ... a. a. O., S. 223

V. TEIL

1 Thorpe, W. H.: Der Mensch in der Evolution, München 1965, S. 173

2 Spülbeck, Otto: Der Christ und das Weltbild der modernen Naturwissenschaft, Berlin 1950, S. 129

3 Darwin, Fr.: Leben und Briefe von Charles Darwin. Übersetzung Carus, Gesammelte Werke, Bd. XV., S. 23

4 Schirmbeck, Heinrich: Ihr werdet sein wie die Götter – Der Mensch in der biologischen Revolution, Düsseldorf, S. 36

5 Heberer, Gerhard: Die Evolution der Organismen. S. 555

6 Glowatzki, Georg: Tausend Jahre wie ein Hauch. Woher kommt der Mensch? Stuttgart 1968, S. 23

7 Glowatzki, Georg: Tausend Jahre ... a. a. O., S. 21

8 Glowatzki, Georg: Tausend Jahre ... a. a. O., S. 45

9 Howell, F. C.: Der Mensch in der Vorzeit, Life 1971, S. 36

10 Spülbeck, Otto: Der Christ ... a. a. O., S. 154

11 Bergner, Günther: Geschichte der menschlichen Phylogenetik seit dem Jahre 1900, in: Sammelwerk – Menschliche Abstammungslehre, Stuttgart 1965, S. 37

12 Weiss, Karl: Der Geist ist's, der lebendig macht, Regensburg 1947, S. 82

13 Remane, A.: Methodische Probleme der Hominiden Phylogenie II. Möglichkeiten der Verwandtschaftsforschung innerhalb der Hominiden, in: Zeitschrift für Morphologie und Anthropologie 46/1954, S. 249

14 Weiss, Karl: Der Geist ... a. a. O., S. 82

15 Weiss, Karl: Der Geist ... a. a. O., S. 122

16 Weiss, Karl: Der Geist ... a. a. O., S. 122

17 Heberer, Gerhard: Grundlinien in der pleistozänen Entfaltungsgeschichte des Euhominiden, in: Quartär 5/1951, S. 53 f.

18 Heberer, Gerhard: Homo – unsere Ab- und Zukunft, Stuttgart 1968, S. 15

19 Bogen, Hans Joachim: Knaurs Buch der modernen Biologie, München 1967, S. 14

20 Spülbeck, Otto: Der Christ ... a. a. O., S. 133

21 Overhage, Paul: Das Christentum und das Weltbild der modernen Biologie, in: Theologie heute ... a. a. O., S. 146

22 Weiss, Karl: Der Geist ... a. a. O., S. 98 ff.

23 Lorenz, Konrad: Die Rückseite des Spiegels. Versuch einer Naturgeschichte menschlichen Erkennens, München 1973, S. 53, 62, 155 und 233

24 Simpson, George Gaylord: The Major Features of Evolution, 1958, S. 360

25 Fleischmann, A.: Die Deszendenztheorie, 1901, S. 251

26 Order, in Life 1972, S. 120

27 Heberer, Gerhard: Homo ... a. a. O., S. 112

28 Spülbeck, Otto: Der Christ ... a. a. O., S. 136

29 Portmann, Adolf: Vom Ursprung des Menschen, Basel 1965, S. 30

30 Portmann, Adolf: Vom Ursprung ... a. a. O., S. 32

31 von Weizsäcker, Viktor: Am Anfang schuf Gott Himmel und Erde, Göttingen 1956, S. 95

32 Zitat bei W. H. Thorpe: Der Mensch in der Evolution ... a. a. O., S. 35 f.

33 Polanyi, M.: Terry Lectures, 1962, S. 15. Zitat bei W. H. Thorpe: Der Mensch in der ... a. a. O., S. 76

34 Burnel, F. Macfarlane: Enzyme, antigen und virus, 1956, S. 163

35 Zitat bei Joachim Illies: Wo kommt der Mensch her?, in: Deutsche Zeitung vom 10. November 1972

36 Whyte, L. L.: International Factors in Evolution, London 1965

37 Thorpe, W. H.: Der Mensch in der ... a. a. O., S. 50

38 Heberer, Gerhard: in: FAZ vom 21. August 1962

39 Spülbeck, Otto: Der Christ ... a. a. O., S. 52

40 Glowatzki, Georg: Tausend Jahre ... a. a. O., S. 78

41 Heberer, Gerhard: Keine Brücke vom Menschenaffen zum Menschen, in: FAZ vom 21. August 1962

42 Heberer, Gerhard: in: FAZ vom 25. September 1968

43 Heberer, Gerhard: in: FAZ vom 21. August 1962

44 Zitat bei Karl Weiss: Der Geist ... a. a. O., S. 107

45 Science vom 19. Mai 1972 und FAZ vom 5. Juli 1972

46 Christ und Welt vom 5. März 1965

47 Heberer, Gerhard: Homo ... a. a. O., S. 16

48 FAZ vom 6. April 1965

49 Howell, F. Clark: Der Mensch in der Vorzeit (Life) 1971, S. 143

50 Howell, F. Clark: Der Mensch ... a. a. O., S. 126

51 Nilsson, Heribert: Der Entwicklungsgedanke und die moderne Biologie, Leipzig 1941, S. 22

52 Howell, F. Clark: Der Mensch in der Vorzeit ... a. a. O., S. 143

53 Kurth, Gottfried: Die (Eu)Hominiden. Ein Jeweilsbild nach dem Kenntnisstand von 1964. Im Sammelwerk Heberer: Menschliche Abstammungslehre, 1965, S. 408

54 Heberer, Gerhard: Homo ... a. a. O., S. 99

55 Howell, F. Clark: Der Mensch ... a. a. O., S. 130

56 Howell, F. Clark: Der Mensch … a. a. O., S. 170

57 Howell, F. Clark: Der Mensch … a. a. O., S. 152

58 Howell, F. Clark: Der Mensch … a. a. O., S. 154

59 FAZ vom 28. April 1971

60 FAZ vom 19. Januar 1973

61 FAZ vom 9. April 1974

62 Portmann, Adolf: Vom Ursprung … a. a. O., S. 45

63 FAZ vom 28. Oktober 1971

64 Dobzhansky, Theodosius: Die Entwicklung zum Menschen, Hamburg 1958, S. 15

65 Wisemann, P. J.: Die Entstehung der Genesis, S. 31

66 Heberer, Gerhard: Über den systematischen und physikalischen Status der Australopithecinen, in: Sammelwerk Menschliche Abstammungslehre, 1965, S. 352

67 Selimchanow, I. R.: Die Chemie und die Metalle des Altertums, in: Die BASF, vom April 1970, S. 20

68 FAZ vom 11. Februar 1969

69 FAZ vom 31. Januar 1973

70 Science vom 11. Dezember 1959, S. 1630

71 FAZ vom 3. Juli 1968 und 31. August 1966

72 Rothacker, Erich: Philosophische Anthropologie, Bonn 1964, S. 138

73 Zitat bei W. H. Thorpe: Der Mensch in der … a. a. O., S. 159

74 Westenhöfer, Max: Der Eigenweg des Menschen, Heidelberg 1948, S. 47

75 Portmann, Adolf: Vom Ursprung … a. a. O., S. 10

76 Dobzhanski, Theodosius: Die Entwicklung … a. a. O., S. 341

77 Gehlen, A.: Der Mensch. Seine Natur und seine Stellung in der Welt. Zitat nach Karl Weiss: Der Geist ist's, der lebendig macht, Regensburg 1947, S. 124

78 Lorenz, Konrad: Die Rückseite des Spiegels. Versuch einer Naturgeschichte menschlichen Erkennens. München 1973, S. 53, 62, 65, 155 u. 223

79 Westenhöfer, Max: Der Eigenweg … a. a. O., S. 12

80 Overhage, Paul: Um das Erscheinungsbild des ersten Menschen, Freiburg i. B. 1959, S. 73

81 Thorpe, W. H.: Der Mensch in der Evolution, München 1969, S. 35

82 Berril, N. J.: The Origin of Vertebrates, S. 10

83 Schindewolf, O. H.: Paläontologie, Entwicklungslehre und Genetik, Berlin 1936, S. 60

84 Zitat bei Spülbeck: Der Christ … a. a. O., S. 137 f.

85 Wood, J. G.: Bible Animals, S. 732

86 Spülbeck, Otto: Der Christ … a. a. O., S. 130 u. 136

87 Hübner, Paul: Vom ersten Menschen wird erzählt, Düsseldorf 1969

88 Woodger, J. H.: Biological principles, 1929

89 Kurth, Gottfried: Die (Eu)Hominiden … a. a. O., S. 368

90 Heberer, Gerhard: in: FAZ vom 21. August 1962

91 Nilsson, Heribert: Entwicklungsgedanke und moderne Biologie, 1941, S. 251

92 Dacqué, Edgar: Vermächtnis der Urzeit, 1948, S. 193

93 Schirmbeck, Heinrich: Ihr werdet sein wie Götter – Der Mensch in der biologischen Revolution, Düsseldorf 1966, S. 31

94 Zimmermann, Walter: Evolution. Die Geschichte ihrer Probleme und Erkenntnisse, Freiburg i. B. 1953, S. 547

95 Beurlen, K.: Die stammesgeschichtlichen Grundlagen der Abstammungslehre, S. 190 u. 191

96 Rostand, Jean: The Orion Book of Evolution, S. 79

97 Romer, A. S.: in: Genetics, Paleontology and Evolution, 1963, S. 114

98 Westenhöfer, Max: Der Eigenweg des Menschen, 1948, S. 210

99 Dacqué, Edgar: Das fossile Lebewesen, S. 152

100 Dacqué, Edgar: Das fossile Lebewesen, S. 152

101 Tirala, Lothar Gottlieb: Massenpsychosen in der Wissenschaft, Tübingen 1969, S. 8

102 Thompson d'Arcy, W.: On the Growth and Form, 1943, S. 1092 ff.

103 Fleischmann, A.: Die Deszendenztheorie, S. 251

104 Meyer-Abich, A.: Naturphilosophie auf neuen Wegen, 1948, S. 63 ff.

105 Fanauf, Werner: Seit Darwin nichts Neues, Rastatt 1960, S. 62 u. 153

106 Troll, W.: Das Virusproblem in ontologischer Sicht, 1951, Zitat bei W. Zimmermann: Evolution … a. a. O., S. 490

107 Gray, Sir James: Science Today, S. 29 f.

108 Simpson, George Gaylord: The Geography of Evolution, 1965, S. 17, 469 und 470. Zitat bei: Hat sich der Mensch entwickelt oder ist er erschaffen worden? Watchtower Bible and Tract Society of New York

109 Overhage, Paul: Um das Erscheinungsbild des ersten Menschen, Freiburg i. B. 1959, S. 73

110 Illies, Joachim: Wo kommt der Mensch her?, in: Deutsche Zeitung vom 10. November 1972

111 Meurers, Josef in einem Vortrag lt. Badische Volkszeitung v. 14. April 1967

112 Haas, Johannes: Der Ursprung des Lebens. Ergebnisse und Probleme der Biogenesisforschung unter besonderer Berücksichtigung der sowjetischen Forschungsergebnisse, München 1964, S. 28

113 Zitat bei Loren Eiseley: Die ungeheure Reise, S. 320 f.

114 Kälin, Josef: Festvortrag. FAZ vom 16. Oktober 1956

115 Hengstenberg, H. E.: Evolution und Schöpfung, München 1963, S. 91

116 Portmann, Adolf: Vom Ursprung des Menschen, Basel 1965, S. 26

117 Zitat bei M. Westenhöfer: Der Eigenweg … a. a. O., S. 16

118 Berril, N. J.: The Origin of Vertrebrates

119 von Bertalanffy, Ludwig: Forschung und Information, Berlin 1972, S. 81

120 Sir Fred Hoyle: Die WELT vom 25. Januar 1982

121 Sir Arthur Keit: Zitiert in: Schweizerische Akademiker- und Studentenzeitung Nr. 51/1976

122 Evan Shute (US-Biologe): Flaws in the Theory of Evolution, 1962, S. 229

123 Kahle, Henning: Evolution, Bielefeld 1980, S. 159 und 161

124 American Scientist, Januar 1953, S. 105

125 Rostand, J.: The Orion Book of Evolution, S. 95, Zitate Nr. 480–482 bei: Hat sich der Mensch entwickelt, oder ist er erschaffen worden? Watchtower Bible and Tract Society of New York

126 Westenhöfer, Max: Der Eigenweg ... a. a. O., S. 183

127 Kerkert, G. A.: Zitat in: Klar und wahr, Juni 1973, S. 25

128 Hengstenberg, H. E.: Evolution und Schöpfung, München 1963, S. 176

129 Christ und Welt vom 5. März 1965

130 Hürzeler, Basel lt. Christ und Welt vom 5. März 1965

131 Weiss, Karl: Der Geist ... a. a. O., S. 109

132 Zeitmagazin, Beilage der Zeitschrift »Die Zeit« vom 7. April 1973, S. 32

133 Jungk, Robert: Heller als tausend Sonnen, 1962, S. 243

134 Haas, Johannes: Der Ursprung des Lebens ... a. a. O., S. 399

135 Karl Marx – Friedrich Engels: Briefwechsel, Bd. II 1854–1860, S. 548

136 Grützmacher: Modern-positive Vorträge, Leipzig 1904, S. 47 u. 50

137 Tirala, L. G.: Massenpsychosen ... a. a. O., S. 13

138 Tirala, L. G.: Massenpsychosen ... a. a. O., S. 23

139 Tirala, L. G.: Massenpsychosen ... a. a. O., S. 6

140 Westenhöfer, Max: Der Eigenweg ... a. a. O., S. 229

141 Morgan: Mind at the Crossways, Zitat nach Sacher: Evolution und Gottesidee, 1967, S. 145

142 Haldane, J. B. S.: Possible Worlds, London 1927, S. 240, Zitat bei W. H. Thorpe: Der Mensch in der Evolution, München 1965, S. 159

143 Badische Volkszeitung vom 10. November 1964

144 Portmann, Adolf: Ursprung ... a. a. O., S. 52 f.

145 Portmann, Adolf: Ursprung ... a. a. O., S. 64 f.

VI. TEIL

1 de Luback: Die Tragödie des Humanismus ohne Gott, S. 156

2 Information Catholiques International, Zitat in: Das Wort 1970/3–4, S. 83

3 Spectator: Das Konzil – Wende oder Enttäuschung? Bietigheim/W. 1969, S. 42

4 Erzbischof Elchinger von Straßburg, Zitat bei Hirschauer: Der Katholizismus ... a. a. O., S. 240

5   von Balthasar, Hans Urs: Klarstellungen … a. a. O., S. 94

6   FAZ vom 4. Oktober 1974

7   Adolfs, Robert: Wird die Kirche zum Grabe Gottes? Graz 1967, S. 49

8   Hutten, Kurt: Was glauben die Sekten? Stuttgart 1965, S. 13

9   Siehe hierzu: Spectator: Das Konzil – Wende oder Enttäuschung? Bietig-
     heim/W. 1969

10 FAZ vom 1. April 1972

11 Konradsblatt der Erzdiözese Freiburg i. Br. vom 22. September 1985

12 Fuchs, Konstantin: Glauben – aber wie? Mainz 1968, S. 20 f.

13 Konradsblatt vom 30. September 1973 (Erzdiözese Freiburg i. B.)

14 Fequet, Henri: Rom vor einer Wende? Freiburg i. B. 1968, S. 61

14a »stern« vom 24. Oktober 1974, S. 68

15 Das Wort 1969, 9/10, S. 253

16 Taylor, G. R.: Das Selbstmordprogramm, Frankfurt/M. 1971, S. 10

17 Dollinger, Hans: Die totale Autogesellschaft, München 1972, S. 197

18 Dollinger, Hans: Die totale … a. a. O., S. 182

19 FAZ vom 19. August 1980 und DER SPIEGEL vom 8. September 1980

20 Dollinger, Hans: Die totale … a. a. O., S. 194

21 Die WELT vom 21. Januar 1975

22 Hannoversche Allgemeine Zeitung vom 29. November 1971

23 Schweizerische medizinische Wochenschrift Nr. 15/1976

24 FAZ vom 5. März 1974

25 FAZ vom 29. März 1975

26 Dollinger, Hans: Die totale … a. a. O., S. 94

27 FAZ vom 15. Juni 1977

28 Egger, Kurt u. a.: Wie funktioniert das? Die Umwelt des Menschen, Mann-
     heim 1975, S. 376

29 Egger, Kurt u. a.: Wie funktioniert … a. a. O., S. 367

30 Die Zeit vom 9. März 1973 und Dollinger: Die totale … a. a. O., S. 193

31 Reformrundschau 2/1980

32 Frankfurter Rundschau vom 3. Februar 1978

33 Das Gewissen, Mai 1974

34 Egger, Kurt u. a.: Wie funktioniert … a. a. O., S. 388

35 Die Zeit vom 23. März 1973

36 Die WELT vom 28. Februar 1975

37 Lobsack, Theo: Gifte schon im Säugling?, in: Rhein-Neckar-Zeitung vom
     20. Februar 1975

38 Das Gewissen, Mai 1974, S. 3

39 FAZ vom 18. Dezember 1974

40 Kölnische Rundschau vom 6. Mai 1976

41   Studie über den Systemzusammenhang in der Umweltproblematik im Auftrag des Referats für Stadtforschung, München 1971

42   Die Rheinpfalz vom 8. März 1977

43   Coenen u. a.: Alternativen zur Umweltmisere, München 1972, S. 17 ff.

44   FAZ vom 9. Juni 1976

45   Westdeutsche Allgemeine Zeitung vom 19. Juli 1976

46   Life vom 3. Januar 1970

47   Kulturdienst, München, vom 21. August 1970

48   Egger, Kurt u. a.: Wie funktioniert ... a. a. O., S. 350

49   Freeman, A. E. (u. a.): Proc. Nat. Acad. Sc. US 68 445/1971, Zitat bei Frederic Vester: Das Überlebensprogramm ... a. a. O., S. 53

50   Vester, Frederic: Das Überlebensprogramm ... a. a. O., S. 53

51   IWZ Illustrierte Wochenzeitung 39/1989

52   FAZ vom 6. Mai 1971 und 4. November 1972

53   FAZ vom 5. September 1979

54   FAZ vom 18. Mai 1974

55   FAZ vom 19. Juni 1974

56   FAZ vom 24. Juli 1976

57   Die Zeit vom 4. Juni 1976

58   Stuttgarter Zeitung vom 9. Juli 1980

59   Taylor, G. R.: Das Selbstmordprogramm ... a. a. O., S. 110

60   Taylor, G. R.: Das Selbstmordprogramm ... a. a. O., S. 112

61   Coenen u. a.: Alternativen ... a. a. O., S. 81; Bild-Zeitung vom 23. Juli 1973 sowie »Die Drei« vom Juni 1971, S. 291

62   DER SPIEGEL Nr. 33/1981

63   Lebensschutz 4/1973, S. 4

64   »stern« vom 4. Februar 1982 und 10. Oktober 1982

65   Die Zeit vom 12. Februar 1982

66   Thiring, M.: New Scientist 51, 637 (1972)

67   Vester, Frederic: Das Überlebensprogramm ... a. a. O., S. 99

68   Die WELT vom 15. August 1981 und Mannheimer Morgen vom 15. 8. 1981

69   X-Magazin vom Mai 1971, S. 29 und FAZ vom 26. April 1972

70   Rhein-Neckar-Zeitung vom 26. April 1972

71   FAZ vom 3. Juli 1976. Lt. Aussage des Vorsitzenden der Reaktorsicherheitskommission Birkhofer vor dem Innenausschuß des Bundestages im Juni 1976. Betr. Die Schweiz, siehe FAZ vom 17. Juli 1976

72   Die Rheinpfalz vom 24. August 1983

73   Coenen u. a.: Alternativen ... a. a. O., S. 85

74   Coenen u. a.: Alternativen ... a. a. O., S. 85

75   Taylor, G. R.: Das Selbstmordprogramm ... a. a. O., S. 124

76   FAZ vom 5. Februar 1972

77 DER SPIEGEL Nr. 32/1979

78 Coenen u. a.: Alternativen ... a. a. O., S. 91

79 Taylor, G. R.: Das Selbstmordprogramm ... a. a. O., S. 135

80 Taylor, G. R.: Das Selbstmordprogramm ... a. a. O., S. 135, und Reformrund-
    schau 5/1975

81 Taylor, G. R.: Das Selbstmordprogramm ... a. a. O., S. 133

82 Süddeutsche Zeitung vom 5. August 1982

83 Taylor, G. R.: Das Selbstmordprogramm ... a. a. O., S. 133 und 342

84 Fudalla, S. G.: Die Gegenwart als Patient, Herford 1969, S. 59

85 Die WELT vom 29. Juni 1973

86 Die Rheinpfalz vom 27. Juli 1979

87 von Randow, Thomas: Auf den Spuren der Hauptschuldigen, in: Die Zeit
    vom 30. Januar 1976

88 FAZ vom 2. Juni 1976

89 Frankfurter Rundschau vom 20. Februar 1976

90 Zitat bei Frederic Vester: Das Überlebensprogramm ... a. a. O., S. 112

91 Süddeutsche Zeitung vom 30. März 1976

92 Westfälische Allgemeine Zeitung vom 13. April 1976

93 Deutsche Zeitung vom 23. Dezember 1976

94 FAZ vom 2. Mai 1973

95 Rhein-Neckar-Zeitung vom 3. Dezember 1975

96 FAZ vom 24. April 1975

97 ARD-Sendung vom 30. Juni 1976

98 FAZ vom 14. Juli 1976

99 FAZ vom 18. Mai 1975

100 Stuttgarter Zeitung vom 2. Juni 1975

101 Die WELT vom 9. Juni 1975

102 Löbsack, Theo: Arznei fürs liebe Vieh, in: Die WELT vom 20. März 1976

103 Die Zeit vom 9. Juli 1976

104 DER SPIEGEL 35/1989

105 FAZ vom 17. Mai 1974

106 Süddeutsche Zeitung vom 31. August 1974

107 Die Wirtschaftswoche vom 13. August 1979

108 Reform-Kurier 1/1974

109 ARD-Sendung am 13. April 1976

110 Süddeutsche Zeitung vom 4. November 1977

111 FAZ vom 24. Oktober 1976

112 Informed-Pressedienst und Reformrundschau 4/1976

113 FAZ vom 22. Februar 1976

114 Nach Angaben von Prof. Häusler in der ARD-Sendung am 26. Februar 1976

115 Reformrundschau 3/1978

116 Leben und Gesundheit 6/1977, S. 47

117 Die WELT vom 2. September 1975

118 FAZ vom 12. September 1975

119 Bussauer Manifest zur umweltpolitischen Situation, Stuttgart 1975, S. 9

120 Die Zeit vom 21. April 1989, FAZ vom 31. 5. 1990

121 Volksgesundheit 11/1974, S. 391 und DER SPIEGEL 14/1983, S. 89

122 DER SPIEGEL vom 27. März 1978, S. 217

123 Süddeutsche Zeitung vom 6. März 1980 und Mannheimer Morgen vom 29. 1. 1980

124 Löbsack, Theo: Angriff aus dem Untergrund, in: Rhein-Neckar-Zeitung vom 20. Februar 1976

125 FAZ vom 11. Februar 1976

126 FAZ vom 15. Mai 1976

127 Schwab, Günther: Der Tanz mit dem Teufel, Hameln 1969, S. 239

128 Deutsche Zeitung vom 5. September 1975

129 Klee, Ernst: Elf Millionen sind seelisch krank, in: Die Zeit vom 5. Dezember 1975

130 FAZ vom 12. September 1973

131 Die Zeit vom 14. Juni 1974

132 Die Zeit vom 22. Dezember 1972

133 Zahlen des Statistischen Bundesamtes

134 Kloehn, Ekkehard: Verhaltensstörungen – eine neue Kinderkrankheit? München 1977

135 Volksgesundheit April 1976, S. 137

136 Adam F.: Kinder im Streß, in: Die Rheinpfalz vom 22. Juli 1975

137 Weltgesundheit, Dezember 1975

138 Adam F.: Kinder im Streß, in: Die Rheinpfalz vom 22. Juli 1975

139 Mühlen, Norbert: Niemand ist mächtiger, in: Deutsche Zeitung vom 2. Mai 1975

140 Mühlen, Norbert: Niemand ist mächtiger, in: Deutsche Zeitung vom 2. Mai 1975

141 Taylor, G. R.: Das Selbstmordprogramm ... a. a. O., S. 57

142 Taylor, G. R.: Das Selbstmordprogramm ... a. a. O., S. 57

143 Mannheimer Morgen vom 31. März 1982

144 Lützenkirchen, W.: in: Kölner Stadtanzeiger. Zitiert in: Genieße dein Leben neu, 5/1975

145 FAZ vom 18. Februar 1976

146 Taylor, G. R.: Das Selbstmordprogramm ... a. a. O., S. 57

147 ZDF-Sendung vom 14. Dezember 1973

148 Die Zeit vom 14. Dezember 1973

149 Mannheimer Morgen vom 7. Februar 1983

150 Fudalla, S. G.: Die Gegenwart ... a. a. O., S. 104 f.

151 Sedlmayr: Gefahr und Hoffnung ... a. a. O., S. 53

152 Reinhard, D.: Bändigt den Menschen, 1954, S. 38 f.

153 Taylor, G. R.: Das Selbstmordprogramm ... a. a. O., S. 259

154 Die WELT vom 29. Oktober 1977

155 Mannheimer Morgen vom 12. August 1983

156 FAZ vom 24. Oktober 1982

157 Jünger, Friedrich Georg: Die Perfektion der Technik, S. 98, 120, 67 u. 25

158 Lebensschutz 5/6 1972

159 Die WELT vom 20. Januar 1975

160 Frankfurter Rundschau vom 25. Mai 1973

161 Coenen u. a.: Alternativen ... a. a. O., S. 13 f

162 Doria, Horst: Verändern wir unser Klima?, in: Bild der Wissenschaft, März
     1975, S. 56

163 Lebensschutz 4/1988

164 Greenpeace-Nachrichten L/1989

165 FAZ vom 18. Januar 1989

166 Süddeutsche Zeitung vom 25. Mai 1973

167 FAZ vom 1. Februar 1989

168 Impact-Team: Der Klima-Schock ... a. a. O., S. 16 u. 18

169 Kölnische Rundschau vom 8. Dezember 1980

170 FAZ vom 18. Januar 1989

171 FAZ vom 27. September 1989

172 Süddeutsche Zeitung vom 22. Juni 1976

173 Kirches, Walter: Lust am Untergang, in: Rhein-Neckar-Zeitung vom 1. Juni
     1976

174 Düsseldorfer Nachrichten vom 22. Juni 1976

175 FAZ vom 27. September 1989

176 Impact-Team: Der Klima-Schock ... a. a. O., S. 14, 16, 18

177 Impact-Team: Der Klima-Schock ... S. 62

178 Bild der Wissenschaft 11/1988

179 FAZ vom 27. Juni 1979

180 Impact-Team: Der Klima-Schock ... a. a. O., S. 69

181 Impact-Team: Der Klima-Schock ... S. 110

182 FAZ vom 4. November 1972

183 Der Bund, Bern 37/1981

184 Zitat bei Sedlmayer, H.: Gefahr und Hoffnung, a. a. O., S. 66

185 Bild der Wissenschaft 22/1988

186 Mannheimer Morgen vom 18. Mai 1989

187 Greenpeace-Nachrichten 6/1989 und FAZ vom 4. März 1989

188 Bild der Wissenschaft 2/1989

189 Flöhl, Rainer: Geringerer Ozonabbau durch Spraydosen?, in: FAZ vom 25. Mai 1976

190 Fudalla, S. G.: Die Gegenwart ... a. a. O., S. 85

191 Eichholz, Fritz: Biologische Existenz des Menschen in der Hochzivilisation, Karlsruhe 1959, S. 87

192 Bruker, M. O.: Sind Kunstdünger und Pestizide die Ursachen der ernährungs-bedingten Zivilisationskrankheiten?, in: Lebensschutz 4/1974, S. 56

193 Stuttgarter Nachrichten vom 17. April 1973

194 Vester, Frederic: Das Überlebensprogramm, ... a. a. O., S. 101

195 Fudalla, S. G.: Die Gegenwart ... a. a. O., S. 85

196 Meadow, Dennis: Die Grenzen des Wachstums, 1972, S. 43

197 Dittmar, Friedrich: Umweltschäden regieren uns, Herford 1971, S. 93

198 Fudalla: Die Gegenwart ... a. a. O., S. 91

199 Süddeutsche Zeitung vom 14. März 1975

200 Schwab, Günther: Der Tanz mit dem Teufel, 1969, S. 275

201 Demeter-Blätter 33/1983

202 FAZ vom 11. Oktober 1974

203 FAZ vom 11. Oktober 1974

204 DER SPIEGEL 22/1983

205 Rhein-Neckar-Zeitung vom 13. April 1976

206 Mannheimer Morgen vom 30. Mai 1976

207 Stiftung Warentest, Februar 1976, S. 22

208 Stiftung Warentest ... a. a. O., S. 22

209 Verbrauchspolitische Korrespondenz Nr. 51 vom Dezember 1977

210 FAZ vom 19. April 1983

211 Die WELT vom 22. März 1975

212 FAZ vom 21. Juni 1972

213 Stuttgarter Nachrichten vom 25. September 1981 und Mannheimer Morgen vom 22. November 1981

214 Gutachten Dornier-System GmbH 1972

215 Fudalla, S. G.: Die Gegenwart ... a. a. O., S. 88

216 Taylor, G. R.: Das Selbstmordprogramm ... a. a. O., S. 258

217 DER SPIEGEL Nr. 47/1980

218 Die Zeit vom 20. Juni 1980

219 Mannheimer Morgen vom 15. Oktober 1981

220 FAZ vom 5. Juli 1980

221 Pestel, Eduard und Mihailo Mesarovic: Menschheit am Wendepunkt, 1974

222 »stern« vom 24. Oktober 1974, S. 203 f.

223 Impact-Team: Der Klima-Schock ... a. a. O., S. 118 u. 197

224 Die WELT vom 7. März 1981

225 Rhein-Neckar-Zeitung vom 24. Juli 1976

226 FAZ vom 9. August 1975

227 FAZ vom 25. Juli 1980

228 DER SPIEGEL 2/1973

229 FAZ vom 6. Januar 1975

230 Die Zeit vom 3. Januar 1975

231 Dönhoff, Marion: Die Zeitbomben ticken schon, in: Die Zeit vom 3. Januar 1975

232 FAZ vom 22. Februar 1975

233 Die Zeit vom 15. April 1983

234 Jünger, Georg Friedrich: Die Perfektion der Technik, S. 135

235 Süddeutscher Rundfunk 27. März 1983

236 Hannoversche Allgemeine Zeitung vom 17. Dezember 1982

237 Mannheimer Morgen vom 23. September 1983

238 FAZ vom 9. November 1976

239 Mannheimer Morgen vom 31. März 1988

240 Die WELT vom 17. Mai 1983

241 »stern« vom 24. Oktober 1974, S. 203

242 Frankfurter Rundschau vom 7. Januar 1982

243 E. R. Koch und F. Vahrenholt: Seveso ist überall, Köln 1978, S. 25

244 E. R. Koch und F. Vahrenholt: Seveso ist überall ... a. a. O., S. 202

245 Volksgesundheit 4/1983, S. 184

246 FAZ vom 10. Mai 1983

247 E. R. Koch und F. Vahrenholt: Seveso ist überall ... a. a. O., S. 371

248 Der Fischer Öko-Almanach, Frankfurt/M. 1980, S. 129

249 E. R. Koch und F. Vahrenholt: Seveso ist überall ... a. a. O., S. 147

250 Die Zeit vom 21. März 1980

251 E. Lahmann und F. Herzel: Immission von Harnstoff-Herbiziden in der Bundesrepublik Deutschland, in: Gesundheitsingenieur 97, 70 (1976) siehe auch E. R. Koch und F. Vahrenholt: Seveso ist überall ... a. a. O., S. 192 f.

252 FAZ vom 2. November 1979

253 DER SPIEGEL 45/1980

254 DER SPIEGEL 45/1980

255 Giersch, Herbert: Die Investitionsschwäche überwinden, in: FAZ vom 24. April 1976

256 DER SPIEGEL 30/1977

257 Süddeutscher Rundfunk am 8. Oktober 1972, Zitat in: FAZ vom 15. Juli 1976

258 Müller, Klaus: Die präparierte Zeit, 1972, S. 546

259 Widener, Don: Kein Platz für Menschen. Der programmierte Selbstmord, Stuttgart 1971, S. 214

260 Zitat bei Herbert Gruhl: Ein Planet ... a. a. O., S. 243

261 Stearn, Jess: Der schlafende Prophet – Prophezeiungen in Trance (1911–1998), Genf 1969

262 Bild der Wissenschaft, Dezember 1974, S. 32 ff.

263 Rhein-Neckar-Zeitung vom 6. November 1982

264 Die Kommenden 4/1974

265 Süddeutsche Zeitung vom 30. August 1973

266 Die Zeit vom 28. März 1974

267 FAZ vom 24. September 1975 und vom 26. März 1977

268 Schneider, Reinhold: Macht und Gnade, 1940, S. 149

269 FAZ vom 23. Juli 1976

270 Zitat bei Wilhelm Seuß in: FAZ vom 15. Mai 1976

271 von Nell-Breuning, Oswald: Der Mensch ... a. a. O., S. 39

272 Plesser, Ernst H.: Leben zwischen Wille und Wirklichkeit – Unternehmer im Spannungsfeld von Gewinn und Ethik, Düsseldorf 1977

273 Die Zeit vom 8. August 1980

274 Zitiert in: FAZ vom 16. Juni 1977

275 Blühmann, Heinz: Wenn die Macher versagen, in: Die Zeit vom 19. Mai 1978

276 FAZ vom 19. Januar 1971

277 Die Zeit vom 5. August 1977

278 von Nell-Breuning, Oswald: Der Mensch ... a. a. O., S. 48 f.

279 FAZ vom 17. Juni 1971

280 Die Zeit vom 30. Dezember 1977

281 Eucken, Rudolf: in: »Tatwelt« im Jahre 1926 unter dem Pseudonym Dr. Kurt Heinrich veröffentlicht. Zitiert nach FAZ vom 31. Januar 1981 und vom 21. Mai 1983

282 Röpke, Wilhelm: Jenseits von Angebot und Nachfrage, 1958, und FAZ vom 31. Januar 1983 und 21. Mai 1983

283 FAZ vom 21. August 1981

284 Die Zeit vom 23. April 1976

285 Zeitmagazin vom 11. Januar 1974

286 FAZ vom 1. Oktober 1974

287 DER SPIEGEL 45/1980 und FAZ vom 23. April 1983

288 FAZ vom 13. September 1980

289 Rheinpfalz vom 10. November 1981

290 Taylor, G. R.: Zukunftsbewältigung ... a. a. O., S. 114

291 Die Zeit vom 29. Juli 1977

292 FAZ vom 31. Januar 1981 und Die WELT vom 11. Februar und 4. März 1981

293 von Arnim, Gabriele: Geht das Heroin bald den Weg des Marihuanas?, in: FAZ vom 7. August 1976

294 Mannheimer Morgen vom 13. Dezember 1979

295 FAZ vom 21. August 1980

296 FAZ vom 23. Oktober 1975

297 FAZ vom 14. Juli 1977

298 Die Zeit vom 29. Juli 1977

299 Zitiert in: DER SPIEGEL vom 27. März 1978, S. 236

300 DER SPIEGEL vom 27. März 1978, S. 236

301 DER SPIEGEL vom 27. März 1978, S. 235

302 Heisenberg, Werner: Der Teil und das Ganze, München 1967, S. 254 (Taschenbuchausgabe)

303 Deutsche Zeitung vom 18. November 1977

304 Die Zeit vom 9. Dezember 1977

305 Zitat bei Anton Kimpfler: Fragmentarisches aus ungeistiger Zeit, Achberg 1952, S. 52

306 Götz, Wilhelm: Naturwissenschaft und Evangelium, 1964, S. 174

307 Zitat in: Die Zeit vom 14. September 1973

308 Kapital 3/1974

309 FAZ vom 16. Juni 1973

310 Stuttgarter Zeitung vom 5. Februar 1975

311 Materialdienst ... a. a. O., vom 1. Dezember 1971

312 Goethe an Freiherr von Müller im Mai 1782. Zitat bei Emil Bock: Wiederholte Erdenleben, Stuttgart 1932, S. 69

313 Dühring, Eugen: Der Ersatz der Religion durch das Vollkommenere und die Abstreifung des Asiatismus, Berlin 1882. Zitat bei Benz: Schöpfungsglaube ... a. a. O., S. 109

314 FAZ vom 2. Dezember 1974

315 Reform-Rundschau vom 30. Oktober 1980

316 FAZ vom 7. Januar 1978

317 Die Zeit vom 22. April 1983

318 FAZ vom 26. Februar 1975

319 Frankfurter Rundschau vom 3. November 1977

320 Die Zeit vom 31. Dezember 1976

321 Rhein-Neckar-Zeitung vom 23. Mai 1981

322 Mannheimer Morgen vom 5. Februar 1980

323 FAZ vom 25. Juli 1981

324 Taylor, G. R.: Zukunftsbewältigung ... a. a. O., S. 379

325 Ross, Thomas: Die Wurzeln des Elends, in: FAZ vom 13. Mai 1978

326 Die WELT vom 1. April 1978

327 Lauffer, Siegfried: Diokletians Preisedikt, Berlin 1972

328 Fudalla: Die Gegenwart ... a. a. O., S. 102

329 Kammeier, Wilhelm: Die Wahrheit der Geschichte des Spätmittelalters, 1937, S. 48

330 Wahr und Klar 10/1973

331 DER SPIEGEL vom 23. Januar 1984, S. 35

332 Die Zeit vom 15. Juni 1979

333 Konradsblatt, Diözesanblatt der Erzdiözese Freiburg i. B. vom 30. September 1973

Karte:
Galiläisches Meer
See Genezareth.

Nazareth

Kana i. Galiläa
Kapernaum
Hungerdorf
Kis
Kana i. Tale

Fischerhaus
Petrus
Sibara u. Landungsstelle

□ Hütte d. Herrn i. d. Wüste
⌒ Höhle d. 1. Volksspeisung
☼ Berg des Gebets

Bethabara
Bethsaida
Fischerdorf
Gebirgsdorf m. Salzfels

Genezareth
Berg Morgenkopf
Magdala
Berg der 2. Volksspeisung
Jesaira
Handelsdorf
Berg der Verklärung (Tabor)
Fischerdorf
Markus

GALILÄISCHES

MEER

Gadara

Tiberias
Berg der 3. Volksspeisung

Hippos

Landungsstelle

Jordan

Straße nach Jerusalem

Schicksalsdeutung

Golmyn
DAS SCHICKSAL IN DEN ZAHLEN
Lebenshilfe durch Numerologie

(86011)

NIGEL PENNICK
DAS RUNEN ORAKEL
Mit 25 Runenkarten von Hermann Haindl

Mit einem Vorwort von Rachel Pollack

Knaur Esoterik

ISBN 3-426-26472

Monte Farber
KARMA KARTEN
Die Zukunft erkennen durch Astrologie
Mit 36 Karma-Karten

(4270)

Marie Louise Lacy
DAS FARBORAKEL
Die psychologische und spirituelle Bedeutung der Farben
Mit 28 Farbkarten

(4260)

Nathaniel Altman
DIE PRAXIS DES HANDLESENS
Ein Ratgeber zur psychologischen Handanalyse
Deutsche Erstausgabe

(4166)

Ursula von Mangoldt
Erkenne dich selbst im Bild deiner Hand
Ein Lehrbuch

(4240)

Knaur ®

Schicksalsdeutung

Rachel Pollack
TAROT
78 STUFEN DER WEISHEIT
Deutsche Erstausgabe

(4132)

Rachel Pollack
DAS TAROT ÜBUNGSBUCH
Deutsche Erstausgabe

(4168)

Zoltán Szabó
BUCH DER RUNEN
Das westliche Orakel
Originalausgabe

(4146)

Richard Riso
Die neun Typen der Persönlichkeit
und das Enneagramm

(4213)

Helen Palmer
DAS ENNEAGRAMM
Sich selbst und andere verstehen lernen

(4244)

Marie Louise Lacey
DAS FARBORAKEL
Die psychologische und spirituelle Bedeutung der Farben

(4260)